長官（令和３年11月10日発足
令和４年１月17日現在）

法務大臣
古川禎久

外務大臣
林　芳正

財務大臣※1
鈴木俊一

厚生労働大臣
後藤茂之

農林水産大臣
金子原二郎

経済産業大臣※3
萩生田光一

内閣官房長官※6
松野博一

デジタル大臣※7
牧島かれん

復興大臣※8
西銘恒三郎

経済安全保障担当大臣※12
小林鷹之

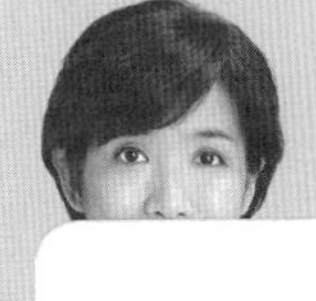

ワ
堀

※1

国会の勢力分野

（令和4年1月17日現在）

（政　党　別）

（　）内は女性議員で、内数です。

（衆議院）	政　党　名	（参議院）		
		平28	令元	計
263(20)	自由民主党	54(9)	53(8)	107(17)
95(13)	立憲民主党	22(6)	22(8)	44(14)
41(4)	日本維新の会	6(2)	9(1)	15(3)
32(4)	公明党	14(3)	14(2)	28(5)
11(1)	国民民主党	7(3)	5(1)	12(4)
10(2)	日本共産党	6(2)	7(3)	13(5)
3(1)	れいわ新選組	0	2(1)	2(1)
1(0)	社会民主党	1(1)	0	1(1)
0	NHK受信料を支払わない国民を守る党	0	1(0)	1(0)
9(0)	無所属（諸派を含む）	10(1)	9(5)	19(6)
0	欠員	1	2	3
465(45)	計	121(27)	124(29)	245(56)

※衆参の正副議長は無所属に含む

（会　派　別）

（衆議院）	会　派　名	（参議院）		
		平28	令元	計
263(20)	自由民主党	57(9)	53(8)	110(17)
97(13)	立憲民主党	23(7)	22(8)	45(15)
41(4)	日本維新の会	6(2)	9(1)	15(3)
32(4)	公明党	14(3)	14(2)	28(5)
11(1)	国民民主党	10(3)	6(1)	16(4)
10(2)	日本共産党	6(2)	7(3)	13(5)
5(0)	有志の会	―	―	―
3(1)	れいわ新選組	0	2(1)	2(1)
―	沖縄の風	1(0)	1(0)	2(0)
―	碧水会	0	2(2)	2(2)
―	みんなの党	1(0)	1(0)	2(0)
3(0)	無所属	2(1)	5(3)	7(4)
0	欠員	1	2	3
465(45)	計	121(27)	124(29)	245(56)

（注）自由民主党は衆院で「自由民主党」、参院で「自由民主党・国民の声」。立憲民主党は衆院で「立憲民主党・無所属」、参院で「立憲民主・社民」。国民民主党は衆院で「国民民主党・無所属クラブ」、参院で「国民民主党・新緑風会」。

国会関係所在地電話番号一覧

■ 総理大臣官邸 〒100-0014 千, 永田町2-3-1 ☎3581-0101

■ 衆議院 〒100-8960 千, 永田町1-7-1 ☎3581-5111

議長公邸	〒100-0014	千, 永田町2-18-1	☎3581-1461
副議長公邸	〒107-0052	港, 赤坂8-11-40	☎3423-0311
赤坂議員宿舎	〒107-0052	港, 赤坂2-17-10	☎5549-4671
青山議員宿舎	〒106-0032	港, 六本木7-1-3	☎3408-4911

■ 参議院 〒100-8961 千, 永田町1-7-1 ☎3581-3111

議長公邸	〒100-0014	千, 永田町2-18-2	☎3581-1481
副議長公邸	〒106-0043	港, 麻布永坂町25	☎3586-6741
麹町議員宿舎	〒102-0083	千, 麹町4-7	☎3237-0341
清水谷議員宿舎	〒102-0094	千, 紀尾井町1-15	☎3264-1351

■ 衆議院議員会館

第一議員会館	〒100-8981	千, 永田町2-2-1	☎3581-5111（大代） ☎3581-4700（夜間）
第二議員会館	〒100-8982	千, 永田町2-1-2	☎3581-5111（大代） ☎3581-1954（夜間）

■ 参議院議員会館

参議院議員会館	〒100-8962	千, 永田町2-1-1	☎3581-3111（大代） ☎3581-3146（夜間）

国立国会図書館	〒100-8924	千, 永田町1-10-1	☎3581-2331
憲政記念館	〒100-0014	千, 永田町1-1-1	☎3581-1651

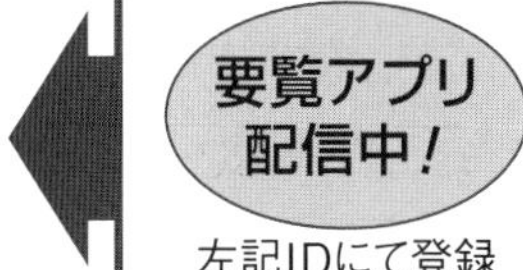

目　次

目　次

第2次岸田内閣・大臣・秘書官（令和3年11月10日発足）

	大臣		秘書官	秘書官室
内閣総理大臣	岸田文雄	衆(自)	嶋田隆	3581-0101
総務大臣	金子恭之	衆(自)	立石昭太	5253-5006
法務大臣	古川禎久	衆(自)	房野忠典	3581-0530
外務大臣	林芳正	衆(自)	河野恭子	3580-3311(代)
財務大臣 内閣府特命担当大臣（金融） デフレ脱却担当	鈴木俊一	衆(自)	鈴木俊太郎	3581-0101 3581-2716
文部科学大臣 教育再生担当	末松信介	参(自)	荒金美保	6734-2101
厚生労働大臣	後藤茂之	衆(自)	波多野泰史	3595-8226
農林水産大臣	金子原二郎	参(自)	太田久晴	3502-8111(代)
経済産業大臣 産業競争力担当 ロシア経済分野協力担当 原子力経済被害担当 内閣府特命担当大臣（原子力損害賠償・廃炉等支援機構）	萩生田光一	衆(自)	牛久保敏文	3501-1601 1602
国土交通大臣 水循環政策担当	斉藤鉄夫	衆(公)	城戸一興	5253-8019
環境大臣 内閣府特命担当大臣（原子力防災）	山口壯	衆(自)	飯山美子	3580-0241
防衛大臣	岸信夫	衆(自)	岸信千世	5269-3240
内閣官房長官 沖縄基地負担軽減担当 拉致問題担当	松野博一	衆(自)	小澤貴仁	3581-0101
デジタル大臣 行政改革担当 内閣府特命担当大臣（規制改革）	牧島かれん	衆(自)	村上りん	4477-6775(代)
復興大臣 福島原発事故再生総括担当 内閣府特命担当大臣（沖縄及び北方対策）	西銘恒三郎	衆(自)	池本文子	6328-1111(代)
国家公安委員会委員長 国土強靭化担当 領土問題担当 国家公務員制度担当 内閣府特命担当大臣（防災　海洋政策）	二之湯智	参(自)	佐藤愛	3581-1739
内閣府特命担当大臣（地方創生 少子化対策 男女共同参画） 女性活躍担当 こども政策担当 孤独・孤立対策担当	野田聖子	衆(自)	村上和子	5253-2111(代)
経済再生担当 新しい資本主義担当 新型コロナ対策・健康危機管理担当 全世代型社会保障改革担当 内閣府特命担当大臣（経済財政政策）	山際大志郎	衆(自)	吉野哲平	5253-2111(代)
経済安全保障担当 内閣府特命担当大臣（科学技術政策　宇宙政策）	小林鷹之	衆(自)	竹内仁美	5253-2111(代)
東京オリンピック競技大会・東京パラリンピック競技大会担当 ワクチン接種推進担当	堀内詔子	衆(自)	鈴木紀子	6257-1172
国際博覧会担当 デジタル田園都市国家構想担当 共生社会担当 内閣府特命担当大臣（消費者及び食品安全　クールジャパン戦略　知的財産戦略）	若宮健嗣	衆(自)	荒木田聡	5253-2111(代)

（令和4年1月17日現在）

副大臣・大臣政務官・事務次官一覧

省庁	副大臣	副大臣室	大臣政務官	大臣政務官室	事務次官
デジタル庁	小林史明 衆(自)	4477-6775	山田太郎 参(自)	4477-6775	
復興庁	冨樫博之 衆(自)	6328-1111	宗清皇一 衆(自)	6328-1111	開出英之
	新妻秀規 参(公)		高橋はるみ 参(自)		
	渡辺猛之 参(自)		岩田和親 衆(自)		
			泉田裕彦 衆(自)		
内閣府	大野敬太郎 衆(自)	5253-2111	小寺裕雄 衆(自)	5253-2111	田和 宏
	黄川田仁志 衆(自)		宮路拓馬 衆(自)		
	赤池誠章 参(自)		宗清皇一 衆(自)		
	小林史明 衆(自)		山田太郎 参(自)		
	池田佳隆 衆(自)		高橋はるみ 参(自)		
	佐藤英道 衆(公)		島村 大 参(自)		
	細田健一 衆(自)		吉川ゆうみ 参(自)		
	石井正弘 参(自)		岩田和親 衆(自)		
	渡辺猛之 参(自)		泉田裕彦 衆(自)		
	務台俊介 衆(自)		穂坂 泰 衆(自)		
	鬼木 誠 衆(自)		中曽根康隆 衆(自)		
総務省	田畑裕明 衆(自)	5253-5111	鳩山二郎 衆(自)	5253-5111	黒田武一郎
	中西祐介 参(自)		渡辺孝一 衆(自)		
			三浦 靖 参(自)		
法務省	津島 淳 衆(自)	3581-1940	加田裕之 参(自)	3592-7833	髙嶋智光
外務省	小田原 潔 衆(自)	5501-8007	上杉謙太郎 衆(自)	5501-8017	森 健良
	鈴木貴子 衆(自)	5501-8010	本田太郎 衆(自)	5501-8014	
			三宅伸吾 参(自)	5501-8020	
財務省	岡本三成 衆(公)	3581-2714	高村正大 衆(自)	3581-7600	矢野康治
	大家敏志 参(自)	3581-2713	藤原 崇 衆(自)	3581-7622	
文部科学省	田中英之 衆(自)	6734-2103	鰐淵洋子 衆(公)	6734-3501	義本博司
	池田佳隆 衆(自)	6734-3301	高橋はるみ 参(自)	6734-3503	
厚生労働省	古賀 篤 衆(自)	5253-1111	深澤陽一 衆(自)	5253-1111	吉田 学
	佐藤英道 衆(公)		島村 大 参(自)		
農林水産省	武部 新 衆(自)	3591-2722	下野六太 参(公)	3591-5730	枝元真徹
	中村裕之 衆(自)	3591-2051	宮崎雅夫 参(自)	3591-5561	
経済産業省	細田健一 衆(自)	3501-1603	吉川ゆうみ 参(自)	3501-1222	多田明弘
	石井正弘 参(自)	3501-1604	岩田和親 衆(自)	3501-1221	
国土交通省	中山展宏 衆(自)	5253-8021	加藤鮎子 衆(自)	5253-8023	山田邦博
	渡辺猛之 参(自)	5253-8020	木村次郎 衆(自)	5253-8024	
			泉田裕彦 衆(自)	5253-8976	
環境省	大岡敏孝 衆(自)	3580-0247	中川康洋 衆(公)	3581-3362	中井徳太郎
	務台俊介 衆(自)		穂坂 泰 衆(自)	3581-4912	
防衛省	鬼木 誠 衆(自)	5229-2121	岩本剛人 参(自)	3267-0336	島田和久
			中曽根康隆 衆(自)	5229-2122	
内閣官房副長官	木原誠二 衆(自)	3581-0101			
	磯﨑仁彦 参(自)	5532-8615			
	栗生俊一	3581-1061			

衆・参各議院役員等一覧

第208回国会（令和4年1月17日～6月15日）（1月17日現在）

【衆議院】

議長	細田博之（無）
副議長	海江田万里（無）

常任委員長

内閣	上野賢一郎（自）
総務	赤羽一嘉（公）
法務	鈴木馨祐（自）
外務	城内実（自）
財務金融	薗浦健太郎（自）
文部科学	義家弘介（自）
厚生労働	橋本岳（自）
農林水産	平口洋（自）
経済産業	古屋範子（公）
国土交通	中根一幸（自）
環境	関芳弘（自）
安全保障	大塚拓（自）
国家基本政策	渡海紀三朗（自）
予算	根本匠（自）
決算行政監視	原口一博（立）
議院運営	山口俊一（自）
懲罰	安住淳（立）

特別委員長

災害対策	小里泰弘（自）
倫理公選	浜田靖一（自）
沖縄北方	阿部知子（立）
拉致問題	長島昭久（自）
消費者問題	松島みどり（自）
科学技術・イノベーション推進	手塚仁雄（立）
東日本大震災復興	伊藤忠彦（自）
原子力問題調査	赤澤亮正（自）
地方創生	石田真敏（自）

憲法審査会会長	森英介（自）
情報監視審査会会長	小野寺五典（自）
政治倫理審査会会長	吉野正芳（自）
事務総長	岡田憲治

【参議院】

議長	山東昭子（無）
副議長	小川敏夫（無）

常任委員長

内閣	徳茂雅之（自）
総務	平木大作（公）
法務	矢倉克夫（公）
外交防衛	馬場成志（自）
財政金融	豊田俊郎（自）
文教科学	元榮太一郎（自）
厚生労働	山田宏（自）
農林水産	長谷川岳（自）
経済産業	石橋通宏（立）
国土交通	斎藤嘉隆（立）
環境	徳永エリ（立）
国家基本政策	上田清司（国）
予算	山本順三（自）
決算	松村祥史（自）
行政監視	吉田忠智（立）
議院運営	福岡資麿（自）
懲罰	室井邦彦（維）

特別委員長

災害対策	佐々木さやか（公）
ODA・沖縄北方	青木一彦（国）
倫理選挙	松下新平（自）
拉致問題	山谷えり子（自）
地方創生・デジタル社会	古川俊治（自）
消費者問題	舟山康江（国）
東日本大震災復興	那谷屋正義（立）

調査会長

調査会	氏名
国際経済・外交	鶴保庸介（自）
国民生活・経済	芝博一（立）
資源エネルギー	宮沢洋一（自）

憲法審査会会長	中川雅治（自）
情報監視審査会会長	水落敏栄（自）
政治倫理審査会会長	岡田広（自）
事務総長	岡村隆司

（カッコ内は会派名。自＝自由民主党（衆院）、自由民主党・国民の声（参院）、立＝立憲民主党・無所属（衆院）、立憲民主・社民（参院）、維＝日本維新の会、公＝公明党、国＝国民民主党・新緑風会（参院）、無＝無所属）

衆議院

●凡例　記載内容は原則として令和4年1月17日現在。

選挙区　選挙当日有権者数 投票率	選挙得票数・得票率
選挙区割	(比は比例代表との重複立候補者、比当は比例代表での当選者)

ふりがな
氏　名　党派(会派)　当選回数
出身地　生年月日
勤続年数(うち[参]年数)(初当選年)
勤続年数は令和4年2月末現在

略　歴　(現職はゴシック。但し大臣・副大臣・政務官、委員会及び党役職のみ。年齢は令和3年2月末現在)

〒　地元　住所　☎
〒　中央　住所　☎

(注)比例代表で復活当選した議員の小選挙区名を〈　〉内に示した。

●編集要領

○住所に宿舎とあるのは議員宿舎、会館とあるのは議員会館。

○**党派名、自民党議員の派閥名([　]で表示)を略称で表記した。**

自…自由民主党	**社**…社会民主党	[森]…森山派
立…立憲民主党	**無**…無所属	[無]…無派閥
維…日本維新の会	[安]…安倍派	
公…公明党	[麻]…麻生派	
国…国民民主党	[茂]…茂木派	(　)内は会派名
共…日本共産党	[二]…二階派	立憲…立憲民主党・無所属
れ…れいわ新選組	[岸]…岸田派	有志…有志の会

○常任委員会

内閣委員会……**内閣委**
総務委員会……**総務委**
法務委員会……**法務委**
外務委員会……**外務委**
財務金融委員会……**財金委**
文部科学委員会……**文科委**
厚生労働委員会……**厚労委**
農林水産委員会……**農水委**
経済産業委員会……**経産委**
国土交通委員会……**国交委**
環境委員会……**環境委**
安全保障委員会……**安保委**
国家基本政策委員会……**国家基本委**
予算委員会……**予算委**
決算行政監視委員会……**決算行監委**
議院運営委員会……**議運委**
懲罰委員会……**懲罰委**

○特別委員会

災害対策特別委員会……**災害特委**
政治倫理の確立及び公職選挙法改正に関する特別委員会……**倫選特委**
沖縄及び北方問題に関する特別委員会……**沖北特委**
北朝鮮による拉致問題等に関する特別委員会……**拉致特委**
消費者問題に関する特別委員会……**消費者特委**
科学技術・イノベーション推進特別委員会……**科技特委**
東日本大震災復興特別委員会……**復興特委**
原子力問題調査特別委員会……**原子力特委**
地方創生に関する特別委員会……**地方創生特委**

○審査会

憲法審査会……**憲法審委**
情報監視審査会……**情報監視審委**
政治倫理審査会……**政倫審委**

※所属の委員会名は、1月17日現在の委員部資料及び議員への取材に基づいて掲載しています。

衆議院議員・秘書名一覧

あ

議員名	党派(会派)	選挙区	政策秘書名 第1秘書名 第2秘書名	館別号室	直通 FAX	略歴頁
じろう あかま二郎	自 [麻]	神奈川14	鈴木久恵 飯田則恭 神崎慶子	1 421	3508-7317 3508-3317	86
としこ あべ俊子	自 [麻]	比例 中国	竹山直子 ― ―	1 514	3508-7136 3508-3436	148
あずみ じゅん 安住淳	立	宮城5	泉貴仁 遠藤裕美 髙木万莉子	1 1003	3508-7293 3508-3503	61
あべ しんぞう 安倍晋三	自 [安]	山口4	中平大開 畑村剛 徳本美佐	1 1212	3508-7172 3508-3602	147
あだち やすし 足立康史	維	大阪9	斉藤巧 川口元気 植田まゆみ	1 1016	3508-7100 3508-6410	129
あべ つかさ 阿部司	維	比例 東京	― 國井百合子 津田郁也	2 321	3508-7504 3508-3934	101
あべ ともこ 阿部知子	立	神奈川12	政野淳子 齊藤剛 横山弓彦	1 424	3508-7303 3508-3303	86
あべ ひろき 阿部弘樹	維	比例 九州	高岡英一 ― 大山隆之	2 1102	3508-7480 3508-3360	166
あいさわ いちろう 逢沢一郎	自 [無]	岡山1	― 藤井章文 足立輝	1 505	3508-7105 3508-0319	143
あおやぎ ひとし 青柳仁士	維	大阪14	小島英治 綾田剛樹 福馬晶子	1 723	3508-7609 3508-3989	130
あおやぎよういちろう 青柳陽一郎	立	比例 南関東	仲長武男 髙田修平 小池真実子	2 1013	3508-7245 3508-3515	90
あおやま しゅうへい 青山周平	自 [安]	比例 東海	佐藤彰 中田大亮 大須賀竜也	2 616	3508-7083 3508-3089	119
あおやま やまと 青山大人	立	比例 北関東	― ― ―	2 201	3508-7039 3508-3839	77
あかぎ まさゆき 赤木正幸	維	比例 近畿	― 佐藤秋則 ―	2 506	3508-7505 3508-3935	137
あかざわ りょうせい 赤澤亮正	自 [無]	鳥取2	来間誠司 河上定弘 秋田和子	2 1022	3508-7490 3508-3370	142
あかば かずよし 赤羽一嘉	公	兵庫2	治井邦弘 川元揚二郎 菅雄史	2 414	3508-7079 3508-3769	132
あかみね せいけん 赤嶺政賢	共	沖縄1	竹内真 佐々木森夢 新庄沙穂	1 1107	3508-7196 3508-3626	162
あきば けんや 秋葉賢也	自 [茂]	比例 東北	高嶋佳恵 西憲太郎 五十嵐隆	1 823	3508-7392 3508-3632	64
あきもと まさとし 秋本真利	自 [無]	比例 南関東	― ― ―	1 1209	3508-7611 3508-3991	88

※内線電話番号は、第1議員会館は5＋室番号、6＋室番号（3～9階は5、6のあとに0を入れる）、第2議員会館は7＋室番号、8＋室番号（2～9階は7、8のあとに0を入れる）

議員名	党派(会派)	選挙区	政策秘書名 第1秘書名 第2秘書名	館別号室	直通 FAX	略歴頁
あさかわ よしはる 浅川義治	維	比例 南関東	持丸優 碓井慎一 森幸恵	2 803	3508-7197 3508-3627	91
あさの さとし 浅野哲	国	茨城5	― 大川一弘 田中洋和	1 406	3508-7231 3508-3231	68
あずま くによし 東国幹	自 [茂]	北海道6	― 武末和仁 武石陽一	2 1020	3508-7634 3508-3264	54
あぜもと しょうご 畦元将吾	自 [岸]	比例 中国	竹重吉晃 若林仁美 花野大祐	1 501	3508-7710 3508-3343	148
あそう たろう 麻生太郎	自 [麻]	福岡8	佐々木隆 藤島誠治 原口勇人	1 301	3508-7703 3501-7528	156
あまり あきら 甘利明	自 [麻]	比例 南関東	河野一郎 伊田雅彦 柴高大昌	2 514	3508-7528 3502-5087	88
あらい ゆたか 荒井優	立	比例 北海道	荻野あおい 秋元恭兵 運上一平	2 602	3508-7602 3508-3982	57
あらかき くにお 新垣邦男	社	沖縄2	塚田大海志 宮城一郎 久保睦美	2 711	3508-7157 3508-3707	163
いがらし きよし 五十嵐清	自 [茂]	比例 北関東	上野忠彦 田子貴章 濱﨑絵美子	2 915	3508-7085 3508-3865	76
いさか のぶひこ 井坂信彦	立	兵庫1	佐藤利信 万谷智昭 髙山晃一	2 1216	3508-7082 3508-3862	131
いで ようせい 井出庸生	自 [麻]	長野3	高橋澄江 井出泰生 竹内充	2 721	3508-7469 3508-3299	107
いの としろう 井野俊郎	自 [茂]	群馬2	川崎陽子 ― 矢嶋文好	2 921	3508-7219 3508-3219	70
いのうえ しんじ 井上信治	自 [麻]	東京25	臼井悠人 岩﨑百合子 竹本美紀	1 317	3508-7328 3508-3328	99
いのうえ たかひろ 井上貴博	自 [麻]	福岡1	伊藤茂雄 大谷明治 江藤美緒	1 323	3508-7239 3508-3239	155
いのうえ ひでたか 井上英孝	維	大阪1	石橋映子 広瀬能久 小田優子	1 404	3508-7333 3508-3333	127
いばやし たつのり 井林辰憲	自 [麻]	静岡2	福井正直 高木勝哉 島克之	1 919	3508-7127 3508-3427	113
いはら たくみ 井原巧	自 [安]	愛媛3	松田貢一 篠原和貴 押尾拓也	2 207	3508-7201 3508-3201	152
いさ しんいち 伊佐進一	公	大阪6	湯浅憲一 小西泰夫 小菅瑞人	1 1004	3508-7391 3508-3631	128
いとう のぶひさ 伊東信久	維	大阪19	永田千寿 武田昌也 舩冨則夫	1 916	3508-7243 3508-3513	131
いとう よしたか 伊東良孝	自 [二]	北海道7	魚住純也 児玉雅裕 大志保夕里奈	1 623	3508-7170 3508-7177	54

※内線電話番号は、第1議員会館は5＋室番号、6＋室番号（3～9階は5、6のあとに0を入れる）、
第2議員会館は7＋室番号、8＋室番号（2～9階は7、8のあとに0を入れる）

議員名	党派(会派)	選挙区	政策秘書名 第1秘書名 第2秘書名	館別 号室	直通 FAX	略歴頁
いとうしゅんすけ 伊藤俊輔	立	比例 東京	東恭弘 栗下善行 月原大輔	2 1122	3508-7150 3508-3640	100
いとうしんたろう 伊藤信太郎	自 [麻]	宮城4	大谷津篤 熊谷守広 田中貴美子	2 205	3508-7091 3508-3871	60
いとうただひこ 伊藤忠彦	自 [二]	愛知8	上田恵利 宮島隆志 渡部祐太	2 222	3508-7003 3508-3803	116
いとうたつや 伊藤達也	自 [無]	東京22	山中真喜子 内川直樹 福井裕康	2 524	3508-7623 3508-3253	98
いとうわたる 伊藤渉	公	比例 東海	中島勉 村本豊 北澤匡貴	1 921	3508-7187 3508-3617	122
いけしたたく 池下卓	維	大阪10	上野寿朗 ―― ――	1 907	3508-7454 3508-3284	129
いけだよしたか 池田佳隆	自 [安]	比例 東海	柿沼和宏 丹羽葉子 二宮正導	2 511	3508-7616 3508-3996	120
いけはたこうたろう 池畑浩太朗	維	比例 近畿	中林真里 ―― 及川智義	2 509	3508-7520 3508-3950	137
いしいけいいち 石井啓一	公	比例 北関東	杉戸研介 藤田勝利 高橋成典	1 411	3508-7110 3508-3229	77
いしいたく 石井拓	自 [安]	比例 東海	藤原陽子 小林哲三 嶋田光紗	2 209	3508-7031 3508-3813	119
いしかわあきまさ 石川昭政	自 [無]	比例 北関東	大塚敬史 石川浩久 ――	2 1014	3508-7159 3508-3709	76
いしかわかおり 石川香織	立	北海道11	梶原博之 高桑浩 福家督和	2 512	3508-7512 3508-3942	55
いしだまさとし 石田真敏	自 [岸]	和歌山2	山崎勝紀 今西康仁 上泰治	2 313	3508-7072 3581-6992	135
いしばしげる 石破茂	自 [無]	鳥取1	吉村麻央 瀬淵資水 池田夏美	2 515	3508-7525 3502-5174	142
いしばしりんたろう 石橋林太郎	自 [岸]	比例 中国	田丸志野 吉岡広小路 植村恭明	1 1221	3508-7901 3508-3409	147
いしはらひろたか 石原宏高	自 [岸]	比例 東京	佐藤紀人 清水健一 星野顕仁	1 813	3508-7319 3508-3319	100
いしはらまさたか 石原正敬	自 [無]	比例 東海	市川淀内幸 向原憲一 西原せり	1 910	3508-7706 3508-3321	120
いずみけんた 泉健太	立	京都3	田中栄一 野本菜生 泰田和明	1 817	3508-7005 3508-3805	126
いずみだひろひこ 泉田裕彦	自 [二]	比例 北陸信越	早智敬 横山絵理 高木英明	2 914	3508-7640 3508-3270	109
いちたにゆういちろう 一谷勇一郎	維	比例 近畿	―― 竹田裕紀 鈴木薫	2 507	3508-7300 3508-3373	137

※内線電話番号は、第1議員会館は5＋室番号、6＋室番号（3～9階は5、6のあとに0を入れる）、
第2議員会館は7＋室番号、8＋室番号（2～9階は7、8のあとに0を入れる）

議員名	党派(会派)	選挙区	政策秘書名 第1秘書名 第2秘書名	館別 号室	直通 FAX	略歴 頁
いちむらこういちろう 市村浩一郎	維	兵庫6	――― 渡　智恵子 小寺健太郎	2 1203	3508-7165 3508-3715	133
いなだともみ 稲田朋美	自 [安]	福井1	大河内茂太 藤田千恵子 稲田珠青	2 1115	3508-7035 3508-3835	106
いなつひさし 稲津　久	公	北海道10	布川和義 一戸康男 谷内直樹	2 413	3508-7089 3508-3869	55
いなとみしゅうじ 稲富修二	立	比例 九州	――― ――― 古屋伴朗	2 1004	3508-7515 3508-3945	165
いまえだそういちろう 今枝宗一郎	自 [麻]	愛知14	田淵雄三 木曽智弘 ―――	1 422	3508-7080 3508-3860	118
いまむらまさひろ 今村雅弘	自 [二]	比例 九州	無津呂智臣 木下明仁 ―――	2 1210	3508-7610 3597-2723	163
いわたかずちか 岩田和親	自 [岸]	比例 九州	峯崎恭輔 ――― ―――	2 206	3508-7707 3508-3203	164
いわたにりょうへい 岩谷良平	維	大阪13	――― 森本　愛 森田一也	1 906	3508-7314 3508-3314	130
いわやたけし 岩屋　毅	自 [麻]	大分3	山口明浩 岩屋恒久 青木隆幸	2 1209	3508-7510 3509-7610	160
う うえすぎけんたろう 上杉謙太郎	自 [安]	比例 東北	中川博登 大見祐子 ―――	2 1111	3508-7074 3508-3764	65
うえだえいしゅん 上田英俊	自 [茂]	富山2	大瀧幸雄 藤井　開 ―――	2 811	3508-7061 3508-3381	105
うえのけんいちろう 上野賢一郎	自 [森]	滋賀2	原島　潤 浅山禎信 野中みゆき	1 621	3508-7004 3508-3804	124
うきしまともこ 浮島智子	公	比例 近畿	木野十三 柏木　淳 竹本佳恵	2 820	3508-7290 3508-3740	139
うめたにまもる 梅谷　守	立	新潟6	瀧澤直樹 岡村祐子 小川千比呂	2 403	3508-7403 3508-3883	105
うらのやすと 浦野靖人	維	大阪15	藤鷹英雄 大河内国光 池側純司	1 405	3508-7641 3508-3271	130
うるまじょうじ 漆間譲司	維	大阪8	長嶋雅代 川面篤志 ―――	1 912	3508-7298 3508-3508	128
え えさきてつま 江﨑鐵磨	自 [二]	愛知10	若山慎司 ――― 栗本実樹男	2 1002	3508-7418 3508-3898	117
えだけんじ 江田憲司	立	神奈川8	大塚亜紀子 町田融哉 田倉俊輔	2 610	3508-7462 3508-3292	85
えとあきのり 江渡聡徳	自 [麻]	青森1	鈴木貴司 高渕正賢 齊藤晃一	2 1021	3508-7096 3508-3961	58
えとうたく 江藤　拓	自 [無]	宮崎2	三野　晃 川合賢二 佐藤和彦	2 1207	3508-7468 3591-3063	161

※内線電話番号は、第1議員会館は5＋室番号、6＋室番号（3～9階は5、6のあとに0を入れる）、第2議員会館は7＋室番号、8＋室番号（2～9階は7、8のあとに0を入れる）

議員名	党派 (会派)	選挙区	政策秘書名 第１秘書名 第２秘書名	館別 号室	直通 FAX	略歴 頁
えとうせいしろう 衛藤征士郎	自 [安]	大分2	衛藤　孝 増村幸成 金高桃子	1 1101	3508-7618 3595-0003	160
えだのゆきお 枝野幸男	立	埼玉5	枝野佐智子 三吉弘人 沼田陽司	1 804	3508-7448 3591-2249	72
えんどうたかし 遠藤　敬	維	大阪18	山中栄一 金井千穂 下条潤彌	1 415	3508-7325 3508-3325	131
えんどうとしあき 遠藤利明	自 [無]	山形1	須藤孝治 矢野圭一 帯刀　亮	1 703	3508-7158 3592-7660	62
えんどうりょうた 遠藤良太	維	比例 近畿	松尾和弥 栄田孝弘 末野里奈	1 516	3508-7114 3508-3225	137
お くれは おおつき紅葉	立	比例 北海道	竹岡正博 干場隆利 ――	1 820	3508-7493 3508-3320	57
おがわじゅんや 小川淳也	立	香川1	坂本広明 青木武史 原田佳枝	2 1005	3508-7621 3508-3251	151
おぐましんじ 小熊慎司	立	福島4	荻野妙子 廣岡　久 代田秀一	1 808	3508-7138 3508-3438	63
おぐらまさのぶ 小倉將信	自 [二]	東京23	齋藤佳伸 横田哲弥 遠藤敦人	1 814	3508-7140 3508-3440	98
おざとやすひろ 小里泰弘	自 [無]	比例 九州	小里佳嵩 小田和隆 原　範明	1 811	3508-7247 3502-5017	165
おざわいちろう 小沢一郎	立	比例 東北	宇田川　勲 川邊嗣治 中村敬太	1 605	3508-7175	65
おだわらきよし 小田原　潔	自 [安]	東京21	潮　麻衣子 吉田直哉 伊集院　聡	2 1007	3508-7909 3508-3273	98
おのたいすけ 小野泰輔	維	比例 東京	岩本優美子 大竹　等 若旅啓太	1 513	3508-7340 3508-3340	101
おのでらいつのり 小野寺五典	自 [岸]	宮城6	鈴木　敦 加美山不可史 佐藤丈寛	2 715	3508-7432 3508-3912	61
おぶちゆうこ 小渕優子	自 [茂]	群馬5	石川幸子 輕部順子 渡部慎也	2 823	3508-7424 3592-1754	71
おざきまさなお 尾﨑正直	自 [二]	高知2	栗原雄一郎 北村　強 池田誠二	2 901	3508-7619 3508-3999	153
おみあさこ 尾身朝子	自 [安]	比例 北関東	―― ―― ――	2 1201	3508-7484 3508-3364	75
おちたかお 越智隆雄	自 [安]	比例 東京	渡辺晴彦 米山淳子 滝澤　修	1 1105	3508-7479 3508-3359	100
おがたりんたろう 緒方林太郎	無 (有志)	福岡9	大塚絹子 岩坂　香 森　晶俊	2 617	3508-7119 3508-3426	157
おおいし 大石あきこ	れ	比例 近畿	中島　浩 山岸飛鳥 前島一輝	2 417	3508-7404 3508-3884	140

※内線電話番号は、第１議員会館は５＋室番号、６＋室番号（３～９階は５、６のあとに０を入れる）、
第２議員会館は７＋室番号、８＋室番号（２～９階は７、８のあとに０を入れる）

議員名	党派(会派)	選挙区	政策秘書名 第1秘書名 第2秘書名	館別 号室	直通 FAX	略歴頁
おおおかとしたか 大岡敏孝	自 [二]	滋賀1	石橋広行 岸田郁子 冨迫佳代	1 619	3508-7208 3508-3208	124
おおかわら 大河原まさこ	立	比例 東京	野村宗平 須崎秀信 露木佳代	1 517	3508-7261 3508-3531	101
おおぐしひろし 大串博志	立	佐賀2	及川昭広 稲葉典之 北島智孝	1 308	3508-7335 3508-3335	158
おおぐしまさき 大串正樹	自 [無]	比例 近畿	伊勢田暁子 森本猛史 大澤一功	1 616	3508-7191 3508-3621	138
おおぐちよしのり 大口善徳	公	比例 東海	山中基司 山内克則 久保田由美	2 308	3508-7017 3508-8552	122
おおしまあつし 大島敦	立	埼玉6	稲垣雅由 永井紀明 加藤幸一	1 420	3508-7093 3508-3380	73
おおつかたく 大塚拓	自 [安]	埼玉9	松井晴子 東山徹 佐藤由美	1 710	3508-7608 3508-3988	73
おおにしけんすけ 大西健介	立	愛知13	乾ひとみ 倉嶋弘夫 伊関延元	1 923	3508-7108 3508-3408	117
おおにしひでお 大西英男	自 [安]	東京16	亀本正城 山下誠治 吉田晃樹	2 510	3508-7033 3508-3833	97
おおのけいたろう 大野敬太郎	自 [無]	香川3	奴賀裕行 横田飛真 大谷まゆみ	1 1211	3508-7132 3502-5870	151
おおさかせいじ 逢坂誠二	立	北海道8	谷口真弓 ―― 浜谷優香	2 517	3508-7517 3508-3947	55
おかだかつや 岡田克也	立	三重3	金指良樹 安野啓子 村上幸司	1 506	3508-7109 3502-5047	119
おかもとこ 岡本あき子	立	比例 東北	村田実 家藤義人 鈴木清美	1 711	3508-7064 3508-3844	65
おかもとみつなり 岡本三成	公	東京12	坂本友明 佐藤希美子 宮木正雄	1 1005	3508-7147 3508-3637	96
おくしたたけみつ 奥下剛光	維	大阪7	平松大輔 林恭一 川端晴美	1 721	3508-7225 3508-3414	128
おくのしんすけ 奥野信亮	自 [安]	比例 近畿	水野元晴 木口善行 平岡史行	2 1001	3508-7421 3508-3901	138
おくのそういちろう 奥野総一郎	立	千葉9	西牟田勲 中野あかね 北村直昭	1 1119	3508-7256 3508-3526	82
おちあいたかゆき 落合貴之	立	東京6	星野菜穂子 京利英 原拓也	2 606	3508-7134 3508-3434	94
おにきまこと 鬼木誠	自 [森]	福岡2	大森一毅 平山康樹 濵崎耕太郎	1 715	3508-7182 3508-3612	155
か かとうあゆこ 加藤鮎子	自 [無]	山形3	―― ―― ――	1 705	3508-7216 3508-3216	62

※内線電話番号は、第1議員会館は5＋室番号、6＋室番号（3～9階は5、6のあとに0を入れる）、第2議員会館は7＋室番号、8＋室番号（2～9階は7、8のあとに0を入れる）

議員名	党派(会派)	選挙区	政策秘書名 第1秘書名 第2秘書名	館別 号室	直通 FAX	略歴頁
かとう かつのぶ 加藤勝信	自 [茂]	岡山5	加藤則和 杉原洋平 ――	2 1104	3508-7459 3508-3289	144
かとう りゅうしょう 加藤竜祥	自 [安]	長崎2	山岸直嗣 中西英雄 羽根里奈	2 1106	3508-7230 3508-3230	158
かさい こういち 河西宏一	公	比例 東京	田邊清二 石井敏之 海野奈保子	2 503	3508-7630 3508-3260	101
かいえだ ばんり 海江田万里	無	比例 東京	落合友子 三雲崇正 上村大	1 609	3508-7316 3508-3316	101
かきざわ みと 柿沢未途	自 [無]	東京15	―― 佐藤亨 帖地雅史	2 611	3508-7427 3508-8807	96
かさい あきら 笠井亮	共	比例 東京	向直也 中平智之 瀬長結	2 621	3508-7439 3508-3919	102
かじやま ひろし 梶山弘志	自 [無]	茨城4	木村義人 宇留野洋治 石黒理恵子	2 903	3508-7529 3508-7714	68
かつまた たかあき 勝俣孝明	自 [二]	静岡6	新井裕志 土倉隆太 村上祥平	1 920	3508-7202 3508-3202	114
かつめ やすし 勝目康	自 [無]	京都1	―― 柳幸博史 綾部繁	2 615	3508-7615 3508-3995	125
かどやま ひろあき 門山宏哲	自 [無]	比例 南関東	石原裕久 中村寿城 竹脇亮太	2 1121	3508-7382 3508-3512	89
かねこ えみ 金子恵美	立	福島1	中川誠一郎 来山佳子 河野裕之	2 710	3508-7476 3508-3356	63
かねこ しゅんぺい 金子俊平	自 [岸]	岐阜4	滝村尚人 下田学 塚本信二	2 913	3508-7060 3502-5853	112
かねこ やすし 金子恭之	自 [岸]	熊本4	白石剛嗣 中村浩実 大串穂尭	2 410	3508-7410 3504-8776	160
かねだ かつとし 金田勝年	自 [二]	比例 東北	工藤衛 小田嶋希実 ――	2 1009	3508-7053 3508-8815	65
かねむら りゅうな 金村龍那	維	比例 南関東	―― ―― ――	2 421	3508-7411 3508-3891	90
かまた 鎌田さゆり	立	宮城2	横田ひろ子 海上卓也 鎌田拓郎	1 313	3508-7204 3508-3204	60
かみかわ ようこ 上川陽子	自 [岸]	静岡1	西谷康祐 村松潮見 藤田知士	2 305	3508-7460 3508-3290	112
かみや ひろし 神谷裕	立	比例 北海道	―― 浅野幹昌 倉本さやか	2 801	3508-7050 3508-3960	57
かめおか よしたみ 亀岡偉民	自 [安]	比例 東北	亀岡まなみ 岡崎雄旭	1 1006	3508-7148 3508-3638	64
かわさき 川崎ひでと	自 [無]	三重2	岸田直樹 長嶺友之 永田真巳	1 702	3508-7152 3502-5173	118

※内線電話番号は、第1議員会館は5＋室番号、6＋室番号（3～9階は5、6のあとに0を入れる）、
第2議員会館は7＋室番号、8＋室番号（2～9階は7、8のあとに0を入れる）

議員名	党派(会派)	選挙区	政策秘書名 第1秘書名 第2秘書名	館別 号室	直通 FAX	略歴 頁
かんだ けんじ 神田憲次	自 [安]	愛知5	——— ——— ———	1 1124	3508-7253 3508-3523	115
かんだ じゅんいち 神田潤一	自 [無]	青森2	黒保浩介 貝吹敦志 藍澤奈緒子	2 812	3508-7502 3508-3932	58
かん なおと 菅　直人	立	東京18	菅　源太郎 岡戸正典 金子裕弥	1 512	3508-7323 3595-0090	97
かん けいちろう 菅家一郎	自 [安]	比例 東北	中川廣文 ——— 佐原正純	1 503	3508-7107 3508-3407	64
き はら せいじ 木原誠二	自 [岸]	東京20	川上昌克 西倉賢二 大熊義昭	1 915	3508-7169 3508-3719	98
き はら みのる 木原　稔	自 [茂]	熊本1	篠田　了 北岡浩二 勝久卓治	2 1116	3508-7450 3508-3970	159
き むら じろう 木村次郎	自 [安]	青森3	——— 村田尚也 山本幸之助	2 809	3508-7407 3508-3887	59
き ら しゅうじ 吉良州司	無 (有志)	大分1	尾崎美加 ——— ———	2 707	3508-7412 3508-3892	160
き い たかし 城井　崇	立	福岡10	襲田憲右 早見はるみ 緒方文則	1 807	3508-7389 3508-3509	157
き うち みのる 城内　実	自 [無]	静岡7	安田年一 古田　潤 南谷幸代	2 623	3508-7441 3508-3921	114
き かわ だ ひとし 黄川田仁志	自 [無]	埼玉3	石井あゆ子 川内昂哉 藤田　洸	1 816	3508-7123 3508-3423	72
きく た ま き こ 菊田真紀子	立	新潟4	鈴木明久 中村紀之 金子直起	2 802	3508-7524 3508-3954	104
きし のぶお 岸　信夫	自 [安]	山口2	小林憲史 吉永隆史 下倉陸彦	1 1203	3508-1203 3508-3237	146
きし だ ふみお 岸田文雄	自 [岸]	広島1	浮田義晴 岸田翔太郎 下岸征史	1 1222	3508-7279 3591-3118	144
きし もと しゅうへい 岸本周平	国	和歌山1	末次啓了 山本　明 阪口祥代	2 911	3508-7701 3508-3451	135
きた がみ けいろう 北神圭朗	無 (有志)	京都4	——— 三ツ谷菜採 千葉一真	2 519	3508-7069 3508-3849	126
きた がわ かずお 北側一雄	公	大阪16	橋本勝之 岡本　章 矢野博之	1 508	3508-7263 3508-3533	130
きた むら せいご 北村誠吾	自 [岸]	長崎4	神吉浩明 間村さつき 竹村道代	2 714	3508-7627 3508-3257	159
きんじょう やすくに 金城泰邦	公	比例 九州	大西章英 上地貴大 ———	1 801	3508-7153 3508-3703	166
く どう しょうぞう 工藤彰三	自 [麻]	愛知4	原澤直樹 ——— 酒井雄司	2 218	3508-7018 3508-3818	115

き　く

※内線電話番号は、第1議員会館は5＋室番号、6＋室番号（3～9階は5、6のあとに0を入れる）、第2議員会館は7＋室番号、8＋室番号（2～9階は7、8のあとに0を入れる）

議員名	党派(会派)	選挙区	政策秘書名 第1秘書名 第2秘書名	館別 号室	直通 FAX	略歴 頁
くさか まさき 日下正喜	公	比例 中国	山田一成 木口勇二 濱岡貴史	2 920	3508-7021 3508-3821	149
くにさだ いさと 国定勇人	自 [二]	比例 北陸信越	中溝篤司 ― 赤堀大	1 1220	3508-7131 3508-3431	109
くにしげ とおる 國重徹	公	大阪5	山西博之 松元晋輔 福本彰律	2 716	3508-7405 3508-3885	128
くにみつ 国光あやの	自 [岸]	茨城6	越智章 川又智佐子 ―	2 304	3508-7036 3508-3836	68
くまだ ひろみち 熊田裕通	自 [無]	愛知1	山口伸夫 伊藤歩 流石崇	2 508	3508-7513	114
け げんば こういちろう 玄葉光一郎	立	福島3	浜秀夫 吉田誠 佐藤周幸	1 819	3508-7252 3591-2635	63
げんま けんたろう 源馬謙太郎	立	静岡8	臼木秀剛 森口俊尚 杉山幸生	1 624	3508-7160 3508-3710	114
こ こいずみしんじろう 小泉進次郎	自 [無]	神奈川11	― 干場香名女 沼口祐季	1 314	3508-7327	85
こいずみりゅうじ 小泉龍司	自 [二]	埼玉11	原田祐一郎 松村重章 ―	2 1107	3508-7121 3508-3351	74
こじま としふみ 小島敏文	自 [岸]	比例 中国	山本秀一 鎌倉正樹 久松一枝	1 1206	3508-7192 3508-3622	147
こてら ひろお 小寺裕雄	自 [二]	滋賀4	新井勝美 吉田幸司 小寺赳史	1 601	3508-7126 3508-3419	125
こばやし しげき 小林茂樹	自 [二]	比例 近畿	吉川英里 岩見祥志 大田誠	2 501	3508-7090 3508-3870	138
こばやし たかゆき 小林鷹之	自 [二]	千葉2	― 藤原隆太 田中正憲	1 417	3508-7617 3508-3997	80
こばやし ふみあき 小林史明	自 [岸]	広島7	小川麻理亜 平盛豊 宮越真帆	1 1205	3508-7455 3508-3630	146
こみやま やすこ 小宮山泰子	立	比例 北関東	有本和雄 前田哲朗 川上偉策	1 607	3508-7184 3508-3614	77
こもり たくお 小森卓郎	自 [安]	石川1	白崎勇人 中野多美 北村麻記子	1 812	3508-7179 3508-3609	106
こやま のぶひろ 小山展弘	立	静岡3	松本美治 安田幸祐 伊藤健	1 1113	3508-7270 3508-3540	113
こが あつし 古賀篤	自 [岸]	福岡3	堀井英樹 ― ―	2 216	3508-7081 3508-3861	155
ごとう しげゆき 後藤茂之	自 [無]	長野4	小林勇郎 ― 三沢泰敏	1 704	3508-7702 3508-3452	108
ごとう ゆういち 後藤祐一	立	神奈川16	藤巻浩 細野康輔 日沼勇	2 814	3508-7092 3508-3962	87

※内線電話番号は、第1議員会館は5＋室番号、6＋室番号（3～9階は5、6のあとに0を入れる）、
第2議員会館は7＋室番号、8＋室番号（2～9階は7、8のあとに0を入れる）

議員名	党派(会派)	選挙区	政策秘書名 第1秘書名 第2秘書名	館別 号室	直通 FAX	略歴頁
ごとうだ まさずみ 後藤田正純	自 [茂]	比例 四国	伊藤　亨 渡辺泰成 十川昌史	1 315	3508-7315 3508-3315	153
こうの たろう 河野太郎	自 [麻]	神奈川15	盛　純二 矢野裕一 嶋津眞悟	2 1103	3508-7006 3500-5360	86
こうづ 神津たけし	立	比例 北陸信越	― 小林一三 山崎晴美	2 204	3508-7015 3508-3815	110
こうむら まさひろ 高村正大	自 [麻]	山口1	上田将祐 江村和剛 荒木亨尊	1 701	3508-7113 3502-5044	146
こくば こうのすけ 國場幸之助	自 [岸]	比例 九州	渡邊純一 市川宏明 塩澤正男	2 1016	3508-7741 3508-3061	164
こくた けいじ 穀田恵二	共	比例 近畿	山内　聡 折原知子 元山小百合	2 620	3508-7438 3508-3918	140
こしみず けいいち 輿水恵一	公	比例 北関東	藤村達彦 土屋伸雄 葛西正矩	2 307	3508-7076 3508-3766	77
こんどう かずや 近藤和也	立	比例 北陸信越	宮崎直広 川田樹希 辻森敏純	2 819	3508-7605 3508-3985	109
こんどう しょういち 近藤昭一	立	愛知3	笘米地真理 成川正之 坂野達也	2 402	3508-7402 3508-3882	115
ささき はじめ 佐々木　紀	自 [安]	石川2	田辺　暢 道券正明 横山大助	2 301	3508-7059 6273-3012	106
さとう こうじ 佐藤公治	立	広島6	神戸淳司 松前良司 門永健次	1 1022	3508-7145 3508-3635	146
さとう しげき 佐藤茂樹	公	大阪3	浮田広宣 清水信明 斎藤良憲	1 908	3508-7200 3508-3510	127
さとう つとむ 佐藤　勉	自 [麻]	栃木4	佐藤　圭 武　正和 須崎　司	2 902	3508-7408 3597-2740	70
さとう ひでみち 佐藤英道	公	比例 北海道	服部正利 川島公謙 向田　貴	2 717	3508-7457 3508-3287	57
さいとう てつお 斉藤鉄夫	公	広島3	稲田隆則 小堀信明 小片明博	1 412	3508-7308 3501-5524	145
さいとう 斎藤アレックス	国	比例 近畿	伊藤直子 安持英太郎 大﨑俊英	2 405	3508-7637 3508-3267	140
さいとう けん 齋藤　健	自 [無]	千葉7	清水道郎 安藤辰生 安藤晴彦	1 822	3508-7221 3508-3221	81
さいとう ひろあき 斎藤洋明	自 [麻]	新潟3	田中　悟 長谷川智希 若狭健太	1 407	3508-7155 3508-3705	104
さかい まなぶ 坂井　学	自 [無]	神奈川5	李　燁明 勝間田将 白井亮次	2 1119	3508-7489 3508-3369	84
さかもと てつし 坂本哲志	自 [森]	熊本3	山室　絢 山本心太 北里久則	2 702	3508-7034 3508-3834	159

※内線電話番号は、第1議員会館は5＋室番号、6＋室番号（3～9階は5、6のあとに0を入れる）、
第2議員会館は7＋室番号、8＋室番号（2～9階は7、8のあとに0を入れる）

議員名	党派(会派)	選挙区	政策秘書名 第1秘書名 第2秘書名	館別 号室	直通 FAX	略歴頁
さかもとゆうのすけ 坂本祐之輔	立	比例 北関東	今井省吾 黒澤幸司 西澤誠	2 1221	3508-7449 3508-3969	77
さくらいしゅう 櫻井周	立	比例 近畿	藤井千幸 桐山直也 齋藤尚光	2 409	3508-7465 3508-3295	139
さくらだよしたか 櫻田義孝	自 [二]	比例 南関東	上野剛 小田原暁史 井田翔	2 1117	3508-7381 3508-3501	89
ささがわひろよし 笹川博義	自 [茂]	群馬3	茂木和幸 ―― 峰岸大悟	2 316	3508-7338 3508-3338	71
さわだりょう 沢田良	維	比例 北関東	松村東 ―― 吉村豪介	2 323	3508-7526 3508-3956	78
しいかずお 志位和夫	共	比例 南関東	浜田文 吉井芳子 井岡弘	1 1017	3508-7285 3508-3735	91
しおかわてつや 塩川鉄也	共	比例 北関東	山本陽子 岡田里志 木田真理子	2 905	3508-7507 3508-3937	78
しおざきあきひさ 塩崎彰久	自 [安]	愛媛1	清水洋之 川崎晶子 ――	1 1102	3508-7189 3508-3619	151
しおのやりゅう 塩谷立	自 [安]	比例 東海	渡辺桃子 ―― 岡本直哉	2 1211	3508-7632 3508-3262	120
しげとくかずひこ 重徳和彦	立	愛知12	藤原聖 畔柳智章 田中宏樹	2 909	3508-7910 3508-3285	117
しなたけし 階猛	立	岩手1	河村匡庸 平子圭 橋詰清	2 203	3508-7024 3508-3824	59
しのはらごう 篠原豪	立	神奈川1	中山真吾 嘉藤敦 大城知恵	2 608	3508-7130 3508-3430	83
しのはらたかし 篠原孝	立	比例 北陸信越	岡本匡広 篠原章一 沓掛洋介	1 719	3508-7268 3508-3538	109
しばやままさひこ 柴山昌彦	自 [安]	埼玉8	増井一朗 大塚隆浩 渡邊洋平	2 822	3508-7624 3508-7715	73
しまじりあいこ 島尻安伊子	自 [茂]	沖縄3	宮城一郎 下地太一 伊波広貴	1 1111	3508-7265 3508-3535	163
しもじょう 下条みつ	立	長野2	小川昌昭 百瀬秀則 白澤孝之	1 806	3508-7271 3508-3541	107
しもむらはくぶん 下村博文	自 [安]	東京11	榮友里子 中村恭平 髙橋尚久	2 622	3508-7084 3597-2772	95
しょうじけんいち 庄子賢一	公	比例 東北	早坂光 松野博志 九鬼秀俊	2 1224	3508-7474 3508-3354	66
しらいしよういち 白石洋一	立	比例 四国	沼田忠典 ―― ――	2 720	3508-7244 3508-3514	153
しんたにまさよし 新谷正義	自 [茂]	広島4	―― 麻生満理子 亀岡勇紀	2 805	3508-7604 3508-3984	145

※内線電話番号は、第1議員会館は5＋室番号、6＋室番号（3～9階は5、6のあとに0を入れる）、第2議員会館は7＋室番号、8＋室番号（2～9階は7、8のあとに0を入れる）

議員名	党派(会派)	選挙区	政策秘書名 第1秘書名 第2秘書名	館別 号室	直通 FAX	略歴頁
しんどう よしたか 新藤義孝	自 [茂]	埼玉2	田村豪 天野優子 飯嶋頼康	1 810	3508-7313 3508-3313	72
す すえつぐ せいいち 末次精一	立	比例 九州	― ― ―	1 606	3508-7176 3508-3606	165
すえまつ よしのり 末松義規	立	東京19	奥村真弓 ― 森田悠治	2 1008	3508-7488 3508-3368	97
すが よしひで 菅義偉	自 [無]	神奈川2	黄瀬周作 奥野智佐之 浅田侑吾	2 1113	3508-7446 3597-2707	83
すぎた みお 杉田水脈	自 [安]	比例 中国	嘉悦彩 ― 石村健	2 907	3508-7029 3508-3829	148
すぎもと かずみ 杉本和巳	維	比例 東海	― 津下鉄平 杉田亜貴子	1 414	3508-7266 3508-3536	122
すずき あつし 鈴木敦	国	比例 南関東	竹内淳太郎 内田美奈子 ―	2 1123	3508-7286 3508-3736	91
すずき えいけい 鈴木英敬	自 [安]	三重4	寺西弘行 太田浩司 中川尚昭	1 614	3508-7269 3508-3539	119
すずき けいすけ 鈴木馨祐	自 [麻]	神奈川7	― 黒田幸輝 藤田芳紀	1 423	3508-7304 3508-3304	84
すずき しゅんいち 鈴木俊一	自 [麻]	岩手2	清川健二 島田秀治 堀間悟	1 1001	3508-7267 3508-3543	59
すずき じゅんじ 鈴木淳司	自 [安]	愛知7	安藝仁 三治敦司 神﨑里美	1 1110	3508-7264 3508-3534	116
すずき たかこ 鈴木貴子	自 [茂]	比例 北海道	― ― ―	1 1202	3508-7233 3508-3233	56
すずき のりかず 鈴木憲和	自 [茂]	山形2	田中辰明 佐藤愛美 後藤理徳	1 416	3508-7318 3508-3318	62
すずき はやと 鈴木隼人	自 [茂]	東京10	丸山響 唐橋新哉 生藤健人	2 1215	3508-7463 3508-3293	95
すずき ようすけ 鈴木庸介	立	比例 東京	加藤義直 加納拓弥 ―	1 1216	3508-7028 3508-3828	100
すずき よしひろ 鈴木義弘	国	比例 北関東	― 新井寛雄 山川英郎	1 713	3508-7282 3508-3732	78
すみよし ひろき 住吉寛紀	維	比例 近畿	上垣亜希 橋本淳 ―	2 303	3508-7415 3508-3895	136
せ せき よしひろ 関芳弘	自 [安]	兵庫3	高谷理恵 守内一誠 丸山義明	1 603	3508-7173 3508-3603	132
そ そのうら けんたろう 薗浦健太郎	自 [麻]	千葉5	高橋洋樹 大谷勇人 竹田亮	1 321	3508-7305 3508-3305	81
そらもと せいき 空本誠喜	維	比例 中国	野中幸市 高山智秀 伊藤真二	2 1202	3508-7451 3508-3281	149

※内線電話番号は、第1議員会館は5＋室番号、6＋室番号（3～9階は5、6のあとに0を入れる）、
第2議員会館は7＋室番号、8＋室番号（2～9階は7、8のあとに0を入れる）

た

議員名	党派（会派）	選挙区	政策秘書名 第1秘書名 第2秘書名	館別 号室	直通 FAX	略歴頁
りょう たがや 亮	れ	比例 南関東	前田正志 堤 昌也 菅沼奏子	2 415	3508-7008 3508-3808	91
たじま かなめ 田嶋 要	立	千葉1	丸尾圭祐 宮崎活二 菊池亮孔	1 1215	3508-7229 3508-3411	80
たどころよしのり 田所嘉徳	自 [無]	比例 北関東	中山嘉隆 永井昌儀 中川太一	1 716	3508-7068 3508-3848	76
たなかかずのり 田中和徳	自 [麻]	神奈川10	細田将史 矢作真樹子 菅谷英彦	1 1010	3508-7294 3508-3504	85
たなか けん 田中 健	国	比例 東海	矢島光弘 小原洋樹 松井優介	1 712	3508-7190 3508-3620	123
たなかひでゆき 田中英之	自 [無]	比例 近畿	葛城直樹 奥井寛之 奥谷佳代	2 604	3508-7007 3508-3807	138
たなかりょうせい 田中良生	自 [無]	埼玉15	鈴木利光 福山真樹 森 幹郎	2 521	3508-7058 3508-3858	75
たのせたいどう 田野瀬太道	自 [森]	奈良3	沖浦功一 杉岡宏基 小畑善孝	2 314	3508-7071 3591-6569	135
たばたひろあき 田畑裕明	自 [安]	富山1	西村寛一郎 高原 理 岩佐秀典	2 214	3508-7704 3508-3454	105
たむらたかあき 田村貴昭	共	比例 九州	村高芳樹 山口佳織 川邉隆史	2 712	3508-7475 3508-3355	166
たむらのりひさ 田村憲久	自 [無]	三重1	中村敏幸 細渕 修 世古丈人	1 902	3508-7163 3502-5066	118
たいら まさあき 平 将明	自 [無]	東京4	若林継啓 山森寛之 津野仁美	1 914	3508-7297 3508-3507	94
たかいちさなえ 高市早苗	自 [無]	奈良2	高市知嗣 木下剛志 蓮実 守	1 903	3508-7198 3508-7199	135
たかがいえみこ 髙階恵美子	自 [安]	比例 中国	池田和隆 佐々木由美 池田和正	2 1208	3508-7518 3508-3948	148
たかぎ けい 髙木 啓	自 [安]	比例 東京	杉浦貴和子 川西宏知 渡部修士	2 310	3508-7601 3508-3981	99
たかぎ つよし 髙木 毅	自 [安]	福井2	小泉あずさ 前島英希 山東寛和	1 1008	3508-7296 3508-3506	107
たかぎひろひさ 高木宏壽	自 [二]	北海道3	――― ――― ―――	2 217	3508-7636 3508-3024	53
たかぎようすけ 高木陽介	公	比例 東京	亀岡茂一 高野正史 天野明美	2 1023	3508-7481 5251-3685	101
たかとりしゅういち 髙鳥修一	自 [安]	比例 北陸信越	――― ――― ―――	1 1214	3508-7607 3508-3987	108
たかはしちづこ 高橋千鶴子	共	比例 東北	永野保司 水野希美子 小谷祥司	2 904	3508-7506 3508-3936	66

※内線電話番号は、第1議員会館は5＋室番号、6＋室番号（3～9階は5、6のあとに0を入れる）、第2議員会館は7＋室番号、8＋室番号（2～9階は7、8のあとに0を入れる）

議員名	党派(会派)	選挙区	政策秘書名 第1秘書名 第2秘書名	館別 号室	直通 FAX	略歴 頁
たかはしひであき 高橋英明	維	比例 北関東	増田仁 板倉勝教 小牧操	2 808	3508-7260 3508-3530	78
たかみやすひろ 高見康裕	自 [茂]	島根2	小牧雅一 曽田昇 中村中	2 520	3508-7166 3508-3716	143
たけうちゆずる 竹内譲	公	比例 近畿	包國嘉介 山本大樹 田原功一	2 1223	3508-7473 3508-3353	139
たけいしゅんすけ 武井俊輔	自 [岸]	比例 九州	―― 小浦拓也 長倉寛充	2 1017	3508-7388 3508-3718	164
たけだりょうた 武田良太	自 [二]	福岡11	平嶺孔貴 矢野崇志 天野統郎	1 610	3508-7180 3508-3610	157
たけべあらた 武部新	自 [二]	北海道12	後藤秀一 安藤綾子 小澤陽平	2 1010	3508-7425 3502-5190	56
たけむらのぶひで 武村展英	自 [無]	滋賀3	留川浩一 饗場貴子 井上喜美子	1 602	3508-7118 3508-3418	125
たちばなけいいちろう 橘慶一郎	自 [無]	富山3	吉田貢 山本健一 中里枝	1 622	3508-7227 3508-3227	105
たなはしやすふみ 棚橋泰文	自 [麻]	岐阜2	古田恭弘 和波佐江子 長島卓己	2 713	3508-7429 3508-3909	111
たにこういち 谷公一	自 [二]	兵庫5	磯篤志 津野田雄輔 渡辺浩司	2 810	3508-7010 3502-5048	132
たにがわ 谷川とむ	自 [安]	比例 近畿	早川加寿裕 家門保 石高大基	1 1104	3508-7514 3508-3944	139
たにがわやいち 谷川弥一	自 [安]	長崎3	宮永龍典 三宅浩子 小林理恵	2 1101	3508-7014 3506-0557	158
たまきゆういちろう 玉木雄一郎	国	香川2	井山哲 出水薫 門脇永子	1 706	3508-7213 3508-3213	151
つしまじゅん 津島淳	自 [茂]	比例 東北	浅田裕之 石田純 清水眞	2 1204	3508-7073 3508-3033	64
つかだいちろう 塚田一郎	自 [麻]	比例 北陸信越	白石光治 渡邉利世 河原正和	1 302	3508-7705 3508-3455	109
つじきよと 辻清人	自 [岸]	東京2	稲見正治 山本将伸 木村聡宏	1 522	3508-7288 3508-3738	93
つちだしん 土田慎	自 [麻]	東京13	小野寺洋二 平野友紀子 ――	1 1020	3508-7341 3508-3341	96
つちやしなこ 土屋品子	自 [無]	埼玉13	佐々木太郎 豊田典子 高橋昌志	1 402	3508-7188 3508-3618	74
つつみ 堤かなめ	立	福岡5	黛典子 金岩秀郎 川西義人	2 312	3508-7062 3508-3039	156
つのだひでお 角田秀穂	公	比例 南関東	江端功一 鈴木隆 大倉沙織	2 309	3508-7052 3508-3852	91

※内線電話番号は、第1議員会館は5＋室番号、6＋室番号（3～9階は5、6のあとに0を入れる）、
第2議員会館は7＋室番号、8＋室番号（2～9階は7、8のあとに0を入れる）

	議員名	党派(会派)	選挙区	政策秘書名 第1秘書名 第2秘書名	館別 号室	直通 FAX	略歴頁
て	てづかよしお 手塚仁雄	立	東京5	土橋雄宇 柿澤雄太 細貝悠	1 802	3508-7234 3508-3234	94
	てらたまなぶ 寺田学	立	比例 東北	井川知雄 島田真 堀江淳	1 1014	3508-7464 3508-3294	65
	てらだみのる 寺田稔	自 [岸]	広島5	迫田誠 ――― 山本譲	1 1213	3508-7606 3508-3986	145
と	どいとおる 土井亨	自 [安]	宮城1	山田朋広 佐藤聖 真田遼海	1 1120	3508-7470 3508-3350	60
	とがしひろゆき 冨樫博之	自 [無]	秋田1	山田修市 田中基樹 大澤薫	2 1019	3508-7275 3508-3725	61
	とかいきさぶろう 渡海紀三朗	自 [無]	兵庫10	中嶋規人 加茂朋章 石橋友子	1 1109	3508-7643 3508-3613	134
	とくながひさし 徳永久志	立	比例 近畿	川口良治 坂口明徳 ―――	2 609	3508-7250 3508-3520	140
な	なかがわたかもと 中川貴元	自 [麻]	比例 東海	桑代真哉 ――― 藤岡尚子	2 701	3508-7461 3508-3291	120
	なかがわひろまさ 中川宏昌	公	比例 北陸信越	増田美香 藤田正純 大久保智広	1 922	3508-3639 3508-7149	110
	なかがわまさはる 中川正春	立	比例 東海	――― ――― 福原勝	1 519	3508-7128 3508-3428	121
	なかがわやすひろ 中川康洋	公	比例 東海	嶋林秀一 石井隆 加賀友啓	2 919	3508-7038 3508-3838	122
	なかがわゆうこ 中川郁子	自 [二]	比例 北海道	――― 山本高史 ―――	1 309	3508-7103 3508-3403	56
	なかじまかつひと 中島克仁	立	比例 南関東	山本健 ――― ―――	2 723	3508-7423 3508-3903	90
	なかそねやすたか 中曽根康隆	自 [二]	群馬1	加藤佑介 大山充 井上里穂	2 923	3508-7272 3508-3722	70
	なかたにかずま 中谷一馬	立	比例 南関東	鈴木敬行 風間良 奈良甲介	1 509	3508-7310 3508-3310	89
	なかたにげん 中谷元	自 [無]	高知1	豊田圭三 北原仁 山田亮	2 1222	3508-7486 3592-9032	152
	なかたにしんいち 中谷真一	自 [茂]	山梨1	玉木武彦 長谷部政彦 古郡拓也	2 215	3508-7336 3508-3336	87
	なかつかひろし 中司宏	維	大阪11	三好新治 竹田和之 鈴木裕子	1 905	3508-7146 3508-3636	129
	なかにしけんじ 中西健治	自 [麻]	神奈川3	平林悟 吉村義哉 長谷川亮太	1 303	3508-7311 3508-3377	83
	なかねかずゆき 中根一幸	自 [安]	比例 北関東	犬飼俊郎 小松隆仁 岩松健	2 1206	3508-7458 3508-3288	76

※内線電話番号は、第1議員会館は5＋室番号、6＋室番号（3～9階は5、6のあとに0を入れる）、
第2議員会館は7＋室番号、8＋室番号（2～9階は7、8のあとに0を入れる）

議員名	党派(会派)	選挙区	政策秘書名 第1秘書名 第2秘書名	館別 号室	直通 FAX	略歴頁
なかのひでゆき 中野英幸	自 [二]	埼玉7	染谷剛 菊池豪 金澤将	2 220	3508-7220 3508-3220	73
なかのひろまさ 中野洋昌	公	兵庫8	小谷伸彦 能村清人 山田友崇	1 722	3508-7224 3508-3415	133
なかむらきしろう 中村喜四郎	立	比例 北関東	谷中勝一 —— 岡野功	2 411	3508-7501 3508-3931	77
なかむらひろゆき 中村裕之	自 [麻]	北海道4	髙橋知久 栗原巧 川仁伸一	2 406	3508-7406 3508-3886	54
なかやまのりひろ 中山展宏	自 [麻]	比例 南関東	松本達也 白谷武士 宮崎鋭一	2 311	3508-7435 3508-3915	89
ながおかけいこ 永岡桂子	自 [麻]	茨城7	大越貴陽 矢部憲司 小池寿伴太郎	1 714	3508-7274 3508-3724	69
ながさかやすまさ 長坂康正	自 [麻]	愛知9	茶谷滋 長坂隆廣 今川徳治	1 1007	3508-7043 3508-3863	116
ながしまあきひさ 長島昭久	自 [二]	比例 東京	及川哲央 花咲宏基 安西謙介	1 510	3508-7309 3508-3309	100
ながつまあきら 長妻昭	立	東京7	梶護 淡島智子 中原翔太	2 706	3508-7456 3508-3286	94
ながともしんじ 長友慎治	国	比例 九州	川添由香子 黒木章光 菊池史隆	2 912	3508-7212 3508-3212	167
に　にかいとしひろ 二階俊博	自 [二]	和歌山3	二階俊樹 二階伸康 小川珠美	2 223	3508-7023 3502-5037	136
にきひろぶみ 仁木博文	無 (有志)	徳島1	小笠原博信 黒田佳代 松本顕	2 213	3508-7011 3508-3811	150
にわひでき 丹羽秀樹	自 [麻]	愛知6	杉山健太郎 大塚恭平 小林拓	2 916	3508-7025 3508-3825	116
にしおかひでこ 西岡秀子	国	長崎1	—— 高瀬千義 ——	2 1124	3508-7343 3508-3733	158
にしだしょうじ 西田昭二	自 [岸]	石川3	井上貴義 奥村淳 土倉豊	1 523	3508-7139 3508-3439	106
にしのだいすけ 西野太亮	自 [無]	熊本2	鹿島圭子 中村直哉 生山敬之	1 913	3508-7144 3508-3634	159
にしむらあきひろ 西村明宏	自 [安]	宮城3	—— —— 佐々木祐子	2 324	3508-7906 3508-3873	60
にしむらちなみ 西村智奈美	立	新潟1	髙田一喜 佐藤真一 和泉優	2 404	3508-7614 3508-3994	103
にしむらやすとし 西村康稔	自 [安]	兵庫9	平野勝敏 柳沢浩美 ——	1 611	3508-7101 3508-3401	133
にしめこうさぶろう 西銘恒三郎	自 [茂]	沖縄4	大城和人 津嘉山尚也 末吉達俊	2 317	3508-7218 3508-3218	163

※内線電話番号は、第1議員会館は5＋室番号、6＋室番号（3～9階は5、6のあとに0を入れる）、
第2議員会館は7＋室番号、8＋室番号（2～9階は7、8のあとに0を入れる）

	議員名	党派(会派)	選挙区	政策秘書名 第1秘書名 第2秘書名	館別 号室	直通 FAX	略歴頁
ぬ	ぬかがふくしろう 額賀福志郎	自 [茂]	茨城2	藤井剛 平川大輔 秋山太三	2 824	3508-7447 3592-0468	67
ね	ねもとたくみ 根本匠	自 [岸]	福島2	六角陽佳 林美奈子 小松慎太郎	2 1213	3508-7312 3508-3312	63
	ねもとゆきのり 根本幸典	自 [安]	愛知15	服部靖夫 川越憂貴 若林由利	2 906	3508-7711 3508-3300	118
の	のだせいこ 野田聖子	自 [無]	岐阜1	半田亘 ——— 中森美恵子	1 504	3508-7161 3591-2143	111
	のだよしひこ 野田佳彦	立	千葉4	河井淳一 田窪照美 山本勇介	1 821	3508-7141 3508-3441	80
	のなかあつし 野中厚	自 [茂]	比例 北関東	——— 柴田昭彦 山崎洋平	1 419	3508-7041 3508-3841	75
	のまたけし 野間健	立	鹿児島3	久本芳孝 潟野修一 ———	2 601	3508-7027 3508-3827	162
は	はせがわじゅんじ 長谷川淳二	自 [無]	愛媛4	安藤明 山下芳公 田井野駿	2 703	3508-7453 3508-3283	152
	はなしやすひろ 葉梨康弘	自 [岸]	茨城3	池田芳宏 渡邉貴大 鎌田総太郎	1 1117	3508-7248 3508-3518	68
	ばばのぶゆき 馬場伸幸	維	大阪17	辻修治 小寺一輝 山口剛士	1 511	3508-7322 3508-3322	131
	ばばゆうき 馬場雄基	立	比例 東北	——— ——— ———	2 821	3508-7631 3508-3261	65
	はぎうだこういち 萩生田光一	自 [安]	東京24	佐藤裕之 大竹利明 鈴木脩介	2 1205	3508-7154 3508-3704	99
	はしもとがく 橋本岳	自 [茂]	岡山4	矢吹彰康 藤村健 高坂隆行	2 306	3508-7016 3508-3816	144
	はとやまじろう 鳩山二郎	自 [二]	福岡6	國﨑慎也 立井尚友 江刺家孝臣	2 221	3508-7905 3580-8001	156
	はまだやすかず 浜田靖一	自 [無]	千葉12	——— 小暮眞也 永田実和子	2 315	3508-7020 3508-7644	82
	はまちまさかず 濵地雅一	公	比例 九州	吉田直樹 濱田幸光 水町康博	1 803	3508-7235 3508-3235	165
	はやさかあつし 早坂敦	維	比例 東北	常澤正史 春藤沙弥香 佐藤綾子	2 704	3508-7414 3508-3894	66
	はやしもとお 林幹雄	自 [二]	千葉10	渡辺淳一 津田康平 山野巧磨	1 612	3508-7151 3502-5016	82
	はやしよしまさ 林芳正	自 [岸]	山口3	宮本賢一 小平均 山村恭子	1 1201	3508-7115 3508-3050	147
	はらぐちかずひろ 原口一博	立	佐賀1	池田勝 坂本裕二朗 山﨑康弘	1 307	3508-7238 3508-3238	157

※内線電話番号は、第1議員会館は5＋室番号、6＋室番号（3～9階は5、6のあとに0を入れる）、
第2議員会館は7＋室番号、8＋室番号（2～9階は7、8のあとに0を入れる）

議員名	党派(会派)	選挙区	政策秘書名 第1秘書名 第2秘書名	館別号室	直通 FAX	略歴頁
ばんの ゆたか 伴野　豊	立	比例東海	大坪俊一 三島且成 水見祥子	2 910	3508-7019 3508-3819	121
ひらい たくや 平井卓也	自 [岸]	比例四国	寺井　慶 荒井　淳 須永映里子	1 1024	3508-7307 3508-3307	153
ひらぐち ひろし 平口　洋	自 [茂]	広島2	廣瀬典子 湯浅路子 一瀬晃一郎	2 804	3508-7622 3508-3252	145
ひらさわ かつえい 平沢勝栄	自 [二]	東京17	熊谷修二 植原和紀 藤澤翔一	1 1115	3508-7257 3508-3527	97
ひらぬま しょうじろう 平沼正二郎	自 [二]	岡山3	福井慎二 高原秀明 ―	2 614	3508-7251 3508-3521	144
ひらばやし あきら 平林　晃	公	比例中国	西岡　稔 堀池克己 ―	1 507	3508-7339 3508-3339	149
ふかざわ よういち 深澤陽一	自 [岸]	静岡4	村上泰史 遠藤敏郎 重坂雅之	1 1223	3508-7709 3508-3243	113
ふくしげ たかひろ 福重隆浩	公	比例北関東	掛川信一 上原政雄 西口　香	1 909	3508-7249 3508-3519	78
ふくしま のぶゆき 福島伸享	無 (有志)	茨城1	赤川貴大 渡邉雄司 水書隆太	2 419	3508-7262 3508-3532	67
ふくだ あきお 福田昭夫	立	栃木2	― 阿久津正典 塚原和広	1 708	3508-7289 3508-3739	69
ふくだ たつお 福田達夫	自 [安]	群馬4	石井琢郎 菊地秀行 堤　岳志	1 1103	3508-7181 3508-3611	71
ふじい ひさゆき 藤井比早之	自 [無]	兵庫4	伊地知理美 堀　支津子 両角真之介	1 615	3508-7185 3508-3615	132
ふじおか たかお 藤岡隆雄	立	比例北関東	― 土澤康敏 浅津敦史	1 608	3508-7178 3508-3608	76
ふじた ふみたけ 藤田文武	維	大阪12	吉田直樹 中川慎也 金本絵理奈	1 312	3508-7040 3508-3840	129
ふじまき けんた 藤巻健太	維	比例南関東	吉田　新 山田一義 柿沼光利	2 320	3508-7503 3508-3933	90
ふじまる さとし 藤丸　敏	自 [岸]	福岡7	原野隆博 松尾昭宏 廣松金悟	2 211	3508-7431 3597-0483	156
ふじわら たかし 藤原　崇	自 [安]	岩手3	― ― ―	2 1015	3508-7207 3508-3721	59
ふとり ひでし 太　栄志	立	神奈川13	― 角田憲一 ―	1 409	3508-7330 3508-3330	86
ふなだ はじめ 船田　元	自 [茂]	栃木1	盛　未来 山本光雄 間嶋秀樹	2 605	3508-7156 3508-3706	69
ふるかわ なおき 古川直季	自 [無]	神奈川6	荒井大樹 ― 阿部知子	2 1114	3508-7523 3508-3953	84

ひ

ふ

※内線電話番号は、第1議員会館は5+室番号、6+室番号（3～9階は5、6のあとに0を入れる）、
第2議員会館は7+室番号、8+室番号（2～9階は7、8のあとに0を入れる）

議員名	党派(会派)	選挙区	政策秘書名 第1秘書名 第2秘書名	館別号室	直通 FAX	略歴頁
ふるかわもとひさ 古川元久	国	愛知2	近藤久美 花井孝之 横田大	2 1006	3508-7078 3597-2758	115
ふるかわやすし 古川康	自 [茂]	比例 九州	―― ―― ――	2 813	6205-7711 3508-3897	164
ふるかわよしひさ 古川禎久	自 [茂]	宮崎3	西田育生 田中千代 小圷麻綾	2 612	3508-7612 3506-2503	161
ふるやけいじ 古屋圭司	自 [無]	岐阜5	渡辺一博 古屋一郎 梶田誉穣	2 423	3508-7440 3592-9040	112
ふるやのりこ 古屋範子	公	比例 南関東	深澤貴美子 中島順一 高野清志	2 502	3508-7629 3508-3259	91
ほ ほさかやすし 穂坂泰	自 [無]	埼玉4	酒井慶太 小池夕妃 飯倉一樹	2 908	3508-7030 3508-3830	72
ほしのつよし 星野剛士	自 [無]	比例 南関東	宇野沢典子 田中章喜 田中真一	2 708	3508-7413 3508-3893	88
ほそだけんいち 細田健一	自 [安]	新潟2	楠原浩祐 山田孝枝 ――	2 1220	3508-7278 3508-3728	104
ほそだひろゆき 細田博之	無	島根1	津川幸治 笛田修輔 ――	2 513	3508-7443 3503-7530	143
ほそのごうし 細野豪志	自 [二]	静岡5	福田三恵 佐藤公彦 髙木いづみ	1 620	3508-7116 3508-3416	113
ほりいまなぶ 堀井学	自 [安]	比例 北海道	毛利丈二 天野壮祐 池田晃之	2 408	3508-7125 3508-3425	56
ほりうちのりこ 堀内詔子	自 [岸]	山梨2	渡辺明秀 佐藤学 志村さおり	2 407	3508-7487 3508-3367	88
ほりばさちこ 堀場幸子	維	比例 近畿	堀内由理 ―― 田中志保	2 422	3508-7422 3508-3902	137
ほりいけんじ 掘井健智	維	比例 近畿	三品耕作 ―― 橋本南	2 806	3508-7088 3508-3868	136
ほんじょうさとし 本庄知史	立	千葉8	細見一雄 芳野泰崇 矢口すみれ	2 1219	3508-7519 3508-3949	81
ほんだたろう 本田太郎	自 [無]	京都5	小澤喜子 小谷典仁 武田光樹	2 210	3508-7012 3508-3812	126
ま まぶちすみお 馬淵澄夫	立	奈良1	片岡新 森田浩行 岩井禅	1 1217	3508-7122 3508-3051	134
まえかわきよしげ 前川清成	維	比例 近畿	内ケ﨑雅俊 中川崇 大菅亜希子	2 815	3508-7625 3508-3255	137
まえはらせいじ 前原誠司	国	京都2	村田昭一郎 木元俊大 齋藤博史	1 809	3508-7171 3592-6696	125
まきよしお 牧義夫	立	比例 東海	北村礼文 江原史朗 成瀬厚子	1 305	3508-7628 3508-3258	121

※内線電話番号は、第1議員会館は5＋室番号、6＋室番号（3～9階は5、6のあとに0を入れる）、第2議員会館は7＋室番号、8＋室番号（2～9階は7、8のあとに0を入れる）

議員名	党派(会派)	選挙区	政策秘書名 第1秘書名 第2秘書名	館別 号室	直通 FAX	略歴頁
まきしま 牧島かれん	自 [麻]	神奈川17	―― ―― ――	1 322	3508-7026 3508-3826	87
まきはらひでき 牧原秀樹	自 [無]	比例 北関東	末廣慎二 ―― ――	1 1116	3508-7254 3508-3524	76
まつき 松木けんこう	立	北海道2	岡本征弘 梶浦宜明 櫻井知英	1 324	3508-7324 3508-3324	53
まつしま 松島みどり	自 [安]	東京14	福田 健 染谷優佳 小林 詳	1 709	3508-7065 3508-3845	96
まつのひろかず 松野博一	自 [安]	千葉3	曽我陽一郎 伊藤孝行 山﨑岳久	1 502	3508-7329 3508-3329	80
まつばらじん 松原 仁	立	東京3	関根 勉 高池慶太 伊藤 賢	2 709	3508-7452 3580-7336	93
まつもとたけあき 松本剛明	自 [麻]	兵庫11	梅津徳之 清瀬博文 大路 渡	1 707	3508-7214 3508-3214	134
まつもとひさし 松本 尚	自 [安]	千葉13	高野雅樹 金塚 学 伏谷拓人	1 1009	3508-7295 3508-3505	83
まつもとようへい 松本洋平	自 [二]	比例 東京	柏原隆宏 関 泰章 ――	1 1011	3508-7133 3508-3433	99
みきけえ 三木圭恵	維	比例 近畿	森山秀樹 渡壁勇樹 小阪智彦	2 1105	3508-7638 3508-3268	136
みたぞのさとし 三反園 訓	無	鹿児島2	牛嶋賢太 松本克彦 ――	2 924	3508-7511 3508-3941	162
みたにひでひろ 三谷英弘	自 [無]	比例 南関東	東海林 大 余宮真樹子 六島綾子	2 1120	3508-7522 3508-3952	88
みつばやしひろみ 三ッ林裕巳	自 [安]	埼玉14	志村賢一 清水貴博 佐藤亮平	2 522	3508-7416 3508-3896	75
みのべてるお 美延映夫	維	大阪4	安達正悟 岸田 智 柳下 恵	1 1019	3508-7194 3508-3624	127
みのりかわのぶひで 御法川信英	自 [麻]	秋田3	石毛真理子 佐藤春男 鈴木由希	1 901	3508-7167 3508-3717	62
みさきまき 岬 麻紀	維	比例 東海	浅田淳志 飯塚将史 髙木善英	2 705	3508-7409 3508-3889	122
みちしただいき 道下大樹	立	北海道1	佐藤陽子 市橋修太 伊藤孝介	2 516	3508-7516 3508-3946	53
みどりかわたかし 緑川貴士	立	秋田2	小池恵里子 長崎朋典 阿部義人	2 202	3508-7002 3508-3802	61
みやうちひでき 宮内秀樹	自 [二]	福岡4	上原雅人 赤司圭介 長﨑琢也	1 604	3508-7174 3508-3604	155
みやざきまさひさ 宮﨑政久	自 [茂]	比例 九州	今井時右衛門 大澤真弓 佐藤 汀	2 722	3508-7360 3508-3071	164

※内線電話番号は、第1議員会館は5+室番号、6+室番号（3～9階は5、6のあとに0を入れる）、第2議員会館は7+室番号、8+室番号（2～9階は7、8のあとに0を入れる）

	議員名	党派(会派)	選挙区	政策秘書名 第1秘書名 第2秘書名	館別 号室	直通 FAX	略歴頁
	みやざわ ひろゆき 宮澤博行	自 [安]	比例 東海	藤谷洋平 鈴木翔士 石川美由紀	1 1021	3508-7135 3508-3435	120
	みやじ たくま 宮路拓馬	自 [森]	鹿児島1	田中彰吾 木村颯 粕谷訓史	1 311	3508-7206 3508-3206	161
	みやした いちろう 宮下一郎	自 [安]	長野5	天野健太郎 高橋達之 尾関正行	1 1207	3508-7903 3508-3643	108
	みやもと たけし 宮本岳志	共	比例 近畿	田村幸恵 隅田清美 古山潔	1 1108	3508-7255 3508-3525	140
	みやもと とおる 宮本徹	共	比例 東京	坂間和史 松尾勝哉 川野純平	1 1219	3508-7508 3508-3938	102
む	むとう ようじ 武藤容治	自 [麻]	岐阜3	野村真一 小檜山千代久 伊藤康男	2 1212	3508-7482 3508-3362	112
	むたい しゅんすけ 務台俊介	自 [麻]	比例 北陸信越	赤羽俊太郎 村瀬元良 柳澤裕喜	1 403	3508-7334 3508-3334	109
	むねきよ こういち 宗清皇一	自 [安]	比例 近畿	佐藤博之 ―― 蓮岡牧生	1 310	3508-7205 3508-3205	138
	むらい ひでき 村井英樹	自 [岸]	埼玉1	二宮尚徳 尾﨑裕太 相馬大作	1 911	3508-7467 3508-3297	71
	むらかみ せいいちろう 村上誠一郎	自 [無]	愛媛2	佐藤洋一 村上信太郎 田丸勇野人	1 1224	3508-7291 3502-5172	152
も	もてぎ としみつ 茂木敏充	自 [茂]	栃木5	駒林裕康 近藤真幸 田代美和	2 1011	3508-1011 3508-3269	70
	もとむら のぶこ 本村伸子	共	比例 東海	綿貫隆 奥村千尋 田畑知代	1 1106	3508-7280 3508-3730	122
	もりしま ただし 守島正	維	大阪2	小林倫明 山本知里 安本五郎	1 720	3508-7112 3508-3412	127
	もりやま まさひと 盛山正仁	自 [岸]	比例 近畿	伊藤雅子 中谷昌子 戸井田真太郎	1 904	3508-7380 3508-3629	139
	もり えいすけ 森英介	自 [麻]	千葉11	坂本克実 ―― 伊橋裕樹	1 1210	3508-7162 3592-9036	82
	もりた としかず 森田俊和	立	埼玉12	―― 木沢良一 渡辺裕樹	2 1003	3508-7419 3508-3899	74
	もりやま ひろゆき 森山浩行	立	比例 近畿	牧井有子 阪本圭 頼由起	2 613	3508-7426 3508-3906	140
	もりやま ひろし 森山裕	自 [森]	鹿児島4	森山友久美 池田和弘 船迫作章	1 515	3508-7164 3508-3714	162
や	やぎ てつや 八木哲也	自 [無]	愛知11	蜷川徹 大﨑さきえ 伊藤由紀	2 319	3508-7236 3508-3236	117
	やたがわ はじめ 谷田川元	立	比例 南関東	―― 濱松真 髙栖久美	1 1208	3508-7292 3508-3502	90

※内線電話番号は、第1議員会館は5＋室番号、6＋室番号（3～9階は5、6のあとに0を入れる）、
第2議員会館は7＋室番号、8＋室番号（2～9階は7、8のあとに0を入れる）

議員名	党派（会派）	選挙区	政策秘書名 第1秘書名 第2秘書名	館別号室	直通 FAX	略歴頁
やすおか ひろたけ 保岡宏武	自 ［無］	比例 九州	水村元彦 ― 齋藤顕	1 815	3508-7633 3508-3263	164
やな かずお 簗和生	自 ［安］	栃木3	― 平塚真帆 根本陽子	1 717	3508-7186 3508-3616	69
やなぎもと あきら 柳本顕	自 ［麻］	比例 近畿	熊谷志保 阪本聖二 細川佑紀	1 320	3508-7902 3508-3537	138
やまおか たつまる 山岡達丸	立	北海道9	根岸庸夫 森本秀規 菊地悟	1 306	3508-7306 3508-3306	55
やまぎし いっせい 山岸一生	立	東京9	平野隆志 草深比呂至 ―	1 1013	3508-7124 3508-3424	95
やまぎわだいしろう 山際大志郎	自 ［麻］	神奈川18	倉持佳代 ― 小原孝行	1 613	3508-7477 3508-3357	87
やまぐち しゅんいち 山口俊一	自 ［麻］	徳島2	横田泰隆 小杉誠 塩田保正	2 412	3508-7054 3503-2138	150
やまぐち すすむ 山口晋	自 ［茂］	埼玉10	鈴木邦彦 鈴木勝 山口弘三	2 1108	3508-7430 3508-3910	74
やまぐち つよし 山口壮	自 ［二］	兵庫12	山口文生 三木祥平 杉山麻美子	2 603	3508-7521 3508-3951	134
やまざき まこと 山崎誠	立	比例 南関東	黒須裕章 松島尚彦 鈴木友美	1 401	3508-7137 3508-3437	90
やまさき まさやす 山崎正恭	公	比例 四国	室岡利雄 山内大志 窪内隆梓	2 1024	3508-7472 3508-3352	154
やました たかし 山下貴司	自 ［無］	岡山2	福島拓 荻野大介 横山和生	2 719	3508-7057 3508-3857	143
やまだ かつひこ 山田勝彦	立	比例 九州	― 大窪浩章 今利典央	2 401	3508-7420 3508-3550	165
やまだ けんじ 山田賢司	自 ［麻］	兵庫7	荻野浩次郎 佐々木達二 ―	1 617	3508-7908 3508-3957	133
やまだ みき 山田美樹	自 ［安］	東京1	中島貴彦 鈴木あきらこ 小室圭	2 917	3508-7037 3508-3837	93
やまのい かずのり 山井和則	立	京都6	吉澤直樹 宮地俊之 山下恵理子	1 805	3508-7240 3508-8882	126
やまもと ごうせい 山本剛正	維	比例 九州	鍵山仁 大塚伸一 松田晃二	2 302	3508-7009 3508-3809	166
やまもと さこん 山本左近	自 ［麻］	比例 東海	佐藤貴洋 長谷川順子 南田直樹	1 304	3508-7302 3508-3302	121
やまもと たろう 山本太郎	れ	比例 東京	― ― ―	2 416	3508-7063 3508-3383	102
やまもと 山本ともひろ	自 ［無］	比例 南関東	― 瀬戸芳明 松本雄飛	2 1110	3508-7193 3508-3623	89

※内線電話番号は、第1議員会館は5＋室番号、6＋室番号（3～9階は5、6のあとに0を入れる）、第2議員会館は7＋室番号、8＋室番号（2～9階は7、8のあとに0を入れる）

議員名	党派（会派）	選挙区	政策秘書名 第1秘書名 第2秘書名	館別号室	直通 FAX	略歴頁
やまもと ゆうじ 山本有二	自 [無]	比例 四国	―― 前田真二郎 石本和寛	1 316	3508-7232 3592-9069	153
ゆ ゆはら しゅんじ 湯原俊二	立	比例 中国	―― ―― ――	1 1023	3508-7129 3508-3429	148
ゆのき みち よし 柚木道義	立	比例 中国	―― ―― ――	2 1217	3508-7301 3508-3301	148
よ よしかわ たける 吉川赳	自 [岸]	比例 東海	古賀真理 大塚謙一 眞砂敬文	2 816	3508-7228 3508-3551	120
よしかわ はじめ 吉川元	立	比例 九州	伊藤剛 森迫信夫 市丸敬子	2 505	3508-7056 3508-3856	165
よしだ くみこ 吉田久美子	公	比例 九州	新沼裕司 大澤ミチル 中尾貴志	2 504	3508-7055 3508-3855	166
よしだ つねひこ 吉田統彦	立	比例 東海	兒玉篤志 深井稔公 村中隆之	2 322	3508-7104 3508-3404	121
よしだ よ 吉田とも代	維	比例 四国	野﨑敏雄 坂本龍一 ――	2 424	3508-7001 3508-3801	154
よしだ とよふみ 吉田豊史	維	比例 北陸信越	八木昭次 梅澤佳子 長濱一郎	2 1112	3508-7434 3508-3914	110
よしだ のぶひろ 吉田宣弘	公	比例 九州	柴田康一 荒井茂夫 ――	1 1114	3508-7276 3508-3726	166
よしだ 吉田はるみ	立	東京8	―― 安田真理 ――	2 607	3508-7620 3508-3250	95
よしの まさよし 吉野正芳	自 [安]	福島5	野地誠 石川貴文 佐々木孟男	2 624	3508-7143 3595-4546	64
よしいえ ひろゆき 義家弘介	自 [安]	比例 南関東	佐々木由 髙橋慎一 ――	1 1204	3508-7241 3508-3511	89
よねやま りゅういち 米山隆一	無 (立憲)	新潟5	本多平直 橋口猛志 佐藤伸広	2 724	3508-7485 3508-3365	104
り りゅう ひろふみ 笠浩史	立	神奈川9	今林正 花輪智史 東使義浩	1 408	3508-3420 3508-7120	85
わ わせだ 早稲田ゆき	立	神奈川4	稲見圭 永瀬康俊 児玉瑞南	2 1012	3508-7106 3508-3406	84
わだ ゆういちろう 和田有一朗	維	比例 近畿	―― ―― ――	2 807	3508-7527 3508-3973	136
わだ よしあき 和田義明	自 [安]	北海道5	菅谷康子 西嶋哲也 田口知佳	1 410	3508-7117 3508-3417	54
わかばやし けんた 若林健太	自 [安]	長野1	浜謙一 本木晋 若林修	1 1002	3508-7277 3508-3727	107
わかみや けんじ 若宮健嗣	自 [茂]	比例 東京	荒木田聡 山口拓也 田崎陽介	2 523	3508-7509 3508-3939	100

※内線電話番号は、第1議員会館は5＋室番号、6＋室番号（3～9階は5、6のあとに0を入れる）、第2議員会館は7＋室番号、8＋室番号（2～9階は7、8のあとに0を入れる）

議員名	党派(会派)	選挙区	政策秘書名 第1秘書名 第2秘書名	館別 号室	直通 FAX	略歴頁
わしおえいいちろう 鷲尾英一郎	自 [二]	比例 北陸信越	横山卓司 竹内和美 萩野知巳	2 208	3508-7650 3508-3062	108
わたなべこういち 渡辺孝一	自 [岸]	比例 北海道	朝比奈正倫 西村猛 ――	1 520	3508-7401 3508-3881	56
わたなべしゅう 渡辺周	立	比例 東海	大塚敏弘 山田幸宣 増山敬一	2 1109	3508-7077 3508-3767	121
わたなべそう 渡辺創	立	宮崎1	荻山明美 谷口浩太郎 竹内絢	1 1015	3508-7086 3508-3866	161
わたなべひろみち 渡辺博道	自 [茂]	千葉6	井本昇 大森亜希 ――	1 1012	3508-7387 3508-3701	81
わにぶちようこ 鰐淵洋子	公	比例 近畿	髙坂友和 上松満義 中村久美子	1 924	3508-7070 3508-3850	139

※内線電話番号は、第1議員会館は5+室番号、6+室番号（3～9階は5、6のあとに0を入れる）、
第2議員会館は7+室番号、8+室番号（2～9階は7、8のあとに0を入れる）

衆議院議員会館案内図

衆議院第1議員会館3階

議員	室		室	議員
藤田文武 維　大阪12区 3508-7040　当2	312		313	鎌田さゆり 立　宮城2区 3508-7204　当3
宮路拓馬 自[森]　鹿児島1区 3508-7206　当3	311	喫煙室	314	小泉進次郎 自[無]　神奈川11区 3508-7327　当5
宗清皇一 自[安]　比 近畿 3508-7205　当3	310	WC(男) WC(女)	315	後藤田正純 自[茂]　比 四国 3508-7315　当8
中川郁子 自[二]　比 北海道 3508-7103　当3	309		316	山本有二 自[無]　比 四国 3508-7232　当11
大串博志 立　佐賀2区 3508-7335　当6	308	EVホール	317	井上信治 自[麻]　東京25区 3508-7328　当7
原口一博 立　佐賀1区 3508-7238　当9	307		318	議員会議室 (国民)
山岡達丸 立　北海道9区 3508-7306　当3	306		319	防災備蓄室
牧義夫 立　比 東海 3508-7628　当7	305	EVホール	320	柳本顕 自[麻]　比 近畿 3508-7902　当1
山本左近 自[麻]　比 東海 3508-7302　当1	304		321	薗浦健太郎 自[麻]　千葉5区 3508-7305　当5
中西健治 自[麻]　神奈川3区 3508-7311　当1	303	EV	322	牧島かれん 自[麻]　神奈川17区 3508-7026　当4
塚田一郎 自[麻]　比 北陸信越 3508-7705　当1	302	WC(男) WC(女)	323	井上貴博 自[麻]　福岡1区 3508-7239　当4
麻生太郎 自[麻]　福岡8区 3508-7703　当14	301		324	松木けんこう 立　北海道2区 3508-7324　当6

国会議事堂側

衆議院第1議員会館4階

議員	室	室	議員
斉藤鉄夫 公　広島3区 3508-7308 当10	412	413	防災備蓄室
石井啓一 公　比 北関東 3508-7110 当10	411	414	杉本和巳 維　比 東海 3508-7266 当4
和田義明 自[安] 北海道5区 3508-7117 当3	410	415	遠藤　敬 維　大阪18区 3508-7325 当4
太　栄志 立　神奈川13区 3508-7330 当1	409	416	鈴木憲和 自[茂] 山形2区 3508-7318 当4
笠　浩史 立　神奈川9区 3508-3420 当7	408	417	小林鷹之 自[二] 千葉2区 3508-7617 当4
斎藤洋明 自[麻] 新潟3区 3508-7155 当4	407	418	議員会議室 (自民)
浅野　哲 国　茨城5区 3508-7231 当2	406	419	野中　厚 自[茂] 比 北関東 3508-7041 当4
浦野靖人 維　大阪15区 3508-7641 当4	405	420	大島　敦 立　埼玉6区 3508-7093 当8
井上英孝 維　大阪1区 3508-7333 当3	404	421	あかま二郎 自[麻] 神奈川14区 3508-7317 当5
務台俊介 自[麻] 比 北陸信越 3508-7334 当4	403	422	今枝宗一郎 自[麻] 愛知14区 3508-7080 当4
土屋品子 自[無] 埼玉13区 3508-7188 当8	402	423	鈴木馨祐 自[麻] 神奈川7区 3508-7304 当5
山崎　誠 立　比 南関東 3508-7137 当3	401	424	阿部知子 立　神奈川12区 3508-7303 当8

喫煙室　WC(男) WC(女)　EV ホール　EV ホール　EV　WC(男) WC(女)

国会議事堂側

衆議院第１議員会館５階

議員	室		室	議員
菅　直人 立　東京18区 3508-7323　当14	512		513	小野泰輔 維　比 東京 3508-7340　当1
馬場伸幸 維　大阪17区 3508-7322　当4	511	喫煙室	514	あべ俊子 自[麻]　比 中国 3508-7136　当6
長島昭久 自[二]　比 東京 3508-7309　当7	510	WC(男) WC(女)	515	森山　裕 自[森]　鹿児島4区 3508-7164　当7
中谷一馬 立　比 南関東 3508-7310　当2	509		516	遠藤良太 維　比 近畿 3508-7114　当1
北側一雄 公　大阪16区 3508-7263　当10	508	EVホール	517	大河原まさこ 立　比 東京 3508-7261　当2
平林　晃 公　比 中国 3508-7339　当1	507		518	議員会議室 （維新）
岡田克也 立　三重3区 3508-7109　当11	506		519	中川正春 立　比 東海 3508-7128　当9
逢沢一郎 自[無]　岡山1区 3508-7105　当12	505	EVホール	520	渡辺孝一 自[岸]　比 北海道 3508-7401　当4
野田聖子 自[無]　岐阜1区 3508-7161　当10	504		521	防災備蓄室
菅家一郎 自[安]　比 東北 3508-7107　当4	503	EV	522	辻　清人 自[岸]　東京2区 3508-7288　当4
松野博一 自[安]　千葉3区 3508-7329　当8	502	WC(男) WC(女)	523	西田昭二 自[岸]　石川3区 3508-7139　当2
畦元将吾 自[岸]　比 中国 3508-7710　当2	501		524	議員予備室

国会議事堂側

衆議院第1議員会館6階

議員	党派	選挙区	電話	当選	室	中央	室	議員	党派	選挙区	電話	当選
林　幹雄	自[二]	千葉10区	3508-7151	当10	612		613	山際大志郎	自[麻]	神奈川18区	3508-7477	当6
西村康稔	自[安]	兵庫9区	3508-7101	当7	611	喫煙室	614	鈴木英敬	自[安]	三重4区	3508-7269	当1
武田良太	自[二]	福岡11区	3508-7180	当7	610	WC(男) WC(女)	615	藤井比早之	自[無]	兵庫4区	3508-7185	当4
海江田万里	無	比 東京	3508-7316	当8	609		616	大串正樹	自[無]	比 近畿	3508-7191	当4
藤岡隆雄	立	比 北関東	3508-7178	当1	608	EVホール	617	山田賢司	自[麻]	兵庫7区	3508-7908	当4
小宮山泰子	立	比 北関東	3508-7184	当7	607		618	議員会議室(立憲)				
末次精一	立	比 九州	3508-7176	当1	606		619	大岡敏孝	自[二]	滋賀1区	3508-7208	当4
小沢一郎	立	比 東北	3508-7175	当18	605	EVホール	620	細野豪志	自[二]	静岡5区	3508-7116	当8
宮内秀樹	自[二]	福岡4区	3508-7174	当4	604		621	上野賢一郎	自[森]	滋賀2区	3508-7004	当5
関　芳弘	自[安]	兵庫3区	3508-7173	当5	603	EV	622	橘　慶一郎	自[無]	富山3区	3508-7227	当5
武村展英	自[無]	滋賀3区	3508-7118	当4	602	WC(男) WC(女)	623	伊東良孝	自[二]	北海道7区	3508-7170	当5
小寺裕雄	自[二]	滋賀4区	3508-7126	当2	601		624	源馬謙太郎	立	静岡8区	3508-7160	当2

国会議事堂側

衆議院第１議員会館７階

議員	部屋	中央	部屋	議員
田中　健 国　比 東海 3508-7190　当1	712		713	鈴木義弘 国　比 北関東 3508-7282　当3
岡本あき子 立　比 東北 3508-7064　当2	711	喫煙室	714	永岡桂子 自[麻]　茨城7区 3508-7274　当6
大塚　拓 自[安]　埼玉9区 3508-7608　当5	710	WC(男) WC(女)	715	鬼木　誠 自[森]　福岡2区 3508-7182　当4
松島みどり 自[安]　東京14区 3508-7065　当7	709		716	田所嘉徳 自[無]　比 北関東 3508-7068　当4
福田昭夫 立　栃木2区 3508-7289　当6	708	EVホール	717	簗　和生 自[安]　栃木3区 3508-7186　当4
松本剛明 自[麻]　兵庫11区 3508-7214　当8	707		718	議員会議室 （公明）
玉木雄一郎 国　香川2区 3508-7213　当5	706		719	篠原　孝 立　比 北陸信越 3508-7268　当7
加藤鮎子 自[無]　山形3区 3508-7216　当3	705	EVホール	720	守島　正 維　大阪2区 3508-7112　当1
後藤茂之 自[無]　長野4区 3508-7702　当7	704	EV	721	奥下剛光 維　大阪7区 3508-7225　当1
遠藤利明 自[無]　山形1区 3508-7158　当9	703		722	中野洋昌 公　兵庫8区 3508-7224　当4
川崎ひでと 自[無]　三重2区 3508-7152　当1	702	WC(男) WC(女)	723	青柳仁士 維　大阪14区 3508-7609　当1
高村正大 自[麻]　山口1区 3508-7113　当2	701		724	防災備蓄室

国会議事堂側

衆議院第１議員会館８階

議員	室	通路	室	議員
小森卓郎 自[安] 石川1区 3508-7179 当1	812		813	石原宏高 自[岸] 比 東京 3508-7319 当5
小里泰弘 自[無] 比 九州 3508-7247 当6	811	喫煙室	814	小倉將信 自[二] 東京23区 3508-7140 当4
新藤義孝 自[茂] 埼玉2区 3508-7313 当8	810	WC(男) WC(女)	815	保岡宏武 自[無] 比 九州 3508-7633 当1
前原誠司 国 京都2区 3508-7171 当10	809		816	黄川田仁志 自[無] 埼玉3区 3508-7123 当4
小熊慎司 立 福島4区 3508-7138 当4	808	EVホール	817	泉 健太 立 京都3区 3508-7005 当8
城井 崇 立 福岡10区 3508-7389 当4	807		818	議員会議室 （立憲）
下条みつ 立 長野2区 3508-7271 当5	806		819	玄葉光一郎 立 福島3区 3508-7252 当10
山井和則 立 京都6区 3508-7240 当8	805	EVホール	820	おおつき紅葉 立 比 北海道 3508-7493 当1
枝野幸男 立 埼玉5区 3508-7448 当10	804		821	野田佳彦 立 千葉4区 3508-7141 当9
濵地雅一 公 比 九州 3508-7235 当4	803	EV	822	齋藤 健 自[無] 千葉7区 3508-7221 当5
手塚仁雄 立 東京5区 3508-7234 当5	802	WC(男) WC(女)	823	秋葉賢也 自[茂] 比 東北 3508-7392 当7
金城泰邦 公 比 九州 3508-7153 当1	801		824	議員予備室

国会議事堂側

衆議院第１議員会館９階

議員	部屋	中央	部屋	議員
漆間譲司 維　大阪8区 3508-7298　当1	912		913	西野太亮 自[無]　熊本2区 3508-7144　当1
村井英樹 自[岸]　埼玉1区 3508-7467　当4	911	喫煙室	914	平　将明 自[無]　東京4区 3508-7297　当6
石原正敬 自[無]　比 東海 3508-7706　当1	910	WC(男) WC(女)	915	木原誠二 自[岸]　東京20区 3508-7169　当5
福重隆浩 公　比 北関東 3508-7249　当1	909		916	伊東信久 維　大阪19区 3508-7243　当3
佐藤茂樹 公　大阪3区 3508-7200　当10	908	EVホール	917	防災備蓄室
池下　卓 維　大阪10区 3508-7454　当1	907		918	議員会議室 (自民)
岩谷良平 維　大阪13区 3508-7314　当1	906		919	井林辰憲 自[麻]　静岡2区 3508-7127　当4
中司　宏 維　大阪11区 3508-7146　当1	905	EVホール	920	勝俣孝明 自[二]　静岡6区 3508-7202　当4
盛山正仁 自[岸]　比 近畿 3508-7380　当5	904		921	伊藤　渉 公　比 東海 3508-7187　当5
高市早苗 自[無]　奈良2区 3508-7198　当9	903	EV	922	中川宏昌 公　比 北陸信越 3508-3639　当1
田村憲久 自[無]　三重1区 3508-7163　当9	902	WC(男) WC(女)	923	大西健介 立　愛知13区 3508-7108　当5
御法川信英 自[麻]　秋田3区 3508-7167　当6	901		924	鰐淵洋子 公　比 近畿 3508-7070　当2

国会議事堂側

衆議院第１議員会館１０階

議員	室		室	議員
渡辺博道 自[茂] 千葉6区 3508-7387 当8	1012		1013	山岸一生 立 東京9区 3508-7124 当1
松本洋平 自[二] 比 東京 3508-7133 当5	1011	喫煙室	1014	寺田学 立 比 東北 3508-7464 当6
田中和徳 自[麻] 神奈川10区 3508-7294 当9	1010	WC(男) WC(女)	1015	渡辺創 立 宮崎1区 3508-7086 当1
松本尚 自[安] 千葉13区 3508-7295 当1	1009		1016	足立康史 維 大阪9区 3508-7100 当4
髙木毅 自[安] 福井2区 3508-7296 当8	1008	EVホール	1017	志位和夫 共 比 南関東 3508-7285 当10
長坂康正 自[麻] 愛知9区 3508-7043 当4	1007		1018	議員会議室 （維新）
亀岡偉民 自[安] 比 東北 3508-7148 当5	1006		1019	美延映夫 維 大阪4区 3508-7194 当2
岡本三成 公 東京12区 3508-7147 当4	1005	EVホール	1020	土田慎 自[麻] 東京13区 3508-7341 当1
伊佐進一 公 大阪6区 3508-7391 当4	1004		1021	宮澤博行 自[安] 比 東海 3508-7135 当4
安住淳 立 宮城5区 3508-7293 当9	1003	EV	1022	佐藤公治 立 広島6区 3508-7145 当4
若林健太 自[安] 長野1区 3508-7277 当1	1002	WC(男) WC(女)	1023	湯原俊二 立 比 中国 3508-7129 当2
鈴木俊一 自[麻] 岩手2区 3508-7267 当10	1001		1024	平井卓也 自[岸] 比 四国 3508-7307 当8

国会議事堂側

衆議院第１議員会館11階

氏名	会派・選挙区	電話・当選回数	室番号	室番号	氏名	会派・選挙区	電話・当選回数
議員予備室			1112	1113	小山展弘	立　静岡3区	3508-7270　当3
島尻安伊子	自[茂]　沖縄3区	3508-7265　当1	1111	1114	吉田宣弘	公　比 九州	3508-7276　当3
鈴木淳司	自[安]　愛知7区	3508-7264　当6	1110	1115	平沢勝栄	自[二]　東京17区	3508-7257　当9
渡海紀三朗	自[無]　兵庫10区	3508-7643　当10	1109	1116	牧原秀樹	自[無]　比 北関東	3508-7254　当5
宮本岳志	共　比 近畿	3508-7255　当5	1108	1117	葉梨康弘	自[岸]　茨城3区	3508-7248　当6
赤嶺政賢	共　沖縄1区	3508-7196　当8	1107	1118	議員会議室（共用）		
本村伸子	共　比 東海	3508-7280　当3	1106	1119	奥野総一郎	立　千葉9区	3508-7256　当5
越智隆雄	自[安]　比 東京	3508-7479　当5	1105	1120	土井亨	自[安]　宮城1区	3508-7470　当5
谷川とむ	自[安]　比 近畿	3508-7514　当3	1104	1121	議員予備室		
福田達夫	自[安]　群馬4区	3508-7181　当4	1103	1122	議員予備室		
塩崎彰久	自[安]　愛媛1区	3508-7189　当1	1102	1123	防災備蓄室		
衛藤征士郎	自[安]　大分2区	3508-7618　当13	1101	1124	神田憲次	自[安]　愛知5区	3508-7253　当4

喫煙室　WC（男）　WC（女）　EVホール　EV

国会議事堂側

衆議院第１議員会館 12 階

議員	室		室	議員
安倍晋三 自［安］ 山口4区 3508-7172 当10	1212		1213	寺田 稔 自［岸］ 広島5区 3508-7606 当6
大野敬太郎 自［無］ 香川3区 3508-7132 当4	1211	喫煙室	1214	髙鳥修一 自［安］ 比 北陸信越 3508-7607 当5
森 英介 自［麻］ 千葉11区 3508-7162 当11	1210	WC(男) WC(女)	1215	田嶋 要 立 千葉1区 3508-7229 当7
秋本真利 自［無］ 比 南関東 3508-7611 当4	1209		1216	鈴木庸介 立 比 東京 3508-7028 当1
谷田川 元 立 比 南関東 3508-7292 当3	1208	EVホール	1217	馬淵澄夫 立 奈良1区 3508-7122 当7
宮下一郎 自［安］ 長野5区 3508-7903 当6	1207		1218	議員会議室 （自民）
小島敏文 自［岸］ 比 中国 3508-7192 当4	1206		1219	宮本 徹 共 比 東京 3508-7508 当3
小林史明 自［岸］ 広島7区 3508-7455 当4	1205	EVホール	1220	国定勇人 自［二］ 比 北陸信越 3508-7131 当1
義家弘介 自［安］ 比 南関東 3508-7241 当4	1204		1221	石橋林太郎 自［岸］ 比 中国 3508-7901 当1
岸 信夫 自［安］ 山口2区 3508-1203 当4	1203	EV	1222	岸田文雄 自［岸］ 広島1区 3508-7279 当10
鈴木貴子 自［茂］ 比 北海道 3508-7233 当4	1202	WC(男) WC(女)	1223	深澤陽一 自［岸］ 静岡4区 3508-7709 当2
林 芳正 自［岸］ 山口3区 3508-7115 当1	1201		1224	村上誠一郎 自［無］ 愛媛2区 3508-7291 当12

国会議事堂側

衆議院第2議員会館2階

室	議員	会派・選挙区	電話	当選
212	特別室			
211	藤丸　敏	自[岸] 福岡7区	3508-7431	当4
210	本田太郎	自[無] 京都5区	3508-7012	当2
209	石井　拓	自[安] 比 東海	3508-7031	当1
208	鷲尾英一郎	自[二] 比 北陸信越	3508-7650	当6
207	井原　巧	自[安] 愛媛3区	3508-7201	当1
206	岩田和親	自[岸] 比 九州	3508-7707	当4
205	伊藤信太郎	自[麻] 宮城4区	3508-7091	当7
204	神津たけし	立 比 北陸信越	3508-7015	当1
203	階　猛	立 岩手1区	3508-7024	当6
202	緑川貴士	立 秋田2区	3508-7002	当2
201	青山大人	立 比 北関東	3508-7039	当2
213	仁木博文	無(有志) 徳島1区	3508-7011	当2
214	田畑裕明	自[安] 富山1区	3508-7704	当4
215	中谷真一	自[茂] 山梨1区	3508-7336	当4
216	古賀　篤	自[岸] 福岡3区	3508-7081	当4
217	高木宏壽	自[二] 北海道3区	3508-7636	当3
218	工藤彰三	自[麻] 愛知4区	3508-7018	当4
219	防災備蓄室			
220	中野英幸	自[二] 埼玉7区	3508-7220	当1
221	鳩山二郎	自[二] 福岡6区	3508-7905	当3
222	伊藤忠彦	自[二] 愛知8区	3508-7003	当5
223	二階俊博	自[二] 和歌山3区	3508-7023	当13

訴追委員会事務局長室　訴追委員会事務室　訴追委員会委員長次室兼資料室　訴追委員会委員長室　訴追委員会会議室

EV　喫煙室　WC(男)　WC(女)　EVホール

国会議事堂側

衆議院第２議員会館３階

議員	室		室	議員
堤　かなめ 立　福岡5区 3508-7062　当1	312		313	石田真敏 自[岸] 和歌山2区 3508-7072　当7
中山展宏 自[麻] 比 南関東 3508-7435　当4	311	喫煙室	314	田野瀬太道 自[森] 奈良3区 3508-7071　当4
髙木　啓 自[安] 比 東京 3508-7601　当2	310	WC(男) WC(女)	315	浜田靖一 自[無] 千葉12区 3508-7020　当10
角田秀穂 公　比 南関東 3508-7052　当2	309		316	笹川博義 自[茂] 群馬3区 3508-7338　当4
大口善徳 公　比 東海 3508-7017　当9	308	EVホール	317	西銘恒三郎 自[茂] 沖縄4区 3508-7218　当6
輿水恵一 公　比 北関東 3508-7076　当3	307		318	議員会議室 （れいわ）
橋本　岳 自[茂] 岡山4区 3508-7016　当5	306		319	八木哲也 自[無] 愛知11区 3508-7236　当4
上川陽子 自[岸] 静岡1区 3508-7460　当7	305	EVホール	320	藤巻健太 維　比 南関東 3508-7503　当1
国光あやの 自[岸] 茨城6区 3508-7036　当2	304		321	阿部　司 維　比 東京 3508-7504　当1
住吉寛紀 維　比 近畿 3508-7415　当1	303	EV	322	吉田統彦 立　比 東海 3508-7104　当3
山本剛正 維　比 九州 3508-7009　当2	302	WC(男) WC(女)	323	沢田　良 維　比 北関東 3508-7526　当1
佐々木　紀 自[安] 石川2区 3508-7059　当4	301		324	西村明宏 自[安] 宮城3区 3508-7906　当6

国会議事堂側

衆議院第２議員会館４階

議員	室
山口俊一 自[麻] 徳島2区 3508-7054 当11	412
中村喜四郎 立 比 北関東 3508-7501 当15	411
金子恭之 自[岸] 熊本4区 3508-7410 当8	410
櫻井 周 立 比 近畿 3508-7465 当2	409
堀井 学 自[安] 比 北海道 3508-7125 当4	408
堀内詔子 自[岸] 山梨2区 3508-7487 当4	407
中村裕之 自[麻] 北海道4区 3508-7406 当4	406
斎藤アレックス 国 比 近畿 3508-7637 当1	405
西村智奈美 立 新潟1区 3508-7614 当6	404
梅谷 守 立 新潟6区 3508-7403 当1	403
近藤昭一 立 愛知3区 3508-7402 当9	402
山田勝彦 立 比 九州 3508-7420 当1	401

室	議員
413	稲津 久 公 北海道10区 3508-7089 当5
414	赤羽一嘉 公 兵庫2区 3508-7079 当9
415	たがや 亮 れ 比 南関東 3508-7008 当1
416	山本太郎 れ 比 東京 3508-7063 当1
417	大石あきこ れ 比 近畿 3508-7404 当1
418	議員会議室 (立憲)
419	福島伸享 無(有志) 茨城1区 3508-7262 当3
420	防災備蓄室
421	金村龍那 維 比 南関東 3508-7411 当1
422	堀場幸子 維 比 近畿 3508-7422 当1
423	古屋圭司 自[無] 岐阜5区 3508-7440 当11
424	吉田とも代 維 比 四国 3508-7001 当1

喫煙室
WC(男) WC(女)
EV ホール
EV ホール
EV
WC(男) WC(女)

国会議事堂側

衆議院第２議員会館５階

議員	室		室	議員
石川香織 立　北海道11区 3508-7512 当2	512		513	細田博之 無　島根1区 3508-7443 当11
池田佳隆 自[安] 比 東海 3508-7616 当4	511	喫煙室	514	甘利　明 自[麻] 比 南関東 3508-7528 当13
大西英男 自[安] 東京16区 3508-7033 当4	510	WC(男) WC(女)	515	石破　茂 自[無] 鳥取1区 3508-7525 当12
池畑浩太朗 維　比 近畿 3508-7520 当1	509		516	道下大樹 立　北海道1区 3508-7516 当2
熊田裕通 自[無] 愛知1区 3508-7513 当4	508	EVホール	517	逢坂誠二 立　北海道8区 3508-7517 当5
一谷勇一郎 維　比 近畿 3508-7300 当1	507		518	議員会議室 (自民)
赤木正幸 維　比 近畿 3508-7505 当1	506		519	北神圭朗 無(有志) 京都4区 3508-7069 当4
吉川　元 立　比 九州 3508-7056 当4	505	EVホール	520	高見康裕 自[茂] 島根2区 3508-7166 当1
吉田久美子 公　比 九州 3508-7055 当1	504		521	田中良生 自[無] 埼玉15区 3508-7058 当5
河西宏一 公　比 東京 3508-7630 当1	503	EV	522	三ッ林裕巳 自[安] 埼玉14区 3508-7416 当4
古屋範子 公　比 南関東 3508-7629 当7	502	WC(男) WC(女)	523	若宮健嗣 自[茂] 比 東京 3508-7509 当5
小林茂樹 自[二] 比 近畿 3508-7090 当3	501		524	伊藤達也 自[無] 東京22区 3508-7623 当9

国会議事堂側

衆議院第２議員会館６階

議員	部屋	部屋	議員
古川禎久 自[茂] 宮崎3区 3508-7612 当7	612	613	森山浩行 立 比 近畿 3508-7426 当3
柿沢未途 自[無] 東京15区 3508-7427 当5	611	614	平沼正二郎 自[二] 岡山3区 3508-7251 当1
江田憲司 立 神奈川8区 3508-7462 当7	610	615	勝目康 自[無] 京都1区 3508-7615 当1
徳永久志 立 比 近畿 3508-7250 当1	609	616	青山周平 自[安] 比 東海 3508-7083 当4
篠原豪 立 神奈川1区 3508-7130 当3	608	617	緒方林太郎 無(有志) 福岡9区 3508-7119 当3
吉田はるみ 立 東京8区 3508-7620 当1	607	618	議員会議室 (共用)
落合貴之 立 東京6区 3508-7134 当3	606	619	防災備蓄室
船田元 自[茂] 栃木1区 3508-7156 当13	605	620	穀田恵二 共 比 近畿 3508-7438 当10
田中英之 自[無] 比 近畿 3508-7007 当4	604	621	笠井亮 共 比 東京 3508-7439 当6
山口壯 自[二] 比 近畿 3508-7521 当7	603	622	下村博文 自[安] 東京11区 3508-7084 当9
荒井優 立 比 北海道 3508-7602 当1	602	623	城内実 自[無] 静岡7区 3508-7441 当6
野間健 立 鹿児島3区 3508-7027 当3	601	624	吉野正芳 自[安] 福島5区 3508-7143 当8

国会議事堂側

衆議院第２議員会館７階

議員	室		室	議員
田村貴昭 共 比 九州 3508-7475 当3	712		713	棚橋泰文 自[麻] 岐阜2区 3508-7429 当9
新垣邦男 社(立憲) 沖縄2区 3508-7157 当1	711	喫煙室	714	北村誠吾 自[岸] 長崎4区 3508-7627 当8
金子恵美 立 福島1区 3508-7476 当3	710	WC(男) WC(女)	715	小野寺五典 自[岸] 宮城6区 3508-7432 当8
松原 仁 立 東京3区 3508-7452 当8	709		716	國重 徹 公 大阪5区 3508-7405 当4
星野剛士 自[無] 比 南関東 3508-7413 当4	708	EV ホール	717	佐藤英道 公 比 北海道 3508-7457 当4
吉良州司 無(有志) 大分1区 3508-7412 当6	707		718	議員会議室 （自民）
長妻 昭 立 東京7区 3508-7456 当8	706		719	山下貴司 自[無] 岡山2区 3508-7057 当4
岬 麻紀 維 比 東海 3508-7409 当1	705	EV ホール	720	白石洋一 立 比 四国 3508-7244 当3
早坂 敦 維 比 東北 3508-7414 当1	704		721	井出庸生 自[麻] 長野3区 3508-7469 当4
長谷川淳二 自[無] 愛媛4区 3508-7453 当1	703	EV	722	宮﨑政久 自[茂] 比 九州 3508-7360 当4
坂本哲志 自[森] 熊本3区 3508-7034 当7	702	WC(男) WC(女)	723	中島克仁 立 比 南関東 3508-7423 当4
中川貴元 自[麻] 比 東海 3508-7461 当1	701		724	米山隆一 無(立憲) 新潟5区 3508-7485 当1

国会議事堂側

衆議院第２議員会館８階

議員	室	室	議員
神田潤一 自[無] 青森2区 3508-7502 当1	812	813	古川 康 自[茂] 比 九州 6205-7711 当3
上田英俊 自[茂] 富山2区 3508-7061 当1	811	814	後藤祐一 立 神奈川16区 3508-7092 当5
谷 公一 自[二] 兵庫5区 3508-7010 当7	810	815	前川清成 維 比 近畿 3508-7625 当1
木村次郎 自[安] 青森3区 3508-7407 当2	809	816	吉川 赳 自[岸] 比 東海 3508-7228 当3
高橋英明 維 比 北関東 3508-7260 当1	808	817	防災備蓄室
和田有一朗 維 比 近畿 3508-7527 当1	807	818	議員会議室 (立憲)
掘井健智 維 比 近畿 3508-7088 当1	806	819	近藤和也 立 比 北陸信越 3508-7605 当3
新谷正義 自[茂] 広島4区 3508-7604 当4	805	820	浮島智子 公 比 近畿 3508-7290 当4
平口 洋 自[茂] 広島2区 3508-7622 当5	804	821	馬場雄基 立 比 東北 3508-7631 当1
浅川義治 維 比 南関東 3508-7197 当1	803	822	柴山昌彦 自[安] 埼玉8区 3508-7624 当7
菊田真紀子 立 新潟4区 3508-7524 当7	802	823	小渕優子 自[茂] 群馬5区 3508-7424 当8
神谷 裕 立 比 北海道 3508-7050 当2	801	824	額賀福志郎 自[茂] 茨城2区 3508-7447 当13

喫煙室 / WC(男) WC(女) / EVホール / EV

国会議事堂側

衆議院第２議員会館９階

議員	会派・選挙区	電話	当選	室		室	議員	会派・選挙区	電話	当選
長友慎治	国 比 九州	3508-7212	当1	912		913	金子俊平	自[岸] 岐阜4区	3508-7060	当2
岸本周平	国 和歌山1区	3508-7701	当5	911	喫煙室	914	泉田裕彦	自[二] 比 北陸信越	3508-7640	当2
伴野　豊	立 比 東海	3508-7019	当6	910	WC(男) WC(女)	915	五十嵐　清	自[茂] 比 北関東	3508-7085	当1
重徳和彦	立 愛知12区	3508-7910	当4	909		916	丹羽秀樹	自[麻] 愛知6区	3508-7025	当6
穂坂　泰	自[無] 埼玉4区	3508-7030	当2	908	EVホール	917	山田美樹	自[安] 東京1区	3508-7037	当4
杉田水脈	自[安] 比 中国	3508-7029	当3	907		918	議員会議室（自民）			
根本幸典	自[安] 愛知15区	3508-7711	当4	906		919	中川康洋	公 比 東海	3508-7038	当2
塩川鉄也	共 比 北関東	3508-7507	当8	905	EVホール	920	日下正喜	公 比 中国	3508-7021	当1
高橋千鶴子	共 比 東北	3508-7506	当7	904		921	井野俊郎	自[茂] 群馬2区	3508-7219	当4
梶山弘志	自[無] 茨城4区	3508-7529	当8	903	EV	922	防災備蓄室			
佐藤　勉	自[麻] 栃木4区	3508-7408	当9	902	WC(男) WC(女)	923	中曽根康隆	自[二] 群馬1区	3508-7272	当2
尾﨑正直	自[二] 高知2区	3508-7619	当1	901		924	三反園　訓	無 鹿児島2区	3508-7511	当1

国会議事堂側

衆議院第２議員会館10階

議員	室		室	議員
早稲田ゆき 立　神奈川4区 3508-7106　当2	1012		1013	青柳陽一郎 立　比 南関東 3508-7245　当4
茂木敏充 自[茂]　栃木5区 3508-1011　当10	1011	喫煙室	1014	石川昭政 自[無]　比 北関東 3508-7159　当4
武部　新 自[二]　北海道12区 3508-7425　当4	1010	WC(男) WC(女)	1015	藤原　崇 自[安]　岩手3区 3508-7207　当4
金田勝年 自[二]　比 東北 3508-7053　当5	1009		1016	國場幸之助 自[岸]　比 九州 3508-7741　当4
末松義規 立　東京19区 3508-7488　当7	1008	EVホール	1017	武井俊輔 自[岸]　比 九州 3508-7388　当4
小田原　潔 自[安]　東京21区 3508-7909　当4	1007		1018	議員会議室 (公明)
古川元久 国　愛知2区 3508-7078　当9	1006		1019	冨樫博之 自[無]　秋田1区 3508-7275　当4
小川淳也 立　香川1区 3508-7621　当6	1005	EVホール	1020	東　国幹 自[茂]　北海道6区 3508-7634　当1
稲富修二 立　比 九州 3508-7515　当3	1004		1021	江渡聡徳 自[麻]　青森1区 3508-7096　当8
森田俊和 立　埼玉12区 3508-7419　当2	1003	EV	1022	赤澤亮正 自[無]　鳥取2区 3508-7490　当6
江﨑鐵磨 自[二]　愛知10区 3508-7418　当8	1002	WC(男) WC(女)	1023	高木陽介 公　比 東京 3508-7481　当9
奥野信亮 自[安]　比 近畿 3508-7421　当6	1001		1024	山崎正恭 公　比 四国 3508-7472　当1

国会議事堂側

衆議院第2議員会館11階

議員	室		室	議員
吉田豊史 維 比 北陸信越 3508-7434 当2	1112		1113	菅 義偉 自[無] 神奈川2区 3508-7446 当9
上杉謙太郎 自[安] 比 東北 3508-7074 当2	1111	喫煙室	1114	古川直季 自[無] 神奈川6区 3508-7523 当1
山本ともひろ 自[無] 比 南関東 3508-7193 当5	1110	WC(男) WC(女)	1115	稲田朋美 自[安] 福井1区 3508-7035 当6
渡辺 周 立 比 東海 3508-7077 当9	1109		1116	木原 稔 自[茂] 熊本1区 3508-7450 当5
山口 晋 自[茂] 埼玉10区 3508-7430 当1	1108	EVホール	1117	櫻田義孝 自[二] 比 南関東 3508-7381 当8
小泉龍司 自[二] 埼玉11区 3508-7121 当7	1107		1118	議員会議室 (自民)
加藤竜祥 自[安] 長崎2区 3508-7230 当1	1106		1119	坂井 学 自[無] 神奈川5区 3508-7489 当5
三木圭恵 維 比 近畿 3508-7638 当2	1105	EVホール	1120	三谷英弘 自[無] 比 南関東 3508-7522 当3
加藤勝信 自[茂] 岡山5区 3508-7459 当7	1104		1121	門山宏哲 自[無] 比 南関東 3508-7382 当4
河野太郎 自[麻] 神奈川15区 3508-7006 当9	1103	EV	1122	伊藤俊輔 立 比 東京 3508-7150 当2
阿部弘樹 維 比 九州 3508-7480 当1	1102	WC(男) WC(女)	1123	鈴木 敦 国 比 南関東 3508-7286 当1
谷川弥一 自[安] 長崎3区 3508-7014 当7	1101		1124	西岡秀子 国 長崎1区 3508-7343 当2

国会議事堂側

衆議院第２議員会館１２階

議員	室	室	議員
武藤容治 自[麻] 岐阜3区 3508-7482 当5	1212	1213	根本　匠 自[岸] 福島2区 3508-7312 当9
塩谷　立 自[安] 比 東海 3508-7632 当10	1211	1214	防災備蓄室
今村雅弘 自[二] 比 九州 3508-7610 当9	1210	1215	鈴木隼人 自[茂] 東京10区 3508-7463 当3
岩屋　毅 自[麻] 大分3区 3508-7510 当9	1209	1216	井坂信彦 立 兵庫1区 3508-7082 当3
髙階恵美子 自[安] 比 中国 3508-7518 当1	1208	1217	柚木道義 立 比 中国 3508-7301 当6
江藤　拓 自[無] 宮崎2区 3508-7468 当7	1207	1218	議員会議室（自民）
中根一幸 自[安] 比 北関東 3508-7458 当5	1206	1219	本庄知史 立 千葉8区 3508-7519 当1
萩生田光一 自[安] 東京24区 3508-7154 当6	1205	1220	細田健一 自[安] 新潟2区 3508-7278 当4
津島　淳 自[茂] 比 東北 3508-7073 当4	1204	1221	坂本祐之輔 立 比 北関東 3508-7449 当3
市村浩一郎 維 兵庫6区 3508-7165 当4	1203	1222	中谷　元 自[無] 高知1区 3508-7486 当11
空本誠喜 維 比 中国 3508-7451 当2	1202	1223	竹内　譲 公 比 近畿 3508-7473 当6
尾身朝子 自[安] 比 北関東 3508-7484 当3	1201	1224	庄子賢一 公 比 東北 3508-7474 当1

喫煙室　WC（男）　WC（女）　EVホール　EV

国会議事堂側

衆議院議員写真・略歴・宿所一覧

第49回総選挙（小選挙区比例代表並立制）
（令和3年10月31日施行／令和7年10月30日満了）

議　長　**細田博之**（ほそだひろゆき）　秘書　椎名　雄一　石川　真一　☎3581-1461

副議長　**海江田万里**（かいえだばんり）　秘書　清家　弘司　中川　浩史　☎3423-0311

勤続年数は**令和4年2月末現在**です。

北海道1区　450,946　㊛59.13

札幌市（中央区、北区の一部（P169参照）、南区、西区の一部（P169参照））

当118,286　道下大樹　立前（45.3）
比106,985　船橋利実　自前（41.0）
比35,652　小林　悟　維新（13.7）

道下大樹（みちしただいき）　立前　当2
北海道新得町　S50・12・24
勤4年6ヵ月　（初／平29）

総務委、予算委、憲法審幹事、党税制調査会事務局長、北海道議、道議会民進党政審会長、衆議院議員秘書、中央大／46歳

〒060-0042　札幌市中央区大通西5丁目昭和ビル5F　☎011（233）2331
〒106-0032　港区六本木7-1-3、宿舎

北海道2区　460,828　㊛52.60

札幌市（北区（1区に属しない区域）（P169参照）、東区）

当105,807　松木謙公　立前（44.7）
比89,745　高橋祐介　自新（37.9）
比41,076　山崎　泉　維新（17.4）

松木けんこう（まつき）　立前　当6
北海道札幌市　S34・2・22
勤12年11ヵ月　（初／平15）

環境委、政倫審、党選対委員長代理、新党大地幹事長、農水大臣政務官、官房長官・労働大臣秘書、青山学院大学／63歳

〒001-0908　札幌市北区新琴似8条9丁目2-1　☎011（769）7770
〒168-0063　杉並区和泉3-31-12

北海道3区　474,944　㊛56.24

札幌市（白石区、豊平区、清田区）

当116,917　高木宏寿　自元（44.7）
比当112,535　荒井　優　立新（43.0）
比32,340　小和田康文　維新（12.4）

高木宏壽（たかぎひろひさ）　自元［二］　当3
北海道札幌市　S35・4・9
勤5年3ヵ月　（初／平24）

党法務自治関係団体委員長、党厚生労働副部会長、党北海道総合開発特別委事務局次長、学校法人理事長、道議、慶大法／61歳

〒062-0020　札幌市豊平区月寒中央通5-1-12　☎011（852）4764
〒100-8982　千代田区永田町2-1-2、会館　☎03（3508）7636

北海道4区 363,778 投61.14

当109,326 中村裕之 自前(50.2)
比当108,630 大築紅葉 立新(49.8)

札幌市(西区(1区に属しない区域)(P169参照)、手稲区)、小樽市、後志総合振興局管内

なかむらひろゆき
中村裕之 自前[麻] 当4
北海道 S36・2・23
勤9年4ヵ月 (初/平24)

農林水産副大臣、党水産部会長代理、内閣第一部会長代理、国土交通部会長代理、文科大臣政務官、道議、道PTA連会長、JC、道庁、北海学園大/61歳

〒047-0024 小樽市花園1-4-19 ☎0134(21)5770
〒107-0052 港区赤坂2-17-10、宿舎 ☎03(5549)4671

北海道5区 467,864 投60.22

当139,950 和田義明 自前(50.6)
比111,366 池田真紀 立前(40.3)
16,758 橋本美香 共新(6.1)
8,520 大津伸太郎 無新(3.1)

札幌市(厚別区)、江別市、千歳市、恵庭市、北広島市、石狩市、石狩振興局管内

わだよしあき
和田義明 自前[安] 当3
大阪府池田市 S46・10・10
勤6年 (初/平28補)

党遊説局長、党国防副部会長、党総務、科技特委理事、内閣委、国土交通委、地方創生特委、内閣府大臣政務官、外交副部会長、三菱商事、早大/50歳

〒004-0053 札幌市厚別区厚別中央3条5丁目8-20 ☎011(896)5505
〒100-8981 千代田区永田町2-2-1、会館 ☎03(3508)7117

北海道6区 415,008 投56.86

当128,670 東　国幹 自新(55.5)
比93,403 西川将人 立新(40.3)
比9,776 斉藤忠行 N新(4.2)

旭川市、士別市、名寄市、富良野市、上川総合振興局管内

あずまくによし
東　国幹 自新[茂] 当1
北海道名寄市 S43・2・17
勤5ヵ月 (初/令3)

党女性局次長、党道連副会長、法務委、農水委、沖北特委、道議会議員、自民党会派議員会長、道連青年局長、旭川市議、衆院議員秘書、東海大学/54歳

〒079-8412 旭川市永山2条4丁目2-19 ☎0166(40)2223
〒107-0052 港区赤坂2-17-10、宿舎

北海道7区 253,134 投56.19

当80,797 伊東良孝 自前(58.0)
比45,563 篠田奈保子 立新(32.7)
12,913 石川明美 共新(9.3)

釧路市、根室市、釧路総合振興局管内、根室振興局管内

いとうよしたか
伊東良孝 自前[二] 当5
北海道 S23・11・24
勤12年8ヵ月 (初/平21)

党国対副委員長、衆議運理事、党畜酪委員長、北海道総合開発特委員長、道連会長、地方創生特委長、農水副大臣(2回目)、水産部会長、農水委員長、副幹事長、沖北特委筆頭理、財務政務官、釧路市長、道議、市議、道教育大/73歳

〒085-0021 釧路市浪花町13-2-1 ☎0154(25)5500
〒100-8981 千代田区永田町2-2-1、会館 ☎03(3508)7170

北海道8区 361,180 投 60.08

当112,857 逢 坂 誠 二 立前(52.7)
比101,379 前 田 一 男 自元(47.3)

函館市、北斗市、渡島総合振興局管内、檜山振興局管内

おおさか せいじ
逢坂誠二

立前 当5
北海道ニセコ町 S34・4・24
勤14年7ヵ月 (初/平17)

国家基本委、原子力特委、党代表代行、道連代表、総理補佐官、総務大臣政務官、ニセコ町長、薬剤師、行政書士、北大／62歳

〒040-0073 函館市宮前町8-4 ☎0138(41)7773
〒100-8982 千代田区永田町2-1-2、会館 ☎03(3508)7517

北海道9区 381,776 投 58.92

当113,512 山 岡 達 丸 立前(51.5)
比当106,842 堀 井 学 自前(48.5)

室蘭市、苫小牧市、登別市、伊達市、胆振総合振興局管内、日高振興局管内

やまおか たつまる
山岡達丸

立前 当3(初/平21)
東京都 S54・7・22
勤7年10ヵ月

経産委理事、党経済産業部会長、税制調査会副会長、NHK記者、慶大経／42歳

〒053-0021 北海道苫小牧市若草町1丁目1-24 ☎0144(37)5800
〒100-8981 千代田区永田町2-2-1、会館 ☎03(3508)7306

北海道10区 284,648 投 64.80

当96,843 稲 津 久 公前(53.9)
比当82,718 神 谷 裕 立前(46.1)

夕張市、岩見沢市、留萌市、美唄市、芦別市、赤平市、三笠市、滝川市、砂川市、歌志内市、深川市、空知総合振興局管内、留萌振興局管内

いなつ ひさし
稲津 久

公前 当5
北海道芦別市 S33・2・9
勤12年8ヵ月 (初/平21)

党幹事長代理、中央幹事、政調副会長、北海道本部代表、元厚生労働副大臣、元農水政務官、元道議、専修大／64歳

〒068-0024 岩見沢市4条西2-4-2 ☎0126(22)8511
〒107-0052 港区赤坂2-17-10、宿舎

北海道11区 283,874 投 63.51

当91,538 石 川 香 織 立前(51.8)
比当85,336 中 川 郁 子 自元(48.2)

帯広市、十勝総合振興局管内

いしかわ かおり
石川香織

立前 当2
神奈川県 S59・5・10
勤4年6ヵ月 (初/平29)

沖北特委理、予算委、総務委、党副幹事長、青年局長、国対副委員長、元日本BS11アナウンサー、聖心女子大／37歳

〒080-0028 帯広市西18条南5丁目47-5 ☎0155(67)7730
〒107-0052 港区赤坂2-17-10、宿舎

北海道12区 286,186 投 59.82

北見市、網走市、稚内市、紋別市、宗谷総合振興局管内、オホーツク総合振興局管内

当97,634 武部　新 自前(58.4)
比55,321 川原田英世 立新(33.1)
14,140 菅原　誠 共新(8.5)

たけべ あらた
武部　新 自前[二] 当4
北海道 S45・7・20
勤9年4ヵ月 (初/平24)

農林水産副大臣、衆院議事進行係、党国対副委長、過疎対策特委事務局長代理、環境兼内閣府大臣政務官、早大法、シカゴ大院／51歳

〒090-0833 北見市とん田東町603-1 ☎0157(61)7711

比例代表 北海道 8人 北海道

すずき たかこ
鈴木貴子 自前[茂] 当4
北海道帯広市 S61・1・5
勤8年10ヵ月 (初/平25補)

外務副大臣、前防衛大臣政務官、元NHK長野放送局番組制作ディレクター、カナダオンタリオ州トレント大学／36歳

〒085-0018 釧路市黒金町7-1-1
クロガネビル3F ☎0154(24)2522

わたなべ こういち
渡辺孝一 自前[岸] 当4
北海道 S32・11・25
勤9年4ヵ月 (初/平24)

総務大臣政務官、総務委、党副幹事長、防衛政務官兼内閣府政務官、岩見沢市長、歯科医師、東日本学園大／64歳

〒068-0004 岩見沢市4条東1-7-1
北商4-1ビル1F ☎0126(25)1188
〒107-0052 港区赤坂2-17-10、宿舎

ほりい まなぶ
堀井　学 自前[安] 当4(初/平24)
北海道室蘭市 S47・2・19
勤9年4ヵ月 〈北海道9区〉

経産委、沖北特委理事、原子力特委、党水産部会長代理、党団体総局次長、外務大臣政務官、道議、王子製紙、専修大商／50歳

〒059-0012 登別市中央町5-14-1 ☎0143(88)2811
〒107-0052 港区赤坂2-17-10、宿舎 ☎03(5549)4671

なかがわ ゆうこ
中川郁子 自元[二] 当3(初/平24)
新潟県 S33・12・22
勤5年3ヵ月 〈北海道11区〉

拉致特委理事、党農林水産関係団体委員長、水産総合調査会副会長、農林水産大臣政務官、三菱商事、聖心女子大学／63歳

〒080-0802 帯広市東2条南13丁目18 ☎0155(27)2611

くれは
おおつき紅葉　**立新**　当1(初/令3)
北海道小樽市　S58・10・16
勤5ヵ月　**〈北海道4区〉**

総務委、地方創生特委、情報監視審委、党政調会長補佐、フジテレビ政治部記者、英国バーミンガムシティ大／38歳

〒047-0024　小樽市花園2-6-7
プラムビル5F　☎0134(33)8750

あらい　ゆたか
荒井　優　**立新**　当1(初/令3)
北海道　S50・2・28
勤5ヵ月　**〈北海道3区〉**

文科委、経産委、復興特委、党政調会長補佐、学校法人理事長、高校校長、ソフトバンク(株)、早大／47歳

〒062-0932　札幌市豊平区平岸2条6丁目1-14 三慶ビル　☎011(826)3021
〒107-0052　港区赤坂2-17-10、宿舎　☎03(5549)6471

かみや　ひろし
神谷　裕　**立前**　当2(初/平29)
東京都豊島区　S43・8・10
勤4年6ヵ月　**〈北海道10区〉**

農水委、復興特委理事、参院議員秘書、衆院議員秘書、国務大臣秘書官、日鰹連職員、帝京大／53歳

〒068-0024　北海道岩見沢市4条西4丁目12　☎0126(22)1100

さとう　ひでみち
佐藤英道　**公前**　当4
宮城県名取市　S35・9・26
勤9年4ヵ月　(初/平24)

厚生労働副大臣兼内閣府副大臣、議運委理事、農水政務官、党団体渉外委員長、中央幹事、国交部会長、創大院／61歳

〒060-0001　札幌市中央区北1条西19丁目
緒方ビル4F　☎011(688)5450
〒100-8982　千代田区永田町2-1-2、会館　☎03(3508)7457

比例代表　北海道　8人

有効投票数　2,569,130票

政党名	当選者数	得票数	得票率
	惜敗率 小選挙区		惜敗率 小選挙区
自民党	4人	863,300票	33.60%

当①鈴木　貴子 前
当②渡辺　孝一 前
当③堀井　学 前(94.12) 北9
当③中川　郁子 元(93.22) 北11
③船橋　利実 前(90.45) 北1
③前田　一男 元(89.8) 北8
③高橋　祐介 新(84.8) 北2
⑭鶴羽　佳子 新
⑮長友　隆典 新

【小選挙区での当選者】
③高木　宏寿 元　北3
③中村　裕之 前　北4
③和田　義明 前　北5
③東　国幹 新　北6
③伊東　良孝 前　北7
③武部　新 前　北12

立憲民主党　3人　682,912票　26.58%

当①大築　紅葉 新(99.36) 北4
当①荒井　　優 新(96.25) 北3
当①神谷　　裕 前(85.41) 北10
①池田　真紀 前(79.58) 北5
①西川　将人 新(72.59) 北6
①川原田英世 新(56.66) 北12
①篠田奈保子 新(56.39) 北7
⑬原谷　那美 新
⑭秋元　恭兵 新
⑮田中　勝一 新

【小選挙区での当選者】
①道下　大樹 前　北1
①松木　謙公 前　北2
①逢坂　誠二 前　北8
①山岡　達丸 前　北9
①石川　香織 前　北11

公明党　1人　294,371票　11.46%

当①佐藤　英道 前
②荒瀬　正昭 前

その他の政党の得票数・得票率は下記のとおりです。
(当選者はいません)

政党名	得票数	得票率
日本維新の会	215,344票	8.38%
共産党	207,189票	8.06%
れいわ新選組	102,086票	3.97%
国民民主党	73,621票	2.87%
支持政党なし	46,142票	1.80%
NHKと裁判してる党弁護士法72条違反で	42,916票	1.67%
社民党	41,248票	1.61%

青森県1区　342,174　投51.84

青森市、むつ市、東津軽郡、上北郡(野辺地町、横浜町、六ヶ所村)、下北郡

当91,011　江渡聡徳　自前(52.4)
比64,870　升田世喜男　立元(37.4)
17,783　斎藤美緒　共新(10.2)

江渡聡徳（えと　あきのり）　**自前**[麻]　当8
青森県十和田市　S30・10・12
勤22年2ヵ月　(初/平8)

党総務、拉致特委理、安保委、原子力特委、党総務会長代行、防衛大臣、安保委員長、防衛副大臣、短大講師、日大院／66歳

〒030-0812　青森市堤町1-3-12　☎017(718)8820
〒107-0052　港区赤坂2-17-10、宿舎

青森県2区　389,510　投53.56

八戸市、十和田市、三沢市、上北郡(七戸町、六戸町、東北町、おいらせ町)、三戸郡

当126,137　神田潤一　自新(61.5)
比65,909　高畑紀子　立新(32.1)
12,966　田端深雪　共新(6.3)

神田潤一（かんだ　じゅんいち）　**自新**[無]　当1
青森県八戸市　S45・9・27
勤5ヵ月　(初/令3)

財金委、農水委、倫選特委、原子力特委、日本銀行職員、金融庁出向、日本生命出向、マネーフォワード執行役員、東大経、イェール大学院／51歳

〒031-0081　八戸市柏崎1-1-1　☎0178(45)0462

青森県３区 347,625 投 53.29

当118,230 木村次郎 自前(65.0)
比63,796 山内　崇 立新(35.0)

弘前市、黒石市、五所川原市、つがる市、平川市、西津軽郡、中津軽郡、南津軽郡、北津軽郡

木村次郎（きむら じろう）

自前［安］ 当2
青森県藤崎町 S42・12・16
勤4年6ヵ月 (初/平29)

国土交通大臣政務官、国交委、党国防副部会長、女性局次長、青森県職員、中央大／54歳

〒036-8191 青森県弘前市親方町43-3F ☎0172(36)8332
〒107-0052 港区赤坂2-17-10、宿舎 ☎03(5549)4671

岩手県１区 293,290 投 58.81

当87,017 階　猛 立前(51.2)
比62,666 高橋比奈子 自前(36.9)
20,300 吉田恭子 共新(11.9)

盛岡市、紫波郡

階　猛（しな たけし）

立前 当6
岩手県盛岡市 S41・10・7
勤14年9ヵ月 (初/平19補)

法務委野党筆頭理事、予算委、復興特委、党政調会長代行、総務大臣政務官、民進党政調会長、弁護士、銀行員、東大法／55歳

〒020-0021 盛岡市中央通3-3-2 菱和ビル6F ☎019(654)7111
〒107-0052 港区赤坂2-17-10、宿舎

岩手県２区 369,175 投 60.28

当149,168 鈴木俊一 自前(68.0)
比66,689 大林正英 立新(30.4)
3,548 荒川順子 N新(1.6)

宮古市、大船渡市、久慈市、遠野市、陸前高田市、釜石市、二戸市、八幡平市、滝沢市、岩手郡、気仙郡、上閉伊郡、下閉伊郡、九戸郡、二戸郡

鈴木俊一（すずき しゅんいち）

自前［麻］ 当10
岩手県 S28・4・13
勤28年11ヵ月 (初/平2)

財務・金融担当大臣、党総務会長、東京オリパラ大臣、環境大臣、外務副大臣、衆外務・厚労・復興特委員長、早大／68歳

〒020-0668 岩手県滝沢市鵜飼狐洞1-432 ☎019(687)5525
〒100-8981 千代田区永田町2-2-1、会館 ☎03(3508)7267

岩手県３区 377,117 投 61.71

当118,734 藤原　崇 自前(52.1)
比当109,362 小沢一郎 立前(47.9)

花巻市、北上市、一関市、奥州市、和賀郡、胆沢郡、西磐井郡

藤原　崇（ふじわら たかし）

自前［安］ 当4(初/平24)
岩手県西和賀町 S58・8・2
勤9年4ヵ月 〈岩手3区〉

財務大臣政務官、財金委、予算委理事、党法務部会長代理、内閣府兼復興大臣政務官、弁護士、明治学院大学法科大学院修了／38歳

〒024-0092 岩手県北上市新穀町1-6-4 ☎0197(72)6056
〒100-8982 千代田区永田町2-1-2、会館 ☎03(3508)7207

宮城県1区 439,697 ㊛54.60

仙台市(青葉区、太白区(本庁管内))

当101,964	土井　亨	自前	(43.4)
比当96,649	岡本章子	立前	(41.2)
23,033	春藤沙弥香	維新	(9.8)
13,174	大草芳江	無新	(5.6)

どい　とおる
土井　亨
自前[安]　当5
宮城県　S33・8・12
勤13年3ヵ月　(初/平17)

国交委与党筆頭理事、党所有者不明土地等に関する特別委員長、党情報調査局長、国交副大臣、復興副大臣、国交政務官、党国対副委長、党財金部会長、副幹事長、県議3期、東北学院大/63歳

〒980-0011　仙台市青葉区上杉1-1-30-102　☎022(262)7223

宮城県2区 455,409 ㊛53.62

仙台市(宮城野区、若林区、泉区)

当116,320	鎌田さゆり	立元	(49.0)
比当115,749	秋葉賢也	自前	(48.7)
比5,521	林マリアゆき	N新	(2.3)

かまた
鎌田さゆり
立元　当3
宮城県　S40・1・8
勤5年　(初/平12)

党政調副会長、法務委次席理事、震災復興特委、党災害・緊急事態局東北ブロック副局長、東北学院大学/57歳

〒981-3133　仙台市泉区泉中央1-34-6-2F　☎022(771)5022
〒107-0052　港区赤坂2-17-10、宿舎

宮城県3区 286,936 ㊛57.71

仙台市(太白区(秋保総合支所管内(秋保町湯向、秋保町境野、秋保町長袋、秋保町馬場、秋保町湯元))、白石市、名取市、角田市、岩沼市、刈田郡、柴田郡、伊具郡、亘理郡

当96,210	西村明宏	自前	(59.3)
比60,237	大野園子	立新	(37.1)
5,890	浅田晃司	無新	(3.6)

にし　むら　あき　ひろ
西村明宏
自前[安]　当6
福岡県北九州市　S35・7・16
勤15年1ヵ月　(初/平15)

党筆頭副幹事長、内閣官房副長官、国交・内閣府・復興副大臣、国交委員長、党政調副会長・事務局長、党団体総局長、地方組織議員総局長、蔵相秘書、早大院/61歳

〒981-1231　宮城県名取市手倉田字諏訪609-1　☎022(384)4757
〒100-8982　千代田区永田町2-1-2、会館　☎03(3508)7906

宮城県4区 237,478 ㊛57.15

塩竈市、多賀城市、富谷市、宮城郡(七ヶ浜町、利府町)、黒川郡(大和町、大衡村)、加美郡

当74,721	伊藤信太郎	自前	(56.5)
比30,047	船山由美	共新	(22.7)
比当27,451	早坂　敦	維新	(20.8)

い　とう しん　た　ろう
伊藤信太郎
自前[麻]　当7
東京都港区　S28・5・6
勤17年2ヵ月　(初/平13補)

党政調会長代理、憲法審査会委員、外務委、復興特委、外務副大臣、慶大院、ハーバード大院/68歳

〒985-0021　宮城県塩釜市尾島町24-20　☎022(367)8687
〒100-8982　千代田区永田町2-1-2、会館　☎03(3508)7091

宮城県5区 252,373 投57.34

当81,033 安住 淳 立前(56.9)
比64,410 森下千里 自新(43.1)

石巻市、東松島市、大崎市(松山・三本木・鹿島台・田尻総合支所管内)、宮城郡(松島町)、黒川郡(大郷町)、遠田郡、牡鹿郡、本吉郡

安住 淳(あずみ じゅん)

立前 当9
宮城県 S37・1・17
勤25年7ヵ月 (初/平8)

懲罰委長、党国対委員長、民進党国対委員長、財務大臣、政府税調会長、防衛副大臣、衆安保委員長、党幹事長代行、NHK記者、早大/60歳

〒986-0814 石巻市南中里4-1-18 ☎0225(23)2881
〒100-8981 千代田区永田町2-2-1、会館 ☎03(3508)7293

宮城県6区 253,730 投57.38

当119,555 小野寺五典 自前(83.2)
24,072 内藤隆司 共新(16.8)

気仙沼市、登米市、栗原市、大崎市(第5区に属しない区域)

小野寺五典(おのでら いつのり)

自前[岸] 当8
宮城県気仙沼市 S35・5・5
勤20年5ヵ月 (初/平9補)

情報監視審査会長、党安全保障調査会長、防衛大臣、党政調会長代理、外務副大臣、外務大臣政務官、東北福祉大客員教授、県職員、松下政経塾、東大院/61歳

〒987-0511 登米市迫町佐沼字中江1-10-4 中江第一ビル2F、1号 ☎0220(22)6354
〒107-0052 港区赤坂2-17-10、宿舎

秋田県1区 261,956 投58.18

当77,960 冨樫博之 自前(51.9)
比当72,366 寺田 学 立前(48.1)

秋田市

冨樫博之(とがし ひろゆき)

自前[無] 当4
秋田県秋田市 S30・4・27
勤9年4ヵ月 (初/平24)

復興副大臣、党副幹事長、総務大臣政務官、秋田県議会議長、衆議院議員秘書、秋田経産大/66歳

〒010-1427 秋田市仁井田新田3-13-20 ☎018(839)5601
〒107-0052 港区赤坂2-17-10、宿舎

秋田県2区 258,568 投61.23

当81,845 緑川貴士 立前(52.5)
比当73,945 金田勝年 自前(47.5)

能代市、大館市、男鹿市、鹿角市、潟上市、北秋田市、鹿角郡、北秋田郡、山本郡、南秋田郡

緑川貴士(みどりかわ たかし)

立前 当2(初/平29)
埼玉県 S60・1・10
勤4年6ヵ月

地方創生特委、農水委、党秋田県連代表、秋田朝日放送アナウンサー、早大/37歳

〒017-0897 秋田県大館市三ノ丸92 ☎0186(57)8614
〒100-8982 千代田区永田町2-1-2、会館 ☎03(3508)7002

※平7参院初当選

秋田県３区　320,409 ㊥55.89

当134,734 御法川信英 自前(77.9)
38,118 杉山　彰 共新(22.1)

横手市、湯沢市、由利本荘市、大仙市、にかほ市、仙北市、仙北郡、雄勝郡

みのりかわのぶひで
御法川信英　自前[麻]　当6
秋田県　S39・5・25
勤15年1ヵ月　(初/平15)

党国対委員長代理、議運委筆頭理事、国土交通・内閣府・復興副大臣、財務副大臣、外務政務官、コロンビア大院、慶大/57歳

〒014-0046 秋田県大仙市大曲田町20-32 ☎0187(63)5835
〒107-0052 港区赤坂2-17-10、宿舎

山形県１区　303,982 ㊥61.59

当110,688 遠藤利明 自前(60.0)
比73,872 原田和広 立新(40.0)

山形市、上山市、天童市、東村山郡

えんどうとしあき
遠藤利明　自前[無]　当9
山形県上山市　S25・1・17
勤25年5ヵ月　(初/平5)

党選挙対策委員長、東京オリンピック・パラリンピック大臣、党幹事長代理、文科副大臣、建設政務次官、中大法/72歳

〒990-2481 山形市あかねヶ丘2-1-6 ☎023(646)6888
〒107-0052 港区赤坂2-17-10、宿舎 ☎03(5549)4671

山形県２区　313,967 ㊥65.71

当125,992 鈴木憲和 自前(61.8)
比77,742 加藤健一 国新(38.2)

米沢市、寒河江市、村山市、長井市、東根市、尾花沢市、南陽市、西村山郡、北村山郡、東置賜郡、西置賜郡

すずきのりかず
鈴木憲和　自前[茂]　当4
山形県南陽市　S57・1・30
勤9年4ヵ月　(初/平24)

党青年局長代理、決算行監委理、安保委、倫選特委、外務大臣政務官、党水産部会長代理、党農林部会長代理、農水省、東大法/40歳

〒992-0012 米沢市金池2-1-11 ☎0238(26)4260
〒100-8981 千代田区永田町2-2-1、会館 ☎03(3508)7318

山形県３区　287,642 ㊥65.74

当108,558 加藤鮎子 自前(58.1)
66,320 阿部ひとみ 無新(35.5)
12,100 梅木　威 共新(6.5)

鶴岡市、酒田市、新庄市、最上郡、東田川郡、飽海郡

かとうあゆこ
加藤鮎子　自前[無]　当3
山形県鶴岡市　S54・4・19
勤7年4ヵ月　(初/平26)

国土交通大臣政務官、国交委、元環境大臣政務官兼内閣府大臣政務官、コロンビア大学院、慶大/42歳

〒997-0026 鶴岡市大東町17-23(自宅) ☎0235(22)0376
〒107-0052 港区赤坂2-17-10、宿舎

福島県1区 404,405 投60.61	
当123,620	金子恵美 立前(51.1)
比当118,074	亀岡偉民 自前(48.9)

福島市、相馬市、南相馬市、伊達市、伊達郡、相馬郡

かねこ えみ
金子恵美
立前 当3(初/平26)※1
福島県保原町(現伊達市) S40・7・7
勤13年5ヵ月(参6年1ヵ月)

党幹事長代理、党選対副委員長、党つながる本部副本部長、党震災復興部会長、復興特委理、農水委理、県連代表、内閣府政務官兼復興政務官、参議員、福島大院/56歳

〒960-8253 福島市泉字泉川34-1 ☎024(573)0520
〒100-8982 千代田区永田町2-1-2、会館 ☎03(3508)7476

福島県2区 347,250 投55.06	
当102,638	根本匠 自前(54.6)
比当85,501	馬場雄基 立新(45.4)

郡山市、二本松市、本宮市、安達郡

ねもと たくみ
根本匠
自前[岸] 当9
福島県 S26・3・7
勤25年6ヵ月 (初/平5)

予算委員長、党中小企業調査会長、厚生労働大臣、党金融調査会長、復興大臣、総理補佐官、党広報本部長、経産委長、内閣府副大臣、厚生政務次官、建設省、東大/70歳

〒963-8012 郡山市咲田1-2-1-103 ☎024(932)6662
〒100-8982 千代田区永田町2-1-2、会館 ☎03(3508)7312

福島県3区 264,121 投64.05	
当90,457	玄葉光一郎 立前(54.2)
比当76,302	上杉謙太郎 自前(45.8)

白河市、須賀川市、田村市、岩瀬郡、西白河郡(泉崎村、中島村、矢吹町)、東白川郡、石川郡、田村郡

げんば こういちろう
玄葉光一郎
立前 当10
福島県田村市 S39・5・20
勤28年10ヵ月 (初/平5)

安保委、復興特委、決算行監委長、外相、国家戦略担当・内閣府特命担当大臣、民主党政調会長、選対委長、県議、上智大/57歳

〒962-0832 須賀川市本町3-2 ☎0248(72)7990
〒100-8981 千代田区永田町2-2-1、会館 ☎03(3508)7252

福島県4区 237,353 投64.68	
当76,683	小熊慎司 立前(51.0)
比当73,784	菅家一郎 自前(49.0)

会津若松市、喜多方市、南会津郡、耶麻郡、河沼郡、大沼郡、西白河郡(西郷村)

おぐま しんじ
小熊慎司
立前 当4(初/平24)※2
福島県 S43・6・16
勤11年10ヵ月(参2年6ヵ月)

外務委理事、復興特委、党筆頭幹事長代理、党企業・団体交流副委員長、参院議員、福島県議、会津若松市議、専大法学部/53歳

〒965-0872 会津若松市東栄町4-17 ニューパークハイツ1F ☎0242(38)3565
〒100-8981 千代田区永田町2-2-1、会館 ☎03(3508)7138

※1 平19参院初当選 ※2 平22参院初当選

福島県5区 320,273 投48.00

当93,325 吉野正芳 自前(62.7)
55,619 熊谷 智 共新(37.3)

いわき市、双葉郡

よしの まさよし
吉野正芳
自前[安] 当8
福島県いわき市 S23・8・8
勤21年10ヵ月 (初/平12)

政倫審会長、党復興本部長代理、復興大臣、農林水産委・震災復興特委・原子力特委・環境委各委員長、環境副大臣、文科政務官、早大/73歳

〒970-8026 いわき市平尼子町2-26NKビル ☎0246(21)4747
〒107-0052 港区赤坂2-17-10、宿舎

比例代表 東北 13人

青森、岩手、宮城、秋田、山形、福島

つしま じゅん
津島 淳
自前[茂] 当4
東京都 S41・10・18
勤9年4ヵ月 (初/平24)

法務副大臣、国交兼内閣府政務官、党国交・財金部会長代理、衆財金・農水・原子力特委理事、学習院大/55歳

〒030-0843 青森市大字浜田字豊田148-6 ☎017(718)3726
〒100-8982 千代田区永田町2-1-2、会館 ☎03(3508)7073

あきば けんや
秋葉賢也
自前[茂] 当7(初/平17)
宮城県 S37・7・3
勤17年 〈宮城2区〉

党情報調査局長、前内閣総理大臣補佐官、環境委長、党政調副会長、厚労・復興副大臣、総務大臣政務官、松下政経塾、中大法、東北大院法/59歳

〒981-3121 仙台市泉区上谷刈4-17-16 ☎022(375)4477
〒100-8981 千代田区永田町2-2-1、会館 ☎03(3508)7392

かん けいちろう
菅家一郎
自前[安] 当4(初/平24)
福島県 S30・5・20
勤9年4ヵ月 〈福島4区〉

党環境部会長代理、復興副大臣、環境大臣政務官兼内閣府大臣政務官、会津若松市長、県議、市議、会社役員、早大/66歳

〒965-0872 会津若松市東栄町5-19 ☎0242(27)9439

かめおか よしたみ
亀岡偉民
自前[安] 当5(初/平17)
福島県 S30・9・10
勤13年3ヵ月 〈福島1区〉

党総裁補佐兼副幹事長、復興副大臣、文科兼内閣府副大臣、衆文科委員長、党国対副委員長、農相秘書、早大教育(野球部)/66歳

〒960-8055 福島市野田町5-6-25 ☎024(533)3131
〒100-8981 千代田区永田町2-2-1、会館 ☎03(3508)7148

かねだかつとし
金田勝年
自前［二］ 当5(初/平21)※
秋田県 S24・10・4
勤24年10ヵ月（参12年2ヵ月）〈秋田2区〉

予算委、災害特委、予算委員長、党幹事長代理、法務大臣、財務金融委員長、外務副大臣、農林水産政務次官、大蔵主計官、一橋大／72歳

〒016-0843 能代市中和1-16-2 ☎0185(54)3000
〒107-0052 港区赤坂2-17-10、宿舎 ☎03(5549)4671

うえすぎけんたろう
上杉謙太郎
自前［安］ 当2(初/平29)
神奈川県 S50・4・20
勤4年6ヵ月 〈福島3区〉

外務大臣政務官、外務委、議員秘書、県3区支部長、早大／46歳

〒962-0023 須賀川市大黒町115-1 Ⅲ-A ☎0248(76)6024

おかもとあきこ
岡本あき子
立前 当2(初/平29)
宮城県 S39・8・16
勤4年6ヵ月 〈宮城1区〉

総務委理、復興特委、党ジェンダー平等推進本部長代行、子ども子育てPT事務局長、仙台市議、NTT、東北大／57歳

〒982-0011 仙台市太白区長町4-4-29 ☎022(395)4781
〒100-8981 千代田区永田町2-2-1、会館 ☎03(3508)7064

てらたまなぶ
寺田 学
立前 当6(初/平15)
秋田県横手市 S51・9・20
勤16年5ヵ月 〈秋田1区〉

国家基本委理事、倫選特委理、党国対委員長代理、内閣総理大臣補佐官、三菱商事社員、中央大／45歳

〒010-1424 秋田市御野場1-1-9 ☎018(827)7515
〒100-8981 千代田区永田町2-2-1、会館 ☎03(3508)7464

おざわいちろう
小沢一郎
立前 当18(初/昭44)
岩手県旧水沢市 S17・5・24
勤52年6ヵ月 〈岩手3区〉

自由党代表、生活の党代表、国民の生活が第一代表、民主党代表、自由党党首、新進党党首、自民党幹事長、官房副長官、自治相、慶大／79歳

〒023-0814 奥州市水沢袋町2-38 ☎0197(24)3851
〒100-8981 千代田区永田町2-2-1、会館 ☎03(3508)7175

ばばゆうき
馬場雄基
立新 当1(初/令3)
福島県郡山市 H4・10・15
勤5ヵ月 〈福島2区〉

環境委、震災復興特委、三井住友信託銀行、松下政経塾、コミュニティ施設事業統括、慶大法／29歳

〒963-8052 福島県郡山市八山田5-214 サルーテⅡ103 ☎024(953)8109
〒100-8982 千代田区永田町2-1-2、会館 ☎03(3508)7631

※平7参院初当選

しょうじ けんいち
庄子賢一
公新 当1
宮城県仙台市 S38・2・8
勤5ヵ月 (初/令3)

党中央幹事、党東北方面本部長、農水委、決算行監委、復興特委、宮城県議会議員5期、広告代理店、東北学院大／59歳

〒983-0852 仙台市宮城野区榴岡4-5-24-502 ☎022(290)3770
〒100-8982 千代田区永田町2-1-2、会館 ☎03(3508)7474

たかはしちづこ
高橋千鶴子
共前 当7
秋田県 S34・9・16
勤18年5ヵ月 (初/平15)

党衆議院議員団長、障害者の権利委員会責任者、党国交部会長、党常任幹部会委員、国交委、復興特委、地方創生特委、弘前大／62歳

〒980-0021 仙台市青葉区中央4-3-28 朝市ビル4F ☎022(223)7572
〒107-0052 港区赤坂2-17-10、宿舎 ☎03(5549)4671

はやさか あつし
早坂 敦
維新 当1(初/令3)
宮城県 S46・3・11
勤5ヵ月 〈宮城4区〉

文科委、復興特委理、会社役員、児童指導員、仙台市議、東北高校／50歳

〒981-3304 宮城県富谷市ひより台2-31-1-202 ☎022(344)6115
〒107-0052 港区赤坂2-17-10、宿舎

比例代表 東北 13人 有効投票数 4,120,670票

政党名	当選者数	得票数	得票率
	惜敗率 小選挙区		惜敗率 小選挙区

自民党 6人 1,628,233票 39.51%

当①津島 淳 前
当②秋葉 賢也 前(99.51)宮2
当②菅家 一郎 前(96.22)福4
当②亀岡 偉民 前(95.51)福1
当②金田 勝年 前(90.38)秋2
当②上杉謙太郎 前(84.35)福3
②森下 千里 新(75.78)宮5
②高橋比奈子 前(72.02)岩1
㉔前川 恵 元
㉕入野田 博 新
【小選挙区での当選者】
②江渡 聡徳 前 青1
②神田 潤一 新 青2
②木村 次郎 前 青3
②鈴木 俊一 前 岩2
②藤原 崇 前 岩3
②土井 亨 前 宮1
②西村 明宏 前 宮3
②伊藤信太郎 前 宮4
②小野寺五典 前 宮6
②冨樫 博之 前 秋1
②御法川信秀 前 秋3
②遠藤 利明 前 山1
②鈴木 憲和 前 山2
②加藤 鮎子 前 山3
②根本 匠 前 福2

立憲民主党 4人 991,504票 24.06%

当①岡本 章子 前(94.79)宮1
当①寺田 学 前(92.82)秋1
当①小沢 一郎 前(92.11)岩3
当①馬場 雄基 新(83.30)福2
①升田世喜男 元(71.28)青1
①原田 和広 新(66.74)山1
①大野 園子 新(62.61)宮3
①山内 崇 新(53.96)青3
①高畑 紀子 新(52.25)青2
①大林 正英 新(44.71)岩2

⑱佐野　利恵 新
⑲鳥居　作弥 新
⑳内海　　太 新
【小選挙区での当選者】
①階　　猛 前　　岩1
①鎌田さゆり 元　　宮2
①安住　　淳 前　　宮5
①緑川　貴士 前　　秋2
①金子　恵美 前　　福1
①玄葉光一郎 前　　福3
①小熊　慎司 前　　福4

公明党　1人　456,287票　11.07%

当①庄子　賢一 新
②佐々木雅文 新
③曽根　周作 新

共産党　1人　292,830票　7.11%

当①高橋千鶴子 前
②船山　由美 新　　宮4
③藤本　友里 新

日本維新の会　1人　258,690票　6.28%

当①早坂　　敦 新(36.74) 宮4
▼①春藤沙弥香 新(22.59) 宮1

▼は小選挙区の得票が有効投票総数の10分の1未満で、復活当選の資格がない者

その他の政党の得票数・得票率は下記のとおりです。(当選者はいません)

政党名	得票数	得票率
国民民主党	195,754票	4.75%
れいわ新選組	143,265票	3.48%
社民党	101,442票	2.46%
NHKと裁判してる党弁護士法72条違反で	52,664票	1.28%

㊟略歴　比例東北・茨城

茨城県1区　402,090 投51.29

当105,072　福島伸享　無元(52.1)
比当96,791　田所嘉徳　自前(47.9)

水戸市(本庁管内、赤塚・常澄出張所管内)、下妻市の一部(P169参照)、笠間市(笠間支所管内)、常陸大宮市(御前山支所管内)、筑西市、桜川市、東茨城郡(城里町)

ふくしまのぶゆき 福島伸享

無元(有志)　当3
茨城県　S45・8・8
勤6年7ヵ月　(初/平21)

国土交通委、震災復興特委、筑波大学客員教授、東京財団ディレクター、内閣官房参事官補佐、経産省、東大／51歳

〒310-0804　水戸市白梅1-7-21　☎029(302)8895
〒107-0052　港区赤坂2-17-10、宿舎

茨城県2区　355,390 投49.80

当110,831　額賀福志郎　自前(64.5)
比61,103　藤田幸久　立元(35.5)

水戸市(第1区に属しない区域)、笠間市(第1区に属しない区域)、鹿嶋市、潮来市、神栖市、行方市、鉾田市、小美玉市(本庁管内、小川総合支所管内)、東茨城郡(茨城町、大洗町)

ぬかがふくしろう 額賀福志郎

自前[茂]　当13
茨城県行方市　S19・1・11
勤38年5ヵ月　(初/昭58)

党税調顧問、党震災復興本部長、党エネルギー調査会長、懲罰委、財務大臣、防衛庁長官、経済財政担当相、早大／78歳

〒311-3832　行方市麻生3287-32　☎0299(72)1218
〒100-8982　千代田区永田町2-1-2、会館　☎03(3508)7447

茨城県3区 389,521 投53.52

龍ヶ崎市、取手市、牛久市、守谷市、稲敷市、稲敷郡、北相馬郡

当109,448 葉梨康弘 自前(53.6)
比63,674 梶岡博樹 立新(31.2)
比31,100 岸野智康 維新(15.2)

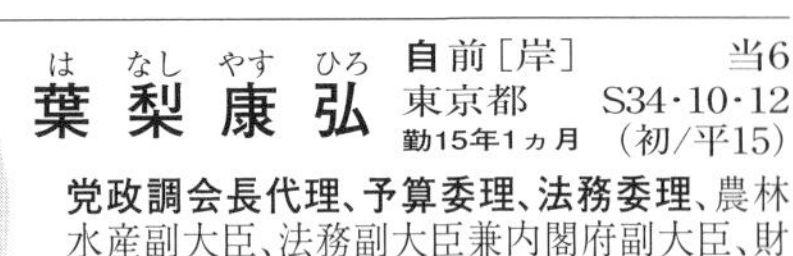

はなし やすひろ
葉梨康弘

自前[岸] 当6
東京都 S34・10・12
勤15年1ヵ月 (初/平15)

党政調会長代理、予算委理、法務委理、農林水産副大臣、法務副大臣兼内閣府副大臣、財務大臣政務官、党総務部会長、東大法/62歳

〒302-0017 取手市桑原1108 ☎0297(74)1859

茨城県4区 268,147 投52.81

常陸太田市、ひたちなか市、常陸大宮市(第1区に属しない区域)、那珂市、久慈郡

当98,254 梶山弘志 自前(70.5)
比25,162 武藤優子 維新(18.0)
比16,018 大内久美子 共新(11.5)

かじやま ひろし
梶山弘志

自前[無] 当8
茨城県常陸太田市 S30・10・18
勤21年10ヵ月 (初/平12)

党幹事長代行、経済産業大臣、地方創生大臣、国交副大臣・政務官、国交・災対特委員長、党選対委員長代理、政調会長代理、元JAEA職員、日大/66歳

〒313-0013 常陸太田市山下町1189 ☎0294(72)2772
〒100-8982 千代田区永田町2-1-2、会館

茨城県5区 241,755 投53.30

日立市、高萩市、北茨城市、那珂郡

当61,373 浅野哲 国前(48.5)
比当53,878 石川昭政 自前(42.6)
8,061 飯田美弥子 共新(6.4)
3,248 田村弘 無新(2.6)

あさの さとし
浅野 哲

国前 当2
東京都 S57・9・25
勤4年6ヵ月 (初/平29)

党国対委員長代理、エネルギー調査会会長、議運委、内閣委、原子力特委、衆議員秘書、(株)日立製作所、日立労組、青学院修了/39歳

〒317-0071 茨城県日立市鹿島町1-11-13 友愛ビル ☎0294(21)5522
〒100-8981 千代田区永田町2-2-1、会館 ☎03(3508)7231

茨城県6区 454,712 投53.62

土浦市、石岡市、つくば市、かすみがうら市、つくばみらい市、小美玉市(第2区に属しない区域)

当125,703 国光文乃 自前(52.5)
比当113,570 青山大人 立前(47.5)

くにみつ
国光あやの

自前[岸] 当2
山口県 S54・3・20
勤4年6ヵ月 (初/平29)

党文科副部会長、文科委、経産委、科技・イノベ特委、復興特委、医師、厚労省職員、長崎大医学部、東京医科歯科大院、UCLA大学院/42歳

〒305-0022 つくば市吉瀬1851-1 ☎029(886)3686
〒100-8982 千代田区永田町2-1-2、会館 ☎03(3508)7036

茨城県7区 303,353 投53.71

当74,362 永岡桂子 自前(46.5)
比当70,843 中村喜四郎 立前(44.3)
比14,683 水梨伸晃 維新(9.2)

古河市、結城市、下妻市(第1区に属しない区域)、常総市、坂東市、結城郡、猿島郡

永岡桂子（ながおかけいこ）

自前［麻］ 当6
東京都 S28・12・8
勤16年7ヵ月（初/平17）

党副幹事長、消費者特委員長、文部科学副大臣、党内閣第一部会長、文科委員長、党政調副会長、厚労副大臣、農水政務官、学習院大法／68歳

〒306-0023 古河市本町2-7-13 ☎0280(31)5033
〒100-8981 千代田区永田町2-2-1、会館 ☎03(3508)7274

栃木県1区 434,814 投52.42

当102,870 船田 元 自前(46.2)
比66,700 渡辺典喜 立新(29.9)
比43,935 柏倉祐司 維元(19.7)
9,393 青木 弘 共新(4.2)

宇都宮市(本庁管内、平石・清原・横川・瑞穂野・城山・国本・富屋・豊郷・篠井・姿川・雀宮地区市民センター管内、宝木・陽南出張所管内)、下野市の一部(P169参照)、河内郡

船田 元（ふなだはじめ）

自前［茂］ 当13
栃木県宇都宮市 S28・11・22
勤35年10ヵ月（初/昭54）

党消費者問題調査会長、党代議士会会長、憲法審委、文科委、消費者特委、経企庁長官、総務・文部政務次官、慶大院／68歳

〒320-0047 宇都宮市一の沢1-2-6 ☎028(666)8735
〒100-8982 千代田区永田町2-1-2、会館 ☎03(3508)7156

栃木県2区 262,690 投53.75

当73,593 福田昭夫 立前(53.4)
比当64,253 五十嵐 清 自新(46.6)

宇都宮市(第1区に属しない区域)、栃木市(西方総合支所管内)、鹿沼市、日光市、さくら市、塩谷郡

福田昭夫（ふくだあきお）

立前 当6
栃木県日光市 S23・4・17
勤16年7ヵ月（初/平17）

国土交通委、地方創生特委理事、党県連代表、総務大臣政務官、栃木県知事、今市市長、東北大／73歳

〒321-2335 日光市森友781-3 ☎0288(21)4182
〒107-0052 港区赤坂2-17-10、宿舎

栃木県3区 241,014 投52.07

当82,398 簗 和生 自前(67.4)
比39,826 伊賀 央 立新(32.6)

大田原市、矢板市、那須塩原市、那須烏山市、那須郡

簗 和生（やなかずお）

自前［安］ 当4
東京都 S54・4・22
勤9年4ヵ月（初/平24）

党農林部会長、農水委理、国交委理、経産委理、国交政務官兼内閣府政務官、党総務会総務、シンクタンク研究員、慶大、東大院修／42歳

〒324-0042 栃木県大田原市末広2-3-17 ☎0287(22)8706

栃木県4区 402,456 投55.37

当111,863	佐藤　勉	自前	(51.1)
比当107,043	藤岡隆雄	立新	(48.9)

栃木市(大平・藤岡・都賀・岩舟総合支所管内)、小山市、真岡市、下野市(第1区に属しない区域)、芳賀郡、下都賀郡

佐藤　勉（さとう　つとむ）

自前［麻］　当9
栃木県壬生町　S27・6・20
勤25年7ヵ月　(初/平8)

国家基本委理、党総務会長、国家基本政策委員長、議院運営委員長、党国会対策委員長、総務大臣、日大／69歳

〒321-0225　下都賀郡壬生町本丸2-15-20　☎0282(83)0001

栃木県5区 284,314 投50.99

当108,380	茂木敏充	自前	(77.4)
31,713	岡村恵子	共新	(22.6)

足利市、栃木市(第2区及び第4区に属しない区域)、佐野市

茂木敏充（もてぎ　としみつ）

自前［茂］　当10
栃木県足利市　S30・10・7
勤28年10ヵ月　(初/平5)

党幹事長、元外務大臣、経済財政政策担当大臣、党政調会長、経産大臣、金融・行革大臣、科技・IT大臣、東大、ハーバード大院／66歳

〒326-0053　足利市伊勢4-14-6　☎0284(43)3050
〒100-8982　千代田区永田町2-1-2、会館　☎03(3508)1011

群馬県1区 378,869 投52.97

当110,244	中曽根康隆	自前	(56.3)
比42,529	宮崎岳志	維元	(21.7)
24,072	斎藤敦子	無新	(12.3)
18,917	店橋世津子	共新	(9.7)

前橋市、桐生市(新里・黒保根支所管内)、沼田市、渋川市(赤城・北橘行政センター管内)、みどり市(東支所管内)、利根郡

中曽根康隆（なかそね　やすたか）

自前［二］　当2
東京都　S57・1・19
勤4年6ヵ月　(初/平29)

防衛大臣政務官兼内閣府大臣政務官、安保委、参議院議員秘書、JPモルガン証券(株)、慶大／40歳

〒371-0841　前橋市石倉町3-10-5　☎027(289)6650
〒100-8982　千代田区永田町2-1-2、会館　☎03(3508)7272

群馬県2区 322,971 投50.66

当88,799	井野俊郎	自前	(54.0)
比50,325	堀越啓仁	立前	(30.6)
25,216	石関貴史	無元	(15.3)

桐生市(第1区に属しない区域)、伊勢崎市、太田市(藪塚町、山之神町、寄合町、大原町、六千石町、大久保町)、みどり市(第1区に属しない区域)、佐波郡

井野俊郎（いの　としろう）

自前［茂］　当4
群馬県　S55・1・8
勤9年4ヵ月　(初/平24)

議運委理、総務委、環境委、党国対副委員長、党畜酪対策委員長代理、元法務大臣政務官、弁護士、市議、明大法／42歳

〒372-0042　伊勢崎市中央町26-2　☎0270(75)1050
〒106-0032　港区六本木7-1-3、宿舎

群馬県３区 303,475 ㊊53.62

太田市(第2区に属しない区域)、館林市、邑楽郡

当86,021	笹川博義	自前	(54.6)
比67,689	長谷川嘉一	立前	(43.0)
3,737	説田健二	N新	(2.4)

ささがわ ひろよし
笹川博義
自前[茂] 当4
東京都 S41・8・29
勤9年4ヵ月 (初/平24)

党副幹事長、環境委理、国交委、災害特委、環境副大臣、環境大臣政務官、衆議事進行係、党総務、県議、明大中退／55歳

〒373-0818 群馬県太田市小舞木町270-1 ☎0276(46)7424
〒100-8982 千代田区永田町2-1-2、会館 ☎03(3508)7338

群馬県４区 295,511 ㊊56.39

高崎市(本庁管内、新町・吉井支所管内)、藤岡市、多野郡

当105,359	福田達夫	自前	(65.0)
比56,682	角倉邦良	立新	(35.0)

ふくだ たつお
福田達夫
自前[安] 当4
東京都 S42・3・5
勤9年4ヵ月 (初/平24)

党総務会長、党農産物輸出促進対策委員長、議運委理、党国対副委員長、防衛政務官、総理秘書官、商社員、慶大法／54歳

〒370-0073 高崎市緑町3-6-3 ☎027(365)1192
〒100-8981 千代田区永田町2-2-1、会館 ☎03(3508)7181

群馬県５区 303,298 ㊊56.42

高崎市(第4区に属しない区域)、渋川市(第1区に属しない区域)、富岡市、安中市、北群馬郡、甘楽郡、吾妻郡

当125,702	小渕優子	自前	(76.6)
38,428	伊藤達也	共新	(23.4)

おぶち ゆうこ
小渕優子
自前[茂] 当8
群馬県 S48・12・11
勤21年10ヵ月 (初/平12)

党組織運動本部長、国家基本委理、外務委、沖北特委、経産大臣、文科委長、財務副大臣、内閣府特命担当大臣、成城大、早大院修了／48歳

〒377-0423 吾妻郡中之条町大字伊勢町1003-7 ☎0279(75)2234
〒100-8982 千代田区永田町2-1-2、会館 ☎03(3508)7424

埼玉県１区 465,306 ㊊55.48

さいたま市(見沼区の一部(P169参照)、浦和区、緑区、岩槻区)

当120,856	村井英樹	自前	(47.6)
比96,690	武正公一	立元	(38.1)
比23,670	吉村豪介	維新	(9.3)
11,540	佐藤真実	無新	(4.5)
1,234	中島徳二	無新	(0.5)

むらい ひでき
村井英樹
自前[岸] 当4
埼玉県さいたま市 S55・5・14
勤9年4ヵ月 (初/平24)

内閣総理大臣補佐官、党国対副委員長、内閣府大臣政務官、党副幹事長、年金委員会事務局長、財務省、ハーバード大院、東大／41歳

〒330-0061 さいたま市浦和区常盤9-27-9 ☎048(711)3241
〒100-8981 千代田区永田町2-2-1、会館 ☎03(3508)7467

埼玉県2区 470,538 投50.35

当121,543 新藤義孝 自前(52.8)
比当57,327 高橋英明 維新(24.9)
51,420 奥田智子 共新(22.3)

川口市の一部(P169参照)

しんどう よしたか
新藤義孝

自前［茂］ 当8
埼玉県川口市 S33・1・20
勤23年9ヵ月 (初/平8)

党政調会長代理、裁判官訴追委員長、党デジタル田園都市推進委員長、衆憲法審査会与党筆頭幹事、総務大臣、明大/64歳

〒332-0034 川口市並木1-10-22 ☎048(254)6000
〒100-8981 千代田区永田町2-2-1、会館 ☎03(3508)7313

埼玉県3区 462,607 投51.88

当125,500 黄川田仁志 自前(53.6)
比100,963 山川百合子 立前(43.1)
7,534 河合悠祐 N新(3.2)

草加市、越谷市の一部(P170参照)

きかわだ ひとし
黄川田仁志

自前［無］ 当4
神奈川県横浜市 S45・10・13
勤9年4ヵ月 (初/平24)

内閣府副大臣、外務大臣政務官、党海洋総合戦略小委事務局長、会社員、松下政経塾、米メリーランド大学院修了/51歳

〒340-0052 草加市金明町1-1
中野マンション102 ☎048(933)0591
〒100-8981 千代田区永田町2-2-1、会館 ☎03(3508)7123

埼玉県4区 386,796 投54.49

当107,135 穂坂泰 自前(52.3)
比47,863 浅野克彦 国新(23.3)
34,897 工藤薫 共新(17.0)
11,733 遠藤宣彦 無元(5.7)
3,358 小笠原洋輝 無新(1.6)

朝霞市、志木市、和光市、新座市

ほさか やすし
穂坂泰

自前［無］ 当2
埼玉県志木市 S49・2・17
勤4年6ヵ月 (初/平29)

環境大臣政務官兼内閣府大臣政務官、志木市議、青山学院大/48歳

〒351-0011 埼玉県朝霞市本町2-1-1
野口ビル202 ☎048(458)3344
〒100-8982 千代田区永田町2-1-2、会館 ☎03(3508)7030

埼玉県5区 397,522 投56.58

当113,615 枝野幸男 立前(51.4)
比当107,532 牧原秀樹 自前(48.6)

さいたま市(西区、北区、大宮区、見沼区(大字砂、砂町2丁目、東大宮2～4丁目)、中央区)

えだの ゆきお
枝野幸男

立前 当10
栃木県 S39・5・31
勤28年10ヵ月 (初/平5)

前党代表、民進党憲法調査会長、経済産業大臣、内閣官房長官、行政刷新大臣、沖縄・北方担当大臣、党幹事長、政調会長、弁護士、東北大/57歳

〒330-0846 さいたま市大宮区大門町2-108-5
永峰ビル2F ☎048(648)9124

埼玉県6区 443,180 投55.32

当134,281	大島　敦	立前	(56.0)
比当105,433	中根一幸	自前	(44.0)

鴻巣市(本庁管内、吹上支所管内)、上尾市、桶川市、北本市、北足立郡

おおしま　あつし
大島　敦
立前　当8
埼玉県北本市　S31・12・21
勤21年10ヵ月　(初／平12)

党経済産業調査会長、経産委、党副代表、党企業団体委員長、懲罰委長、党代表代行、党幹事長、内閣府副大臣、総務副大臣、日本鋼管・ソニー生命社員、早大／65歳

〒363-0021　桶川市泉2-11-32 天沼ビル　☎048(789)2110
〒100-8981　千代田区永田町2-2-1、会館　☎03(3508)7093

埼玉県7区 436,985 投52.63

当98,958	中野英幸	自新	(44.2)
比当93,419	小宮山泰子	立前	(41.7)
比31,475	伊勢田享子	維新	(14.1)

川越市、富士見市、ふじみ野市(本庁管内)

なかの　ひでゆき
中野英幸
自新[二]　当1
埼玉県　S36・9・6
勤5ヵ月　(初／令3)

党商工中小企業団体委員会副委員長、党広報戦略局次長、経産委、法務委、地方創生特委、埼玉県議、日大中退／60歳

〒350-0055　川越市久保町5-3　☎049(226)8888
〒107-0052　港区赤坂2-17-10、宿舎　☎03(5549)4671

埼玉県8区 365,768 投56.69

当104,650	柴山昌彦	自前	(51.6)
98,102	小野塚勝俊	無元	(48.4)

所沢市、ふじみ野市(第7区に属しない区域)、入間郡(三芳町)

しばやま　まさひこ
柴山昌彦
自前[安]　当7
愛知県名古屋市　S40・12・5
勤18年　(初／平16補)

党県連会長、党総務、幹事長代理、文部科学大臣、党政調会長代理、総裁特別補佐、首相補佐官、総務副大臣、外務大臣政務官、弁護士、東大法／56歳

〒359-1141　所沢市小手指町2-12-4 ユーケー小手指101　☎04(2924)5100
〒100-8982　千代田区永田町2-1-2、会館　☎03(3508)7624

埼玉県9区 404,689 投55.44

当117,002	大塚　拓	自前	(53.4)
80,756	杉村慎治	立新	(36.8)
21,464	神田三春	共新	(9.8)

飯能市、狭山市、入間市、日高市、入間郡(毛呂山町、越生町)

おおつか　たく
大塚　拓
自前[安]　当5
東京都　S48・6・14
勤13年3ヵ月　(初／平17)

安保委員長、党国防部会長、財務副大臣、内閣府副大臣、法務兼内閣府大臣政務官、東京三菱銀、慶大法、ハーバード大院／48歳

〒358-0003　入間市豊岡1-2-23 清水ビル2F　☎04(2901)1112

埼玉県10区 328,163 投58.19

東松山市、坂戸市、鶴ヶ島市、比企郡

当96,153 山口 晋 自新(51.6)
比当90,214 坂本祐之輔 立元(48.4)

やまぐち すすむ
山口 晋

自新[茂] 当1
埼玉県川島町 S58・7・28
勤5ヵ月 (初/令3)

党国会対策委員、青年局・女性局・新聞出版局各次長、行革推進本部幹事、衆院農水委、文科委、沖北特委、衆院議員秘書、一橋大院修了、国立シンガポール大院修了/38歳

〒350-0227 坂戸市仲町12-10 ☎049(282)3773

埼玉県11区 351,863 投52.87

熊谷市(江南行政センター管内)、秩父市、本庄市、深谷市、秩父郡、児玉郡、大里郡

当111,810 小泉龍司 自前(61.9)
比49,094 島田 誠 立新(27.2)
19,619 小山森也 共新(10.9)

こいずみりゅうじ
小泉龍司

自前[二] 当7
東京都 S27・9・17
勤17年11ヵ月 (初/平12)

党選対副委員長、財金委、科技特委、元大蔵省銀行局調査室長、東大法/69歳

〒366-0051 深谷市上柴町東3-17-19 ☎048(575)3030

埼玉県12区 369,482 投55.52

熊谷市(第11区に属しない区域)、行田市、加須市、羽生市、鴻巣市(第6区に属しない区域)

当102,627 森田俊和 立前(51.0)
比当98,493 野中 厚 自前(49.0)

もりたとしかず
森田俊和

立前 当2(初/平29)
埼玉県熊谷市 S49・9・19
勤4年6ヵ月

内閣委理事、地方創生特委、会社役員、埼玉県議、早大大学院/47歳

〒360-0831 埼玉県熊谷市久保島1003-2 ☎048(530)6001

埼玉県13区 400,359 投52.43

春日部市の一部(P170参照)、越谷市(第3区に属しない区域)(P170参照)、久喜市(本庁管内、菖蒲総合支所管内)、蓮田市、白岡市、南埼玉郡

当101,149 土屋品子 自前(49.4)
比86,923 三角創太 立新(42.5)
16,622 赤岸雅治 共新(8.1)

つちやしなこ
土屋品子

自前[無] 当8
埼玉県春日部市 S27・2・9
勤22年3ヵ月 (初/平8)

党食育調査会長、国際協力調査会副会長、厚生労働副大臣、環境副大臣、外務大臣政務官、外務委員長、消費者特委員長、党副幹事長、党総務副会長、聖心女子大/70歳

〒344-0062 春日部市粕壁東2-3-40-101 ☎048(761)0475
〒100-8981 千代田区永田町2-2-1、会館 ☎03(3508)7188

埼玉県14区 442,310 ㊥50.08

春日部市(第13区に属しない区域)、久喜市(第13区に属しない区域)、八潮市、三郷市、幸手市、吉川市、北葛飾郡

当111,262	三ツ林裕巳	自前	(51.6)
比当71,460	鈴木義弘	国元	(33.1)
33,062	田村　勉	共新	(15.3)

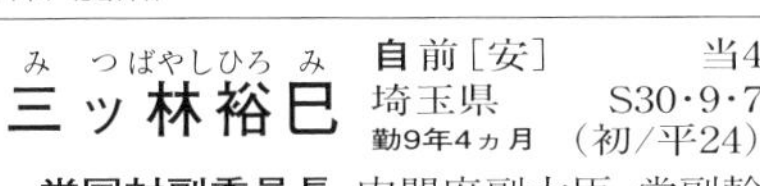

三ッ林裕巳（みつばやしひろみ）

自前[安]　当4
埼玉県　S30・9・7
勤9年4ヵ月　(初/平24)

党国対副委員長、内閣府副大臣、党副幹事長、厚労政務官、日本歯科大教授、日大客員教授、医師、日大医学部／66歳

〒340-0161　埼玉県幸手市千塚490-1　☎0480(42)3535

埼玉県15区 422,917 ㊥53.65

さいたま市(桜区、南区)、川口市の一部(P170参照)、蕨市、戸田市

当102,023	田中良生	自前	(45.9)
比71,958	高木錬太郎	立前	(32.4)
比当48,434	沢田　良	維新	(21.8)

田中良生（たなかりょうせい）

自前[無]　当5
埼玉県　S38・11・11
勤13年3ヵ月　(初/平17)

国交委、決算行監委理、内閣府・国土交通副大臣、党経済産業部会長、経済産業大臣政務官、党副幹事長、立教大／58歳

〒336-0018　さいたま市南区南本町1-14-5-104　☎048(844)3131
〒100-8982　千代田区永田町2-1-2、会館　☎03(3508)7058

比例代表　北関東　19人

茨城、栃木、群馬、埼玉

尾身朝子（おみあさこ）

自前[安]　当3
東京都　S36・4・26
勤7年4ヵ月　(初/平26)

党中央政治大学院副学院長、情報・通信関係団体委員長、外務委、文科委、外務大臣政務官、NTT、東大法／60歳

〒371-0852　前橋市総社町総社3137-1　☎027(280)5250
〒100-8982　千代田区永田町2-1-2、会館　☎03(3508)7484

野中　厚（のなかあつし）

自前[茂]　当4(初/平24)
埼玉県　S51・11・17
勤9年4ヵ月　〈埼玉12区〉

党総務、復興特委理、農水委、党副幹事長、党国土・建設関係団体委員長、農水大臣政務官、党国対副委員長、埼玉県議、慶大／45歳

〒347-0001　埼玉県加須市大越2194　☎0480(53)5563
〒100-8981　千代田区永田町2-2-1、会館　☎03(3508)7041

まき はら ひで き
牧原秀樹 自前[無] 当5(初/平17)
東京都 S46・6・4
勤13年3ヵ月 〈埼玉5区〉

党厚労部会長、元経産副大臣、内閣委員長、厚労副大臣、環境大臣政務官、党副幹、青年局長、弁護士、NY州弁護士、東大法/50歳

〒338-0001 さいたま市中央区上落合2-1-24 三殖ビル5F ☎048(854)0808
〒100-8981 千代田区永田町2-2-1、会館 ☎03(3508)7254

た どころ よし のり
田所嘉德 自前[無] 当4(初/平24)
茨城県 S29・1・19
勤9年4ヵ月 〈茨城1区〉

党総務部会長、総務委理、法務副大臣、元法務兼内閣府大臣政務官、法務委理、党法務部会長代理、白鷗大学法科大学院/68歳

〒310-0804 水戸市白梅2-4-12 ☎029(353)6822
〒100-8981 千代田区永田町2-2-1、会館 ☎03(3508)7068

いし かわ あき まさ
石川昭政 自前[無] 当4(初/平24)
茨城県日立市 S47・9・18
勤9年4ヵ月 〈茨城5区〉

党経済産業部会長、経産委理、環境委、原子力特委、経済産業兼内閣府兼復興大臣政務官、國學院大学院修了/49歳

〒317-0076 茨城県日立市会瀬町4-5-17 ☎0294(51)5887

い が らし きよし
五十嵐 清 自新[茂] 当1(初/令3)
栃木県小山市 S44・12・14
勤5ヵ月 〈栃木2区〉

衆農水委、法務委、科技特委、党農水・環境団体委副委長、元栃木県議会議長・副議長、議員秘書、豪州ボンド大/52歳

〒322-0024 栃木県鹿沼市晃望台25 ☎0289(60)8811
〒100-8982 千代田区永田町2-1-2、会館 ☎03(3508)7085

なか ね かず ゆき
中根一幸 自前[安] 当5(初/平17)
埼玉県鴻巣市 S44・7・11
勤13年3ヵ月 〈埼玉6区〉

国土交通委員長、党総務部会長、内閣府副大臣、外務副大臣、党国土交通部会長、党内閣部会長、専修大学院公法学修了/52歳

〒365-0038 埼玉県鴻巣市本町3-9-28 ☎048(543)8880
〒100-8982 千代田区永田町2-1-2、会館 ☎03(3508)7458

ふじ おか たか お
藤岡隆雄 立新 当1(初/令3)
愛知県 S52・3・28
勤5ヵ月 〈栃木4区〉

国交委、法務委、科技特委、党政調会長補佐、党栃木県連代表代行、金融庁課長補佐、大阪大/44歳

〒323-0022 小山市駅東通り2-14-22 ☎0285(37)8214

なかむら きしろう
中村喜四郎 立前 当15(初/昭51)
茨城県 S24・4・10
勤42年10ヵ月 〈茨城7区〉

国家基本委、建設大臣、自民党国対副委長、政調副会長、科技庁長官、建設委長、日大／72歳

〒306-0400 猿島郡境町1728 ☎0280(87)0154
〒107-0052 港区赤坂2-17-10、宿舎 ☎03(5549)4671

こみやまやすこ
小宮山泰子 立前 当7(初/平15)
埼玉県川越市 S40・4・25
勤18年5ヵ月 〈埼玉7区〉

国交委理、災害特委、党国土交通部会長、党企業・団体交流委長、元農水委員長、埼玉県議、衆議員秘書、NTT社員、慶大商、日大院修了／56歳

〒350-0043 川越市新富町1-18-6-2F ☎049(222)2900

さかもとゆうのすけ
坂本祐之輔 立元 当3(初/平24)
埼玉県東松山市 S30・1・30
勤5年3ヵ月 〈埼玉10区〉

文部科学委、地方創生特委、武蔵丘短大客員教授、元科技特委長、民進党副代表、埼玉県体育協会長、東松山市長、日大／67歳

〒355-0016 東松山市材木町20-9 ☎0493(22)3682
〒100-8982 千代田区永田町2-1-2、会館 ☎03(3508)7449

あおやまやまと
青山大人 立前 当2(初/平29)
茨城県土浦市 S54・1・24
勤4年6ヵ月 〈茨城6区〉

外務委理、消費者特委、党国対副委員長、茨城県議、会社役員、世界史講師、土浦YEG顧問、消防団員、土浦一高、慶大経／43歳

〒300-0815 土浦市中高津1-21-3
村山ビル2F ☎029(828)7011

いしいけいいち
石井啓一 公前 当10
東京都 S33・3・20
勤28年10ヵ月 (初/平5)

党幹事長、党茨城県本部顧問、国土交通大臣、党政調会長、財務副大臣、東大工／63歳

〒310-0805 水戸市中央2-10-26-403 ☎029(222)0711
〒107-0052 港区赤坂2-17-10、宿舎

こしみずけいいち
輿水恵一 公元 当3
山梨県北杜市 S37・2・4
勤5年3ヵ月 (初/平24)

党国対副、党地方議会局長、党総務部会長、総務委理、地方創生特委理、予算委、総務大臣政務官、さいたま市議、キヤノン、青学大／60歳

〒336-0967 さいたま市緑区美園4-13-5
ドルフィーノ浦和美園202

ふく しげ たか ひろ
福 重 隆 浩
公新 当1
東京都 S37・5・3
勤5ヵ月 (初/令3)

党群馬県本部代表、党地方議会局次長、総務委、法務委、地方創生特委、消費者特委、群馬県議、創価大／59歳

〒370-0069 高崎市飯塚町457-2 ☎027(370)5650
〒100-8981 千代田区永田町2-2-1、会館 ☎03(3508)7249

さわ だ りょう
沢 田 良
維新 当1(初/令3)
東京都江東区 S54・9・27
勤5ヵ月 〈埼玉15区〉

総務委、財務金融委、地方創生特委、参議員秘書、浦和北ロータリー会員、日大校友会埼玉県支部常任幹事、日大芸術学部／42歳

〒336-0024 さいたま市南区根岸2-22-14 1F
☎048(767)8045

たか はし ひで あき
高 橋 英 明
維新 当1(初/令3)
埼玉県川口市 S38・5・10
勤5ヵ月 〈埼玉2区〉

国交委、倫選特委、川口市議、武蔵大経済学部、中央工学校／58歳

〒337-0847 川口市芝中田2-9-6 ☎048(262)5808

しお かわ てつ や
塩 川 鉄 也
共前 当8
埼玉県日高市 S36・12・18
勤21年10ヵ月 (初/平12)

党幹部会委員、党国会議員団国対委員長代理、衆院国対副委員長、内閣委、議運委、倫選特委、日高市職員、都立大／60歳

〒330-0835 さいたま市大宮区北袋町1-171-1
☎048(649)0409
〒100-8982 千代田区永田町2-1-2、会館 ☎03(3508)7507

すず き よし ひろ
鈴 木 義 弘
国元 当3(初/平24)
埼玉県三郷市 S37・11・10
勤5年3ヵ月 〈埼玉14区〉

法務委、経産委、科技特委、党幹事長代理、元埼玉県議、(故)土屋義彦参院議員秘書、日本大学理工学部／59歳

〒341-0044 三郷市戸ヶ崎3-347 ☎048(948)2070

比例代表 北関東 19 人

有効投票数 6,172,103票

政党名	当選者数 惜敗率 小選挙区	得票数	得票率 惜敗率 小選挙区
自 民 党	7人	2,172,065票	35.19%

当①尾身　朝子 前
当②野中　　厚 前(95.97)埼12
当②牧原　秀樹 前(94.65)埼 5
当②田所　嘉徳 前(92.12)茨 1

当②石川　昭政 前(87.79) 茨5
当②五十嵐　清 新(87.31) 栃2
当②中根　一幸 前(78.52) 埼6
㉜河村　建一 新
㉝神山　佐市 前
㉞西川　鎭央 新
㉟上野　宏史 前
㊲佐藤　明男 前
㊳鈴木　聖二 新
㊴小川　雅幸 新
【小選挙区での当選者】
②葉梨　康弘 前 茨3
②梶山　弘志 前 茨4
②国光　文乃 前 茨6
②永岡　桂子 前 茨7
②船田　元 前 栃1
②簗　和生 前 栃3
②佐藤　勉 前 栃4
②茂木　敏充 前 栃5
②中曽根康隆 前 群1
②井野　俊郎 前 群2
②笹川　博義 前 群3
②福田　達夫 前 群4
②小渕　優子 前 群5
②村井　英樹 前 埼1
②新藤　義孝 前 埼2
②黄川田仁志 前 埼3
②穂坂　泰 前 埼4
②柴山　昌彦 前 埼8
②大塚　拓 前 埼9
②山口　晋 新 埼10
②小泉　龍司 前 埼11
②土屋　品子 前 埼13
②三ツ林裕巳 前 埼14
②田中　良生 前 埼15
㊱中野　英幸 新 埼7

立憲民主党　5人　1,391,148票　22.54%

当①藤岡　隆雄 新(95.69) 栃4
当①中村喜四郎 前(95.27) 茨7
当①小宮山泰子 前(94.40) 埼7
当①坂本祐之輔 元(93.82) 埼10
当①青山　大人 前(90.35) 茨6
①三角　創太 新(85.94) 埼13
①山川百合子 前(80.45) 埼3
①武正　公一 元(80.00) 埼1
①長谷川嘉一 前(78.69) 群3
①高木錬太郎 前(70.53) 埼15
①杉村　慎治 新(69.02) 埼9
①渡辺　典喜 新(64.84) 栃1
①梶岡　博樹 新(58.18) 茨3
①堀越　啓仁 前(56.67) 群2
①藤田　幸久 元(55.13) 茨2
①角倉　邦良 新(53.80) 群4
①伊賀　央 新(48.33) 栃3
①島田　誠 新(43.91) 埼11
㉓石塚　貞通 新
㉔船山　幸雄 新
㉕高杉　徹 新
【小選挙区での当選者】
①福田　昭夫 前 栃2
①枝野　幸男 前 埼5
①大島　敦 前 埼6
①森田　俊和 前 埼12

公明党　3人　823,930票　13.35%

当①石井　啓一 前
当②輿水　恵一 元
当③福重　隆浩 新
④村上　知己 新

日本維新の会　2人　617,531票　10.01%

当①沢田　良 新(47.47) 埼15
当①高橋　英明 新(47.17) 埼2
①柏倉　祐司 元(42.71) 栃1
①宮崎　岳志 元(38.58) 群1
①伊勢田享子 新(31.81) 埼7
①岸野　智康 新(28.42) 茨3
①武藤　優子 新(25.61) 茨4
▼①水梨　伸晃 新(19.75) 茨7
▼①吉村　豪介 新(19.59) 埼1

共産党　1人　444,115票　7.20%

当①塩川　鉄也 前
②梅村早江子 元
③大内久美子 新 茨4

国民民主党　1人　298,056票　4.83%

当①鈴木　義弘 元(64.23) 埼14
①浅野　克彦 新(44.68) 埼4
【小選挙区での当選者】
①浅野　哲 前 茨5

▼は小選挙区の得票が有効投票総数の10分の1未満で、復活当選の資格がない者

その他の政党の得票数・得票率は下記のとおりです。
(当選者はいません)

政党名	得票数	得票率
れいわ新選組	239,592票	3.88%
社民党	97,963票	1.59%
NHKと裁判してる党弁護士法72条違反で	87,702票	1.42%

千葉県1区 430,513 投54.51	当128,556 田嶋　要 立前(56.3)
	比当99,895 門山宏哲 自前(43.7)

千葉市(中央区、稲毛区、美浜区)

たじま　かなめ
田嶋　要　立前　当7
愛知県　S36・9・22
勤18年5ヵ月　(初/平15)

環境委理事、地方創生特委、経産政務官、原子力災害現地対策本部長、NTT、世銀IFC投資官、米ウォートンMBA、東大法/60歳

〒260-0015　千葉市中央区富士見2-9-28
第1山崎ビル6F　☎043(202)1511

千葉県2区 460,509 投54.65	当153,017 小林鷹之 自前(62.0)
	比69,583 黒田　雄 立元(28.2)
	比24,052 寺尾　賢 共新(9.8)

千葉市(花見川区)、習志野市、八千代市

こばやし たかゆき
小林鷹之　自前[二]　当4
千葉県　S49・11・29
勤9年4ヵ月　(初/平24)

経済安全保障担当大臣、内閣府特命担当大臣、憲法審幹事、経産委理、防衛大臣政務官、財務省、ハーバード大院、東大法/47歳

〒276-0033　千葉県八千代市八千代台南1-3-3
山萬八千代台ビル1F　☎047(409)5842
〒100-8981　千代田区永田町2-2-1、会館　☎03(3508)7617

千葉県3区 336,241 投52.36	当106,500 松野博一 自前(61.9)
	比65,627 岡島一正 立前(38.1)

千葉市(緑区)、市原市

まつの ひろかず
松野博一　自前[安]　当8
千葉県　S37・9・13
勤21年10ヵ月　(初/平12)

内閣官房長官、情報監視審査会長、党総務会長代行、党雇用問題調査会長、文科大臣、厚労政務官、松下政経塾、ライオン(株)、早大法/59歳

〒290-0072　市原市西国分寺台1-16-16　☎0436(23)9060
〒107-0052　港区赤坂2-17-10、宿舎　☎03(5549)4671

千葉県4区 463,083 投52.69	当154,412 野田佳彦 立前(64.5)
	比84,813 木村哲也 自前(35.5)

船橋市(本庁管内、二宮・芝山・高根台・習志野台・西船橋出張所管内、船橋駅前総合窓口センター管内(丸山1~5丁目に属する区域を除く。))

のだ よしひこ
野田佳彦　立前　当9
千葉県船橋市　S32・5・20
勤25年1ヵ月　(初/平5)

党最高顧問、元民進党幹事長、内閣総理大臣、財務大臣、財務副大臣、懲罰委長、党幹事長代理、党国対委長、県議、松下政経塾、早大/64歳

〒274-0077　船橋市薬円台6-6-8-202　☎047(496)1110
〒107-0052　港区赤坂2-17-10、宿舎

千葉県5区 450,365 投54.07

市川市（本庁管内の一部（P170参照）、行徳支所管内）、浦安市

当111,985	薗浦健太郎	自前	(47.0)
比69,887	矢崎堅太郎	立新	(29.3)
比32,241	椎木　保	維元	(13.5)
比24,307	鴇田　敦	国新	(10.2)

そのうらけんたろう
薗浦健太郎
自前［麻］　当5
香川県　S47・6・3
勤13年3ヵ月　(初／平17)

財務金融委員長、党選対副委員長、党副幹事長、党総裁外交特別補佐、内閣総理大臣補佐官、外務副大臣、党厚労副部会長、新聞記者、東大法／49歳

〒272-0021　市川市八幡2-16-20-203　☎047(318)1001

千葉県6区 369,609 投52.99

市川市（第5区に属しない区域）、松戸市（本庁管内、常盤平・六実・矢切・東部支所管内）

当80,764	渡辺博道	自前	(42.5)
比当48,829	藤巻健太	維新	(25.7)
32,444	浅野史子	共新	(17.1)
28,083	生方幸夫	無前	(14.8)

わたなべひろみち
渡辺博道
自前［茂］　当8
千葉県　S25・8・3
勤22年3ヵ月　(初／平8)

党経理局長、党再犯防止推進特別委員長、原子力特委長、復興大臣、地方創生特委長、厚労委長、総務委長、経産副大臣、早大、明大院／71歳

〒270-2241　松戸市松戸新田592　☎047(369)2929
〒100-8981　千代田区永田町2-2-1 会館　☎03(3508)7387

千葉県7区 434,040 投54.54

松戸市（第6区に属しない区域）、野田市、流山市

当127,548	斎藤　健	自前	(55.0)
比71,048	竹内千春	立新	(30.6)
比28,594	内山　晃	維元	(12.3)
4,749	渡辺晋宏	N新	(2.0)

さいとうけん
齋藤　健
自前［無］　当5
東京都港区　S34・6・14
勤12年8ヵ月　(初／平21)

厚労委筆頭理事、党団体総局長、農水大臣、農水副大臣、環境政務官、経産省課長、埼玉県副知事、ハーバード大院／62歳

〒270-0119　千葉県流山市おおたかの森北1-5-2
セレーナおおたかの森2F　☎04(7190)5271

千葉県8区 423,866 投56.16

柏市（本庁管内、田中・増尾・富勢・光ケ丘・豊四季台・南部・西原・松葉・藤心出張所管内、柏駅前行政サービスセンター管内）、我孫子市

当135,125	本庄知史	立新	(59.7)
比当81,556	桜田義孝	自前	(36.0)
9,845	宮岡進一郎	無新	(4.3)

ほんじょうさとし
本庄知史
立新　当1
京都府　S49・10・22
勤5ヵ月　(初／令3)

内閣委、憲法審、党千葉県連副代表、政調会長補佐、副総理・外務大臣秘書官、衆議院議員政策秘書、東大法学部／47歳

〒277-0863　柏市豊四季949-9-101　☎04(7170)2680

千葉県9区 407,331 投53.01

当107,322 奥野総一郎 立前(51.1)
比当102,741 秋本真利 自前(48.9)

千葉市(若葉区)、佐倉市、四街道市、八街市

おくの そういちろう
奥野総一郎
立前 当5
兵庫県神戸市 S39・7・15
勤12年8ヵ月 (初/平21)

総務委、国家基本委、憲法審幹事、懲罰委理、党国対委員長代理、沖北特委員長、総務省調査官、東大法/57歳

〒285-0845 佐倉市西志津1-20-4 ☎043(461)8609

千葉県10区 341,141 投53.28

当83,822 林 幹雄 自前(47.3)
比当80,971 谷田川元 立前(45.7)
10,272 梓 まり 諸新(5.8)
2,173 今留尚人 無新(1.2)

銚子市、成田市、旭市、匝瑳市、香取市、香取郡、山武郡(横芝光町の一部(P170参照))

はやし もとお
林 幹雄
自前[二] 当10
千葉県銚子市 S22・1・3
勤28年10ヵ月 (初/平5)

党地方創生実行統合本部長、党幹事長代理、経産大臣、議運委長、党航空特委長、党総務会長代理、国務大臣国家公安委長、沖・北・防災担当大臣、国交委長、国交副大臣、運輸政務次官、日大芸/75歳

〒288-0046 銚子市大橋町2-2 ☎0479(23)1093
〒100-8981 千代田区永田町2-2-1、会館

千葉県11区 351,570 投51.38

当110,538 森 英介 自前(64.4)
30,557 椎名史明 共新(17.8)
比当30,432 多ケ谷亮 れ新(17.7)

茂原市、東金市、勝浦市、山武市、いすみ市、大網白里市、山武郡(九十九里町、芝山町、横芝光町(第10区に属しない区域))、長生郡、夷隅郡

もり えいすけ
森 英介
自前[麻] 当11
東京都 S23・8・31
勤32年3ヵ月 (初/平2)

憲法審査会長、党労政局長、政倫審会長、憲法審査会長、法務大臣、厚労副大臣、川崎重工社員、工学博士、東北大/73歳

〒297-0016 茂原市木崎284-10 ☎0475(26)0200

千葉県12区 380,864 投52.20

当123,210 浜田靖一 自前(64.0)
比56,747 樋高 剛 立元(29.5)
12,530 葛原 茂 共新(6.5)

館山市、木更津市、鴨川市、君津市、富津市、袖ケ浦市、南房総市、安房郡

はまだ やすかず
浜田靖一
自前[無] 当10
千葉県富津市 S30・10・21
勤28年10ヵ月 (初/平5)

倫選特別委員長、党水産総合調査会長、国家基本委員長、予算委長、平和安全特委長、党幹事長代理、国対委長、防衛大臣、国防部会長、蔵相秘書官、専修大/66歳

〒292-0066 木更津市新宿1-3柴野ビル2F ☎0438(23)5432
〒100-8982 千代田区永田町2-1-2、会館 ☎03(3508)7020

千葉県13区 416,857 投54.49			
当100,227	松本尚	自新	(45.1)
比79,687	宮川伸	立前	(35.8)
比42,473	清水聖士	維新	(19.1)

船橋市(豊富・二和出張所管内、船橋駅前総合窓口センター管内(丸山1〜5丁目に属する区域に限る。))、柏市(第8区に属しない区域)、鎌ヶ谷市、印西市、白井市、富里市、印旛郡

松本 尚（まつもと ひさし）

自新［安］ 当1
石川県金沢市 S37・6・3
勤5ヵ月 (初/令3)

内閣委、厚労委、科技特委、救急・外傷外科医、日本医科大学救急医学教授、同大千葉北総病院副院長、千葉県医師会理事、金沢大／59歳

〒270-1345 印西市船尾1380-2 ☎0476(29)5099
〒107-0052 港区赤坂2-17-10、宿舎

神奈川県1区 427,922 投53.99			
当100,118	篠原豪	立前	(45.0)
76,064	松本純	無前	(34.2)
比当46,271	浅川義治	維新	(20.8)

横浜市(中区、磯子区、金沢区)

篠原 豪（しのはら ごう）

立前 当3
神奈川県横浜市 S50・2・12
勤7年4ヵ月 (初/平26)

安保委理事、決算行監委、党安保部会長、党外交安保主権調査会長代理、党県政策委員長、横浜市議、早大院／47歳

〒235-0016 横浜市磯子区磯子3-6-23 アイランドビル1F ☎045(349)9180
〒100-8982 千代田区永田町2-1-2、会館 ☎03(3508)7130

神奈川県2区 436,066 投56.00			
当146,166	菅義偉	自前	(61.1)
比92,880	岡本英子	立元	(38.9)

横浜市(西区、南区、港南区)

菅 義偉（すが よしひで）

自前［無］ 当9
秋田県 S23・12・6
勤25年7ヵ月 (初/平8)

前内閣総理大臣、前党総裁、内閣官房長官、党幹事長代行、総務大臣、総務副大臣、経産・国交各政務官、横浜市議、法政大／73歳

〒232-0017 横浜市南区宿町2-49 ☎045(743)5550
〒100-8982 千代田区永田町2-1-2、会館 ☎03(3508)7446

神奈川県3区 442,398 投52.64			
当119,199	中西健治	自新	(52.5)
比68,457	小林丈人	立新	(30.2)
23,310	木佐木忠晶	共新	(10.3)
15,908	藤村晃子	無新	(7.0)

横浜市(鶴見区、神奈川区)

中西健治（なかにし けんじ）

自新［麻］ 当1(初/令3)※
東京都 S39・1・4
勤11年10ヵ月(参11年5ヵ月)

財務金融委員会理事、党総務会総務、財務副大臣、参財政金融委員長、党法務部会長、元JPモルガン証券副社長、東大法／58歳

〒221-0822 横浜市神奈川区西神奈川2-2-1 日光堂ビル2F ☎045(565)5520

※平22参院初当選

神奈川県4区 332,708 投61.70

横浜市(栄区)、鎌倉市、逗子市、三浦郡

当66,841	早稲田夕季	立前	(33.0)
63,687	浅尾慶一郎	無元	(31.5)
比当47,511	山本朋広	自前	(23.5)
比16,559	高谷清彦	維新	(8.2)
7,790	大西恒樹	無新	(3.8)

早稲田ゆき（わせだ）

立前 当2
東京都渋谷区 S33・12・6
勤4年6ヵ月 (初/平29)

厚労委、災害特委、党政調副会長、神奈川県議、鎌倉市議、日本輸出入銀行、早大／63歳

〒248-0012 神奈川県鎌倉市御成町5-41-2F ☎0467(24)0573

神奈川県5区 467,198 投56.05

横浜市(戸塚区、泉区、瀬谷区)

当136,288	坂井 学	自前	(53.5)
比当118,619	山崎 誠	立前	(46.5)

坂井 学（さかい まなぶ）

自前[無] 当5
東京都府中市 S40・9・4
勤13年3ヵ月 (初/平17)

党総務、前内閣官房副長官、党副幹事長、財金委員長、総務兼内閣府副大臣、財務副大臣、党国交部会長、国交兼復興政務官、松下政経塾十期生、東大法／56歳

〒244-0003 横浜市戸塚区戸塚町142 鈴木ビル3F ☎045(863)0900

神奈川県6区 381,141 投55.88

横浜市(保土ヶ谷区、旭区)

当92,405	古川直季	自新	(44.3)
比当87,880	青柳陽一郎	立前	(42.1)
比28,214	串田誠一	維前	(13.5)

古川直季（ふるかわ なおき）

自新[無] 当1
神奈川県横浜市 S43・8・31
勤5ヵ月 (初/令3)

党国対委、総務委、文科委、倫選特委、科技特委、横浜市会議員、衆議院議員秘書、横浜銀行員、明治大政経、明治大院／53歳

〒241-0825 横浜市旭区中希望が丘199-1 ☎045(391)4000

神奈川県7区 449,449 投57.58

横浜市(港北区、都筑区の一部(P170参照))

当128,870	鈴木馨祐	自前	(50.9)
比当124,524	中谷一馬	立前	(49.1)

鈴木馨祐（すずき けいすけ）

自前[麻] 当5
東京都 S52・2・9
勤13年3ヵ月 (初/平17)

法務委員長、党広報副本部長、外務副大臣、財務副大臣、党青年局長、国土交通政務官、予算・議運・外務委理、大蔵省、(ジョージタウン大学院)、在ニューヨーク副領事、東大法／45歳

〒222-0033 横浜市港北区新横浜3-18-9 新横浜ICビル102号室 ☎045(620)0223
〒100-8981 千代田区永田町2-2-1、会館 ☎03(3508)7304

神奈川県8区 427,843 投59.37

当130,925 江田憲司 立前(52.6)
比当117,963 三谷英弘 自前(47.4)

横浜市(緑区、青葉区、都筑区(荏田東町、荏田東1～4丁目、荏田南町、荏田南1～5丁目、大丸)

えだけんじ
江田憲司 立前 当7
岡山県 S31・4・28
勤17年8ヵ月 (初/平14補)

予算委、財金委、党代表代行、民進党代表代行、維新の党代表、桐蔭横浜大客員教授、首相・通産相秘書官、ハーバード大客員研究員、東大/65歳

〒227-0062 横浜市青葉区青葉台2-9-30 ☎045(989)3911

神奈川県9区 338,241 投59.47

当83,847 笠浩史 立前(42.4)
比当68,918 中山展宏 自前(34.9)
比24,547 吉田大成 維新(12.4)
20,432 斎藤温 共新(10.3)

川崎市(多摩区、宮前区(神木本町1～5丁目)、麻生区)

りゅうひろふみ
笠浩史 立前 当7
福岡県 S40・1・3
勤18年5ヵ月 (初/平15)

文科委、拉致特委理、科技特委長、文部科学副大臣、文部科学大臣政務官、民主党幹事長代理、テレビ朝日政治部記者、慶大文/57歳

〒214-0014 川崎市多摩区登戸1644-1 新川ガーデンビル1F ☎044(900)1800

神奈川県10区 470,746 投55.04

当104,832 田中和徳 自前(41.4)
比当69,594 金村龍那 維新(27.5)
比48,839 畑野君枝 共前(19.3)
比当30,013 鈴木敦 国新(11.8)

川崎市(川崎区、幸区、中原区の一部(P170参照))

たなかかずのり
田中和徳 自前[麻] 当9
山口県下関市 S24・1・21
勤25年7ヵ月 (初/平8)

党幹事長代理、党交通安全対策特委長、復興大臣、党国際局長、党組織運動本部長、環境・財務副大臣、財金委長、神奈川県議、法大/73歳

〒210-0846 川崎市川崎区小田6-11-24 ☎044(366)1400

神奈川県11区 374,938 投52.21

当147,634 小泉進次郎 自前(79.2)
38,843 林伸明 共新(20.8)

横須賀市、三浦市

こいずみしんじろう
小泉進次郎 自前[無] 当5
神奈川県横須賀市 S56・4・14
勤12年8ヵ月 (初/平21)

党総務会長代理、前環境大臣、党厚生労働部会長、筆頭副幹事長、農林部会長、内閣府政務官・復興政務官、衆院議員秘書、関東学院大、コロンビア大院修了/40歳

〒238-0004 横須賀市小川町13 宇野ビル3F ☎046(822)6600
〒100-8981 千代田区永田町2-2-1、会館☎03(3508)7327

神奈川県12区 406,623 投56.14	当95,013	阿部知子	立前(42.4)
藤沢市、高座郡	比当91,159	星野剛士	自前(40.7)
	比37,753	水戸将史	維元(16.9)

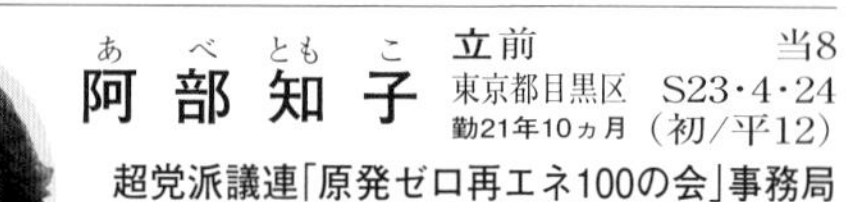

あべともこ
阿部知子
立前　当8
東京都目黒区　S23・4・24
勤21年10ヵ月　(初/平12)

超党派議連「原発ゼロ再エネ100の会」事務局長、沖北特委員長、厚労委、原子力特委、党神奈川県連代表、小児科医、東大医学部/73歳

〒251-0025　藤沢市鵠沼石上1-13-13
藤沢共同ビル1F　☎0466(52)2680

神奈川県13区 471,671 投55.77	当130,124	太栄志	立新(51.1)
大和市、海老名市、座間市の一部(P170参照)、綾瀬市	比当124,595	甘利明	自前(48.9)

ふとりひでし
太　栄志
立新　当1
鹿児島県大島郡知名町　S52・4・27
勤5ヵ月　(初/令3)

外務委、安保委、憲法審委、衆議院議員秘書、米ハーバード大国際問題研究所員、ウィルソン・センター研究員、中大法、中大院/44歳

〒242-0017　大和市大和東3-7-11
大和東共同ビル101　☎046(244)3203

神奈川県14区 460,744 投56.02	当135,197	赤間二郎	自前(53.8)
相模原市(緑区の一部(P171参照)、中央区、南区の一部(P171参照))	比116,273	長友克洋	立新(46.2)

じろう
あかま二郎
自前[麻]　当5
神奈川県相模原市　S43・3・27
勤13年3ヵ月　(初/平17)

総務委筆頭理事、国土交通委員長、党総務部会長、内閣府副大臣、総務副大臣、総務政務官、副幹事長、県議、立教大、マンチェスター大学院/53歳

〒252-0239　相模原市中央区中央2-11-10　☎042(756)1500
〒100-8981　千代田区永田町2-2-1、会館　☎03(3508)7317

神奈川県15区 473,497 投57.32	当210,515	河野太郎	自前(79.3)
平塚市、茅ヶ崎市、中郡	比46,312	佐々木克己	社新(17.5)
	8,565	渡辺マリコ	N新(3.2)

こうのたろう
河野太郎
自前[麻]　当9
神奈川県小田原市　S38・1・10
勤25年7ヵ月　(初/平8)

党広報本部長、前ワクチン接種推進担当大臣、規制改革・行政改革・沖北対策担当大臣、防衛大臣、外務大臣、国家公安委員長、富士ゼロックス、ジョージタウン大/59歳

〒254-0811　平塚市八重咲町26-8　☎0463(20)2001
〒100-8982　千代田区永田町2-1-2、会館　☎03(3508)7006

神奈川県16区 466,042 投55.35	当137,558 後藤祐一 立前(54.6)
	比当114,396 義家弘介 自前(45.4)

相模原市(緑区(第14区に属しない区域)、南区(第14区に属しない区域)(P171参照))、厚木市、伊勢原市、座間市(相模が丘1～6丁目)、愛甲郡

ごとうゆういち
後藤祐一
立前 当5
神奈川県相模原市 S44・3・25
勤12年8ヵ月 (初/平21)

農水委、倫選特委、党役員室長、県連副代表、情報監視審査会幹事、安保委野党筆頭理事、経産省課長補佐、東大法／52歳

〒243-0017 厚木市栄町2-4-28-212 ☎046(296)2411
〒106-0032 港区六本木7-1-3、宿舎

神奈川県17区 424,659 投56.98	当131,284 牧島かれん 自前(55.3)
	比89,837 神山洋介 立元(37.9)
	16,202 山田 正 共新(6.8)

小田原市、秦野市、南足柄市、足柄上郡、足柄下郡

まきしま
牧島かれん
自前[麻] 当4
神奈川県 S51・11・1
勤9年4ヵ月 (初/平24)

デジタル大臣、行政改革・規制改革担当大臣、第51代党青年局長、元内閣府政務官、ICU大(Ph. D)、GW大修士／45歳

〒250-0862 小田原市成田178-1 ☎0465(38)3388
〒100-8981 千代田区永田町2-2-1、会館 ☎03(3508)7026

神奈川県18区 451,301 投57.25	当120,365 山際大志郎 自前(47.7)
	比90,390 三村和也 立元(35.8)
	比41,562 横田光弘 維新(16.5)

川崎市(中原区(第10区に属しない区域)(P171参照)、高津区、宮前区(第9区に属しない区域)(P171参照))

やまぎわだいしろう
山際大志郎
自前[麻] 当6
東京都 S43・9・12
勤15年1ヵ月 (初/平15)

経済再生・コロナ担当大臣、党政調会長代理、経産委筆頭理事、経産副大臣、内閣府大臣政務官、獣医学博士、東大院／53歳

〒213-0001 川崎市高津区溝口2-14-12 ☎044(850)8884
〒100-8981 千代田区永田町2-2-1、会館 ☎03(3508)7477

山梨県1区 424,441 投59.49	当125,325 中谷真一 自前(50.5)
	比当118,223 中島克仁 立前(47.6)
	4,826 辺見信介 N新(1.9)

甲府市、韮崎市、南アルプス市、北杜市、甲斐市、中央市、西八代郡、南巨摩郡、中巨摩郡

なかたにしんいち
中谷真一
自前[茂] 当4(初/平24)
山梨県甲府市 S51・9・30
勤9年4ヵ月

党国対副委員長、外務委、外務大臣政務官、元自衛官、元参議院議員秘書、防大／45歳

〒400-0064 山梨県甲府市下飯田3-8-29 ☎055(288)8220
〒106-0032 港区六本木7-1-3、宿舎

山梨県2区 262,259 投62.31

富士吉田市、都留市、山梨市、大月市、笛吹市、上野原市、甲州市、南都留郡、北都留郡

当109,036 堀内詔子 自前(67.9)
比44,441 市来伴子 立新(27.7)
7,027 大久保令子 共新(4.4)

ほりうちのりこ
堀内詔子 自前[岸] 当4
山梨県笛吹市 S40・10・28
勤9年4ヵ月 (初/平24)

ワクチン接種推進担当大臣、東京オリパラ担当大臣、環境副大臣兼内閣府副大臣、厚労大臣政務官、学習院大学大学院/56歳

〒403-0007 富士吉田市中曽根1-5-25 ☎0555(23)7688
〒100-8982 千代田区永田町2-1-2、会館 ☎03(3508)7487

比例代表 南関東 22人

千葉、神奈川、山梨

ほしのつよし
星野剛士 自前[無] 当4(初/平24)
神奈川県藤沢市 S38・8・8
勤9年4ヵ月 〈神奈川12区〉

党内閣第一部会長代理、倫選特委理事、経産委、安保委理事、経済産業兼内閣府兼復興各大臣政務官、産経新聞記者、神奈川県議、NYエルマイラ大、日大法/58歳

〒251-0052 藤沢市藤沢973
相模プラザ第三ビル1F ☎0466(23)6338
〒100-8982 千代田区永田町2-1-2、会館 ☎03(3508)7413

あまりあきら
甘利 明 自前[麻] 当13(初/昭58)
神奈川県厚木市 S24・8・27
勤38年5ヵ月 〈神奈川13区〉

党税調顧問、党幹事長、選対委員長、政調会長、予算委員長、労働大臣、経済産業大臣、行革大臣、経済再生大臣、慶大/72歳

〒242-0028 大和市桜森3-6-14 ☎046(262)2200
〒100-8982 千代田区永田町2-1-2、会館 ☎03(3508)7528

あきもとまさとし
秋本真利 自前[無] 当4(初/平24)
千葉県 S50・8・10
勤9年4ヵ月 〈千葉9区〉

党副幹事長、党再エネ議連事務局長、国交委、決算行監委、復興特委、党国対副委員長、国土交通大臣政務官、法政大法/46歳

〒264-0021 千葉市若葉区若松町360-21 ☎043(214)3600

みたにひでひろ
三谷英弘 自前[無] 当3(初/平24)
神奈川県藤沢市 S51・6・28
勤6年6ヵ月 〈神奈川8区〉

党教育・文化・スポーツ関係団体委員長、党遊説局長代理、女性局研修部長、青年局次長、弁護士、東大法学部/45歳

〒227-0055 横浜市青葉区つつじが丘10-20
ラポール若野 2F ☎045(532)4600

よしいえひろゆき
義家弘介
自 前［安］ 当4(初/平24)※
長野県 S46・3・31
勤14年9ヵ月(参5年5ヵ月)〈神奈川16区〉

文部科学委員長、法務副大臣、文科副大臣、文科政務官、党副幹事長、党財金部会長、参院議員、教育再生会議担当室長、横浜市教育委員、高校教諭、明治学院大学／50歳

〒243-0014 厚木市旭町1-15-17 ☎046(226)8585

なかやまのりひろ
中山展宏
自 前［麻］ 当4(初/平24)
兵庫県 S43・9・16
勤9年4ヵ月 〈神奈川9区〉

国土交通副大臣、外務大臣政務官、内閣委理、ルール形成戦略議連事務局長、東大先端研客員研究員、早大院中退／53歳

〒214-0014 川崎市多摩区登戸2663
東洋ビル5F ☎044(322)8600

かどやまひろあき
門山宏哲
自 前［無］ 当4(初/平24)
千葉県千葉市 S39・9・3
勤9年4ヵ月 〈千葉1区〉

党副幹事長、安保委理事、財金委、原子力特委、元法務大臣政務官、弁護士、元千葉家裁家事調停委員、中央大学法学部／57歳

〒260-0013 千葉市中央区中央4-13-31
高嶋ビル101 ☎043(223)0050
〒106-0032 港区六本木7-1-3、宿舎

やまもと
山本ともひろ
自 前［無］ 当5(初/平17)
京都府京都市 S50・6・20
勤13年3ヵ月 〈神奈川4区〉

党文科部会長、文科委理、防衛副大臣・内閣府副大臣、松下政経塾員、米ジョージタウン大客員研究員、関西大、京大院修／46歳

〒247-0056 鎌倉市大船1-6-6
大久保ビル3F ☎0467(39)6933

さくらだよしたか
櫻田義孝
自 前［二］ 当8(初/平8)
千葉県柏市 S24・12・20
勤22年3ヵ月 〈千葉8区〉

自民党PFI推進特命委員長、東京オリンピック・パラリンピック担当大臣、文科副大臣、内閣府副大臣、外務政務官、千葉県議、柏市議、明大商／72歳

〒277-0814 柏市正連寺373-3 ☎04(7132)0881
〒100-8982 千代田区永田町2-1-2、会館 ☎03(3508)7381

なかたにかずま
中谷一馬
立 前 当2(初/平29)
神奈川県川崎市 S58・8・30
勤4年6ヵ月 〈神奈川7区〉

科技特委理、議運委、内閣委、党国対副委員長、党コロナ対策本部事務局長、党デジタル政策PT座長、神奈川県議、デジタルハリウッド大大学院／38歳

〒223-0061 横浜市港北区日吉2-6-3-201 ☎045(534)9624
〒107-0052 港区赤坂2-17-10、宿舎

※平19参院初当選

やたがわ はじめ
谷田川 元

立前 当3(初/平21)
千葉県香取市 S38・1・17
勤6年5ヵ月 **〈千葉10区〉**

国交委、決算行監委、憲法審委、党政調副会長、千葉県議4期、山村新治郎衆院議員秘書、松下政経塾、早大政経／59歳

〒287-0001 香取市佐原ロ2164-2 ☎0478(54)5678

あおやぎようい ちろう
青柳陽一郎

立前 当4(初/平24)
神奈川県横浜市保土ケ谷区 S44・8・29
勤9年4ヵ月 **〈神奈川6区〉**

議運筆頭理事、決算行監委、倫選特委、党国対副委員長、党神奈川県連副代表、元国務大臣政策秘書、早大院、日大法／52歳

〒240-0003 横浜市保土ケ谷区天王町1-9-5 第7瀬戸ビル1F ☎045(334)4110
〒100-8982 千代田区永田町2-1-2、会館 ☎03(3508)7245

なかじま かつひと
中島克仁

立前 当4(初/平24)
山梨県 S42・9・27
勤9年4ヵ月 **〈山梨1区〉**

厚労委、環境委、科技特委筆頭理事、ほくと診療所院長、山梨大学病院第一外科、帝京大医学部、医師／54歳

〒400-0858 山梨県甲府市相生1-1-21 ☎055(242)9208
〒107-0052 港区赤坂2-17-10、宿舎

やまざき まこと
山崎 誠

立前 当3(初/平21)
東京都練馬区 S37・11・22
勤7年10ヵ月 **〈神奈川5区〉**

災害特委理事、経産委、党政調副会長、党環境エネルギー調査会事務局長、横浜市議2期、横浜国大院博士課程単位取得／59歳

〒244-0003 横浜市戸塚区戸塚町121-2F ☎045(438)9696
〒100-8981 千代田区永田町2-2-1、会館 ☎03(3508)7137

かねむらりゅうな
金村龍那

維新 当1(初/令3)
愛知県名古屋市 S54・4・6
勤5ヵ月 **〈神奈川10区〉**

厚労委、科技特委、政倫審委、党国対副委員長、会社役員、児童福祉施設代表、衆議員秘書、専修大法中退／42歳

〒210-0836 川崎市川崎区大島上町18-1-201 ☎044(366)8680

ふじまきけんた
藤巻健太

維新 当1(初/令3)
英国ロンドン S58・10・7
勤5ヵ月 **〈千葉6区〉**

財金委、原子力特委、参院議員秘書、みずほ銀行、慶大経済／38歳

〒271-0092 千葉県松戸市松戸1836 メグロビル1F ☎047(710)0523
〒100-8982 千代田区永田町2-1-2、会館 ☎03(3508)7503

あさかわ よしはる
浅川義治
維新 当1(初/令3)
神奈川県横浜市 S43・2・23
勤5ヵ月 **〈神奈川1区〉**

党県幹事長、内閣委、消費者特委、横浜市議会議員、日本大学法学部／54歳

〒236-0021 横浜市金沢区泥亀1-15-4
雨宮ビル1F ☎045(349)4231

ふるや のりこ
古屋範子
公前 当7
埼玉県さいたま市 S31・5・14
勤18年5ヵ月 (初/平15)

経済産業委員長、党副代表、党女性委員長、党政調会長代理、党神奈川県本部顧問、厚労副大臣、総務大臣政務官、早大／65歳

〒238-0011 横須賀市米が浜通1-7-2
サクマ横須賀ビル503号 ☎046(828)4230

つのだ ひでお
角田秀穂
公元 当2
東京都 S36・3・25
勤3年3ヵ月 (初/平26)

党国対副委員長、財務・金融部会長、党千葉県本部副代表、環境委理、財金委理、災害特委、船橋市議4期、社会保険労務士、創価大／60歳

〒273-0011 船橋市湊町1-7-4 ☎047(404)8013

しい かずお
志位和夫
共前 当10
千葉県四街道市 S29・7・29
勤28年10ヵ月 (初/平5)

党幹部会委員長、国家基本委、党書記局長、党青年・学生対策委員会責任者、党選挙対策局政策論戦副部長、東大／67歳

〒221-0822 横浜市神奈川区西神奈川1-10-16
斉藤ビル2F ☎045(324)6516

すずき あつし
鈴木 敦
国新 当1(初/令3)
神奈川県川崎市 S63・12・15
勤5ヵ月 **〈神奈川10区〉**

外務委、拉致特委、党国対副委員長、政党職員、元衆院議員秘書、航空関連会社社員、駿河台大中退／33歳

〒100-8982 千代田区永田町2-1-2、会館 ☎03(3508)7286

りょう
たがや 亮
れ新 当1(初/令3)
東京都 S43・11・25
勤5ヵ月 **〈千葉11区〉**

党国会対策委員長、国土交通委、決算行監委、会社経営、国学院大／53歳

〒297-0037 茂原市早野1342-1 ☎0475(44)6750
〒107-0052 港区赤坂2-17-10、宿舎

比例代表 南関東 22人

有効投票数 7,414,308票

政党名	当選者数	得票数	得票率
	惜敗率 小選挙区		惜敗率 小選挙区

自民党 9人 2,590,787票 34.94%

当①星野　剛士 前(95.94)神12
当①甘利　　明 前(95.75)神13
当①秋本　真利 前(95.73)千9
当①三谷　英弘 前(90.10)神8
当①義家　弘介 前(83.16)神16
当①中山　展宏 前(82.19)神9
当①門山　宏哲 前(77.71)千1
当①山本　朋広 前(71.08)神4
当①桜田　義孝 前(60.36)千8
①木村　哲也 前(54.93)千4
㉚出畑　　実 前
㉛高橋　恭介 新
㉜文月　　涼 新
㉝望月　忠彦 新
㉞高木　昭彦 新
㉟及川　　博 新
【小選挙区での当選者】
①小林　鷹之 前　千2
①松野　博一 前　千3
①薗浦健太郎 前　千5
①渡辺　博道 前　千6
①斎藤　　健 前　千7
①浜田　靖一 前　千12
①松本　　尚 新　千13
①菅　　義偉 前　神2
①中西　健治 新　神3
①坂井　　学 前　神5
①古川　直季 新　神6
①鈴木　馨祐 前　神7
①田中　和徳 前　神10
①赤間　二郎 前　神14
①河野　太郎 前　神15
①牧島かれん 前　神17
①山際大志郎 前　神18
①中谷　真一 前　山1
①堀内　詔子 前　山2

立憲民主党 5人 1,651,562票 22.28%

当①中谷　一馬 前(96.63)神7
当①谷田川　元 前(96.60)千10
当①青柳陽一郎 前(95.10)神6
当①中島　克仁 前(94.34)山1
当①山崎　　誠 前(87.04)神5
①長友　克洋 新(86.00)神14
①宮川　　伸 前(79.51)千13
①三村　和也 元(75.10)神18
①神山　洋介 元(68.43)神17
①岡本　英子 元(63.54)神2
①矢崎堅太郎 新(62.41)千5
①岡島　一正 前(61.62)千3
①小林　丈人 新(57.43)神3
①竹内　千春 新(55.70)千7
①樋高　　剛 元(46.06)千12
①黒田　　雄 元(45.47)千2
①市来　伴子 新(40.76)山2
㉙小野　次郎 元
㉚金子　建一 元
【小選挙区での当選者】
①田嶋　　要 前　千1
①野田　佳彦 前　千4
①本庄　知史 新　千8
①奥野総一郎 前　千9
①篠原　　豪 前　神1
①早稲田夕季 前　神4
①江田　憲司 前　神8
①笠　　浩史 前　神9
①阿部　知子 前　神12
①太　　栄志 新　神13
①後藤　祐一 前　神16

日本維新の会 3人 863,897票 11.65%

当①金村　龍那 新(66.39)神10
当①藤巻　健太 新(60.46)千6
当①浅川　義治 新(46.22)神1
①清水　聖士 新(42.38)千13
①水戸　将史 元(39.73)神12
①横田　光弘 新(34.53)神18
①串田　誠一 前(30.53)神6
①吉田　大成 新(29.28)神9
①椎木　　保 元(28.79)千5
①内山　　晃 元(22.42)千7
▼①高谷　清彦 新(24.77)神4

公明党 2人 850,667票 11.47%

当①古屋　範子 前
当②角田　秀穂 元
③上田　　勇 元
④江端　功一 新
⑤井川　泰雄 新

共産党 1人 534,493票 7.21%

当①志位　和夫 前
②畑野　君枝 前　神10
③斉藤　和子 元
④沼上　徳光 新
▼⑤寺尾　　賢 新　千2

国民民主党　1人　384,481票　5.19%

当①鈴木　敦 新(28.63)神10　③長谷　康人 新
①鴇田　敦 新(21.71)千5

れいわ新選組　1人　302,675票　4.08%

当①多ケ谷　亮 新　千11　②木下　隼 新

▼は小選挙区の得票が有効投票総数の10分の1未満で、復活当選の資格がない者

その他の政党の得票数・得票率は下記のとおりです。(当選者はいません)

政党名	得票数	得票率
社民党	124,447票	1.68%
NHKと裁判してる党弁護士法72条違反で	111,298票	1.50%

東京都1区　462,609　投56.27

千代田区、港区の一部(P171参照)、新宿区の一部(P171参照)

当99,133　山田美樹　自前(39.0)
比当90,043　海江田万里　立前(35.4)
比当60,230　小野泰輔　維新(23.7)
4,715　内藤久遠　無新(1.9)

山田美樹(やまだみき)

自前[安]　当4
東京都　S49・3・15
勤9年4ヵ月　(初/平24)

党法務部会長、法務委理、財金委、倫選特委、外務政務官、エルメス、BCG、通産省、東大法、コロンビア大／47歳

〒100-8982　千代田区永田町2-1-2、会館　☎03(3508)7037

東京都2区　463,165　投60.82

中央区、港区(第1区に属しない区域)(P171参照)、文京区、台東区の一部(P171参照)

当119,281　辻　清人　自前(43.4)
比90,422　松尾明弘　立前(32.9)
比45,754　木内孝胤　維元(16.7)
比14,487　北村　造　れ新(5.3)
4,659　出口紳一郎　無新(1.7)

辻　清人(つじきよと)

自前[岸]　当4
東京都　S54・9・7
勤9年4ヵ月　(初/平24)

党副幹事長、国防部会長代理、外務委理、環境委、倫選特委、外務大臣政務官、京大、米コロンビア大院修了／42歳

〒111-0021　台東区日本堤2-23-13
深谷ビル　☎03(6802)4701

東京都3区　470,083　投59.87

品川区の一部(P171参照)、大田区の一部(P171参照)、大島・三宅・八丈・小笠原支庁管内

当124,961　松原　仁　立前(45.9)
比当116,753　石原宏高　自前(42.9)
30,648　香西克介　共新(11.3)

松原　仁(まつばらじん)

立前　当8
東京都板橋区　S31・7・31
勤21年10ヵ月　(初/平12)

決算行監委理、外務委、民進党国対委員長、党都連会長、国家公安委長、拉致担当大臣、消費者担当大臣、国交副大臣、拉致特委長、都議、松下政経塾、早大／65歳

〒140-0011　品川区東大井5-17-4
高山ビル402　☎03(5783)2511

東京都4区　474,029 投54.43

当128,708	平　将明	自前	(51.5)
比62,286	谷川智行	共新	(24.9)
比58,891	林　智興	維新	(23.6)

大田区(第3区に属しない区域)(P171参照)

たいら　まさあき
平　将明
自前[無]　当6
東京都　S42・2・21
勤16年7ヵ月　(初/平17)

党ネットメディア局長、内閣委理、内閣府副大臣、選対副委長、消費者特委筆頭理事、経産政務官兼内閣府政務官、副幹事長、早大/55歳

〒144-0052　大田区蒲田5-30-15 第20下川ビル7F　☎03(5714)7071

東京都5区　464,694 投60.03

当111,246	手塚仁雄	立前	(41.0)
比当105,842	若宮健嗣	自前	(39.0)
比54,363	田淵正文	維新	(20.0)

目黒区の一部(P171参照)、世田谷区の一部(P171参照)

てづか　よしお
手塚仁雄
立前　当5(初/平12)
東京都目黒区　S41・9・14
勤13年1ヵ月

党幹事長代理、党東京都連幹事長、科技特委長、決算行監委、倫選特委、議運野党筆頭理事、内閣総理大臣補佐官、都議、早大/55歳

〒152-0022　目黒区柿の木坂3-11-4-205　☎03(3412)0440

東京都6区　467,339 投60.36

当110,169	落合貴之	立前	(40.1)
比当105,186	越智隆雄	自前	(38.3)
比59,490	碓井梨恵	維新	(21.6)

世田谷区(第5区に属しない区域)(P171参照)

おちあい　たかゆき
落合貴之
立前　当3
東京都世田谷区　S54・8・17
勤7年4ヵ月　(初/平26)

経産委理、予算委、倫選特委、党政調副会長、党経済・産業政策調査会事務局長、党都連政調会長、慶大/42歳

〒154-0017　世田谷区世田谷1-12-14 原ビル2F　☎03(6312)4505
〒100-8982　千代田区永田町2-1-2、会館　☎03(3508)7134

東京都7区　459,575 投56.47

当124,541	長妻　昭	立前	(49.2)
比81,087	松本文明	自前	(32.1)
比37,781	辻　健太郎	維新	(14.9)
5,665	込山　洋	無新	(2.2)
3,822	猪野恵司	N新	(1.5)

品川区(第3区に属しない区域)(P171参照)、目黒区(第5区に属しない区域)(P171参照)、渋谷区、中野区の一部(P171参照)、杉並区(方南1〜2丁目)

ながつま　あきら
長妻　昭
立前　当8
東京都　S35・6・14
勤21年10ヵ月　(初/平12)

党新型コロナ対策本部長、党都連会長、党代表代行、党選対委員長、党政調会長、厚労委長、厚生労働大臣、日経ビジネス誌記者、NEC、慶大/61歳

〒164-0011　中野区中央4-11-13-101　☎03(5342)6551

東京都8区 476,188 投61.03

杉並区(第7区に属しない区域)(P172参照)

当137,341 吉田晴美 立新(48.4)
比105,381 石原伸晃 自前(37.2)
比40,763 笠谷圭司 維新(14.4)

よしだ
吉田はるみ

立新 当1
山形県 S47・1・1
勤5ヵ月 (初/令3)

議運委、文科委、憲法審委、党国際局副局長、外資系経営コンサルタント、法務大臣政務秘書官、大学特任教授、立教大卒、バーミンガム大学経営大学院修了/50歳

〒166-0001 杉並区阿佐谷北1-3-4
小堺ビル402 ☎03(5364)9620

東京都9区 478,743 投57.71

練馬区の一部(P172参照)

当109,489 山岸一生 立新(40.9)
比95,284 安藤高夫 自前(35.6)
比47,842 南　純 維新(17.9)
15,091 小林興起 諸元(5.6)

やまぎし いっせい
山岸一生

立新 当1
東京都 S56・8・28
勤5ヵ月 (初/令3)

内閣委、議運委、沖北特委、朝日新聞記者、東大法学部/40歳

〒177-0041 練馬区石神井町7-1-14 ☎03(6676)7318
〒100-8981 千代田区永田町2-2-1、会館 ☎03(3508)7124

東京都10区 479,088 投56.50

新宿区(第1区に属しない区域)(P172参照)、中野区(第7区に属しない区域)(P172参照)、豊島区の一部(P172参照)、練馬区(第9区に属しない区域)

当115,122 鈴木隼人 自前(43.8)
比当107,920 鈴木庸介 立新(41.1)
比30,574 藤川隆史 維新(11.6)
4,684 小山　徹 無新(1.8)
4,552 沢口祐司 諸新(1.7)

すずき はやと
鈴木隼人

自前[茂] 当3
東京都 S52・8・8
勤7年4ヵ月 (初/平26)

党女性局長代理、前外務大臣政務官、経済産業省課長補佐、東大、東大院修/44歳

〒176-0005 練馬区旭丘1-64-14
ジュピター江古田301号室 ☎03(6908)1071
〒100-8982 千代田区永田町2-1-2、会館 ☎03(3508)7463

東京都11区 462,626 投54.97

板橋区の一部(P172参照)

当122,465 下村博文 自前(50.0)
比87,635 阿久津幸彦 立前(35.8)
29,304 西之原修斗 共新(12.0)
5,639 桑島康文 無新(2.3)

しもむら はくぶん
下村博文

自前[安] 当9
群馬県 S29・5・23
勤25年7ヵ月 (初/平8)

党中央政治大学院長、党政調会長、党選対委員長、党憲法改正本部長、党幹事長代行、文科大臣、オリパラ大臣、内閣官房副長官、都議、早大/67歳

〒173-0024 板橋区大山金井町38-12
新大山ビル205 ☎03(5995)4491
〒100-8982 千代田区永田町2-1-2、会館 ☎03(3508)7084

東京都12区 462,732 投57.45

豊島区(第10区に属しない区域)(P172参照)、北区、板橋区(第11区に属しない区域)(P172参照)、足立区の一部(P172参照)

当101,020	岡本三成	公前	(39.9)
比当80,323	阿部　司	維新	(31.7)
比71,948	池内沙織	共元	(28.4)

おか もと みつ なり
岡本三成

公前　当4
佐賀県　S40・5・5
勤9年4ヵ月　(初/平24)

財務副大臣、外務大臣政務官、国土交通委員会理事、ゴールドマン・サックス証券、米国ケロッグ経営大学院(MBA)、創価大／56歳

〒114-0002 北区王子2-30-4 グランシャリオ王子101 ☎03(6908)4912
〒100-8981 千代田区永田町2-2-1、会館 ☎03(3508)7147

東京都13区 480,247 投50.88

足立区(第12区に属しない区域)(P172参照)

当115,669	土田　慎	自新	(49.3)
比78,665	北條智彦	立新	(33.5)
30,204	沢田真吾	共新	(12.9)
5,985	渡辺秀高	無新	(2.6)
4,039	橋本孫美	無新	(1.7)

つち だ しん
土田　慎

自新[麻]　当1
神奈川県茅ヶ崎市　H2・10・30
勤5ヵ月　(初/令3)

党国会対策委員、党青年局次長、厚労委、経産委、消費者特委、科技特委、衆・参議員秘書、参議院議長参事、京大／31歳

〒121-0011 足立区中央本町4-1-18 ☎03(5856)1610

東京都14区 465,702 投55.96

台東区(第2区に属しない区域)(P172参照)、墨田区、荒川区

当108,681	松島みどり	自前	(43.3)
比80,932	木村剛司	立元	(32.2)
比49,517	西村恵美	維新	(19.7)
5,845	梁本和則	無新	(2.3)
3,364	竹本秀之	無新	(1.3)
2,772	大塚紀久雄	無新	(1.1)

まつ しま
松島みどり

自前[安]　当7
大阪府　S31・7・15
勤18年6ヵ月　(初/平12)

消費者特委長、安保委、党住宅土地・都市政策調査会長、党広報本部長、法務大臣、経産副大臣、国交副大臣、外務政務官、朝日新聞記者、東大経／65歳

〒131-0045 墨田区押上1-24-2川新ビル2F ☎03(5610)5566
〒100-8981 千代田区永田町2-2-1、会館 ☎03(3508)7065

東京都15区 424,125 投58.73

江東区

当76,261	柿沢未途	自前	(32.0)
比58,978	井戸正枝	立元	(24.7)
比44,882	金沢結衣	維新	(18.8)
26,628	今村洋史	無元	(11.2)
17,514	猪野　隆	無新	(7.3)
9,449	桜井　誠	諸新	(4.0)
4,608	吉田浩司	無新	(1.9)

かき ざわ み と
柿沢未途

自前[無]　当5(初/平21)
ベルギー　S46・1・21
勤12年8ヵ月

国土交通委理事、決算行監委、災害特委、消費者特委、予算委理事、東京都議、NHK記者、東大法／51歳

〒135-0047 江東区富岡1-26-21-3F ☎03(5620)3104

東京都16区 465,115 投51.58

江戸川区の一部(P173参照)

当88,758	大西英男	自前	(38.7)
比68,397	水野素子	立新	(29.8)
比39,290	中津川博郷	維元	(17.1)
26,819	太田彩花	共新	(11.7)
比6,264	田中 健	N新	(2.7)

おおにし ひでお
大西英男

自前[安] 当4
東京都江戸川区 S21・8・28
勤9年4ヵ月 (初/平24)

党副幹事長、国土交通副大臣、総務大臣政務官、江戸川区議会議長、都議会自民党幹事長、國學院大／75歳

〒132-0031 江戸川区松島2-8-2-103 ☎03(3674)0777

東京都17区 475,912 投53.06

葛飾区、江戸川区(本庁管内(上一色1〜3丁目、本一色1〜3丁目、興宮町)、小岩事務所管内)

当119,384	平沢勝栄	自前	(50.1)
比52,260	猪口幸子	維新	(22.0)
36,309	新井杉生	共新	(15.3)
比30,103	円より子	国新	(12.6)

ひらさわ かつえい
平沢勝栄

自前[二] 当9
岐阜県 S20・9・4
勤25年7ヵ月 (初/平8)

党国際局長、復興大臣、党広報本部長、予算委理、党政調会長代理、外務委長、内閣府副大臣、拉致特委長、警察庁審議官、官房長官秘書官、東大／76歳

〒124-0012 葛飾区立石8-6-1-102 ☎03(5670)1111

東京都18区 444,924 投59.86

武蔵野市、府中市、小金井市

当122,091	菅 直人	立前	(47.1)
比当115,881	長島昭久	自前	(44.7)
21,151	子安正美	無新	(8.2)

かん なおと
菅 直人

立前 当14
山口県 S21・10・10
勤41年11ヵ月 (初/昭55)

党最高顧問、経産委、原子力特委、首相、副総理、財務相、厚相、民主党代表、さきがけ政調会長、社民連政審会長、弁理士、東工大／75歳

〒180-0006 武蔵野市中町1-2-9-302 ☎0422(55)7010

東京都19区 439,147 投60.00

小平市、国分寺市、西東京市

当111,267	末松義規	立前	(43.0)
比当109,131	松本洋平	自前	(42.2)
比38,182	山崎英昭	維新	(14.8)

すえまつ よしのり
末松義規

立前 当7(初/平8)
福岡県北九州市 S31・12・5
勤20年9ヵ月

財金委筆頭理事、党財金部会長、沖北特委長、元復興副大臣兼内閣府副大臣、内閣総理大臣補佐官、一橋大、米国プリンストン大学大学院／65歳

〒187-0002 小平市花小金井2-1-39 ☎042(460)9050

東京都20区 418,245 投56.77	当121,621 木原誠二 自前(52.6)
	比当66,516 宮本 徹 共前(28.8)
	比43,089 前田順一郎 維新(18.6)

東村山市、東大和市、清瀬市、東久留米市、武蔵村山市

木原誠二（きはら せいじ）

自前[岸] 当5
東京都 S45・6・8
勤13年3ヵ月 (初/平17)

内閣官房副長官、内閣委員長、外務副大臣、外務政務官、議運委理事、党政調副会長、党情報調査局長、財務省、東大法／51歳

〒189-0025 東村山市廻田町4-3-4 ☎042(392)4105

東京都21区 438,466 投57.72	当112,433 小田原 潔 自前(45.5)
	比当99,090 大河原雅子 立前(40.1)
	比35,527 竹田光明 維元(14.4)

八王子市(東中野、大塚)、立川市、日野市、国立市、多摩市の一部(P173参照)、稲城市の一部(P173参照)

小田原 潔（おだわら きよし）

自前[安] 当4(初/平24)
大分県宇佐市 S39・5・23
勤9年4ヵ月

外務副大臣、安保委理、復興特委理、予算委、モルガンスタンレー証券マネジングディレクター、富士銀行、東大／57歳

〒190-0011 立川市高松町3-14-11
マスターズオフィス立川 ☎042(548)0065

東京都22区 478,721 投60.01	当131,351 伊藤達也 自前(46.9)
	比112,393 山花郁夫 立前(40.1)
	比31,981 櫛渕万里 れ元(11.4)
	4,535 長谷川洋平 N新(1.6)

三鷹市、調布市、狛江市、稲城市(第21区に属しない区域)(P173参照)

伊藤達也（いとう たつや）

自前[無] 当9
東京都 S36・7・6
勤25年6ヵ月 (初/平5)

党競争政策調査会長、予算委、憲法審査会委、元金融相、総理大臣補佐官、衆財金委員長、党国際局長、慶大／60歳

〒182-0024 調布市布田1-3-1ダイヤビル2F ☎042(499)0501
〒107-0052 港区赤坂2-17-10、宿舎

東京都23区 458,998 投58.37	当133,206 小倉将信 自前(51.2)
	比当126,732 伊藤俊輔 立前(48.8)

町田市、多摩市(第21区に属しない区域)(P173参照)

小倉將信（おぐら まさのぶ）

自前[二] 当4
東京都 S56・5・30
勤9年4ヵ月 (初/平24)

党青年局長、税制調査会幹事、デジタル社会推進本部事務局長、新しい資本主義実行本部事務局長、総務政務官、日本銀行職員、東大、オックスフォード大学院／40歳

〒194-0013 町田市原町田5-4-7からかあさ101号 ☎042(710)1192
〒206-0041 多摩市愛宕4-9-22池田ビル103号 ☎042(400)1751

東京都24区 463,096 投56.77

八王子市（第21区に属しない区域）（P173参照）

当149,152	萩生田光一	自前	(58.5)
比44,546	佐藤由美	国新	(17.5)
44,474	吉川穂香	共新	(17.5)
比16,590	朝倉玲子	社新	(6.5)

はぎうだ こういち
萩生田光一 自前［安］ 当6
東京都八王子市 S38・8・31
勤15年1ヵ月 （初/平15）

経済産業大臣、党都連会長、文科大臣、党幹事長代行、内閣官房副長官、党総裁特別補佐、党青年局長、都議、市議、明大／58歳

〒192-0046 八王子市明神町4-1-2
ストーク八王子205 ☎042(646)3008

東京都25区 413,266 投54.90

青梅市、昭島市、福生市、羽村市、あきる野市、西多摩郡

当131,430	井上信治	自前	(59.4)
比89,991	島田幸成	立新	(40.6)

いのうえ しんじ
井上信治 自前［麻］ 当7
東京都 S44・10・7
勤18年5ヵ月 （初/平15）

党環境・温暖化対策調査会長、国際博覧会担当大臣、内閣府特命担当大臣、環境副大臣、内閣委員長、国交省、東大／52歳

〒198-0024 青梅市新町3-39-1 ☎0428(32)8182
〒100-8981 千代田区永田町2-2-1、会館 ☎03(3508)7328

比例代表 東京都 17人

東京

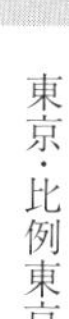

たかぎ けい
髙木 啓 自前［安］ 当2
東京都北区 S40・3・16
勤4年6ヵ月 （初/平29）

内閣委、外務委、拉致特委、震災復興特委、党内閣第一副部会長、国土建設団体副委員長、北区総支部長、都議、北区議、立教大／56歳

〒114-0022 北区王子本町1-14-9-202 ☎03(5948)6790

まつもと ようへい
松本洋平 自前［二］ 当5（初/平17）
東京都 S48・8・31
勤13年3ヵ月 〈東京19区〉

衆経産委筆頭理事、党副幹事長、党広報本部副本部長、広報戦略局長、経産副大臣、内閣府副大臣、党青年局長、慶大経済学部／48歳

〒187-0003 小平市花小金井南町2-17-4 ☎042(461)6644
〒100-8981 千代田区永田町2-2-1、会館 ☎03(3508)7133

おち　たかお
越智隆雄

自前［安］ 当5(初/平17)
東京都 S39・2・27
勤13年3ヵ月 〈東京6区〉

財金委理、憲法審委、財金委長、内閣府副大臣、党国対副委長、党財金部会長、国務大臣秘書官、住友銀行、仏ESSEC大院、東大法院、慶大経／58歳

〒154-0023 世田谷区若林1-7-2-1F ☎03(3413)4600

わかみや　けんじ
若宮健嗣

自前［茂］ 当5(初/平17)
東京都 S36・9・2
勤13年3ヵ月 〈東京5区〉

内閣府特命担当大臣、外務副大臣、防衛副大臣、外務委員長、安全保障委員長、議運委理事、党国防部会長、国対副委員長、慶大／60歳

〒152-0023 目黒区八雲1-3-4 ☎03(5726)5060
〒100-8982 千代田区永田町2-1-2、会館 ☎03(3508)7509

ながしま　あきひさ
長島昭久

自前［二］ 当7(初/平15)
神奈川県横浜市 S37・2・17
勤18年5ヵ月 〈東京18区〉

拉致特委員長、安保委、防衛副大臣、総理補佐官、慶大院、米ジョンズホプキンス大院／60歳

〒183-0022 府中市宮西町4-12-11
モア府中2F ☎042(319)2118

いしはら　ひろたか
石原宏高

自前［岸］ 当5(初/平17)
神奈川県 S39・6・19
勤13年3ヵ月 〈東京3区〉

党国対副委員長、環境委員長、環境副大臣兼内閣府副大臣、党副幹事長、団体局次長、選対副委員長、内閣府副大臣、外務大臣政務官、銀行員、慶大／57歳

〒140-0014 品川区大井1-22-5
八木ビル7F ☎03(3777)2275
〒100-8981 千代田区永田町2-2-1、会館 ☎03(3508)7319

いとう　しゅんすけ
伊藤俊輔

立前 当2(初/平29)
東京都町田市 S54・8・5
勤4年6ヵ月 〈東京23区〉

UR住宅居住者を支援する議連事務局次長、全建総連懇話会幹事、小田急多摩線延伸促進議連顧問、法務委、安保委、議運委、桐蔭高、北京大留学、中央大／42歳

〒194-0021 町田市中町2-6-11
サワダビル3F ☎042(723)0117

すずき　ようすけ
鈴木庸介

立新 当1(初/令3)
東京都 S50・11・21
勤5ヵ月 〈東京10区〉

総務委、法務委、元NHK記者、立教大学経済学部兼任講師、コロンビア大院／46歳

〒171-0021 豊島区西池袋3-26-1
近見ビル4F ☎03(6903)1544

かいえだばんり **無**前 当8(初/平5)
海江田万里
東京都 S24・2・26
勤20年1ヵ月 **〈東京1区〉**

衆議院副議長、立憲民主党常任顧問・税制調査会長、前決算行監委長、元民主党代表、元経済産業大臣、元内閣府特命担当大臣、慶大／73歳

〒160-0004 新宿区四谷3-11山一ビル6F ☎03(5363)6015
〒160-0023 新宿区西新宿4-8-4-301(自宅) ☎03(3375)1445

おおかわら **立**前 当2(初/平29)※
大河原まさこ
神奈川県横浜市 S28・4・8
勤10年7ヵ月(参6年1ヵ月) **〈東京21区〉**

決算行監委理、消費者特委、党ジェンダー平等推進本部顧問、元参議院議員、東京都議、国際基督教大／68歳

〒190-0022 立川市錦町1-10-25
YS錦町ビル1F ☎042(529)5155
〒100-8981 千代田区永田町2-2-1、会館 ☎03(3508)7261

あべ つかさ **維**新 当1(初/令3)
阿部 司
東京都大田区 S57・6・18
勤5ヵ月 **〈東京12区〉**

内閣委、地方創生特委、青山社中株式会社(政策シンクタンク)、日本HP(外資系IT企業)、早大／39歳

〒114-0022 北区王子本町1-14-10
根岸ビル1F ☎03(3908)3121

おのたいすけ **維**新 当1(初/令3)
小野泰輔
東京都 S49・4・20
勤5ヵ月 **〈東京1区〉**

経産委理、憲法審委、復興特委、党政調副会長、党経産環境規制改革部会長、熊本県副知事、東大法／47歳

〒160-0004 新宿区四谷3-4-8 4階 ☎090(6773)0705
〒100-8981 千代田区永田町2-2-1、会館 ☎03(3508)7340

たかぎようすけ **公**前 当9
高木陽介
東京都 S34・12・16
勤25年1ヵ月 (初/平5)

党選対委員長、党都本部代表、経産副大臣、衆総務委員長、国交政務官、党国対委員長、毎日新聞記者、創価大／62歳

〒190-0022 立川市錦町1-4-4
立川サニーハイツ301 ☎042(540)1155

かさいこういち **公**新 当1
河西宏一
神奈川県鎌倉市 S54・6・25
勤5ヵ月 (初/令3)

党青年副委員長、党都本部副代表、内閣委、国土交通委、原子力特委、政党職員、電機メーカー社員、東大／42歳

〒100-8982 千代田区永田町2-1-2、会館 ☎03(3508)7630

※平19参院初当選

かさい　あきら
笠井　亮
共 前　当6(初/平17)※1
大阪府　S27・10・15
勤22年8ヵ月(参6年1ヵ月)

党原発・気候変動・エネルギー対策委員会責任者、経産委、原子力特委、拉致特委、参院議員1期、東大／69歳

〒151-0053 渋谷区代々木1-44-11-1F　☎03(5304)5639
〒107-0052 港区赤坂2-17-10、宿舎

みやもと　とおる
宮本　徹
共 前　当3(初/平26)
兵庫県三木市　S47・1・22
勤7年4ヵ月　〈東京20区〉

党中央委員、厚労委、予算委、科技特委、東大教育／50歳

〒151-0053 渋谷区代々木1-44-11　☎03(5304)5639
〒100-8981 千代田区永田町2-2-1、会館　☎03(3508)7508

やまもと　たろう
山本太郎
れ 新　当1(初/令3)※2
兵庫県宝塚市　S49・11・24
勤6年6ヵ月(参6年1ヵ月)

れいわ新選組代表、内閣委、箕面自由学園高等学校中退／47歳

〒100-8982 千代田区永田町2-1-2、会館　☎03(3508)7063

比例代表　東京都　17人　有効投票数 6,446,898票

政党名	当選者数	得票数	得票率
	惜敗率 小選挙区		惜敗率 小選挙区

自民党　6人　2,000,084票　31.02%

当①高木　啓 前
当②松本　洋平 前(98.08)東19
当②越智　隆雄 前(95.48)東6
当②若宮　健嗣 前(95.14)東5
当②長島　昭久 前(94.91)東18
当②石原　宏高 前(93.43)東3
②安藤　高夫 前(87.03)東9
②石原　伸晃 前(76.73)東8
②松本　文明 前(65.11)東7
㉓伊藤　智加 新
㉔松野　未佳 新
㉕小松　裕 前
㉖西田　譲 元
㉗和泉　武彦 新
㉘崎山　知尚 新

【小選挙区での当選者】
②山田　美樹 前　東1
②辻　清人 前　東2
②平　将明 前　東4
②鈴木　隼人 前　東10
②下村　博文 前　東11
②土田　慎 新　東13
②松島みどり 前　東14
②木原　誠二 前　東20
②小田原　潔 前　東21
②伊藤　達也 前　東22
②小倉　将信 前　東23
②萩生田光一 前　東24
②井上　信治 前　東25

立憲民主党　4人　1,293,281票　20.06%

当①伊藤　俊輔 前(95.14)東23
当①鈴木　庸介 新(93.74)東10
当①海江田万里 前(90.83)東1
当①大河原雅子 前(88.13)東21
①山花　郁夫 前(85.57)東22
①井戸　正枝 元(77.38)東15
①水野　素子 新(77.06)東16
①松尾　明弘 前(75.81)東2

※1 平7参院初当選　※2 平25参院初当選

①木村　剛司 元(74.47)東14
①阿久津幸彦 前(71.56)東11
①島田　幸成 新(68.47)東25
①北條　智彦 新(68.01)東13
㉑高松　智之 新
㉒川島智太郎 元
㉓北出　美翔 新

【小選挙区での当選者】
①松原　仁 前　東3
①手塚　仁雄 前　東5
①落合　貴之 前　東6
①長妻　昭 前　東7
①吉田　晴美 新　東8
①山岸　一生 新　東9
①菅　直人 前　東18
①末松　義規 前　東19

日本維新の会　2人　858,577票　13.32%

当①阿部　司 新(79.51)東12
当①小野　泰輔 新(60.76)東1
①金沢　結衣 新(58.85)東15
①碓井　梨恵 新(54.00)東6
①田淵　正文 新(48.87)東5
①林　智興 新(45.76)東4
①西村　恵美 新(45.56)東14
①中津川博郷 元(44.27)東16
①猪口　幸子 新(43.77)東17
①南　純 新(43.70)東9
①木内　孝胤 元(38.36)東2
①前田順一郎 新(35.43)東20
①山崎　英昭 新(34.32)東19
①竹田　光明 元(31.60)東21
①辻　健太郎 新(30.37)東7
①笠谷　圭司 新(29.68)東8
①藤川　隆史 新(26.56)東10

公明党　2人　715,450票　11.10%

当①高木　陽介 前
当②河西　宏一 新
③藤井　伸城 新
④大沼　伸貴 新

共産党　2人　670,340票　10.40%

当①笠井　亮 前
当②宮本　徹 前　東20
③池内　沙織 元　東12
④谷川　智行 新　東4

れいわ新選組　1人　360,387票　5.59%

当①山本　太郎 新
②櫛渕　万里 元(24.35)東22
▼②北村　造 新(12.15)東2
④渡辺　照子 新

▼は小選挙区の得票が有効投票総数の10分の1未満で、復活当選の資格がない者

その他の政党の得票数・得票率は下記のとおりです。(当選者はいません)

政党名	得票数	得票率
国民民主党	306,179票	4.75%
社民党	92,995票	1.44%
NHKと裁判してる党弁護士法72条違反で	92,353票	1.43%
日本第一党	33,661票	0.52%
新党やまと	16,970票	0.26%
政権交代によるコロナ対策強化新党	6,620票	0.10%

新潟県1区　434,016　㊥57.25

新潟市(北区・東区・中央区・江南区・南区・西区の一部) (P173参照)

当127,365　西村智奈美　立前(52.6)
比当96,591　塚田一郎　自新(39.9)
比18,333　石崎　徹　維元(7.6)

にしむら ちなみ
西村智奈美　立前　当6
新潟県　S42・1・13
勤16年5ヵ月(初/平15)

党幹事長、国基委、拉致特委、党社会保障調査会長、厚労副大臣、外務大臣政務官、新潟県議、新潟大院／55歳

〒950-0916　新潟市中央区米山2-5-8
米山プラザビル202　☎025(244)1173
〒107-0052　港区赤坂2-17-10、宿舎

㊥略歴　比例東京・新潟

新潟県２区 288,107 投62.66

当105,426 細田健一 自前(59.9)
比37,157 高倉　栄 国新(21.1)
比33,399 平あや子 共新(19.0)

新潟市(南区(味方・月潟出張所管内)、西区(第1区に属しない区域)、西蒲区)、長岡市の一部(P173参照)、柏崎市、燕市、佐渡市、西蒲原郡、三島郡、刈羽郡

細田健一（ほそだ けんいち）　自前[安]　当4(初/平24)
東京都　S39・7・11
勤9年4ヵ月

経産副大臣、予算委理、党農林部会長代理、農水政務官、経産省、京大法、米ハーバード大学院／57歳

〒945-0051 柏崎市東本町2-3-30一越ビル1F ☎0257(32)3857
〒100-8982 千代田区永田町2-1-2、会館 ☎03(3508)7278

新潟県３区 298,289 投65.04

当102,564 斎藤洋明 自前(53.6)
比88,744 黒岩宇洋 立前(46.4)

新潟市(北区の一部(P173参照))、新発田市、村上市、五泉市、阿賀野市、胎内市、北蒲原郡、東蒲原郡、岩船郡

斎藤洋明（さいとう ひろあき）　自前[麻]　当4
新潟県村上市　S51・12・8
勤9年4ヵ月　(初/平24)

党国土・建設関係団体委員長、総務大臣政務官、党総務部会長代理、文科部会長代理、内閣府、公正取引委員会、神戸大大学院、学習院大／45歳

〒957-0056 新発田市大栄町3-6-3 ☎0254(21)0003
〒100-8981 千代田区永田町2-2-1、会館 ☎03(3508)7155

新潟県４区 307,471 投64.17

当97,494 菊田真紀子 立前(50.1)
比当97,256 国定勇人 自新(49.9)

新潟市(北区・東区・中央区・江南区の一部、秋葉区、南区の一部(P173参照))、長岡市の一部(P173参照))、三条市、加茂市、見附市、南蒲原郡

菊田真紀子（きくた まきこ）　立前　当7
新潟県加茂市　S44・10・24
勤18年5ヵ月　(初/平15)

党代議士会長、教育調査会長、文科委理、外務政務官、市議(2期)、中国黒龍江大学留学、加茂高／52歳

〒955-0071 三条市本町6-13-3 ☎0256(35)6066
〒107-0052 港区赤坂2-17-10、宿舎

新潟県５区 275,224 投65.20

当79,447 米山隆一 無新(45.0)
比当60,837 泉田裕彦 自前(34.4)
36,422 森　民夫 無新(20.6)

長岡市(第2区及び第4区に属しない区域)、小千谷市、魚沼市、南魚沼市、南魚沼郡

米山隆一（よねやま りゅういち）　無新(立憲)　当1
新潟県魚沼市　S42・9・8
勤5ヵ月　(初/令3)

法務委、原子力特委、前新潟県知事、医師、医学博士、弁護士、おおたか総合法律事務所代表弁護士、灘高校、東大医学部医学科／54歳

〒940-0072 魚沼市七日市新田127 ☎0258(89)8800
〒100-8982 千代田区永田町2-1-2、会館 ☎03(3508)7485

新潟県6区 272,966 投67.79

当90,679 梅谷　守 立新(49.6)
比当90,549 高鳥修一 自前(49.5)
1,711 神鳥古賛 無新(0.9)

十日町市、糸魚川市、妙高市、上越市、中魚沼郡

うめたに　まもる
梅谷　守

立新 当1
東京都 S48・12・9
勤5ヵ月 (初/令3)

党政調会長補佐、農水委、経産委、拉致特委、新潟県議会議員、国会議員政策担当秘書、早大／48歳

〒943-0805 上越市木田1-8-14 ☎025(526)4211

富山県1区 267,782 投52.43

当71,696 田畑裕明 自前(51.8)
比当45,411 吉田豊史 維元(32.8)
比14,563 西尾政英 立新(10.5)
6,800 青山了介 共新(4.9)

富山市の一部(P173参照)

たばたひろあき
田畑裕明

自前[安] 当4
富山県 S48・1・2
勤9年4ヵ月 (初/平24)

総務副大臣、厚労委理事、文科委理事、国対副委員長、厚労大臣政務官、富山県議、富山市議、獨協大学経済学部／49歳

〒930-0017 富山市東田地方町2-2-5 ☎076(471)6036
〒107-0052 港区赤坂2-17-10、宿舎

富山県2区 247,492 投54.22

当89,341 上田英俊 自新(68.4)
比41,252 越川康晴 立新(31.6)

富山市(第1区に属しない区域)、魚津市、滑川市、黒部市、中新川郡、下新川郡

うえだえいしゅん
上田英俊

自新[茂] 当1
富山県下新川郡入善町 S40・1・22
勤5ヵ月 (初/令3)

厚労委、農水委、科技特委、富山県議会議員、早大政経学部／57歳

〒937-0051 魚津市駅前新町5-30 魚津サンプラザ3F ☎0765(22)6648
〒107-0052 港区赤坂2-17-10、宿舎 ☎03(5549)4671

富山県3区 364,742 投59.06

当161,818 橘　慶一郎 自前(78.5)
44,214 坂本洋史 共新(21.5)

高岡市、氷見市、砺波市、小矢部市、南砺市、射水市

たちばなけいいちろう
橘　慶一郎

自前[無] 当5
富山県高岡市 S36・1・23
勤12年8ヵ月 (初/平21)

文科委筆頭理事、党組織本部長代理、社会的事業推進特別委長、復興副大臣、総務政務官、高岡市長、北開庁、東大／61歳

〒933-0912 高岡市丸の内1-40 高岡商工ビル ☎0766(25)5780
〒107-0052 港区赤坂2-17-10、宿舎

石川県1区 376,122 投52.20

金沢市

当88,321	小森　卓郎	自新	(46.1)
比48,491	荒井淳志	立新	(25.3)
比45,663	小林　誠	維新	(23.9)
8,930	亀田良典	共新	(4.7)

小森卓郎（こもりたくお）

自新[安]　当1
神奈川県　S45・5・21
勤5ヵ月　（初/令3）

総務委、経産委、地方創生特委、金融庁総合政策課長、防衛省会計課長、財務省主計局主査、石川県総務部長、プリンストン大院修了、東大法/51歳

〒920-8203　金沢市鞍月5-181　☎076(239)0102
〒100-8981　千代田区永田町2-2-1、会館　☎03(3508)7179

石川県2区 325,273 投56.13

小松市、加賀市、白山市、能美市、野々市市、能美郡

当137,032	佐々木　紀	自前	(78.4)
27,049	坂本　浩	共新	(15.5)
10,632	山本保彦	無新	(6.1)

佐々木紀（ささきはじめ）

自前[安]　当4
石川県能美市　S49・10・18
勤9年4ヵ月　（初/平24）

衆議運委理事、厚労委、政倫審幹事、党国対副委員長、国交大臣政務官、党青年局長、会社役員、東北大法/47歳

〒923-0941　小松市城南町35番地　☎0761(21)1181
〒107-0052　港区赤坂2-17-10、宿舎　☎03(5549)4671

石川県3区 243,618 投66.09

七尾市、輪島市、珠洲市、羽咋市、かほく市、河北郡、羽咋郡、鹿島郡、鳳珠郡

当80,692	西田昭二	自前	(50.7)
比当76,747	近藤和也	立前	(48.3)
1,588	倉知昭一	無新	(1.0)

西田昭二（にしだしょうじ）

自前[岸]　当2
石川県七尾市　S44・5・1
勤4年6ヵ月　（初/平29）

党総務、党国交副部会長、議運委、法務委、厚労委、原子力特委、復興特委、政倫審委、元県議会副議長、県議(3期)、市議(3期)、秘書、愛知学院大/52歳

〒926-0041　石川県七尾市府中町員外26　☎0767(58)6140
〒100-8981　千代田区永田町2-2-1、会館　☎03(3508)7139

福井県1区 375,210 投56.82

福井市、大野市、勝山市、あわら市、坂井市、吉田郡

当136,171	稲田朋美	自前	(65.5)
比71,845	野田富久	立新	(34.5)

稲田朋美（いなだともみ）

自前[安]　当6
福井県　S34・2・20
勤16年7ヵ月　（初/平17）

党整備新幹線等鉄道調査会長、経産委理、消費者特委理、憲法審委、党幹事長代行、防衛大臣、党政調会長、内閣府特命担当相、弁護士、早大/63歳

〒910-0858　福井市手寄1-9-20　☎0776(22)0510
〒100-8982　千代田区永田町2-1-2、会館　☎03(3508)7035

福井県2区 262,612 投59.12

当81,705 高木　毅 自前(53.9)
比69,984 斉木武志 立前(46.1)

敦賀市、小浜市、鯖江市、越前市、今立郡、南条郡、丹生郡、三方郡、大飯郡、三方上中郡

高木　毅（たかぎ　つよし）

自前[安] 当8
福井県敦賀市 S31・1・16
勤21年10ヵ月 (初/平12)

党国対委員長、議運委長、議運委筆頭理事、復興大臣、国交副大臣、防衛政務官、JC北信越会長、青山学院大学／66歳

〒914-0805 敦賀市鋳物師町4-8 森口ビル2F ☎0770(21)2244
〒100-8981 千代田区永田町2-2-1、会館 ☎03(3508)7296

長野県1区 425,440 投59.74

当128,423 若林健太 自新(51.3)
比当121,962 篠原　孝 立前(48.7)

長野市の一部(P174参照)、須坂市、中野市、飯山市、上高井郡、下高井郡、下水内郡

若林健太（わかばやしけんた）

自新[安] 当1(初/令3)※
長野県長野市 S39・1・11
勤6年6ヵ月(参6年1ヵ月)

党農林副部会長、農水委、財金委、災害特委、復興特委、税理士・公認会計士、参農水委長、外務政務官、監査法人代表社員、慶大、早大院／58歳

〒380-0921 長野市栗田8-1 ☎026(269)0330
〒107-0052 港区赤坂2-17-10、宿舎

長野県2区 382,123 投57.03

当101,391 下条みつ 立前(47.5)
比当68,958 務台俊介 自前(32.3)
比43,026 手塚大輔 維新(20.2)

長野市(第1区に属しない区域)、松本市、大町市、安曇野市、東筑摩郡、北安曇郡、上水内郡

下条みつ（しもじょう）

立前 当5
長野県松本市 S30・12・29
勤13年7ヵ月 (初/平15)

財金委、拉致特委、防衛大臣政務官、予算委理、党総務、災害特委理、厚生大臣秘書官、富士銀行参事役、信州大／66歳

〒390-0877 松本市沢村2-13-9 ☎0263(87)3280
〒100-8981 千代田区永田町2-2-1、会館 ☎03(3508)7271

長野県3区 399,168 投59.32

当120,023 井出庸生 自前(51.5)
比当109,179 神津　健 立新(46.9)
比3,722 池　高生 N新(1.6)

上田市、小諸市、佐久市、千曲市、東御市、南佐久郡、北佐久郡、小県郡、埴科郡

井出庸生（いでようせい）

自前[麻] 当4
東京都 S52・11・21
勤9年4ヵ月 (初/平24)

党厚生労働部会長代理、党司法制度調査会事務局長、法務委理、災害特委、復興特委、憲法審委、NHK記者、東大／44歳

〒385-0022 佐久市岩村田638 ☎0267(78)5515
〒100-8982 千代田区永田町2-1-2、会館 ☎03(3508)7469

※平22参院初当選

長野県4区 240,401 投59.37

当86,962　後藤茂之　自前(62.6)
51,922　長瀬由希子　共新(37.4)

岡谷市、諏訪市、茅野市、塩尻市、諏訪郡、木曽郡

ごとう しげゆき
後藤茂之　自前[無]　当7
東京都　S30・12・9
勤18年6ヵ月（初/平12）

厚生労働大臣、党政調会長代理、予算委筆頭理事、新型コロナ対策本部座長、税調幹事、法副相、国交政務官、厚労委長、大蔵省、東大法/66歳

〒392-0021　諏訪市上川3丁目2212-1　☎0266(57)3370
〒100-8981　千代田区永田町2-2-1、会館　☎03(3508)7702

長野県5区 280,123 投64.54

当97,730　宮下一郎　自前(54.9)
比80,408　曽我逸郎　立新(45.1)

飯田市、伊那市、駒ヶ根市、上伊那郡、下伊那郡

みやした いちろう
宮下一郎　自前[安]　当6
長野県　S33・8・1
勤15年1ヵ月（初/平15）

党政調会長代理、農林水産委筆頭理事、党農林部会長、経産部会長、内閣府・財務副大臣、財金委員長、東大/63歳

〒396-0010　伊那市境1550-3　☎0265(78)2828

比例代表　北陸信越　11人

新潟、富山、石川、福井、長野

わしお えいいちろう
鷲尾英一郎　自前[二]　当6
新潟県　S52・1・3
勤16年7ヵ月（初/平17）

党副幹事長、外務副大臣、環境委員長、党行革推進副本部長、農水政務官、公認会計士、税理士、行政書士、新日本監査法人、東大経/45歳

〒959-1261　燕市秋葉町4-12-20　☎0256(61)0901

たかとり しゅういち
髙鳥修一　自前[安]　当5(初/平17)
新潟県上越市　S35・9・29
勤13年3ヵ月　〈新潟6区〉

党政調会長代理、元党筆頭副幹事長・総裁特別補佐、元農水・内閣副大臣、元農水・厚労委員長、元厚労政務官、早大/61歳

〒943-0817　上越市藤巻10-1
コスゲビル2F　☎025(521)0760

くに　さだ　いさ　と
国定勇人
自 新［二］　当1（初/令3）
東京都　S47・8・30
勤5ヵ月　〈新潟4区〉

経産委、法務委、地方創生特委、倫選特委、党国会対策委員、三条市長、総務省、一橋大商学部／49歳

〒955-0071　三条市本町4-9-27　☎0256（47）1555
〒100-8981　千代田区永田町2-2-1、会館　☎03（3508）7131

いずみ　だ　ひろ　ひこ
泉田裕彦
自 前［二］　当2（初/平29）
新潟県　S37・9・15
勤4年6ヵ月　〈新潟5区〉

国土交通・内閣府・復興大臣政務官、国交委、元新潟県知事、経産省、通産省、京大法／59歳

〒940-0053　長岡市長町1-3-4　☎0258（89）8506
〒100-8982　千代田区永田町2-1-2、会館　☎03（3508）7640

つか　だ　いち　ろう
塚田一郎
自 新［麻］　当1（初/令3）※
新潟県新潟市　S38・12・27
勤12年7ヵ月（参12年2ヵ月）〈新潟1区〉

国土交通委理事、拉致特委、国土交通副大臣、復興副大臣、内閣府副大臣、党新潟県連会長、中央大、ボストン大院／58歳

〒950-0945　新潟市中央区女池上山2-22-7　☎025（280）1016
〒107-0052　港区赤坂2-17-10、宿舎

む　たい　しゅん　すけ
務台俊介
自 前［麻］　当4（初/平24）
長野県安曇野市　S31・7・3
勤9年4ヵ月　〈長野2区〉

環境副大臣兼内閣府副大臣、元内閣府兼復興大臣政務官、元衆憲法審査会委、元党過疎特委事務局長、消防庁防災課長、神奈川大教授、東大法／65歳

〒390-0863　松本市白板2-3-30 大永第三ビル101　☎0263（33）0518
〒100-8981　千代田区永田町2-2-1、会館　☎03（3508）7334

こん　どう　かず　や
近藤和也
立 前　当3（初/平21）
石川県　S48・12・12
勤7年10ヵ月　〈石川3区〉

予算委、災害特委理、党国対副委員長、党選対副委員長、党拉致問題対策本部幹事、石川県連代表、元野村證券（株）、京大経済学部／48歳

〒926-0054　七尾市川原町60-2　☎0767（57）5717

しの　はら　たかし
篠原　孝
立 前　当7（初/平15）
長野県中野市　S23・7・17
勤18年5ヵ月　〈長野1区〉

倫選特委筆頭理事、環境委、党幹事長代行、党政治改革部会長、農水副大臣、水産庁企画課長、OECD代表部、京大法、UW大修士／73歳

〒380-0928　長野市若里4-12-26 宮沢ビル2F　☎026（229）5777
〒100-8981　千代田区永田町2-2-1、会館　☎03（3508）7268

※平19参院初当選

こうづ
神津たけし

立新　当1(初/令3)
神奈川県鎌倉市　S52・1・21
勤5ヵ月　〈長野3区〉

国交委、災害特委、科技特委、元JICA企画調査員(南アフリカ、ケニア、チュニジア、コートジボワール、ルワンダ駐在)、政策研究大学院大／45歳

〒386-0014　上田市材木町1-1-13　☎0268(22)0321

よしだ　とよふみ
吉田豊史

維元　当2(初/平26)
富山県　S45・4・10
勤3年3ヵ月　〈富山1区〉

財金委理事、沖北特委、会社員、起業、会社役員、富山県議会議員(2期)、早大法／51歳

〒930-0975　富山市西長江3-6-32　☎076(495)8823
〒107-0052　港区赤坂2-17-10、宿舎

なかがわ　ひろまさ
中川宏昌

公新　当1
長野県塩尻市　S45・7・15
勤5ヵ月　(初/令3)

党中央幹事、党北陸信越方面本部長、党長野県代表、財金委、予算委、地方創生特委、長野県議、長野銀行、創価大／51歳

〒399-0006　松本市野溝西1-3-4 2F　☎0263(88)5550
〒106-0032　港区六本木7-1-3、宿舎

比例代表　北陸信越　11人　有効投票数 3,510,613票

政党名	当選者数	得票数	得票率
	惜敗率 小選挙区		惜敗率 小選挙区

自民党　6人　1,468,380票　41.83%

当①鷲尾英一郎 前
当②高鳥　修一 前(99.86)新6
当②国定　勇人 新(99.76)新4
当②泉田　裕彦 前(76.58)新5
当②塚田　一郎 新(75.84)新1
当②務台　俊介 前(68.01)長2
㉑山本　拓 前
㉒佐藤　俊 新
㉓工藤　昌克 新
㉔滝沢　圭隆 新
㉕近藤　真衣 新
【小選挙区での当選者】
②細田　健一 前　新2
②斎藤　洋明 前　新3
②田畑　裕明 前　富1
②上田　英俊 新　富2
②橘　慶一郎 前　富3
②小森　卓郎 新　石1
②佐々木　紀 前　石2
②西田　昭二 前　石3
②稲田　朋美 前　福1
②高木　毅 前　福2
②若林　健太 新　長1
②井出　庸生 前　長3
②後藤　茂之 前　長4
②宮下　一郎 前　長5

立憲民主党　3人　773,076票　22.02%

当①近藤　和也 前(95.11)石3
当①篠原　孝 前(94.97)長1
当①神津　健 新(90.97)長3
①黒岩　宇洋 前(86.53)新3
①斉木　武志 前(85.65)福2
①曽我　逸郎 新(82.28)長5
①荒井　淳志 新(54.90)石1
①野田　富久 新(52.76)福1
①越川　康晴 新(46.17)富2
①西尾　政英 新(20.31)富1
⑮石本　伸二 新
【小選挙区での当選者】
①西村智奈美 前　新1
①菊田真紀子 前　新4
①梅谷　守 新　新6
①下条　みつ 前　長2

日本維新の会　1人　361,476票　10.30%

当①吉田　豊史 元(63.34)富1
①小林　誠 新(51.70)石1
①手塚　大輔 新(42.44)長2
▼①石崎　徹 元(14.39)新1

公明党　1人　322,535票　9.19%

当①中川　宏昌 新
②小松　実 新

▼は小選挙区の得票が有効投票総数の10分の1未満で、復活当選の資格がない者

その他の政党の得票数・得票率は下記のとおりです。
(当選者はいません)

政党名	得票数	得票率
共産党	225,551票	6.42%
国民民主党	133,599票	3.81%
れいわ新選組	111,281票	3.17%
社民党	71,185票	2.03%
NHKと裁判してる党弁護士法72条違反で	43,529票	1.24%

岐阜県1区　326,022 [投]52.31

岐阜市(本庁管内、西部・東部・北部・南部東・南部西・日光事務所管内)

当103,805 野田聖子 自前(62.5)
比48,629 川本慧佑 立新(29.3)
9,846 山越　徹 共新(5.9)
3,698 土田正光 諸新(2.2)

野田聖子（のだせいこ）

自前[無]　当10
岐阜県岐阜市　S35・9・3
勤28年10ヵ月　(初/平5)

内閣府特命担当大臣、こども政策担当、党幹事長代行、総務大臣、党総務会長、郵政大臣、県議、帝国ホテル、上智大／61歳

〒500-8463 岐阜市加納新本町2-23　☎058(276)2601
〒100-8981 千代田区永田町2-2-1、会館　☎03(3508)7161

岐阜県2区　300,608 [投]56.09

大垣市、海津市、養老郡、不破郡、安八郡、揖斐郡

当108,755 棚橋泰文 自前(65.8)
比40,179 大谷由里子 国新(24.3)
16,374 三尾圭司 共新(9.9)

棚橋泰文（たなはしやすふみ）

自前[麻]　当9
岐阜県大垣市　S38・2・11
勤25年7ヵ月　(初/平8)

党行政改革推進本部長、党総務副会長、国家公安委員長、予算委員長、党幹事長代理、内閣府特命担当大臣、党青年局長、通産省課長補佐、弁護士、東大／59歳

〒503-0904 大垣市桐ヶ崎町93　☎0584(73)3000
〒100-8982 千代田区永田町2-1-2、会館　☎03(3508)7429

岐阜県３区 422,993 投54.55

岐阜市(第1区に属しない区域)、関市、美濃市、羽島市、各務原市、山県市、瑞穂市、本巣市、羽島郡、本巣郡

当132,357 武藤容治 自前(58.6)
比93,616 阪口直人 立元(41.4)

むとう ようじ
武藤容治
自前[麻] 当5
岐阜県 S30・10・18
勤13年3ヵ月 (初/平17)

党鳥獣被害対策特別委員長、外務委理、農水委長、経産副大臣、外務副大臣、総務政務官、党政調副会長、会社会長、慶大商／66歳

〒504-0909 各務原市那加信長町1-91 ☎058(389)2711
〒100-8982 千代田区永田町2-1-2、会館 ☎03(3508)7482

岐阜県４区 330,497 投66.37

高山市、美濃加茂市、可児市、飛騨市、郡上市、下呂市、加茂郡、可児郡、大野郡

当110,844 金子俊平 自前(51.2)
比91,354 今井雅人 立前(42.2)
比14,171 佐伯哲也 維新(6.5)

かねこ しゅんぺい
金子俊平
自前[岸] 当2
岐阜県高山市 S53・5・28
勤4年6ヵ月 (初/平29)

党副幹事長、党農林副部会長、党青年局次長、内閣委、国交委、災害特委、震災復興特委、三井不動産、国交相秘書官、高山青年会議所理事長、日本青年会議所岐阜ブロック協議会長、慶大／43歳

〒506-0008 高山市初田町1-58-15 ☎0577(32)0395

岐阜県５区 273,847 投62.72

多治見市、中津川市、瑞浪市、恵那市、土岐市

当82,140 古屋圭司 自前(48.5)
比68,615 今井瑠々 立新(40.5)
比9,921 山田良司 維元(5.9)
8,736 小関祥子 共新(5.2)

ふるや けいじ
古屋圭司
自前[無] 当11
岐阜県恵那市 S27・11・1
勤32年3ヵ月 (初/平2)

党憲法改正実現本部長、党政調会長代行、議運委長、党選対委長、国家公安委長、拉致問題・国土強靭化・防災担当大臣、経産副大臣、成蹊大／69歳

〒509-7203 恵那市長島町正家1-1-25 ナカヤマプラザ2F ☎0573(25)7550
〒100-8982 千代田区永田町2-1-2、会館 ☎03(3508)7440

静岡県１区 387,132 投50.99

静岡市(葵区・駿河区・清水区の一部(P175参照))

当101,868 上川陽子 自前(52.4)
比53,974 遠藤行洋 立新(27.7)
比21,074 高橋美穂 国元(10.8)
比17,667 青山雅幸 維前(9.1)

かみかわ ようこ
上川陽子
自前[岸] 当7
静岡県静岡市 S28・3・1
勤18年6ヵ月 (初/平12)

党幹事長代理、法務大臣、党一億総活躍推進本部長、党司法制度調査会長、厚労委長、総務副大臣、内閣府特命大臣、公文書管理相、東大、ハーバード大院／68歳

〒420-0035 静岡市葵区七間町18-10 ☎054(251)8424
〒100-8982 千代田区永田町2-1-2、会館 ☎03(3508)7460

静岡県2区 388,436 ㊣56.11

島田市、焼津市、藤枝市、御前崎市(御前崎支所管内)、牧之原市、榛原郡

当131,082 井林辰憲 自前(61.1)
比71,032 福村　隆 立新(33.1)
12,396 山口祐樹 共新(5.8)

いばやし たつのり
井林辰憲

自前[麻] 当4
東京都 S51・7・18
勤9年4ヵ月 (初/平24)

党財務金融部会長、労政局次長、財金委理、総務委、科技特委、原子力特委、環境兼内閣府大臣政務官、国土交通省、京都大学工学部環境工学科、大学院/45歳

〒426-0037 藤枝市青木3-13-8 ☎054(639)5801
〒100-8981 千代田区永田町2-2-1、会館 ☎03(3508)7127

静岡県3区 371,830 ㊣58.14

浜松市(天竜区の一部(P175参照))、磐田市、掛川市、袋井市、御前崎市(第2区に属しない区域)、菊川市、周智郡

当112,464 小山展弘 立元(52.7)
比当100,775 宮沢博行 自前(47.3)

こやま のぶひろ
小山展弘

立元 当3
静岡県掛川市 S50・12・26
勤6年7ヵ月 (初/平21)

農林水産委、災害特委、党政調副会長、党静岡県連副代表、農林中央金庫職員、早大院/46歳

〒438-0078 磐田市中泉656-1 ☎0538(39)1234

静岡県4区 320,374 ㊣50.07

静岡市(葵区(第1区に属しない区域)、駿河区(第1区に属しない区域)、清水区(第1区に属しない区域))、富士宮市、富士市(木島、岩淵、中之郷、南松野、北松野、中野台1~2丁目)

当84,154 深沢陽一 自前(53.3)
比当49,305 田中　健 国新(31.2)
比24,441 中村憲一 維新(15.5)

ふかざわ よういち
深澤陽一

自前[岸] 当2
静岡県静岡市 S51・6・21
勤2年 (初/令2)

厚生労働大臣政務官、厚労委、党青年局・女性局次長、静岡県議、静岡市議、衆院議員秘書、信州大学/45歳

〒424-0817 静岡市清水区銀座14-17 ☎054(361)0615
〒107-0052 港区赤坂2-17-10、宿舎

静岡県5区 458,636 ㊣54.39

三島市、富士市(第4区に属しない区域)、御殿場市、裾野市、伊豆の国市(本庁管内)、田方郡、駿東郡(小山町)

当127,580 細野豪志 無前(51.8)
比当61,337 吉川　赳 自前(24.9)
51,965 小野範和 立新(21.1)
5,350 千田　光 諸新(2.2)

ほその ごうし
細野豪志

自前[二] 当8
滋賀県 S46・8・21
勤21年10ヵ月 (初/平12)

安保委、復興特委、憲法審委、民主党政調会長、党幹事長、環境大臣、原発事故収束・再発防止担当大臣、内閣府特命担当大臣(原子力行政)、京大法/50歳

〒411-0847 三島市西本町4-6
コーア三島ビル2F ☎055(991)1269

㊥略歴 静岡

静岡県6区 425,131 投53.77

当104,178 勝俣孝明 自前(46.1)
比当99,758 渡辺　周 立前(44.1)
比22,086 山下洸棋 維新(9.8)

沼津市、熱海市、伊東市、下田市、伊豆市、伊豆の国市(第5区に属しない区域)、賀茂郡、駿東郡(清水町、長泉町)

かつまた たかあき
勝俣孝明
自前[二] 当4
静岡県沼津市 S51・4・7
勤9年4ヵ月 (初/平24)

党政調副会長、原子力特委、環境委理、消費者特委理、環境大臣政務官、スルガ銀行、財団法人企業経営研究所、学習院大、慶大院修了／45歳

〒410-0062 静岡県沼津市宮前町13-3 ☎055(922)5526

静岡県7区 328,735 投58.72

当130,024 城内　実 自前(68.2)
比60,726 日吉雄太 立前(31.8)

浜松市(中区の一部(P175参照)、西区、南区の一部(P175参照)、北区、浜北区、天竜区(第3区に属しない区域))、湖西市

きうち みのる
城内　実
自前[無] 当6
静岡県浜松市 S40・4・19
勤14年6ヵ月 (初/平15)

外務委長、党国対副委員長、環境副大臣、党経産部会長、拉致特委長、外務副大臣、外務省、東大教養国際関係論／56歳

〒433-8112 浜松市北区初生町1288-1 ☎053(430)5789

静岡県8区 367,189 投56.47

当114,210 源馬謙太郎 立前(55.8)
比当90,408 塩谷　立 自前(44.2)

浜松市(中区(第7区に属しない区域)、東区、南区(第7区に属しない区域))

げんま けんたろう
源馬謙太郎
立前 当2
静岡県浜松市 S47・12・21
勤4年6ヵ月 (初/平29)

環境委理事、予算委、党副幹事長、国際局長、静岡県議会議員、松下政経塾、成蹊大、American University大学院／49歳

〒430-0852 浜松市中区領家1-1-16 ☎053(464)0755

愛知県1区 400,338 投49.49

当94,107 熊田裕通 自前(48.8)
比当91,707 吉田統彦 立前(47.6)
6,988 門田節代 N新(3.6)

名古屋市(東区、北区、西区、中区)

くまだ ひろみち
熊田裕通
自前[無] 当4
愛知県名古屋市 S39・8・28
勤9年4ヵ月 (初/平24)

党法務部会長代理、安保調査会事務局長、総務副大臣、防衛大臣政務官、党国対副委員長、県議、総理秘書、神奈川大法／57歳

〒451-0061 名古屋市西区浄心1-1-41浄心ステーションビル北館102 ☎052(521)1144
〒107-0052 港区赤坂2-17-10、宿舎

愛知県2区 404,436 [投]53.44

当131,397 古川元久 国新(62.3)
比当79,418 中川貴元 自新(37.7)

名古屋市(千種区、守山区、名東区)

ふるかわもとひさ
古川元久
国前 当9
愛知県名古屋市 S40・12・6
勤25年7ヵ月 (初/平8)

党国対委員長、政治・行革推進本部長、国交委、災害特委、内閣委長、国家戦略担当大臣、官房副長官、大蔵省、米国コロンビア大学院留学、東大/56歳

〒464-0075 名古屋市千種区内山3-8-16 トキワビル2F ☎052(733)8401
〒107-0052 港区赤坂2-17-10、宿舎

愛知県3区 417,728 [投]54.22

当121,400 近藤昭一 立前(55.0)
比当99,489 池田佳隆 自前(45.0)

名古屋市(昭和区、緑区、天白区)

こんどうしょういち
近藤昭一
立前 当9
愛知県名古屋市 S33・5・26
勤25年7ヵ月 (初/平8)

環境委、憲法審委、党企業・団体交流委員会顧問、党副代表・選対委員長、環境副大臣、総務委員長、中日新聞社員、上智大/63歳

〒468-0058 名古屋市天白区植田西3-1207 ☎052(808)1181
〒100-8982 千代田区永田町2-1-2、会館 ☎03(3508)7402

愛知県4区 372,310 [投]48.95

当78,004 工藤彰三 自前(43.7)
比当72,786 牧 義夫 立前(40.8)
比27,640 中田千代 維新(15.5)

名古屋市(瑞穂区、熱田区、港区、南区)

くどうしょうぞう
工藤彰三
自前[麻] 当4
愛知県 S39・12・8
勤9年4ヵ月 (初/平24)

党内閣第一部会長、内閣委理、決算行監委、災害特委、国土交通政務官、名古屋市議、議員秘書、中央大商/57歳

〒456-0052 名古屋市熱田区二番2-2-24 ☎052(651)9591
〒107-0052 港区赤坂2-17-10、宿舎

愛知県5区 432,024 [投]48.63

当84,320 神田憲次 自前(41.2)
比74,995 西川厚志 立新(36.6)
比当45,540 岬 麻紀 維新(22.2)

名古屋市(中村区、中川区)、清須市、北名古屋市、西春日井郡

かんだけんじ
神田憲次
自前[安] 当4
大分県 S38・2・19
勤9年4ヵ月 (初/平24)

財金委、文科委、原子力特委理、党財金部会長代理、金融調査会事務局長、内閣府大臣政務官、中京大院、愛知学院大院/59歳

〒453-0021 名古屋市中村区松原町5-64-2 ☎052(462)9872
〒107-0052 港区赤坂2-17-10、宿舎

愛知県6区 435,949 投54.83

瀬戸市の一部(P175参照)、春日井市、犬山市、小牧市

当136,168	丹羽秀樹	自前	(58.3)
比76,912	松田　功	立前	(33.0)
20,299	内田　謙	共新	(8.7)

丹羽秀樹（にわ ひでき）

自前[麻]　当6
愛知県　S47・12・20
勤14年11ヵ月　(初/平17)

党国対副委員長、議運委理事、文部科学副大臣兼内閣府副大臣、党広報戦略局長、厚労委員長、党副幹事長、玉川大／49歳

〒486-0855　春日井市関田町2-149　☎0568(87)6226
〒107-0052　港区赤坂2-17-10、宿舎

愛知県7区 455,656 投59.54

瀬戸市(第6区に属しない区域)、大府市、尾張旭市、豊明市、日進市、長久手市、愛知郡

当144,725	鈴木淳司	自前	(54.7)
比88,914	森本和義	立元	(33.6)
30,956	須山初美	共新	(11.7)

鈴木淳司（すずき じゅんじ）

自前[安]　当6
愛知県瀬戸市　S33・4・7
勤15年1ヵ月　(初/平15)

党報道局長、経産委、原子力特委筆頭理事、元総務・経産副大臣、法務委員長、瀬戸市議、早大／63歳

〒489-0929　瀬戸市西長根町83 Kインタービル2F　☎0561(89)3611
〒100-8981　千代田区永田町2-2-1、会館　☎03(3508)7264

愛知県8区 437,645 投56.53

半田市、常滑市、東海市、知多市、知多郡

当121,714	伊藤忠彦	自前	(50.2)
比当120,649	伴野　豊	立元	(49.8)

伊藤忠彦（いとう ただひこ）

自前[二]　当5
愛知県　S39・7・11
勤13年3ヵ月　(初/平17)

震災復興特委長、国土交通委理事、前国交部会長、前環境副大臣、県議、電通、早大法／57歳

〒478-0021　知多市岡田字向田61　☎0562(55)5508
〒100-8982　千代田区永田町2-1-2、会館　☎03(3508)7003

愛知県9区 432,760 投53.98

一宮市(本庁管内(P175参照))、津島市、稲沢市、愛西市、弥富市、あま市、海部郡

当120,213	長坂康正	自新	(52.7)
比107,722	岡本充功	立前	(47.3)

長坂康正（ながさか やすまさ）

自前[麻]　当4
愛知県　S32・4・10
勤9年4ヵ月　(初/平24)

経産委理、経産副大臣兼内閣府副大臣、内閣府政務官兼復興政務官、県連幹事長、県議6期、内閣総理大臣秘書、内閣官房調査員、青山学院大学経済学部／64歳

〒496-0044　津島市立込町3-26-2　☎0567(26)3339
〒100-8981　千代田区永田町2-2-1、会館　☎03(3508)7043

愛知県10区 436,560 ㊚54.49

当81,107 江崎鉄磨 自前(35.0)
比当62,601 杉本和巳 維前(27.0)
比53,375 藤原規真 立新(23.0)
比20,989 安井美沙子 れ新(9.1)
13,605 板倉正文 共新(5.9)

一宮市(第9区に属しない区域)、江南市、岩倉市、丹羽郡

えさきてつま
江 﨑 鐵 磨 自前[二] 当8
愛知県 S18・9・17
勤22年1ヵ月 (初/平5)

党総務会長代理、元内閣府特命大臣(沖北・消費者等担当)、法務・消費者各委員長、国土交通副大臣、外務総括次官、立教大/78歳

〒491-0002 一宮市時之島字下奈良西2 ☎0586(77)8555
〒107-0052 港区赤坂2-17-10、宿舎 ☎03(5563)9732

愛知県11区 383,834 ㊚62.80

当158,018 八木哲也 自前(69.1)
36,788 本多信弘 共新(16.1)
33,990 梅村忠司 無新(14.9)

豊田市(旭・足助・小原・上郷・挙母・猿投・下山・高岡・高橋・藤岡・松平地域自治区)、みよし市

やぎてつや
八 木 哲 也 自前[無] 当4
愛知県豊田市 S22・8・10
勤9年4ヵ月 (初/平24)

党国対副委員長、財金委、法務委、復興特委、党経産副部会長、党副幹事長、環境大臣政務官、豊田市議長、中大理工/74歳

〒471-0868 豊田市神田町1-5-9 ☎0565(32)0048
〒107-0052 港区赤坂2-17-10、宿舎

愛知県12区 444,780 ㊚61.97

当142,536 重徳和彦 立前(52.7)
比当128,083 青山周平 自前(47.3)

岡崎市、西尾市

しげとくかずひこ
重 徳 和 彦 立前 当4
愛知県 S45・12・21
勤9年4ヵ月 (初/平24)

党政調筆頭副会長、党外交・安保・主権調査会会長代理、予算委理、政倫審委、総務省課長補佐、コロンビア大公共経営学修士、東大法/51歳

〒444-0858 岡崎市上六名3-13-13 浅井ビル3F西 ☎0564(51)1192
〒107-0052 港区赤坂2-17-10、宿舎

愛知県13区 422,731 ㊚61.56

当134,033 大西健介 立前(52.7)
比当120,203 石井 拓 自新(47.3)

碧南市、刈谷市、安城市、知立市、高浜市

おおにしけんすけ
大 西 健 介 立前 当5
奈良県 S46・4・13
勤12年8ヵ月 (初/平21)

消費者特委、懲罰委、党選挙対策委員長、元議員秘書、元外交官、元参院職員、京大法/50歳

〒446-0074 安城市井杭山町高見8-7-2F ☎0566(70)7122
〒100-8981 千代田区永田町2-2-1、会館 ☎03(3508)7108

愛知県14区 296,452 投62.26

豊川市、豊田市(第11区に属しない区域)、蒲郡市、新城市、額田郡、北設楽郡

当114,160 今枝宗一郎 自前(63.0)
比59,462 田中克典 立新(32.8)
7,689 野沢康幸 共新(4.2)

いまえだそういちろう
今枝宗一郎
自前[麻] 当4
愛知県 S59・2・18
勤9年4ヵ月 (初/平24)

党内閣第二部会長代理、予算委理事、厚労委理事、党青年局青年部長、財務大臣政務官、医師、名大医学部/38歳

〒442-0031 豊川市豊川西町64 ☎0533(89)9010
〒100-8981 千代田区永田町2-2-1、会館 ☎03(3508)7080

愛知県15区 348,761 投58.10

豊橋市、田原市

当104,204 根本幸典 自前(52.4)
比80,776 関 健一郎 立前(40.6)
比13,832 菅谷 竜 れ新(7.0)

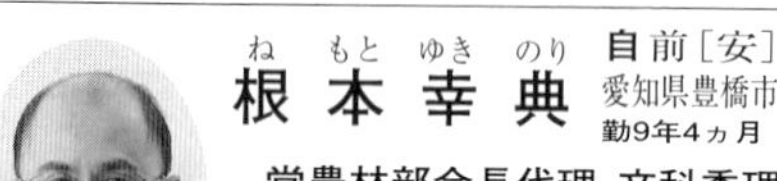

ねもとゆきのり
根本幸典
自前[安] 当4
愛知県豊橋市 S40・2・21
勤9年4ヵ月 (初/平24)

党農林部会長代理、文科委理、国交委、災害特委理、国土交通政務官兼内閣府政務官、豊橋市議(2期)、一橋大経済/57歳

〒441-8032 豊橋市花中町63 ☎0532(35)0261
〒107-0052 港区赤坂2-17-10、宿舎

三重県1区 359,419 投54.88

津市、松阪市

当122,772 田村憲久 自前(63.1)
比64,507 松田直久 立元(33.1)
比7,329 山田いずみ N新(3.8)

たむらのりひさ
田村憲久
自前[無] 当9
三重県松阪市 S39・12・15
勤25年7ヵ月 (初/平8)

衆院情報監視審査会幹事、元厚労大臣(2回)、元党政調会長代理、元総務副大臣、全国保育議連会長、千葉大/57歳

〒514-0053 津市博多町5-63 ☎059(253)2883
〒107-0052 港区赤坂2-17-10、宿舎 ☎03(3508)7163

三重県2区 408,281 投54.86

四日市市(日永・四郷・内部・塩浜・小山田・河原田・水沢・楠地区市民センター管内)、鈴鹿市、名張市、亀山市、伊賀市

当110,155 川崎秀人 自新(50.2)
比当109,165 中川正春 立前(49.8)

かわさき
川崎ひでと
自新[無] 当1
三重県伊賀市 S56・11・4
勤5ヵ月 (初/令3)

総務委、厚労委、党青年局次長、衆議院議員秘書、(株)NTTドコモ、法政大/40歳

〒518-0832 伊賀市上野車坂町821 ☎0595(21)3249
〒107-0052 港区赤坂2-17-10、宿舎 ☎03(5549)4671

三重県3区 414,312 投55.31

当144,688 岡田克也 立前(64.1)
比当81,209 石原正敬 自新(35.9)

四日市市(富洲原・富田・羽津・常磐・川島・神前・桜・三重・県・八郷・下野・大矢知・保々・海蔵・橋北・中部地区市民センター管内)、桑名市、いなべ市、桑名郡、員弁郡、三重郡

岡田克也（おかだかつや）

立前 当11
三重県四日市市 S28・7・14
勤32年3ヵ月 (初/平2)

外務委、政倫審幹事、立憲民主党常任顧問、元「無所属の会」代表、民進党・民主党代表、副総理、外相、東大法／68歳

〒510-8121 三重郡川越町高松30-1 ☎059(361)6633
〒100-8981 千代田区永田町2-2-1、会館 ☎03(3508)7109

三重県4区 297,008 投60.76

当128,753 鈴木英敬 自新(72.4)
比41,311 坊農秀治 立新(23.2)
7,882 中川民英 共新(4.4)

伊勢市、尾鷲市、鳥羽市、熊野市、志摩市、多気郡、度会郡、北牟婁郡、南牟婁郡

鈴木英敬（すずきえいけい）

自新[安] 当1
兵庫県 S49・8・15
勤5ヵ月 (初/令3)

厚労委、内閣委、党新型コロナ対策本部長補佐、党デジタル社会推進本部幹事長代理、前三重県知事(3期)、経産省、東大／47歳

〒516-0074 伊勢市本町4-8 サンフォレストビル ☎0596(22)7331
〒100-8981 千代田区永田町2-2-1、会館 ☎03(3508)7269

比例代表 東海 21人

岐阜、静岡、愛知、三重

青山周平（あおやましゅうへい）

自前[安] 当4(初/平24)
愛知県岡崎市 S52・4・28
勤8年 〈愛知12区〉

党国対副委員長、予算委、文科委、災害特委、安保委、党青年局次長、幼教委次長、ラグビー少年団指導員、幼稚園園長、法政大／44歳

〒444-0038 岡崎市伝馬通5-63-1 ☎0564(25)2345
〒106-0032 港区六本木7-1-3、宿舎

石井拓（いしいたく）

自新[安] 当1(初/令3)
愛知県碧南市 S40・4・11
勤5ヵ月 〈愛知13区〉

財金委、経産委、科技特委、党環境関係団体委・農水関係団体委各副委員長、国対委、愛知県議、碧南市議、立命館大学法学部／56歳

〒447-0877 愛知県碧南市栄町4-82-102 ☎0566(48)2920
〒107-0052 港区赤坂2-17-10、宿舎

みや　ざわ　ひろ　ゆき
宮澤博行
自 前［安］ 当4(初/平24)
静岡県磐田郡龍山村 S50・1・10
勤9年4ヵ月 〈静岡3区〉

党国防部会長、安保委理事、環境委、原子力特委、防衛兼内閣府大臣政務官、党経産副部会長、磐田市議3期、東大法／47歳

〒438-0086 磐田市見付5738-13 ☎0538(30)7701
〒100-8981 千代田区永田町2-2-1、会館 ☎03(3581)5111 内51021

いけ　だ　よし　たか
池田佳隆
自 前［安］ 当4(初/平24)
愛知県 S41・6・20
勤9年4ヵ月 〈愛知3区〉

文部科学副大臣兼内閣府副大臣、文科委理、拉致特委理、党文部科学部会長代理、日本JC会頭、慶大院／55歳

〒468-0037 名古屋市天白区天白町野並上大塚124-1 ☎052(838)6381
〒100-8982 千代田区永田町2-1-2、会館 ☎03(3508)7616

しお　のや　りゅう
塩谷　立
自 前［安］ 当10(初/平2)
静岡県浜松市 S25・2・18
勤26年4ヵ月 〈静岡8区〉

党財務委員長、党雇用問題調査会長、安保委、党選対委長、党総務会長、文科大臣、内閣官房副長官、国交委長、文科副大臣、総務政務次官、慶大／72歳

〒430-0928 浜松市中区板屋町605 ☎053(455)3711
〒107-0052 港区赤坂2-17-10、宿舎

なか　がわ　たか　もと
中川貴元
自 新［麻］ 当1(初/令3)
愛知県あま市 S42・2・25
勤5ヵ月 〈愛知2区〉

財金委、経産委、消費者特委、党国対委、名古屋市議、名古屋市会議長、指定都市議長会会長、早大／55歳

〒464-0848 名古屋市千種区春岡1-4-8 805号 ☎052(752)6255
〒107-0052 港区赤坂2-17-10、宿舎

いし　はら　まさ　たか
石原正敬
自 新［無］ 当1
三重県菰野町 S46・11・29
勤5ヵ月 〈三重3区〉

議運委、財金委、環境委、倫選特委、党中小企業小規模事業者政策調査会幹事、法務自治・農水団体副委長、菰野町長、名古屋大院／50歳

〒510-1226 三重郡菰野町吉澤441-1 ☎059(394)6533

よし　かわ　たける
吉川　赳
自 前［岸］ 当3(初/平24)
静岡県 S57・4・7
勤5年1ヵ月 〈静岡5区〉

党経済産業副部会長、党労働関係団体委員長、内閣府大臣政務官兼復興大臣政務官、医療法人役員、国会議員秘書、日大院博士前期課程修了／39歳

〒416-0923 静岡県富士市横割本町16-1 ☎0545(62)3020
〒107-0052 港区赤坂2-17-10、宿舎

やま もと さ こん
山本左近
自新[麻] 当1
愛知県 S57・7・9
勤5ヵ月 (初/令3)

党国対委、青年局次長、厚労委、経産委、復興特委、科技特委、元F1ドライバー、医療法人・社会福祉法人理事、南山大学中退/39歳

〒440-0034 豊橋市豊岡町129 豊岡ビル2F ☎0532(21)7008

ばん の ゆたか
伴野 豊
立元 当6(初/平12)
愛知県東海市 S36・1・1
勤15年9ヵ月 **〈愛知8区〉**

財金委、原子力特委理、外務副大臣、国土交通副大臣、国土交通委員長、立憲民主党愛知県第8区総支部長、名古屋工業大学大学院修了/61歳

〒475-0836 半田市青山2-19-8 アンビシャス青山1F ☎0569(25)1888
〒107-0052 港区赤坂2-17-10、宿舎 ☎03(5549)4671

なか がわ まさ はる
中川正春
立前 当9(初/平8)
三重県 S25・6・10
勤25年7ヵ月 **〈三重2区〉**

財金委、憲法審委、党憲法調査会長、防災担当大臣、文部科学大臣、党外交・安保調査会長、NC財務大臣、三重県議、米ジョージタウン大/71歳

〒513-0801 鈴鹿市神戸7-1-5 ☎059(381)3513
〒100-8981 千代田区永田町2-2-1、会館 ☎03(3508)7128

よし だ つね ひこ
吉田統彦
立前 当3(初/平21)
愛知県名古屋市 S49・11・14
勤7年10ヵ月 **〈愛知1区〉**

厚労委、消費者特委理、党消費者部会長、党愛知県連副代表、医師・医博、愛知学院大歯学部眼科客員教授、名大、名大院修了/47歳

〒462-0810 名古屋市北区山田1-10-8 ☎052(508)8412

わた なべ しゅう
渡辺 周
立前 当9(初/平8)
静岡県沼津市 S36・12・11
勤25年7ヵ月 **〈静岡6区〉**

国交委、拉致特委理、党静岡県連代表、党幹事長代行、元総務・防衛副大臣、領土議連事務局長、拉致議連会長代行、早大/60歳

〒410-0888 沼津市末広町54 ☎055(951)1949

まき よし お
牧 義夫
立前 当7(初/平12)
愛知県名古屋市 S33・1・14
勤19年10ヵ月 **〈愛知4区〉**

文科委理、党文部科学副部会長、衆議院議員秘書、専門紙記者、元厚生労働副大臣、上智大中退/64歳

〒456-0031 名古屋市熱田区神宮2-9-12 ☎052(681)0440
〒100-8981 千代田区永田町2-2-1、会館 ☎03(3508)7628

おおぐち よしのり
大口善徳
公前 当9
大阪府大阪市 S30・9・5
勤25年5ヵ月 （初/平5）

党政務調査会長代理、党中央幹事会会長代理、党静岡県本部長、党中部方面副本部長、党東海道方面本部長、法務委理、災害特委理、情監審委、裁判官訴追委、厚労副大臣、弁護士、創価大／66歳

〒420-0067 静岡市葵区幸町11-1 1F ☎054(273)8739
〒107-0052 港区赤坂2-17-10、宿舎

いとう わたる
伊藤 渉
公前 当5
愛知県名古屋市 S44・11・13
勤13年3ヵ月 （初/平17）

党中央幹事、党政調会長代理、党中部方面本部長、党愛知県本部代表、財務副大臣、厚生労働大臣政務官、JR東海、防災士、阪大院／52歳

〒457-0053 名古屋市南区本城町3-5-1
プラザ本城1-D ☎052(823)9105
〒100-8981 千代田区永田町2-2-1、会館 ☎03(3508)7187

なかがわ やすひろ
中川康洋
公元 当2
三重県四日市市 S43・2・12
勤3年3ヵ月 （初/平26）

環境大臣政務官、党中央幹事、党三重県本部代表、三重県議、四日市市議、衆院議員秘書、参院議員秘書、創価大／54歳

〒510-0822 四日市市芝田1-10-29
新栄ビル ☎059(340)5341

すぎもと かずみ
杉本和巳
維前 当4(初/平21)
東京都 S35・9・17
勤9年10ヵ月 〈愛知10区〉

党代議士会長、外務委理事、元銀行員、英オックスフォード大院・米ハーバード大院修了、早大政経／61歳

〒491-0873 一宮市せんい4-5-1 ☎0586(75)5507
〒100-8981 千代田区永田町2-2-1、会館 ☎03(3508)7266

みさき まき
岬 麻紀
維新 当1(初/令3)
愛知県名古屋市 S43・12・26
勤5ヵ月 〈愛知5区〉

文部科学委、国家基本委、科学技術特委、フリーアナウンサー、愛知大学(中退)、早大eスクール在学中／53歳

〒481-0041 北名古屋市九之坪東町42-1 ☎0568(65)8777

もとむら のぶこ
本村伸子
共前 当3
愛知県豊田市 S47・10・20
勤7年4ヵ月 （初/平26）

党幹部会委員、党中央委員、法務委、消費者特委、八田ひろ子参院議員秘書、県立刈谷高、龍谷大院修士課程修了／49歳

〒460-0007 名古屋市中区新栄3-12-25 ☎052(264)0833
〒107-0052 港区赤坂2-17-10、宿舎

たなか　けん
田中　健　国新　静岡県　勤5ヵ月　当1(初/令3)　S52・7・18　〈静岡4区〉

党国対副委員長、党税調副事務局長、党静岡県連常任幹事、厚労委、消費者特委、東京都議、大田区議、銀行員、青学大／44歳

〒424-0872　静岡市清水区平川地6-50　☎054(340)5256

比例代表　東海　21人　有効投票数 6,728,400票

政党名	当選者数	得票数	得票率
	惜敗率 小選挙区		惜敗率 小選挙区

自民党　9人　2,515,841票　37.39%

当①青山　周平 前(89.86)愛12
当①石井　拓 新(89.68)愛13
当①宮沢　博行 前(89.61)静3
当①池田　佳隆 前(81.95)愛3
当①塩谷　立 前(79.16)静8
当①中川　貴元 新(60.44)愛2
当①石原　正敬 新(56.13)三3
当①吉川　赳 前(48.08)静5
当㉛山本　左近 新
㉜木造　燿子 新
㉝森　由紀子 新
㉞松本　忠真 新
㉟岡本　康宏 新
【小選挙区での当選者】
①野田　聖子 前　岐1
①棚橋　泰文 前　岐2
①武藤　容治 前　岐3
①金子　俊平 前　岐4
①古屋　圭司 前　岐5
①上川　陽子 前　静1
①井林　辰憲 前　静2
①深沢　陽一 前　静4
①勝俣　孝明 前　静6
①城内　実 前　静7
①熊田　裕通 前　愛1
①工藤　彰三 前　愛4
①神田　憲次 前　愛5
①丹羽　秀樹 前　愛6
①鈴木　淳司 前　愛7
①伊藤　忠彦 前　愛8
①長坂　康正 前　愛9
①今枝宗一郎 前　愛14
①根本　幸典 前　愛15
①田村　憲久 前　三1
①川崎　秀人 新　三2
①鈴木　英敬 新　三4

立憲民主党　5人　1,485,947票　22.08%

当①伴野　豊 元(99.12)愛8
当①中川　正春 前(99.10)三2
当①吉田　統彦 前(97.45)愛1
当①渡辺　周 前(95.76)静6
当①牧　義夫 前(93.31)愛4
①岡本　充功 前(89.61)愛9
①西川　厚志 新(88.94)愛5
①今井　瑠々 新(83.53)岐5
①今井　雅人 前(82.42)岐4
①関　健一郎 前(77.52)愛15
①阪口　直人 元(70.73)岐3
①藤原　規真 新(65.81)愛10
①森本　和義 元(61.44)愛7
①松田　功 前(56.48)愛6
①福村　隆 新(54.19)静2
①遠藤　行洋 新(52.98)静1
①松田　直久 元(52.54)三1
①田中　克典 新(52.09)愛14
①川本　慧佑 新(46.85)岐1
①日吉　雄太 前(46.70)静7
①小野　範和 新(40.73)静5
①坊農　秀治 新(32.09)三4
㉘芳野　正英 新
㉙大島　もえ 新
【小選挙区での当選者】
①小山　展弘 元　静3
①源馬謙太郎 前　静8
①近藤　昭一 前　愛3
①重徳　和彦 前　愛12
①大西　健介 前　愛13

公明党　3人　784,976票　11.67%

当①大口　善徳 前
当②伊藤　渉 前
当③中川　康洋 元
④国森　光信 新
⑤越野　優一 新

日本維新の会　2人　694,630票　10.32%

当①杉本　和巳 前(77.18) 愛10
当①岬　麻紀 新(54.01) 愛5
①中田　千代 新(35.43) 愛4
①中村　憲一 新(29.04) 静4
▼①山下　洸棋 新(21.20) 静6
▼①青山　雅幸 前(17.34) 静1
▼①佐伯　哲也 新(12.78) 岐4
▼①山田　良司 元(12.08) 岐5

共産党　1人　408,606票　6.07%

当①本村　伸子 前
②島津　幸広 元
③長内　史子 新

国民民主党　1人　382,733票　5.69%

当①田中　健 新(58.59) 静4
①大谷由里子 新(36.94) 岐2
①高橋　美穂 元(20.69) 静1

【小選挙区での当選者】
①古川　元久 前　愛2

▼は小選挙区の得票が有効投票総数の10分の1未満で、復活当選の資格がない者

その他の政党の得票数・得票率は下記のとおりです。
(当選者はいません)

政党名	得票数	得票率
れいわ新選組	273,208票	4.06%
NHKと裁判してる党弁護士法72条違反で	98,238票	1.46%
社民党	84,220票	1.25%

㊥略歴　比例東海・滋賀

滋賀県1区　324,354　㊞58.90

大津市、高島市

当97,482　大岡敏孝　自前(52.2)
比当84,106　斎藤アレックス　国新(45.1)
比5,092　日高千穂　N新(2.7)

大岡敏孝（おおおかとしたか）
自前[二]　当4
滋賀県　S47・4・16
勤9年4ヵ月　(初/平24)

環境副大臣、財務大臣政務官、静岡県議、浜松市議、中小企業診断士、スズキ(株)、早大政治経済学部／49歳

〒520-0026　大津市桜野町1-1-6 西大津IS II 203　☎077(572)7770
〒106-0032　港区六本木7-1-3、宿舎

滋賀県2区　263,110　㊞56.93

彦根市、長浜市、東近江市(愛東・湖東支所管内)、米原市、愛知郡、犬上郡

当83,502　上野賢一郎　自前(56.6)
比64,119　田島一成　立元(43.4)

上野賢一郎（うえのけんいちろう）
自前[森]　当5
滋賀県長浜市　S40・8・3
勤13年3ヵ月　(初/平17)

内閣委員長、党副幹事長、財務副大臣、党経産部会長、党財金部会長、国交政務官、税調幹事、総務省、京大法／56歳

〒526-0847　滋賀県長浜市山階町450-1　☎0749(63)9977
〒100-8981　千代田区永田町2-2-1、会館　☎03(3508)7004

滋賀県3区 274,521 投57.43

草津市、守山市、栗東市、野洲市

当81,888 武村展英 自前(52.8)
比41,593 直山　仁 維新(26.8)
20,423 佐藤耕平 共新(13.2)
比11,227 高井崇志 れ前(7.2)

たけむらのぶひで
武村展英 自前[無] 当4
滋賀県草津市 S47・1・21
勤9年4ヵ月 (初/平24)

党総務部会長代理、党県連会長、決算行監委理、消費者特委、総務委、環境委、内閣府政務官、公認会計士、新日本監査法人、慶大／50歳

〒525-0025 草津市西渋川1-4-6
MAEDA第二ビル1F ☎077(566)5345
〒107-0052 港区赤坂2-17-10、宿舎 ☎03(5549)4671

滋賀県4区 291,102 投55.83

近江八幡市、甲賀市、湖南市、東近江市(第2区に属しない区域)、蒲生郡

当86,762 小寺裕雄 自前(54.6)
比当72,116 徳永久志 立新(45.4)

こてらひろお
小寺裕雄 自前[二] 当2
滋賀県東近江市 S35・9・18
勤4年6ヵ月 (初/平29)

内閣府大臣政務官、党農林副部会長、会社役員、滋賀県議会副議長、八日市青年会議所理事長、同志社大／61歳

〒527-0032 東近江市春日町3-1 ☎0748(22)5001
〒106-0032 港区六本木7-1-3、宿舎

京都府1区 390,373 投55.90

京都市(北区、上京区、中京区、下京区、南区)

当86,238 勝目　康 自新(40.4)
比当65,201 穀田恵二 共前(30.5)
比当62,007 堀場幸子 維新(29.1)

かつめやすし
勝目　康 自新[無] 当1
京都府 S49・5・17
勤5ヵ月 (初/令3)

党京都府第一選挙区支部長、総務省室長、京都府総務部長、内閣官房副長官秘書官、在仏大使館書記官、東大法／47歳

〒600-8008 京都市下京区四条通東洞院角
フコク生命ビル3F ☎075(211)1889

京都府2区 264,808 投57.14

京都市(左京区、東山区、山科区)

当72,516 前原誠司 国前(48.9)
43,291 繁本　護 自前(29.2)
25,260 地坂拓晃 共新(17.0)
7,263 中　辰哉 れ新(4.9)

まえはらせいじ
前原誠司 国前 当10
京都府京都市 S37・4・30
勤28年10ヵ月 (初/平5)

予算委、党代表代行兼選対委員長、民進党代表、外相、国交相、国家戦略担当相、民主党代表、府議、松下政経塾、京大法／59歳

〒606-8007 京都市左京区山端壱町田町8-46 ☎075(723)2751
〒100-8981 千代田区永田町2-2-1、会館

京都府3区 353,915 投53.52				
京都市(伏見区)、向日市、長岡京市、乙訓郡	当89,259	泉　健太	立前	(48.2)
	比61,674	木村弥生	自前	(33.3)
	比34,288	井上博明	維新	(18.5)

いずみ　けんた
泉　健太
立前　当8
北海道　S49・7・29
勤18年6ヵ月　(初/平15)

党代表、国家基本委、党政務調査会長、国民民主党国対委員長、内閣府政務官、議運筆頭理事、立命館大/47歳

〒612-8434　京都市伏見区深草加賀屋敷町3-6 ネクスト21Ⅱ1F　☎075(646)5566
〒100-8981　千代田区永田町2-2-1、会館　☎03(3508)7005

京都府4区 396,960 投56.21				
京都市(右京区、西京区)、亀岡市、南丹市、船井郡	当96,172	北神圭朗	無元	(44.2)
	比当80,775	田中英之	自前	(37.1)
	40,603	吉田幸一	共新	(18.7)

きたがみ　けいろう
北神圭朗
無元(有志)　当4
東京都　S42・2・1
勤9年2ヵ月　(初/平17)

農水委、憲法審委、首相補佐官、経済産業大臣政務官、内閣府大臣政務官、経産委筆頭理事、大蔵省、金融庁、京大法/55歳

〒615-0055　京都市右京区西院西田町23 日新ビル2F　☎075(315)3487

京都府5区 238,618 投59.49				
福知山市、舞鶴市、綾部市、宮津市、京丹後市、与謝郡	当68,693	本田太郎	自前	(49.4)
	比32,108	山本和嘉子	立前	(23.1)
	21,904	井上一徳	無前	(15.7)
	16,375	山内　健	共新	(11.8)

ほんだ　たろう
本田太郎
自前[無]　当2
京都府　S48・12・1
勤4年6ヵ月　(初/平29)

外務大臣政務官、外務委、弁護士、府議、東大法/48歳

〒629-2251　京都府宮津市須津413-41　☎0772(46)5033
〒100-8982　千代田区永田町2-1-2、会館　☎03(3508)7012

京都府6区 460,284 投56.81				
宇治市、城陽市、八幡市、京田辺市、木津川市、久世郡、綴喜郡、相楽郡	当116,111	山井和則	立前	(45.2)
	82,004	清水鴻一郎	自元	(32.0)
	比58,487	中嶋秀樹	維新	(22.8)

やまのい　かずのり
山井和則
立前　当8
京都府京都市　S37・1・6
勤21年10ヵ月　(初/平12)

厚労委理、党厚生労働部会長、懲罰委員長、党国対筆頭副委員長、民進党国対委長、厚労政務官、高齢社会研究所長、大学講師、松下政経塾、京大工院/60歳

〒610-0101　城陽市平川茶屋裏58-1　☎0774(54)0703
〒100-8981　千代田区永田町2-2-1、会館　☎03(3508)7240

大阪府１区 427,637 投53.27

大阪市(中央区、西区、港区、天王寺区、浪速区、東成区)

当110,120 井上英孝 維前(49.4)
比67,145 大西宏幸 自前(30.1)
比28,477 村上賀厚 立新(12.8)
17,194 竹内祥倫 共新(7.7)

いのうえ ひでたか
井上英孝
維前 当4
大阪府大阪市 S46・10・25
勤9年4ヵ月 (初/平24)

党会計監査人代表、国会議員団総務会長、懲罰委理事、大阪市議、近畿大／50歳

〒552-0011 大阪市港区南市岡1-7-24 1F ☎06(6581)0001
〒107-0052 港区赤坂2-17-10、宿舎 ☎03(5549)4671

大阪府２区 446,933 投56.98

大阪市(生野区、阿倍野区、東住吉区、平野区)

当120,913 守島 正 維新(48.5)
比80,937 左藤 章 自前(32.5)
比47,487 尾辻かな子 立前(19.0)

もりしま ただし
守島 正
維新 当1
大阪府 S56・7・15
勤5ヵ月 (初/令3)

大阪維新の会政調会長、法務委理事、地方創生特委理事、総務委、大阪市議3期、中小企業診断士、同志社大、大阪市大院／40歳

〒545-0011 大阪市阿倍野区昭和町2-1-26-6B
☎06(6195)4774

大阪府３区 367,518 投53.87

大阪市(大正区、住之江区、住吉区、西成区)

当79,507 佐藤茂樹 公前(44.7)
比41,737 萩原 仁 立元(23.4)
38,170 渡部 結 共新(21.4)
18,637 中条栄太郎 無新(10.5)

さとう しげき
佐藤茂樹
公前 当10
滋賀県 S34・6・8
勤25年10ヵ月 (初/平5)

党国会対策委員長、党関西方面副本部長、厚生労働副大臣、文部科学委員長、国土交通大臣政務官、京大／62歳

〒557-0041 大阪市西成区岸里3-1-29 ☎06(6653)3630
〒100-8981 千代田区永田町2-2-1、会館 ☎03(3508)7200

大阪府４区 408,256 投58.33

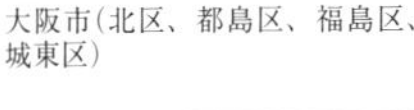

大阪市(北区、都島区、福島区、城東区)

当107,585 美延映夫 維前(46.1)
比72,835 中山泰秀 自前(31.2)
比28,254 吉田 治 立元(12.1)
比24,469 清水忠史 共前(10.5)

みのべ てるお
美延映夫
維前 当2
大阪府大阪市北区 S36・5・23
勤2年 (初/令2)

安保委理事、拉致特委理事、大阪市会議長、大阪維新の会市会議員団幹事長2期、大阪市監査委員、大阪市議、会社役員、神戸学院大／60歳

〒530-0043 大阪市北区天満1-6-6 井上ビル3F ☎06(6351)1258
〒100-8981 千代田区永田町2-2-1、会館 ☎03(3508)7194

大阪府5区 431,558 投52.98	当106,508	国重　徹	公前(53.1)
大阪市(此花区、西淀川区、淀川区、東淀川区)	比当48,248	宮本岳志	共元(24.1)
	比当34,202	大石晃子	れ新(17.1)
	11,458	籠池諄子	無新(5.7)

くに しげ　とおる
國重　徹
公前　当4
大阪府大阪市　S49・11・23
勤9年4ヵ月　(初/平24)

党内閣部会長、党国対筆頭副委員長、内閣委理、復興特委理、憲法審委、総務大臣政務官、弁護士、税理士、創価大/47歳

〒532-0023　大阪市淀川区十三東1-17-19 ファルコンビル5F　☎06(6885)6000
〒100-8982　千代田区永田町2-1-2、会館　☎03(3508)7405

大阪府6区 391,045 投54.27	当106,878	伊佐進一	公前(54.8)
大阪市(旭区、鶴見区)、守口市、門真市	比59,191	村上史好	立前(30.4)
	28,895	星　健太郎	無新(14.8)

い　さ　しん　いち
伊佐進一
公前　当4
大阪府　S49・12・10
勤9年4ヵ月　(初/平24)

党厚生労働部会長、厚労委理、予算委、消費者特委理、ジョンズホプキンス大院/47歳

〒570-0027　守口市桜町5-9-201　☎06(6992)8881

大阪府7区 382,714 投60.02	当102,486	奥下剛光	維新(45.3)
吹田市、摂津市	比71,592	渡嘉敷奈緒美	自前(31.7)
	比24,952	乃木涼介	立新(11.0)
	20,083	川添健真	共新(8.9)
	比6,927	西川弘城	れ新(3.1)

おく　した　たけ　みつ
奥下剛光
維新　当1
大阪府　S50・10・4
勤5ヵ月　(初/令3)

環境委、災害特委、党国対副委員長、元大阪市長・元大阪府知事秘書、元外務副大臣秘書、元内閣総理大臣宮澤喜一秘書、専修大学/46歳

〒564-0032　吹田市内本町2-6-13 アイワステーションビルⅡ号館　☎06(6381)7711

大阪府8区 337,105 投59.75	当105,073	漆間譲司	維新(53.2)
豊中市	比53,877	高麗啓一郎	自新(27.3)
	比38,458	松井博史	立新(19.5)

うる　ま　じょう　じ
漆間譲司
維新　当1
大阪府　S49・9・14
勤5ヵ月　(初/令3)

環境委理事、経産委、消費者特委理事、大阪府議3期、会社役員、銀行勤務、慶大商学部/47歳

〒561-0884　豊中市岡町北1-1-4 3F　☎06(6857)7770
〒107-0052　港区赤坂2-17-10、宿舎

大阪府9区 456,232 投59.08

池田市、茨木市、箕面市、豊能郡

当133,146	足立康史	維前	(50.3)
83,776	原田憲治	自前	(31.7)
比42,165	大椿裕子	社新	(15.9)
5,369	磯部和哉	無新	(2.0)

足立康史（あだち やすし） 維前 当4
大阪府 S40・10・14
勤9年4ヵ月 (初/平24)

党国会議員団政務調査会長、憲法調査会長、内閣委、予算委、憲法審委、元経済産業省大臣官房参事官、米コロンビア大院、京大院、京大工学部／56歳

〒567-0883 茨木市大手町9-26 吉川ビル3F ☎072(623)5834
〒107-0052 港区赤坂2-17-10、宿舎 ☎03(5549)4671

大阪府10区 320,990 投63.32

高槻市、三島郡

当80,932	池下　卓	維新	(40.3)
比66,943	辻元清美	立前	(33.4)
比52,843	大隈和英	自前	(26.3)

池下　卓（いけした たく） 維新 当1
大阪府高槻市 S50・4・10
勤5ヵ月 (初/令3)

厚労委理事、国土交通委、科技特委理事、党会計監査人、団学生局長、団コロナ対策PT座長、大阪府議、府健康福祉委員長、税理士、龍大院／46歳

〒569-1115 高槻市古曽部町2-18-30 グランツ葵1F ☎072(655)8921

大阪府11区 398,749 投60.57

枚方市、交野市

当105,746	中司　宏	維新	(44.7)
比70,568	佐藤ゆかり	自前	(29.8)
比60,281	平野博文	立前	(25.5)

中司　宏（なかつか ひろし） 維新 当1
大阪府枚方市 S31・3・11
勤5ヵ月 (初/令3)

総務委理事、議運委、党国対副委員長、政調副会長、枚方市長、大阪府議、関西広域連合議員、産経新聞記者、早大／65歳

〒573-0022 枚方市宮之阪1-22-10-101 ☎072(898)4567
〒107-0052 港区赤坂2-17-10、宿舎

大阪府12区 339,395 投55.00

寝屋川市、大東市、四條畷市

当94,003	藤田文武	維前	(51.2)
比59,304	北川晋平	自新	(32.3)
比17,730	宇都宮優子	立新	(9.7)
12,614	松尾正利	共新	(6.9)

藤田文武（ふじた ふみたけ） 維前 当2
大阪府寝屋川市 S55・12・27
勤3年 (初/平31)

党幹事長、経産委、会社役員、筑波大／41歳

〒572-0838 寝屋川市八坂町24-6 ロイヤルライフ八坂101 ☎072(830)2620
〒107-0052 港区赤坂2-17-10、宿舎

大阪府13区 400,235 投53.43

東大阪市

当101,857	岩谷良平	維新	(48.5)
比当85,321	宗清皇一	自前	(40.6)
22,982	神野淳一	共新	(10.9)

岩谷良平（いわたにりょうへい）

維新　当1
大阪府守口市　S55・6・7
勤5ヵ月　(初/令3)

予算委、安保委、党政調副会長、行政書士、元会社経営者、早大法卒、京産大院修了(法務博士)／41歳

〒577-0809　大阪府東大阪市永和1-25-14-2F
☎06(6732)4204

大阪府14区 421,826 投55.28

八尾市、柏原市、羽曳野市、藤井寺市

当126,307	青柳仁士	維新	(55.7)
比70,029	長尾　敬	自前	(30.9)
30,547	小松　久	共新	(13.5)

青柳仁士（あおやぎひとし）

維新　当1
埼玉県所沢市　S53・11・7
勤5ヵ月　(初/令3)

外務委、経済産業委、党政調会長代理、元国連職員、元国際協力機構職員、早大政治経済学部、米デューク大学修士／43歳

〒581-0081　八尾市南本町4-6-37　☎072(992)2459
〒100-8981　千代田区永田町2-2-1、会館　☎03(3508)7609

大阪府15区 390,415 投55.78

堺市(美原区)、富田林市、河内長野市、松原市、大阪狭山市、南河内郡

当114,861	浦野靖人	維前	(54.1)
比67,887	加納陽之助	自新	(32.0)
29,570	為　仁史	共新	(13.9)

浦野靖人（うらのやすと）

維前　当4
大阪府松原市　S48・4・4
勤9年4ヵ月　(初/平24)

党組織局長、国会議員団総務会長代行、予算委理事、倫選特委理事、政倫審幹事、保育士、聖和大学(現関西学院大学)／48歳

〒580-0044　松原市田井城1-1-18　☎072(330)6700
〒107-0052　港区赤坂2-17-10、宿舎

大阪府16区 326,278 投55.50

堺市(堺区、東区、北区)

当84,563	北側一雄	公前	(50.8)
比当72,571	森山浩行	立前	(43.6)
9,288	西脇京子	N新	(5.6)

北側一雄（きたがわかずお）

公前　当10
大阪府　S28・3・2
勤28年11ヵ月　(初/平2)

党副代表・中央幹事会会長、党関西方面本部長、党憲法調査会長、憲法審幹事、国交委、元国土交通大臣、弁護士、税理士、創価大学法学部／68歳

〒590-0957　堺市堺区中之町西1-1-10 堀ビル2F　☎072(221)2706
〒107-0052　港区赤坂2-17-10、宿舎　☎03(5549)4671

大阪府17区 330,263 投54.50

堺市(中区、西区、南区)

当94,398	馬場伸幸	維前	(53.6)
比56,061	岡下昌平	自前	(31.8)
25,660	森　流星	共新	(14.6)

ばば のぶゆき
馬場伸幸

維前　当4
大阪府　S40・1・27
勤9年4ヵ月　(初/平24)

党共同代表、国家基本委、憲法審幹事、元堺市議会議長、衆院議員中山太郎秘書、「大阪維新の会」副代表、鳳高校/57歳

〒593-8325 堺市西区鳳南町5-711-5　☎072(274)0771
〒107-0052 港区赤坂2-17-10、宿舎

大阪府18区 434,309 投52.91

岸和田市、泉大津市、和泉市、高石市、泉北郡

当118,421	遠藤　敬	維前	(53.0)
比61,597	神谷　昇	自前	(27.5)
比24,490	川戸康嗣	立新	(11.0)
19,075	望月亮佑	共新	(8.5)

えんどう たかし
遠藤　敬

維前　当4
大阪府　S43・6・6
勤9年4ヵ月　(初/平24)

党国対委員長、議運委理、(社)秋田犬保存会会長、日本青年会議所大阪ブロック協議会長、大産大附属高/53歳

〒592-0014 高石市綾園2-7-18 千代田ビル201号　☎072(266)8228
〒107-0052 港区赤坂2-17-10、宿舎

大阪府19区 304,908 投53.96

貝塚市、泉佐野市、泉南市、阪南市、泉南郡

当68,209	伊東信久	維元	(42.2)
比当52,052	谷川とむ	自前	(32.2)
比32,193	長安　豊	立元	(19.9)
9,258	北村みき	共新	(5.7)

いとう のぶひさ
伊東信久

維元　当3
大阪府大阪市　S39・1・4
勤5年3ヵ月　(初/平24)

決算行監委理事、原子力特委理事、医療法人理事長、大阪大学大学院招聘教授、神戸大学/58歳

〒598-0055 泉佐野市若宮町7-13 田端ビル4F　☎072(463)8777
〒107-0052 港区赤坂2-17-10、宿舎　☎03(5549)4671

兵庫県1区 393,494 投55.48

神戸市(東灘区、灘区、中央区)

当78,657	井坂信彦	立元	(36.9)
比当64,202	盛山正仁	自前	(30.1)
比当53,211	一谷勇一郎	維新	(25.0)
9,922	高橋進吾	無新	(4.7)
7,174	木原功仁哉	無新	(3.4)

いさか のぶひこ
井坂信彦

立元　当3
東京都　S49・3・27
勤5年3ヵ月　(初/平24)

議運理事、厚労委、消費者特委、党国対副委員長、党デジタルPT事務局長、行政書士、会社経営、神戸市議、京大/47歳

〒651-0085 神戸市中央区八幡通4-2-14 トロア神戸ビル4F　☎078(271)3705

兵庫県2区 385,611 投50.97

神戸市(兵庫区、北区、長田区)、西宮市(塩瀬・山口支所管内)

当99,455 赤羽一嘉 公前(54.2)
比61,884 船川治郎 立新(33.7)
22,124 宮野鶴生 共新(12.1)

赤羽一嘉（あかば かずよし） 公前 当9
東京都 S33・5・7
勤25年6ヵ月 (初/平5)

総務委員長、党幹事長代行、前国土交通大臣、経済産業委員長、経済産業副大臣(兼)内閣府副大臣、三井物産、慶大法学部／63歳

〒652-0803 神戸市兵庫区大開通2-3-6 メゾンユニベール203 ☎078(575)5139
〒107-0052 港区赤坂2-17-10、宿舎

兵庫県3区 315,484 投54.43

神戸市(須磨区、垂水区)

当68,957 関芳弘 自前(40.9)
比当59,537 和田有一朗 維新(35.4)
比22,765 佐藤泰樹 国前(13.5)
17,155 赤田勝紀 共新(10.2)

関芳弘（せき よしひろ） 自前[安] 当5
徳島県 S40・6・7
勤13年3ヵ月 (初/平17)

環境委員長、党副幹事長、経産副大臣、環境副大臣、三井住友銀行、関学大、英国国立ウェールズ大学院(MBA取得)／56歳

〒654-0026 神戸市須磨区大池町2-3-7 オルタンシア大池1F5号 ☎078(739)0904

兵庫県4区 421,086 投54.69

神戸市(西区)、西脇市、三木市、小野市、加西市、加東市、多可郡

当112,810 藤井比早之 自前(50.0)
比当59,143 赤木正幸 維新(26.2)
比53,476 今泉真緒 立新(23.7)

藤井比早之（ふじい ひさゆき） 自前[無] 当4
兵庫県西脇市 S46・9・11
勤9年4ヵ月 (初/平24)

党副幹事長、党デジタル社会推進本部幹事長、党食料産業政策委員会事務局長、内閣府副大臣、初代デジタル副大臣、初代ワクチン接種担当副大臣、国交大臣政務官、彦根市副市長、総務省、東大法／50歳

〒673-0404 兵庫県三木市大村530-1 ☎0794(81)1118
〒100-8981 千代田区永田町2-2-1、会館 ☎03(3508)7185

兵庫県5区 368,205 投61.59

豊岡市、川西市の一部(P175参照)、三田市、丹波篠山市、養父市、丹波市、朝来市、川辺郡、美方郡

当94,656 谷公一 自前(42.5)
比当65,714 遠藤良太 維新(29.5)
比62,414 梶原康弘 立元(28.0)

谷公一（たに こういち） 自前[二] 当7
兵庫県 S27・1・28
勤18年5ヵ月 (初/平15)

衆予算委筆頭理事、党政調会長代理、過疎特委長、復興加速化本部事務局長、地方創生実行統合本部副本部長、団体総局長、総務会副会長、衆国交委長、復興特委長、復興大臣補佐官、復興副大臣、国交政務官、明大／70歳

〒667-0024 養父市八鹿町朝倉49-1 ☎079(665)7070
〒107-0052 港区赤坂2-17-10、宿舎 ☎03(5549)4671

兵庫県6区 465,210 投55.58

伊丹市、宝塚市、川西市(第5区に属しない区域) (P175参照)

当89,571 市村浩一郎 維元(35.2)
比当87,502 大串正樹 自前(34.4)
比当77,347 桜井 周 立前(30.4)

いちむらこういちろう
市村浩一郎
維元 当4
福岡県福岡市 S39・7・16
勤9年6ヵ月 (初/平15)

党国対委員長代理、党国会議員団政調副会長、国土交通委理事、予算委、国土交通大臣政務官、松下政経塾、一橋大/57歳

〒665-0035 宝塚市逆瀬川2-6-2 ☎0797(71)1111
〒106-0032 港区六本木7-1-3、宿舎 ☎03(3408)4911

兵庫県7区 441,775 投58.38

西宮市(本庁管内、甲東・瓦木・鳴尾支所管内)、芦屋市

当95,140 山田賢司 自前(37.5)
比当93,610 三木圭恵 維元(36.9)
比64,817 安田真理 立新(25.6)

やまだけんじ
山田賢司
自前[麻] 当4
大阪府 S41・4・20
勤9年4ヵ月 (初/平24)

党国対副委員長、議運委(議事進行係)、外務大臣政務官、三井住友銀行、神戸大法/55歳

〒662-0998 西宮市産所町4-8 村井ビル205号室 ☎0798(22)0340
〒107-0052 港区赤坂2-17-10、宿舎 ☎03(5549)4671

兵庫県8区 386,254 投48.83

尼崎市

当100,313 中野洋昌 公前(58.8)
比45,403 小村 潤 共新(26.6)
比24,880 辻 恵 れ元(14.6)

なかのひろまさ
中野洋昌
公前 当4
京都府京都市 S53・1・4
勤9年4ヵ月 (初/平24)

党経産部会長、経産委理事、原子力特委理事、憲法審委、元経済産業・内閣府・復興大臣政務官、元国交省課長補佐、東大、米コロンビア大院修了/44歳

〒660-0052 尼崎市七松町3-17-20-201 ☎06(6415)0220

兵庫県9区 363,347 投53.23

明石市、洲本市、南あわじ市、淡路市

当141,973 西村康稔 自前(76.3)
44,172 福原由加利 共新(23.7)

にしむらやすとし
西村康稔
自前[安] 当7
兵庫県明石市 S37・10・15
勤18年5ヵ月 (初/平15)

党選対委員長代行、コロナ対策本部長、清和会事務総長、前経済再生・コロナ対策担当相、元官房副長官、東大法/59歳

〒673-0882 明石市相生町2-8-21 ドール明石201号 ☎078(919)2320
〒100-8981 千代田区永田町2-2-1、会館 ☎03(3508)7101

兵庫県10区 347,835 投51.55

加古川市、高砂市、加古郡

当79,061	渡海紀三朗	自前	(45.0)
比当57,874	掘井健智	維新	(32.9)
38,786	隠樹圭子	立新	(22.1)

渡海紀三朗（とかい きさぶろう）

自前［無］ 当10
兵庫県高砂市 S23・2・11
勤28年9ヵ月 (初/昭61)

国家基本政策委員長、党科学技術・イノベーション戦略調査会長、元文科相、決算行監委長、総理補佐官、党政調会長代理、早大建築／74歳

〒676-0082 高砂市曽根町2248 ☎079(447)4353
〒107-0052 港区赤坂2-17-10、宿舎

兵庫県11区 399,029 投48.39

姫路市の一部(P175参照)

当92,761	松本剛明	自前	(49.0)
比当78,082	住吉寛紀	維新	(41.3)
18,363	太田清幸	共新	(9.7)

松本剛明（まつもと たけあき）

自前［麻］ 当8
東京都 S34・4・25
勤21年10ヵ月 (初/平12)

党新資本主義本部、税調幹事、情報調査会、デジタル社会本部、国協調会長、情報調、憲法審、金融調、情監審委、党政調会長代理、外相、議運委長、外務委長、旧民主党政調会長、興銀、東大法／62歳

〒670-0972 姫路市手柄1-124 ☎079(282)5516
〒100-8981 千代田区永田町2-2-1、会館 ☎03(3508)7214

兵庫県12区 284,813 投58.90

姫路市(第11区に属しない区域)、相生市、赤穂市、宍粟市、たつの市、神崎郡、揖保郡、赤穂郡、佐用郡

当91,099	山口壮	自前	(55.6)
比当49,736	池畑浩太朗	維新	(30.3)
比23,137	酒井孝典	立新	(14.1)

山口壮（やまぐち つよし）

自前［二］ 当7
兵庫県相生市 S29・10・3
勤20年 (初/平12)

環境大臣、党筆頭副幹事長、拉致特委長、安保委長、内閣府・外務各副大臣、外務省国際科学協力室長、国際政治学博士、東大法、米ジョンズ・ホプキンス大院／67歳

〒678-0005 相生市大石町19-10 西本ビル2F ☎0791(23)6122
〒107-0052 港区赤坂2-17-10、宿舎

奈良県1区 359,066 投61.30

奈良市(本庁管内、西部・北部・東部出張所管内、月ヶ瀬行政センター管内)、生駒市

当93,050	馬淵澄夫	立前	(39.0)
比当83,718	小林茂樹	自前	(35.1)
比当62,000	前川清成	維新	(26.0)

馬淵澄夫（まぶち すみお）

立前 当7
奈良県奈良市 S35・8・23
勤17年1ヵ月 (初/平15)

党国会対策委員長、党常任幹事、国土交通大臣、国土交通副大臣、内閣総理大臣補佐官、災害特委長、決算行政監視委員長、会社役員、横浜国大／61歳

〒631-0036 奈良市学園北1-11-10 森田ビル6F ☎0742(40)5531
〒100-8981 千代田区永田町2-2-1、会館 ☎03(3508)7122

奈良県2区 383,875 投58.69

奈良市(都祁行政センター管内)、大和郡山市、天理市、香芝市、山辺郡、生駒郡、磯城郡、北葛城郡

当141,858 高市早苗 自前(64.6)
比54,326 猪奥美里 立新(24.8)
23,285 宮本次郎 共新(10.6)

たかいち さなえ
高市早苗
自前[無] 当9
奈良県奈良市 S36・3・7
勤27年 (初/平5)

党政調会長、総務大臣、科学技術担当大臣、経産副大臣、議運委員長、近畿大学教授、松下政経塾、神戸大/60歳

〒639-1123 大和郡山市筒井町940-1
〒107-0052 港区赤坂2-17-10、宿舎

奈良県3区 355,246 投57.19

大和高田市、橿原市、桜井市、五條市、御所市、葛城市、宇陀市、宇陀郡、高市郡、吉野郡

当114,553 田野瀬太道 自前(60.8)
34,334 西川正克 共新(18.2)
32,669 高見省次 無新(17.3)
6,824 加藤孝 N新(3.6)

たのせ たいどう
田野瀬太道
自前[森] 当4
奈良県五條市 S49・7・4
勤9年4ヵ月 (初/平24)

衆財金・文科・決算・地方創生特委、党国対副委員長、前文部科学副大臣兼内閣府副大臣、議運理事、衆議事進行係、早大/47歳

〒634-0044 橿原市大軽町59-1 ☎0744(28)6699
〒107-0052 港区赤坂2-17-10、宿舎

和歌山県1区 307,817 投55.16

和歌山市

当103,676 岸本周平 国前(62.7)
比61,608 門博文 自前(37.3)

きしもと しゅうへい
岸本周平
国前 当5
和歌山県和歌山市 S31・7・12
勤12年8ヵ月 (初/平21)

党幹事長代行、財金委、復興特委、元経産・内閣府大臣政務官、元内閣府政策参与、トヨタ自動車部長、財務・経産省課長、東大/65歳

〒640-8128 和歌山市広瀬中ノ丁2-98 ☎073(402)1234
〒100-8982 千代田区永田町2-1-2、会館 ☎03(3508)7701

和歌山県2区 242,858 投57.94

海南市、橋本市、有田市、紀の川市、岩出市、海草郡、伊都郡

当79,365 石田真敏 自前(57.7)
比35,654 藤井幹雄 立新(25.9)
比19,735 所順子 維新(14.4)
2,700 遠西愛美 N新(2.0)

いしだ まさとし
石田真敏
自前[岸] 当8
和歌山県 S27・4・11
勤20年 (初/平14補)

地方創生特委長、党ITS道路調査会長、総務大臣、法務委員長、財務副大臣、国土交通大臣政務官、和歌山県議、海南市長、早大政経/69歳

〒649-6226 岩出市宮83 ホテルいとう1F ☎0736(69)0123
〒107-0052 港区赤坂2-17-10、宿舎

和歌山県3区 250,261 ㊙62.32

御坊市、田辺市、新宮市、有田郡、日高郡、西牟婁郡、東牟婁郡

当102,834 二階俊博 自前(69.3)
20,692 畑野良弘 共新(14.0)
19,034 本間奈々 諸新(12.8)
5,745 根来英樹 無新(3.9)

にかいとしひろ
二階俊博
自前［二］ 当13
和歌山県 S14・2・17
勤38年5ヵ月 (初/昭58)

党国土強靭化推進本部長、元党幹事長、総務会長、予算委員長、元経産相・運輸相、(社)全国旅行業協会長、県議、中大/83歳

〒644-0003 御坊市島440-1 ☎0738(23)0123

比例代表 近畿 28人

滋賀、京都、大阪、兵庫、奈良、和歌山

みきけえ
三木圭恵
維元 当2(初/平24)
兵庫県西宮市 S41・7・7
勤2年5ヵ月 〈兵庫7区〉

文科委理事、憲法審査会委、拉致特委、党政調副会長、兵庫維新の会副代表、三田市議2期、関西大学社会学部/55歳

〒662-0837 西宮市広田町1-27 ☎0798(73)1825
〒100-8982 千代田区永田町2-1-2、会館 ☎03(3508)7638

わだゆういちろう
和田有一朗
維新 当1(初/令3)
兵庫県神戸市 S39・10・23
勤5ヵ月 〈兵庫3区〉

外務委、情監審委、国会議員秘書、団体役員、神戸市議、兵庫県議、早大、神戸市外国語大学大学院/57歳

〒655-0894 神戸市垂水区川原4-1-1 ☎078(753)3533

すみよしひろき
住吉寛紀
維新 当1(初/令3)
兵庫県神戸市 S60・1・24
勤5ヵ月 〈兵庫11区〉

農林水産委、地方創生特委、三菱UFJモルガン・スタンレー証券、兵庫県議、白陵高、名古屋大、東大院/37歳

〒670-0043 姫路市小姓町35-1 船場西ビル1F4号室 ☎079(293)7105
〒106-0032 港区六本木7-1-3、宿舎 ☎03(3508)7415

ほりいけんじ
掘井健智
維新 当1(初/令3)
兵庫県 S42・1・10
勤5ヵ月 〈兵庫10区〉

日本維新の会県総支部選対委員長、文科委、安保委、消費者特委、加古川市議、兵庫県議、大阪産業大学/55歳

〒675-0066 加古川市加古川町寺家町352-4 みどり屋ビル2階 ☎079(423)7458
〒107-0052 港区赤坂2-17-10、宿舎 ☎03(5549)4671

ほり　ば　さち　こ
堀場幸子
維新 当1(初/令3)
北海道札幌市 S54・3・24
勤5ヵ月 **〈京都1区〉**

内閣委、原子力特委、アンガーマネジメント講師、一般財団法人MRAハウスフェロー、フェリス女学院大学／42歳

〒601-8025 京都市南区東九条柳下町6-4 ☎075(888)6045

えん　どう　りょう　た
遠藤良太
維新 当1(初/令3)
大阪府 S59・12・19
勤5ヵ月 **〈兵庫5区〉**

党国対副委員長、環境委、倫選特委、会社役員、追手門学院大／37歳

〒669-1529 兵庫県三田市中央町3-12 マスダビル3階 ☎079(564)6156
〒107-0052 港区赤坂2-17-10、宿舎

いち たに ゆう いち ろう
一谷勇一郎
維新 当1(初/令3)
大阪府大阪市 S50・1・22
勤5ヵ月 **〈兵庫1区〉**

厚労委、決算行監委、復興特委、柔道整復師、介護事業所経営、(一社)デイサービス協会理事長、(一社)日本・ロシア経済友好協会理事、関西医療学園専門学校／47歳

〒650-0001 神戸市中央区加納町4-4-15 KGビル201 ☎078(332)3536

まえ　かわ　きよ　しげ
前川清成
維新 当1(初/令3)※
奈良県橿原市 S37・12・22
勤12年7ヵ月(参12年2ヵ月) **〈奈良1区〉**

法務委、内閣府副大臣、復興副大臣、参議院議院運営委員会筆頭理事、参議院経済産業委員長、龍谷大理事、弁護士、関西大／59歳

〒630-8115 奈良市大宮町1-12-8 ☎0742(32)3366
〒100-8982 千代田区永田町2-1-2、会館

いけ はた こう　た　ろう
池畑浩太朗
維新 当1(初/令3)
東京都港区 S49・9・26
勤5ヵ月 **〈兵庫12区〉**

農林水産委、震災復興特委、会社役員、兵庫県議二期、衆議員秘書、農業高校教員、岡山県立農業大学校／47歳

〒679-4167 兵庫県たつの市龍野町富永730-20 玉田ビル1F ☎0791(63)2814
〒106-0032 港区六本木7-1-3、宿舎

あか　ぎ　まさ　ゆき
赤木正幸
維新 当1(初/令3)
岡山県倉敷市 S50・2・22
勤5ヵ月 **〈兵庫4区〉**

財金委、IT会社代表、不動産会社代表、早大法学部、早大大学院政治学研究科博士課程修了／47歳

〒651-2243 神戸市西区井吹台西町2-2-1-602 ☎050(3154)1117
〒100-8982 千代田区永田町2-1-2、会館 ☎03(3508)7505

※平16参院初当選

おくの しんすけ
奥野信亮 自前［安］ 当6
奈良県 S19・3・5
勤15年1ヵ月 （初/平15）

倫選特委理、予算委、法務委、裁判官訴追委、党山村振興特別委員長、総務・法務副大臣、日産取締役、慶大／77歳

〒639-2212 御所市中央通り2-113-1 ☎0745(62)4379
〒100-8982 千代田区永田町2-1-2、会館☎03(3581)5111(内71001)

やなぎ もと あきら
柳本 顕 自新［麻］ 当1
大阪府大阪市 S49・1・29
勤5ヵ月 （初/令3）

総務委、厚労委、議運委、科技特委、政倫審委、国対陪席、大阪市会議員(5期)、大阪市議団幹事長、関西電力㈱、京大法学部／48歳

〒557-0034 大阪市西成区松1-1-6 ☎06(4398)6090
〒107-0052 港区赤坂2-17-10、宿舎

おおぐし まさき
大串正樹 自前［無］ 当4(初/平24)
兵庫県 S41・1・20
勤9年4ヵ月 〈兵庫6区〉

党国対副委員長、厚労部会長代理、総務委、経産委、議運委、倫選特委、憲法審委、政倫審委、経産政務官、IHI、松下政経塾、JAIST(Ph.D.)助教、西武文理大准教授、東北大院／56歳

〒664-0851 伊丹市中央1-2-6
グランドハイツコーワ2-12 ☎072(773)7601
〒100-8981 千代田区永田町2-2-1、会館☎03(3508)7191

こばやし しげき
小林茂樹 自前［二］ 当3(初/平24)
奈良県奈良市 S39・10・9
勤6年6ヵ月 〈奈良1区〉

党総務、地方創生特委理事、国土交通委、文科委、国土交通大臣政務官、元奈良県議、奈良青年会議所理事長、慶大法／57歳

〒631-0824 奈良市西大寺南町1-3
南町ビル3F ☎0742(35)6700

たなか ひでゆき
田中英之 自前［無］ 当4(初/平24)
京都府 S45・7・11
勤9年4ヵ月 〈京都4区〉

文部科学副大臣、党農林部会長代理、地方創生特委理事、決算行監委理事、国交委、国交大臣政務官、京都市議、京都外大／51歳

〒615-0021 京都市右京区西院三蔵町35 ☎075(315)7500
〒107-0052 港区赤坂2-17-10、宿舎

むねきよ こういち
宗清皇一 自前［安］ 当3(初/平26)
大阪府東大阪市 S45・8・9
勤7年4ヵ月 〈大阪13区〉

内閣府大臣政務官兼復興大臣政務官(新型コロナ対策、沖縄及び北方対策、経済再生・金融担当)、経済産業大臣政務官兼内閣府大臣政務官(万博担当)、大阪府議、衆院議員秘書、龍谷大／51歳

〒577-0843 東大阪市荒川1-13-23 ☎06(6726)0090
〒107-0052 港区赤坂2-17-10、宿舎

もり やま まさ ひと
盛山正仁
自 前［岸］ 当5(初/平17)
大阪府大阪市 S28・12・14
勤13年3ヵ月 〈兵庫1区〉

党国対筆頭副委員長、議運委筆頭理、懲罰委理、国家基本委、政倫審筆頭幹事、厚労委長、法務兼内閣府副大臣、国交省部長、環境省課長、OECD職員、東大、神戸大院、法学・商学博士／68歳

〒650-0001 神戸市中央区加納町2-4-10
水木ビル601 ☎078(231)5888

たに がわ
谷川とむ
自 前［安］ 当3(初/平26)
兵庫県尼崎市 S51・4・27
勤7年4ヵ月 〈大阪19区〉

国交・法務委、地方創生・復興特委、党法務副部会長、党広報戦略局次長、総務大臣政務官、参院議員秘書、阪大院修士／45歳

〒598-0007 大阪府泉佐野市上町1-1-35
1.3ビルディング2階 ☎072(464)1416
〒107-0052 港区赤坂2-17-10、宿舎

たけ うち ゆずる
竹内 譲
公 前 当6
京都府京都市 S33・6・25
勤15年11ヵ月 (初/平5)

党政務調査会長、総務委長、厚労副大臣・財務政務官、党税調副会長・国対筆頭副委長、京都市議、三和銀行、京大法／63歳

〒602-8442 京都市上京区今出川通大宮南西角
☎075(417)4440
〒100-8982 千代田区永田町2-1-2、会館 ☎03(3508)7473

うき しま とも こ
浮島智子
公 前 当4(初/平24)※1
東京都 S38・2・1
勤15年5ヵ月(参6年1ヵ月)

党政調副会長、党文化芸術局長、党文部科学部会長、文科委理事、文部科学副大臣兼内閣府副大臣、環境政務官兼内閣府政務官、参院議員、東京立正高／59歳

〒540-0025 大阪市中央区徳井町2-4-15
タニイビル6F ☎06(6942)1150
〒107-0052 港区赤坂2-17-10、宿舎

わに ぶち よう こ
鰐淵洋子
公 前 当2(初/平29)※2
福岡県福岡市 S47・4・10
勤10年7ヵ月(参6年1ヵ月)

文部科学大臣政務官、党女性委員会副委員長、文科委、党経産部会長、参議院議員、公明党本部、創価女子短大／49歳

〒550-0013 大阪市西区新町3-5-8
エーペック西長堀ビル401
〒107-0052 港区赤坂2-17-10、宿舎

さくら い しゅう
櫻井 周
立 前 当2(初/平29)
兵庫県 S45・8・16
勤4年6ヵ月 〈兵庫6区〉

財金委、憲法審委、党国際局副局長、政調副会長、兵庫県連代表、伊丹市議、弁理士、JBIC、京大、京大院、ブラウン大院／51歳

〒664-0858 伊丹市西台5-1-11 ☎072(768)9260
〒107-0052 港区赤坂2-17-10、宿舎

※1 平16参院初当選 ※2 平16参院初当選

もり やま ひろ ゆき
森山浩行
立前 当3(初/平21)
大阪府堺市 S46・4・8
勤7年10ヵ月 **〈大阪16区〉**

内閣委理事、倫選特委、党災害・緊急事態局長、国対副委員長、大阪府連代表、関西TV記者、堺市議、大阪府議、明大法／50歳

〒590-0078 堺市堺区南瓦町1-21
宏昌センタービル2F ☎072(233)8188

とく なが ひさ し
徳永久志
立新 当1(初/令3)※1
滋賀県 S38・6・27
勤6年6ヵ月(参6年1ヵ月)〈滋賀4区〉

外務委、安保委理事、倫選特委、党副幹事長、選対副委員長、滋賀県連代表、参議院議員、外務大臣政務官、滋賀県議、松下政経塾、早大政経／58歳

〒523-0892 近江八幡市出町414-6
サツキビル ☎0748(31)3047
〒107-0052 港区赤坂2-17-10、宿舎

こく た けい じ
穀田恵二
共前 当10(初/平5)
岩手県水沢市 S22・1・11
勤28年10ヵ月 **〈京都1区〉**

党国対委員長、党選挙対策委員長、党常任幹部会委員、外務委、政倫審、京都市議、立命館職員、立命館大／75歳

〒604-0092 京都市中京区丸太町
新町角大炊町186 ☎075(231)5198
〒107-0052 港区赤坂2-17-10、宿舎 ☎03(5549)3114

みや もと たけ し
宮本岳志
共元 当5(初/平21)※2
和歌山県和歌山市 S34・12・25
勤16年3ヵ月(参6年1ヵ月)〈大阪5区〉

党中央委員、総務委、文科委、和歌山大学教育学部除籍／62歳

〒537-0025 大阪市東成区中道1-10-10 ☎06(6975)9111

さいとう
斎藤アレックス
国新 当1(初/令3)
スペイン国マドリッド市 S60・6・30
勤5ヵ月 **〈滋賀1区〉**

党政調副会長、環境委、安保委、倫選特委、松下政経塾、米国議会フェロー、衆議員秘書、同志社大経済学部／36歳

〒520-0044 大津市京町3-2-11 ☎077(525)5030
〒107-0052 港区赤坂2-17-10、宿舎

おおいし
大石あきこ
れ新 当1(初/令3)
大阪府大阪市 S52・5・27
勤5ヵ月 **〈大阪5区〉**

決算行監委、元大阪府職員、大阪大／44歳

〒532-0011 大阪市淀川区西中島7-1-1
〒100-8982 千代田区永田町2-1-2、会館

※1 平19参院初当選 ※2 平10参院初当選

比例代表　近畿　28 人　有効投票数 9,378,905票

政党名	当選者数	得票数	得票率
	惜敗率 小選挙区		惜敗率 小選挙区

日本維新の会　10人　3,180,219票　33.91%

当①三木　圭恵 元(98.39)兵７
当①和田有一朗 新(86.34)兵３
当①住吉　寛紀 新(84.18)兵11
当①掘井　健智 新(73.20)兵10
当①堀場　幸子 新(71.90)京１
当①遠藤　良太 新(69.42)兵５
当①一谷勇一郎 新(67.65)兵１
当①前川　清成 新(66.63)奈１
当①池畑浩太朗 新(54.60)兵12
当①赤木　正幸 新(52.43)兵４
①直山　仁 新(50.79)滋３
①中嶋　秀樹 新(50.37)京６
①井上　博明 新(38.41)京３
①所　順子 新(24.87)和２
【小選挙区での当選者】
①井上　英孝 前　大１
①守島　正 新　大２
①美延　映夫 前　大４
①奥下　剛光 新　大７
①漆間　譲司 新　大８
①足立　康史 前　大９
①池下　卓 新　大10
①中司　宏 新　大11
①藤田　文武 前　大12
①岩谷　良平 新　大13
①青柳　仁士 新　大14
①浦野　靖人 前　大15
①馬場　伸幸 前　大17
①遠藤　敬 前　大18
①伊東　信久 元　大19
①市村浩一郎 元　兵６

自 民 党　8人　2,407,699票　25.67%

当①奥野　信亮 前
当②柳本　顕 新
当③大串　正樹 前(97.69)兵６
当③小林　茂樹 前(89.97)奈１
当③田中　英之 前(83.99)京４
当③宗清　皇一 前(83.77)大13
当③盛山　正仁 前(81.62)兵１
当③谷川　とむ 前(76.31)大19
③渡嘉敷奈緒美 前(69.86)大７
③木村　弥生 前(69.10)京３
③中山　泰秀 前(67.70)大４
③左藤　章 前(66.94)大２
③佐藤ゆかり 前(66.73)大11
③大隈　和英 前(65.29)大10
③北川　晋平 新(63.09)大12
③大西　宏幸 前(60.97)大１
③繁本　護 前(59.70)京２
③門　博文 前(59.42)和１
③岡下　昌平 前(59.39)大17
③加納陽之助 新(59.10)大15
③長尾　敬 前(55.44)大14
③神谷　昇 前(52.02)大18
③高麗啓一郎 新(51.28)大８
㊴湯峯　理之 新
㊵野村　広志 新
【小選挙区での当選者】
③大岡　敏孝 前　滋１
③上野賢一郎 前　滋２
③武村　展英 前　滋３
③小寺　裕雄 前　滋４
③勝目　康 新　京１
③本田　太郎 前　京５
③関　芳弘 前　兵３
③藤井比早之 前　兵４
③谷　公一 前　兵５
③山田　賢司 前　兵７
③西村　康稔 前　兵９
③松本　剛明 前　兵11
③山口　壮 前　兵12
③高市　早苗 前　奈２
③石田　真敏 前　和２

公 明 党　3人　1,155,683票　12.32%

当①竹内　譲 前
当②浮島　智子 前
当③鰐淵　洋子 前
④浜村　進 前
⑤田丸　義高 新
⑥鷲岡　秀明 新
⑦田中　博之 新
⑧井上　幸作 新

立憲民主党　3人　1,090,665票　11.63%

当①桜井　周 前(86.35)兵６
当①森山　浩行 前(85.82)大16
当①徳永　久志 新(83.12)滋４
①辻元　清美 前(82.72)大10
①田島　一成 元(76.79)滋２
①安田　真理 新(68.13)兵７
①梶原　康弘 元(65.94)兵５
①船川　治郎 新(62.22)兵２
①平野　博文 前(57.01)大11
①村上　史好 前(55.38)大６
①萩原　仁 元(52.49)大３
①隠樹　圭子 新(49.06)兵10
①今泉　真緒 新(47.40)兵４
①長安　豊 元(47.20)大19
①山本和嘉子 前(46.74)京５
①藤井　幹雄 新(44.92)和２

①尾辻かな子 前(39.27)大2
①猪奥　美里 新(38.30)奈2
①松井　博史 新(36.60)大8
①吉田　　治 元(26.26)大4
①村上　賀厚 新(25.86)大1
①酒井　孝典 新(25.40)兵12
①乃木　涼介 新(24.35)大7
①川戸　康嗣 新(20.68)大18
▼①宇都宮優子 新(18.86)大12
㉚笹田　能美 新
㉛豊田潤多郎 元
【小選挙区での当選者】
①泉　　健太 前　京3
①山井　和則 前　京6
①井坂　信彦 元　兵1
①馬淵　澄夫 前　奈1

共産党　2人　736,156票　7.85%

当①穀田　恵二 前　京1
当②宮本　岳志 元　大5
③清水　忠史 前　大4
④小村　　潤 新　兵8
⑤武山　彩子 新
⑥西田佐枝子 新

国民民主党　1人　303,480票　3.24%

当①斎藤アレックス 新(86.28)滋1
①佐藤　泰樹 新(33.01)兵3
【小選挙区での当選者】
①岸本　周平 前　和1
①前原　誠司 前　京2

れいわ新選組　1人　292,483票　3.12%

当①大石　晃子 新(32.11)大5
①辻　　　恵 元(24.80)兵8
▼①高井　崇志 前(13.71)滋3
▼①中　　辰哉 新(10.02)京2
▼①西川　弘城 新(6.76)大7
⑥八幡　　愛 新

▼は小選挙区の得票が有効投票総数の10分の1未満で、復活当選の資格がない者

その他の政党の得票数・得票率は下記のとおりです。(当選者はいません)

政党名	得票数	得票率
NHKと裁判してる党弁護士法72条違反で	111,539票	1.19%
社民党	100,980票	1.08%

鳥取県1区　230,959　[投]56.10

当105,441　石破　　茂　自前(84.1)
19,985　岡田正和　共新(15.9)

鳥取市、倉吉市、岩美郡、八頭郡、東伯郡(三朝町)

石破　茂（いしば しげる）

自前[無]　当12
鳥取県八頭郡　S32・2・4
勤35年10ヵ月 (初/昭61)

予算委、憲法審委、元地方創生担当相、党幹事長、政調会長、農林水産相、防衛相、防衛庁長官、運輸委長、三井銀行、慶大/65歳

〒680-0055　鳥取市戎町515-3　☎0857(27)4898
〒100-8982　千代田区永田町2-1-2、会館

鳥取県2区　234,420　[投]60.20

当75,005　赤沢亮正　自前(54.0)
比当63,947　湯原俊二　立元(46.0)

米子市、境港市、東伯郡(湯梨浜町、琴浦町、北栄町)、西伯郡、日野郡

赤澤亮正（あかざわ りょうせい）

自前[無]　当6
東京都　S35・12・18
勤16年7ヵ月 (初/平17)

原子力特委長、党文化立国調査会長代理、内閣府副大臣、国交大臣政務官、東大法/61歳

〒683-0823　米子市加茂町1-24　☎0859(38)7333
〒100-8982　千代田区永田町2-1-2、会館　☎03(3508)7490

[衆] 略歴

比例近畿・鳥取

島根県１区 268,337 投61.23

松江市、出雲市(平田支所管内)、安来市、雲南市(大東・加茂・木次総合センター管内)、仁多郡、隠岐郡

当90,638 細田博之 自前(56.0)
比66,847 亀井亜紀子 立前(41.3)
4,318 亀井彰子 無新(2.7)

ほそだ ひろゆき
細田博之
無前 当11
島根県松江市 S19・4・5
勤32年3ヵ月 (初/平2)

衆議院議長、憲法審査会長、自民党総務会長、党幹事長、党国対委員長、内閣官房長官、国務大臣、東大／77歳

〒690-0851 松江市堂形町881細田会館 ☎0852(21)6455

島根県２区 291,649 投61.85

浜田市、出雲市(第1区に属しない区域)、益田市、大田市、江津市、雲南市(第1区に属しない区域)、飯石郡、邑智郡、鹿足郡

当110,327 高見康裕 自新(62.4)
比52,016 山本誉 立新(29.4)
14,361 向瀬慎一 共新(8.1)

たかみ やすひろ
高見康裕
自新[茂] 当1
島根県出雲市 S55・10・16
勤5ヵ月 (初/令3)

党青年局次長、法務委、農水委、消費者特委、島根県議、海上自衛隊、読売新聞、東大大学院／41歳

〒693-0058 出雲市矢野町941-4 ☎0853(23)8118
〒107-0052 港区赤坂2-17-10、宿舎

岡山県１区 364,162 投46.73

岡山市(北区の一部(P176参照)、南区の一部(P176参照))、加賀郡(吉備中央町(本庁管内(P176参照)、井原出張所管内)

当90,939 逢沢一郎 自前(55.0)
比65,499 原田謙介 立新(39.6)
8,990 余江雪央 共新(5.4)

あいさわ いちろう
逢沢一郎
自前[無] 当12
岡山県岡山市 S29・6・10
勤35年10ヵ月 (初/昭61)

党選挙制度調査会長、政倫審会長、国家基本委長、議運委長、党国対委長、予算委長、幹事長代理、外務副大臣、通産政務次官、松下政経塾理事、慶大工／67歳

〒700-0933 岡山市北区奥田1-2-3 ☎086(233)0016
〒100-8981 千代田区永田町2-2-1、会館 ☎03(3508)7105

岡山県２区 289,071 投50.42

岡山市(北区(第1区に属しない区域)、中区、東区(本庁管内)、南区(第1区に属しない区域))、玉野市、瀬戸内市

当80,903 山下貴司 自前(56.4)
比62,555 津村啓介 立前(43.6)

やました たかし
山下貴司
自前[無] 当4
岡山県岡山市 S40・9・8
勤9年4ヵ月 (初/平24)

党改革実行本部事務局長、党憲法改正実現本部事務局長、知的財産戦略調査会事務局長、法務大臣、検事、外交官、弁護士、東大法／56歳

〒703-8282 岡山市中区平井6-3-13 ☎086(230)1570
〒100-8982 千代田区永田町2-1-2、会館 ☎03(3508)7057

岡山県3区 270,568 投57.97				
	当68,631	平沼正二郎	無新	(44.4)
	比当54,930	阿部俊子	自前	(35.5)
	比23,316	森本　栄	立新	(15.1)
	7,760	尾崎宏子	共新	(5.0)

岡山市(東区(第2区に属しない区域))、津山市、備前市、赤磐市、真庭市の一部(P176参照)、美作市、和気郡、真庭郡、苫田郡、勝田郡、英田郡、久米郡

ひらぬましょうじろう
平沼正二郎

自新[二]　当1
岡山県岡山市　S54・11・11
勤5ヵ月　(初/令3)

内閣委、農林水産委、消費者特委、党青年局次長、IT会社役員、学習院大学経済学部/42歳

〒708-0806　津山市大田81-11　☎0868(24)0107

岡山県4区 381,828 投48.04				
	当89,052	橋本　岳	自前	(49.7)
	比当83,859	柚木道義	立前	(46.8)
	6,146	中川智晴	無新	(3.4)

倉敷市(本庁管内、児島・玉島・水島・庄・茶屋町支所管内)、都窪郡

はしもと　がく
橋本　岳

自前[茂]　当5
岡山県総社市　S49・2・5
勤13年3ヵ月　(初/平17)

厚労委員長、党総務、厚労副大臣、党厚労部会長、党外交部会長、厚労政務官、三菱総研研究員、慶大院/48歳

〒710-0842　倉敷市吉岡552　☎086(422)8410
〒107-0052　港区赤坂2-17-10、宿舎

岡山県5区 262,936 投54.33				
	当102,139	加藤勝信	自前	(72.6)
	比31,467	はたともこ	立新	(22.4)
	7,067	美見芳明	共新	(5.0)

倉敷市(第4区に属しない区域)、笠岡市、井原市、総社市、高梁市、新見市、真庭市(第3区に属しない区域)、浅口市、浅口郡、小田郡、加賀郡(吉備中央町(第1区に属しない区域))

かとうかつのぶ
加藤勝信

自前[茂]　当7
東京都　S30・11・22
勤18年5ヵ月　(初/平15)

党税制調査会小委員長、党社会保障制度調査会長、官房長官、厚労相、党総務会長、一億総活躍・働き方改革相、元大蔵省、東大/66歳

〒714-0088　笠岡市中央町31-1　☎0865(63)6800
〒100-8982　千代田区永田町2-1-2、会館　☎03(3508)7459

広島県1区 332,001 投50.81				
	当133,704	岸田文雄	自前	(80.7)
	比15,904	有田優子	社新	(9.6)
	14,508	大西　理	共新	(8.8)
	1,630	上出圭一	諸新	(1.0)

広島市(中区、東区、南区)

きしだふみお
岸田文雄

自前[岸]　当10
東京都渋谷区　S32・7・29
勤28年10ヵ月　(初/平5)

内閣総理大臣、自民党総裁、党政調会長、外務大臣、防衛大臣、党国対委員長、内閣府特命担当大臣、厚労委員長、早大法/64歳

〒730-0013　広島市中区八丁堀6-3 和光八丁堀ビル　☎082(228)2411
〒100-8981　千代田区永田町2-2-1、会館　☎03(3508)7279

広島県2区 404,009 投51.48

当133,126 平口 洋 自前(65.2)
比70,939 大井赤亥 立新(34.8)

広島市(西区、佐伯区)、大竹市、廿日市市、江田島市(本庁管内、能美・沖美支所管内、深江・柿浦連絡所管内)

平口 洋（ひらぐち ひろし）

自前[茂] 当5
広島県江田島市 S23・8・1
勤13年3ヵ月 (初/平17)

農林水産委員長、党国土交通部会長、法務副大臣、法務委員長、党副幹事長、環境副大臣、法務大臣政務官、国交省河川局次長、秋田県警本部長、東大法／73歳

〒733-0812 広島市西区己斐本町2-6-20 ☎082(527)2100
〒100-8982 千代田区永田町2-1-2、会館 ☎03(3508)7622

広島県3区 360,198 投51.07

当97,844 斉藤鉄夫 公前(55.1)
比53,143 ライアン真由美 立新(29.9)
比18,088 瀬木寛親 維新(10.2)
3,559 大山 宏 無新(2.0)
比2,789 矢島秀平 N新(1.6)
2,251 玉田憲勲 無新(1.3)

広島市(安佐南区、安佐北区)、安芸高田市、山県郡

斉藤 鉄夫（さいとう てつお）

公前 当10
島根県 S27・2・5
勤28年10ヵ月 (初/平5)

国交大臣、党副代表、党幹事長、党選対委長、党税制調査会長、党政調会長、環境大臣、文科委長、科技総括政務次官、プリンストン大研究員、清水建設、工博、技術士、東工大院／70歳

〒731-0103 広島市安佐南区緑井2-18-15 ☎082(568)2236
〒107-0052 港区赤坂2-17-10、宿舎 ☎03(5549)3145

広島県4区 309,781 投53.18

当78,253 新谷正義 自前(48.3)
比33,681 上野寛治 立新(20.8)
比当28,966 空本誠喜 維元(17.9)
21,112 中川俊直 無元(13.0)

広島市(安芸区)、三原市(大和支所管内)、東広島市(本庁管内、八本松・志和・高屋出張所管内、黒瀬・福富・豊栄・河内支所管内)、安芸郡

新谷 正義（しんたに まさよし）

自前[茂] 当4
広島県 S50・3・8
勤9年4ヵ月 (初/平24)

党副幹事長、総務副大臣、厚労政務官、衆厚労委理、党国交副部会長、党厚生関係団体委員長、医師、病院長、帝京大医、東大経／46歳

〒739-0015 東広島市西条栄町9-21 ☎082(431)5177
〒100-8982 千代田区永田町2-1-2、会館 ☎03(3508)7604

広島県5区 242,034 投54.52

当87,434 寺田 稔 自前(67.7)
比41,788 野村功次郎 立新(32.3)

呉市、竹原市、三原市(本郷支所管内)、尾道市(瀬戸田支所管内)、東広島市(第4区に属しない区域)、江田島市(第2区に属しない区域)、豊田郡

寺田 稔（てらだ みのる）

自前[岸] 当6
広島県 S33・1・24
勤14年8ヵ月 (初/平16補)

内閣総理大臣補佐官、党経理局長、総務副大臣兼内閣府副大臣、党副幹事長、安保委長、内閣府副大臣、防衛政務官、内閣参事官、財務省主計官、ハーバード大院、東大法／64歳

〒737-0045 呉市本通4-3-15呉YSビル2F ☎0823(24)2358
〒100-8981 千代田区永田町2-2-1、会館 ☎03(3508)7606

広島県6区 294,154 投56.35

当83,796 佐藤公治 立前(51.4)
比当79,158 小島敏文 自前(48.6)

三原市(第4区及び第5区に属しない区域)、尾道市(第5区に属しない区域)、府中市、三次市、庄原市、世羅郡、神石郡

さとうこうじ
佐藤公治

立前 当4(初/平12)※1
広島県尾道市 S34・7・28
勤15年10ヵ月(参6年1ヵ月)

農水委理、災害特委、県連代表、元参外交防衛委員長、国務大臣秘書官(旧国土庁、旧北海道・沖縄開発庁)、電通、慶大法/62歳

〒722-0045 広島県尾道市久保2-26-2 ☎0848(37)2100
〒100-8981 千代田区永田町2-2-1、会館 ☎03(3508)7145

広島県7区 382,135 投49.35

当123,396 小林史明 自前(66.4)
比45,520 佐藤広典 立新(24.5)
11,580 村井明美 共新(6.2)
5,207 橋本加代 無新(2.8)

福山市

こばやしふみあき
小林史明

自前[岸] 当4
広島県福山市 S58・4・8
勤9年4ヵ月 (初/平24)

デジタル副大臣兼内閣府副大臣、内閣府大臣補佐官、総務政務官兼内閣府政務官、党青年局長、上智大学/38歳

〒721-0958 福山市西新涯町2-23-34 ☎084(959)5884
〒107-0052 港区赤坂2-17-10、宿舎

山口県1区 356,209 投48.50

当118,882 高村正大 自前(70.1)
比50,684 大内一也 立新(29.9)

山口市(山口・小郡・秋穂・阿知須・徳地総合支所管内)、防府市、周南市の一部(P176参照))

こうむらまさひろ
高村正大

自前[麻] 当2
山口県周南市 S45・11・14
勤4年6ヵ月 (初/平29)

財務大臣政務官、党外交、国防副部会長、衆院議員秘書、外務大臣秘書官、経企庁長官秘書官、会社員、慶大/51歳

〒745-0004 山口県周南市毛利町1-3 ☎0834(31)4715
〒100-8981 千代田区永田町2-2-1、会館 ☎03(3508)7113

山口県2区 283,552 投51.61

当109,914 岸 信夫 自前(76.9)
32,936 松田一志 共新(23.1)

下松市、岩国市、光市、柳井市、周南市(第1区に属しない区域)、大島郡、玖珂郡、熊毛郡

きし のぶお
岸 信夫

自前[安] 当4(初/平24)※2
山口県熊毛郡 S34・4・1
勤17年10ヵ月(参8年6ヵ月)

防衛大臣、党国対筆頭副委員長、議運委筆頭理事、安保委員長、外務副大臣、外務委員長、防衛政務官、住友商事、慶大経/62歳

〒742-1511 熊毛郡田布施町下田布施3391 ☎0820(52)2003

※1 平19参院初当選 ※2 平16参院初当選

山口県３区

256,039
㊦50.14

当96,983 林　芳正 自新(76.9)
比29,073 坂本史子 立新(23.1)

宇部市、山口市(第1区に属しない区域)、萩市、美祢市、山陽小野田市、阿武郡

はやし よしまさ
林　芳正

自新［岸］ 当1※
山口県下関市 S36・1・19
勤26年11ヵ月(参26年6ヵ月)(初/令3)

外務大臣、参院憲法審査会長、文部科学大臣、農林水産大臣、党政調会長代理、経済財政担当大臣、防衛大臣、三井物産、東大法、ハーバード大院／61歳

〒755-0033 宇部市琴芝町2-1-30 ☎0836(35)3333
〒100-8981 千代田区永田町2-2-1、会館 ☎03(3508)7115

山口県４区

244,858
㊦48.64

当80,448 安倍晋三 自前(69.7)
比19,096 竹村克司 れ新(16.6)
15,836 大野頼子 無新(13.7)

下関市、長門市

あべ しんぞう
安倍晋三

自前［安］ 当10
山口県長門市 S29・9・21
勤28年10ヵ月 (初/平5)

元内閣総理大臣、党総裁、内閣官房長官、党幹事長代理、党幹事長、内閣官房副長官、党社会部会長、元外相秘書官、成蹊大／67歳

〒750-0006 下関市東大和町1-8-16 ☎083(266)8118
〒100-8981 千代田区永田町2-2-1、会館 ☎03(3508)7172

比例代表 中国 11人

鳥取、島根、岡山、広島、山口

いしばしりんたろう
石橋林太郎

自新［岸］ 当1
広島県広島市 S53・5・2
勤5ヵ月 (初/令3)

文科委、法務委、党国会対策委員、青年局・女性局各次長、広島県議会議員(二期)、大阪外国語大学／43歳

〒731-0124 広島市安佐南区大町東2-15-7 ☎082(836)3444
〒107-0052 港区赤坂2-17-10、宿舎

こじま としふみ
小島敏文

自前［岸］ 当4(初/平24)
広島県世羅町 S25・9・7
勤9年4ヵ月 〈広島6区〉

党国土交通部会長、国土交通委理事、党厚労部会長代理、厚生労働大臣政務官、経産部会長代理、農林部会長代理、副幹事長、広島県議会副議長、大東文化大／71歳

〒722-1114 世羅郡世羅町東神崎368-21 ☎0847(22)4055
〒107-0052 港区赤坂2-17-10、宿舎

※平7参院初当選

とし こ
あべ俊子
自前［麻］ 当6(初/平17)
宮城県 S34・5・19
勤16年7ヵ月 **〈岡山3区〉**

外務委理事、外務副大臣、党副幹事長、農水副大臣、外務政務官、東京医科歯科大助教授、米イリノイ州立大院／62歳

〒708-0841 津山市川崎162-5 ☎0868(26)6711
〒100-8981 千代田区永田町2-2-1、会館 ☎03(3508)7136

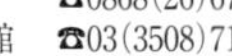

たかがいえみこ
髙階恵美子
自新［安］ 当1(初/令3)※
宮城県 S38・12・21
勤11年10ヵ月(参11年5ヵ月)

厚労委理、元厚労副大臣、元厚労大臣政務官、元参院文教委員長、元党女性局長、東京医科歯科大大学院／58歳

〒100-8982 千代田区永田町2-1-2、会館 ☎03(3508)7518

すぎた みお
杉田水脈
自前［安］ 当3
兵庫県神戸市 S42・4・22
勤6年6ヵ月 (初／平24)

党国土交通副部会長、党女性局次長、内閣委、総務委、災害特委、拉致特委理事、鳥取大学農学部／54歳

〒753-0067 山口市赤妻町3-1-102 ☎083(924)0588
〒107-0052 港区赤坂2-17-10、宿舎

あぜもとしょうご
畦元将吾
自前［岸］ 当2
広島県広島市 S33・4・30
勤2年9ヵ月 (初／令元)

党総務、党環境副部会長、厚労委、環境委、科技特委、原子力特委、東邦大医学部客員教授、診療放射線技師／63歳

〒730-0843 広島市中区舟入本町13-4 KAIZOビル202 ☎082(234)5130
〒100-8981 千代田区永田町2-2-1、会館 ☎03(3508)7710

ゆのきみちよし
柚木道義
立前 当6(初/平17)
岡山県倉敷市 S47・5・28
勤16年7ヵ月 **〈岡山4区〉**

党つながる本部本部長代理、厚労委理事、災害特委、財務大臣政務官、会社員、岡山大文学部／49歳

〒710-0052 倉敷市美和2-16-20 ☎086(430)2355
〒100-8982 千代田区永田町2-1-2、会館 ☎03(3508)7301

ゆはらしゅんじ
湯原俊二
立元 当2(初/平21)
鳥取県米子市 S37・11・20
勤3年9ヵ月 **〈鳥取2区〉**

総務委、消費者特委理、立憲民主党鳥取県連副代表、鳥取県議、米子市議、衆議員秘書、早大／59歳

〒683-0804 米子市米原5-3-20 ☎0859(21)2888

※平22参院初当選

平林　晃（ひら ばやし　あきら）　**公新**　当1

愛知県名古屋市　S46・2・2

勤5ヵ月　（初／令3）

党組織局次長、国際局次長、デジタル社会推進本部事務局次長、立命館大学教授、山口大学准教授、博士（東工大）／51歳

〒731-0137　広島市安佐南区山本1-14-15-302

日下正喜（くさ か まさ き）　**公新**　当1

和歌山県　S40・11・25

勤5ヵ月　（初／令3）

党組織局次長、広島県本部幹事、法務委、倫選特委、科技特委、党広島県本部事務長、広大院中退／56歳

〒730-0854　広島市中区土橋町2-43-406
〒107-0052　港区赤坂2-17-10、宿舎

空本誠喜（そら もと せい き）　**維元**　当2（初／平21）

広島県呉市　S39・3・11

勤3年9ヵ月　〈広島4区〉

党政調副会長、党広島県総支部幹事長、農水委理事、災害特委、技術指導会社代表、元東芝、工学博士（原子力）、東大院／57歳

〒739-0044　東広島市西条町下見4623番地15
☎082（421）8146

比例代表　中国　11人　有効投票数 3,119,427票

政党名	当選者数	得票数	得票率
	惜敗率 小選挙区		惜敗率 小選挙区

自民党　6人　1,352,723票　43.36%

当①石橋林太郎 新
当②小島　敏文 前（94.47）広6
当②阿部　俊子 前（80.04）岡3
当⑱高階恵美子 新
当⑲杉田　水脈 前
当⑳畦元　将吾 前
㉑小林孝一郎 新
㉒徳村純一郎 新
【小選挙区での当選者】
②石破　　茂 前　鳥1
②赤沢　亮正 前　鳥2
②高見　康裕 新　鳥2
②逢沢　一郎 前　岡1
②山下　貴司 前　岡2
②橋本　　岳 前　岡4
②加藤　勝信 前　岡5
②新谷　正義 前　広4
②寺田　　稔 前　広5
②小林　史明 前　広7
②高村　正大 前　山1
②岸　　信夫 前　山2
②林　　芳正 新　山3
②安倍　晋三 前　山4

立憲民主党　2人　573,324票　18.38%

当①柚木　道義 前（94.17）岡4
当①湯原　俊二 元（85.26）鳥2
①津村　啓介 前（77.32）岡2
①亀井亜紀子 前（73.75）島1
①原田　謙介 新（72.03）岡1
①ライアン真由美 新（54.31）広3
①大井　赤亥 新（53.29）広2
①野村功次郎 新（47.79）広5
①山本　　誉 新（47.15）島2
①上野　寛治 新（43.04）広4

①大内　一也 新(42.63)山1
①佐藤　広典 新(36.89)広7
①森本　　栄 新(33.97)岡3
①はたともこ 新(30.81)岡5
①坂本　史子 新(29.98)山3
⑰加藤　寿彦 新
⑱姫井由美子 新
【小選挙区での当選者】
①佐藤　公治 前　　　広6

公明党　2人　436,220票　13.98%

当①平林　　晃 新
当②日下　正喜 新
③長谷川裕輝 新

日本維新の会　1人　286,302票　9.18%

当①空本　誠喜 元(37.02)広4
①瀬木　寛親 新(18.49)広3
③喜多　義典 新

その他の政党の得票数・得票率は下記のとおりです。
(当選者はいません)

政党名	得票数	得票率
共産党	173,117票	5.55%
国民民主党	113,898票	3.65%
れいわ新選組	94,446票	3.03%
社民党	52,638票	1.69%
NHKと裁判してる党弁護士法72条違反で	36,758票	1.18%

徳島県1区　362,130　投55.93

徳島市、小松島市、阿南市、勝浦郡、名東郡、名西郡、那賀郡、海部郡

当99,474　仁木博文　無元(50.1)
比当77,398　後藤田正純　自前(38.9)
比当20,065　吉田知代　維新(10.1)
1,808　佐藤行俊　無新(0.9)

仁木博文（にき ひろぶみ）

無元(有志)　当2
徳島県阿南市　S41・5・23
勤3年9ヵ月　(初/平21)

厚生労働委員、医療法人理事長、徳島大学大学院医学博士取得／55歳

〒770-0865　徳島市南末広町4-88-1　☎088(624)9350
〒107-0052　港区赤坂2-17-10、宿舎　☎03(5549)4671

徳島県2区　260,655　投50.99

鳴門市、吉野川市、阿波市、美馬市、三好市、板野郡、美馬郡、三好郡

当76,879　山口俊一　自前(59.5)
比43,473　中野真由美　立新(33.6)
8,851　久保孝之　共新(6.9)

山口俊一（やまぐち しゅんいち）

自前［麻］　当11
徳島県　S25・2・28
勤32年3ヵ月　(初/平2)

議運委員長、党総務会長代理、元国務大臣、首相補佐官、総務・財務副大臣、郵政政務次官、青山学院大／72歳

〒771-0219　板野郡松茂町笹木野字八北開拓247-1　☎088(624)4851
〒107-0052　港区赤坂2-17-10、宿舎　☎03(5571)9512

香川県1区 313,296 投57.52

当90,267 小川淳也 立前(51.0)
比当70,827 平井卓也 自前(40.0)
比15,888 町川順子 維新(9.0)

高松市の一部(P176参照)、小豆郡、香川郡

おがわじゅんや
小川淳也
立前 当6
香川県 S46・4・18
勤16年7ヵ月 (初/平17)

党政務調査会長、香川県連代表、国土審議会離島振興対策分科会長、総務政務官、総務省課長補佐、春日井市部長、自治省、東大/50歳

〒761-8083 高松市三名町569-3 ☎087(814)5600
〒107-0052 港区赤坂2-17-10、宿舎 ☎03(5549)4671

香川県2区 258,730 投58.53

当94,530 玉木雄一郎 国前(63.5)
比54,334 瀬戸隆一 自元(36.5)

高松市(第1区に属しない区域)、丸亀市(綾歌・飯山市民総合センター管内)、坂出市、さぬき市、東かがわ市、木田郡、綾歌郡

たまきゆういちろう
玉木雄一郎
国前 当5
香川県さぬき市寒川町 S44・5・1
勤12年8ヵ月 (初/平21)

党代表、国家基本委、憲法審査会委、元民進党幹事長代理、財務省主計局課長補佐、東大法、ハーバード大院修了/52歳

〒769-2321 さぬき市寒川町石田東甲814-1 ☎0879(43)0280
〒107-0052 港区赤坂2-17-10、宿舎

香川県3区 240,033 投51.60

当94,437 大野敬太郎 自前(79.8)
23,937 尾崎淳一郎 共新(20.2)

丸亀市(第2区に属しない区域)、善通寺市、観音寺市、三豊市、仲多度郡

おおのけいたろう
大野敬太郎
自前[無] 当4
香川県丸亀市 S43・11・1
勤9年4ヵ月 (初/平24)

内閣府副大臣、党副幹事長、防衛大臣政務官、米UCB客員フェロー、東大研究員、東大博士、東工大、同大学院修士/53歳

〒763-0082 丸亀市土器町東1-129-2 ☎0877(21)7711
〒100-8981 千代田区永田町2-2-1、会館 ☎03(3508)7132

愛媛県1区 385,321 投52.10

当119,633 塩崎彰久 自新(60.8)
比77,091 友近聡朗 立新(39.2)

松山市の一部(P176参照)

しおざきあきひさ
塩崎彰久
自新[安] 当1
愛媛県松山市 S51・9・9
勤5ヵ月 (初/令3)

厚労委、財金委、党国対委員、長島・大野・常松法律事務所パートナー弁護士、内閣官房長官秘書官、東大法学部/45歳

〒790-0003 松山市三番町4-7-2 ☎089(941)4843

愛媛県2区 249,121 投52.73

松山市(浮穴支所管内(北井門2丁目に属する区域を除く。)、久谷・北条・中島支所管内)、今治市、東温市、越智郡、伊予郡

当72,861	村上誠一郎	自前	(57.5)
比42,520	石井智恵	国新	(33.5)
11,358	片岡　朗	共新	(9.0)

むらかみせいいちろう
村上誠一郎
自前[無]　当12
愛媛県今治市　S27・5・11
勤35年10ヵ月　(初/昭61)

決算行監委、国務大臣・内閣府特命担当大臣、財務副大臣、大蔵・石炭委長、大蔵政務次官、東大法／69歳

〒794-0028　今治市北宝来町1-5-11　☎0898(31)2600
〒107-0052　港区赤坂2-17-10、宿舎　☎03(5549)4671

愛媛県3区 260,288 投57.42

新居浜市、西条市、四国中央市

当76,263	井原　巧	自新	(51.6)
比当71,600	白石洋一	立前	(48.4)

い　はら　たくみ
井原　巧
自新[安]　当1(初/令3)※
愛媛県四国中央市　S38・11・13
勤6年6ヵ月(参6年1ヵ月)

党経産副部会長、経済産業委、総務委、経産・内閣府・復興大臣政務官、参議院議員、四国中央市長、愛媛県議、専修大／58歳

〒799-0413　四国中央市中曽根町411-5　☎0896(23)8650
〒100-8982　千代田区永田町2-1-2、会館　☎03(3508)7201

愛媛県4区 246,664 投59.16

宇和島市、八幡浜市、大洲市、伊予市、西予市、上浮穴郡、喜多郡、西宇和郡、北宇和郡、南宇和郡

当81,015	長谷川淳二	自新	(56.6)
47,717	桜内文城	無元	(33.3)
11,555	西井直人	共新	(8.1)
1,547	藤島利久	無新	(1.1)
1,319	前田龍夫	無新	(0.9)

は　せ　がわじゅんじ
長谷川淳二
自新[無]　当1
岐阜県　S43・8・5
勤5ヵ月　(初/令3)

衆農水委、厚労委、倫選特委、党農林水産関係団体副委員長、総務省地域政策課長、内閣参事官、愛媛県副知事、東大／53歳

〒798-0040　宇和島市中央町2-3-30　☎0895(25)8113
〒100-8982　千代田区永田町2-1-2、会館　☎03(3508)7453

高知県1区 310,468 投53.50

高知市の一部(P176参照)、室戸市、安芸市、南国市、香南市、香美市、安芸郡、長岡郡、土佐郡

当104,837	中谷　元	自前	(64.3)
比50,033	武内則男	立前	(30.7)
比4,081	中島康治	N新	(2.5)
4,036	川田永二	無新	(2.5)

なか　たに　げん
中谷　元
自前[無]　当11
高知県高知市　S32・10・14
勤32年3ヵ月　(初/平2)

内閣総理大臣補佐官、防衛大臣、防衛庁長官、自治総括政務次官、郵政政務次官、衆総務委員長、中央政治大学院長、防衛大／64歳

〒781-5106　高知市介良乙278-1 タイシンビル2F　☎088(855)6678
〒107-0052　港区赤坂2-17-10、宿舎

衆 略歴　愛媛・高知

※平25参院初当選

高知県２区 287,552 投61.50	当117,810 尾﨑正直 自新(67.2)
	比55,214 広田　一 立前(31.5)
	2,171 広田晋一郎 N新(1.2)

高知市(第1区に属しない区域)、土佐市、須崎市、宿毛市、土佐清水市、四万十市、吾川郡、高岡郡、幡多郡

尾﨑正直（おざき まさなお）

自新[二]　当1
高知県高知市　S42・9・14
勤5ヵ月　(初/令3)

党組織運動本部地方組織議員総局長、地方創生・国土強靭化本部本部長補佐、農水委、法務委、前高知県知事、東大／54歳

〒781-8010 高知市桟橋通3-25-31 ☎088(855)9140
〒100-8982 千代田区永田町2-1-2、会館 ☎03(3508)7619

比例代表 四国 6人

徳島、香川、愛媛、高知

山本有二（やまもと ゆうじ）

自前[無]　当11
高知県　S27・5・11
勤32年3ヵ月　(初/平2)

予算委、憲審委、党財務委員長、農林水産大臣、党道路調査会長、予算委員長、金融担当大臣、法務総括、弁護士、早大／69歳

〒781-8010 高知市桟橋通3-31-1 ☎088(803)7788
〒100-8981 千代田区永田町2-2-1、会館 ☎03(3508)7232

平井卓也（ひらい たくや）

自前[岸]　当8(初/平12)
香川県高松市　S33・1・25
勤21年10ヵ月　〈香川1区〉

党デジタル社会推進本部長、初代デジタル大臣、デジタル改革担当相、党広報本部長、内閣委長、電通、上智大／64歳

〒760-0025 高松市古新町4-3 ☎087(826)2811
〒100-8981 千代田区永田町2-2-1、会館 ☎03(3508)7307

後藤田正純（ごとうだ まさずみ）

自前[茂]　当8(初/平12)
東京都　S44・8・5
勤21年10ヵ月　〈徳島1区〉

党総務、党道路調査会副会長、社会保障制度調査会幹事、予算委、厚労委、災害特委、元内閣府副大臣、慶大／52歳

〒770-8056 徳島市問屋町57 ☎088(652)8822

白石洋一（しらいし よういち）

立前　当3(初/平21)
愛媛県　S38・6・25
勤7年10ヵ月　〈愛媛3区〉

文科委、地方創生特委理事、党国際局長代理、党政調副会長、米国監査法人、長銀、カリフォルニア大バークレー校MBA、東大法／58歳

〒793-0028 愛媛県西条市新田197-4 ☎0897(47)1000

※平16参院初当選

やま　さき　まさ　やす
山崎正恭

公新　当1
高知県高知市　S46・3・5
勤5ヵ月　(初/令3)

党教育改革推進本部事務局次長、文部科学委、厚生労働委、科学技術特委、高知県議、中京大、鳴門教育大学院／50歳

〒781-8010 高知市栈橋通1-7-2
中村ビル2F　☎088(805)0607
〒100-8982 千代田区永田町2-1-2、会館 ☎03(3508)7472

よし　だ　　　よ
吉田とも代

維新　当1(初/令3)
兵庫県神戸市　S50・2・23
勤5ヵ月　〈徳島1区〉

党徳島県第1選挙区支部長、厚生労働委、決算行監委、原子力特委、丹波篠山市議、神戸松陰短大／47歳

〒100-8982 千代田区永田町2-1-2、会館　☎03(3508)7001

比例代表　四国　6人

有効投票数 1,698,487票

政党名	当選者数 惜敗率 小選挙区	得票数	得票率 惜敗率 小選挙区

自民党　3人　664,805票　39.14%

当①山本　有二 前
当②平井　卓也 前(78.46)香1
当②後藤田正純 前(77.81)徳1
②瀬戸　隆一 元(57.48)香2
⑬福山　　守 前
⑭福井　　照 前
⑮二川　弘康 新
⑯井桜　康司 新

【小選挙区での当選者】
②山口　俊一 前　徳2
②大野敬太郎 前　香3
②塩崎　彰久 新　愛1
②村上誠一郎 前　愛2
②井原　　巧 新　愛3
②長谷川淳二 新　愛4
②中谷　　元 前　高1
②尾﨑　正直 新　高2

立憲民主党　1人　291,870票　17.18%

当①白石　洋一 前(93.89)愛3
①友近　聡朗 新(64.44)愛1
①中野真由美 新(56.55)徳2
①武内　則男 前(47.72)高1
①広田　　一 前(46.87)高2
⑦長山　雅一 新
⑧小山田経子 新

【小選挙区での当選者】
①小川　淳也 前　香1

公明党　1人　233,407票　13.74%

当①山崎　正恭 新
②坂本　道応 新

日本維新の会　1人　173,826票　10.23%

当①吉田　知代 新(20.17)徳1
▼①町川　順子 新(17.60)香1
③佐藤　　暁 新

▼は小選挙区の得票が有効投票総数の10分の1未満で、復活当選の資格がない者

その他の政党の得票数・得票率は下記のとおりです。
(当選者はいません)

政党名	得票数	得票率
国民民主党	122,082票	7.19%
共産党	108,021票	6.36%
れいわ新選組	52,941票	3.12%
社民党	30,249票	1.78%
NHKと裁判してる党弁護士法72条違反で	21,285票	1.25%

福岡県1区 453,215 投47.56

福岡市(東区、博多区)

当99,430	井上貴博	自前	(47.5)
比53,755	坪田　晋	立新	(25.7)
比当37,604	山本剛正	維元	(18.0)
18,487	木村拓史	共新	(8.8)

井上貴博（いのうえたかひろ）

自前[麻]　当4
福岡県福岡市　S37・4・2
勤9年4ヵ月　(初/平24)

党副幹事長、財金委、環境委、科技特委理、憲法審査会委、財務大臣政務官、財務大臣補佐官、党国対副委員長、福岡県議、福岡JC理事長、獨協大法／59歳

〒812-0014 福岡市博多区比恵町2-1
博多エステートビル102号　☎092(418)9898

福岡県2区 449,552 投53.81

福岡市(中央区、南区の一部(P177参照)、城南区の一部(P177参照))

当109,382	鬼木　誠	自前	(46.0)
比当101,258	稲富修二	立前	(42.6)
比27,302	新開崇司	維新	(11.5)

鬼木誠（おにきまこと）

自前[森]　当4
福岡県福岡市　S47・10・16
勤9年4ヵ月　(初/平24)

防衛副大臣、元経産委理、国交委理、党厚労部会長代理、税調幹事、元環境大臣政務官、福岡県議、銀行員、九大法／49歳

〒810-0014 福岡市中央区平尾2-3-15　☎092(707)1972
〒107-0052 港区赤坂2-17-10、宿舎

福岡県3区 433,603 投54.42

福岡市(城南区(第2区に属しない区域)(P177参照)、早良区、西区)、糸島市

当135,031	古賀　篤	自前	(57.9)
比98,304	山内康一	立前	(42.1)

古賀篤（こがあつし）

自前[岸]　当4
福岡県福岡市　S47・7・14
勤9年4ヵ月　(初/平24)

厚生労働副大臣、総務大臣政務官、金融庁課長補佐、財務省主査、東大法／49歳

〒814-0015 福岡市早良区室見2-1-22 2F　☎092(822)5051
〒100-8982 千代田区永田町2-1-2、会館　☎03(3508)7081

福岡県4区 369,215 投53.97

宗像市、古賀市、福津市、糟屋郡

当96,023	宮内秀樹	自前	(49.4)
比49,935	森本慎太郎	立新	(25.7)
比当36,998	阿部弘樹	維新	(19.0)
比11,338	竹内信昭	社新	(5.8)

宮内秀樹（みやうちひでき）

自前[二]　当4
愛媛県　S37・10・19
勤9年4ヵ月　(初/平24)

党文部科学部会長代理、前文部科学委員長、農林水産副大臣、元党副幹事長、国交部会長代理、国土交通政務官、青学大／59歳

〒811-3101 古賀市天神4-8-1　☎092(942)5510
〒100-8981 千代田区永田町2-2-1、会館　☎03(3508)7174

福岡県5区 454,493 投54.52

当125,315 堤　かなめ 立新(53.1)
110,706 原田義昭 自前(46.9)

福岡市(南区(第2区に属しない区域)(P177参照))、筑紫野市、春日市、大野城市、太宰府市、朝倉市、那珂川市、朝倉郡

堤　かなめ（つつみ）

立新 当1
福岡県 S35・10・27
勤5ヵ月 (初/令3)

内閣委、地方創生特委、党政調会長補佐、党福岡県連副代表、福岡県議(3期)、大学教員、NPO法人、九州大学／61歳

〒818-0072 筑紫野市二日市中央2-7-17-2F ☎092(409)0077
〒100-8982 千代田区永田町2-1-2、会館 ☎03(3508)7062

福岡県6区 374,631 投51.19

当125,366 鳩山二郎 自前(67.4)
比38,578 田辺　徹 立新(20.8)
12,565 河野一弘 共新(6.8)
5,612 組坂善昭 無新(3.0)
3,753 熊丸英治 N新(2.0)

久留米市、大川市、小郡市、うきは市、三井郡、三潴郡

鳩山二郎（はとやまじろう）

自前[二] 当3
東京都 S54・1・1
勤5年6ヵ月 (初/平28補)

総務大臣政務官、国土交通大臣政務官兼内閣府大臣政務官、大川市長、法務大臣秘書官、杏林大／43歳

〒830-0018 久留米市通町1-1 2F ☎0942(39)2111
〒107-0052 港区赤坂2-17-10、宿舎

福岡県7区 288,733 投52.53

当92,233 藤丸　敏 自前(62.3)
比55,820 青木剛志 立新(37.7)

大牟田市、柳川市、八女市、筑後市、みやま市、八女郡

藤丸　敏（ふじまるさとし）

自前[岸] 当4
福岡県 S35・1・19
勤9年4ヵ月 (初/平24)

党外交部会長代理、財金委理、災害特委、地方創生特委、防衛政務官兼内閣府政務官、衆議院議員秘書、高校教師、東京学芸大学大学院中退／62歳

〒836-0842 大牟田市有明町2-1-16
ウドノビル4F ☎0944(57)6106

福岡県8区 349,058 投53.04

当104,924 麻生太郎 自前(59.6)
38,083 河野祥子 共新(21.6)
比32,964 大島九州男 れ新(18.7)

直方市、飯塚市、中間市、宮若市、嘉麻市、遠賀郡、鞍手郡、嘉穂郡

麻生太郎（あそうたろう）

自前[麻] 当14
福岡県飯塚市 S15・9・20
勤40年 (初/昭54)

党副総裁、前副総理・財務相・金融相、元首相、党幹事長、外相、総務相、党政調会長、経財相、経企庁長官、学習院大／81歳

〒820-0040 飯塚市吉原町10-7 ☎0948(25)1121
〒100-8981 千代田区永田町2-2-1、会館 ☎03(3508)7703

福岡県9区 380,277 投50.95

北九州市(若松区、八幡東区、八幡西区、戸畑区)

当91,591	緒方林太郎	無元(48.1)
76,481	三原朝彦	自前(40.2)
比22,273	真島省三	共元(11.7)

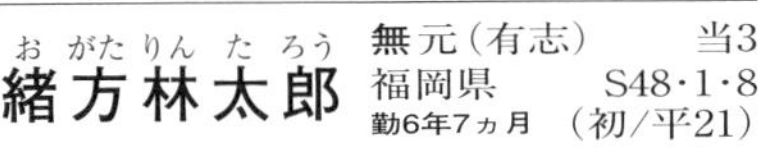

おがたりんたろう
緒方林太郎
無元(有志) 当3
福岡県 S48・1・8
勤6年7ヵ月 (初/平21)

内閣委、**予算委**、元外務省課長補佐、東大法中退/49歳

〒806-0045 北九州市八幡西区竹末2-2-21 ☎093(644)7077

福岡県10区 408,059 投48.00

北九州市(門司区、小倉北区、小倉南区)

当85,361	城井　崇	立前(44.5)
81,882	山本幸三	自前(42.7)
比21,829	西田主税	維新(11.4)
2,840	大西啓雅	無新(1.5)

きい たかし
城井　崇
立前 当4
福岡県北九州市 S48・6・23
勤9年8ヵ月 (初/平15)

国交委理、**予算委**、**科技特委**、**党政調会長代行・子ども子育てPT座長・県連代表**、文科委理、文部科学大臣政務官、社会福祉法人評議員、衆議院議員秘書、京大/48歳

〒802-0072 北九州市小倉北区東篠崎1-4-1 TAKAビル片野2F ☎093(941)7767
〒100-8981 千代田区永田町2-2-1、会館 ☎03(3508)7389

福岡県11区 256,676 投54.28

田川市、行橋市、豊前市、田川郡、京都郡、築上郡

当75,997	武田良太	自前(55.8)
40,996	村上智信	無新(30.1)
比19,310	志岐玲子	社新(14.2)

たけだりょうた
武田良太
自前[二] 当7
福岡県福智町(旧赤池町) S43・4・1
勤18年5ヵ月 (初/平15)

安保委理、総務大臣、国家公安委員長、内閣府特命担当大臣(防災)、党幹事長特別補佐、元防衛副大臣・政務官、安保委員長、早大院修了/53歳

〒826-0041 福岡県田川市大字弓削田3513-1 ☎0947(46)0224
〒107-0052 港区赤坂2-17-10、宿舎

佐賀県1区 333,792 投56.19

佐賀市、鳥栖市、神埼市、神埼郡、三養基郡

当92,452	原口一博	立前(50.0)
比当92,319	岩田和親	自前(50.0)

はらぐちかずひろ
原口一博
立前 当9
佐賀県 S34・7・2
勤25年7ヵ月 (初/平8)

決算行監委員長、党副代表、国会対策委員長代行、県連代表、国家基本委理、政倫審幹事、総務大臣、県議、松下政経塾、東大/62歳

〒849-0922 佐賀市高木瀬東2-5-41 ☎0952(32)2321
〒107-0052 港区赤坂2-17-10、宿舎

佐賀県2区 340,930 投60.75

当106,608 大串博志 立前(52.0)
比当98,224 古川　康 自前(48.0)

唐津市、多久市、伊万里市、武雄市、鹿島市、小城市、嬉野市、東松浦郡、西松浦郡、杵島郡、藤津郡

おおぐしひろし
大串博志
立前 当6
佐賀県白石町 S40・8・31
勤16年7ヵ月 (初/平17)

党税調会長、予算委筆頭理事、内閣委、首相補佐官、財務大臣政務官、財務省主計局主査、東大/56歳

〒849-0303 小城市牛津町牛津127-1 ☎0952(66)5776
〒107-0052 港区赤坂2-17-10、宿舎 ☎03(5549)4671

長崎県1区 334,139 投55.25

当101,877 西岡秀子 国前(56.1)
比69,053 初村滝一郎 自新(38.0)
10,754 安江綾子 共新(5.9)

長崎市(本庁管内、小ケ倉・土井首・小榊・西浦上・滑石・福田・深堀・日見・茂木・式見・東長崎・三重支所管内、香焼・伊王島・高島・野母崎・三和行政センター管内)

にしおかひでこ
西岡秀子
国前 当2
長崎県長崎市 S39・3・15
勤4年6ヵ月 (初/平29)

党政調会長代理、党第1部会長、党長崎県連代表、総務委、文科委、地方創生特委、国会議員秘書、会社員、学習院大法学部/57歳

〒850-0842 長崎市新地町5-6 ☎095(821)2077
〒100-8982 千代田区永田町2-1-2、会館 ☎03(3508)7343

長崎県2区 293,298 投57.03

当95,271 加藤竜祥 自新(58.2)
比68,405 松平浩一 立前(41.8)

長崎市(第1区に属しない区域)、島原市、諫早市、雲仙市、南島原市、西彼杵郡

かとうりゅうしょう
加藤竜祥
自新[安] 当1
長崎県島原市 S55・2・10
勤5ヵ月 (初/令3)

党国対委、総務委、農水委、倫選特委、党農林水産関係団体副委員長、党青年局次長、衆議院議員秘書、日大経/42歳

〒854-0026 諫早市東本町2-4三央ビル2F ☎0957(35)1000
〒107-0052 港区赤坂2-17-10、宿舎 ☎03(5549)4671

長崎県3区 236,525 投60.93

当57,223 谷川弥一 自前(40.7)
比当55,189 山田勝彦 立新(39.2)
25,566 山田博司 無新(18.2)
2,750 石本啓之 諸新(2.0)

佐世保市(早岐・三川内・宮支所管内)、大村市、対馬市、壱岐市、五島市、東彼杵郡、北松浦郡(小値賀町)、南松浦郡

たにがわやいち
谷川弥一
自前[安] 当7
長崎県五島市 S16・8・12
勤18年5ヵ月 (初/平15)

党離島振興特別委員長、文科委、地方創生特委理、文科委員長、文科副大臣、農水政務官、県議長、長崎東高/80歳

〒856-0826 大村市東三城町6-1-2F ☎0957(50)1981

長崎県4区 250,004 投55.08

佐世保市(第3区に属しない区域)、平戸市、松浦市、西海市、北松浦郡(佐々町)

当55,968	北村誠吾	自前	(42.1)
比当55,577	末次精一	立新	(41.8)
16,860	萩原 活	無新	(12.7)
4,675	田中隆治	無新	(3.5)

北村誠吾(きたむら せいご) 自前[岸] 当8
長崎県 S22・1・29
勤21年10ヵ月 (初/平12)

予算委、原子力特委、内閣府特命担当大臣、党総務副会長、副幹事長、安保委長、政調副、防衛副大臣、防衛政務官、学校法人理事、県議、佐世保市議、代議士秘書、早大/75歳

〒857-0863 佐世保市三浦町1-23 ☎0956(25)3113
〒100-8982 千代田区永田町2-1-2、会館 ☎03(3508)7627

熊本県1区 421,038 投52.91

熊本市(中央区、東区、北区)

当131,371	木原 稔	自前	(61.0)
比83,842	濱田大造	立新	(39.0)

木原 稔(きはら みのる) 自前[茂] 当5
熊本県熊本市 S44・8・12
勤13年3ヵ月 (初/平17)

党政調副会長兼事務局長、選対委副委員長、総理補佐官、財務副大臣、党文科部会長、党青年局長、防衛大臣政務官、日本航空、早大/52歳

〒862-0976 熊本市中央区九品寺2-8-17
九品寺サンシャイン1F ☎096(273)6833
〒100-8982 千代田区永田町2-1-2、会館 ☎03(3508)7450

熊本県2区 314,184 投58.67

熊本市(西区、南区)、荒尾市、玉名市、玉名郡

当110,310	西野太亮	無新	(60.6)
60,091	野田 毅	自前	(33.0)
11,521	橋田芳昭	共新	(6.3)

西野太亮(にしの だいすけ) 自新[無] 当1
熊本県熊本市 S53・9・22
勤5ヵ月 (初/令3)

経産委、総務委、震災復興特委、党青年局次長、財務省主計局主査、復興庁参事官補佐、コロンビア大学院、東大/43歳

〒861-4101 熊本市南区近見1-2-12 ☎096(355)5008
〒100-8981 千代田区永田町2-2-1、会館 ☎03(3508)7144

熊本県3区 315,296 投57.37

山鹿市、菊池市、阿蘇市、合志市、菊池郡、阿蘇郡、上益城郡

当125,158	坂本哲志	自前	(71.2)
比37,832	馬場功世	社新	(21.5)
12,909	本間明子	N新	(7.3)

坂本哲志(さかもと てつし) 自前[森] 当7
熊本県菊池郡 S25・11・6
勤16年7ヵ月 (初/平15)

党組織運動本部長代理、党副幹事長、内閣府特命担当大臣、農林水産委員長、県議、新聞記者、中央大法学部/71歳

〒869-1235 菊池郡大津町室122-4 ☎096(293)7990
〒100-8982 千代田区永田町2-1-2、会館 ☎03(3508)7034

熊本県４区　404,286 投 57.50

当155,572　金子恭之　自前（68.1）
比72,966　矢上雅義　立前（31.9）

八代市、人吉市、水俣市、天草市、宇土市、上天草市、宇城市、下益城郡、八代郡、葦北郡、球磨郡、天草郡

金子恭之（かねこやすし）

自前［岸］　当8
熊本県あさぎり町　S36・2・27
勤21年10ヵ月　（初／平12）

総務大臣、国交委、党政調会長代理、党副幹事長、国土交通副大臣、農水政務官、早大／61歳

〒866-0814　八代市東片町463-1　☎0965（39）8366

大分県１区　385,469 投 53.17

当97,117　吉良州司　無前（48.8）
比75,932　高橋舞子　自新（38.1）
15,889　山下　魁　共新（8.0）
6,216　西宮重貴　無新（3.1）
4,001　野中美咲　N新（2.0）

大分市の一部（P177参照）

吉良州司（きらしゅうじ）

無前（有志）　当6
大分県　S33・3・16
勤16年5ヵ月　（初／平15）

決算行監委、国家基本委、元外務副大臣、外務大臣政務官、沖北特委長、党外務部門・防衛部門会議座長、日商岩井ニューヨーク部長、東大法／63歳

〒870-0820　大分市西大道2-4-2　☎097（545）7777
〒100-8982　千代田区永田町2-1-2、会館　☎03（3508）7412

大分県２区　267,779 投 60.45

当79,433　衛藤征士郎　自前（50.2）
比当78,779　吉川　元　立前（49.8）

大分市（第1区に属しない区域）、日田市、佐伯市、臼杵市、津久見市、竹田市、豊後大野市、由布市、玖珠郡

衛藤征士郎（えとうせいしろう）

自前［安］　当13（初／昭58）※
大分県　S16・4・29
勤44年6ヵ月（参6年1ヵ月）

党外交調査会長、党総務、予算委、衆議院副議長、予算委員長、外務副大臣、決算・大蔵委長、防衛庁長官、参院議員、玖珠町長、早大院／80歳

〒876-0833　佐伯市池船町21-1　☎0972（24）0003
〒107-0052　港区赤坂2-17-10、宿舎

大分県３区　301,700 投 59.67

当102,807　岩屋　毅　自前（58.4）
比73,159　横光克彦　立前（41.6）

別府市、中津市、豊後高田市、杵築市、宇佐市、国東市、東国東郡、速見郡

岩屋　毅（いわやたけし）

自前［麻］　当9
大分県別府市　S32・8・24
勤25年3ヵ月　（初／平2）

予算委、憲法審、党治安テロ調査会長、防衛大臣、外務副大臣、防衛政務官、文科委員長、県議、早大政経／64歳

〒874-0933　別府市野口元町1-3 富士吉ビル2F　☎0977（21）1781
〒107-0052　港区赤坂2-17-10、宿舎　☎03（5549）4671

※昭52参院初当選

宮崎県1区 354,691 投53.29	当60,719 渡辺　創 立新(32.6)
宮崎市、東諸県郡	比当59,649 武井俊輔 自前(32.0)
	43,555 脇谷のりこ 無新(23.4)
	比22,350 外山　斎 維新(12.0)

わたなべ　そう
渡辺　創　立新　当1
宮崎県宮崎市　S52・10・3
勤5ヵ月　(初/令3)

農水委、原子力特委、党宮崎県連代表、党組織委員会副委員長、元宮崎県議、元毎日新聞政治部記者、新潟大/44歳

〒880-0001 宮崎市橘通西5-5-19　☎0985(77)8777
〒107-0052 港区赤坂2-17-10、宿舎

宮崎県2区 273,071 投56.28	当94,156 江藤　拓 自前(62.2)
延岡市、日向市、西都市、児湯郡、東臼杵郡、西臼杵郡	比当57,210 長友慎治 国新(37.8)

えとう　たく
江藤　拓　自前[無]　当7
宮崎県門川町　S35・7・1
勤18年5ヵ月　(初/平15)

党政調会長代理、農水委理、災害特委、拉致特委、前農水大臣、内閣総理大臣補佐官、拉致特委長、農水委員長、農水副大臣、党農林部会長、成城大/61歳

〒883-0021 日向市大字財光寺233-1　☎0982(53)1367
〒100-8982 千代田区永田町2-1-2、会館　☎03(3508)7468

宮崎県3区 274,053 投51.53	当111,845 古川禎久 自前(80.7)
都城市、日南市、小林市、串間市、えびの市、北諸県郡、西諸県郡	20,342 松本　隆 共新(14.7)
	6,347 重黒木優平 N新(4.6)

ふるかわ　よしひさ
古川禎久　自前[茂]　当7
宮崎県串間市　S40・8・3
勤18年5ヵ月　(初/平15)

法務大臣、党税調幹事、選対副委長、道路調査会幹事長代理、財務副大臣、復興特委長、財金委長、議運委理、党青年局長、環境・法務政務官、建設省、東大法/56歳

〒885-0006 都城市吉尾町811-7　☎0986(47)1881
〒107-0052 港区赤坂2-17-10、宿舎

鹿児島県1区 358,070 投54.10	当101,251 宮路拓馬 自前(53.2)
鹿児島市(本庁管内、伊敷・東桜島・吉野・吉田・桜島・松元・郡山支所管内)、鹿児島郡	比89,232 川内博史 立前(46.8)

みやじ　たくま
宮路拓馬　自前[森]　当3
鹿児島県南さつま市　S54・12・6
勤7年4ヵ月　(初/平26)

内閣府大臣政務官、内閣委、元総務大臣政務官、総務省課長補佐、内閣官房参事官補佐、広島市財政課長、東大法/42歳

〒892-0838 鹿児島市新屋敷町16-422 公社ビル　☎099(295)4860
〒100-8981 千代田区永田町2-2-1、会館　☎03(3508)7206

鹿児島県2区 337,186 投 58.58

鹿児島市(谷山・喜入支所管内)、枕崎市、指宿市、南さつま市、奄美市、南九州市、大島郡

当92,614 三反園 訓 無新(47.7)
80,469 金子万寿夫 自前(41.4)
比21,084 松崎真琴 共新(10.9)

三反園 訓（みたぞの さとし）

無新 当1
鹿児島県指宿市 S33・2・13
勤5ヵ月 (初/令3)

決算行監委、鹿児島県知事、ニュースキャスター、政治記者、総理官邸各省庁キャップ、早大大学院非常勤講師、早大／64歳

〒891-0141 鹿児島市谷山中央3-4701-4 ☎099(266)3333
〒100-8982 千代田区永田町2-1-2、会館 ☎03(3508)7511

鹿児島県3区 318,530 投 61.39

阿久根市、出水市、薩摩川内市、日置市、いちき串木野市、伊佐市、姶良市、薩摩郡、出水郡、姶良郡

当104,053 野間 健 立元(53.9)
比当89,110 小里泰弘 自前(46.1)

野間 健（のま たけし）

立元 当3
鹿児島県日置市 S33・10・8
勤5年3ヵ月 (初/平24)

厚労委、原子力特委、国民新党政調会長、国務大臣秘書官、商社員、松下政経塾、慶大／63歳

〒895-0061 薩摩川内市御陵下町27-23 ☎0996(22)1505
〒100-8982 千代田区永田町2-1-2、会館 ☎03(3508)7027

鹿児島県4区 325,670 投 57.16

鹿屋市、西之表市、垂水市、曽於市、霧島市、志布志市、曽於郡、肝属郡、熊毛郡

当127,131 森山 裕 自前(69.5)
比49,077 米永淳子 社新(26.8)
6,618 宮川直輝 N新(3.6)

森山 裕（もりやま ひろし）

自前[森] 当7(初/平16補)※
鹿児島県鹿屋市 S20・4・8
勤23年10ヵ月(参5年10ヵ月)

党総務会長代行、党国会対策委員長、党政調会長代理、農林水産大臣、財務副大臣、参議院議員、鹿児島市議会議長5期、日新高校(旧鶴丸高夜間課程)／76歳

〒893-0015 鹿屋市新川町671-2 ☎0994(31)1035
〒100-8981 千代田区永田町2-2-1、会館 ☎03(3508)7164

沖縄県1区 267,939 投 55.89

那覇市、島尻郡(渡嘉敷村、座間味村、粟国村、渡名喜村、南大東村、北大東村、久米島町)

当61,519 赤嶺政賢 共前(42.2)
比当54,532 国場幸之助 自前(37.4)
29,827 下地幹郎 無前(20.4)

赤嶺政賢（あかみね せいけん）

共前 当8
沖縄県那覇市 S22・12・18
勤21年10ヵ月 (初/平12)

党沖縄県委員長、党幹部会委員、安保委、沖北特委、憲法審委、那覇市議、東京教育大／74歳

〒900-0016 那覇市前島3-1-17 ☎098(862)7521
〒100-8981 千代田区永田町2-2-1、会館 ☎03(3508)7196

※平10参院初当選

沖縄県2区 294,848 投 54.82

宜野湾市、浦添市、中頭郡

当74,665	新垣邦男	社新	(47.4)
比当64,542	宮崎政久	自前	(41.0)
比15,296	山川泰博	維新	(9.7)
3,053	中村幸也	N新	(1.9)

あら かき くに お
新垣邦男 社新 沖縄県 勤5ヵ月 当1(初/令3) S31・6・19 〈沖縄2区〉

党国対委員長、安保委、憲法審委、沖北特委、元北中城村長、日大/65歳

〒901-2212 宜野湾市長田4-16-11 ☎098(892)2132
〒107-0052 港区赤坂2-17-10、宿舎

沖縄県3区 316,908 投 54.00

名護市、沖縄市、うるま市、国頭郡、島尻郡(伊平屋村、伊是名村)

当87,710	島尻安伊子	自新	(52.1)
比80,496	屋良朝博	立前	(47.9)

しまじり あ い こ
島尻安伊子 自新[茂] 当1(初/令3)※ 宮城県仙台市 S40・3・4 勤9年10ヵ月(参9年5ヵ月)

外務委、予算委理、沖北特委、沖縄担当大臣補佐官、内閣府特命担当大臣、参院環境委員長、党沖縄県連会長、参議院議員、那覇市議、上智大/56歳

〒904-2153 沖縄市美里1-2-1 ☎098(921)3144
〒107-0052 港区赤坂2-17-10、宿舎

沖縄県4区 295,455 投 55.05

石垣市、糸満市、豊見城市、宮古島市、南城市、島尻郡(与那原町、南風原町、八重瀬町)、宮古郡、八重山郡

当87,671	西銘恒三郎	自前	(54.9)
比72,031	金城 徹	立新	(45.1)

にし め こう さぶ ろう
西銘恒三郎 自前[茂] 当6 沖縄県 S29・8・7 勤15年1ヵ月 (初/平15)

復興・沖北担当大臣、沖北特筆理、安保・国交委員長、経産・総務副大臣、国交政務官、予算委理事、県議4期、上智大/67歳

〒901-1115 沖縄県島尻郡南風原町字山川286-1(2F) ☎098(888)5360
〒100-8982 千代田区永田町2-1-2、会館 ☎03(3508)7218

比例代表 九州 20人

福岡、佐賀、長崎、熊本、大分、宮崎、鹿児島、沖縄

いま むら まさ ひろ
今村雅弘 自前[二] 当9 佐賀県鹿島市 S22・1・5 勤25年7ヵ月 (初/平8)

党物流調査会長、元復興大臣、農林水産副大臣、国交・外務政務官、震災復興・国交・決算行監各委員長、JR九州、東大法/75歳

〒840-0032 佐賀市末広2-13-36 ☎0952(27)8015
〒100-8982 千代田区永田町2-1-2、会館 ☎03(3508)7610

※平19補参院初当選

やす おか ひろ たけ
保岡宏武
自新［無］ 当1
鹿児島県 S48・5・6
勤5ヵ月 （初／令3）

総務委、農水委、消費者特委、地方創生特委、衆議員保岡興治公設第一秘書、鹿児島事務所長、青山学院大法学部、鹿児島大学大学院農学研究科／48歳

〒890-0054 鹿児島市荒田1-10-8 ☎099(263)8666
〒106-0032 港区六本木7-1-3、宿舎

いわ た かず ちか
岩田和親
自前［岸］ 当4(初／平24)
佐賀県 S48・9・20
勤9年4ヵ月 **〈佐賀1区〉**

経産・内閣府・復興大臣政務官、元党国防部会・国交部会長代理、建設関係団体副委員長、防衛大臣政務官、佐賀県議、九大法／48歳

〒840-0045 佐賀市西田代2-3-14-1 ☎0952(23)7880
〒107-0052 港区赤坂2-17-10、宿舎

たけ い しゅん すけ
武井俊輔
自前［岸］ 当4(初／平24)
宮崎県宮崎市 S50・3・29
勤9年4ヵ月 **〈宮崎1区〉**

党国対副委長、農水委、外務委、議運委、沖北特委、政倫審委、外務政務官、県水泳連盟会長、県議、早大院、中大／46歳

〒880-0805 宮崎市橘通東2-1-4
テヅカビル1F ☎0985(28)7608
〒100-8982 千代田区永田町2-1-2、会館 ☎03(3508)7388

ふる かわ やすし
古川 康
自前［茂］ 当3(初／平26)
佐賀県唐津市 S33・7・15
勤7年4ヵ月 **〈佐賀2区〉**

党税調幹事、組織本部財政金融証券委員長、総務副部会長、農業基本政策検討委員会事務局次長、障害児者問題調査会事務局次長、女性局次長、一億総活躍推進本部事務局長、総務大臣政務官、佐賀県知事、東大／63歳

〒847-0052 唐津市呉服町1790 ☎0955(74)7888
〒107-0052 港区赤坂2-17-10、宿舎

こく ば こう の すけ
國場幸之助
自前［岸］ 当4(初／平24)
沖縄県 S48・1・10
勤9年4ヵ月 **〈沖縄1区〉**

党経産部会長代理、中小企業・小規模事業者政策調査会事務局長、外務大臣政務官、党副幹事長、党沖縄県連会長、県議、会社員、早大卒、日大中退／49歳

〒900-0033 那覇市久米2-31-1
マリーナヴィスタ久米2F ☎098(861)6813
〒100-8982 千代田区永田町2-1-2、会館 ☎03(3508)7741

みや ざき まさ ひさ
宮﨑政久
自前［茂］ 当4(初／平24)
長野県 S40・8・8
勤8年3ヵ月 **〈沖縄2区〉**

党国交部会長代理、法務大臣政務官、党経産部会長代理、安保調幹事、金融調幹事、弁護士、元沖縄県法律顧問、明大法／56歳

〒901-2211 宜野湾市宜野湾1-1-1 2F ☎098(893)2955
〒107-0052 港区赤坂2-17-10、宿舎 ☎03(5549)4671

おざとやすひろ
小里泰弘
自前［無］ 当6(初/平17)
鹿児島県 S33・9・29
勤16年7ヵ月 〈鹿児島3区〉

災害対策特別委員長、党経済成長戦略本部長、農林水産副大臣、党副幹事長、農水委員長、環境(兼)内閣府副大臣、慶大／63歳

〒895-0012 鹿児島県薩摩川内市平佐1-10 ☎0996(23)5888
〒100-8981 千代田区永田町2-2-1、会館 ☎03(3508)7247

すえつぐせいいち
末次精一
立新 当1(初/令3)
長崎県佐世保市 S37・12・2
勤5ヵ月 〈長崎4区〉

経産委、科技特委、長崎県議2期、衆議院議員秘書、NPO法人理事長、中小企業診断士、長崎大MBA、京大／59歳

〒857-0016 佐世保市俵町6-21 ☎0956(37)3535

よしかわはじめ
吉川元
立前 当4(初/平24)
香川県 S41・9・28
勤9年4ヵ月 〈大分2区〉

総務委理、文科委、党総務部会長、社民党副党首、政策秘書、神戸大中退／55歳

〒875-0041 大分県臼杵市大字臼杵195 ☎0972(64)0370
〒107-0052 港区赤坂2-17-10、宿舎

やまだかつひこ
山田勝彦
立新 当1(初/令3)
長崎県長崎市 S54・7・19
勤5ヵ月 〈長崎3区〉

法務委、厚労委、消費者特委、障がい福祉施設代表、衆議員秘書、法政大／42歳

〒856-0805 大村市竹松本町859-1 ☎0957(46)3788
〒107-0052 港区赤坂2-17-10、宿舎

いなとみしゅうじ
稲富修二
立前 当3(初/平21)
福岡県 S45・8・26
勤7年10ヵ月 〈福岡2区〉

財務金融委理、国土交通委、党政調副会長、党国対副委員長、丸紅、松下政経塾、東大法、米コロンビア大院修了／51歳

〒815-0041 福岡市南区野間4-1-35-107 ☎092(557)8501
〒100-8982 千代田区永田町2-1-2、会館 ☎03(3508)7515

はまちまさかず
濵地雅一
公前 当4
福岡県福岡市 S45・5・8
勤9年4ヵ月 (初/平24)

議運委理事、党国会対策委員長代理、党中央幹事、党福岡県本部代表、外務大臣政務官、弁護士、早大法学部／51歳

〒812-0023 福岡市博多区奈良屋町11-6 奈良屋ビル2F ☎092(262)6616
〒100-8981 千代田区永田町2-2-1、会館 ☎03(3508)7235

よしだのぶひろ
吉田宣弘　**公**前　当3
熊本県荒尾市　S42・12・8
勤4年　(初/平26)

党国対副委員長、外務委理事、安保委理事、元福岡県議、元参院議員秘書、九州大学／54歳

〒862-0910　熊本市東区健軍本町26-10
村上ビル2F-A　☎096(285)3686
〒100-8981　千代田区永田町2-2-1、会館　☎03(3508)7276

きんじょうやすくに
金城泰邦　**公**新　当1
沖縄県浦添市　S44・7・16
勤5ヵ月　(初/令3)

党地方議会局次長、党遊説局次長、党沖縄方面本部幹事長、外務委、農林水産委、沖縄県議、浦添市議、沖縄国際大／52歳

〒900-0012　那覇市泊1-4-13福琉産業ビル2F
☎098(862)0211
〒107-0052　港区赤坂2-17-10、宿舎

よしだくみこ
吉田久美子　**公**新　当1
佐賀県鳥栖市　S38・7・19
勤5ヵ月　(初/令3)

党女性委員会副委員長、厚労委、決算委、消費者特委、佐賀大教育学部／58歳

〒100-8982　千代田区永田町2-1-2、会館　☎03(3508)7055

あべひろき
阿部弘樹　**維**新　当1(初/令3)
福岡県　S36・12・15
勤5ヵ月　**〈福岡4区〉**

法務委、総務委、災害特委、福岡県議、津屋崎町長、厚生省課長補佐、保健所、医師、医博、熊本大学大学院／60歳

〒811-2207　福岡県糟屋郡志免町南里3-4-1
☎092(957)8760
〒100-8982　千代田区永田町2-1-2、会館　☎03(3508)7480

やまもとごうせい
山本剛正　**維**元　当2(初/平21)
東京都　S47・1・1
勤3年9ヵ月　**〈福岡1区〉**

国土交通委、倫選特委、党国会対策副委員長、経産委理事、衆議院議員秘書、駒澤大学／50歳

〒812-0001　福岡市博多区大井2-13-23　☎092(621)0120

たむらたかあき
田村貴昭　**共**前　当3(初/平26)
大阪府枚方市　S36・4・30
勤7年4ヵ月

党中央委員、農水委、財金委、災害特委、北九州市議、北九州大学法学部政治学科／60歳

〒810-0022　福岡市中央区薬院3-13-12
大場ビル3F　☎092(526)1933
〒107-0052　港区赤坂2-17-10、宿舎

ながとも しんじ
長友慎治　国新　当1(初/令3)
宮崎県宮崎市　S52・6・22
勤5ヵ月　〈宮崎2区〉

農水委、党政調副会長、NPO法人フードバンク日向理事長、日向産業支援センター長、㈱博報堂ケトル、早大法／44歳

〒882-0823 延岡市中町2-2-20　☎0982(20)2011
〒100-8982 千代田区永田町2-1-2、会館　☎03(3508)7212

比例代表　九州　20人　有効投票数 6,307,040票

政党名	当選者数	得票数	得票率
	惜敗率 小選挙区		惜敗率 小選挙区

自民党　8人　2,250,966票　35.69%

当①今村　雅弘 前
当②保岡　宏武 新
当③岩田　和親 前(99.86)佐1
当③武井　俊輔 前(98.24)宮1
当③古川　康 前(92.14)佐2
当③国場幸之助 前(88.41)沖1
当③宮崎　政久 前(86.44)沖2
当③小里　泰弘 前(85.64)鹿3
③高橋　舞子 新(78.19)大1
③初村滝一郎 新(67.78)長1
㉘河野　正美 元
㉙新　義明 新
㉚田畑　隆治 新
【小選挙区での当選者】
③井上　貴博 前　福1
③鬼木　誠 前　福2
③古賀　篤 前　福3
③宮内　秀樹 前　福4
③鳩山　二郎 前　福6
③藤丸　敏 前　福7
③武田　良太 前　福11
③加藤　竜祥 新　長2
③木原　稔 前　熊1
③坂本　哲志 前　熊3
③金子　恭之 前　熊4
③岩屋　毅 前　大3
③江藤　拓 前　宮2
③古川　禎久 前　宮3
③宮路　拓馬 前　鹿1
③島尻安伊子 新　沖3
③西銘恒三郎 前　沖4

立憲民主党　4人　1,266,801票　20.09%

当①末次　精一 新(99.30)長4
当①吉川　元 前(99.18)大2
当①山田　勝彦 新(96.45)長3
当①稲富　修二 前(92.57)福2
①屋良　朝博 前(91.78)沖3
①川内　博史 前(88.13)鹿1
①金城　徹 新(82.16)沖4
①山内　康一 前(72.80)福3
①松平　浩一 前(71.80)長2
①横光　克彦 前(71.16)大3
①濱田　大造 新(63.82)熊1
①青木　剛志 新(60.52)福7
①坪田　晋 新(54.06)福1
①森本慎太郎 新(52.00)福4
①矢上　雅義 前(46.90)熊4
①田辺　徹 新(30.77)福6
㉓出口慎太郎 新
㉔大川　富洋 新
㉕川西　義人 新
【小選挙区での当選者】
①堤　かなめ 新　福5
①城井　崇 前　福10
①原口　一博 前　佐1
①大串　博志 前　佐2
①渡辺　創 新　宮1
①野間　健 元　鹿3

公明党　4人　1,040,756票　16.50%

当①浜地　雅一 前
当②吉田　宣弘 前
当③金城　泰邦 新
当④吉田久美子 新
⑤窪田　哲也 新
⑥中山　英一 新

日本維新の会　2人　540,338票　8.57%

当①阿部　弘樹 新(38.53)福4
当①山本　剛正 元(37.82)福1
①外山　斎 新(36.81)宮1
①西田　主税 新(25.57)福10
①新開　崇司 新(24.96)福2
▼①山川　泰博 新(20.49)沖2

共産党　1人　365,658票　5.80%

当②田村　貴昭 前
③真島　省三 元　福9
④松崎　真琴 新　鹿2

【小選挙区での当選者】
①赤嶺　政賢 前　沖1

国民民主党　1人　279,509票　4.43%

当①長友　慎治 新(60.76)宮2
③前野真実子 新

【小選挙区での当選者】
①西岡　秀子 前　長1

▼は小選挙区の得票が有効投票総数の10分の1未満で、復活当選の資格がない者

その他の政党の得票数・得票率は下記のとおりです。
(当選者はいません)

政党名	得票数	得票率
れいわ新選組	243,284票	3.86%
社民党	221,221票	3.51%
NHKと裁判してる党弁護士法72条違反で	98,506票	1.56%

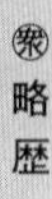

衆議院小選挙区区割り詳細(未掲載分)

【北海道1区の札幌市北区・西区の一部】(P53参照)
北区(本庁管内(北六条西1～9丁目、北七条西1～10丁目、北八条西1～11丁目、北九条西1～11丁目、北十条西1～11丁目、北十一条西1～11丁目、北十二条西5～12丁目、北十三条西5～12丁目、北十四条西5～13丁目、北十五条西6～13丁目、北十六条西6～13丁目、北十七条西7～13丁目))、**西区**(山の手一条1～13丁目、山の手二条1～12丁目、山の手三条1～12丁目、山の手四条1～11丁目、山の手五条1～10丁目、山の手六条1～9丁目、山の手七条5～8丁目、山の手、二十四軒一条1～7丁目、二十四軒二条1～7丁目、二十四軒三条1～7丁目、二十四軒四条1～7丁目、琴似一条1～7丁目、琴似二条1～7丁目、琴似三条1～7丁目、琴似四条1～7丁目、発寒六条14丁目、発寒七条14丁目、発寒八条13丁目(14番)、発寒八条14丁目、発寒九条13丁目(5番から7番まで)、発寒九条14丁目、小別沢、宮の沢一条1～5丁目、宮の沢二条1～5丁目、宮の沢三条2～5丁目、宮の沢四条3～5丁目、宮の沢、西町南1～21丁目、西町北1～20丁目、西野一条1～9丁目、西野二条1～10丁目、西野三条1～10丁目、西野四条1～10丁目、西野五条1～10丁目、西野六条1～10丁目、西野七条1～10丁目、西野八条1～10丁目、西野九条3～9丁目、西野十条6～9丁目、西野十一条7～9丁目、西野十二条8丁目、西野十三条8丁目、西野十四条8丁目、西野、福井1～10丁目、福井、平和一条2～11丁目、平和二条1～11丁目、平和三条4～10丁目、平和)

【北海道2区の札幌市北区(1区に属しない区域)】(P53参照)
本庁管内(北十二条西1～4丁目、北十三条西1～4丁目、北十四条西1～4丁目、北十五条西1～5丁目、北十六条西1～5丁目、北十七条西1～6丁目、北十八条西2～13丁目、北十九条西2～13丁目、北二十条西2～13丁目、北二十一条西2～13丁目、北二十二条西2～13丁目、北二十三条西2～14丁目、北二十四条西2～19丁目、北二十五条西2～9丁目、北二十五条西11～18丁目、北二十六条西2～9丁目、北二十六条西12～17丁目、北二十七条西2～16丁目、北二十八条西2～15丁目、北二十九条西2～15丁目、北三十条西2～14丁目、北三十一条西2～14丁目、北三十二条西2～13丁目、北三十三条西2～12丁目、北三十四条西2～11丁目、北三十五条西2～10丁目、北三十六条西2～10丁目、北三十七条西2～9丁目、北三十八条西2～8丁目、北三十九条西3～7丁目、北四十条西4～6丁目、新川一条1～6丁目、新川二条1～13丁目、新川三条1～20丁目、新川四条1～20丁目、新川五条1～6丁目、新川五条14～16丁目、新川五条20丁目、新川六条14～16丁目、新川六条20丁目、新川七条16丁目、新川八条17丁目、新川西一条1～4丁目、新川西一条6～7丁目、新川西二条1～7丁目、新川西三条1～7丁目、新川西四条3～4丁目、新川西五条4丁目、新川、新琴似一条1～13丁目、新琴似二条1～13丁目、新琴似三条1～13丁目、新琴似四条1～17丁目、新琴似五条1～17丁目、新琴似六条1～17丁目、新琴似七条1～17丁目、新琴似八条1～17丁目、新琴似九条1～16丁目、新琴似十条1～17丁目、新琴似十一条1～17丁目、新琴似十二条1～17丁目、新琴似町、屯田一条1～2丁目、屯田二条1～5丁目、屯田三条1～8丁目、屯田四条1～10丁目、屯田五条1～12丁目、屯田六条1～12丁目、屯田七条1～12丁目、屯田八条1～12丁目、屯田九条1～12丁目、屯田十条1～3丁目、屯田十一条1～3丁目、屯田町、麻生町1～9丁目)、篠路出張所管内

【北海道4区の札幌市西区(1区に属しない区域)】(P54参照)
八軒一条東1～5丁目、八軒二条東1～5丁目、八軒三条東1～5丁目、八軒四条東1～5丁目、八軒五条東1～5丁目、八軒六条東1～5丁目、八軒七条東1～5丁目、八軒八条東1～5丁目、八軒九条東1～5丁目、八軒十条東1～5丁目、八軒一条西1～4丁目、八軒二条西1～4丁目、八軒三条西1～5丁目、八軒四条西1～6丁目、八軒五条西1～6丁目、八軒五条西8～11丁目、八軒六条西1～11丁目、八軒七条西1～11丁目、八軒八条西1～10丁目、八軒九条西1～7丁目、八軒九条西9～11丁目、八軒十条西1～6丁目、八軒十条西9～13丁目、発寒一条2～4丁目、発寒二条1～5丁目、発寒三条1～6丁目、発寒四条1～7丁目、発寒五条2～8丁目、発寒六条3～5丁目、発寒六条7～13丁目、発寒七条4～5丁目、発寒七条7～13丁目、発寒八条5丁目、発寒八条7丁目、発寒八条9～12丁目、発寒八条13丁目(14番を除く。)、発寒九条9～12丁目、発寒九条13丁目(5番から7番までを除く。)、発寒十条1～6丁目、発寒十条11～14丁目、発寒十一条1～6丁目、発寒十一条11～12丁目、発寒十一条14丁目、発寒十二条1～5丁目、発寒十二条11～14丁目、発寒十三条2～5丁目、発寒十三条11～14丁目、発寒十四条1～5丁目、発寒十四条11～14丁目、発寒十五条1～4丁目、発寒十五条12～14丁目、発寒十六条1～4丁目、発寒十六条12～14丁目、発寒十七条3～4丁目、発寒十七条13～14丁目

【茨城県1区の下妻市の一部】(P67参照)
下妻、長塚、砂沼新田、坂本新田、大木新田、石の宮、堀篭、坂井、比毛、横根、平川戸、北大宝、大宝、大串、平沼、福田、下木戸、神明、若柳、下宮、数須、筑波島、下田、中郷、黒駒、江、平方、尻手、渋井、桐ヶ瀬、前河原、赤須、柴、半谷、大木、南原、上野、関本下、袋畑、古沢、小島、二本紀、今泉、中居指、新堀、加養、亀崎、樋橋、肘谷、山尻、谷田部、柳原、安食、高道祖、本城町1～3丁目、小野子町1～2丁目、本宿町1～2丁目、田町1～2丁目

【栃木県1区の下野市の一部】(P69参照)
薬師寺、成田、町田、谷地賀、下文狹、田中、仁良川、本吉田、別当河原、下吉田、磯部、中川島、上川島、上吉田、三王山、絹板、花田、下坪山、上坪山、東根、祇園1～5丁目、緑1～6丁目

【埼玉県1区のさいたま市見沼区の一部】(P71参照)
大字大谷、大和田町1～2丁目、卸町1～2丁目、大字加田屋新田、加田屋1～2丁目、大字片柳、片柳1～2丁目、片柳東、大字上山口新田、大字小深作、大字笹丸、大字島、島町、島町1～2丁目、大字新右ェ門新田、大字染谷、染谷1～3丁目、大字中川、大字新堤、大字西山新田、大字西山村新田、大字蓮沼、春岡1～3丁目、春野1～4丁目、大字東新井、東大宮1丁目、東大宮5～7丁目、大字東宮下、東宮下1～3丁目、大字東門前、大字膝子、大字深作、深作1～5丁目、大字風渡野、堀崎町、大字丸ヶ崎、丸ヶ崎町、大字御蔵、大字南中野、大字南中丸、大字宮ヶ谷塔、宮ヶ谷塔1～4丁目、大字見山、大字山

【埼玉県2区の川口市の一部】(P72参照)
本庁管内、新郷・神根支所管内、芝支所管内(芝中田1～2丁目、芝宮根町、芝

高木1～2丁目、芝東町、芝1～4丁目、芝下1～3丁目、大字芝（3102番地から3198番地までを除く。）、芝西1丁目（1番から11番までを除く。）、芝西2丁目、芝塚原1丁目（1番及び4番を除く。）、芝塚原2丁目、大字伊刈、大字小谷場、柳崎1～5丁目、北園町、柳根町）、安行・戸塚・鳩ヶ谷支所管内

【埼玉県3区の越谷市の一部】（P72参照）

赤山町1～5丁目、赤山本町、東町1～6丁目、伊原1～2丁目、大字大里、大沢、大沢1～4丁目、大字大杉、大字大泊、大字大林、大字大房、大字大松、大間野町1～5丁目、大字大吉、大字小曽川、大字上間久里（976番地から1075番地までを除く。）、大字蒲生、蒲生1～4丁目、蒲生茜町、蒲生旭町、蒲生愛宕町、蒲生寿町、蒲生西町1～2丁目、蒲生東町、蒲生本町、蒲生南町、川柳町1～6丁目、瓦曽根1～3丁目、大字北後谷、大字北川崎、北越谷1～5丁目、越ヶ谷、越ヶ谷1～5丁目、越ヶ谷本町、御殿町、相模町1～7丁目、七左町1丁目、七左町4～8丁目、大字下間久里、新川町1～2丁目、新越谷1～2丁目、神明町1～3丁目、大字砂原、千間台東1～4丁目、大成町1～8丁目、大字中島、中島1～3丁目、大字長島、中町、大字西新井、大字西方、西方1～2丁目、大字野島、登戸町、大字花田、花田1～7丁目、東大沢1～5丁目、東越谷1～10丁目、東柳田町、大字平方、平方南町、大字袋山（671番地から679番地まで、681番地から687番地まで、696番地から699番地まで、704番地、728番地から753番地まで、761番地から805番地まで、811番地から837番地まで、843番地、856番地から888番地まで、899番地から952番地まで、978番地から1021番地まで、1081番地から1162番地まで、1164番地から1187番地まで、1191番地から1218番地まで、1677番地、1717番地、1718番地、1756番地、1757番地、1851番地から2001番地まで及び2004番地から2060番地まで）、大字船渡、大字増林、増林1～3丁目、大字増森、増森1～2丁目、大字南荻島（1番地から4013番地まで、4095番地、4096番地及び4131番地から4135番地まで）、南越谷1～5丁目、南町1～3丁目、宮前1丁目、宮本町1～5丁目、大字向畑、元柳田町、弥栄町1～4丁目、大字弥十郎、谷中町1～4丁目、柳町、弥生町、流通団地1～4丁目、レイクタウン1～9丁目

【埼玉県13区の春日部市の一部、越谷市（3区に属しない区域）】（P74参照）

春日部市（赤沼、一ノ割、一ノ割1～4丁目、牛島、内牧、梅田、梅田1～3丁目、梅田本町1～2丁目、大枝、大沼1～7丁目、大場、大畑、粕壁、粕壁1～4丁目、粕壁東1～6丁目、上大増新田、上蛭田、小渕、栄町1～3丁目、下大増新田、下蛭田、新川、薄谷、千間1丁目、中央1～8丁目、銚子口、道口蛭田、道順川戸、豊野町1～3丁目、武里中野、新方袋、西八木崎1～3丁目、八丁目、花積、浜川戸1～2丁目、樋掘、樋籠、備後西1～5丁目、備後東1～8丁目、藤塚、不動院野、本田町1～2丁目、増富、増戸、増田新田、緑町1～6丁目、南1～5丁目、南栄町、南中曽根、八木崎町、谷原1～3丁目、谷原新田、豊町1～6丁目、六軒町）、**越谷市**（大字大竹、大字大道、大字恩間、大字恩間新田、大字上間久里（976番地から1075番地まで）、大字三野宮、千間台西1～6丁目、大字袋山（671番地から679番地まで、681番地から687番地まで、696番地から699番地まで、704番地、728番地から753番地まで、761番地から805番地まで、811番地から837番地まで、843番地、856番地から888番地まで、899番地から952番地まで、978番地から1021番地まで、1081番地から1162番地まで、1164番地から1187番地まで、1191番地から1218番地まで、1677番地、1717番地、1718番地、1756番地、1757番地、1851番地から2001番地まで及び2004番地から2060番地までを除く。）、大字南荻島（1番地から4013番地まで、4095番地、4096番地及び4131番地から4135番地までを除く。））

【埼玉県15区の川口市の一部】（P75参照）

芝支所管内（芝新町、芝5丁目、芝樋ノ爪1～2丁目、芝富士1～2丁目、芝園町、大字芝（3102番地から3198番地まで）、芝西1丁目（1番から11番まで）、芝塚原1丁目（1番及び4番））

【千葉県5区の市川市本庁管内】（P81参照）

市川1～3丁目、市川南1～5丁目、真間1～3丁目、新田1～5丁目、平田1～4丁目、大洲1～4丁目、大和田1～5丁目、東大和田1～2丁目、稲荷木1～3丁目、八幡1～6丁目、南八幡1～5丁目、菅野1～6丁目、東菅野1～3丁目、鬼越1～2丁目、鬼高1～4丁目、高石神、中山1～4丁目、若宮1～3丁目、北方1～3丁目、本北方1～3丁目、北方町4丁目、東浜1丁目、田尻、田尻1～5丁目、高谷、高谷1～3丁目、高谷新町、原木、原木1～4丁目、二俣、二俣1～2丁目、二俣新町、上妙典

【千葉県10区の横芝光町の一部】（P82参照）

篠本、新井、宝米、市野原、二又、小川台、台、傍示戸、富下、虫生、小田部、母子、芝崎、芝崎南、宮川、谷中、目篠、上原、原方、木戸、尾垂イ、尾垂ロ、篠本根切

【神奈川県7区の横浜市都筑区の一部】（P84参照）

あゆみが丘、池辺町、牛久保町、牛久保1～3丁目、牛久保西1～4丁目、牛久保東1～3丁目、大熊町、大棚町、大棚西、折本町、加賀原1～2丁目、勝田町、勝田南1～2丁目、川向町、川和台、川和町、北山田1～7丁目、葛が谷、佐江戸町、桜並木、新栄町、すみれが丘、高山、茅ケ崎町、茅ケ崎中央、茅ケ崎東1～5丁目、茅ケ崎南1～5丁目、中川1～8丁目、中川中央1～2丁目、長坂、仲町台1～5丁目、二の丸、早渕1～3丁目、東方町、東山田町、東山田1～4丁目、平台、富士見が丘、南山田町、南山田1～3丁目、見花山

【神奈川県10区の川崎市中原区の一部】（P85参照）

新丸子町、新丸子東1～3丁目、丸子通1～2丁目、上丸子山王町1～2丁目、上丸子八幡町、上丸子天神町、小杉町1～3丁目、小杉御殿町1～2丁目、小杉陣屋町1～2丁目、等々力、木月1～4丁目、西加瀬、木月祇園町、木月伊勢町、木月大町、木月住吉町、苅宿、大倉町、市ノ坪、今井上町、今井仲町、今井南町、今井西町、井田1～3丁目、井田中ノ町、上平間、田尻町、北谷町、中丸子、下沼部、上丸子、小杉

【神奈川県13区の座間市の一部】（P86参照）

入谷1～5丁目、栗原、栗原中央1～6丁目、小松原1～2丁目、さがみ野1～3丁目、座間、座間1～2丁目、座間入谷、新田宿、相武台1～4丁目、立野台1～3丁目、

西栗原1～2丁目、東原1～5丁目、ひばりが丘1～5丁目、広野台1～2丁目、緑ケ丘1～6丁目、南栗原1～6丁目、明王、四ツ谷

【神奈川県14区の相模原市緑区・南区の一部】（P86参照）

緑区（相原、相原1～6丁目、大島、大山町、上九沢、下九沢、田名、西橋本1～5丁目、二本松1～4丁目、橋本1～8丁目、橋本台1～4丁目、東橋本1～4丁目、元橋本町）、**南区**（旭町、鵜野森1～3丁目、大野台1～8丁目、上鶴間1～8丁目、上鶴間本町1～9丁目、古淵1～6丁目、栄町、相模大野1～9丁目、相南1丁目（1番から18番まで）、相南2丁目（1番から12番まで、17番及び25番から28番まで）、相南3丁目（1番から26番まで及び34番から47番まで）、西大沼1～5丁目、東大沼1～4丁目、東林間1～8丁目、文京1～2丁目、御園1～3丁目、豊町、若松1～6丁目）

【神奈川県16区の相模原市南区（14区に属しない区域）】（P87参照）

麻溝台、麻溝台1～8丁目、新磯野、新磯野1～5丁目、磯部、上鶴間、北里1～2丁目、相模台1～7丁目、相模台団地、桜台、下溝、新戸、相南1丁目（19番から24番まで）、相南2丁目（13番から16番まで及び18番から24番まで）、相南3丁目（27番から33番まで）、相南4丁目、相武台1～3丁目、相武台団地1～2丁目、当麻、双葉1～2丁目、松が枝町、御園4～5丁目、南台1～6丁目

【神奈川県18区の川崎市中原区（10区に属しない区域）・宮前区（9区に属しない区域）】（P87参照）

中原区（宮内1～4丁目、新城、上新城1～2丁目、新城1～5丁目、新城中町、下新城1～3丁目、上小田中1～7丁目、下小田中1～6丁目、井田三舞町、井田杉山町）、**宮前区**（向ケ丘、けやき平、神木1～2丁目、馬絹、馬絹1～3丁目、小台1～2丁目、土橋1～7丁目、有馬1～9丁目、東有馬1～5丁目、野川、宮崎、宮崎1～6丁目、宮前平1～3丁目、鷺沼1～4丁目、梶ケ谷、菅生ケ丘、水沢1～3丁目、潮見台、初山1～2丁目、菅生1～6丁目、犬蔵1～3丁目、平1～6丁目、五所塚1～2丁目、南平台、白幡台1～2丁目）

【東京都1区の港区・新宿区の一部】（P93参照）

港区（芝地区総合支所管内（芝5丁目、三田1～3丁目）、麻布地区・赤坂地区・高輪地区総合支所管内、芝浦港南地区総合支所管内（芝浦4丁目、海岸3丁目（4番から13番まで、20番、21番及び31番から33番まで）、港南1～5丁目、台場1～2丁目））、**新宿区**（本庁管内、四谷・簞笥町・榎町・若松町・大久保・戸塚特別出張所管内、落合第一特別出張所管内（下落合1～4丁目、中落合2丁目、高田馬場3丁目）、柏木・角筈特別出張所管内）

【東京都2区の港区（1区に属しない区域）、台東区の一部】（P93参照）

港区（芝地区総合支所管内（芝1～4丁目、海岸1丁目、東新橋1～2丁目、新橋1～6丁目、西新橋1～3丁目、浜松町1～2丁目、芝大門1～2丁目、芝公園1～4丁目、虎ノ門1～5丁目、愛宕1～2丁目）、芝浦港南地区総合支所管内（芝浦1～3丁目、海岸2丁目、海岸3丁目（1番から3番まで、14番から19番まで及び22番から30番まで）））、**台東区**（台東1～4丁目、柳橋1～2丁目、浅草橋1～5丁目、鳥越1～2丁目、蔵前1～4丁目、小島1～2丁目、三筋1～2丁目、秋葉原、上野1～7丁目、東上野1～5丁目、元浅草1～4丁目、寿1～4丁目、駒形1～2丁目、北上野1～2丁目、下谷1丁目、下谷2丁目（1番から12番まで、13番6号から13番13号まで及び16番から23番まで）、下谷3丁目、根岸1～5丁目、入谷1丁目（4番から8番まで、15番から20番まで及び29番から31番まで）、入谷2丁目（34番から39番まで）、竜泉1～3丁目、西浅草1丁目、雷門1～2丁目、浅草1丁目、浅草2丁目（1番から12番まで及び28番から35番まで）、花川戸1～2丁目、千束2丁目（33番から36番まで）、日本堤2丁目（36番から39番まで）、三ノ輪1～2丁目、池之端1～4丁目、上野公園、上野桜木1～2丁目、谷中1～7丁目）

【東京都3区の品川区・大田区の一部】（P93参照）

品川区（品川第一・品川第二地域センター管内、大崎第一地域センター管内（東五反田1～3丁目、西五反田1丁目、西五反田2丁目（1番から21番まで）、西五反田8丁目（4番1号から4番13号まで、5番、6番10号から6番23号まで、7番及び8番）、小山台1丁目、小山1丁目、荏原1丁目）、大崎第二地域センター管内（西五反田6丁目及び西五反田7丁目に属する区域を除く。）、大井第一・大井第二・大井第三・荏原第一・荏原第二・荏原第三・荏原第四・荏原第五・八潮地域センター管内）、**大田区**（嶺町・田園調布特別出張所管内、鵜の木特別出張所管内（鵜の木2丁目及び鵜の木3丁目に属する区域に限る。）、久が原特別出張所管内（千鳥1丁目及び池上3丁目に属する区域を除く）、雪谷・千束特別出張所管内）

【東京都4区の大田区（3区に属しない区域）】（P94参照）

大森東・大森西・入新井・馬込・池上・新井宿特別出張所管内、鵜の木特別出張所管内（鵜の木2丁目及び鵜の木3丁目に属する区域を除く。）、久が原特別出張所管内（千鳥1丁目及び池上3丁目に属する区域に限る。）、糀谷・羽田・六郷・矢口・蒲田西・蒲田東特別出張所管内

【東京都5区の目黒区・世田谷区の一部】（P94参照）

目黒区（上目黒2丁目（47番から49番まで）、上目黒4丁目、中目黒5丁目、目黒4丁目（1番から5番まで、12番から26番まで）、下目黒4丁目（21番から23番まで）、下目黒5丁目（8番から37番まで）、下目黒6丁目、中町1～2丁目、五本木1～3丁目、祐天寺1～2丁目、中央町1～2丁目、目黒本町1～6丁目、原町1～2丁目、洗足1～2丁目、南1～3丁目、碑文谷1～6丁目、鷹番1～3丁目、平町1～2丁目、大岡山1～2丁目、緑が丘1～3丁目、自由が丘1～3丁目、中根1～2丁目、柿の木坂1～3丁目、八雲1～5丁目、東が丘1～2丁目）、**世田谷区**（池尻・太子堂・下馬・上馬・代沢・奥沢・九品仏・等々力・上野毛・用賀・深沢まちづくりセンター管内）

【東京都6区の世田谷区（5区に属しない区域）】（P94参照）

若林・上町・経堂・梅丘・新代田・北沢・松原・松沢・祖師谷・成城・船橋・喜多見・砧・上北沢・上祖師谷・烏山まちづくりセンター管内

【東京都7区の品川区（3区に属しない区域）、目黒区（5区に属しない区域）、中野区の一部】（P94参照）

品川区（大崎第一地域センター管内（上大崎1～4丁目、東五反田4～5丁目、西五反田2丁目（1番から21番までを除く。）、西五反田3～7丁目、西五反田8丁目（1番から3番まで））、大崎第二地域センター管内（西五反田6丁目及び西五反田7丁目に属する区域に限る。））、**目黒区**（駒場1～4丁目、青葉台1～4丁目、東山1～3丁目、大橋1～2丁目、上目黒1丁目、上目黒2丁目（1番から46番まで）、上目黒3丁目、上目黒5丁目、中目黒1～4丁目、三田1～2丁目、目黒1～3丁目、目黒4丁目（6番から11番まで）、下目黒1～3丁目、下目黒4丁目（1番から20番まで）、下目黒5丁目（1番から7番まで））、**中野区**（南台1～5丁目、弥生町1～6丁目、本町1～6丁目、中央1～5丁目、東中野1～5丁目、中野1～4丁目、中野5丁目（10番から68番まで）、新井1丁目（1番から35番まで）、新井2～3丁目、野方1丁目、野方2丁目（1番から31番まで及び41番から62番まで））

【東京都8区の杉並区(7区に属しない区域)】（P95参照）

井草1～5丁目、上井草1～4丁目、下井草1～5丁目、善福寺1～4丁目、今川1～4丁目、桃井1～4丁目、西荻北1～5丁目、上荻1～4丁目、清水1～3丁目、本天沼1～3丁目、天沼1～3丁目、阿佐谷北1～6丁目、阿佐谷南1～3丁目、高円寺北1～4丁目、高円寺南1～5丁目、和田1～3丁目、和泉1～4丁目、堀ノ内1～3丁目、松ノ木1～3丁目、大宮1～2丁目、梅里1～2丁目、久我山1～5丁目、高井戸西1～3丁目、上高井戸1～3丁目、永福1～4丁目、浜田山1～4丁目、下高井戸1～5丁目、高井戸東1～4丁目、成田東1～5丁目、成田西1～4丁目、荻窪1～5丁目、南荻窪1～4丁目、西荻南1～4丁目、松庵1～3丁目、宮前1～5丁目

【東京都9区の練馬区の一部】（P95参照）

豊玉上2丁目、豊玉中1～4丁目、豊玉南1～3丁目、豊玉北3～6丁目、中村1～3丁目、中村南1～3丁目、中村北1～4丁目、練馬1～4丁目、向山1～4丁目、貫井1～5丁目、春日町1～6丁目、高松1～6丁目、田柄3丁目（14番から30番までを除く。）、田柄5丁目（21番から28番までを除く。）、光が丘2～7丁目、旭町1～3丁目、土支田1～4丁目、富士見台1～4丁目、南田中1～5丁目、高野台1～5丁目、谷原1～6丁目、三原台1～3丁目、石神井町1～8丁目、石神井台1～8丁目、下石神井1～6丁目、東大泉1～7丁目、西大泉町、西大泉1～6丁目、南大泉1～6丁目、大泉町1～6丁目、大泉学園町1～9丁目、関町北1～5丁目、関町南1～4丁目、上石神井南町、立野町、上石神井1～4丁目、関町東1～2丁目

【東京都10区の新宿区(1区に属しない区域)、中野区(7区に属しない区域)、豊島区の一部】（P95参照）

新宿区（落合第一特別出張所管内（上落合1～2丁目、中落合1丁目、中落合3～4丁目、中井2丁目）、落合第二特別出張所管内）、**中野区**（東中野3丁目、中野5丁目（1番から9番まで）、中野6丁目、上高田1～5丁目、新井1丁目（36番から43番まで）、新井4～5丁目、沼袋1～4丁目、松が丘1～2丁目、江原町1～3丁目、江古田1～4丁目、丸山1～2丁目、野方2丁目（32番から40番まで及び63番から69番まで）、野方3～6丁目、大和町1～4丁目、若宮1～3丁目、白鷺1～3丁目、鷺宮1～6丁目、上鷺宮1～5丁目）、**豊島区**（本庁管内（東池袋1～5丁目、南池袋1～4丁目、西池袋1～5丁目、池袋1～4丁目、池袋本町1～4丁目、雑司が谷1～3丁目、高田1～3丁目、目白1～4丁目）、東部区民事務所管内（南大塚3丁目及び東池袋5丁目に属する区域に限る。）、西部区民事務所管内）

【東京都11区の板橋区の一部】（P95参照）

本庁管内（板橋1～4丁目、加賀1～2丁目、大山東町、大山金井町、熊野町、中丸町、南町、稲荷台、仲宿、氷川町、栄町、大山町、大山西町、幸町、中板橋、仲町、弥生町、本町、大和町、双葉町、富士見町、大谷口上町、大谷口北町、大谷口1～2丁目、向原1～3丁目、小茂根1～5丁目、常盤台1～4丁目、南常盤台1～2丁目、東新町1～2丁目、上板橋1～3丁目、清水町、蓮沼町、大原町、泉町、宮本町、志村1～3丁目、坂下1～3丁目、東坂下1～2丁目、小豆沢1～4丁目、西台1～4丁目、中台1～3丁目、若木1～3丁目、蓮根1～3丁目、相生町、前野町1～6丁目、三園2丁目、東山町、桜川1～3丁目、高島平1～9丁目、新河岸3丁目）、赤塚支所管内

【東京都12区の豊島区(10区に属しない区域)、板橋区(11区に属しない区域)、足立区の一部】（P96参照）

豊島区（本庁管内（西巣鴨1丁目、北大塚3丁目、上池袋1～4丁目）、東部区民事務所管内（南大塚3丁目及び東池袋5丁目に属する区域を除く。））、**板橋区**（本庁管内（新河岸1～2丁目、舟渡1～4丁目））、**足立区**（入谷1～9丁目、入谷町、扇2丁目、小台1～2丁目、加賀1～2丁目、江北1～7丁目、皿沼1～3丁目、鹿浜1～8丁目、新田1～3丁目、椿1～2丁目、舎人1～6丁目、舎人公園、舎人町、堀之内1～2丁目、宮城1～2丁目、谷在家2～3丁目）

【東京都13区の足立区(12区に属しない区域)】（P96参照）

青井1～6丁目、足立1～4丁目、綾瀬1～7丁目、伊興1～5丁目、伊興本町1～2丁目、梅島1～3丁目、梅田1～8丁目、大谷田1～5丁目、加平1～3丁目、北加平町、栗原1～4丁目、弘道1～2丁目、古千谷1～2丁目、古千谷本町1～4丁目、佐野1～2丁目、島根1～4丁目、神明1～3丁目、神明南1～2丁目、関原1～3丁目、千住1～5丁目、千住曙町、千住旭町、千住東1～2丁目、千住大川町、千住河原町、千住寿町、千住桜木1～2丁目、千住関屋町、千住龍田町、千住中居町、千住仲町、千住橋戸町、千住緑町1～3丁目、千住宮元町、千住元町、千住柳町、竹の塚1～7丁目、辰沼1～2丁目、中央本町1～5丁目、東和1～5丁目、中川1～5丁目、西綾瀬1～4丁目、西新井1～7丁目、西新井栄町1～2丁目、西伊興1～4丁目、西伊興町、西加平1～2丁目、西竹の塚1～2丁目、西保木間1～4丁目、花畑1～8丁目、東綾瀬1～3丁目、東伊興1～4丁目、東保木間1～2丁目、東六月町、一ツ家1～4丁目、日ノ出町、平野1～3丁目、保木間1～5丁目、保塚町、南花畑1～5丁目、六木1～4丁目、谷在家1丁目、谷中1～5丁目、柳原1～2丁目、六月1～3丁目、六町1～4丁目、扇1丁目、扇3丁目、興野1～2丁目、西新井栄町3丁目、西新井本町1～5丁目、本木1～2丁目、本木北町、本木西町、本木東町、本木南町

【東京都14区の台東区(2区に属しない区域)】（P96参照）

東上野6丁目、下谷2丁目（13番1号から13番5号まで、13番14号から13番24号まで、14番、15番及び24番）、入谷1丁目（1番から3番まで、9番から14番まで、

21番から28番まで、32番及び33番)、入谷2丁目(1番から33番まで)、松が谷1〜4丁目、西浅草2〜3丁目、浅草2丁目(13番から27番まで)、浅草3〜7丁目、千束1丁目、千束2丁目(1番から32番まで)、千束3〜4丁目、今戸1〜2丁目、東浅草1〜2丁目、橋場1〜2丁目、清川1〜2丁目、日本堤1丁目、日本堤2丁目(1番から35番まで)

【東京都16区の江戸川区の一部】(P97参照)

本庁管内(中央1〜4丁目、松島1〜4丁目、松江1〜7丁目、東小松川1〜4丁目、西小松川町、大杉1〜5丁目、西一之江1〜4丁目、春江町4丁目、一之江1〜8丁目、西瑞江4丁目、江戸川4丁目、松本1〜2丁目)、小松川・葛西・東部・鹿骨事務所管内

【東京都21区の多摩市・稲城市の一部】(P98参照)

多摩市(関戸、関戸1〜4丁目、関戸5丁目(1番から8番まで及び13番から31番まで)、連光寺、連光寺1〜6丁目、東寺方1丁目、一ノ宮、一ノ宮1〜4丁目、聖ヶ丘1丁目(1番から24番まで、35番及び44番)、聖ヶ丘2〜5丁目)、**稲城市**(坂浜、平尾、平尾1〜3丁目、長峰1〜3丁目、若葉台1〜4丁目)

【東京都22区の稲城市(21区に属しない区域)】(P98参照)

矢野口、東長沼、大丸、百村、押立、向陽台1〜6丁目

【東京都23区の多摩市(21区に属しない区域)】(P98参照)

関戸5丁目(1番から8番まで及び13番から31番までを除く。)、関戸6丁目、貝取、乞田、和田、百草、落川、東寺方、桜ヶ丘1〜4丁目、聖ヶ丘1丁目(1番から24番まで、35番及び44番を除く。)、馬引沢1〜2丁目、山王下、中沢、唐木田、諏訪1〜6丁目、永山1〜7丁目、貝取1〜5丁目、豊ヶ丘1〜6丁目、落合1〜6丁目、鶴牧1〜6丁目、南野1〜3丁目、東寺方3丁目、和田3丁目、愛宕1〜4丁目

【東京都24区の八王子市(21区に属しない区域)】(P99参照)

横山町、八日町、八幡町、八木町、追分町、千人町1〜4丁目、日吉町、元本郷町1〜4丁目、平岡町、本郷町、大横町、本町、元横山町1〜3丁目、田町、新町、明神町1〜4丁目、子安町1〜4丁目、東町、旭町、三崎町、中町、南町、寺町、万町、上野町、天神町、南新町、小門町、台町1〜4丁目、中野町、暁町1〜3丁目、中野山王1〜3丁目、中野上町1〜5丁目、大和田町1〜7丁目、富士見町、緑町、清川町、東浅川町、初沢町、高尾町、南浅川町、西浅川町、裏高尾町、廿里町、下柚木、下柚木2〜3丁目、上柚木、上柚木2〜3丁目、中山、越野、南陽台1〜3丁目、堀之内、堀之内2〜3丁目、鹿島、松が谷、鑓水、鑓水2丁目、南大沢1〜5丁目、松木、別所1〜2丁目、並木町、散田町1〜5丁目、山田町、めじろ台1〜4丁目、長房町、城山手1〜2丁目、狭間町、椚田町、館町、寺田町、大船町、大楽寺町、上壱分方町、諏訪町、四谷町、叶谷町、泉町、横川町、弐分方町、川町、元八王子町1〜3丁目、下恩方町、上恩方町、西寺方町、小津町、川口町、上川町、犬目町、楢原町、美山町、尾崎町、左入町、滝山町1〜2丁目、梅坪町、谷野町、みつい台1〜2丁目、丹木町1〜3丁目、加住町1〜2丁目、宮下町、戸吹町、高月町、小比企町、片倉町、西片倉1〜3丁目、宇津貫町、みなみ野1〜6丁目、兵衛1〜2丁目、七国1〜6丁目、北野町、打越町、北野台1〜5丁目、長沼町、絹ケ丘1〜3丁目、高倉町、石川町、宇津木町、平町、小宮町、久保山町1〜2丁目、大谷町、丸山町

【新潟県1区の新潟市北区・東区・中央区・江南区・南区・西区の一部】(P103参照)

北区(本庁管内(細山に属する区域に限る。)、北出張所管内(すみれ野4丁目に属する区域を除く。))、**東区**(本庁管内、石山出張所管内(亀田中島4丁目に属する区域を除く。))、**中央区**(本庁管内、東出張所管内、南出張所管内(鵜ノ子及び亀田早通に属する区域を除く。))、**江南区**(本庁管内(天野、天野1〜3丁目、粟山、姥ケ山、江口、大淵、祖父興野、嘉木、嘉瀬、上和田、北山、久蔵興野、蔵岡、酒屋町、笹山、三百地、鐘木、清五郎、曽川、楚川、曽野木1〜2丁目、太右エ門新田、俵柳、直り山、長潟、中野山、鍋潟新田、西野、西山、花ノ牧、平賀、細山、舞潟、松山、丸潟新田、丸山、丸山ノ内善之丞組、茗荷谷、山二ツ、両川1〜2丁目、和田、割野))、**南区**(本庁管内(天野に属する区域に限る。))、**西区**(本庁管内、西出張所管内(四ツ郷屋及び与兵衛野新田に属する区域を除く。)、黒埼出張所管内)

【新潟県2区の長岡市の一部】(P104参照)

本庁管内(西津町に属する区域のうち、平成17年3月31日において三島郡越路町の区域であった区域に限る。)、越路・三島・小国・和島・寺泊・与板支所管内

【新潟県3区の新潟市北区の一部】(P104参照)

本庁管内(細山、小杉、十二前及び横越に属する区域を除く。)、北出張所管内(すみれ野4丁目に属する区域に限る。)

【新潟県4区の新潟市北区・東区・中央区・江南区・南区の一部、長岡市の一部】(P104参照)

新潟市(**北区**(第1区及び第3区に属しない区域)、**東区**(第1区に属しない区域)、**中央区**(第1区に属しない区域)、**江南区**(第1区に属しない区域)、**南区**(第1区及び第2区に属しない区域))、**長岡市**(中之島支所管内(押切川原町に属する区域のうち、平成17年3月31日において長岡市の区域であった区域を除く。)、栃尾支所管内)

【富山県1区の富山市の一部】(P105参照)

相生町、綾田町1〜3丁目、青柳、青柳新、赤江町、赤田、秋ヶ島、秋吉、秋吉新町、悪王寺、曙町、朝日、旭町、安住町、愛宕町1〜2丁目、荒川、荒川1〜5丁目、荒川新町、荒町、新屋、有沢、有沢新町、粟島町1〜3丁目、安養寺、安養坊、飯野、池多、石金1〜3丁目、石倉町、石坂、石坂新、石坂東町、石田、石屋、泉町1〜2丁目、磯部町1〜4丁目、一番町、一本木、稲荷園町、稲荷町1〜4丁目、稲荷元町1〜3丁目、犬島1〜7丁目、犬島新町1〜2丁目、今泉、今泉西部町、今泉北部町、今市、今木町、岩瀬赤田町、岩瀬天池町、岩瀬池田町、岩瀬入船町、岩瀬梅本町、岩瀬御蔵町、岩瀬表町、岩瀬古志町、岩瀬諏訪町、岩瀬高畠町、岩瀬天神町、岩瀬萩浦町、岩瀬白山町、岩瀬文化町、岩瀬前田町、

岩瀬松原町、岩瀬港町、牛島新町、牛島町、牛島本町1～2丁目、打出、打出新、内幸町、梅沢町1～3丁目、上野、上野寿町、上野新、上野新町、永楽町、越前町、江本、荏原新町、蛯町、追分茶屋、大井、大泉、大泉北町、大泉中町、大泉東町1～2丁目、大泉本町1～2丁目、大泉町1～3丁目、大江干、大江干新町、大島1～4丁目、太田、太田口通り1～3丁目、於保多町、太田南町、大塚、大塚北、大塚西、大塚東、大塚南、大手町、大場、大町、大宮町、奥井町、奥田寿町、奥田新町、奥田双葉町、奥田本町、奥田町、押上、音羽町1～2丁目、雄山町、海岸通、開発、掛尾栄町、掛尾町、鹿島町1～2丁目、金代、金屋、金山新、金山新北、金山新桜ヶ丘、金山新中、金山新西、金山新東、金山新南、上赤江、上赤江町1～2丁目、上飯野、上飯野新町1～5丁目、上今町、上熊野、上栄、上庄町、上新保、上千俵町、上布目、上袋、上冨居、上冨居1～3丁目、上冨居新町、上堀南町、上本町、上八日町、願海寺、北押川、北新町1～2丁目、北代、北代新、北代中部、北代東部、北代北部、北二ツ屋、木場町、経田、経堂、経堂1～4丁目、経堂新町、経力、金泉寺、銀嶺町、久郷、草島、楠木、窪新町、窪本町、公文名、栗山、呉羽野田、呉羽町、呉羽町北、呉羽町西、黒崎、黒瀬、黒瀬北町1～2丁目、小泉町、興人町、高来、古志町1～6丁目、小島町、小杉、五艘、小中、小西、五番町、五福、五本榎、駒見、才覚寺、境野新、栄新町、栄町1～3丁目、坂下新、桜木町、桜谷みどり町1～2丁目、桜橋通り、桜町1～2丁目、山王町、三熊、三番町、七軒町、芝園町1～3丁目、島田、清水中町、清水町1～9丁目、清水元町、下赤江、下赤江町1～2丁目、下飯野、下奥井1～2丁目、下熊野、下新北町、下新西町、下新日曹町、下新本町、下新町、下野、下野新、下冨居、下冨居1～2丁目、下堀、城川原1～3丁目、庄高田、城北町、城村、城村新町、白銀町、新金代1～2丁目、新川原町、新桜町、新庄北町、新庄銀座1～3丁目、新庄本町1～3丁目、新庄町、新庄町1～4丁目、新総曲輪、新千原崎、神通本町1～2丁目、神通町1～3丁目、新富町1～2丁目、新根塚町1～3丁目、新冨居、新保、新名、杉瀬、杉谷、砂町、住友町、住吉、住吉町1～2丁目、諏訪川原1～3丁目、清風町、関、千石町1～6丁目、千成町、千俵町、総曲輪1～4丁目、惣在寺、双代町、高木、高木西、高木東、高木南、高島、高園町、高田、高畠町1～2丁目、高屋敷、宝町1～2丁目、田刈屋、館出町1～2丁目、辰尾、辰巳町1～2丁目、田中町1～5丁目、田尻、田尻西、田尻東、田尻南、田畑、珠泉西町、珠泉東町、手屋、手屋1～3丁目、太郎丸、太郎丸西町1～2丁目、太郎丸本町1～4丁目、千歳町1～3丁目、千原崎、千原崎1～2丁目、茶屋町、中央通り1～3丁目、中間島、中間島1～2丁目、千代田町、塚原、月岡新、月岡西緑町、月岡東緑町1～4丁目、月岡町1～7丁目、月見町1～7丁目、堤町通り1～2丁目、つばめ野1～3丁目、鶴ヶ丘町、寺島、寺町、寺町けや木台、天正寺、土居原町、問屋町1～3丁目、道正、任海、常盤台、常盤町、栃谷、利波、富岡町、友杉、豊丘町、豊川町、豊島町、豊城新町、豊城町、豊田、豊田本町1～4丁目、豊田町1～2丁目、豊若町1～3丁目、永久町、中市、中市1～2丁目、長江、長江1～5丁目、長江新町1～4丁目、長江東町1～3丁目、長江本町、長柄町1～3丁目、中老田、長岡、長岡新、中沖、中川原、中川原新町、中川原台1～2丁目、中島1～5丁目、中田、中田1～3丁目、中布目、中野新、中野新町1～2丁目、中冨居、中冨居新町、中屋、流杉、鍋田、南央町、西四十物町、西荒屋、西大泉、西押川、西金屋、西公文名、西公文名町、西山王町、西新庄、西町、西田地方町1～3丁目、西長江1～4丁目、西長江本町、西中野本町、西中野町1～2丁目、西野新、西番、西宮町、西二俣、西宮、蜷川、布市、布市新町、布瀬本町、布瀬町、布瀬町1～2丁目、布瀬町南1～3丁目、布目、布目北、布目西、根塚町1～4丁目、野口、野口南部、野口北部、野田、野中、野中新、野々上、野町、萩原、蓮町1～6丁目、旅籠町、畑中、八川、八人町、八ヶ山、八町、八町北、八町中、八町西、八町東、八町南、花園町1～4丁目、花木、羽根、浜黒崎、林崎、針日、針原中、針原中町、晴海台、東石金町、東岩瀬町、東岩瀬村、東老田、東田地方町1～2丁目、東富山寿町1～3丁目、東中野町1～3丁目、東流杉、東町1～3丁目、日方江、久方町、日之出町、日俣、百塚、鵯島、ひよどり南台、平榎、平岡、開、開ヶ丘、平吹町、福居、冨居栄町、不二越本町1～2丁目、不二越町、藤木、藤木新、藤木新町、藤の木園町、藤の木台1～3丁目、二口町1～5丁目、二俣、二俣新町、舟橋今町、舟橋北町、舟橋南町、古鍛冶町、古川、古沢、古寺、文京町1～3丁目、別名、星井町1～3丁目、堀、堀川小泉町、堀川小泉町1～2丁目、堀川本郷、堀川町、堀端町、本郷、本郷島、本郷新、本郷西部、本郷中部、本郷東部、本郷北部、本郷町、本町、本丸、牧田、町新、町袋、町村、町村1～2丁目、松浦町、松木、松木新、松若町、丸の内1～3丁目、三上、水落、水橋池田舘、水橋池田町、水橋石政、水橋石割、水橋伊勢屋、水橋伊勢領、水橋市江、水橋市田袋、水橋入江、水橋魚躬、水橋大町、水橋沖、水橋肘崎、水橋開発、水橋開発町、水橋鏡田、水橋堅田、水橋金尾、水橋金尾新、水橋金広、水橋上桜木、水橋上砂子坂、水橋川原町、水橋北馬場、水橋狐塚、水橋小池、水橋恋塚、水橋小出、水橋五郎丸、水橋桜木、水橋佐野竹、水橋山王町、水橋下段、水橋柴草、水橋清水堂、水橋下砂子坂、水橋下砂子坂新、水橋常願寺、水橋小路、水橋上条新町、水橋新保、水橋新堀、水橋専光寺、水橋大正、水橋高月、水橋高寺、水橋高堂、水橋舘町、水橋田伏、水橋辻ヶ堂、水橋中馬場、水橋中町、水橋中村、水橋中村町、水橋入部町、水橋畠等、水橋番頭名、水橋平榎、水橋平塚、水橋二杉、水橋二ッ屋、水橋曲淵、水橋町、水橋町袋、水橋的場、水橋柳寺、緑町1～2丁目、湊入船町、南金屋、南栗山、南新町、南田町1～2丁目、南中田、宮尾、宮条、宮園町、宮成、宮成新、宮保、宮町、向新庄、向新庄町1～8丁目、向川原町、室町通り1～2丁目、明輪町、元町1～2丁目、桃井町1～2丁目、森、森1～5丁目、森住町、森田、森若町、安田町、安野屋町1～3丁目、柳町1～4丁目、八幡、山岸、山室、山室荒屋、山室荒屋新町、山本、山本新、弥生町1～2丁目、八日町、四方、四方荒屋、四方一番町、四方恵比須町、四方北窪、四方新、四方新出町、四方神明町、四方田町、四方西岩瀬、四方二番町、四方野割町、四方港町、横内、横越、吉岡、吉倉、吉作、四ツ葉町、米田、米田すずかけ台1～3丁目、米田町1～3丁目、若竹町1～6丁目

【長野県1区の長野市の一部】（P107参照）

本庁管内、篠ノ井・松代・若穂・川中島・更北・七二会・信更・古里・柳原・浅川・大豆島・朝陽・若槻・長沼・安茂里・小田切・芋井・芹田・古牧・三輪・吉田支所管内

【静岡県1区の静岡市葵区・駿河区・清水区の一部】（P112参照）

葵区（本庁管内（瀬名川3丁目（5番25号及び5番50号から5番59号まで）に属する区域を除く。）、井川支所管内）、**駿河区**（本庁管内（谷田に属する区域のうち、平成15年3月31日において清水市の区域であつた区域を除く。）、長田支所管内）、**清水区**（本庁管内（楠（694番地1及び694番地3）に属する区域に限る。））

【静岡県3区の浜松市天竜区の一部】（P113参照）

春野町領家、春野町堀之内、春野町胡桃平、春野町和泉平、春野町砂川、春野町大時、春野町長蔵寺、春野町石打松下、春野町田黒、春野町筏戸大上、春野町五和、春野町越木平、春野町田河内、春野町牧野、春野町花島、春野町杉、春野町川上、春野町宮川、春野町気田、春野町豊岡、春野町石切、春野町小俣京丸

【静岡県7区の浜松市中区・南区の一部】（P114参照）

中区（西丘町及び花川町に属する区域に限る）、**南区**（高塚町、増楽町、若林町及び東若林町に属する区域に限る）

【愛知県6区の瀬戸市の一部】（P116参照）

川平町、本郷町（10番から1048番まで）、十軒町、鹿乗町、内田町1～2丁目、北みずの坂1～3丁目

【愛知県9区の一宮市本庁管内】（P116参照）

起、開明、上祖父江、北今、小信中島、三条、玉野、冨田、西五城、西中野、西中野番外、西萩原、蓮池、東五城、東加賀野井、明地、祐久、篭屋1～5丁目

【兵庫県5区の川西市の一部】（P132参照）

平野（字カキヲジ原）、西畦野（字丸山及び字東通りを除く。）、一庫、国崎、黒川、横路、大和東1～5丁目、大和西1～5丁目、美山台1～3丁目、丸山台1～3丁目、見野1～3丁目、東畦野、東畦野1～6丁目、東畦野山手1～2丁目、長尾町、西畦野1～2丁目、山原、山原1～2丁目、緑が丘1～2丁目、山下町、山下、笹部1～3丁目、笹部、下財町、一庫1～3丁目

【兵庫県6区の川西市（5区に属しない区域）】（P133参照）

中央町、小花1～2丁目、小戸1～3丁目、美園町、絹延町、出在家町、丸の内町、滝山町、鴬の森町、萩原1～3丁目、火打1～2丁目、松が丘町、霞ケ丘1～2丁目、日高町、栄町、花屋敷山手町、花屋敷1～2丁目、寺畑1～2丁目、栄根1～2丁目、南花屋敷1～4丁目、加茂1～6丁目、下加茂1～2丁目、久代1～6丁目、東久代1～2丁目、萩原台東1～2丁目、萩原台西1～3丁目、鴬が丘、新田1～3丁目、新田、平野1～3丁目、多田桜木1～2丁目、東多田1～3丁目、鼓が滝1～3丁目、矢問1～3丁目、矢問東町、西多田1～2丁目、錦松台、多田院1～2丁目、多田院多田所町、多田院西1～2丁目、満願寺町、満願寺、平野（字カキヲジ原を除く。）、東多田、西多田、多田院、石道、虫生、赤松、柳谷、芋生、若宮、緑台1～7丁目、向陽台1～3丁目、水明台1～4丁目、清和台東1～5丁目、清和台西1～5丁目、湯山台1～2丁目、鴬台1～2丁目、けやき坂1～5丁目、南野坂1～2丁目、西畦野（字丸山及び字東通り）、清流台

【兵庫県11区の姫路市の一部】（P134参照）

相野、青山、青山1～6丁目、青山北1～3丁目、青山西1～5丁目、青山南1～4丁目、朝日町、阿保、網干区（網干浜、大江島、大江島寺前町、大江島古川町、興浜、垣内北町、垣内中町、垣内西町、垣内東町、垣内本町、垣内南町、北新在家、坂出、坂上、新在家、田井、高田、津市場、浜田、福井、宮内、余子浜、和久）、嵐山町、飯田、飯田1～3丁目、生野町、石倉、市川台1～3丁目、市川橋通1～2丁目、市之郷、市之郷町1～4丁目、伊伝居、威徳寺町、井ノ口、今宿、岩端町、魚町、打越、梅ケ枝町、梅ケ谷町、駅前町、太市中、大塩町、大塩町汐咲1～3丁目、大塩町宮前、大津区（恵美酒町1～2丁目、大津町1～4丁目、勘兵衛町1～5丁目、北天満町、吉美、新町1～2丁目、天神町1～2丁目、天満、長松、西土井、平松、真砂町）、大野町、岡田、岡町、奥山、鍵町、柿山伏、鍛冶町、片田町、刀出、刀出栄立町、勝原区（朝日谷、大谷、勝原町、勝山町、熊見、下太田、宮田、山戸、丁）、金屋町、兼田、上大野1～7丁目、上片町、上手野、神屋町、神屋町1～6丁目、亀井町、亀山、亀山1～2丁目、川西、川西台、神田町1～4丁目、北今宿1～3丁目、北新在家1～3丁目、北原、北平野1～6丁目、北平野奥垣内、北平野台町、北平野南の町、北八代1～2丁目、北夢前台1～2丁目、木場、木場十八反町、木場前中町、木場前七反町、京口町、京町1～3丁目、楠町、久保町、栗山町、車崎1～3丁目、景福寺前、国府寺町、五軒邸1～4丁目、小姓町、琴岡町、古二階町、河間町、呉服町、米屋町、小利木町、五郎右衛門邸、紺屋町、西庄、材木町、幸町、堺町、坂田町、坂元町、定元町、三左衛門堀西の町、三左衛門堀東の町、三条町1～2丁目、塩町、飾磨区（英賀、英賀春日町1～2丁目、英賀清水町1～3丁目、英賀西町1～3丁目、英賀東町1～2丁目、英賀保駅前町、英賀宮台、英賀宮町1～2丁目、阿成、阿成植木、阿成鹿古、阿成下垣内、阿成中垣内、阿成渡場、今在家、今在家2～7丁目、今在家北1～3丁目、入船町、恵美酒、大浜、粕谷新町、構、構1～5丁目、鎌倉町、上野田1～6丁目、亀山、加茂、加茂北、加茂東、加茂南、御幸、栄町、三和町、思案橋、清水、清水1～3丁目、下野田1～4丁目、城南町1～3丁目、須加、高町、高町1～2丁目、蓼野町、玉地、玉地1丁目、付城、付城1～2丁目、天神、都倉1～3丁目、中島、中島1～3丁目、中野田1～4丁目、中浜町1～3丁目、西浜町1～3丁目、野田町、東堀、富士見ケ丘町、細江、堀川町、宮、三宅1～3丁目、妻鹿、妻鹿東海町、妻鹿常盤町、妻鹿日田町、矢倉町1～2丁目、山崎、山崎台、若宮町）、飾西、飾西台、飾東町大釜、飾東町大釜新、飾東町小原、飾東町小原新、飾東町唐端新、飾東町北野、飾東町北山、飾東町清住、飾東町佐良和、飾東町塩崎、飾東町志吹、飾東町庄、飾東町豊国、飾東町八重畑、飾東町山崎、飾東町夕陽ケ丘、四郷町明田、四郷町上鈴、四郷町坂元、四郷町中鈴、四郷町東阿保、四郷町本郷、四郷町見野、四郷町山脇、東雲町1～6丁目、忍町、実法寺、下手野1～6丁目、下寺町、十二所前町、庄田、城東町、城東町京口台、城東町五軒屋、城東町清水、城東町竹之門、城東町中河原、城東町野田、城東町毘沙門、城北新町1～3丁目、城北本町、書写、書写台1～3丁目、白国、白国1～5丁目、白浜町、白浜町宇佐崎北1～3丁目、白浜町宇佐崎中1～3丁目、白浜町宇佐崎南1～2丁目、白浜町神田1～2丁目、白浜町寺家1～2丁目、

白浜町灘浜、白銀町、城見台1～4丁目、城見町、新在家、新在家1～4丁目、新在家中の町、新在家本町1～6丁目、神和町、菅生台、総社本町、大黒壱丁町、大寿台1～2丁目、大善町、田井台、高岡新町、高尾町、鷹匠町、竹田町、龍野町1～6丁目、立町、田寺1～8丁目、田寺東1～4丁目、田寺山手町、玉手、玉手1～4丁目、地内町、中地、中地南町、町田、町坪、町坪南町、千代田町、継、佃町、辻井1～9丁目、土山1～7丁目、土山東の町、手柄、手柄1～2丁目、天神町、東郷町、同心町、豆腐町、砥堀、苫編、苫編南1～2丁目、豊沢町、豊富町甲丘1～4丁目、豊富町神谷、豊富町豊富、豊富町御蔭、名古山町、南条、南条1～3丁目、二階町、西今宿1～8丁目、西駅前町、西新在家1～3丁目、西新町、西大寿台、西中島、西二階町、西延末、西八代町、西夢前台1～3丁目、西脇、仁豊野、農人町、南畝町、南畝町1～2丁目、野里、野里上野町1～2丁目、野里慶雲寺前町、野里新町、野里月丘町、野里寺町、野里中町、野里東同心町、野里東町、野里堀留町、野里大和町、延末、延末1丁目、白鳥台1～3丁目、博労町、橋之町、花影町1～4丁目、花田町一本松、花田町小川、花田町加納原田、花田町上原田、花田町高木、花田町勅旨、林田町大堤、林田町奥佐見、林田町上伊勢、林田町上構、林田町口佐見、林田町久保、林田町下伊勢、林田町下構、林田町新町、林田町中構、林田町中山下、林田町林田、林田町林谷、林田町松山、林田町六九谷、林田町八幡、林田町山田、東今宿1～6丁目、東駅前町、東辻井1～4丁目、東延末、東延末1～5丁目、東山、東夢前台1～3丁目、日出町1～3丁目、平野町、広畑区（吾妻町1～3丁目、大町1～3丁目、蒲田、蒲田1～5丁目、北河原町、北野町1～2丁目、京見町、小坂、小松町1～4丁目、才、清水町1～3丁目、城山町、末広町1～3丁目、正門通1～4丁目、高浜町1～4丁目、鶴町1～2丁目、長町1～2丁目、西蒲田、西夢前台4～8丁目、則直、早瀬町1～3丁目、東新町1～3丁目、東夢前台4丁目、富士町、本町1～6丁目、夢前町1～4丁目、広峰1～2丁目、広嶺山、福居町、福沢町、福中町、福本町、藤ケ台、双葉町、船丘町、船津町、船橋町2～6丁目、別所町家具町、別所町北宿、別所町小林、別所町佐土、別所町佐土1～3丁目、別所町佐土新、別所町別所、別所町別所1～5丁目、北条、北条1丁目、北条梅原町、北条口1～5丁目、北条永良町、北条宮の町、保城、坊主町、峰南町、本町、増位新町1～2丁目、増位本町1～2丁目、的形町福泊、的形町的形、丸尾町、御国野町国分寺、御国野町御着、御国野町西御着、御国野町深志野、神子岡前1～4丁目、御立北1～4丁目、御立中1～8丁目、御立西1～6丁目、御立東1～6丁目、緑台1～2丁目、南今宿、南駅前町、南車崎1～2丁目、南新在家、南町、南八代町、宮上町1～2丁目、宮西町1～4丁目、睦町、元塩町、元町、八家、八木町、八代、八代東光寺町、八代本町1～2丁目、八代緑ケ丘町、八代宮前町、安田1～4丁目、柳町、山田町北山田、山田町多田、山田町西山田、山田町牧野、山田町南山田、山野井町、山畑新田、山吹1～2丁目、吉田町、米田町、余部区（上川原、上余部、下余部）、六角、若菜町1～2丁目、綿町

【岡山県1区の岡山市北区・南区の一部、吉備中央町本庁管内】（P143参照）

岡山市（**北区**（本庁管内（祇園、後楽園、中原及び牟佐に属する区域を除く。）、御津・建部支所管内）、**南区**（青江6丁目、あけぼの町、泉田、泉田1～5丁目、内尾、浦安西町、浦安本町、浦安南町、大福、海岸通1～2丁目、古新田、市場1～2丁目、下中野、新福1～2丁目、新保、洲崎1～3丁目、妹尾、妹尾崎、曽根、立川町、築港栄町、築港新町1～2丁目、築港ひかり町、築港緑町1～3丁目、築港元町、千鳥町、当新田、富浜町、豊成1～3丁目、豊浜町、中畦、並木町1～2丁目、南輝1～3丁目、西市、西畦、浜野1～4丁目、東畦、平福1～2丁目、福島1～4丁目、福田、福富中1～2丁目、福富西1～3丁目、福富東1～2丁目、福成1～3丁目、福浜町、福浜西町、福吉町、藤田、芳泉1～4丁目、松浜町、万倍、箕島、三浜町1～2丁目、山田、米倉、若葉町）、**吉備中央町**（広面、上加茂、下加茂、美原、加茂市場、高谷、平岡、上野、竹部、上田東、細田、三納谷、上田西、円城、案田、高富、神瀬、船津、小森）

【岡山県3区の真庭市の一部】（P144参照）

本庁管内、蒜山・落合・勝山・美甘・湯原振興局管内

【山口県1区の周南市の一部】（P146参照）

本庁管内、新南陽・鹿野総合支所管内、櫛浜・鼓南・久米・菊川・夜市・戸田・湯野・大津島・向道・長穂・須々万・中須・須金支所管内

【香川県1区の高松市の一部】（P151参照）

本庁管内、勝賀総合センター管内、山田支所管内、鶴尾・太田・木太・古高松・屋島・前田・川添・林・三谷・仏生山・一宮・多肥・川岡・円座・檀紙・女木・男木出張所管内

【愛媛県1区の松山市の一部】（P151参照）

本庁管内、桑原・道後・味生・生石・垣生・三津浜・久枝・潮見・和気・堀江・余土・興居島・久米・湯山・伊台・五明・小野支所管内、浮穴支所管内（北井門2丁目に属する区域に限る。）、石井支所管内

【高知県1区の高知市の一部】（P152参照）

上町1～5丁目、本丁筋、水通町、通町、唐人町、与力町、鷹匠町1～2丁目、本町1～5丁目、升形、帯屋町1～2丁目、追手筋1～2丁目、廿代町、永国寺町、丸ノ内1～2丁目、中の島、九反田、菜園場町、農人町、城見町、堺町、南はりまや町1～2丁目、弘化台、桜井町1～2丁目、はりまや町1～3丁目、宝永町、弥生町、丸池町、小倉町、東雲町、日の出町、知寄町1～3丁目、青柳町、稲荷町、若松町、高埇、杉井流、北金田、南金田、札場、南御座、北御座、南川添、北川添、北久保、南久保、海老ノ丸、中宝永町、南宝永町、二葉町、入明町、洞ケ島町、寿町、中水道、幸町、伊勢崎町、相模町、吉田町、愛宕町1～4丁目、大川筋1～2丁目、駅前町、相生町、江陽町、北本町1～4丁目、新本町1～2丁目、昭和町、和泉町、塩田町、比島町1～4丁目、栄田町1～3丁目、井口町、平和町、三ノ丸、宮前町、西町、大膳町、山ノ端町、桜馬場、城北町、北八反町、宝町、小津町、越前町1～2丁目、新屋敷1～2丁目、八反町1～2丁目、東城山町、城山町、東石立町、石立町、玉水町、縄手町、鏡川町、下島町、旭町1～3丁目、赤石町、中須賀町、旭駅前町、元町、南元町、旭上町、水源町、本宮町、上本

宮町、大谷、岩ケ淵、鳥越、塚ノ原、西塚ノ原、長尾山町、旭天神町、佐々木町、北端町、山手町、横内、口細山、尾立、蓮台、福井町、福井扇町、福井東町、池、仁井田、種崎、十津1～6丁目、吸江、五台山、屋頭、高須、葛島1～4丁目、高須新町1～4丁目、高須砂地、高須本町、高須新木、高須1～3丁目、高須東町、高須西町、高須絶海、高須大谷、高須大島、布師田、一宮、薊野、重倉、久礼野、薊野西町1～3丁目、薊野北町1～4丁目、薊野東町、薊野中町、薊野南町、一宮西町1～4丁目、一宮しなね1～2丁目、一宮南町1～2丁目、一宮中町1～3丁目、一宮東町1～5丁目、一宮徳谷、愛宕山、前里、東秦泉寺、中秦泉寺、三園町、西秦泉寺、北秦泉寺、宇津野、三谷、七ツ淵、加賀野井1～2丁目、愛宕山南町、秦南町1～2丁目、東久万、中久万、西久万、南久万、万々、中万々、南万々、柴巻、円行寺、一ツ橋町1～2丁目、みづき1～3丁目、みづき山、大津甲、大津乙、介良甲、介良乙、介良丙、介良、潮見台1～3丁目、鏡大河内、鏡小浜、鏡大利、鏡今井、鏡草峰、鏡白岩、鏡狩山、鏡吉原、鏡的渕、鏡去坂、鏡竹奈路、鏡敷ノ山、鏡柿ノ又、鏡横矢、鏡増原、鏡葛山、鏡梅ノ木、鏡小山、土佐山菖蒲、土佐山西川、土佐山梶谷、土佐山、土佐山高川、土佐山桑尾、土佐山都網、土佐山弘瀬、土佐山東川、土佐山中切

【福岡県2区の福岡市南区・城南区の一部】（P155参照）

南区（那の川1丁目、那の川2丁目（1番から4番まで）、大楠1～3丁目、清水1～4丁目、玉川町、塩原1～4丁目、大橋団地、大橋1～4丁目、高木1～3丁目、五十川1～2丁目、井尻1～5丁目、折立町、横手1～4丁目、横手南町、的場1～2丁目、曰佐1～2丁目、曰佐4～5丁目、向新町1～2丁目、高宮1～5丁目、多賀1～2丁目、向野1～2丁目、筑紫丘1～2丁目、野間1～4丁目、若久団地、若久1～6丁目、三宅1～3丁目、南大橋1～2丁目、和田1～4丁目、野多目1～3丁目、野多目4丁目（1番から13番まで、18番1号から18番14号まで、18番61号から18番82号まで及び19番から30番まで）、野多目5丁目、老司1丁目（1番1号から1番17号まで、1番26号から1番48号まで、2番から4番まで、5番18号から5番36号まで、6番及び7番9号から7番28号まで）、市崎1～2丁目、大池1～2丁目、平和1～2丁目、平和4丁目、寺塚1～2丁目、柳河内1～2丁目、皿山1～4丁目、中尾1～3丁目、花畑1～4丁目、屋形原1～5丁目、鶴田4丁目（1番1号から1番8号まで、1番44号から1番47号まで、3番5号から3番24号まで及び3番38号から3番54号まで）、長丘1～5丁目、長住1～7丁目、西長住1～3丁目、大字桧原、桧原1～7丁目、大平寺1～2丁目、大字柏原、柏原1丁目（1番から25番まで及び27番から53番まで）、柏原3～7丁目）、**城南区**（鳥飼4～7丁目、別府団地、別府1～7丁目、城西団地、荒江団地、荒江1丁目、飯倉1丁目、田島1～6丁目、茶山1～6丁目、金山団地、七隈1～2丁目、七隈3丁目（1番から5番まで、8番24号、8番31号から8番44号まで、15番から19番まで、20番1号から20番4号まで及び20番25号から20番67号まで）、松山1～2丁目、友丘1～6丁目、友泉亭、長尾1～5丁目、樋井川1～7丁目、宝台団地、堤団地、堤1～2丁目、東油山1～6丁目、大字東油山、大字片江、片江1～5丁目、南片江1～6丁目、西片江1～2丁目、神松寺1～3丁目）

【福岡県3区の福岡市城南区（2区に属しない区域）】（P155参照）

七隈3丁目（6番、7番、8番1号から8番23号まで、8番25号から8番30号まで、8番45号、8番46号、9番から14番まで、20番5号から20番24号まで及び21番から23番まで）、七隈4～8丁目、干隈1～2丁目、梅林1～5丁目、大字梅林

【福岡県5区の福岡市南区（2区に属しない区域）】（P156参照）

曰佐3丁目、警弥郷1～3丁目、柳瀬1～2丁目、弥永1～5丁目、弥永団地、野多目4丁目（14番から17番まで、18番15号から18番60号まで、31番及び32番）、野多目6丁目、老司1丁目（1番18号から1番25号まで、5番1号から5番17号まで、5番37号から5番53号まで、7番1号から7番8号まで、7番29号から7番39号まで及び8番から35番まで）、老司2～5丁目、鶴田1～3丁目、鶴田4丁目（1番9号から1番43号まで、2番、3番1号から3番4号まで、3番25号から3番37号まで、3番55号から3番60号まで及び4番から54番まで）、柏原1丁目（26番）、柏原2丁目

【大分県1区の大分市の一部】（P160参照）

本庁管内、鶴崎・大南支所管内、稙田支所管内（大字廻栖野（618番地から747番地2まで、830番地から832番地1まで、833番地1、833番地3から836番地3まで、838番地1から838番地2まで、841番地、1587番地、1591番地から1618番地まで及び1620番地）に属する区域を除く。）、大在・坂ノ市・明野支所管内

衆議院常任・特別委員一覧(令和4年1月17日現在)

【常任委員会】

内閣委員(40)

(自22)(立7)(維4)(公3)(国1)(共1)(有1)(れ1)

(長)	上野賢一郎	自
(理)	井上信治	自
(理)	工藤彰三	自
(理)	平将明	自
(理)	藤井比早之	自
(理)	森田俊和	立
(理)	森山浩行	立
(理)	足立康史	維
(理)	國重徹	公
	赤澤亮正	自
	伊東良孝	自
	石原宏高	自
	金子俊平	自
	小寺裕雄	自
	杉田水脈	自
	鈴木英敬	自
	高木啓	自
	永岡桂子	自
	平井卓也	自
	平沼正二郎	自
	松本尚	自
	宮路拓馬	自
	宗清皇一	自
	山田賢司	自
	吉川赳	自
	和田義明	自
	大串博志	立
	堤かなめ	立
	中谷一馬	立
	本庄知史	立
	山岸一生	立
	阿部司	維
	浅川義治	維
	堀場幸子	維
	河西宏一	公
	平林晃	公
	浅野哲	国
	塩川鉄也	共
	緒方林太郎	有
	山本太郎	れ

総務委員(40)

(自23)(立8)(維4)(公3)(国1)(共1)

(長)	赤羽一嘉	公
(理)	あかま二郎	自
(理)	斎藤洋明	自
(理)	新谷正義	自
(理)	田所嘉徳	自
(理)	岡本あき子	立
(理)	吉川元	立
(理)	中司宏	維
(理)	輿水恵一	公
	井野俊郎	自
	井林辰憲	自
	井原巧	自
	石田真敏	自
	今枝宗一郎	自
	大串正樹	自
	加藤竜祥	自
	川崎ひでと	自
	小森卓郎	自
	坂井学	自
	杉田水脈	自
	武村展英	自
	西野太亮	自
	鳩山二郎	自
	古川直季	自
	古川康	自
	保岡宏武	自
	柳本顕	自
	渡辺孝一	自
	石川香織	立
	おおつき紅葉	立
	奥野総一郎	立
	鈴木庸介	立
	道下大樹	立
	湯原俊二	立
	阿部弘樹	維
	沢田良	維
	守島正	維
	福重隆浩	公
	西岡秀子	国
	宮本岳志	共

法務委員(35)

(自20)(立7)(維3)(公3)(国1)(共1)

(長)	鈴木馨祐	自
(理)	井出庸生	自
(理)	熊田裕通	自
(理)	葉梨康弘	自
(理)	山田美樹	自
(理)	鎌田さゆり	立
(理)	階猛	立
(理)	守島正	維
(理)	大口善徳	公
	東国幹	自
	五十嵐清	自
	石橋林太郎	自
	尾崎正直	自
	奥野信亮	自
	国定勇人	自
	田所嘉徳	自
	高見康裕	自
	谷川とむ	自
	中谷真一	自
	中野英幸	自
	西田昭二	自
	野中厚	自
	八木哲也	自
	山田賢司	自
	伊藤俊輔	立
	鈴木庸介	立

(長)=委員長・会長、(理)=理事、(幹)=幹事、議員氏名の右は会派名

藤岡隆雄	立
山田勝彦	立
米山隆一	立
阿部弘樹	維
前川清成	維
日下正喜	公
福重隆浩	公
鈴木義弘	国
本村伸子	共

外務委員(30)

(自17)(立6)(維3)
(公2)(国1)(共1)

(長)	**城内実**	自
(理)	あべ俊子	自
(理)	辻清人	自
(理)	宮﨑政久	自
(理)	武藤容治	自
(理)	青山大人	立
(理)	小熊慎司	立
(理)	杉本和巳	維
(理)	吉田宣弘	公
	伊藤信太郎	自
	上杉謙太郎	自
	小渕優子	自
	尾身朝子	自
	島尻安伊子	自
	新藤義孝	自
	鈴木隼人	自
	高木啓	自
	武井俊輔	自
	中谷真一	自
	平沢勝栄	自
	本田太郎	自
	岡田克也	立
	徳永久志	立
	太栄志	立
	松原仁	立
	青柳仁士	維
	和田有一朗	維
	金城泰邦	公
	鈴木敦	国
	穀田恵二	共

財務金融委員(40)

(自23)(立8)(維4)
(公3)(国1)(共1)

(長)	**薗浦健太郎**	自
(理)	井林辰憲	自
(理)	越智隆雄	自
(理)	中西健治	自
(理)	藤丸敏	自
(理)	稲富修二	立
(理)	末松義規	立
(理)	吉田豊史	維
(理)	角田秀穂	公
	井上貴博	自
	石井拓	自
	石原正敬	自
	門山宏哲	自
	神田憲次	自
	神田潤一	自
	小泉龍司	自
	高村正大	自
	塩崎彰久	自
	鈴木隼人	自
	田野瀬太道	自
	中川貴元	自
	藤原崇	自
	三ッ林裕巳	自
	八木哲也	自
	山田美樹	自
	若林健太	自
	鷲尾英一郎	自
	江田憲司	立
	櫻井周	立
	下条みつ	立
	中川正春	立
	野田佳彦	立
	伴野豊	立
	赤木正幸	維
	沢田良	維
	藤巻健太	維
	竹内譲	公
	中川宏昌	公
	岸本周平	国
	田村貴昭	共

文部科学委員(40)

(自23)(立8)(維4)
(公3)(国1)(共1)

(長)	**義家弘介**	自
(理)	橋慶一郎	自
(理)	根本幸典	自
(理)	宮内秀樹	自
(理)	山本ともひろ	自
(理)	菊田真紀子	立
(理)	牧義夫	立
(理)	三木圭恵	維
(理)	浮島智子	公
	青山周平	自
	石橋林太郎	自
	尾身朝子	自
	勝目康	自
	神田憲次	自
	木原稔	自
	国光あやの	自
	小林茂樹	自
	柴山昌彦	自
	下村博文	自
	田野瀬太道	自
	谷川弥一	自
	丹羽秀樹	自
	船田元	自
	古川直季	自
	松本剛明	自
	三谷英弘	自
	山口晋	自
	荒井優	立
	坂本祐之輔	立
	白石洋一	立
	吉川元	立
	吉田はるみ	立
	笠浩史	立
	早坂敦	維
	掘井健智	維

岬　麻紀　維
山崎　正恭　公
鰐淵　洋子　公
西岡　秀子　国
宮本　岳志　共

厚生労働委員(45)

(自25)(立10)(維4)
(公3)(国1)(共1)(有1)

㊡ **橋本　岳**　自
㊙ 今枝宗一郎　自
㊙ 齋藤　健　自
㊙ 髙階恵美子　自
㊙ 牧原　秀樹　自
㊙ 山井　和則　立
㊙ 柚木　道義　立
㊙ 池下　卓　維
㊙ 伊佐　進一　公
畦元　将吾　自
上田　英俊　自
加藤　勝信　自
勝目　康　自
川崎ひでと　自
後藤田正純　自
佐々木　紀　自
塩崎　彰久　自
鈴木　英敬　自
田村　憲久　自
高木　宏壽　自
土田　慎　自
西田　昭二　自
長谷川淳二　自
深澤　陽一　自
松本　尚　自
三谷　英弘　自
三ッ林裕巳　自
柳本　顕　自
山本　左近　自
阿部　知子　立
井坂　信彦　立
中島　克仁　立
長妻　昭　立
野間　健　立
山田　勝彦　立
吉田　統彦　立
早稲田ゆき　立
一谷勇一郎　維
金村　龍那　維
吉田とも代　維
山崎　正恭　公
吉田久美子　公
田中　健　国
宮本　徹　共
仁木　博文　有

農林水産委員(40)

(自23)(立8)(維3)(公3)
(国1)(共1)(有1)

㊡ **平口　洋**　自
㊙ 江藤　拓　自
㊙ 高鳥　修一　自
㊙ 宮下　一郎　自
㊙ 簗　和生　自
㊙ 金子　恵美　立
㊙ 佐藤　公治　立
㊙ 空本　誠喜　維
㊙ 稲津　久　公
東　国幹　自
五十嵐　清　自
上田　英俊　自
尾崎　正直　自
加藤　竜祥　自
神田　潤一　自
北村　誠吾　自
坂本　哲志　自
高見　康裕　自
武井　俊輔　自
中川　郁子　自
野中　厚　自
長谷川淳二　自
平沼正二郎　自
古川　康　自
保岡　宏武　自
山口　晋　自
若林　健太　自
梅谷　守　立
神谷　裕　立
小山　展弘　立
後藤　祐一　立
緑川　貴士　立
渡辺　創　立
池畑浩太朗　維
住吉　寛紀　維
金城　泰邦　公
庄子　賢一　公
長友　慎治　国
田村　貴昭　共
北神　圭朗　有

経済産業委員(40)

(自23)(立8)(維4)
(公3)(国1)(共1)

㊡ **古屋　範子**　公
㊙ 石川　昭政　自
㊙ 稲田　朋美　自
㊙ 長坂　康正　自
㊙ 松本　洋平　自
㊙ 落合　貴之　立
㊙ 山岡　達丸　立
㊙ 小野　泰輔　維
㊙ 中野　洋昌　公
井原　巧　自
石井　拓　自
岩田　和親　自
大串　正樹　自
上川　陽子　自
国定　勇人　自
国光あやの　自
小森　卓郎　自
國場幸之助　自
鈴木　淳司　自
土田　慎　自
中川　貴元　自
中野　英幸　自
西野　太亮　自
西村　明宏　自

星野剛士 自
堀井学 自
山下貴司 自
山本左近 自
荒井優 立
梅谷守 立
大島敦 立
菅直人 立
末次精一 立
山崎誠 立
青柳仁士 維
漆間譲司 維
藤田文武 維
平林晃 公
鈴木義弘 国
笠井亮 共

国土交通委員(45)

(自25)(立9)(維4)(公3)
(国1)(共1)(有1)(れ1)

(長) 中根一幸 自
(理) 柿沢未途 自
(理) 小島敏文 自
(理) 塚田一郎 自
(理) 土井亨 自
(理) 城井崇 立
(理) 小宮山泰子 立
(理) 市村浩一郎 維
(理) 伊藤渉 公
秋本真利 自
伊藤忠彦 自
石原宏高 自
泉田裕彦 自
小里泰弘 自
大西英男 自
加藤鮎子 自
金子俊平 自
菅家一郎 自
木村次郎 自
小林茂樹 自
櫻田義孝 自
笹川博義 自
田中良生 自
谷川とむ 自
中川郁子 自
根本幸典 自
宮内秀樹 自
宮崎政久 自
和田義明 自
稲富修二 立
枝野幸男 立
神津たけし 立
福田昭夫 立
藤岡隆雄 立
谷田川元 立
渡辺周 立
池下卓 維
高橋英明 維
山本剛正 公
河西宏一 公
北側一雄 公
古川元久 国
高橋千鶴子 共

福島伸享 有
たがや亮 れ

環境委員(30)

(自17)(立7)(維3)
(公2)(国1)

(長) 関芳弘 自
(理) 勝俣孝明 自
(理) 菅家一郎 自
(理) 小泉進次郎 自
(理) 笹川博義 自
(理) 源馬謙太郎 立
(理) 田嶋要 立
(理) 漆間譲司 維
(理) 角田秀穂 公
畦元将吾 自
井野俊郎 自
井上貴博 自
石川昭政 自
石原正敬 自
小倉將信 自
武村展英 自
辻清人 自
中西健治 自
穂坂泰 自
宮澤博行 自
八木哲也 自
近藤昭一 立
篠原孝 立
中島克仁 立
馬場雄基 立
松木けんこう 立
遠藤良太 維
奥下剛光 維
中川康洋 公
斎藤アレックス 国

安全保障委員(30)

(自17)(立6)(維3)
(公2)(国1)(共1)

(長) 大塚拓 自
(理) 門山宏哲 自
(理) 武田良太 自
(理) 星野剛士 自
(理) 宮澤博行 自
(理) 篠原豪 立
(理) 徳永久志 立
(理) 美延映夫 維
(理) 吉田宣弘 公
青山周平 自
江渡聡徳 自
熊田裕通 自
國場幸之助 自
齋藤健 自
塩谷立 自
鈴木憲和 自
中曽根康隆 自
長島昭久 自
浜田靖一 自
細野豪志 自
松島みどり 自
新垣邦男 立
伊藤俊輔 立

玄葉光一郎 立
太栄志 立
岩谷良平 維
掘井健智 維
佐藤茂樹 公
斎藤アレックス 国
赤嶺政賢 共

国家基本政策委員(30)

(自17)(立7)(維2)(公1)
(国1)(共1)(有1)

㊎長 渡海紀三朗 自
㊎理 小渕優子 自
㊎理 河野太郎 自
㊎理 佐藤勉 自
㊎理 御法川信英 自
㊎理 寺田学 立
㊎理 馬場伸幸 維
㊎理 石井啓一 公
麻生太郎 自
遠藤利明 自
梶山弘志 自
上川陽子 自
田中和徳 自
高市早苗 自
高木毅 自
福田達夫 自
古屋圭司 自
茂木敏充 自
盛山正仁 自
森山裕 自
泉健太 立
小川淳也 立
逢坂誠二 立
奥野総一郎 立
中村喜四郎 立
西村智奈美 立
岬麻紀 維
玉木雄一郎 国
志位和夫 共
吉良州司 有

予算委員(50)

(自28)(立11)(維4)(公4)
(国1)(共1)(有1)

㊎長 根本匠 自
㊎理 今枝宗一郎 自
㊎理 島尻安伊子 自
㊎理 谷公一 自
㊎理 西村康稔 自
㊎理 葉梨康弘 自
㊎理 大串博志 立
㊎理 重徳和彦 立
㊎理 浦野靖人 維
㊎理 稲津久 公
青山周平 自
秋葉賢也 自
伊藤達也 自
石破茂 自
今村雅弘 自
岩屋毅 自
衛藤征士郎 自
奥野信亮 自
加藤勝信 自
金田勝年 自
亀岡偉民 自
木原稔 自
北村誠吾 自
後藤田正純 自
下村博文 自
土屋品子 自
中谷真一 自
平沢勝栄 自
古屋圭司 自
山本有二 自
鷲尾英一郎 自
渡辺博道 自
石川香織 立
江田憲司 立
落合貴之 立
城井崇 立
源馬謙太郎 立
近藤和也 立
階猛 立
長妻昭 立
道下大樹 立
足立康史 維
市村浩一郎 維
岩谷良平 維
伊佐進一 公
輿水恵一 公
中川宏昌 公
前原誠司 国
宮本徹 共
緒方林太郎 有

決算行政監視委員(40)

(自22)(立7)(維3)(公3)
(有1)(れ2)(無1)(欠1)

㊎長 原口一博 立
㊎理 木原稔 自
㊎理 鈴木憲和 自
㊎理 田中良生 自
㊎理 武村展英 自
㊎理 大河原まさこ 立
㊎理 松原仁 立
㊎理 伊東信久 維
㊎理 伊藤渉 公
秋本真利 自
江﨑鐵磨 自
小倉將信 自
小野寺五典 自
柿沢未途 自
工藤彰三 自
小島敏文 自
田野瀬太道 自
髙階恵美子 自
高木宏壽 自
棚橋泰文 自
牧原秀樹 自
村上誠一郎 自
森英介 自
簗和生 自
山本ともひろ 自
吉川赳 自
吉野正芳 自

青柳陽一郎　立
篠原豪　立
手塚仁雄　立
谷田川元　立
一谷勇一郎　維
吉田とも代　維
庄子賢一　公
吉田久美子　公
吉良州司　有
大石あきこ　れ
たがや亮　れ
三反園訓　無

議院運営委員(25)

(自14)(立6)(維2)
(公1)(国1)(共1)

長 山口俊一　自
理 井野俊郎　自
理 伊東良孝　自
理 佐々木紀　自
理 丹羽秀樹　自
理 盛山正仁　自
理 青柳陽一郎　立
理 井坂信彦　立
理 遠藤敬　維
理 濵地雅一　公
大串正樹　自
國場幸之助　自
武井俊輔　自
中谷真一　自
西田昭二　自
三谷英弘　自
柳本顕　自
山田賢司　自
伊藤俊輔　立
中谷一馬　立
山岸一生　立
吉田はるみ　立
中司宏　維
浅野哲　国
塩川鉄也　共

懲罰委員(20)

(自11)(立6)(維1)
(公1)(欠1)

長 安住淳　立
理 丹羽秀樹　自
理 林幹雄　自
理 盛山正仁　自
理 奥野総一郎　立
理 井上英孝　維
安倍晋三　自
逢沢一郎　自
甘利明　自
伊東良孝　自
石原宏高　自
菅義偉　自
二階俊博　自
額賀福志郎　自
小沢一郎　立
大西健介　立
馬淵澄夫　立
山井和則　立

高木陽介　公

【特別委員会】

災害対策特別委員(40)

(自23)(立8)(維4)
(公3)(国1)(共1)

長 小里泰弘　自
理 西村明宏　自
理 根本幸典　自
理 若林健太　自
理 鷲尾英一郎　自
理 近藤和也　立
理 山崎誠　立
理 岩谷良平　維
理 大口善徳　公
青山周平　自
井出庸生　自
江藤拓　自
柿沢未途　自
金子俊平　自
金田勝年　自
菅家一郎　自
工藤彰三　自
熊田裕通　自
後藤田正純　自
坂井学　自
笹川博義　自
新谷正義　自
杉田水脈　自
髙鳥修一　自
藤丸敏　自
古川康　自
渡辺博道　自
小宮山泰子　立
小山展弘　立
神津たけし　立
佐藤公治　立
柚木道義　立
早稲田ゆき　立
阿部弘樹　維
奥下剛光　維
空本誠喜　維
金城泰邦　公
角田秀穂　公
古川元久　国
田村貴昭　共

政治倫理の確立及び公職選挙法改正に関する特別委員(40)

(自23)(立8)(維4)
(公3)(国1)(共1)

長 浜田靖一　自
理 奥野信亮　自
理 平井卓也　自
理 星野剛士　自
理 吉川赳　自
理 篠原孝　立
理 寺田学　立
理 浦野靖人　維

理	伊藤渉	公
	秋葉賢也	自
	石原正敬	自
	尾﨑正直	自
	大串正樹	自
	加藤竜祥	自
	勝目康	自
	川﨑ひでと	自
	神田潤一	自
	木原稔	自
	国定勇人	自
	塩崎彰久	自
	鈴木憲和	自
	辻清人	自
	中西健治	自
	長谷川淳二	自
	藤井比早之	自
	古川直季	自
	山田美樹	自
	青柳陽一郎	立
	落合貴之	立
	後藤祐一	立
	手塚仁雄	立
	徳永久志	立
	森山浩行	立
	遠藤良太	維
	高橋英明	維
	山本剛正	維
	河西宏一	公
	日下正喜	公
	斎藤アレックス	国
	塩川鉄也	共

沖縄及び北方問題に関する特別委員(25)

(自14)(立5)(維2)
(公2)(国1)(共1)

長	**阿部知子**	立
理	秋葉賢也	自
理	國場幸之助	自
理	鈴木隼人	自
理	堀井学	自
理	石川香織	立
理	大島敦	立
理	杉本和巳	維
理	稲津久	公
	東国幹	自
	井野俊郎	自
	伊東良孝	自
	小渕優子	自
	尾身朝子	自
	島尻安伊子	自
	高木宏壽	自
	武井俊輔	自
	宮﨑政久	自
	山口晋	自
	新垣邦男	立
	山岸一生	立
	吉田豊史	維
	金城泰邦	公
	長友慎治	国
	赤嶺政賢	共

北朝鮮による拉致問題等に関する特別委員(25)

(自14)(立5)(維2)
(公2)(国1)(共1)

長	**長島昭久**	自
理	江渡聡徳	自
理	北村誠吾	自
理	杉田水脈	自
理	中川郁子	自
理	笠浩史	立
理	渡辺周	立
理	美延映夫	維
理	竹内譲	公
	江藤拓	自
	斎藤洋明	自
	櫻田義孝	自
	髙木啓	自
	塚田一郎	自
	辻清人	自
	中谷真一	自
	葉梨康弘	自
	藤井比早之	自
	梅谷守	立
	下条みつ	立
	西村智奈美	立
	三木圭恵	維
	濵地雅一	公
	鈴木敦	国
	笠井亮	共

消費者問題に関する特別委員(35)

(自20)(立7)(維3)
(公3)(国1)(共1)

長	**松島みどり**	自
理	井原巧	自
理	稲田朋美	自
理	勝俣孝明	自
理	宮﨑政久	自
理	湯原俊二	立
理	吉田統彦	立
理	漆間譲司	維
理	伊佐進一	公
	石原宏高	自
	柿沢未途	自
	勝目康	自
	佐々木紀	自
	鈴木英敬	自
	高見康裕	自
	武村展英	自
	土田慎	自
	中川貴元	自
	永岡桂子	自
	長谷川淳二	自
	平沼正二郎	自
	船田元	自
	三谷英弘	自
	保岡宏武	自
	青山大人	立
	井坂信彦	立
	大河原まさこ	立

	大西健介	立
	山田勝彦	立
	浅川義治	維
	掘井健智	維
	福重隆浩	公
	吉田久美子	公
	田中健	国
	本村伸子	共

科学技術・イノベーション推進特別委員(35)

(自20)(立7)(維3)
(公3)(国1)(共1)

(長)	手塚仁雄	立
(理)	井上貴博	自
(理)	尾身朝子	自
(理)	松本剛明	自
(理)	和田義明	自
(理)	中島克仁	立
(理)	中谷一馬	立
(理)	池下卓	維
(理)	浮島智子	公
	畦元将吾	自
	五十嵐清	自
	石井拓	自
	石橋林太郎	自
	上田英俊	自
	川崎ひでと	自
	国光あやの	自
	小泉龍司	自
	田所嘉徳	自
	土田慎	自
	西村康稔	自
	古川直季	自
	松本尚	自
	柳本顕	自
	山田賢司	自
	山本左近	自
	城井崇	立
	神津たけし	立
	末次精一	立
	藤岡隆雄	立
	金村龍那	維
	岬麻紀	維
	日下正喜	公
	山崎正恭	公
	鈴木義弘	国
	宮本徹	共

東日本大震災復興特別委員(45)

(自26)(立9)(維4)(公3)
(国1)(共1)(有1)

(長)	伊藤忠彦	自
(理)	亀岡偉民	自
(理)	菅家一郎	自
(理)	坂井学	自
(理)	野中厚	自
(理)	金子恵美	立
(理)	神谷裕	立
(理)	早坂敦	維
(理)	國重徹	公
	青山周平	自
	秋本真利	自
	井出庸生	自
	伊藤信太郎	自
	大西英男	自
	金子俊平	自
	国光あやの	自
	小林茂樹	自
	鈴木隼人	自
	高階恵美子	自
	高木啓	自
	谷川とむ	自
	西田昭二	自
	西野太亮	自
	平沢勝栄	自
	細野豪志	自
	三谷英弘	自
	宗清皇一	自
	八木哲也	自
	山本左近	自
	若林健太	自
	荒井優	立
	小熊慎司	立
	岡本あき子	立
	鎌田さゆり	立
	玄葉光一郎	立
	階猛	立
	馬場雄基	立
	池畑浩太朗	維
	一谷勇一郎	維
	小野泰輔	維
	浮島智子	公
	庄子賢一	公
	岸本周平	国
	高橋千鶴子	共
	福島伸享	有

原子力問題調査特別委員(40)

(自23)(立8)(維4)
(公3)(国1)(共1)

(長)	赤澤亮正	自
(理)	大西英男	自
(理)	神田憲次	自
(理)	鈴木淳司	自
(理)	古川康	自
(理)	菅直人	立
(理)	伴野豊	立
(理)	伊東信久	維
(理)	中野洋昌	公
	畦元将吾	自
	井林辰憲	自
	石川昭政	自
	今村雅弘	自
	江渡聡徳	自
	勝俣孝明	自
	門山宏哲	自
	神田潤一	自
	北村誠吾	自
	新谷正義	自
	高木宏壽	自

長坂　康正　自
西田　昭二　自
堀井　学　自
三ッ林裕巳　自
宮内　秀樹　自
宮澤　博行　自
簗　和生　自
阿部　知子　立
江田　憲司　立
逢坂　誠二　立
野間　健　立
米山　隆一　立
渡辺　創　立
藤巻　健太　維
堀場　幸子　維
吉田とも代　維
河西　宏一　公
平林　晃　公
浅野　哲　国
笠井　亮　共

地方創生に関する特別委員(40)

(自23) (立8) (維4)
(公3) (国1) (共1)

[長] **石田　真敏**　自
[理] 小林　茂樹　自
[理] 坂本　哲志　自
[理] 谷川　弥一　自
[理] 永岡　桂子　自
[理] 白石　洋一　立
[理] 福田　昭夫　立
[理] 守島　正　維
[理] 輿水　恵一　公
井原　巧　自
今枝宗一郎　自
今村　雅弘　自
国定　勇人　自
小島　敏文　自
小森　卓郎　自
斎藤　洋明　自
田野瀬太道　自
谷川　とむ　自
土屋　品子　自
中川　郁子　自
中野　英幸　自
野中　厚　自
藤丸　敏　自
宮路　拓馬　自
保岡　宏武　自
吉川　赳　自
和田　義明　自
おおつき紅葉　立
坂本祐之輔　立
田嶋　要　立
堤　かなめ　立
緑川　貴士　立
森田　俊和　立
阿部　司　維
沢田　良　維
住吉　寛紀　維
中川　宏昌　公

福重　隆浩　公
西岡　秀子　国
高橋千鶴子　共

【憲法審査会】

憲法審査会委員(50)

(自28) (立11) (維4) (公4)
(国1) (共1) (有1)

[長] **森　英介**　自
[幹] 加藤　勝信　自
[幹] 上川　陽子　自
[幹] 柴山　昌彦　自
[幹] 新藤　義孝　自
[幹] 西村　康稔　自
[幹] 奥野総一郎　立
[幹] 道下　大樹　立
[幹] 馬場　伸幸　維
北側　一雄　公
秋葉　賢也　自
井出　庸生　自
井野　俊郎　自
井上　貴博　自
伊藤信太郎　自
伊藤　達也　自
石破　茂　自
稲田　朋美　自
岩屋　毅　自
衛藤征士郎　自
越智　隆雄　自
大串　正樹　自
國場幸之助　自
下村　博文　自
中西　健治　自
船田　元　自
古屋　圭司　自
細野　豪志　自
松本　剛明　自
山下　貴司　自
山田　賢司　自
山本　有二　自
新垣　邦男　立
近藤　昭一　立
櫻井　周　立
中川　正春　立
野田　佳彦　立
太　栄志　立
本庄　知史　立
谷田川　元　立
吉田はるみ　立
足立　康史　維
小野　泰輔　維
三木　圭恵　維
國重　徹　公
中野　洋昌　公
吉田　宣弘　公
玉木雄一郎　国
赤嶺　政賢　共
北神　圭朗　有

[衆]委員会

【情報監視審査会】

情報監視審査会委員(8)
(自4)(立2)(維1)(公1)

㊟長	小野寺 五典	自
	伊東 良孝	自
	田村 憲久	自
	松本 剛明	自
	おおつき 紅葉	立
	長妻 昭	立
	和田 有一朗	維
	大口 善徳	公

【政治倫理審査会】

政治倫理審査会委員(25)
(自14)(立5)(維2)
(公2)(国1)(共1)

㊟長	吉野 正芳	自
㊟幹	伊東 良孝	自
㊟幹	佐々木 紀	自
㊟幹	丹羽 秀樹	自
㊟幹	盛山 正仁	自
㊟幹	岡田 克也	立
㊟幹	浦野 靖人	維
㊟幹	高木 陽介	公
	井野 俊郎	自
	大串 正樹	自
	國場 幸之助	自
	武井 俊輔	自
	中谷 真一	自
	西田 昭二	自
	三谷 英弘	自
	柳本 顕	自
	山田 賢司	自
	泉 健太	立
	重徳 和彦	立
	松木 けんこう	立
	山井 和則	立
	金村 龍那	維
	石井 啓一	公
	前原 誠司	国
	穀田 恵二	共

会派名の表記は下記の通り。

自＝自由民主党
立＝立憲民主党・無所属
維＝日本維新の会
公＝公明党
国＝国民民主党・無所属クラブ
共＝日本共産党
有＝有志の会
れ＝れいわ新選組
無＝無所属
欠＝欠員

2005年以降の主な政党の変遷（数字は年月）

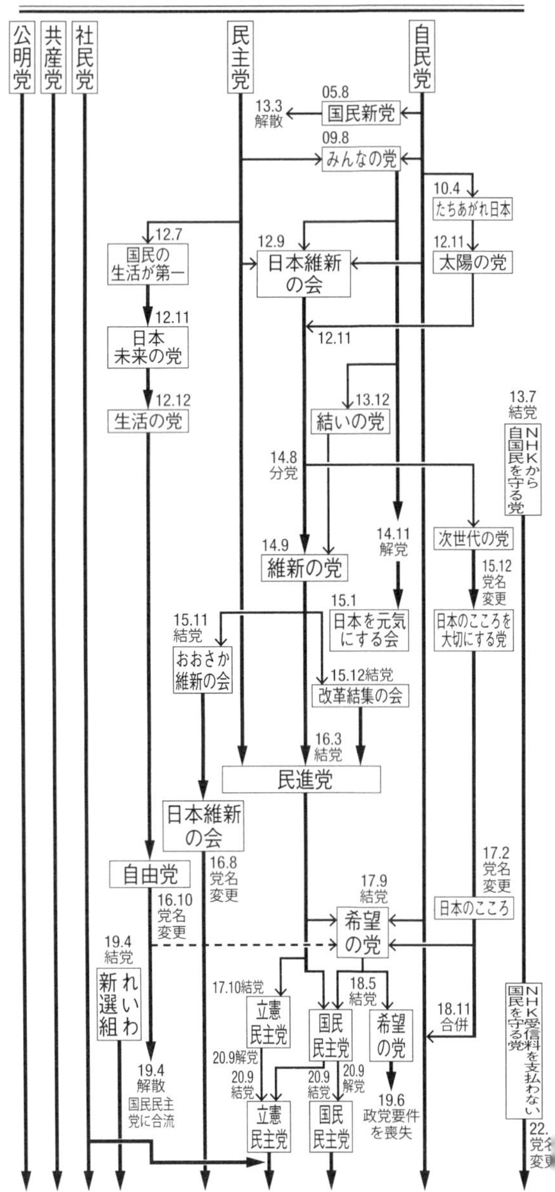

参 議 院

●凡例　記載内容は原則として令和4年1月17日現在。

選挙区　　定　数

第24回選挙得票数・得票率（平成28年7月10日）　第25回選挙得票数・得票率（令和元年7月21日）

得票数の左の▽印は繰り上げ当選者の資格を持つ法定得票数獲得者。

氏（ふり）　名（がな）

党派（会派）［選挙年］　当選回数
出身地　生年月日
勤続年数（うち㊥年数）（初当選年）
勤続年数は令和4年2月末現在

略　歴（現職はゴシック。但し大臣・副大臣・政務官、委員会及び党役職のみ。年齢は令和3年2月末現在）

〒　地元　住所　☎
〒　中央　住所　☎

●編集要領

○ 住所に宿舎とあるのは議員宿舎、会館とあるのは議員会館。
○ **党派名、自民党議員の派閥名（[　]で表示）を略称で表記した。**

自…自由民主党　**れ**…れいわ新選組　[麻]…麻生派　（　）内は会派名
立…立憲民主党　**社**…社会民主党　[茂]…茂木派　自民…自由民主党・国民の声
公…公明党　**N**…NHK受信料を支払わない国民を守る党　[二]…二階派　立憲…立憲民主・社民
維…日本維新の会　[岸]…岸田派　国民…国民民主党・新緑風会
共…日本共産党　**無**…無所属　[森]…森山派　沖縄…沖縄の風
国…国民民主党　[安]…安倍派　[無]…無派閥　碧水…碧水会
みんな…みんなの党

○ 常任委員会

内閣委員会……**内閣委**
総務委員会……**総務委**
法務委員会……**法務委**
外交防衛委員会……**外交防衛委**
財政金融委員会……**財金委**
文教科学委員会……**文科委**
厚生労働委員会……**厚労委**
農林水産委員会……**農水委**
経済産業委員会……**経産委**
国土交通委員会……**国交委**
環境委員会……**環境委**
国家基本政策委員会……**国家基本委**
予算委員会……**予算委**
決算委員会……**決算委**
行政監視委員会……**行政監視委**
議院運営委員会……**議運委**
懲罰委員会……**懲罰委**

○ 特別委員会

災害対策特別委員会……**災害特委**
政府開発援助等及び沖縄・北方問題に関する特別委員会……**ODA・沖北特委**
政治倫理の確立及び選挙制度に関する特別委員会……**倫選特委**
北朝鮮による拉致問題等に関する特別委員会……**拉致特委**
地方創生及びデジタル社会の形成等に関する特別委員会……**地方・デジ特委**
消費者問題に関する特別委員会……**消費者特委**
東日本大震災復興特別委員会……**復興特委**

○ 調査会・審査会

国際経済・外交に関する調査会……**国際経済調委**
国民生活・経済に関する調査会……**国民生活調委**
資源エネルギーに関する調査会……**資源エネ調委**
憲法審査会……**憲法審委**
情報監視審査会……**情報監視審委**
政治倫理審査会……**政倫審委**

※所属の委員会名は、1月17日現在の委員部資料及び議員への取材に基づいて掲載しています。

参議院議員・秘書名一覧

	議員名	党派（会派）	選挙区 選挙年	政策秘書名 第１秘書名 第２秘書名	号室	直通 FAX	略歴頁
あ	あだち　きよし 安達　澄	無	大分(元)	田中伸一 津野裕章 日名子英明	419	6550-0419 6551-0419	265
	あだち しんや 足立信也	国	大分㉘	鈴木加世子 岐津佑介 長尾俊範	613	6550-0613 6551-0613	265
	あだち としゆき 足立敏之	自 [岸]	比例㉘	岡積敏雄 本田俊二 中山麻友	501	6550-0501 6551-0501	214
	あだち まさし 阿達雅志	自 [無]	比例㉘	土屋達之介 長岐康平 安西直紀	309	6550-0309 6551-0309	215
	あおき　あい 青木　愛	立	比例㉘	―――― ―――― ――――	507	6550-0507 6551-0507	221
	あおき かずひこ 青木一彦	自 [茂]	鳥取・ 島根㉘	吉武崇 小塚昭郎 前田修	814	6550-0814 3502-8825	259
	あおやま しげはる 青山繁晴	自 [無]	比例㉘	出口太 三浦麻未 入間川和美	1215	3581-3111(代)	213
	あかいけ まさあき 赤池誠章	自 [安]	比例(元)	中島朱美 ―――― 松岡俊一	524	6550-0524 6551-0524	227
	あきの こうぞう 秋野公造	公	比例㉘	中條壽信 前田洋 塩出麻里子	711	6550-0711 6551-0711	218
	あさだ　ひとし 浅田　均	維	大阪㉘	熊谷知 平岡紀志 川津光弘	621	6550-0621 6551-0621	255
	あさひ けんたろう 朝日健太郎	自 [無]	東京㉘	―――― 菅野文盛 笠原義康	620	6550-0620 6551-0620	244
	あずま　とおる 東　徹	維	大阪(元)	吉成正則 高野隆宏 柊谷龍哉	510	6550-0510 6551-0510	256
	ありた よしふ 有田芳生	立	比例㉘	大歳はるか 有田由希 ――――	416	6550-0416 6551-0416	217
	ありむら はるこ 有村治子	自 [麻]	比例(元)	渡部桃子 ―――― 田中三恵	1015	6550-1015 6551-1015	225
い	いのうえ さとし 井上哲士	共	比例(元)	阿戸知則 広井真光 園山あゆみ	321	6550-0321 6551-0321	231
	いとう　がく 伊藤　岳	共	埼玉(元)	石川健介 岡嵜拓也 磯ヶ谷理恵	609	6550-0609 6551-0609	242
	いとう たかえ 伊藤孝江	公	兵庫㉘	小野澤康弘 本孝薫 園谷晃一	1014	6550-1014 6551-1014	257
	いとう たかえ 伊藤孝恵	国	愛知㉘	中島浩一 川井太司 荻巣延子	1008	6550-1008 6551-1008	252
	いは よういち 伊波洋一	無 (沖縄)	沖縄㉘	末廣哲 伊波俊介 高江洲満子	519	6550-0519 6551-0519	267

※内線電話番号は、５＋室番号（３～９階は５のあとに０を入れる）

議員名	党派(会派)	選挙区 選挙年	政策秘書名 第1秘書名 第2秘書名	号室	直通 FAX	略歴頁
いしい あきら 石井 章	維	比例㉘	― ― ―	1204	6550-1204 6551-1204	220
いしい じゅんいち 石井準一	自[茂]	千葉[元]	森崎大輔 東野公俊 ―	506	6550-0506 5512-2606	243
いしい ひろお 石井浩郎	自[茂]	秋田㉘	黒川茂雄 畑澤敦子 千葉淳一	713	6550-0713 6551-0713	238
いしい まさひろ 石井正弘	自[安]	岡山[元]	近藤儀道 田淵善一 石田真佐代	1214	6550-1214 6551-1214	259
いしい みつこ 石井苗子	維	比例㉘	浜崎篤人 藤川晋之助 橋本範子	1115	6550-1115 6551-1115	220
いしがき 石垣のりこ	立	宮城[元]	― 青木まり子 ―	813	6550-0813 6551-0813	237
いしかわ たいが 石川大我	立	比例[元]	榎本順一 浜原健伍 石塚聡	1113	6550-1113 6551-1113	228
いしかわ ひろたか 石川博崇	公	大阪㉘	長谷部康治 青木正伸 櫻井久美子	616	6550-0616 6551-0616	255
いしだ まさひろ 石田昌宏	自[安]	比例[元]	五反分正彦 大田京子 ―	1101	6550-1101 6551-1101	226
いしばし みちひろ 石橋通宏	立	比例㉘	渡辺卓也 鈴木良知 伊藤淳子	523	6550-0523 6551-0523	217
いそざき よしひこ 磯﨑仁彦	自[岸]	香川㉘	冨田久雄 後藤寿也 竹内康弘	624	6550-0624 6551-0624	262
いそざき てつじ 礒﨑哲史	国	比例[元]	長谷康人 小松暢 榛葉梨花	1210	6550-1210 6551-1210	231
いちだ ただよし 市田忠義	共	比例㉘	加藤展子 山口真史 塚田誠	513	6550-0513 6551-0513	219
いのぐち くにこ 猪口邦子	自[麻]	千葉㉘	栗山博雅 末原功太郎 斎藤久代	1105	6550-1105 6551-1105	242
いまい えりこ 今井絵理子	自[麻]	比例㉘	夏目勧嗣 島村純子 ―	315	6550-0315 6551-0315	214
いわぶち とも 岩渕 友	共	比例㉘	薄木正治 安部由美子 阿部了	1002	6550-1002 6551-1002	220
いわもと つよひと 岩本剛人	自[二]	北海道[元]	荒木真一 小林三奈子 原雅子	205	6550-0205 6551-0205	236
うと たかし 宇都隆史	自[茂]	比例㉘	神園健 徳田佳史 佐々木俊夫	516	6550-0516 6551-0516	215
うえだ きよし 上田清司	無(国民)	埼玉㉘補	工藤裕一郎 池田麻里 山下隆昭	618	6550-0618 6551-0618	241
うえの みちこ 上野通子	自[安]	栃木㉘	齋藤淳夫 根本龍夫 ―	918	6550-0918 6551-0918	240

※内線電話番号は、5＋室番号（3～9階は5のあとに0を入れる）

議員名	党派(会派)	選挙区 選挙年	政策秘書名 第1秘書名 第2秘書名	号室	直通 FAX	略歴頁
うちこし ら 打越さく良	立	新潟(元)	山口希望 石本伸二 石田佳	901	6550-0901 6551-0901	248
うめ むら さとし 梅村聡	維	比例(元)	北野大地 北村香 ――	326	6550-0326 6551-0326	230
うめむら 梅村みずほ	維	大阪(元)	平木雅己 大嶋公一 高野みずほ	1004	6550-1004 6551-1004	256
え え さき たかし 江崎孝	立	比例㉘	鳥越保浩 三木みどり 青木剛志	511	6550-0511 6551-0511	217
え じま きよし 江島潔	自 [安]	山口㉘	三浦善一郎 稲田亮 亀永誉晃	1103	6550-1103 6551-1103	261
え とう せい いち 衛藤晟一	自 [二]	比例(元)	北村賢一 柴原佳史 清水剛	1216	6550-1216 6551-1216	226
お お がわ かつ み 小川克巳	自 [無]	比例㉘	加藤義昭 山﨑達郎 小平美芙衣	405	6550-0405 6551-0405	215
お がわ とし お 小川敏夫	無	東京㉘	堀内ゆか里 今井陽子 篠崎和輝	605	6550-0605 6551-0605	244
お ざわ まさ ひと 小沢雅仁	立	比例(元)	加藤陽子 山﨑潤一郎 園田健人	1119	6550-1119 6551-1119	227
お ぬま たくみ 小沼巧	立	茨城(元)	西恵美子 宮田康則 ――	1012	6550-1012 6551-1012	240
お の だ き み 小野田紀美	自 [茂]	岡山㉘	山口栄利香 狐塚多重 石原千絵	318	6550-0318 6551-0318	259
お つじ ひで ひさ 尾辻秀久	自 [茂]	鹿児島(元)	沼田実香 松尾有嗣 竹内和香	515	6550-0515 3595-1127	266
おお いえ さと し 大家敏志	自 [麻]	福岡㉘	石田麻子 伊原隆敏 柴田泰夫	518	6550-0518 6551-0518	263
おお つか こう へい 大塚耕平	国	愛知(元)	河本安子 岩崎孝史 加藤麻紀子	1121	6550-1121 6551-1121	253
おお の やす ただ 大野泰正	自 [安]	岐阜(元)	岩田佳子 髙井雅之 福田美紀	503	6550-0503 6551-0503	251
おお た ふさ え 太田房江	自 [安]	大阪(元)	郷千鶴子 ―― 内田淳子	308	6550-0308 6551-0308	256
おか だ なお き 岡田直樹	自 [安]	石川㉘	下田学 丹後智浩 谷端臣文	807	6550-0807 6551-0807	248
おか だ ひろし 岡田広	自 [無]	茨城㉘	大塚典子 郡司真人 岡田崇裕	414	6550-0414 6551-0414	239
おと き た しゅん 音喜多駿	維	東京(元)	小林優輔 濵あやこ 下山達人	612	6550-0612 6551-0612	245
か か だ ひろ ゆき 加田裕之	自 [安]	兵庫(元)	福田聖也 藤本哲也 宇都宮祥一郎	819	6550-0819 6551-0819	257

参議員・秘書

う・え・お・か

※内線電話番号は、5＋室番号（3～9階は5のあとに0を入れる）

議員名	党派(会派)	選挙区選挙年	政策秘書名 第1秘書名 第2秘書名	号室	直通 FAX	略歴頁
かだゆきこ 嘉田由紀子	無 (碧水)	滋賀(元)	安部秀行 五月女彩子 古谷桂信	815	6550-0815 6551-0815	254
かたやま 片山さつき	自 [二]	比例㉘	中谷祐二 高橋一良 戸井田ひろし	420	6550-0420 6551-0420	213
かたやまだいすけ 片山大介	維	兵庫㉘	―――― 三井敏弘 柴田大輔	721	6550-0721 6551-0721	257
かたやまとらのすけ 片山虎之助	維	比例㉘	加松正利 樋川勲 片山克美	418	6550-0418 6551-0418	220
かつべけんじ 勝部賢志	立	北海道(元)	田中信彦 片桐眞 花田雅昭	608	6550-0608 6551-0608	236
かねこげんじろう 金子原二郎	自 [岸]	長崎㉘	池田介一 吉田安秀 頓田麻美	1202	6550-1202 6551-1202	264
かみともこ 紙智子	共	比例(元)	田井共生 和氣美樹 小松正英	710	6550-0710 6551-0710	231
かわいたかのり 川合孝典	国	比例㉘	平澤幸子 海保順一 ――――	1223	6550-1223 6551-1223	217
かわだりゅうへい 川田龍平	立	比例(元)	金子達也 高木健二 石井惠子	508	6550-0508 6551-0508	228
かわのよしひろ 河野義博	公	比例(元)	永島弘通 武田勝久 矢野久枝	720	6550-0720 6551-0720	229
きどぐちえいじ 木戸口英司	立	岩手㉘	司馬俊枝 工藤英之 ――――	715	6550-0715 6551-0715	237
きむらえいこ 木村英子	れ	比例(元)	入野田智也 後藤一輝 黒田宗矢	314	6550-0314 6551-0314	232
きらこ 吉良よし子	共	東京(元)	加藤昭宏 菊田由佳 恒川京子	509	6550-0509 6551-0509	245
きしまきこ 岸真紀子	立	比例(元)	岸野ミチル 米田由美子 渡邉武	611	6550-0611 6551-0611	227
きたむらつねお 北村経夫	自 [安]	山口(元)補	菅田誠 渡部仁志 黒坂陽子	1109	6550-1109 6551-1109	261
くまがいひろと 熊谷裕人	立	埼玉(元)	上原広 ―――― 野口浩	1217	6550-1217 6551-1217	242
くまのせいし 熊野正士	公	比例㉘	廣野光夫 奥成輝保 ――――	1118	6550-1118 6551-1118	218
くらばやしあきこ 倉林明子	共	京都(元)	増田優子 山本裕太 佐藤萌海	1021	6550-1021 6551-1021	255
ぐんじあきら 郡司彰	立	茨城㉘	飯村志郎 黒川久江 岡野文昭	912	6550-0912 6551-0912	239
たかし こやり隆史	自 [岸]	滋賀㉘	増田綾子 田村敏一 田中里佳子	716	6550-0716 6551-0716	254

※内線電話番号は、5＋室番号（3～9階は5のあとに0を入れる）

議員名	党派(会派)	選挙区 選挙年	政策秘書名 第1秘書名 第2秘書名	号室	直通 FAX	略歴頁
こいけ あきら 小池 晃	共	比例[元]	窪田則子 小山田智枝 児玉善彦	1208	6550-1208 6551-1208	230
こにし ひろゆき 小西洋之	立	千葉㉘	千葉　章 鈴木宏明 中沢　健	915	6550-0915 6551-0915	243
こばやし まさお 小林正夫	国	比例㉘	小池ひろみ 鹿島繁文 井上　徹	406	6550-0406 6551-0406	216
こが ゆういちろう 古賀友一郎	自 ［岸］	長崎[元]	高田久美子 葉山史織 坂爪ひとみ	1206	6550-1206 6551-1206	264
こが ゆきひと 古賀之士	立	福岡㉘	森島貴浩 中野多恵 大井ゆかり	1108	6550-1108 6551-1108	263
こうづき りょうすけ 上月良祐	自 ［茂］	茨城[元]	岸田礼子 平島　剛 坪井幹憲	704	6550-0704 6551-0704	239
[さ] ささき 佐々木さやか	公	神奈川[元]	長岡光明 古屋伸一 高木和明	514	6550-0514 6551-0514	247
さとう けい 佐藤 啓	自 ［安］	奈良㉘	小野寺　出 石橋利洋 榎本政子	708	6550-0708 6551-0708	258
さとう のぶあき 佐藤信秋	自 ［茂］	比例[元]	玉村　貴 安　和博 富山明彦	722	6550-0722 6551-0722	225
さとう まさひさ 佐藤正久	自 ［茂］	比例[元]	木下俊治 小林武史 野口マキ	705	6550-0705 6551-0705	225
さいとう よしたか 斎藤嘉隆	立	愛知㉘	石田敏高 市川　晶 若松善幸	707	6550-0707 6551-0707	252
さかい やすゆき 酒井庸行	自 ［安］	愛知[元]	忽那　薫 鈴木秀二 歌川純子	723	6550-0723 6551-0723	252
さくらい みつる 櫻井 充	無 (自民)	宮城㉘	佐藤道昭 ― 國分貴士	512	6550-0512 6551-0512	237
さとみ りゅうじ 里見隆治	公	愛知㉘	黒田泰広 山下高明 長尾　稔	301	6550-0301 6551-0301	252
さんとう あきこ 山東昭子	無	比例[元]	勝俣岳人 島田好隆 京谷政春	310	6550-0310 6551-0310	226
[し] しみず たかゆき 清水貴之	維	兵庫[元]	上杉真子 赤石理生 有野光洋	404	6550-0404 6551-0404	257
しみず まさと 清水真人	自 ［二］	群馬[元]	三留哲郎 佐藤　始 神田　彩	923	6550-0923 6551-0923	241
じみ 自見はなこ	自 ［二］	比例㉘	讃岐浩士 沼崎雅之 大畑成美	504	6550-0504 6551-0504	214
しおた ひろあき 塩田博昭	公	比例[元]	橋本正博 菊地淑子 尾形康彦	1117	6550-1117 6551-1117	229
しおむら 塩村あやか	立	東京[元]	石井　茂 ― 丸子知奈美	706	6550-0706 6551-0706	245

※内線電話番号は、５＋室番号（３～９階は５のあとに０を入れる）

議員名	党派(会派)	選挙区 選挙年	政策秘書名 第１秘書名 第２秘書名	号室	直通 FAX	略歴頁
しば ひろかず 芝　博一	立	三重㉘	平野和子 大谷友秀 片岡正喜	317	6550-0317 6551-0317	253
しばた たくみ 柴田　巧	維	比例[元]	吉岡彩乃 富田道康 牧　毅	816	6550-0816 6551-0816	230
しまむら だい 島村　大	自 [無]	神奈川[元]	中大窪佳子 桜木長利 町田浩文	415	6550-0415 6551-0415	247
しもの ろくた 下野六太	公	福岡[元]	奈須野文麿 成松　明 ――	913	6550-0913 6551-0913	263
しんどう かねひこ 進藤金日子	自 [二]	比例㉘	馬籠剛一 知花正博 佐々木理恵	719	6550-0719 6551-0719	214
しんば かづや 榛葉賀津也	国	静岡[元]	堀池厚志 日高由佳 杉井忠義	1011	6550-1011 6551-0026	251
すどう げんき 須藤元気	無	比例[元]	―― ―― 御子貝浩太	914	6550-0914 6551-0914	228
すえまつ しんすけ 末松信介	自 [安]	兵庫㉘	中根健治 中西健士 岩岡良典	905	6550-0905 5512-2616	257
すぎ ひさたけ 杉　久武	公	大阪[元]	小神輝高 川久保一司 井崎光城	615	6550-0615 6551-0615	256
すぎお ひでや 杉尾秀哉	立	長野㉘	濱田和彦 松原秀吉 新海泳大	724	6550-0724 6551-0724	250
すずき むねお 鈴木宗男	維	比例[元]	赤松真次 飯島　翔 ――	1219	6550-1219 6551-1219	229
せこう ひろしげ 世耕弘成	自 [安]	和歌山[元]	川村太祐 福井康司 佐藤拓治	1017	6550-1017 6551-1017	258
せきぐち まさかず 関口昌一	自 [茂]	埼玉㉘	多田政弘 関口恵太 佐藤敏行	1104	6550-1104 6551-1104	241
しゅうこう そのだ修光	自 [無]	比例㉘	池田紫乃 小松康剛 寺原幸一	607	6550-0607 6551-0607	216
たじま まいこ 田島麻衣子	立	愛知[元]	矢下雄介 金森慶次 中堀隆一	410	6550-0410 6551-0410	253
たなぶ まさよ 田名部匡代	立	青森㉘	大谷佳子 竹原敬裕 八木歳博	1106	6550-1106 6551-1106	236
たむら ともこ 田村智子	共	比例㉘	岩藤智彦 浅野宝子 関　恵美子	908	6550-0908 6551-0908	219
たむら 田村まみ	国	比例[元]	堺　知美 林　公太郎 荒木有子	910	6550-0910 6551-0910	231
だいもん みきし 大門実紀史	共	比例㉘	丸井龍平 槐島明香 吉井穂高	1203	6550-1203 6551-1203	219
たかぎ 高木かおり	維	大阪㉘	稲葉治久 近藤晶久 ――	306	6550-0306 6551-0306	256

※内線電話番号は、５＋室番号（３～９階は５のあとに０を入れる）

議員名	党派(会派)	選挙区 選挙年	政策秘書名 第1秘書名 第2秘書名	号室	直通 FAX	略歴頁
たかせひろみ 高瀬弘美	公	福岡㉘	深田知行 稲又進一 仮屋雄一	907	6550-0907 6551-0907	263
たかのこうじろう 高野光二郎	自[麻]	徳島·高知[元]	向井和至 合田壮一郎 鈴田和基	421	6550-0421 6551-0421	261
たかはしかつのり 高橋克法	自[麻]	栃木[元]	網野辰男 薄井伸之 阿久津晃一	324	6550-0324 6551-0324	240
たかはし 高橋はるみ	自[安]	北海道[元]	— 小野隼人 三上静	303	6550-0303 6551-0303	235
たかはしみつお 高橋光男	公	兵庫[元]	細田千鶴子 青木勇人 坂本篤史	614	6550-0614 6551-0614	257
たからてつみ 髙良鉄美	無(沖縄)	沖縄[元]	— 新澤有 瑞慶覧長風	712	6550-0712 6551-0712	267
たきさわもとめ 滝沢求	自[麻]	青森[元]	平岡久宣 野月法文 細谷真理子	522	6550-0522 6551-0522	236
たきなみひろふみ 滝波宏文	自[安]	福井[元]	磯村圭一 — 橋本純子	307	6550-0307 6551-0307	249
たけうちいさお 竹内功	自[無]	比例㉘繰	江熊富美代 — 竹内いづみ	714	6550-0714 6551-0714	216
たけうちしんじ 竹内真二	公	比例㉘繰	金田守正 半沢拓巳 中村純一	801	6550-0801 6551-0801	219
たけやとしこ 竹谷とし子	公	東京㉘	池田奈保美 松下秋子 萩野谷明子	517	6550-0517 6551-0517	244
たけだりょうすけ 武田良介	共	比例㉘	椨浩一 寺下真 —	408	6550-0408 6551-0408	220
たけみけいぞう 武見敬三	自[麻]	東京[元]	牧野能治 福士真祐 新通一弘	413	6550-0413 6206-1502	245
たにあいまさあき 谷合正明	公	比例㉘	木倉谷靖 角屋忍 田村智	922	6550-0922 6551-0922	218
[つ] つげよしふみ 柘植芳文	自[無]	比例[元]	辰巳知宏 田丸方敏 水野真梨	1114	6550-1114 6551-1114	224
つるほようすけ 鶴保庸介	自[二]	和歌山㉘	河嶋克志 鈴木彬人 小嶋いお子	313	6550-0313 6551-0313	258
[て] てらだしずか 寺田静	無	秋田[元]	反田麻理 桑原愛 荒木裕美子	204	6550-0204 6551-0204	238
[と] どうこしげる 堂故茂	自[茂]	富山[元]	深津登 亀谷忠宏 関由加	1003	6550-1003 6551-1003	248
とくしげまさゆき 徳茂雅之	自[無]	比例㉘	坪根輝彦 水谷善次 渡辺明子	424	6550-0424 6551-0424	213
とくなが 徳永エリ	立	北海道㉘	岡内隆博 矢野信彦 清水敬弘	701	6550-0701 6551-0701	235

※内線電話番号は、5＋室番号（3～9階は5のあとに0を入れる）

議員名	党派(会派)	選挙区 選挙年	政策秘書名 第1秘書名 第2秘書名	号室	直通 FAX	略歴頁
とよだとしろう 豊田俊郎	自［麻］	千葉(元)	木村慎一 松崎和也 鶴岡瑛右	1213	6550-1213 6551-1213	243
たかこ ながえ孝子	無（碧水）	愛媛(元)	― 福田剛 藤田一成	709	6550-0709 6551-0709	262
なたにやまさよし 那谷屋正義	立	比例㉘	前川浩司 大沢祥文 安西仁美	409	6550-0409 6551-0409	217
なかがわまさはる 中川雅治	自［安］	東京㉘	沖康雄 髙橋八千代 木村ひろ子	904	6550-0904 6551-0904	244
なかそねひろふみ 中曽根弘文	自［二］	群馬㉘	上屋勝哉 望月美樹 米岡輝和	1224	6550-1224 3592-2424	240
なかにしけんじ 中西健治		神奈川㉘	（令和3年10月8日辞職）			246
なかにしさとし 中西哲	自［無］	比例㉘	中熊順子 越智信介 上甲典生	423	6550-0423 6551-0423	213
なかにしゆうすけ 中西祐介	自［麻］	徳島・高知㉘	平岡英士 喜多村旬 ―	622	6550-0622 6551-0622	261
ながはまひろゆき 長浜博行	立	千葉(元)	副島浩 鈴木浩暢 宇佐美奈央	606	6550-0606 6551-0606	243
ながみねまこと 長峯誠	自［安］	宮崎(元)	早川健一郎 持永隆大 栗山真也	802	6550-0802 6551-0802	266
なんばしょうじ 難波奨二	立	比例㉘	江田洋一 ― 三宅和広	821	6550-0821 6551-0821	217
にのゆさとし 二之湯智	自［茂］	京都㉘	岡田忠治 堀憲人 原山誠	921	6550-0921 6551-0921	254
にいづまひでき 新妻秀規	公	比例(元)	萱原信英 田中孝一 松浦美喜子	1112	6550-1112 6551-1112	229
にしだしょうじ 西田昌司	自［安］	京都(元)	安藤高士 田中正一 柿本大輔	1110	6550-1110 3502-8897	255
にしだまこと 西田実仁	公	埼玉㉘	吉田正 関谷富士男 大間博昭	1005	6550-1005 6551-1005	241
のがみこうたろう 野上浩太郎	自［安］	富山㉘	野村隆宏 小林靖 白川智也	1010	6550-1010 6551-1010	248
のだくによし 野田国義	立	福岡(元)	大谷正人 林卓也 花下主茂	323	6550-0323 6551-0323	263
のむらてつろう 野村哲郎	自［茂］	鹿児島㉘	碇本博一 留奥敦義 田畑雅代	1120	6550-1120 6551-1120	266
はたじろう 羽田次郎	立	長野(元)補	― 辻甲子郎 濵貴紀	818	6550-0818 6551-0818	250
はにゅうだたかし 羽生田俊	自［安］	比例(元)	安部和之 漆畑佑 星野彩	319	6550-0319 6551-0319	226

※内線電話番号は、５＋室番号（３～９階は５のあとに０を入れる）

議員名	党派(会派)	選挙区 選挙年	政策秘書名 第1秘書名 第2秘書名	号室	直通 FAX	略歴頁
芳賀道也（はが みちや）	無 (国民)	山形(元)	戸次貴彦 西田敏 相馬準	917	6550-0917 6551-0917	238
長谷川岳（はせがわ がく）	自 [安]	北海道㉘	牛間由美子 安藤明 森越正也	619	6550-0619 6550-0055	235
馬場成志（ばば せいし）	自 [岸]	熊本(元)	山内祐子 吉津暢章 柴田啓介	1016	6550-1016 6551-1016	265
白眞勲（はく しんくん）	立	比例㉘	本庄政之 中村健 坂本みゆき	1116	6550-1116 6551-1116	218
橋本聖子（はしもと せいこ）	無	比例(元)	宮内榮子 藤原清美 甲斐将裕	803	6550-0803 6551-0803	225
鉢呂吉雄（はちろ よしお）	立	北海道㉘	亀井政貴 長内勇人 ニュエルまり	920	6550-0920 6551-0920	235
浜口誠（はまぐち まこと）	国	比例㉘	阿部洋祐 石綿慶子 ———	1022	6550-1022 6551-1022	216
浜田聡（はまだ さとし）	N (みんな)	比例(元)繰	大瀧靖峰 末永友香梨 伊東勇	403	6550-0403 6551-0403	232
浜田昌良（はまだ まさよし）	公	比例㉘	田中正勝 大川満里子 大井源也	316	6550-0316 6551-0316	219
浜野喜史（はまの よしふみ）	国	比例(元)	下橋佑治 片岡健太 小林和未	521	6550-0521 6551-0521	231
ひ 比嘉奈津美（ひが なつみ）	自 [茂]	比例(元)繰	岡田英 伊藤慎一 伊佐美歌代	1221	6550-1221 6551-1221	227
平木大作（ひらき だいさく）	公	比例(元)	田中大作 麻生賢一 遠藤彰子	422	6550-0422 6551-0422	229
平山佐知子（ひらやま さちこ）	無	静岡㉘	細井貴光 宮﨑隆司 平井伸二	822	6550-0822 6551-0822	251
ふ 福岡資麿（ふくおか たかまろ）	自 [茂]	佐賀㉘	岩永幸雄 小部茂俊 相澤晃二	919	6550-0919 6551-0919	264
福島みずほ（ふくしま）	社	比例㉘	石川顕 山口薫 知念祐紀	1111	6550-1111 6551-1111	221
福山哲郎（ふくやま てつろう）	立	京都㉘	——— 正木幸一 ———	808	6550-0808 6551-0808	254
藤井基之（ふじい もとゆき）	自 [岸]	比例㉘	平松和好 髙森眞由美 五十嵐哲也	1218	6550-1218 3597-9393	215
藤川政人（ふじかわ まさひと）	自 [麻]	愛知㉘	松本由紀子 藤原勝彦 津田修一	717	6550-0717 6550-0057	252
藤木眞也（ふじき しんや）	自 [岸]	比例㉘	池上知子 野村恵莉子 宍見健人	1006	6550-1006 6551-1006	214
藤末健三（ふじすえ けんぞう）	無 (自民)	比例㉘	須山義正 坂田篤彦 星井孝之	1009	6550-1009 6551-1009	218

※内線電話番号は、5＋室番号（3～9階は5のあとに0を入れる）

議員名	党派（会派）	選挙区 選挙年	政策秘書名 第1秘書名 第2秘書名	号室	直通 FAX	略歴頁
ふなやま やすえ 舟山康江	国	山形㉘	中田兼司 伊藤一洋 齊藤秀昭	810	6550-0810 6551-0810	238
ふなご やすひこ 舩後靖彦	れ	比例[元]	岡田哲扶 蒔田備憲 小林律子	302	6550-0302 6551-0302	231
ふるかわ としはる 古川俊治	自 [安]	埼玉[元]	森本義久 池上聴 高橋利典	718	6550-0718 6551-0718	241
ほりい いわお 堀井巌	自 [安]	奈良[元]	平田勝紀 矢辻玲子 米田憲司	417	6550-0417 6551-0417	258
ほんだ あきこ 本田顕子	自 [無]	比例[元]	――― 我妻理子 江畑彩樹	1001	6550-1001 6551-1001	226
まやま ゆういち 真山勇一	立	神奈川㉘	津山謙 近藤さとみ 岡村昌男	320	6550-0320 6551-0320	246
まいたち しょうじ 舞立昇治	自 [無]	鳥取・ 島根[元]	中園めぐみ 浅井威厚 中ノ森早苗	603	6550-0603 6551-0603	259
まきの 牧野たかお	自 [茂]	静岡[元]	渡辺恵美 鷲見正親 土屋行男	812	6550-0812 6551-0812	251
まきやま 牧山ひろえ	立	神奈川[元]	平澤和也 柴田明良 渡辺真也	1007	6550-1007 6551-1007	247
ましこ てるひこ 増子輝彦	無 （自民）	福島㉘	坂本麻耶 大友将也 久保木豊	602	6550-0602 6551-0602	239
まつかわ 松川るい	自 [安]	大阪㉘	津坂光継 清水康弘 秋山真美	407	6550-0407 6551-0407	255
まつざわ しげふみ 松沢成文		神奈川[元]	（令和３年８月８日失職）			247
まつした しんぺい 松下新平	自 [無]	宮崎㉘	大出浩己 児玉勝 松浦克哉	824	6550-0824 6551-0824	266
まつむら よしふみ 松村祥史	自 [茂]	熊本㉘	下四日市郁夫 古賀正秋 畑山登	1023	6550-1023 6551-1023	265
まつやま まさじ 松山政司	自 [岸]	福岡[元]	中島基彰 佐々木久之 ―――	1124	6550-1124 6551-1124	263
まるかわ たまよ 丸川珠代	自 [安]	東京[元]	三浦基広 山田孝次 美坂勇輝	902	6550-0902 6551-0902	245
みうら のぶひろ 三浦信祐	公	神奈川㉘	山本大三郎 浪川健太郎 薗部幸広	804	6550-0804 6551-0804	246
みうら やすし 三浦靖	自 [茂]	比例[元]	小林一巳 長尾広志 森山真吉	811	6550-0811 6551-0811	224
みき とおる 三木亨	自 [二]	比例[元]	久国ちぐさ 新田多門 松浦博	505	6550-0505 6551-0505	224
みはら こ 三原じゅん子	自 [無]	神奈川㉘	宮崎達也 武原美佐 瀧幸彦	823	6550-0823 6551-0823	246

※内線電話番号は、５＋室番号（３～９階は５のあとに０を入れる）

議員名	党派(会派)	選挙区 選挙年	政策秘書名 第1秘書名 第2秘書名	号室	直通 FAX	略歴頁
三宅伸吾（みやけ しんご）	自［無］	香川[元]	中谷百合子 ――― ―――	604	6550-0604 6551-0604	262
水岡俊一（みずおか しゅんいち）	立	比例[元]	高木智章 藤野花菜 濵田彦丸	305	6550-0305 6551-0305	227
水落敏栄（みずおち としえい）	自［岸］	比例㉘	細貝洋子 鈴木則昌 若林亜紀	1013	6550-1013 6551-1013	216
宮口治子（みやぐち はるこ）	立	広島[元]再	片山哲生 竹縄雅代 山田洋満	206	6550-0206 6551-0206	260
宮崎雅夫（みやざき まさお）	自［二］	比例[元]	木村　充 津田澄男 大塚幸子	610	6550-0610 6551-0610	226
宮崎　勝（みやざき まさる）	公	比例㉘	新保正則 青木正美 柳沼明美	1209	6550-1209 6551-1209	219
宮沢由佳（みやざわ ゆか）	立	山梨㉘	山根睦弘 雨宮絹江 長田る美	322	6550-0322 6551-0322	249
宮沢洋一（みやざわ よういち）	自［岸］	広島㉘	保沢宏行 髙島淳子 有本悦子	820	6550-0820 6551-0820	260
宮島喜文（みやじま よしふみ）	自［安］	比例㉘	田中徳明 吉澤昌樹 長谷部春生	601	6550-0601 6551-0601	215
宮本周司（みやもと しゅうじ）	自［安］	比例[元]	不破行大 梅原竜一 大澤良介	1018	6550-1018 6551-1018	225
[む] 室井邦彦（むろい くにひこ）	維	比例[元]	藤生賢哉 長崎寛親 内川　智	1122	6550-1122 6551-1122	230
[も] 元榮太一郎（もとえ たいちろう）	自［茂］	千葉㉘	――― ――― ―――	909	6550-0909 6551-0909	242
森　まさこ（もり）	自［安］	福島[元]	鈴木正吉 吉田佳代 小池康之	924	6550-0924 6551-0924	239
森　ゆうこ（もり）	立	新潟㉘	関熊正文 ――― ―――	304	6550-0304 6551-0304	247
森本真治（もりもと しんじ）	立	広島[元]	八木橋美千代 古賀寛三 百田正則	311	6550-0311 6551-0311	260
森屋　隆（もりや たかし）	立	比例[元]	大沢祥文 長谷川哲也 遠藤ミホ	1211	6550-1211 6551-1211	228
森屋　宏（もりや ひろし）	自［岸］	山梨[元]	漆原大介 小泉文彦 髙橋賢治	502	6550-0502 6551-0502	250
[や] 矢倉克夫（やくら かつお）	公	埼玉[元]	――― 中居信一 久富礼子	401	6550-0401 6551-0401	242
矢田わか子（やた こ）	国	比例㉘	大谷達也 太田　淳 大西貴代未	1212	6550-1212 6551-1212	216
安江伸夫（やすえ のぶお）	公	愛知[元]	大﨑順一 髙橋直樹 鐘ヶ江義之	312	6550-0312 6551-0312	253

※内線電話番号は、５＋室番号（３～９階は５のあとに０を入れる）

議員名	党派(会派)	選挙区 選挙年	政策秘書名 第1秘書名 第2秘書名	号室	直通 FAX	略歴頁
やながせ ひろふみ 柳ヶ瀬裕文	維	比例[元]	姉石洋一 大岡貴志 吉岡美智子	703	6550-0703 6551-0703	230
やなぎだ みのる 柳田稔	無 (国民)	広島㉘	久保谷幸雄 松本由香理 田中美佐江	1222	6550-1222 6551-1222	260
やまぐち なつお 山口那津男	公	東京[元]	山下千秋 出口俊夫 山口伸也	806	6550-0806 6551-0806	245
やまざき しんのすけ 山﨑真之輔	無 (国民)	静岡㉘補	岩渕宏美 田中照彦 内田順子	520	6550-0520 6551-0520	251
やまざき まさあき 山崎正昭	自 [安]	福井㉘	石山秀樹 松山康代 岸本成美	1201	6550-1201 6551-1201	249
やました ゆうへい 山下雄平	自 [茂]	佐賀[元]	永石浩視 水谷秀美 中原茂	916	6550-0916 6551-0916	264
やました よしき 山下芳生	共	比例[元]	中村哲也 中島敬介 松井朋子	1123	6550-1123 6551-1123	230
やまぞえ たく 山添拓	共	東京㉘	加藤紀男 佐藤祐実 韮澤彰	817	6550-0817 6551-0817	244
やまだ しゅうじ 山田修路		石川[元]	(令和3年12月24日辞職)			249
やまだ たろう 山田太郎	自 [無]	比例[元]	小山紘一 荒井理沙 小寺直子	623	6550-0623 6551-0623	224
やまだ としお 山田俊男	自 [森]	比例[元]	村瀬弘美 西原賢人 卜部隼太	809	6550-0809 6551-0809	225
やまだ ひろし 山田宏	自 [安]	比例㉘	新良薫 大島康之 田中晴司	1205	6550-1205 6551-1205	215
やまたに えりこ 山谷えり子	自 [安]	比例㉘	速水美智子 福元亮次 渡辺智彦	1107	6550-1107 6551-1107	214
やまもと かなえ 山本香苗	公	比例[元]	小谷恵美子 則清ナヲミ ——	1024	6550-1024 6551-1024	228
やまもと じゅんぞう 山本順三	自 [安]	愛媛㉘	能登祐克 高岡直宏 近藤華菜子	1019	6550-1019 6551-1019	262
やまもと ひろし 山本博司	公	比例[元]	梅津秀宣 鈴木孝久 高井彰	911	6550-0911 6551-0911	228
よこさわ たかのり 横沢高徳	立	岩手[元]	平野優 阿部盛重 丸山亜里	702	6550-0702 6551-0702	237
よこやま しんいち 横山信一	公	比例㉘	八木橋広宣 小田秀路 吉井透	402	6550-0402 6551-0402	218
よしかわ さおり 吉川沙織	立	比例[元]	浅野英之 —— 狩野恵理	617	6550-0617 6551-0617	227
よしかわ 吉川ゆうみ	自 [安]	三重[元]	菊池知子 上野庄司 川本恭平	412	6550-0412 6551-0412	253

※内線電話番号は、5＋室番号（3～9階は5のあとに0を入れる）

議員名	党派（会派）	選挙区 選挙年	政策秘書名 第1秘書名 第2秘書名	号室	直通 FAX	略歴頁
よしだ ただとも 吉田忠智	立	比例[元]	森木亮太 佐藤俊生 田澤摩希子	906	6550-0906 6551-0906	232
[れ] れんほう 蓮舫	立	東京㉘	倉田顕 鈴木綾子 北嶋昭廣	411	6550-0411 6551-0411	244
[わ] わだ まさむね 和田政宗	自［無］	比例[元]	髙砂満 浜崎博 千葉富士男	1220	6550-1220 6551-1220	224
わかまつ かねしげ 若松謙維	公	比例[元]	恩田祐将 佐藤大作 相馬昭義	1207	6550-1207 6551-1207	229
わたなべ たけゆき 渡辺猛之	自［茂］	岐阜㉘	長谷川英樹 大東由幸 榊原美穂	325	6550-0325 6551-0325	250
わたなべ よしみ 渡辺喜美	無（みんな）	比例㉘	渡辺文久 長山利通 ――――	1020	6550-1020 6551-1020	220

参議院議員会館案内図

参議院議員会館2階

議員名	号室
宮口治子 立　広島[元] 6550-0206　当1	206
岩本剛人 自［二］北海道[元] 6550-0205　当1	205
寺田静 無　秋田[元] 6550-0204　当1	204

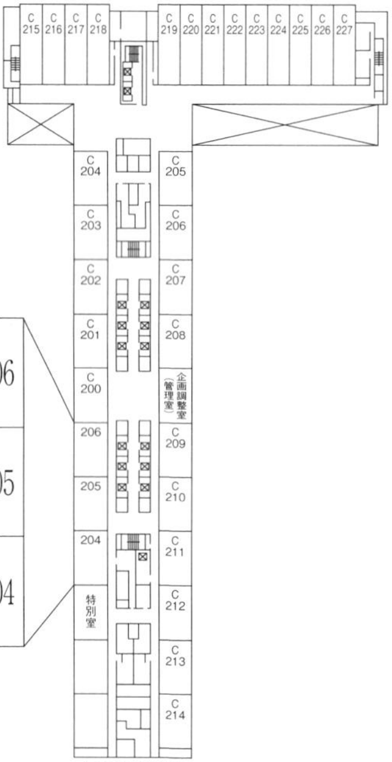

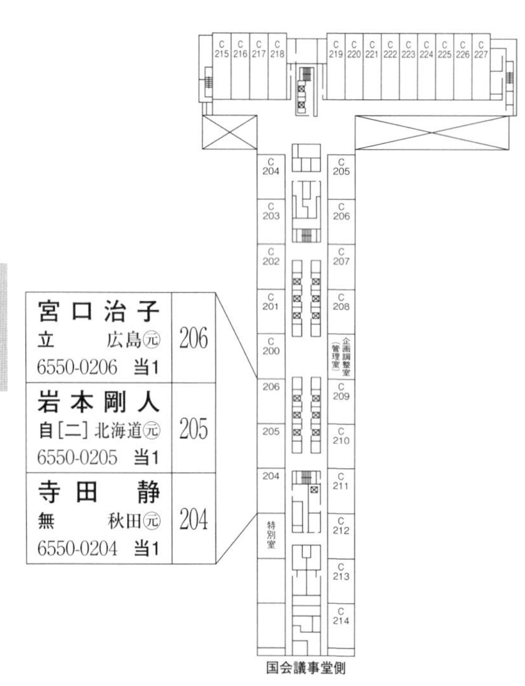

参議院議員会館３階

氏名	会派	選挙区	電話	当選	室	廊下	室	氏名	会派	選挙区	電話	当選
梅村　聡	維	比例[元]	6550-0326	当2	326							
渡辺猛之	自[茂]	岐阜㉘	6550-0325	当2	325							
安江伸夫	公	愛知[元]	6550-0312	当1	312	喫煙室	313	鶴保庸介	自[二]	和歌山㉘	6550-0313	当4
森本真治	立	広島[元]	6550-0311	当2	311	WC(男) WC(女)	314	木村英子	れ	比例[元]	6550-0314	当1
山東昭子	無	比例[元]	6550-0310	当8	310		315	今井絵理子	自[麻]	比例㉘	6550-0315	当1
阿達雅志	自[無]	比例㉘	6550-0309	当2	309	EVホール	316	浜田昌良	公	比例㉘	6550-0316	当3
太田房江	自[安]	大阪[元]	6550-0308	当2	308		317	芝　博一	立	三重㉘	6550-0317	当3
滝波宏文	自[安]	福井[元]	6550-0307	当2	307		318	小野田紀美	自[茂]	岡山㉘	6550-0318	当1
高木かおり	維	大阪㉘	6550-0306	当1	306		319	羽生田　俊	自[安]	比例[元]	6550-0319	当2
水岡俊一	立	比例[元]	6550-0305	当3	305	EVホール	320	真山勇一	立	神奈川㉘	6550-0320	当2
森　ゆうこ	立	新潟㉘	6550-0304	当3	304		321	井上哲士	共	比例[元]	6550-0321	当4
高橋はるみ	自[安]	北海道[元]	6550-0303	当1	303	EV	322	宮沢由佳	立	山梨㉘	6550-0322	当1
舩後靖彦	れ	比例[元]	6550-0302	当1	302	WC(男) WC(女)	323	野田国義	立	福岡[元]	6550-0323	当2
里見隆治	公	愛知㉘	6550-0301	当1	301		324	高橋克法	自[麻]	栃木[元]	6550-0324	当2

国会議事堂側

[参] 会館

参議院議員会館４階

議員	室		室	議員
吉川ゆうみ 自[安]　三重[元] 6550-0412　当2	412		413	武見敬三 自[麻]　東京[元] 6550-0413　当5
蓮　舫 立　東京㉘ 6550-0411　当3	411		414	岡田　広 自[無]　茨城㉘ 6550-0414　当4
田島麻衣子 立　愛知[元] 6550-0410　当1	410		415	島村　大 自[無]神奈川[元] 6550-0415　当2
那谷屋正義 立　比例㉘ 6550-0409　当3	409		416	有田芳生 立　比例㉘ 6550-0416　当2
武田良介 共　比例㉘ 6550-0408　当1	408		417	堀井　巌 自[安]　奈良[元] 6550-0417　当2
松川るい 自[安]　大阪㉘ 6550-0407　当1	407		418	片山虎之助 維　比例㉘ 6550-0418　当5
小林正夫 国　比例㉘ 6550-0406　当3	406		419	安達　澄 無　大分[元] 6550-0419　当1
小川克巳 自[無]　比例㉘ 6550-0405　当1	405		420	片山さつき 自[二]　比例㉘ 6550-0420　当2
清水貴之 維　兵庫[元] 6550-0404　当2	404		421	高野光二郎 自[麻] 徳島・高知[元] 6550-0421　当2
浜田　聡 N(みんな) 比例[元] 6550-0403　当1	403		422	平木大作 公　比例[元] 6550-0422　当2
横山信一 公　比例㉘ 6550-0402　当2	402		423	中西　哲 自[無]　比例㉘ 6550-0423　当1
矢倉克夫 公　埼玉[元] 6550-0401　当2	401		424	徳茂雅之 自[無]　比例㉘ 6550-0424　当1

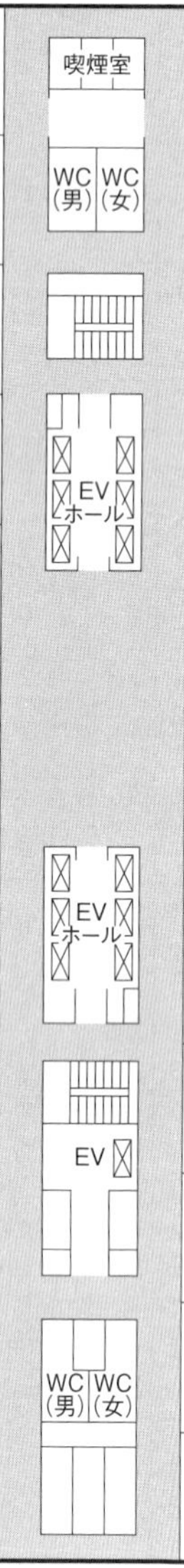

喫煙室
WC (男)
WC (女)
EV ホール
EV ホール
EV
WC (男)
WC (女)

国会議事堂側

[参]会館

参議院議員会館５階

議員	号室		号室	議員
櫻井　充 無(自民) 宮城㉘ 6550-0512 当4	512	喫煙室	513	**市田忠義** 共 比例㉘ 6550-0513 当4
江崎　孝 立 比例㉘ 6550-0511 当2	511	WC(男) WC(女)	514	**佐々木さやか** 公 神奈川[元] 6550-0514 当2
東　徹 維 大阪[元] 6550-0510 当2	510		515	**尾辻秀久** 自[茂] 鹿児島[元] 6550-0515 当6
吉良よし子 共 東京[元] 6550-0509 当2	509	EVホール	516	**宇都隆史** 自[茂] 比例㉘ 6550-0516 当2
川田龍平 立 比例[元] 6550-0508 当3	508		517	**竹谷とし子** 公 東京㉘ 6550-0517 当2
青木　愛 立 比例㉘ 6550-0507 当2	507		518	**大家敏志** 自[麻] 福岡㉘ 6550-0518 当2
石井準一 自[茂] 千葉[元] 6550-0506 当3	506		519	**伊波洋一** 無(沖縄) 沖縄㉘ 6550-0519 当1
三木　亨 自[二] 比例[元] 6550-0505 当2	505	EVホール	520	**山﨑真之輔** 無(国民) 静岡㉘ 6550-0520 当1
自見はなこ 自[二] 比例㉘ 6550-0504 当1	504		521	**浜野喜史** 国 比例[元] 6550-0521 当2
大野泰正 自[安] 岐阜[元] 6550-0503 当2	503	EV	522	**滝沢　求** 自[麻] 青森[元] 6550-0522 当2
森屋　宏 自[岸] 山梨[元] 6550-0502 当2	502	WC(男) WC(女)	523	**石橋通宏** 立 比例㉘ 6550-0523 当2
足立敏之 自[岸] 比例㉘ 6550-0501 当1	501		524	**赤池誠章** 自[安] 比例[元] 6550-0524 当2

国会議事堂側

参議院議員会館6階

議員	所属	選挙区	電話	当選回数	室
音喜多　駿	維	東京㊁	6550-0612	当1	612
岸　真紀子	立	比例㊁	6550-0611	当1	611
宮崎雅夫	自[二]	比例㊁	6550-0610	当1	610
伊藤　岳	共	埼玉㊁	6550-0609	当1	609
勝部賢志	立	北海道㊁	6550-0608	当1	608
そのだ修光	自[無]	比例㉘	6550-0607	当1	607
長浜博行	立	千葉㊁	6550-0606	当3	606
小川敏夫	無	東京㉘	6550-0605	当4	605
三宅伸吾	自[無]	香川㊁	6550-0604	当2	604
舞立昇治	自[無]	鳥取・島根㊁	6550-0603	当2	603
増子輝彦	無(自民)	福島㉘	6550-0602	当3	602
宮島喜文	自[安]	比例㉘	6550-0601	当1	601

室	議員	所属	選挙区	電話	当選回数
613	足立信也	国	大分㉘	6550-0613	当3
614	高橋光男	公	兵庫㊁	6550-0614	当1
615	杉　久武	公	大阪㊁	6550-0615	当2
616	石川博崇	公	大阪㉘	6550-0616	当2
617	吉川沙織	立	比例㊁	6550-0617	当3
618	上田清司	無(国民)	埼玉㉘補	6550-0618	当1
619	長谷川　岳	自[安]	北海道㉘	6550-0619	当2
620	朝日健太郎	自[無]	東京㉘	6550-0620	当1
621	浅田　均	維	大阪㉘	6550-0621	当1
622	中西祐介	自[麻]	徳島・高知㉘	6550-0622	当2
623	山田太郎	自[無]	比例㊁	6550-0623	当2
624	磯﨑仁彦	自[岸]	香川㉘	6550-0624	当2

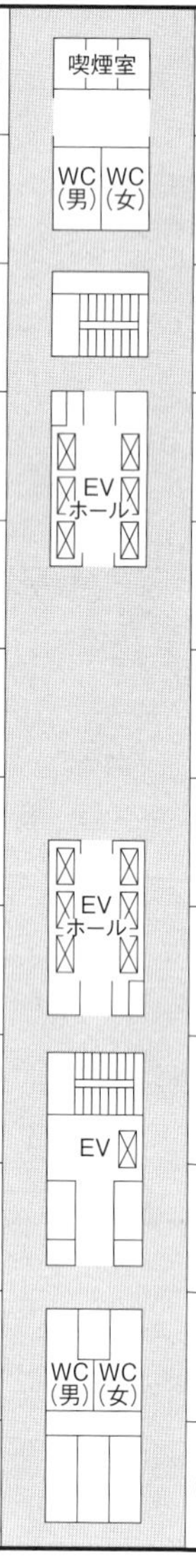

喫煙室　WC(男)　WC(女)　EVホール　EV

国会議事堂側

参議院議員会館 7 階

髙良鉄美 無(沖縄) 沖縄[元] 6550-0712 当1	712			713	石井浩郎 自[茂] 秋田㉘ 6550-0713 当2
秋野公造 公 比例㉘ 6550-0711 当2	711			714	竹内 功 自[無] 比例㉘ 6550-0714 当1
紙 智子 共 比例[元] 6550-0710 当4	710			715	木戸口英司 立 岩手㉘ 6550-0715 当1
ながえ孝子 無(碧水) 愛媛[元] 6550-0709 当1	709			716	こやり隆史 自[岸] 滋賀㉘ 6550-0716 当1
佐藤 啓 自[安] 奈良㉘ 6550-0708 当1	708			717	藤川政人 自[麻] 愛知㉘ 6550-0717 当2
斎藤嘉隆 立 愛知㉘ 6550-0707 当2	707			718	古川俊治 自[安] 埼玉[元] 6550-0718 当3
塩村あやか 立 東京[元] 6550-0706 当1	706			719	進藤金日子 自[二] 比例㉘ 6550-0719 当1
佐藤正久 自[茂] 比例[元] 6550-0705 当3	705			720	河野義博 公 比例[元] 6550-0720 当2
上月良祐 自[茂] 茨城[元] 6550-0704 当2	704			721	片山大介 維 兵庫㉘ 6550-0721 当1
柳ヶ瀬裕文 維 比例[元] 6550-0703 当1	703			722	佐藤信秋 自[茂] 比例[元] 6550-0722 当3
横沢高徳 立 岩手[元] 6550-0702 当1	702			723	酒井庸行 自[安] 愛知[元] 6550-0723 当2
徳永エリ 立 北海道㉘ 6550-0701 当2	701			724	杉尾秀哉 立 長野㉘ 6550-0724 当1

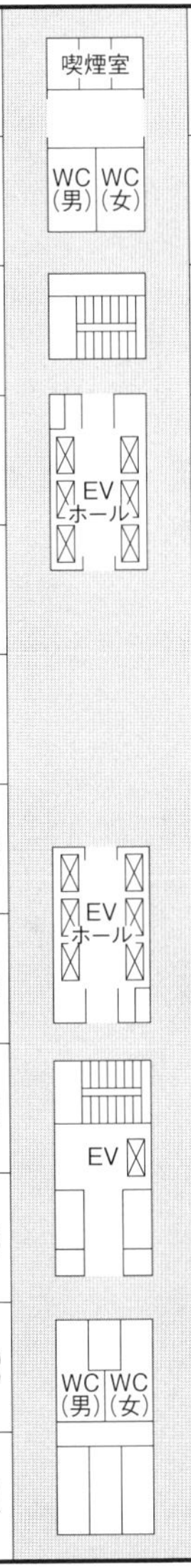

喫煙室
WC (男)
WC (女)
EV ホール
EV ホール
EV
WC (男)
WC (女)

国会議事堂側

[参]会館

参議院議員会館８階

牧野たかお 自[茂]　静岡[元] 6550-0812　当3	812	813	石垣のりこ 立　宮城[元] 6550-0813　当1
三浦　靖 自[茂]　比例[元] 6550-0811　当1	811	814	青木一彦 自[茂] 鳥取・島根[28] 6550-0814　当2
舟山康江 国　山形[28] 6550-0810　当2	810	815	嘉田由紀子 無(碧水) 滋賀[元] 6550-0815　当1
山田俊男 自[森]　比例[元] 6550-0809　当3	809	816	柴田　巧 維　比例[元] 6550-0816　当2
福山哲郎 立　京都[28] 6550-0808　当4	808	817	山添　拓 共　東京[28] 6550-0817　当1
岡田直樹 自[安]　石川[28] 6550-0807　当3	807	818	羽田次郎 立　長野[元] 6550-0818　当1
山口那津男 公　東京[元] 6550-0806　当4	806	819	加田裕之 自[安]　兵庫[元] 6550-0819　当1
	805	820	宮沢洋一 自[岸]　広島[28] 6550-0820　当2
三浦信祐 公　神奈川[28] 6550-0804　当1	804	821	難波奨二 立　比例[28] 6550-0821　当2
橋本聖子 無　比例[元] 6550-0803　当5	803	822	平山佐知子 無　静岡[28] 6550-0822　当1
長峯　誠 自[安]　宮崎[元] 6550-0802　当2	802	823	三原じゅん子 自[無] 神奈川[28] 6550-0823　当2
竹内真二 公　比例[28]繰 6550-0801　当1	801	824	松下新平 自[無]　宮崎[28] 6550-0824　当3

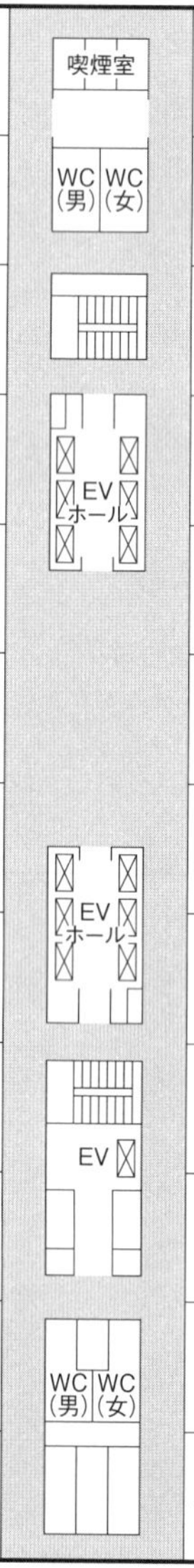
喫煙室
WC(男)
WC(女)
EV ホール
EV ホール
EV
WC(男)
WC(女)

国会議事堂側

[参]会館

参議院議員会館9階

議員	室	共用部	室	議員
郡司 彰 立 茨城㉘ 6550-0912 当4	912	喫煙室	913	下野六太 公 福岡[元] 6550-0913 当1
山本博司 公 比例[元] 6550-0911 当3	911	WC(男) WC(女)	914	須藤元気 無 比例[元] 6550-0914 当1
田村まみ 国 比例[元] 6550-0910 当1	910		915	小西洋之 立 千葉㉘ 6550-0915 当2
元榮太一郎 自[茂] 千葉㉘ 6550-0909 当1	909	EV ホール	916	山下雄平 自[茂] 佐賀[元] 6550-0916 当2
田村智子 共 比例㉘ 6550-0908 当2	908		917	芳賀道也 無(国民) 山形[元] 6550-0917 当1
高瀬弘美 公 福岡㉘ 6550-0907 当1	907		918	上野通子 自[安] 栃木㉘ 6550-0918 当2
吉田忠智 立 比例[元] 6550-0906 当2	906	EV ホール	919	福岡資麿 自[茂] 佐賀㉘ 6550-0919 当2
末松信介 自[安] 兵庫㉘ 6550-0905 当3	905		920	鉢呂吉雄 立 北海道㉘ 6550-0920 当1
中川雅治 自[安] 東京㉘ 6550-0904 当3	904	EV	921	二之湯 智 自[茂] 京都㉘ 6550-0921 当3
	903		922	谷合正明 公 比例㉘ 6550-0922 当3
丸川珠代 自[安] 東京[元] 6550-0902 当3	902	WC(男) WC(女)	923	清水真人 自[二] 群馬[元] 6550-0923 当1
打越さく良 立 新潟[元] 6550-0901 当1	901		924	森 まさこ 自[安] 福島[元] 6550-0924 当3

国会議事堂側

[参]会館

参議院議員会館 10 階

議員	室	室	議員
小沼　巧 立　茨城[元] 6550-1012　当1	1012	1013	水落敏栄 自[岸]　比例㉘ 6550-1013　当3
榛葉賀津也 国　静岡[元] 6550-1011　当4	1011	1014	伊藤孝江 公　兵庫㉘ 6550-1014　当1
野上浩太郎 自[安]　富山㉘ 6550-1010　当3	1010	1015	有村治子 自[麻]　比例[元] 6550-1015　当4
藤末健三 無(自民)　比例㉘ 6550-1009　当3	1009	1016	馬場成志 自[岸]　熊本[元] 6550-1016　当2
伊藤孝恵 国　愛知㉘ 6550-1008　当1	1008	1017	世耕弘成 自[安]　和歌山[元] 6550-1017　当5
牧山ひろえ 立　神奈川[元] 6550-1007　当3	1007	1018	宮本周司 自[安]　比例[元] 6550-1018　当2
藤木眞也 自[岸]　比例㉘ 6550-1006　当1	1006	1019	山本順三 自[安]　愛媛㉘ 6550-1019　当3
西田実仁 公　埼玉㉘ 6550-1005　当3	1005	1020	渡辺喜美 無(みんな)　比例㉘ 6550-1020　当1
梅村みずほ 維　大阪[元] 6550-1004　当1	1004	1021	倉林明子 共　京都[元] 6550-1021　当2
堂故　茂 自[茂]　富山[元] 6550-1003　当2	1003	1022	浜口　誠 国　比例㉘ 6550-1022　当1
岩渕　友 共　比例㉘ 6550-1002　当1	1002	1023	松村祥史 自[茂]　熊本㉘ 6550-1023　当3
本田顕子 自[無]　比例[元] 6550-1001　当1	1001	1024	山本香苗 公　比例[元] 6550-1024　当4

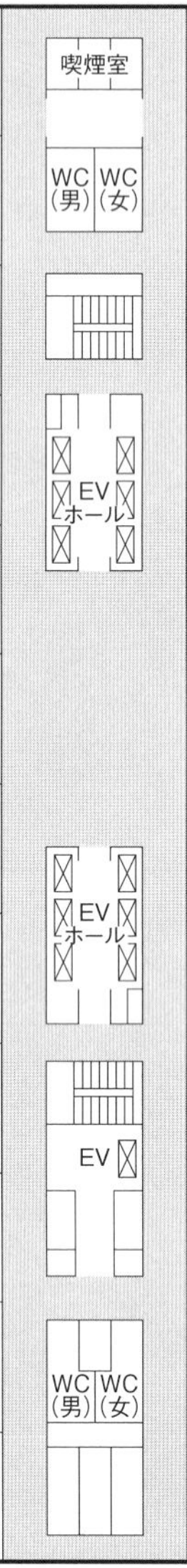

喫煙室
WC (男)
WC (女)
EV ホール
EV ホール
EV
WC (男)
WC (女)

国会議事堂側

[参] 会館

参議院議員会館 11 階

議員	室	室	議員
新妻秀規 公　比例[元] 6550-1112　当2	1112	1113	石川大我 立　比例[元] 6550-1113　当1
福島みずほ 社　比例㉘ 6550-1111　当4	1111	1114	柘植芳文 自[無]　比例[元] 6550-1114　当2
西田昌司 自[安]　京都[元] 6550-1110　当3	1110	1115	石井苗子 維　比例㉘ 6550-1115　当1
北村経夫 自[安]　山口[元] 6550-1109　当3	1109	1116	白　眞勲 立　比例㉘ 6550-1116　当3
古賀之士 立　福岡㉘ 6550-1108　当1	1108	1117	塩田博昭 公　比例[元] 6550-1117　当1
山谷えり子 自[安]　比例㉘ 6550-1107　当3	1107	1118	熊野正士 公　比例㉘ 6550-1118　当1
田名部匡代 立　青森㉘ 6550-1106　当1	1106	1119	小沢雅仁 立　比例[元] 6550-1119　当1
猪口邦子 自[麻]　千葉㉘ 6550-1105　当2	1105	1120	野村哲郎 自[茂]　鹿児島㉘ 6550-1120　当3
関口昌一 自[茂]　埼玉㉘ 6550-1104　当4	1104	1121	大塚耕平 国　愛知[元] 6550-1121　当4
江島　潔 自[安]　山口㉘ 6550-1103　当2	1103	1122	室井邦彦 維　比例[元] 6550-1122　当3
	1102	1123	山下芳生 共　比例[元] 6550-1123　当4
石田昌宏 自[安]　比例[元] 6550-1101　当2	1101	1124	松山政司 自[岸]　福岡[元] 6550-1124　当4

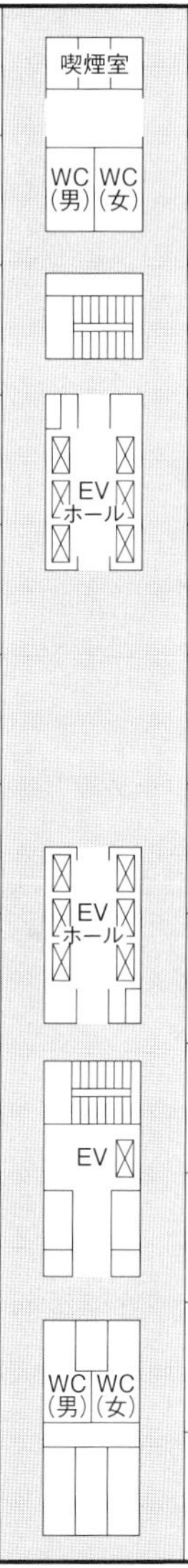
喫煙室
WC (男)
WC (女)
EV ホール
EV ホール
EV
WC (男)
WC (女)

国会議事堂側

[参] 会館

参議院議員会館 12 階

矢田わか子 国　比例㉘ 6550-1212　当1	1212	喫煙室	1213	豊田俊郎 自[麻]　千葉[元] 6550-1213　当2
森屋　隆 立　比例[元] 6550-1211　当1	1211	WC(男) WC(女)	1214	石井正弘 自[安]　岡山[元] 6550-1214　当2
礒﨑哲史 国　比例[元] 6550-1210　当2	1210		1215	青山繁晴 自[無]　比例㉘ 3581-3111(代)　当1
宮崎　勝 公　比例㉘ 6550-1209　当1	1209	EV ホール	1216	衛藤晟一 自[二]　比例[元] 6550-1216　当3
小池　晃 共　比例[元] 6550-1208　当4	1208		1217	熊谷裕人 立　埼玉[元] 6550-1217　当1
若松謙維 公　比例[元] 6550-1207　当2	1207		1218	藤井基之 自[岸]　比例㉘ 6550-1218　当3
古賀友一郎 自[岸]　長崎[元] 6550-1206　当2	1206		1219	鈴木宗男 維　比例[元] 6550-1219　当1
山田　宏 自[安]　比例㉘ 6550-1205　当1	1205	EV ホール	1220	和田政宗 自[無]　比例[元] 6550-1220　当2
石井　章 維　比例㉘ 6550-1204　当1	1204		1221	比嘉奈津美 自[茂]　比例[元] 6550-1221　当1
大門実紀史 共　比例㉘ 6550-1203　当4	1203	EV	1222	柳田　稔 無(国民)　広島㉘ 6550-1222　当4
金子原二郎 自[岸]　長崎㉘ 6550-1202　当2	1202	WC(男) WC(女)	1223	川合孝典 国　比例㉘ 6550-1223　当2
山崎正昭 自[安]　福井㉘ 6550-1201　当5	1201		1224	中曽根弘文 自[二]　群馬㉘ 6550-1224　当6

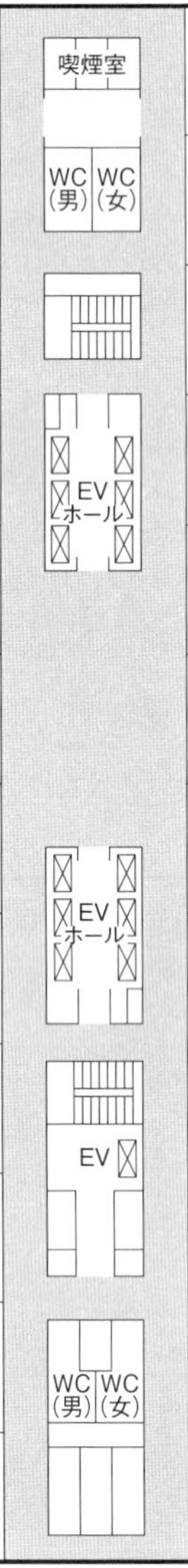

国会議事堂側

参議院議員写真・略歴・宿所一覧

議　長	山東昭子（さんとうあきこ）	秘書	庄司　輝光 篠窪　有恒	☎3581-1481
副議長	小川敏夫（おがわとしお）	秘書	小川　悠成 頓所　要介	☎3586-6741

勤続年数は**令和4年2月末現在**です。

参議院比例代表

第24回選挙

（平成28年7月10日施行／令和4年7月25日満了）

徳茂雅之（とくしげまさゆき）　**自** 新［無］　H28 当1
大阪府　S37・5・2
勤5年8ヵ月　（初／平28）

内閣委員長、倫選特委、全国郵便局長会顧問、前自民党副幹事長、日本郵便（株）執行役員近畿支社長、東大／59歳

〒100-8962　千代田区永田町2-1-1、会館　☎03（6550）0424

青山繁晴（あおやましげはる）　**自** 新［無］　H28 当1
兵庫県神戸市　S27・7・25
勤5年8ヵ月　（初／平28）

ODA・沖北特委理事、経産委理事、予算委、党経産部会長代理、（株）独立総合研究所社長、共同通信社、早大／69歳

〒100-8962　千代田区永田町2-1-1、会館

片山さつき（かたやま）　**自** 前［二］H28 当2（初/平22）※
埼玉県　S34・5・9
勤15年8ヵ月（衆3年11ヵ月）

党総務会長代理、党金融調査会長、前国務大臣（地方創生・規制改革・女性活躍）、衆院議員、財務省主計官、東大法／62歳

〒432-8069　浜松市西区志都呂1-32-15　☎053（581）7151
〒100-8962　千代田区永田町2-1-1、会館　☎03（6550）0420

中西　哲（なかにしさとし）　**自** 新［無］　H28 当1
高知県宿毛市　S26・12・7
勤5年8ヵ月　（初／平28）

国民生活調理事、経産委、外務大臣政務官、高知県議、中央大／70歳

〒780-0861　高知市升形1-21自民会館3F　☎088（823）3020
〒100-8962　千代田区永田町2-1-1、会館　☎03（6550）0423

※平17衆院初当選

いまい えりこ
今井絵理子
自新［麻］ H28 当1
沖縄県那覇市 S58・9・22
勤5年8ヵ月 （初／平28）

党女性局次長、党内閣第一部会長代理、決算委、ODA・沖北特委理、文科委理、内閣府大臣政務官、歌手、八雲学園高校／38歳

〒100-8962 千代田区永田町2-1-1、会館 ☎03(6550)0315

あだち としゆき
足立敏之
自新［岸］ H28 当1
京都府福知山市 S29・5・20
勤5年8ヵ月 （初／平28）

国交委理、決算委、災害特委理、党国土交通部会長代理、国土交通省元技監、元水管理・国土保全局長、京大大学院修了／67歳

〒100-8962 千代田区永田町2-1-1、会館 ☎03(6550)0501

やまたにえりこ
山谷えり子
自前［安］ H28 当3(初／平16)※
福井県 S25・9・19
勤21年3ヵ月（衆3年5ヵ月）

拉致特委長、倫選特委長、国家公安委員長・拉致問題担当大臣、参党政審会長、首相補佐官、サンケイリビング編集長、聖心女子大／71歳

〒100-8962 千代田区永田町2-1-1、会館 ☎03(6550)1107

ふじき しんや
藤木眞也
自新［岸］ H28 当1
熊本県 S42・2・25
勤5年8ヵ月 （初／平28）

党農林副部会長、農林水産大臣政務官、JAかみましき組合長、JA全青協会長、農業生産法人社長、熊本農高／55歳

〒861-3101 熊本県上益城郡嘉島町大字鯰2792 ☎096(282)8856
〒100-8962 千代田区永田町2-1-1、会館 ☎03(6550)1006

じみ
自見はなこ
自新［二］ H28 当1
福岡県北九州市 S51・2・15
勤5年8ヵ月 （初／平28）

財金委、党女性局長、日医連参与、前厚生労働大臣政務官、東海大医学部客員准教授、東大・虎の門病院小児科、筑波大・東海大医／46歳

〒802-0077 北九州市小倉北区馬借2-7-28-2F ☎093(513)0875
〒100-8962 千代田区永田町2-1-1、会館 ☎03(6550)0504

しんどう かねひこ
進藤金日子
自新［二］ H28 当1
秋田県協和町(現大仙市) S38・7・7
勤5年8ヵ月 （初／平28）

農水委、予算委、党農林部会長代理、党水産調査会副会長、元農水省中山間地域振興課長、全国水土里ネット会長会議顧問、岩手大／58歳

〒100-8962 千代田区永田町2-1-1、会館 ☎03(6550)0719

※平12衆院初当選

やまだ　ひろし
山田　宏
自新［安］H28当1（初/平28）※
東京都八王子市　S33・1・8
勤10年11ヵ月（衆5年3ヵ月）

厚労委員長、憲法審委、防衛大臣政務官、衆院議員2期、杉並区長3期、東京都議2期、松下政経塾第2期生、京大／64歳

〒102-0093　千代田区平河町2-16-5-602
〒100-8962　千代田区永田町2-1-1、会館　☎03(6550)1205

ふじい　もとゆき
藤井基之
自前［岸］　H28当3
岡山県　S22・3・16
勤17年10ヵ月（初/平13）

参党政審会長、厚労委、懲罰委、情報監視審査会長、沖北特委長、文部科学副大臣、厚生労働政務官、慶大薬学部客員教授、薬学博士、薬剤師、東大／74歳

〒100-8962　千代田区永田町2-1-1、会館　☎03(6550)1218

あだち　まさし
阿達雅志
自前［無］　H28当2
京都府　S34・9・27
勤7年4ヵ月（初/平26繰）

経産委、資源エネ調委、首相補佐官、国交兼内閣府政務官、党外交部会長、NY州弁護士、住友商事、NY大、東大法／62歳

〒100-8962　千代田区永田町2-1-1、会館　☎03(6550)0309

うと　たかし
宇都隆史
自前［茂］　H28当2
鹿児島県　S49・11・12
勤11年9ヵ月（初/平22）

党政務調査会長代理、外防委理、決算委、外務副大臣、外務大臣政務官、外交防衛委員長、元自衛官、防大／47歳

〒892-0853　鹿児島市城山町2-30
二之丸ビル203　☎099(239)6111
〒100-8962　千代田区永田町2-1-1、会館　☎03(6550)0516

おがわ　かつみ
小川克巳
自新［無］　H28当1
福岡県　S26・8・31
勤5年8ヵ月（初/平28）

厚労委理、予算委、ODA・沖北特委、国民生活調理、党厚労副部会長、党厚生関係団体副委員長、日本理学療法士協会理事、日本ユマニチュード学会理事、理学療法士、九州リハビリテーション大学校、熊本商科大／70歳

〒100-8962　千代田区永田町2-1-1、会館　☎03(6550)0405

みやじま　よしふみ
宮島喜文
自新［安］　H28当1
長野県　S26・7・28
勤5年8ヵ月（初/平28）

財金委、予算委、党文科部会長代理、財務大臣政務官、参国対副委員長、日本臨床衛生検査技師会会長、中医協専門委員、帝京医学技術学校／70歳

〒395-0032　長野県飯田市主税町15
井上ハイツ1F　☎0265(49)4423
〒100-8962　千代田区永田町2-1-1、会館　☎03(6550)0601

※平5衆院初当選

みず　おち　とし　えい
水落敏栄

自前［岸］ H28 当3
新潟県十日町市　S18・2・24
勤17年10ヵ月（初／平16）

情報監視審査会長、(一財)日本遺族会会長、議運委員長、国際経済外交調査会長、文科兼内閣府副大臣、党遺骨帰還特命委員長、文科政務官、新潟商業高校／79歳

〒102-0094　千代田区紀尾井町1-15、宿舎

しゅうこう
そのだ修光

自新［無］ H28 当1(初/平28)※
鹿児島県鹿児島市　S32・3・13
勤9年5ヵ月（衆3年9ヵ月）

党厚労副部会長、厚労委員長、(公社)全国老施協常任理事、(福)旭生会名誉会長、衆議院議員、鹿児島県議、日大／64歳

〒891-0143　鹿児島市和田2-39-1　☎099(260)1417
〒100-8962　千代田区永田町2-1-1、会館　☎03(6550)0607

たけ　うち　いさお
竹内　功

自新［無］ H28 繰当1
鳥取県鳥取市　S26・12・18
勤5ヵ月（初／令3）

党国対委員、文教科学委、元国交省中国地方整備副局長、元鳥取市長(3期)、東大法、米ワシントン大学院修了／70歳

〒680-0022　鳥取市西町1丁目118　☎0857(51)1231
〒100-8962　千代田区永田町2-1-1、会館　☎03(6550)0714

こ　ばやし　まさ　お
小林正夫

国前 H28 当3
東京都　S22・5・11
勤17年10ヵ月（初／平16）

参院会派会長、総務委、国家基本委、災害特委、元経産委員長、厚労委員長、厚労大臣政務官、電力総連顧問、都立世田谷工高／74歳

〒100-8962　千代田区永田町2-1-1、会館　☎03(6550)0406

はま　ぐち　まこと
浜口　誠

国新 H28 当1
三重県松阪市　S40・5・18
勤5年8ヵ月（初／平28）

国土交通委理事、予算委、情監審委、党企業団体委員長、自動車総連顧問、トヨタ自動車、筑波大／56歳

〒100-8962　千代田区永田町2-1-1、会館　☎03(6550)1022

や　た　こ
矢田わか子

国新 H28 当1
大阪府　S40・9・25
勤5年8ヵ月（初／平28）

経産委理、憲法審、震災復興特委、党副代表、男女共同参画推進本部長、パナソニックグループ労連中央執行副委員長、寝屋川高／56歳

〒100-8962　千代田区永田町2-1-1、会館　☎03(6550)1212

※平8衆院初当選

ありたよしふ
有田芳生
立前　H28 当2
京都府　S27・2・20
勤11年9ヵ月（初/平22）

拉致特委、党副幹事長、党沖縄県連代表代行、経産委員長、出版社勤務、ジャーナリスト、立命館大／70歳

〒100-8962　千代田区永田町2-1-1、会館　☎03(6550)0416

かわいたかのり
川合孝典
国元　H28 当2
京都府京都市　S39・1・29
勤11年9ヵ月（初/平19）

法務委、国際経済調理、憲法審査会、会派国対委員長、党拉致問題対策本部長、UAゼンセン政治顧問、立命館大法学部／58歳

〒152-0004　目黒区鷹番3-4-5(自宅)

なんばしょうじ
難波奨二
立前　H28 当2
岡山県　S34・4・1
勤11年9ヵ月（初/平22）

国家基本委理、財金委、党参院国対委員長、党岡山県連合代表、JP労組書記長、岡山県立成羽高／62歳

〒102-0083　千代田区麹町4-7、宿舎　☎03(3237)0106

えさき　たかし
江崎　孝
立前　H28 当2
福岡県　S31・8・11
勤11年9ヵ月（初/平22）

内閣委筆頭理、復興特委筆頭理、党参副会長、国土交通委員長、沖北特委員長、自治労本部特別中執、法政大／65歳

〒100-8962　千代田区永田町2-1-1、会館　☎03(6550)0511

なたにやまさよし
那谷屋正義
立前　H28 当3
神奈川県横浜市　S32・8・3
勤17年10ヵ月（初/平16）

震災復興特委員長、環境委、党参院国対委員長、文科政務官、日教組教育政策委長、小学校教師、横浜国大／64歳

〒100-8962　千代田区永田町2-1-1、会館　☎03(6550)0409

いしばしみちひろ
石橋通宏
立前　H28 当2
島根県　S40・7・1
勤11年9ヵ月（初/平22）

経産委員長、行政監視委、党幹事長代理、党政調会長筆頭代理、沖北特委長、厚労委筆頭理事、情報労連、元ILO専門官、米アラバマ大院、中大法／56歳

〒100-8962　千代田区永田町2-1-1、会館　☎03(6550)0523

ふじ すえ けん ぞう
藤末健三
無前(自民) H28 当3
熊本県 S39・2・18
勤17年10ヵ月 (初/平16)

財金委理、行監委、倫選特委、消費者特委、総務・郵政副大臣、総務委長、東大助教授、経産省、博士(東工大・早大)、ハーバード・MIT院/58歳

〒860-0051 熊本市西区二本木3-7-23 ☎096(221)7708
〒100-8962 千代田区永田町2-1-1、会館 ☎03(6550)1009

はく しん くん
白 眞勳
立前 H28 当3
東京都 S33・12・8
勤17年10ヵ月 (初/平16)

予算委筆頭理事、憲法審委、拉致特委、国土交通委、元内閣府副大臣、元拉致特委長、(株)朝鮮日報日本支社長、日大院/63歳

〒100-8962 千代田区永田町2-1-1、会館 ☎03(6550)1116

あき の こう ぞう
秋野公造
公前 H28 当2
兵庫県 S42・7・11
勤11年9ヵ月 (初/平22)

厚労委、地方・デジ特委、党中央幹事、党参国対委員長、総務・法務委員長、環境・内閣府大臣政務官、厚労省、医師、長崎大院/54歳

〒804-0066 北九州市戸畑区初音町6-7 中西ビル201 ☎093(873)7550
〒102-0083 千代田区麹町4-7、宿舎

よこ やま しん いち
横山信一
公前 H28 当2
北海道 S34・7・21
勤11年9ヵ月 (初/平22)

党北海道本部代表代行、党東北方面副本部長、党復興・防災部会長、復興副大臣、法務委員長、総務委員長、農水大臣政務官、北大院/62歳

〒060-0001 札幌市中央区北1条西19丁目 緒方ビル3F ☎011(688)6222
〒102-0083 千代田区麹町4-7、宿舎

くま の せい し
熊野正士
公新 H28 当1
兵庫県姫路市 S40・4・19
勤5年8ヵ月 (初/平28)

党農林水産部会長代理、党新型コロナ対策本部事務局次長、医学博士、放射線科専門医、愛媛大/56歳

〒542-0082 大阪市中央区島之内1-1-14 三和第一ビル205 ☎06(6121)5700
〒102-0083 千代田区麹町4-7、宿舎

たに あい まさ あき
谷合正明
公前 H28 当3
埼玉県 S48・4・27
勤17年10ヵ月 (初/平16)

党幹事長代理・参幹事長・国際委員長・中国方面本部長・岡山県本部代表、農水委、倫選特委理、農林水産副大臣、NGO職員、京大院/48歳

〒702-8031 岡山市南区福富西1-20-48 クボタビル2F ☎086(262)3611
〒102-0094 千代田区紀尾井町1-15、宿舎

はま だ まさ よし
浜田昌良
公前 H28 当3
大阪府大阪市 S32・2・28
勤17年10ヵ月（初／平16）

党中央規律委員長、参院政審会長、内閣委理事、総務委員長、復興副大臣、外務大臣政務官、経産省課長、京大／65歳

〒451-0045 名古屋市西区名駅2-34-17 セントラル名古屋511号室 ☎052(561)0431
〒100-8962 千代田区永田町2-1-1、会館 ☎03(6550)0316

みや ざき まさる
宮崎 勝
公新 H28 当1
埼玉県 S33・3・18
勤5年8ヵ月（初／平28）

環境委、決算委理、党埼玉県本部副代表、党茨城県本部顧問、党環境部会長、前環境大臣政務官、元公明新聞編集局長、埼玉大／63歳

〒330-0063 さいたま市浦和区高砂3-7-4 2F ☎048(824)0340
〒102-0094 千代田区紀尾井町1-15、宿舎

たけ うち しん じ
竹内真二
公新 H28 繰当1
東京都 S39・3・19
勤4年5ヵ月（初／平29繰）

国交委、決算委、拉致特委、党遊説局長、団体局次長、公明新聞編集局次長、早大／57歳

〒102-0094 千代田区紀尾井町1-15、宿舎

いち だ ただ よし
市田忠義
共前 H28 当4
大阪府 S17・12・28
勤23年11ヵ月（初／平10）

党幹部会副委員長、内閣委、懲罰委、政倫審、資源エネ調委、党書記局長、前京都府委員長、立命館大／79歳

〒135-0061 江東区豊洲4-9-13(自宅)

た むら とも こ
田村智子
共前 H28 当2
東京都 S40・7・4
勤11年9ヵ月（初／平22）

党副委員長、政策委員長、内閣委、予算委、元党東京都副委員長、参議院議員秘書、早大第一文学部／56歳

〒151-0053 渋谷区代々木1-44-11 ☎03(5304)5639
〒100-8962 千代田区永田町2-1-1、会館 ☎03(6550)0908

だい もん み き し
大門実紀史
共前 H28 当4
京都府 S31・1・10
勤21年5ヵ月（初／平13繰）

党参院国対副委員長・消費者問題対策委事務局長、党中央委員、財金委、消費者特委、神戸大中退／66歳

〒100-8962 千代田区永田町2-1-1、会館 ☎03(6550)1203
〒102-0083 千代田区麹町4-7、宿舎 ☎03(5226)2320

いわ ぶち とも
岩渕　友
共新　H28 当1
福島県喜多方市　S51・10・3
勤5年8ヵ月　（初／平28）

党中央委員、経産委理、決算委、復興特委、国民生活調理、日本民主青年同盟福島県委員長、福島大／45歳

〒960-0112　福島市南矢野目字谷地65-3　☎024（555）0550
〒100-8962　千代田区永田町2-1-1、会館　☎03（6550）1002

たけ だ りょう すけ
武田良介
共新　H28 当1
長野県　S54・8・13
勤5年8ヵ月　（初／平28）

国交委、決算委、災害特委、拉致特委、党中央委員、民青同盟長野県委員長、信州大教育学部／42歳

〒380-0928　長野市若里1-12-7　☎026（227）3220
〒102-0083　千代田区麹町4-7、宿舎

かたやまとら の すけ
片山虎之助
維前　H28 当5
岡山県　S10・8・2
勤30年　（初／平元）

総務委、党共同代表、国会議員団代表、元参自民党幹事長、総務大臣、参自民党国対委長、自治省、岡山県副知事、東大法／86歳

〒700-0816　岡山市北区富田町2-5-11
サンジェルマン富田町201　☎086（221）1122
〒100-8962　千代田区永田町2-1-1、会館　☎03（6550）0418

わた なべ よし み
渡辺喜美
無新（みんな）H28 当1（初／平28）※1
栃木県那須塩原市　S27・3・17
勤23年11ヵ月（衆18年3ヵ月）

財金委、憲法審委、みんなの党代表、元金融・行革・公務員制度改革・規制改革担当大臣、早大／69歳

〒329-2722　栃木県那須塩原市西朝日町15-12　☎0287（36）3636
〒100-8962　千代田区永田町2-1-1、会館　☎03（6550）1020

いし い みつ こ
石井苗子
維新　H28 当1
東京都　S29・2・25
勤5年8ヵ月　（初／平28）

厚労委、ODA・沖北特委、政倫審、保健師、看護師、女優、民放キャスター、心療内科勤務、聖路加大・東大院／68歳

〒100-8962　千代田区永田町2-1-1、会館　☎03（6550）1115
〒102-0083　千代田区麹町4-7、宿舎

いし い あきら
石井　章
維新　H28 当1（初／平28）※2
茨城県取手市　S32・5・6
勤9年（衆3年4ヵ月）

経済産業委、議運委、倫選特委、元衆議院議員、社会福祉法人理事長、専修大法学部／64歳

〒300-1513　茨城県取手市片町296　☎0297（83）8900
〒100-8962　千代田区永田町2-1-1、会館　☎03（6550）1204

※1 平8衆院初当選　※2 平21衆院初当選

ふくしま
福島みずほ

社 前　H28 当4
宮崎県　S30・12・24
勤23年11ヵ月（初/平10）

党首、厚労委、予算委、消費者特委、憲法審委、前副党首、消費者庁・男女共同参画・少子化・食品安全担当大臣、弁護士、東大／66歳

〒100-8962　千代田区永田町2-1-1、会館　☎03(6550)1111

あおき　あい
青木　愛

立 元　H28 当2(初/平19)※
東京都　S40・8・18
勤15年（衆7年2ヵ月）

環境委筆頭理事、元国交委筆頭理事、元復興特委員長、元消費者特委員長、保育士、千葉大学大学院修了／56歳

〒114-0021　北区岸町1-2-9　☎03(5948)5038
〒100-8962　千代田区永田町2-1-1、会館　☎03(6550)0507

参議院比例代表（第24回選挙・平成28年7月10日施行）

全国有権者数	106,202,873人	全国投票者数	58,085,678人
男　〃	51,326,614人	男　〃	28,292,337人
女　〃	54,876,259人	女　〃	29,793,341人
		有効投票数	56,007,830

党別当選者数・党別個人別得票数・党別得票率

（※小数点以下の得票数は按分票です）

自 民 党　19人　20,114,788.264票　35.91％

政党名得票　15,239,624　**個人名得票**　4,875,164.264

	氏名		得票数
当	徳茂　雅之	新	521,060
当	青山　繁晴	新	481,890
当	片山さつき	前	393,382.272
当	中西　哲	新	392,433.085
当	今井絵理子	新	319,359.569
当	足立　敏之	新	293,799.343
当	山谷えり子	前	249,844.289
当	藤木　真也	新	236,119
当	自見　英子	新	210,562
当	進藤金日子	新	182,467
当	高階恵美子（令3.10.19失職）	前	177,810
当	山田　宏	新	149,833.925
当	藤井　基之	前	142,132
当	阿達　雅志	前	139,046.148
当	宇都　隆史	前	137,993.904
当	小川　克巳	新	130,101.514
当	宮島　喜文	新	122,833
当	水落　敏栄	前	114,485
当	園田　修光	新	101,154
繰	竹内　功（令3.10.28繰上）	新	87,578.879
	増山　寿一	新	85,355.300
	堀内　恒夫	前	84,597
	大江　康弘	元	53,731
	畦元　将吾（令元.7.10衆院議員繰上）	新	37,731
	伊藤　洋介	新	29,865.036

※平15衆院初当選

民進党　11人　11,751,015.174票　20.98%

政党名得票　8,750,006　個人名得票　3,001,009.174

	氏名		得票
当	小林　正夫	前	270,285.341
当	浜口　誠	新	266,623.257
当	矢田　稚子	新	215,823
当	有田　芳生	前	205,884
当	川合　孝典	元	196,023
当	難波　奨二	前	191,823
当	江崎　孝	前	184,187.226
当	那谷屋正義	前	176,683.167
当	石橋　通宏	前	171,486
当	藤末　健三	前	143,188
当	白　真勲	前	138,813
	田城　郁	前	113,571
	藤川　慎一	新	113,045.051
	轟木　利治	元	108,522
	森屋　隆	新	102,208.919
	（令元.7.21当選）		
	田中　直紀	前	86,596.258
	柴田　巧	前	73,166
	（令元.7.21当選）		
	大河原雅子	元	71,398
	（平29.10.22衆院議員当選）		
	前田　武志	前	59,853
	小野　次郎	前	46,213
	西村　正美	前	38,899.955
	鎌谷　一也	新	26,717

公明党　7人　7,572,960.308票　13.52%

政党名得票　3,881,290　個人名得票　3,691,670.308

	氏名		得票
当	長沢　広明	前	942,266
	（平29.9.26辞職）		
当	秋野　公造	前	612,068.056
当	横山　信一	前	606,889.782
当	熊野　正士	新	605,223
当	谷合　正明	前	478,174
当	浜田　昌良	前	388,477.691
当	宮崎　勝	新	18,571
繰	竹内　真二	新	7,489.008
	（平29.10.13繰上）		
	高橋　秀明	新	5,878.053
	星　英一郎	新	5,666
	竹内　秀伸	新	4,334.064
	高田　清久	新	3,497
	坂本　道応	新	3,377
	佐藤　史成	新	3,226.109
	千葉　宣男	新	2,560
	飯塚　栄治	新	2,440.545
	栗岡　哲平	新	1,533

共産党　5人　6,016,194.559票　10.74%

政党名得票　5,599,060　個人名得票　417,134.559

	氏名		得票
当	市田　忠義	前	77,348
当	田村　智子	前	49,113.832
当	大門実紀史	前	33,078
当	岩渕　友	新	31,099.119
当	武田　良介	新	23,938.968
	奥田　智子	新	23,680.154
	伊勢田良子	新	23,261.444
	春名　直章	新	21,478
	椎葉　寿幸	新	13,228
	吉俣　洋	新	11,139
	古田美知代	新	7,921
	岩渕　彩子	新	7,757.211
	石山　浩行	新	7,136.077
	吉田　恭子	新	7,088.087
	小池　一徳	新	7,070
	岡田　正和	新	7,036
	山下　魁	新	4,579
	伊藤　達也	新	4,476.034
	佐藤　耕平	新	4,377.757
	真栄里　保	新	4,032
	藤本　友里	新	3,921
	西沢　博	新	3,661.795
	山田　和雄	新	3,579.877
	唐沢　千晶	新	3,528
	高木　光弘	新	3,147
	坂口多美子	新	2,957
	松本　隆	新	2,784.690
	熊谷　智	新	2,497.269
	松山　恭子	新	2,376.359
	高橋　渡	新	2,257.881
	亀田　良典	新	2,254.031
	原口　敏彦	新	2,184
	釜井　敏行	新	1,932.247
	松田　一志	新	1,931
	益田　牧子	新	1,786
	遠藤　秀和	新	1,492
	上村　泰稔	新	1,303
	三ヶ尻亮子	新	1,299.065
	宮内　現	新	1,189
	和泉　信丈	新	972
	植本　完治	新	744
	小路　貴之	新	499.662

おおさか維新の会　4人　5,153,584.348票　9.20%

政党名得票　4,422,356　個人名得票　731,228.348

当	片山虎之助 前	194,902.646	
当	渡辺　喜美 新	143,343.158	
当	石井　苗子 新	68,147.939	
当	石井　　章 新	50,073.511	
	儀武　　剛 新	43,679	
	梅村　　聡 元	37,570.460	(令元.7.21当選)
	鈴木　宏治 新	33,518.987	
	三宅　　博 新	23,021.802	
	坂井　良和 新	22,553	
	中谷　裕之 新	19,946.236	
	樋口　俊一 元	17,626.598	
	鈴木　　望 新	16,816.398	
	島　　　聡 新	12,677.059	
	矢野　義昭 新	11,983	
	新渡　英夫 新	11,090.715	
	宇佐美孝二 新	9,755.728	
	高橋　英明 新	8,562.659	(令3.10.31衆院議員当選)
	串田　誠一 新	5,959.452	(平29.10.22衆院議員当選)

社 民 党　1人　1,536,238.752票　2.74%

政党名得票　1,103,157　個人名得票　433,081.752

当	福島　瑞穂 前	254,956	
	吉田　忠智 前	153,197.646	(令元.7.21当選)
	椎野　　隆 新	9,627.671	
	伊藤　善規 新	6,368.048	
	桝口　敏行 新	3,370.935	
	田山　英次 新	3,273.452	
	桂川　　悟 新	2,288	

生 活 の 党　1人　1,067,300.546票　1.91%

政党名得票　909,045　個人名得票　158,255.546

当	青木　　愛 元	109,050	
	姫井由美子 元	16,116	
	末次　精一 新	11,878.546	(令3.10.31衆院議員当選)
	北出　美翔 新	11,349	
	日吉　雄太 新	9,862	(平29.10.22衆院議員当選)

その他の政党の得票総数・得票率等は下記のとおりです。
(当選者はいません。個人名得票の内訳は省略しました)

日本のこころを大切にする党　得票総数　734,024.218票（1.31%）
政党名得票　555,297　個人名得票　178,727.218

支持政党なし　得票総数　647,071.670票（1.16%）
政党名得票　597,702　個人名得票　49,369.670

新 党 改 革　得票総数　580,653.416票（1.04%）
政党名得票　204,256　個人名得票　376,397.416

国民怒りの声　得票総数　466,706.136票（0.83%）
政党名得票　340,337　個人名得票　126,369.136

幸福実現党　得票総数　366,815.451票（0.65%）
政党名得票　306,518　個人名得票　60,297.451

第25回選挙

（令和元年7月21日施行／令和7年7月28日満了）

みき とおる
三木 亨 自前［二］ R1 当2
徳島県吉野川市 S42・7・10
勤8年9ヵ月 （初／平25）

環境委理、予算委、地方・デジ特委理、参党政審副会長、党環境関係団体委員長、党環境部会長代理、財務大臣政務官、中大法／54歳

〒770-8056 徳島市問屋町29 ☎088(657)6363
〒102-0083 千代田区麹町4-7、宿舎

みうら やすし
三浦 靖 自新［茂］R1 当1(初/令元)※
島根県大田市 S48・4・9
勤4年6ヵ月（衆1年10ヵ月）

総務大臣政務官、総務委、国家基本委、資源エネ調委、衆議院議員、大田市議、衆議院議員秘書、神奈川大／48歳

〒690-0873 島根県松江市内中原町140-2 ☎0852(61)2828
〒100-8962 千代田区永田町2-1-1、会館 ☎03(6550)0811

つげ よしふみ
柘植芳文 自前［無］ R1 当2
岐阜県 S20・10・11
勤8年9ヵ月 （初／平25）

党総務副会長、党情報・通信関係団体副委員長、総務委理、国際経済調理、元内閣委長、元全国郵便局長会会長、愛知大／76歳

〒100-8962 千代田区永田町2-1-1、会館 ☎03(6550)1114

やまだ たろう
山田太郎 自元［無］ R1 当2
東京都 S42・5・12
勤6年4ヵ月 （初／平24）

デジタル兼内閣府大臣政務官、党デジ本部事務局長代理、党ネットメディア局長代理、知財小委事務局長、上場企業社長、東工大特任教授、東大非常勤講師、慶大経、早大院／54歳

〒100-8962 千代田区永田町2-1-1、会館 ☎03(6550)0623

わだ まさむね
和田政宗 自前［無］ R1 当2
東京都 S49・10・14
勤8年9ヵ月 （初／平25）

予算委、復興特委、参党国対副委員長、前国土交通大臣政務官兼内閣府大臣政務官、元NHKアナウンサー、慶大／47歳

〒980-0011 仙台市青葉区上杉1-5-13 3-B ☎022(263)3005
〒102-0083 千代田区麹町4-7、宿舎

※平29衆院初当選

さとう まさひさ
佐藤正久
自前［茂］ R1 当3
福島県 S35・10・23
勤14年10ヵ月 （初／平19）

党外交部会長・国防議員連盟事務局長、元外務副大臣・防衛政務官、元自衛官・イラク先遣隊長、防衛大／61歳

〒162-0845 新宿区市谷本村町3-20新盛堂ビル4F ☎03（5206）7668
〒100-8962 千代田区永田町2-1-1、会館 ☎03（6550）0705

さとう のぶあき
佐藤信秋
自前［茂］ R1 当3
新潟県 S22・11・8
勤14年10ヵ月 （初／平19）

党地方行政調査会長、党国土強靭化推進本部本部長代理、国交委、元国交事務次官、技監、道路局長、京大院／74歳

〒951-8062 新潟市中央区西堀前通11番町1645-4 ☎025（226）7686
〒100-8962 千代田区永田町2-1-1、会館 ☎03（6550）0722

はしもと せいこ
橋本聖子
無前 R1 当5
北海道 S39・10・5
勤27年 （初／平7）

環境委、元東京オリンピック・パラリンピック担当大臣、自民党参院議員会長、外務副大臣、北開総括政務次官、駒苫高／57歳

〒060-0001 札幌市中央区北1条西5丁目2番 札幌興銀ビル6F ☎011（222）7275
〒102-0094 千代田区紀尾井町1-15、宿舎

やまだ としお
山田俊男
自前［森］ R1 当3
富山県小矢部市 S21・11・29
勤14年10ヵ月 （初／平19）

農水委理事、決算委、党人事局長、都市農業対策委員長、ODA特委員長、農水委員長、全国農協中央会専務理事、早大政経／75歳

〒932-0836 富山県小矢部市埴生352-2 ☎0766（67）8882
〒100-8962 千代田区永田町2-1-1、会館 ☎03（6550）0809

ありむら はるこ
有村治子
自前［麻］ R1 当4
滋賀県 S45・9・21
勤20年11ヵ月 （初／平13）

参党議員副会長、内閣委、行監委、ODA・沖北特委、裁判官弾劾裁判長、党広報本部長、参党政審会長、女性活躍担当大臣、米SIT大院修士／51歳

〒100-8962 千代田区永田町2-1-1、会館 ☎03（6550）1015

みやもと しゅうじ
宮本周司
自前［安］ R1 当2
石川県能美市 S46・3・27
勤8年9ヵ月 （初／平25）

参院党国会対策副委員長、経産委、復興特委、経済産業大臣政務官、全国商工会連合会顧問、東経大／50歳

〒920-8203 石川県金沢市鞍月3-127 AXIS鞍月1-B ☎076（256）5623
〒100-8962 千代田区永田町2-1-1、会館 ☎03（6550）1018

石田昌宏（いしだ まさひろ）
自前［安］ R1 当2
奈良県大和郡山市 S42・5・20
勤8年9ヵ月 （初／平25）

参院党国対副委員長、厚労委理、ODA・沖北特委、厚労委員長、議運委理、党財務金融副部会長、日本看護連盟幹事長、東大応援部／54歳

〒100-8962 千代田区永田町2-1-1、会館 ☎03(6550)1101

本田顕子（ほんだ あきこ）
自新［無］ R1 当1
熊本県熊本市 S46・9・29
勤2年8ヵ月 （初／令元）

厚労委、議運委、地方・デジ特委、ODA・沖北特委、党副幹事長、党女性局長代理、財金副部会長、日本薬剤師会顧問・薬剤師連盟顧問、星薬科大学／50歳

〒860-0072 熊本市西区花園7-12-16 ☎096(325)4470
〒100-8962 千代田区永田町2-1-1、会館 ☎03(6550)1001

衛藤晟一（えとう せいいち）
自前［二］ R1 当3(初／平19)※
大分県大分市 S22・10・1
勤27年1ヵ月（衆12年3ヵ月）

党紀委員長、党少子化対策調査会長、前一億総活躍・少子化対策担当大臣、元内閣総理大臣補佐官、厚労副大臣、大分大／74歳

〒870-0042 大分市豊町1-2-6 ☎097(534)2015
〒100-8962 千代田区永田町2-1-1、会館 ☎03(6550)1216

羽生田 俊（はにゅうだ たかし）
自前［安］ R1 当2
群馬県 S23・3・28
勤8年9ヵ月 （初／平25）

厚労委、決算委理、復興特委理、党厚労部会長代理、東京医大客員教授、副幹事長、元日本医師会副会長、東京医科大学／73歳

〒371-0022 前橋市千代田町2-10-13 ☎027(289)8680
〒100-8962 千代田区永田町2-1-1、会館 ☎03(6550)0319

宮崎雅夫（みやざき まさお）
自新［二］ R1 当1
兵庫県神戸市 S38・12・3
勤2年8ヵ月 （初／令元）

農林水産大臣政務官、農水委、地方・デジ特委、資源エネ調委、党農林副部会長、農水省地域整備課長、神戸大学農学部／58歳

〒100-8962 千代田区永田町2-1-1、会館 ☎03(6550)0610

山東昭子（さんとう あきこ）
無前 R1 当8
東京都 S17・5・11
勤40年5ヵ月 （初／昭49）

参議院議長、前自民党党紀委員長・自民党食育調査会長、元参議院副議長・科技庁長官・環境政務次官、文化学院／79歳

〒100-8962 千代田区永田町2-1-1、会館 ☎03(6550)0310

※平2衆院初当選

あか いけ まさ あき
赤池誠章
自前［安］R1 当2(初/平25)※1
山梨県甲府市 S36・7・19
勤12年8ヵ月(衆3年11ヵ月)

内閣府副大臣、党文部科学部会長(3期)、党広報本部長代理、文教科学委員長、文部科学大臣政務官、衆議院議員、明治大学／60歳

〒400-0032 山梨県甲府市中央1-1-11-2F ☎055(237)5523

ひ が な つ み
比嘉奈津美
自新［茂］ R1 繰当1
沖縄県沖縄市 S33・10・3
勤5年3ヵ月(衆4年10ヵ月) (初/令3)※2

厚労委、予算委、ODA・沖北特委、参院党国対副委員長、環境大臣政務官、衆議院議員、歯科医師、福岡歯科大／63歳

〒100-8962 千代田区永田町2-1-1、会館 ☎03(6550)1221

きし ま き こ
岸 真紀子
立新 R1 当1
北海道岩見沢市 S51・3・24
勤2年8ヵ月 (初/令元)

総務委、行監委、地方・デジ特委、資源エネ調委、党参比例第13総支部長、自治労特別中央執行委員、北海道岩見沢緑陵高等学校卒業／45歳

〒100-8962 千代田区永田町2-1-1、会館 ☎03(6550)0611

みず おか しゅん いち
水岡俊一
立元 R1 当3
兵庫県豊岡市 S31・6・13
勤14年10ヵ月 (初/平16)

文科委、懲罰委、党参院議員会長、内閣総理大臣補佐官、内閣委員長、兵庫県教組役員、中学校教員、奈良教育大／65歳

〒102-0083 千代田区麹町4-7、宿舎

お ざわ まさ ひと
小沢雅仁
立新 R1 当1
山梨県甲府市 S40・8・13
勤2年8ヵ月 (初/令元)

総務委、行監委、復興特委、憲法審査会、日本郵政グループ労働組合中央副執行委員長、山梨県立甲府西高／56歳

〒102-0083 千代田区麹町4-7、宿舎

よし かわ さ おり
吉川沙織
立前 R1 当3
徳島県 S51・10・9
勤14年10ヵ月 (初/平19)

議運委筆頭理事、総務委、倫選特委、党組織委員長、経産委員長、NTT元社員、同志社大院修了／45歳

〒100-8962 千代田区永田町2-1-1、会館 ☎03(6550)0617

※1 平17衆院初当選 ※2 平24衆院初当選

もり　や　　たかし
森屋　隆　**立**新　R1 当1
東京都　S42・6・28
勤2年8ヵ月（初/令元）

厚労委、予算委、資源エネ調委、私鉄総連交通対策局長、西東京バス(株)、都立多摩工業高校／54歳

〒100-8962　千代田区永田町2-1-1、会館　☎03(6550)1211

かわ　だ　りゅう　へい
川田龍平　**立**前　R1 当3
東京都　S51・1・12
勤14年10ヵ月（初/平19）

参会派政審会長、厚労委筆頭理事、消費者特委筆頭理事、決算委、薬害エイズ訴訟原告、岩手医科大学客員教授、東経大／46歳

〒100-8962　千代田区永田町2-1-1、会館　☎03(6550)0508

いし　かわ　たい　が
石川大我　**立**新　R1 当1
東京都豊島区　S49・7・3
勤2年8ヵ月（初/令元）

内閣委、ODA・沖北特委、国際経済調委、行政監視委、NPO法人代表理事、早大大学院修了／47歳

〒100-8962　千代田区永田町2-1-1、会館　☎03(6550)1113

す　どう　げん　き
須藤元気　**無**新　R1 当1
東京都江東区　S53・3・8
勤2年8ヵ月（初/令元）

農水委、元格闘家、元拓殖大学レスリング部監督、会社役員、アーティスト、拓殖大学大学院／43歳

〒100-8962　千代田区永田町2-1-1、会館　☎03(6550)0914

やま　もと　か　なえ
山本香苗　**公**前　R1 当4
広島県　S46・5・14
勤20年11ヵ月（初/平13）

厚労委理事、予算委、憲法審委、党中央幹事、参議院副会長、関西方面副本部長、大阪府本部代表代行、元厚労副大臣、元総務委員長、外務省、京大／50歳

〒542-0064　大阪市中央区上汐2-6-13
喜多ビル201号　☎06(6191)6077
〒100-8962　千代田区永田町2-1-1、会館　☎03(6550)1024

やま　もと　ひろ　し
山本博司　**公**前　R1 当3
愛媛県八幡浜市　S29・12・9
勤14年10ヵ月（初/平19）

財金委理、党中央幹事、党参院国会対策委員長、厚生労働副大臣兼内閣府副大臣、総務委員長、財務大臣政務官、日本IBM、慶大／67歳

〒760-0080　香川県高松市木太町607-1
クリエイト木太201　☎087(868)3607
〒152-0022　目黒区柿の木坂3-11-15　☎03(3418)9838

わか まつ かね しげ
若松謙維　**公**前　R1 当2(初/平25)※1
福島県石川町　S30・8・5
勤19年2ヵ月(衆10年5ヵ月)

党中央幹事・機関紙推進委員長、総務委理、予算委、復興特委、元復興副大臣、元総務副大臣、公認会計士、税理士、行政書士、防災士、中央大／66歳

〒960-8107　福島県福島市浜田町4-16
富士ビル1F2号　☎024(572)5567

かわ の よし ひろ
河野義博　**公**前　R1 当2
福岡県　S52・12・1
勤8年9ヵ月　(初/平25)

党農林水産部会長、議運委理、ODA・沖北特委、経産委、農林水産大臣政務官、丸紅、東京三菱銀行、慶大経済／44歳

〒810-0045　福岡市中央区草香江1-4-34
エーデル大濠202　☎092(753)6491

にい づま ひで き
新妻秀規　**公**前　R1 当2
埼玉県越谷市　S45・7・22
勤8年9ヵ月　(初/平25)

復興副大臣、党国際局次長、愛知県本部副代表、災害特委長、元文部科学・内閣府・復興政務官、東大院(工学系研究科)／51歳

〒460-0008　名古屋市中区栄1-14-15
RSビル203号室　☎052(253)5085
〒102-0094　千代田区紀尾井町1-15、宿舎　☎03(6550)1112

ひら き だい さく
平木大作　**公**前　R1 当2
長野県　S49・10・16
勤8年9ヵ月　(初/平25)

党中央幹事、青年委顧問、広報委員長、総務委員長、消費者特委、憲法審、経産・内閣府・復興大臣政務官、東大法、スペイン・イエセ・ビジネススクール経営学修士／47歳

〒273-0011　船橋市湊町1-7-4 B号室　☎047(404)3202
〒100-8962　千代田区永田町2-1-1、会館　☎03(6550)0422

しお た ひろ あき
塩田博昭　**公**新　R1 当1
徳島県阿波市　S37・1・19
勤2年8ヵ月　(初/令元)

党中央幹事、東京都本部副代表、秋田・山梨県本部顧問、国交委、議運委、災害特委、元党政調事務局長、秋田大／60歳

〒154-0004　世田谷区太子堂2-14-20-205　☎03(6805)3946
〒100-8962　千代田区永田町2-1-1、会館　☎03(6550)1117

すず き むね お
鈴木宗男　**維**新　R1 当1(初/令元)※2
北海道足寄町　S23・1・31
勤27年8ヵ月(衆25年)

外防委、沖北特別委員長、衆議院議員8期、元国務大臣、元外務委員長、拓殖大／74歳

〒060-0061　札幌市中央区南1条西5丁目17-2
プレジデント松井ビル1205　☎011(251)5351

※1 平5衆院初当選　※2 昭58衆院初当選

むろ　い　くに　ひこ
室井邦彦　維前　R1 当3（初/平19）※
兵庫県　S22・4・10
勤16年6ヵ月（衆1年10ヵ月）

懲罰委員長、国交委、災害特委、党参院幹事長、国交大臣政務官、衆院議員、兵庫県議2期、尼崎市議1期、追手門学院大1期生／74歳

〒660-0892　尼崎市東難波町5-7-17
中央ビル1F　☎06(6489)1001
〒102-0083　千代田区麹町4-7、宿舎

うめ　むら　さとし
梅村　聡　維元　R1 当2
大阪府　S50・2・13
勤8年9ヵ月　（初/平19）

厚労委、倫選特委、資源エネ調理、党厚労経財部会長、元厚労政務官、医師、大阪大学医学部／47歳

〒563-0055　大阪府池田市菅原町2-17
Wind. hill池田2F　☎072(751)2000
〒100-8962　千代田区永田町2-1-1、会館 ☎03(6550)0326

しば　た　たくみ
柴田　巧　維元　R1 当2
富山県　S35・12・11
勤8年9ヵ月　（初/平22）

内閣委、決算委、憲法審委、党参院国対委員長代理、富山県議、衆議院議員秘書、早大院／61歳

〒932-0113　富山県小矢部市岩武1051　☎0766(61)1315

やなが　せ　ひろ　ふみ
柳ヶ瀬裕文　維新　R1 当1
東京都大田区　S49・11・8
勤2年8ヵ月　（初/令元）

総務委理、予算委、地方・デジ特委、国際経済調理、党総務会長、東京都議会議員(3期)、大田区議会議員、議員秘書・会社員、早大／47歳

〒146-0083　東京都大田区千鳥3-11-19
第2桜ビル3F　☎03(6459)8706
〒100-8962　千代田区永田町2-1-1、会館 ☎03(6550)0703

こ　いけ　あきら
小池　晃　共前　R1 当4
東京都　S35・6・9
勤20年11ヵ月（初/平10）

党書記局長、財金委、国家基本委、党政策委員長、東北大医／61歳

〒151-0053　渋谷区代々木1-44-11-1F　☎03(5304)5639

やま　した　よし　き
山下芳生　共前　R1 当4
香川県　S35・2・27
勤20年11ヵ月（初/平7）

党筆頭副委員長、環境委、倫選特委、憲法審委、党書記局長、鳥取大／62歳

〒537-0025　大阪市東成区中道1-10-10 102号
☎06(6975)9111
〒100-8962　千代田区永田町2-1-1、会館 ☎03(6550)1123

※平15衆院初当選

いのうえさとし
井上哲士
共前 R1 当4
京都府 S33・5・5
勤20年11ヵ月（初／平13）

党参院幹事長・国対委長、党幹部会委員、外交防衛委理、倫選特委、ODA・沖北特委、「赤旗」記者、京大／63歳

〒604-0092 京都市中京区丸太町新町角大炊町186 ☎075(231)5198
〒102-0083 千代田区麹町4-7、宿舎

かみ ともこ
紙　智子
共前 R1 当4
北海道 S30・1・13
勤20年11ヵ月（初／平13）

党常任幹部会委員、党農林・漁民局長、農水委理、ODA・沖北特委、復興特委、民青同盟副委員長、国会議員団総会会長、北海道女短大／67歳

〒065-0012 札幌市東区北12条東2丁目3-2 ☎011(750)6677
〒102-0083 千代田区麹町4-7、宿舎 ☎03(3237)0804

たむら
田村まみ
国新 R1 当1
広島県広島市 S51・4・23
勤2年8ヵ月（初／令元）

厚労委理、予算委、消費者特委、資源エネ調理、UAゼンセン、イオン労働組合、イオンリテール(株)、同志社大／45歳

〒100-8962 千代田区永田町2-1-1、会館 ☎03(6550)0910

いそざきてつじ
礒﨑哲史
国前 R1 当2(初/平25)
東京都世田谷区 S44・4・7
勤8年9ヵ月（初／平25）

内閣委理事、予算委、地方・デジ特委、党広報局長、元日産自動車(株)、東京電機大工学部／52歳

〒100-8962 千代田区永田町2-1-1、会館 ☎03(6550)1210

はまのよしふみ
浜野喜史
国前 R1 当2
兵庫県高砂市 S35・12・21
勤8年9ヵ月（初／平25）

国交委、議運委理、復興特委、党幹事長代理、組織委員長、労働組合役員、神戸大／61歳

〒102-0083 千代田区麹町4-7、宿舎

ふなごやすひこ
舩後靖彦
れ新 R1 当1
岐阜県岐阜市加納御車町 S32・10・4
勤2年8ヵ月（初／令元）

文科委、拉致特委、(株)アース顧問、酒田時計貿易(株)、拓殖大学政経学部卒業／64歳

〒102-0083 千代田区麹町4-7、宿舎

木村英子（きむら えいこ）　**れ**新　R1 当1
神奈川県横浜市　S40・5・11
勤2年8ヵ月　（初/令元）

国交委、国家基本委、自立ステーションつばさ事務局長、神奈川県立平塚養護学校高等部／56歳

〒100-8962　千代田区永田町2-1-1、会館　☎03(6550)0314

吉田忠智（よしだ ただとも）　**立**元　R1 当2
大分県　S31・3・7
勤8年9ヵ月　（初/平22）

行政監視委員長、総務委、ODA・沖北特委、党選対委員長代理、社民党党首、自治労大分県職員連合労働組合委員長、大分県議会議員、九州大／65歳

〒870-0029　大分市高砂町4-20
高砂ビル203号室　☎097(573)8527

浜田　聡（はまだ さとし）　**N**新　R1 繰当1
京都府京都市　S52・5・11
勤2年5ヵ月　（初/令元）

財金委、行監委、拉致特委、国民生活調委、党政調会長、放射線医師、不動産賃貸業、東大大学院、京大／44歳

〒710-0056　倉敷市鶴形1-5-33-1001　☎03(6550)0403
〒102-0094　千代田区紀尾井町-15、宿舎　☎03(3264)1351

参議院比例代表（第25回選挙・令和元年7月21日施行）

全国有権者数	105,886,064人	全国投票者数	51,666,697人
男　〃	51,180,755人	男　〃	25,288,059人
女　〃	54,705,309人	女　〃	26,378,638人
		有効投票数	50,072,352

党別当選者数・党別個人別得票数・党別得票率

（※小数点以下の得票数は按分票です）

自民党　19人　17,712,373.119票　35.37%

政党名得票　12,712,515.344　個人名得票　4,999,857.775

当	三木　亨	前	特定枠	当	本田　顕子	新	159,596.151
当	三浦　靖	新	特定枠	当	衛藤　晟一	前	154,578
当	柘植　芳文	前	600,189.903	当	羽生田　俊	前	152,807.948
当	山田　太郎	元	540,077.960	当	宮崎　雅夫	新	137,502
当	和田　政宗	前	288,080	当	山東　昭子	前	133,645.785
当	佐藤　正久	前	237,432.095	当	赤池　誠章	前	131,727.208
当	佐藤　信秋	前	232,548.956	繰	比嘉奈津美（令3.10.20繰上）	新	114,596
当	橋本　聖子	前	225,617		中田　宏	新	112,581.303
当	山田　俊男	前	217,619.597		田中　昌史	新	100,005.187
当	有村　治子	前	206,221		尾立　源幸	元	92,882
当	宮本　周司	前	202,122		木村　義雄	前	92,419.856
当	石田　昌宏	前	189,893		井上　義行	元	87,946.669
当	北村　経夫（令3.10.7失職）	前	178,210		小川　眞史	新	85,266.022

山本　左近 新　78,236.224
（令3.10.31衆院議員当選）
角田　充由 新　75,241.505
丸山　和也 前　58,587
糸川　正晃 新　36,311.527
熊田　篤嗣 新　29,961
水口　尚人 新　24,504.222
森本　勝也 新　23,450.657

立憲民主党　8人　7,917,720.945票　15.81%

政党名得票　6,697,707.000　個人名得票　1,220,013.945

当 岸　真紀子 新　157,849
当 水岡　俊一 元　148,309
当 小沢　雅仁 新　144,751
当 吉川　沙織 前　143,472
当 森屋　隆 新　104,339.413
当 川田　龍平 前　94,702
当 石川　大我 新　73,799
当 須藤　元気 新　73,787
市井紗耶香 新　50,415.298
奥村　政佳 新　32,024
若林　智子 新　31,683.757
おしどりマコ 新　29,072
藤田　幸久 前　28,919.215
斉藤　里恵 新　23,002
佐藤　香 新　20,200.177
中村　起子 新　13,422.369
今泉　真緒 新　11,991
小俣　一平 新　10,140
白沢　みき 新　9,483.260
真野　哲 新　9,008.343
塩見　俊次 新　5,115
深貝　亨 新　4,529.113

公明党　7人　6,536,336.451票　13.05%

政党名得票　4,283,918.000　個人名得票　2,252,418.451

当 山本　香苗 前　594,288.947
当 山本　博司 前　471,759.555
当 若松　謙維 前　342,356
当 河野　義博 前　328,659
当 新妻　秀規 前　281,832
当 平木　大作 前　183,869
当 塩田　博昭 新　15,178
高橋　次郎 新　7,577
奈良　直記 新　5,413
西田　義光 新　3,986
藤井　伸城 新　3,249
竹島　正人 新　3,106
角田健一郎 新　2,924.278
坂本　道応 新　2,438
村中　克也 新　2,163.335
塩崎　剛 新　1,996.336
国分　隆作 新　1,623

日本維新の会　5人　4,907,844.388票　9.80%

政党名得票　4,218,454.000　個人名得票　689,390.388

当 鈴木　宗男 新　220,742.675
当 室井　邦彦 前　87,188
当 梅村　聡 元　58,269.522
当 柴田　巧 元　53,938
当 柳ヶ瀬裕文 新　53,086
藤巻　健史 前　51,619.511
山口　和之 前　42,231.776
串田　久子 新　32,296
桑原久美子 新　20,721
奥田　真理 新　20,478
森口あゆみ 新　19,333.904
空本　誠喜 新　12,772
（令3.10.31衆院議員当選）
荒木　大樹 新　8,577
岩渕美智子 新　8,137

共産党　4人　4,483,411.183票　8.95%

政党名得票　4,051,700.000　個人名得票　431,711.183

当 小池　晃 前　158,621
当 山下　芳生 前　48,932.480
当 井上　哲士 前　42,982.440
当 紙　智子 前　34,696.013
仁比　聡平 前　33,360
山本　訓子 新　32,816.665
椎葉　寿幸 新　16,728.218
梅村早江子 新　15,357.129
山本千代子 新　7,573.462
船山　由美 新　5,364
佐藤ちひろ 新　4,199.426
原　純子 新　3,671
藤本　友里 新　3,414
伊藤理智子 新　3,079.612
有坂ちひろ 新　2,787.721
田辺　健一 新　2,677
青山　了介 新　2,600.721
松崎　真琴 新　2,581
大野　聖美 新　2,170.469
島袋　恵祐 新　2,162
伊藤　達也 新　2,152.164
小久保剛志 新　1,200.134
下奥　奈歩 新　936
沼上　徳光 新　647
住寄　聡美 新　582.529
鎌野　祥二 新　419

国民民主党　3人　3,481,078.400票　6.95％

政党名得票　2,174,706.000　個人名得票　1,306,372.400

	氏名		得票	氏名		得票
当	田村　麻美	新	260,324	円　より子	元	24,709
当	礒崎　哲史	前	258,507	姫井由美子	元	21,006
当	浜野　喜史	前	256,928.785	小山田経子	新	8,306
	石上　俊雄	前	192,586.679	鈴木　　覚	新	5,923.855
	田中　久弥	新	143,492.942	酒井　亮介	新	4,379.272
	大島九州男	前	87,740	中沢　　健	新	4,058
	山下　容子	新	35,938.867	藤川　武人	新	2,472

れいわ新選組　2人　2,280,252.750票　4.55％

政党名得票　1,226,412.714　個人名得票　1,053,840.036

	氏名		得票	氏名		得票
当	船後　靖彦	新	特定枠	大西　恒樹	新	19,842
当	木村　英子	新	特定枠	安冨　　歩	新	8,632.076
	山本　太郎	前	991,756.597	渡辺　照子	新	5,073.675
	（令3.10.31衆院議員当選）			辻村　千尋	新	4,070.549
	蓮池　　透	新	20,557.200	三井　義文	新	3,907.939

社民党　1人　1,046,011.520票　2.09％

政党名得票　761,207.000　個人名得票　284,804.520

	氏名		得票	氏名		得票
当	吉田　忠智	元	149,287	矢野　敦子	新	21,391
	仲村　未央	新	98,681.520	大椿　裕子	新	15,445

NHKから国民を守る党　1人　987,885.326票　1.97％

政党名得票　841,224.000　個人名得票　146,661.326

	氏名		得票	氏名		得票
当	立花　孝志	新	130,233.367	岡本　介伸	新	4,269
	（令元.10.10退職）			熊丸　英治	新	2,850
繰	浜田　　聡	新	9,308.959			
	（令元.10.21繰上）					

その他の政党の得票総数・得票率等は下記のとおりです。（当選者はいません。個人名得票の内訳は省略しました）

安楽死制度を考える会　得票総数　269,052.000票（0.54％）
政党名得票　233,441.000　個人名得票　35,611.000

幸福実現党　得票総数　202,278.772票（0.40％）
政党名得票　158,954.000　個人名得票　43,324.772

オリーブの木　得票総数　167,897.997票（0.34％）
政党名得票　136,873.000　個人名得票　31,024.997

労働の解放をめざす労働者党　得票総数　80,054.927票（0.16％）
政党名得票　57,891.999　個人名得票　22,163.928

参議院選挙区

第24回選挙
（平成28年7月10日施行／令和4年7月25日満了）
第25回選挙
（令和元年7月21日施行／令和7年7月28日満了）

北海道　6人
（平成28、令和元年選挙で定数各1増）

平成28年選挙得票数

	得票数	氏名	党派	%
当	648,269	長谷川　岳	自前	(25.5)
当	559,996	徳永　エリ	民前	(22.0)
当	491,129	鉢呂　吉雄	民新	(19.3)
▽	482,688	柿木　克弘	自新	(19.0)
▽	239,564	森　英士	共新	(9.4)
	34,092	佐藤　和夫	こ新	(1.3)

以下は P267 に掲載

令和元年選挙得票数

	得票数	氏名	党派	%
当	828,220	高橋はるみ	自新	(34.4)
当	523,737	勝部　賢志	立新	(21.7)
当	454,285	岩本　剛人	自新	(18.8)
▽	265,862	畠山　和也	共新	(11.0)
▽	227,174	原谷　那美	国新	(9.4)
	63,308	山本　貴平	諸新	(2.6)

以下は P267 に掲載

長谷川　岳（はせがわ　がく）
自前［安］　H28 当2
愛知県　S46・2・16
勤11年9ヵ月（初／平22）

農水委員長、党政調副会長、前総務副大臣、党法務部会長、財政金融委員長、予算委理、党水産部会長、総務大臣政務官、議運委理、北大／51歳

〒060-0004　札幌市中央区北4条西4丁目
ニュー札幌ビル7F　☎011(223)7708
〒100-8962　千代田区永田町2-1-1、会館 ☎03(6550)0619

徳永エリ（とくなが）
立前　H28 当2
北海道札幌市　S37・1・1
勤11年9ヵ月（初／平22）

環境委員長、ODA・沖北特委、党ジェンダー平等推進本部長、政調会長代理・選対副委員長、TVリポーター、法大中退／60歳

〒060-0042　札幌市中央区大通西5-8
昭和ビル9F　☎011(218)2133
〒100-8962　千代田区永田町2-1-1、会館 ☎03(6550)0701

鉢呂吉雄（はちろ　よしお）
立新　H28 当1(初／平28)※
北海道新十津川町　S23・1・25
勤28年（衆22年4ヵ月）

国土交通委、倫選特委、国家基本委長、経産大臣、衆法務・厚労・農水委員長、民主党副代表・国対委員長・選対委員長、北大／74歳

〒001-0020　札幌市北区北20条西5-2-1
LEE北20条ビル30A号　☎011(205)0530
〒100-8962　千代田区永田町2-1-1、会館 ☎03(6550)0920

高橋はるみ（たかはし）
自新［安］　R1 当1
富山県富山市　S29・1・6
勤2年8ヵ月（初／令元）

文部科学大臣政務官兼内閣府大臣政務官兼復興大臣政務官、文科委、消費者特委、資源エネ調委、北海道知事(4期)、北海道経済産業局長、一橋大学経済学部／68歳

〒060-0042　札幌市中央区大通西10丁目
南大通ビル4F　☎011(200)8066

※平2衆院初当選

かつ　べ　けん　じ
勝部賢志

立新　R1 当1
北海道千歳市　S34・9・6
勤2年8ヵ月　（初／令元）

財金委、決算委、ODA・沖北特委理、国民生活調委、党自治体議員局長、道議会副議長、道議会議員、小学校教員、北海道教育大札幌分校／62歳

〒060-0042　札幌市中央区大通西5丁目8番 昭和ビル5F　☎011（596）7339
〒100-8962　千代田区永田町2-1-1、会館　☎03（6550）0608

いわ　もと　つよ　ひと
岩本剛人

自新［二］　R1 当1
北海道札幌市　S39・10・19
勤2年8ヵ月　（初／令元）

防衛大臣政務官、外交防衛委、倫選特委、北海道議会議員（5期）、淑徳大学社会福祉学科／57歳

〒060-0041　札幌市中央区大通東2丁目3-1 第36桂和ビル7F　☎011（211）8185
〒100-8962　千代田区永田町2-1-1、会館　☎03（6550）0205

青森県　2人

平成28年選挙得票数

当	302,867	田名部匡代	民新	（49.2）
▽	294,815	山崎　力	自前	（47.9）
	18,071	三国　佑貴	諸新	（2.9）

令和元年選挙得票数

当	239,757	滝沢　求	自前	（51.5）
▽	206,582	小田切　達	立新	（44.4）
	19,310	小山日奈子	諸新	（4.1）

た　な　ぶ　まさ　よ
田名部匡代

立新　H28 当1（初／平28）※
青森県八戸市　S44・7・10
勤13年3ヵ月（衆7年7ヵ月）

農水委理、復興特委、党つながる本部本部長代行、党農林水産部会長、元農水政務官、衆議員秘書、玉川学園女子短大／52歳

〒031-0088　八戸市岩泉町4-7　☎0178（44）1414
〒100-8962　千代田区永田町2-1-1、会館

たき　さわ　もとめ
滝沢　求

自前［麻］　R1 当2
青森県　S33・10・11
勤8年9ヵ月　（初／平25）

環境委理、決算委、災害特委、党環境部会長、外務大臣政務官、党環境関係団体委員長、元県議会副議長、中大法／63歳

〒031-0057　八戸市上徒士町15-1　☎0178（45）5858
〒100-8962　千代田区永田町2-1-1、会館　☎03（6550）0522

岩手県　2人

平成28年選挙得票数

当	328,555	木戸口英司	無新	（53.3）
▽	252,767	田中　真一	自新	（41.0）
	34,593	石川　幹子	諸新	（5.6）

令和元年選挙得票数

当	288,239	横沢　高徳	無新	（49.0）
▽	272,733	平野　達男	自前	（46.3）
	27,658	梶谷　秀一	諸新	（4.7）

※平15衆院初当選

きどぐちえいじ
木戸口英司
立新 H28 当1
岩手県花巻市 S38・8・21
勤5年8ヵ月 (初/平28)

総務委筆頭理事、復興特委、党総務副部会長、衆議員秘書、岩手県議、知事政務秘書、千葉大／58歳

〒020-0022 盛岡市大通3-1-24
第三菱和ビル5F ☎019(613)2203

よこさわたかのり
横沢高徳
立新 R1 当1
岩手県矢巾町 S47・3・6
勤2年8ヵ月 (初/令元)

農水委、議運委、復興特委、国際経済調委、モトクロス選手、バンクーバー・パラリンピックアルペンスキー日本代表、盛岡工業高校／49歳

〒020-0022 盛岡市大通3-1-24
第三菱和ビル5F ☎019(625)6601

宮城県 2人
(平成28、令和元年選挙で定数各1減)

平成28年選挙得票数

	得票数	氏名	党派	(%)
当	510,450	桜井 充	民前	(51.1)
▽	469,268	熊谷 大	自前	(47.0)
	19,129	油井 哲史	諸新	(1.9)

令和元年選挙得票数

	得票数	氏名	党派	(%)
当	474,692	石垣のり子	立新	(48.6)
▽	465,194	愛知 治郎	自前	(47.7)
	36,321	三宅 紀昭	諸新	(3.7)

さくらいみつる
櫻井 充
無前(自民) H28 当4
宮城県仙台市 S31・5・12
勤23年11ヵ月 (初/平10)

財金委、民主党政調会長、政審会長、厚労副大臣、財務副大臣、NC金融担当大臣、医博、東北大院／65歳

〒980-0811 仙台市青葉区一番町1-1-30
南町通有楽館ビル2F ☎022(723)4077
〒102-0083 千代田区麹町4-7、宿舎

いしがき
石垣のりこ
立新 R1 当1
宮城県仙台市 S49・8・1
勤2年8ヵ月 (初/令元)

厚労委、予算委、震災復興特委、国民生活調委、ラジオ局アナウンサー、宮城県第二女子高等学校、宮城教育大学／47歳

〒980-0014 仙台市青葉区本町3丁目5-21
アーカス本町ビル1F ☎022(355)9737
〒102-0083 千代田区麹町4-7、宿舎

秋田県 2人

平成28年選挙得票数

	得票数	氏名	党派	(%)
当	290,052	石井 浩郎	自前	(53.9)
▽	236,521	松浦 大悟	民元	(44.0)
	11,131	西野 晃	諸新	(2.1)

令和元年選挙得票数

	得票数	氏名	党派	(%)
当	242,286	寺田 静	無新	(50.5)
▽	221,219	中泉 松司	自前	(46.1)
	16,683	石岡 隆治	諸新	(3.5)

※選挙区別の当日有権者数・投票者数・投票率は 268 頁

いしい ひろお
石井浩郎
自前［茂］ H28 当2
秋田県八郎潟町 S39・6・21
勤11年9ヵ月（初／平22）

議運委庶務小委長、総務委、党副幹事長、党組織運動本部副本部長、党文科部会副部会長、倫選特委員長、文科委長、早大中退／57歳

〒010-0951 秋田市山王3-1-15 ☎018(883)1711
〒100-8962 千代田区永田町2-1-1、会館 ☎03(6550)0713

てらた しずか
寺田　静
無新 R1 当1
秋田県横手市 S50・3・23
勤2年8ヵ月（初／令元）

環境委、元議員秘書、早大／46歳

〒010-1424 秋田市御野場1-1-9 ☎018(853)9226

山形県　2人

平成28年選挙得票数

	得票数	氏名	党派	得票率
当	344,356	舟山　康江	無元	(59.0)
▽	223,583	月野　　薫	自新	(38.3)
	15,223	城取　良太	諸新	(2.6)

令和元年選挙得票数

	得票数	氏名	党派	得票率
当	279,709	芳賀　道也	無新	(50.2)
▽	263,185	大沼　瑞穂	自前	(47.3)
	13,800	小野沢健至	諸新	(2.5)

ふなやま やすえ
舟山康江
国元 H28 当2
埼玉県 S41・5・26
勤11年9ヵ月（初／平19）

党筆頭副代表、消費者特委員長、農水委、資源エネ調委、元党政調会長、元農水大臣政務官、農水省職員、北海道大／55歳

〒990-0039 山形市香澄町3-2-1 山交ビル8F ☎023(627)2780
〒102-0083 千代田区麹町4-7、宿舎

はが みちや
芳賀道也
無新（国民） R1 当1
山形県 S33・3・2
勤2年8ヵ月（初／令元）

決算委理、復興特委理、総務委、キャスター、アナウンサー、日本大学文理学部／63歳

〒990-0825 山形市城北町1-24-15 2A ☎023(676)5115
〒100-8962 千代田区永田町2-1-1、会館 ☎03(6550)0917

福島県　2人

平成28年選挙得票数

	得票数	氏名	党派	得票率
当	462,852	増子　輝彦	民前	(50.5)
▽	432,982	岩城　光英	自前	(47.2)
	20,653	矢内　筆勝	諸新	(2.3)

令和元年選挙得票数

	得票数	氏名	党派	得票率
当	445,547	森　　雅子	自前	(54.1)
▽	345,001	水野さち子	無新	(41.9)
	33,326	田山　雅仁	諸新	(4.0)

ましこ てるひこ
増子輝彦
無前（自民）H28 当3（初/平19補）※
福島県郡山市　S22・10・8
勤23年7ヵ月（衆8年6ヵ月）

国交委、国民生活調査会長、民主党副代表・参院政審会長、民進党幹事長、参経産委長、弾劾裁判長、復興特委長、経産副大臣、県議、早大商／74歳

〒963-8014　郡山市虎丸町10-4　☎024(938)1000
〒102-0094　千代田区紀尾井町1-15、宿舎

もり
森　まさこ
自前［安］　R1 当3
福島県いわき市　S39・8・22
勤14年10ヵ月（初/平19）

内閣総理大臣補佐官、法務大臣、国務大臣、環境・行政監視委員長、党環境・法務部会長、女性活躍推進本部長、弁護士、東北大／57歳

〒970-8026　いわき市平五色町1-103　☎0246(21)3700
〒100-8962　千代田区永田町2-1-1、会館　☎03(6550)0924

茨城県　4人

平成28年選挙得票数

	得票数	氏名	党派	(%)
当	609,636	岡田　広	自前	(50.3)
当	306,050	郡司　彰	民前	(25.3)
▽	113,833	小林　恭子	共新	(9.4)
	86,866	武藤　優子	お維新	(7.2)
	78,655	石原　順子	無新	(6.5)
	16,282	中村　幸樹	諸新	(1.3)

令和元年選挙得票数

	得票数	氏名	党派	(%)
当	507,260	上月　良祐	自前	(47.9)
当	237,614	小沼　巧	立新	(22.4)
▽	129,151	大内久美子	共新	(12.2)
▽	125,542	海野　徹	維新	(11.9)
	58,978	田中　健	諸新	(5.6)

おかだ ひろし
岡田　広
自前［無］　H28 当4
茨城県水戸市　S22・1・31
勤19年2ヵ月（初/平15繰）

政治倫理審査会長、法務委、憲法審、内閣府副大臣、厚労政務官、参院議員副会長、水戸市長、県議、立命館大／75歳

〒310-0911　水戸市見和2-198-11　☎029(254)2345
〒102-0083　千代田区麴町4-7、宿舎

ぐんじ あきら
郡司　彰
立前　H28 当4
茨城県水戸市　S24・12・11
勤23年11ヵ月（初/平10）

農水委、党常任顧問、参議院副議長、民主党参院議員会長、農林水産大臣、農水委長、環境委長、党参院国対委長・経理局長、明学大中退／72歳

〒310-0022　水戸市梅香2-1-39
茨城県労働福祉会館3F　☎029(228)9565
〒100-8962　千代田区永田町2-1-1、会館　☎03(6550)0912

こうづき りょうすけ
上月良祐
自前［茂］　R1 当2
兵庫県神戸市　S37・12・26
勤8年9ヵ月（初/平25）

参党国対副委員長、内閣委筆理事、参党副幹事長、農林水産大臣政務官、参党国対副委員長、元総務省、内閣官房副長官秘書官、茨城県副知事、東大法／59歳

〒310-0063　水戸市五軒町1-3-4
渡辺ビル301　☎029(291)7231

※平2衆院初当選

おぬま　たくみ
小沼　巧
立新　R1 当1
茨城県鉾田市 S60・12・21
勤2年8ヵ月　(初/令元)

農水委、決算委、災害特委、国際経済調委、ボストン・コンサルティング、経済産業省、タフツ大院、早大/36歳

〒310-0851 水戸市千波町1150-1 石川ビル105 ☎029(350)1815
〒100-8962 千代田区永田町2-1-1、会館 ☎03(6550)1012

栃木県　2人

平成28年選挙得票数

当	484,300	上野　通子	自前	(58.9)
▽	314,401	田野辺隆男	無新	(38.3)
	23,262	三觜　明美	諸新	(2.8)

令和元年選挙得票数

当	373,099	高橋　克法	自前	(53.5)
▽	285,681	加藤　千穂	立新	(41.0)
	38,508	町田　紀光	諸新	(5.5)

うえの　みちこ
上野通子
自前[安]　H28 当2
栃木県宇都宮市 S33・4・21
勤11年9ヵ月　(初/平22)

文科委理事、予算委、党政調副会長、文科副大臣、文科委長、文科政務官、党女性局長、栃木県議、共立女子大/63歳

〒320-0034 宇都宮市泉町6-22 ☎028(627)8801

たかはし　かつのり
高橋克法
自前[麻]　R1 当2
栃木県 S32・12・7
勤8年9ヵ月　(初/平25)

参党国対筆頭副委員長、法務委筆頭理事、議運委理事、国交政務官、予算委理事、高根沢町長、栃木県議、参院議員秘書、明大/64歳

〒329-1232 栃木県塩谷郡高根沢町光陽台1-1-2 ☎028(675)6500
〒100-8962 千代田区永田町2-1-1、会館 ☎03(6550)0324

群馬県　2人

平成28年選挙得票数

当	527,371	中曽根弘文	自前	(66.0)
▽	248,615	堀越　啓仁	民新	(31.1)
	23,550	安永　陽	諸新	(2.9)

令和元年選挙得票数

当	400,369	清水　真人	自新	(53.9)
▽	286,651	斎藤　敦子	立新	(38.6)
	55,209	前田みか子	諸新	(7.4)

なかそね　ひろふみ
中曽根弘文
自前[二]　H28 当6
群馬県前橋市 S20・11・28
勤36年1ヵ月　(初/昭61)

外防委、憲法審委、党総務、予算委長、議運委長、党参院議員会長、外務大臣、文相、科技長官、慶大/76歳

〒371-0801 前橋市文京町1-1-14 ☎027(221)1133
〒100-8962 千代田区永田町2-1-1、会館 ☎03(6550)1224

しみずまさと
清水真人
自新［二］ R1 当1
群馬県高崎市 S50・2・26
勤2年8ヵ月 （初／令元）

参党副幹事長、内閣第二副部会長、法務委理、議運委、拉致特委理、群馬県議2期、高崎市議2期、明治学院大／47歳

〒371-0805 前橋市南町2-38-4 AMビル1F ☎027(212)9366
〒100-8962 千代田区永田町2-1-1、会館 ☎03(6550)0923

埼玉県　7人　（令和元、4年選挙で定数各1増）

平成28年選挙得票数

当	898,827	関口　昌一	自前	(29.2)
当	676,828	大野　元裕	民前	(22.0)
当	642,597	西田　実仁	公前	(20.9)

以下はP267に掲載

令和元年8月5日大野元裕議員辞職補選（令和1.10.27）

当	1,065,390	上田　清司	無新	(86.4)
	168,289	立花　孝志	N前	(13.6)

令和元年選挙得票数

当	786,479	古川　俊治	自前	(28.2)
当	536,338	熊谷　裕人	立新	(19.3)
当	532,302	矢倉　克夫	公前	(19.1)
当	359,297	伊藤　岳	共新	(12.9)
▽	244,399	宍戸　千絵	国新	(8.8)
	204,075	沢田　良	維新	(7.3)

以下はP267に掲載

せきぐちまさかず
関口昌一
自前［茂］ H28 当4
埼玉県 S28・6・4
勤18年8ヵ月（初／平15補）

党参院議員会長、環境委、政倫審委、党参国対委員長、地方創生特委員長、総務副大臣兼内閣府副大臣、外務政務官、城西歯大／68歳

〒369-1412 埼玉県秩父郡皆野町皆野2391-9 ☎0494(62)3535
〒102-0083 千代田区麹町4-7、宿舎 ☎03(3237)0341

にしだまこと
西田実仁
公前 H28 当3
東京都旧田無市 S37・8・27
勤17年10ヵ月 （初／平16）

総務委、行監委、憲法審幹事、党参議院会長、税調会長、埼玉県本部代表、党参院国対委長、経済週刊誌副編集長、慶大経／59歳

〒330-0063 さいたま市浦和区高砂3-7-4 2F
〒102-0094 千代田区紀尾井町1-15、宿舎

うえだきよし
上田清司
無新(国民) H28 補当1(初／令元)
福岡県福岡市 S23・5・15
勤12年8ヵ月（衆10年3ヵ月）

国家基本委員長、外交防衛委、埼玉県知事4期、全国知事会会長、衆議院議員3期、建設省建設大学校非常勤講師、早大院／73歳

〒100-8962 千代田区永田町2-1-1、会館 ☎03(6550)0618

ふるかわとしはる
古川俊治
自前［安］ R1 当3
埼玉県 S38・1・14
勤14年10ヵ月 （初／平19）

地方・デジ特委員長、厚労委、憲法審委、医師、弁護士、慶大教授、博士(医学)、慶大医・文・法卒、オックスフォード大院修／59歳

〒330-0063 さいたま市浦和区高砂3-12-24 小峰ビル3F ☎048(788)8887

※選挙区別の当日有権者数・投票者数・投票率は268頁

くまがいひろと
熊谷裕人

立新　R1 当1
埼玉県さいたま市　S37・3・23
勤2年8ヵ月　（初/令元）

財金委、予算委、災害特委、憲法審幹事、党埼玉県連合代表代行、さいたま市議、国会議員政策担当秘書、中央大／59歳

〒330-0841　さいたま市大宮区東町2-289-2 ☎048(640)5977

やくらかつお
矢倉克夫

公前　R1 当2
神奈川県横浜市　S50・1・11
勤8年9ヵ月　（初/平25）

法務委員長、党青年委員長、中央幹事、埼玉県本部副代表、予算委、地方・デジ特委、憲法審委、弁護士、元経済産業省参事官補佐、東大／47歳

〒331-0815　さいたま市北区大成町4-81-201
〒100-8962　千代田区永田町2-1-1、会館　☎03(6550)0401

いとうがく
伊藤　岳

共新　R1 当1
埼玉県　S35・3・6
勤2年8ヵ月　（初/令元）

総務委、予算委、地方・デジ特委、国際経済調理、党中央委員、文教大学人間科学部卒／61歳

〒330-0835　さいたま市大宮区北袋町1-171-1 ☎048(658)5551
〒102-0083　千代田区麹町4-7、宿舎

千葉県　6人

平成28年選挙得票数

当	760,093	猪口　邦子	自前	(29.2)
当	577,392	元栄太一郎	自新	(22.1)
当	472,219	小西　洋之	民前	(18.1)
▽	351,561	浅野　史子	共新	(13.5)
▽	314,670	水野　賢一	民前	(12.1)
	57,329	高橋　正夫	無新	(2.2)
	50,098	香取　成知	こ新	(1.9)
	23,777	古川　裕三	諸新	(0.9)

令和元年選挙得票数

当	698,993	石井　準一	自前	(30.5)
当	661,224	長浜　博行	立前	(28.9)
当	436,182	豊田　俊郎	自前	(19.1)
▽	359,854	浅野　史子	共新	(15.7)
	89,941	平塚　正幸	諸新	(3.9)
	42,643	門田　正則	諸新	(1.9)

いのぐちくにこ
猪口邦子

自前［麻］H28 当2（初/平22）※
千葉県　S27・5・3
勤15年8ヵ月（衆3年11ヵ月）

党一億総活躍推進本部長、環境委、行監委、ODA・沖北特委、上智大名誉教授、元少子化・男女共同参画大臣、ジュネーブ軍縮大使、エール大博士号(Ph.D.)／69歳

〒260-0027　千葉市中央区新田町14-5
大野ビル101　☎043(307)9001
〒100-8962　千代田区永田町2-1-1、会館 ☎03(6550)1105

もとえたいちろう
元榮太一郎

自新［茂］　H28 当1
米イリノイ州エバンストン市　S50・12・14
勤5年8ヵ月　（初/平28）

文教科学委員長、憲法審委、財務大臣政務官、参党副幹事長、弁護士、弁護士ドットコム創業者、慶大法／46歳

〒260-0013　千葉市中央区中央4-12-12
中央土地建物ビル202　☎043(202)3331
〒100-8962　千代田区永田町2-1-1、会館 ☎03(6550)0909

※平17衆院初当選

小西洋之（こにし ひろゆき）

立前　H28　当2
徳島県　S47・1・28
勤11年9ヵ月（初/平22）

外防委理、予算委、憲法審幹事、倫選特委、党政調副会長、党外務・安保副部会長、総務省・経産省課長補佐、徳島大医、東大、コロンビア大院修、東大医療人材講座／50歳

〒260-0012　千葉市中央区本町2-2-6
パークサイド小柴102　☎043(441)3011
〒100-8962　千代田区永田町2-1-1、会館　☎03(6550)0915

石井準一（いしい じゅんいち）

自前［茂］　R1　当3
千葉県　S32・11・23
勤14年10ヵ月（初/平19）

党幹事長代理、党選対委員長代理、憲法審筆頭幹事、予算委理、参党国対委員長代行、予算委長、議運委理、参国交委長、県議5期、長生高／64歳

〒297-0035　茂原市下永吉964-2　☎0475(25)2311
〒100-8962　千代田区永田町2-1-1、会館　☎03(6550)0506

長浜博行（ながはま ひろゆき）

立前　R1　当3(初/平19)※
東京都　S33・10・20
勤25年3ヵ月（衆10年5ヵ月）

国交委理事、議運委、ODA・沖北特委、政倫審委、前環境委員長、元環境大臣、内閣官房副長官、厚労副大臣、国交委員長、衆院4期、松下政経塾、早大政経／63歳

〒277-0021　柏市中央町5-21-705　☎04(7166)8333
〒100-8962　千代田区永田町2-1-1、会館　☎03(6550)0606

豊田俊郎（とよだ としろう）

自前［麻］　R1　当2
千葉県　S27・8・21
勤8年9ヵ月（初/平25）

財政金融委員長、拉致特委、内閣府大臣政務官、千葉県議、八千代市長、中央工学校／69歳

〒276-0046　八千代市大和田新田310　☎047(480)7777
〒100-8962　千代田区永田町2-1-1、会館　☎03(6550)1213

東京都　12人

(平成28、令和元年選挙で定数各1増)

平成28年選挙得票数

	得票数	氏名	党派	(%)
当	1,123,145	蓮　舫	民前	(18.0)
当	884,823	中川　雅治	自前	(14.2)
当	770,535	竹谷とし子	公前	(12.4)
当	665,835	山添　拓	共新	(10.7)
当	644,799	朝日健太郎	自新	(10.4)
当	508,131	小川　敏夫	民前	(8.2)
▽	469,314	田中　康夫	お維元	(7.5)
▽	310,133	横粂　勝仁	無新	(5.0)
▽	257,036	三宅　洋平	無新	(4.1)
	102,402	鈴木麻理子	こ新	(1.6)
	93,677	増山　麗奈	社新	(1.5)
	82,357	小林　興起	諸新	(1.3)
	67,535	佐藤　香	無新	(1.1)
	60,431	高樹　沙耶	改新	(1.0)
	42,858	鈴木　信行	諸新	(0.7)
	28,408	浜田　和幸	無前	(0.5)
	20,412	トクマ	諸新	(0.3)
	16,187	鈴木　達夫	無新	(0.3)
	12,091	柳沢　秀敏	無新	(0.2)
	7,853	佐藤　均	諸新	(0.1)
	7,329	横堀　喜久	無新	(0.1)
	6,114	又吉　光雄	諸新	(0.1)
	5,812	川上　晃司	無新	(0.1)

以下はP267に掲載

令和元年選挙得票数

	得票数	氏名	党派	(%)
当	1,143,458	丸川　珠代	自前	(19.9)
当	815,445	山口那津男	公前	(14.2)
当	706,532	吉良　佳子	共前	(12.3)
当	688,234	塩村　文夏	立新	(12.0)
当	526,575	音喜多　駿	維新	(9.2)
当	525,302	武見　敬三	自前	(9.1)
▽	496,347	山岸　一生	立新	(8.6)
▽	214,438	野原　善正	諸新	(3.7)
▽	186,667	水野　素子	国新	(3.2)
	129,628	大橋　昌信	諸新	(2.3)
	91,194	野末　陳平	無元	(1.6)
	86,355	朝倉　玲子	社新	(1.5)
	34,121	七海ひろこ	諸新	(0.6)
	26,958	佐藤　均	諸新	(0.5)
	23,582	横山　昌弘	諸新	(0.4)
	18,123	溝口　晃一	諸新	(0.3)
	15,475	森　純	無新	(0.3)
	9,686	関口　安弘	無新	(0.2)
	9,562	西野　貞吉	無新	(0.2)
	3,586	大塚紀久雄	諸新	(0.1)

※平5衆院初当選

れん　ほう
蓮　　舫
立前　H28 当3
東京都目黒区　S42・11・28
勤17年10ヵ月（初／平16）

文科委、行監委、党代表代行、国民運動・広報本部長、民進党代表、内閣府特命担当大臣、総理補佐官、報道キャスター、青学大／54歳

〒100-8962　千代田区永田町2-1-1、会館　☎03(6550)0411

なか がわ まさ はる
中川雅治
自前［安］　H28 当3
東京都　S22・2・22
勤17年10ヵ月（初／平16）

憲法審査会長、法務委、環境大臣、内閣府特命担当大臣(原子力防災)、環境事務次官、大蔵省理財局長、東大法／75歳

〒100-8962　千代田区永田町2-1-1、会館　☎03(6550)0904

たけ や　　こ
竹谷とし子
公前　H28 当2
北海道　S44・9・30
勤11年9ヵ月（初／平22）

党女性局長、党復興・防災部会長代理、党都本部副代表、厚労委、災害特委理、法務委長、総務委長、財務政務官、公認会計士、創価大／52歳

〒100-8962　千代田区永田町2-1-1、会館　☎03(6550)0517

やま ぞえ　たく
山添　拓
共新　H28 当1
京都府京都市　S59・11・20
勤5年8ヵ月（初／平28）

予算委理、法務委、憲法審幹事、資源エネ調理、党常任幹部会委員、弁護士、東大法、早大院／37歳

〒151-0053　渋谷区代々木1-44-11　☎03(5304)5639
〒102-0094　千代田区紀尾井町1-15、宿舎

あさ ひ けん た ろう
朝日健太郎
自新［無］　H28 当1
熊本県　S50・9・19
勤5年8ヵ月（初／平28）

国交委、国際経済調理、国土交通大臣政務官、党2020オリパラ実施本部事務局次長、五輪ビーチバレー日本代表、法政大、早大院／46歳

〒100-8962　千代田区永田町2-1-1、会館　☎03(6550)0620

お がわ とし お
小川敏夫
無前　H28 当4
東京都練馬区　S23・3・18
勤23年11ヵ月（初／平10）

参議院副議長、元法務大臣、内閣委長、外防委長、決算委長、民進党参院議員会長、弁護士、元検事、裁判官、立教大／73歳

〒100-8962　千代田区永田町2-1-1、会館　☎03(6550)0605

まる かわ たま よ
丸川珠代

自前［安］ R1 当3
兵庫県 S46・1・19
勤14年10ヵ月 （初／平19）

党総務会副会長、党都連会長代行、予算委、憲法審委、前東京オリパラ大臣、元広報本部長、前参拉致特委長、元環境大臣、厚労委員長、党厚労部会長、厚労政務官、元テレ朝アナ、東大／51歳

〒160-0004 新宿区四谷1-9-3
新盛ビル4F B室 ☎03（3350）9504

やまぐち な つ お
山口那津男

公前 R1 当4（初／平13）※
茨城県 S27・7・12
勤27年7ヵ月（衆6年8ヵ月）

党代表、外防委、国家基本委、党政務調査会長、参行政監視委員長、予算委理事、防衛政務次官、弁護士、東大／69歳

〒100-8962 千代田区永田町2-1-1、会館 ☎03（6550）0806

き ら こ
吉良よし子

共前 R1 当2
高知県高知市 S57・9・14
勤8年9ヵ月 （初／平25）

文教科学委、行監委理、憲法審委、党青年・学生委員会責任者、早大第一文学部／39歳

〒151-0053 渋谷区代々木1-44-11 ☎03（3375）9323

しおむら
塩村あやか

立新 R1 当1
広島県 S53・7・6
勤2年8ヵ月 （初／令元）

内閣委、決算委、災害特委、資源エネ調委、東京都議、元放送作家、共立女子短大／43歳

〒100-8962 千代田区永田町2-1-1、会館 ☎03（6550）0706

おと き た しゅん
音喜多 駿

維新 R1 当1
東京都北区 S58・9・21
勤2年8ヵ月 （初／令元）

党政調会長、東京維新の会幹事長、予算委、外交防衛委、消費者特委、資源エネ調委、元東京都議、早大／38歳

〒114-0022 北区王子本町1-14-10 根岸ビル1F ☎03（3908）3121
〒100-8962 千代田区永田町2-1-1、会館 ☎03（6550）0612

たけ み けい ぞう
武見敬三

自前［麻］ R1 当5
東京都 S26・11・5
勤21年7ヵ月 （初／平7）

党国際保健戦略特委長、外防委、世界保健機関（WHO）親善大使、参院党政審会長、厚労副大臣、外務政務次官、ハーバード公衆衛生大学院研究員、慶大院／70歳

〒100-8962 千代田区永田町2-1-1、会館 ☎03（6550）0413

※平2衆院初当選

神奈川県　8人

平成28年選挙得票数

	得票数	氏名	党派	(%)
当	1,004,877	三原じゅん子	自前	(24.5)
当	629,582	三浦　信祐	公新	(15.3)
当	582,127	真山　勇一	民元	(14.2)
当	524,070	中西　健治	無前	(12.8)
▽	487,729	浅賀　由香	共新	(11.9)
▽	448,954	金子　洋一	民前	(10.9)
▽	218,853	丹羽　大	お維新	(5.3)
	76,424	森　英夫	社新	(1.9)
	50,256	清水　太一	こ新	(1.2)
	32,113	佐藤　政則	無新	(0.8)
	25,714	片野　英司	諸新	(0.6)
	21,611	壹岐　愛子	諸新	(0.5)

令和元年選挙得票数

	得票数	氏名	党派	(%)
当	917,058	島村　大	自前	(25.2)
当	742,658	牧山　弘恵	立前	(20.4)
当	615,417	佐々木さやか	公前	(16.9)
当	575,884	松沢　成文	維前	(15.8)
▽	422,603	浅賀　由香	共新	(11.6)
	126,672	乃木　涼介	国新	(3.5)
	79,208	林　大祐	諸新	(2.2)
	61,709	相原　倫子	社新	(1.7)
	22,057	森下　正勝	無新	(0.6)
	21,755	壹岐　愛子	諸新	(0.6)
	21,598	加藤　友行	諸新	(0.6)
	17,170	榎本　太志	諸新	(0.5)
	11,185	渋谷　貢	無新	(0.3)
	8,514	圷　孝行	諸新	(0.2)

三原じゅん子（みはら　じゅんこ）

自前［無］　H28 当2
東京都　S39・9・13
勤11年9ヵ月（初/平22）

内閣府大臣補佐官、厚労委、行政監視委、倫選特委、消費者特委、厚生労働副大臣、党女性局長、厚労委員長、女優／57歳

〒231-0004　横浜市中区元浜町4-39-3F　☎045(228)9520
〒100-8962　千代田区永田町2-1-1、会館　☎03(6550)0823

三浦信祐（みうら　のぶひろ）

公新　H28 当1
宮城県仙台市　S50・3・5
勤5年8ヵ月（初/平28）

経産委、行監委、拉致特委理事、党青年局長、外交部会長、県本部代表、博士(工学)、千葉工大／46歳

〒231-0033　横浜市中区長者町5-48-2　トローヂャンビル303　☎045(341)3751
〒100-8962　千代田区永田町2-1-1、会館　☎03(6550)0804

真山勇一（まやま　ゆういち）

立元　H28 当2
東京都　S19・1・8
勤9年4ヵ月（初/平24繰）

地方・デジ特委理、法務委、元経産委員長、元国家基本委員長、調布市議、日本テレビキャスター、保護司、東京教育大／78歳

〒231-0014　横浜市中区常盤町3-21　アライアンス関内ビル501号室　☎045(319)4878
〒100-8962　千代田区永田町2-1-1、会館　☎03(6550)0320

中西健治（なかにし　けんじ）　自民

辞　職（令和3年10月8日）

※公職選挙法の規定により、補欠選挙は行われない。

しま　むら　　　だい
島村　大
自前［無］　R1　当2
千葉県　S35・8・11
勤8年9ヵ月　（初／平25）

厚生労働大臣政務官、厚労委、拉致特委、党選対副委員長、厚労委員長、歯科医師、元日本歯科医師連盟理事長、東京歯科大／61歳

〒231-0011　横浜市中区太田町1-9-6F　☎045(306)5500
〒100-8962　千代田区永田町2-1-1、会館　☎03(6550)0415

まきやま
牧山ひろえ
立前　R1　当3
東京都　S39・9・29
勤14年10ヵ月　（初／平19）

財金委理、国民生活調理、党常任幹事会議長、参議院議員会長代行、米国弁護士、TBSディレクター、ICU、トーマス・クーリー法科大学院／57歳

〒231-0023　横浜市中区山下町108
小黒ビル403号室　☎045(226)2393

さ　さ　き
佐々木さやか
公前　R1　当2
青森県八戸市　S56・1・18
勤8年9ヵ月　（初／平25）

災害対策特別委員長、文科委、党女性委副委長、青年委副委長、文科大臣政務官、弁護士、税理士、創価大、同法科大学院修了／41歳

〒231-0002　横浜市中区海岸通4-22
関内カサハラビル3F　☎045(319)4945
〒100-8962　千代田区永田町2-1-1、会館　☎03(6550)0514

まつ　ざわ　しげ　ふみ
松沢成文　維新

失　職（令和3年8月8日）

※公職選挙法の規定により、次の参院選まで補欠選挙は行われない。

新潟県　2人
（平成28、令和元年選挙で定数各1減）

平成28年選挙得票数

	得票数	氏名	党派	(%)
当	560,429	森　裕子	無元	(49.0)
▽	558,150	中原　八一	自前	(48.8)
	24,639	横井　基至	諸新	(2.2)

令和元年選挙得票数

	得票数	氏名	党派	(%)
当	521,717	打越さく良	無新	(50.5)
▽	479,050	塚田　一郎	自前	(46.4)
	32,628	小島　糾史	諸新	(3.2)

もり
森　ゆうこ
立元　H28　当3
新潟県新潟市秋葉区　S31・4・20
勤17年10ヵ月　（初／平13）

拉致特委理、経産委、党参議院幹事長、拉致問題対策本部長、文科副大臣、予算・厚労各委筆頭理、拉致特委長、生活の党代表、横越町議、新潟大／65歳

〒956-0864　新潟市秋葉区新津本町1-3-22　☎0250(21)0222

うちこしさくら
打越さく良
立新 R1 当1
北海道旭川市 S43・1・6
勤2年8ヵ月 (初/令元)

厚労委、予算委、拉致特委、憲法審委、弁護士、東大大学院教育学研究科博士課程中途退学/54歳

〒950-0916 新潟市中央区米山2-5-8米山プラザビル201 ☎025(250)5915
〒100-8962 千代田区永田町2-1-1、会館 ☎03(6550)0901

富山県 2人

平成28年選挙得票数

当	339,055	野上浩太郎	自前	(69.2)
▽	134,212	道用 悦子	無新	(27.4)
	16,410	吉田かをる	諸新	(3.4)

令和元年選挙得票数

当	270,000	堂故 茂	自前	(66.7)
▽	134,625	西尾 政英	国新	(33.3)

のがみこうたろう
野上浩太郎
自前[安] H28 当3
富山県富山市 S42・5・20
勤17年10ヵ月 (初/平13)

参党幹事長代行、農林水産大臣、内閣官房副長官、国交副大臣、財務政務官、文教科学委長、三井不動産、県議、慶大/54歳

〒939-8271 富山市太郎丸西町1-5-12 ☎076(491)7500

どうこ しげる
堂故 茂
自前[茂] R1 当2
富山県氷見市 S27・8・7
勤8年9ヵ月 (初/平25)

参党国対副委員長、文科委筆頭理事、行監委、復興特委、文科政務官、農水委長、代議士秘書、県議、氷見市長、慶大/69歳

〒930-0095 富山市舟橋南町3-15
県自由民主会館4F ☎076(432)1217
〒100-8962 千代田区永田町2-1-1、会館 ☎03(6550)1003

石川県 2人

平成28年選挙得票数

当	328,013	岡田 直樹	自前	(61.7)
▽	191,371	柴田 未来	無新	(36.0)
	11,992	宮元 智	諸新	(2.3)

令和元年選挙得票数

当	288,040	山田 修路	自前	(67.2)
▽	140,279	田辺 徹	国新	(32.8)

おかだなおき
岡田直樹
自前[安] H28 当3
石川県金沢市 S37・6・9
勤17年10ヵ月 (初/平16)

参党国対委員長、内閣官房副長官、参党幹事長代行、財務副大臣、国交委員長、国交大臣政務官、県議、北國新聞記者・論説委、東大/59歳

〒920-8203 金沢市鞍月4-115
金沢ジーサイドビル4F ☎076(255)1931
〒102-0094 千代田区紀尾井町1-15、宿舎

山田修路（やまだしゅうじ） 自民

辞　職（令和3年12月24日）

※補選は4月24日実施予定

福井県　2人

平成28年選挙得票数

	得票数	氏名		党派	得票率
当	217,304	山崎	正昭	自前	(60.1)
▽	131,278	横山	龍寛	無新	(36.3)
	12,856	白川	康之	諸新	(3.6)

令和元年選挙得票数

	得票数	氏名		党派	得票率
当	195,515	滝波	宏文	自前	(66.1)
▽	77,377	山田	和雄	共新	(26.2)
	22,719	嶋谷	昌美	諸新	(7.7)

山崎正昭（やまざきまさあき） 自前［安］ H28 当5

福井県大野市 S17・5・24

勤30年 （初／平4）

法務委、参院議長、参院副議長、自民党参院幹事長、ODA特委長、内閣官房副長官、議運委長、大蔵政務次官、県議長、日大／79歳

〒912-0043 大野市国時町1205（自宅） ☎0779（65）3000
〒102-0083 千代田区麹町4-7、宿舎 ☎03（5211）0248

滝波宏文（たきなみひろふみ） 自前［安］ R1 当2

福井県 S46・10・20

勤8年9ヵ月 （初／平25）

総務委筆頭理事、党税調幹事、経産政務官、党青年局長代理、財務省広報室長、早大院博士、シカゴ大院修士、東大法／50歳

〒910-0854 福井市御幸4-20-18
オノダニビル御幸5F ☎0776（28）2815
〒100-8962 千代田区永田町2-1-1、会館 ☎03（6550）0307

山梨県　2人

平成28年選挙得票数

	得票数	氏名		党派	得票率
当	173,713	宮沢	由佳	民新	(43.0)
▽	152,437	高野	剛	自新	(37.8)
▽	67,459	米長	晴信	無元	(16.7)
	10,183	西脇	愛	諸新	(2.5)

令和元年選挙得票数

	得票数	氏名		党派	得票率
当	184,383	森屋	宏	自前	(53.0)
▽	150,327	市来	伴子	無新	(43.2)
	13,344	猪野	恵司	諸新	(3.8)

宮沢由佳（みやざわゆか） 立新 H28 当1

愛知県名古屋市 S37・11・19

勤5年8ヵ月 （初／平28）

文科委理、消費者特委、党文部科学部会長、社会福祉法人理事長、保育士、名古屋市立保育短大／59歳

〒400-0845 山梨県甲府市上今井町802-5 ☎055（242）3830
〒102-0083 千代田区麹町4-7、宿舎

※選挙区別の当日有権者数・投票者数・投票率は 268 頁

もり　や　ひろし
森屋　宏
自前［岸］ R1 当2
山梨県 S32・7・21
勤8年9ヵ月 (初/平25)

財金委筆頭理事、党副幹事長、党県連会長、内閣委員長、総務大臣政務官、県議会議長、北海道教育大、山梨学院大院／64歳

〒400-0031 山梨県甲府市丸の内1-17-18 東山ビル2F ☎055(298)6357
〒102-0083 千代田区麹町4-7、宿舎

長野県　2人
（平成28、令和元年選挙で定数各1減）

平成28年選挙得票数

当	574,052	杉尾　秀哉	民新	(52.5)
▽	499,974	若林　健太	自前	(45.7)
	20,350	及川　幸久	諸新	(1.9)

令和元年選挙得票数

当	512,462	羽田雄一郎	国前	(55.1)
▽	366,810	小松　裕	自新	(39.5)
	31,137	古谷　孝	諸新	(3.3)
	19,211	斎藤　好明	諸新	(2.1)

令和2年12月27日羽田雄一郎議員死去 補選(令和3.4.25)

当	415,781	羽田　次郎	立新	(54.8)
	325,826	小松　裕	自前	(42.9)
	17,559	神谷幸太郎	N新	(2.3)

すぎ　お　ひで　や
杉尾秀哉
立新 H28 当1
兵庫県明石市 S32・9・30
勤5年8ヵ月 (初/平28)

決算委理、内閣委、憲法審委、党県連代表代行、元TBSテレビキャスター、東大文／64歳

〒380-0936 長野市中御所岡田102-28 ☎026(236)1517
〒100-8962 千代田区永田町2-1-1、会館 ☎03(6550)0724

は　た　じ　ろう
羽田次郎
立新 R1 補当1
東京 S44・9・7
勤11ヵ月 (初/令3)

外交防衛委、決算委、消費者特委、憲法審委、党参院国対副委員長、会社社長、衆議院議員秘書、米ウェイクフォレスト大学留学／52歳

〒386-0014 上田市材木町1-1-13 ☎0268(22)0321
〒102-0094 千代田区紀尾井町1-15、宿舎

岐阜県　2人

平成28年選挙得票数

当	531,412	渡辺　猛之	自前	(55.8)
▽	389,681	小見山幸治	民前	(40.9)
	31,651	加納有輝彦	諸新	(3.3)

令和元年選挙得票数

当	467,309	大野　泰正	自前	(56.4)
▽	299,463	梅村　慎一	立新	(36.1)
	61,975	坂本　雅彦	諸新	(7.5)

わた　なべ　たけ　ゆき
渡辺猛之
自前［茂］ H28 当2
岐阜県 S43・4・18
勤11年9ヵ月 (初/平22)

国土交通副大臣兼内閣府副大臣兼復興副大臣、国交委、国家基本委、元県議、名古屋大経／53歳

〒505-0027 美濃加茂市本郷町6-11-12 ☎0574(23)1511
〒100-8962 千代田区永田町2-1-1、会館 ☎03(6550)0325

おおのやすただ
大野泰正
自前［安］ R1 当2
岐阜県 S34・5・31
勤8年9ヵ月 （初／平25）

党副幹事長、党経産副部会長、国交委筆頭理事、災害特委、前国対副委員長、元国土交通大臣政務官、県議、全日空(株)、慶大法／62歳

〒501-6244 羽島市竹鼻町丸の内3-25-1 ☎058(391)0273
〒100-8962 千代田区永田町2-1-1、会館 ☎03(6550)0503

静岡県 4人

平成28年選挙得票数

当	747,410	岩井 茂樹	自前	(44.3)
当	691,687	平山佐知子	民新	(41.0)

令和3年5月14日岩井茂樹議員辞職 補選（令和3.10.24）

当	650,789	山崎真之輔	無新	(47.5)
	602,780	若林 洋平	自新	(44.0)
	116,554	鈴木 千佳	共新	(8.5)

令和元年選挙得票数

当	585,271	牧野 京夫	自前	(38.5)
当	445,866	榛葉賀津也	国前	(29.4)
▽	301,895	徳川 家広	立新	(19.9)
▽	136,623	鈴木 千佳	共新	(9.0)
	48,739	畑山 浩一	諸新	(3.2)

ひらやまさちこ
平山佐知子
無新 H28 当1
静岡県 S46・1・3
勤5年8ヵ月 （初／平28）

環境委、フリーアナウンサー、元NHK静岡放送局キャスター、日本福祉大学女子短大部／51歳

〒422-8061 静岡市駿河区森下町1-23 ☎054(287)5511
〒100-8962 千代田区永田町2-1-1、会館 ☎03(6550)0822

やまざきしんのすけ
山﨑真之輔
無新（国民） H28 補当1
静岡県浜松市 S56・9・1
勤5ヵ月 （初／令3）

経済産業委理、倫選特委、元静岡県議、元浜松市議、静岡県eスポーツ連合顧問、衆議員秘書、名古屋大法／40歳

〒435-0044 浜松市東区西塚町306-5 1F ☎053(477)5298
〒102-0083 千代田区麹町4-7、宿舎

まきの
牧野たかお
自前［茂］ R1 当3
静岡県島田市 S34・1・1
勤14年10ヵ月 （初／平19）

参院党国対委員長代行、国交委、決算委理、国交副大臣、外務政務官、議運筆頭理事、党副幹事長、県議3期、民放記者、早大／63歳

〒422-8056 静岡市駿河区津島町11-25 山形ビル1F ☎054(285)9777

しんばかづや
榛葉賀津也
国前 R1 当4
静岡県 S42・4・25
勤20年11ヵ月 （初／平13）

党幹事長、国交委、外務副大臣、防衛副大臣、党参国対委長、内閣委長、外防委長、議運筆頭理事、予算委理、米オタバイン大／54歳

〒436-0022 掛川市上張862-1 FGKビル ☎0537(62)3355
〒100-8962 千代田区永田町2-1-1、会館 ☎03(6550)1011

※選挙区別の当日有権者数・投票者数・投票率は268頁

愛知県　8人　（平成28、令和元年選挙で定数各1増）

平成28年選挙得票数

当	961,096	藤川　政人	自前	(29.3)
当	575,119	斎藤　嘉隆	民前	(17.5)
当	531,488	里見　隆治	公新	(16.2)
当	519,510	伊藤　孝恵	民新	(15.8)
▽	302,489	須山　初美	共新	(9.2)
▽	218,171	奥田　香代	諸新	(6.7)
	64,781	平山　良平	社新	(2.0)

以下は P267 に掲載

令和元年選挙得票数

当	737,317	酒井　庸行	自前	(25.7)
当	506,817	大塚　耕平	国前	(17.7)
当	461,531	田島麻衣子	立新	(16.1)
当	453,246	安江　伸夫	公新	(15.8)
▽	269,081	岬　麻紀	維新	(9.4)
▽	216,674	須山　初美	共新	(7.6)
	85,262	末永友香梨	諸新	(3.0)

以下は P267 に掲載

ふじ　かわ　まさ　ひと
藤川政人
自前［麻］　H28　当2
愛知県丹羽郡　S35・7・8
勤11年9ヵ月（初/平22）

予算委筆頭理事、参党国対委員長代理、財務副大臣、総務大臣政務官、財金委長、党愛知県連会長、愛知県議、南山大／61歳

〒451-0042　名古屋市西区那古野2-23-21 デラ・ドーラ6C　☎052(485)8361
〒102-0094　千代田区紀尾井町1-15、宿舎

さい　とう　よし　たか
斎藤嘉隆
立前　H28　当2
愛知県　S38・2・18
勤11年9ヵ月（初/平22）

国土交通委員長、地方・デジ特委、政倫審、党県連代表、経産委員長、環境委員長、連合愛知副会長、愛教組委員長、愛知教育大／59歳

〒454-0976　名古屋市中川区服部3-507　☎052(439)0550
〒100-8962　千代田区永田町2-1-1、会館　☎03(6550)0707

さと　み　りゅう　じ
里見隆治
公新　H28　当1
京都府　S42・10・17
勤5年8ヵ月（初/平28）

経産委、党労働局長、党愛知県本部代表代行、党経産部会長代理、厚労省参事官、トヨタ自動車(株)出向、防災士、認知症サポーター、東大／54歳

〒451-0031　名古屋市西区城西1-9-5 寺島ビル1F　☎052(522)1666
〒100-8962　千代田区永田町2-1-1、会館　☎03(6550)0301

い　とう　たか　え
伊藤孝恵
国新　H28　当1
愛知県犬山市　S50・6・30
勤5年8ヵ月（初/平28）

文科委、行監委、倫選特委理、国民生活調委、党副代表、金城学院大非常勤講師、テレビ大阪、リクルート、金城学院大／46歳

〒456-0002　名古屋市熱田区金山町1-5-3 トーワ金山ビル7F　☎052(683)1101
〒100-8962　千代田区永田町2-1-1、会館　☎03(6550)1008

さか　い　やす　ゆき
酒井庸行
自前［安］　R1　当2
愛知県刈谷市　S27・2・14
勤8年9ヵ月（初/平25）

参党国対副委員長、農水委理、決算委、復興特委、党政調副会長、内閣府大臣政務官、愛知県議、刈谷市議、日大芸術学部／70歳

〒448-0003　刈谷市一ツ木町8-11-2　☎0566(25)3071
〒102-0083　千代田区麹町4-7、宿舎

おおつかこうへい
大塚耕平　国前　R1 当4
愛知県　S34・10・5
勤20年11ヵ月　（初／平13）

党代表代行、政調会長、税調・経済調査会長、早大・藤田医科大客員教授、元民進党代表、厚労・内閣府副大臣、日銀、早大院／62歳

〒464-0841　名古屋市千種区覚王山通9-19
覚王山プラザ2F　☎052(757)1955
〒100-8962　千代田区永田町2-1-1、会館　☎03(6550)1121

たじままいこ
田島麻衣子　立新　R1 当1
東京都大田区　S51・12・20
勤2年8ヵ月　（初／令元）

予算委、外交防衛委、ODA・沖北特委、国際経済調委、党県連副代表、国連世界食糧計画(WFP)、英オックスフォード大院／45歳

〒461-0003　名古屋市東区筒井3-26-10
リムファースト5F　☎052(937)0151
〒100-8962　千代田区永田町2-1-1、会館　☎03(6550)0410

やすえのぶお
安江伸夫　公新　R1 当1
愛知県　S62・6・26
勤2年8ヵ月　（初／令元）

予算委、法務委理、消費者特委理、党学生局長、青年委副委員長、県本部副代表、弁護士、創価大法科大学院／34歳

〒462-0044　名古屋市北区元志賀町1-68-1
ヴェルドミール志賀　☎052(908)3955
〒100-8962　千代田区永田町2-1-1、会館　☎03(6550)0312

三重県　2人

平成28年選挙得票数

	得票数	氏名	党派	得票率
当	440,776	芝　博一	民前	(49.7)
▽	420,929	山本佐知子	自新	(47.5)
	24,871	野原　典子	諸新	(2.8)

令和元年選挙得票数

	得票数	氏名	党派	得票率
当	379,339	吉川　有美	自前	(50.3)
▽	334,353	芳野　正英	無新	(44.3)
	40,906	門田　節代	諸新	(5.4)

しばひろかず
芝　博一　立前　H28 当3
三重県　S25・4・21
勤17年10ヵ月　（初／平16）

国民生活調査会長、環境委、内閣官房副長官、総理大臣補佐官、懲罰委員長、内閣委員長、県議、皇學館大學／71歳

〒513-0823　鈴鹿市道伯2-7-28 101号室　☎059(375)7755
〒100-8962　千代田区永田町2-1-1、会館　☎03(6550)0317

よしかわ
吉川ゆうみ　自前［安］　R1 当2
三重県桑名市　S48・9・4
勤8年9ヵ月　（初／平25）

経産大臣政務官、経産委、国際経済調委、文科委員長、党女性局長、三井住友銀行、東京農工大院／48歳

〒510-0821　四日市市久保田2-8-1-103　☎059(356)8060
〒100-8962　千代田区永田町2-1-1、会館　☎03(6550)0412

※選挙区別の当日有権者数・投票者数・投票率は268頁

滋賀県　2人

平成28年選挙得票数

当	332,248	小鑓　隆史	自新	(52.2)
▽	291,290	林　久美子	民前	(45.8)
	12,705	荒川　雅司	諸新	(2.0)

令和元年選挙得票数

当	291,072	嘉田由紀子	無新	(49.4)
▽	277,165	二之湯武史	自前	(47.0)
	21,358	服部　修	諸新	(3.6)

こやり隆史（たかし）

自新［岸］　H28 当1
滋賀県大津市　S41・9・9
勤5年8ヵ月　（初/平28）

予算委理、国交委、資源エネ調理、情報監視審委、党税調幹事、厚労政務官、経産省職員、内閣参事官、京大院、インペリアルカレッジ大学院／55歳

〒520-0043　滋賀県大津市中央3-2-1
セザール大津森田ビル1F　☎077(523)5048
〒102-0094　千代田区紀尾井町1-15、宿舎

嘉田由紀子（かだゆきこ）

無新（碧水）　R1 当1
埼玉県本庄市　S25・5・18
勤2年8ヵ月　（初/令元）

法務委、災害特委、環境社会学者、滋賀県知事、びわこ成蹊スポーツ大学長、京都精華大教授、博士(農学)、京大／71歳

〒520-0044　滋賀県大津市京町2-4-23　☎077(509)7206
〒102-0083　千代田区麹町4-7、宿舎

京都府　4人

平成28年選挙得票数

当	422,416	二之湯　智	自前	(40.0)
当	389,707	福山　哲郎	民前	(36.9)
▽	211,663	大河原寿貴	共新	(20.0)
	32,973	大八木光子	諸新	(3.1)

令和元年選挙得票数

当	421,731	西田　昌司	自前	(44.2)
当	246,436	倉林　明子	共前	(25.8)
▽	232,354	増原　裕子	立新	(24.4)
	37,353	山田　彰久	諸新	(3.9)
	16,057	三上　隆	諸新	(1.7)

二之湯　智（にのゆ　さとし）

自前［茂］　H28 当3
京都府京都市　S19・9・13
勤17年10ヵ月　（初/平16）

国家公安委員長、国務大臣、参政審会長、決算委員長、総務副大臣、文教委員長、総務大臣政務官、慶大法／77歳

〒615-0062　京都市右京区西院坤町2
ハウスドウ四条ビル6F　☎075(315)2228
〒102-0083　千代田区麹町4-7、宿舎

福山哲郎（ふくやまてつろう）

立前　H28 当4
東京都　S37・1・19
勤23年11ヵ月　（初/平10）

外交防衛委、国家基本委、党幹事長、内閣官房副長官、外務副大臣、外防委長、環境委長、松下政経塾、大和証券、京大院／60歳

〒602-0873　京都市上京区河原町通丸太町下ル伊勢屋町406
マツヲビル1F　☎075(213)0988
〒100-8962　千代田区永田町2-1-1、会館　☎03(6550)0808

にし　だ　しょう　じ
西田昌司
自前［安］　R1 当3
京都府　S33・9・19
勤14年10ヵ月（初/平19）

党政調会長代理、財金委理、決算委、党税調幹事、政調整備新幹線等鉄道調査会副会長、税理士、京都府議、滋賀大/63歳

〒601-8031　京都市南区烏丸通り十条上ル西側 ☎075(661)6100
〒102-0083　千代田区麹町4-7、宿舎

くら　ばやし　あき　こ
倉林明子
共前　R1 当2
福島県　S35・12・3
勤8年9ヵ月（初/平25）

厚労委、議運委理、党副委員長、ジェンダー平等委員会責任者、看護師、京都府議、京都市議、京都市立看護短大/61歳

〒604-0092　京都市中京区丸太町新町角大炊町186 ☎075(231)5198

大阪府　8人

平成28年選挙得票数

当	761,424	松川　るい	自新	(20.4)
当	727,495	浅田　均	お維新	(19.5)
当	679,378	石川　博崇	公新	(18.2)
当	669,719	高木佳保里	お維新	(17.9)
▽	454,502	渡部　結	共新	(12.2)
▽	347,753	尾立　源幸	民前	(9.3)

以下はP267に掲載

令和元年選挙得票数

当	729,818	梅村みずほ	維新	(20.9)
当	660,128	東　徹	維前	(18.9)
当	591,664	杉　久武	公前	(16.9)
当	559,709	太田　房江	自前	(16.0)
▽	381,854	辰巳孝太郎	共前	(10.9)
▽	356,177	亀石　倫子	立新	(10.2)

以下はP267に掲載

まつ　かわ
松川るい
自新［安］　H28 当1
奈良県　S46・2・26
勤5年8ヵ月（初/平28）

外交防衛委、党国防部会長代理、2025年大阪・関西万博推進本部事務局長、広報本部報道局長代理、女性局団体部長、防衛大臣政務官、外務省、東大法/51歳

〒571-0030　門真市末広町8-13-6階 ☎06(6908)6677
〒100-8962　千代田区永田町2-1-1、会館 ☎03(6550)0407

あさ　だ　ひとし
浅田　均
維新　H28 当1
大阪府大阪市　S25・12・29
勤5年8ヵ月（初/平28）

財金委、国家基本委、憲法審委、日本維新の会参議院会長、大阪府議、OECD日本政府代表、スタンフォード大院/71歳

〒536-0005　大阪市城東区中央1-13-13-218 ☎06(6933)2300
〒102-0094　千代田区紀尾井町1-15、宿舎

いし　かわ　ひろ　たか
石川博崇
公前　H28 当2
大阪府　S48・9・12
勤11年9ヵ月（初/平22）

法務委、震災復興特委、党中央幹事、市民活動委員長、安全保障部会長、法務委員長、元外務省職員、創価大/48歳

〒543-0021　大阪市天王寺区東高津町1-28 ☎06(6766)1458
〒102-0083　千代田区麹町4-7、宿舎

たか ぎ
高木かおり
維新 H28 当1
大阪府堺市 S47・10・10
勤5年8ヵ月 (初/平28)

内閣委、地方・デジ特委、憲法審委、党幹事長代理、ダイバーシティ推進局長、堺市議、京都女子大/49歳

〒593-8311 堺市西区上439-8 ☎072(349)3295
〒100-8962 千代田区永田町2-1-1、会館 ☎03(6550)0306

うめ むら
梅村みずほ
維新 R1 当1
愛知県名古屋市 S53・9・10
勤2年8ヵ月 (初/令元)

農水委、決算委、日本維新の会参議院大阪府選挙区第4支部代表、フリーアナウンサー、JTB、立命館大/43歳

〒532-0011 大阪市淀川区西中島5-1-4
モジュール新大阪1002号室 ☎06(6379)3183
〒102-0094 千代田区紀尾井町1-15、宿舎

あずま とおる
東 徹
維前 R1 当2
大阪府大阪市住之江区 S41・9・16
勤8年9ヵ月 (初/平25)

議運委理、法務委、拉致特委、参国対委員長、大阪府議3期、社会福祉士、福祉専門学校副学科長、東洋大院修士課程修了/55歳

〒559-0012 大阪市住之江区東加賀屋4-5-19 ☎06(6681)0350
〒100-8962 千代田区永田町2-1-1、会館 ☎03(6550)0510

すぎ ひさ たけ
杉 久武
公前 R1 当2
大阪府大阪市 S51・1・4
勤8年9ヵ月 (初/平25)

予算委理事、財金委、倫選特委、資源エネ調委、党参院国対副委員長、財務大臣政務官、公認会計士、米国公認会計士、税理士、創価大/46歳

〒543-0033 大阪市天王寺区堂ヶ芝1-9-2-3B ☎06(6773)0234
〒102-0083 千代田区麴町4-7、宿舎

おお た ふさ え
太田房江
自前[安] R1 当2
広島県 S26・6・26
勤8年9ヵ月 (初/平25)

内閣委理事、決算委、党内閣第二部会長、党女性局長、厚労政務官、大阪府知事、通産省大臣官房審議官、岡山県副知事、通産省、東大/70歳

〒541-0046 大阪市中央区平野町2-5-14
FUKUビル三休橋502号室 ☎06(4862)4822
〒102-0094 千代田区紀尾井町1-15、宿舎 ☎03(3264)1351

兵庫県 6人

(平成28、令和元年選挙で定数各1増)

平成28年選挙得票数

	得票数	氏名	党派	得票率
当	641,910	末松 信介	自前	(26.3)
当	542,090	伊藤 孝江	公新	(22.2)
当	531,165	片山 大介	お維新	(21.8)
▽	420,068	水岡 俊一	民前	(17.2)
▽	228,811	金田 峰生	共新	(9.4)
	49,913	湊 侑子	諸新	(2.0)
	23,954	下家淳の介	こ新	(1.0)

令和元年選挙得票数

	得票数	氏名	党派	得票率
当	573,427	清水 貴之	維前	(26.1)
当	503,790	高橋 光男	公新	(22.9)
当	466,161	加田 裕之	自新	(21.2)
▽	434,846	安田 真理	立新	(19.8)
▽	166,183	金田 峰生	共新	(7.6)
	54,152	原 博義	諸新	(2.5)

すえ まつ しん すけ
末松信介
自前［安］ H28 当3
兵庫県 S30・12・17
勤17年10ヵ月（初／平16）

文部科学大臣、参党国対委員長、議運委員長、国土交通・内閣府・復興副大臣、財務大臣政務官、県議、全日空(株)、関学大／66歳

〒655-0044 神戸市垂水区舞子坂3-15-9 ☎078(783)8682
〒102-0094 千代田区紀尾井町1-15、宿舎

い とう たか え
伊藤孝江
公新 H28 当1
兵庫県尼崎市 S43・1・13
勤5年8ヵ月（初／平28）

国交委、憲法審委、党法務・国交副部会長、党女性委員会副委員長、弁護士、税理士、関西大／54歳

〒650-0015 神戸市中央区多聞通3-3-16 甲南第1ビル812号室 ☎078(599)6619
〒102-0083 千代田区麹町4-7、宿舎

かた やま だい すけ
片山大介
維新 H28 当1
岡山県 S41・10・6
勤5年8ヵ月（初／平28）

予算委理、文科委、党国会議員団政調副会長、NHK記者、慶大理工学部、早大院公共経営研究科修了／55歳

〒650-0022 神戸市中央区元町通3-17-8 TOWA神戸元町ビル202号室 ☎078(332)4224

し みず たか ゆき
清水貴之
維前 R1 当2
福岡県筑紫野市 S49・6・29
勤8年9ヵ月（初／平25）

環境委、ODA・沖北特委理、震災復興特委、党総務会副会長、朝日放送アナウンサー、早大、関西学院大学大学院修士／47歳

〒662-0916 西宮市戸田町4-23-202 ☎0798(24)2426
〒102-0094 千代田区紀尾井町1-15、宿舎

たか はし みつ お
高橋光男
公新 R1 当1
兵庫県宝塚市 S52・2・15
勤2年8ヵ月（初／令元）

外交防衛委理事、議運委、地方・デジ特委理事、党青年委副委員長、党国際局次長、外交副部会長、元外務省職員、中央大学法／45歳

〒650-0015 神戸市中央区多聞通3-3-16-1102 ☎078(367)6755
〒100-8962 千代田区永田町2-1-1、会館 ☎03(6550)0614

か だ ひろ ゆき
加田裕之
自新［安］ R1 当1
兵庫県神戸市 S45・6・8
勤2年8ヵ月（初／令元）

法務大臣政務官、法務委、ODA・沖北特委、兵庫県議会副議長、兵庫県議(4期)、甲南大／51歳

〒650-0001 神戸市中央区加納町2-4-10-603 ☎078(262)1666
〒100-8962 千代田区永田町2-1-1、会館 ☎03(6550)0819

※選挙区別の当日有権者数・投票者数・投票率は268頁

奈良県　2人

平成28年選挙得票数

	得票数	氏名		党派	得票率
当	292,440	佐藤	啓	自新	(45.5)
▽	216,361	前川	清成	民前	(33.7)
▽	119,994	吉野	忠男	お維新	(18.7)
	13,293	田中	孝子	諸新	(2.1)

令和元年選挙得票数

	得票数	氏名		党派	得票率
当	301,201	堀井	巌	自前	(55.3)
▽	219,244	西田	一美	無新	(40.2)
	24,660	田中	孝子	諸新	(4.5)

さとう　けい
佐藤　啓
自新[安]　H28　当1
奈良県奈良市　S54・4・7
勤5年8ヵ月　(初/平28)

党内閣第二部会長代理、経済産業兼内閣府兼復興大臣政務官、経産委、復興特委、議運委理、総務省、首相官邸、米カーネギーメロン大院、米南カリフォルニア大院、東大／42歳

〒630-8115　奈良市大宮町1-115-1 石田ビル2F　☎0742(36)0086
〒100-8962　千代田区永田町2-1-1、会館　☎03(6550)0708

ほりい　いわお
堀井　巌
自前[安]　R1　当2
奈良県橿原市　S40・10・22
勤8年9ヵ月　(初/平25)

党副幹事長、予算委理、総務委、党法務部会長代理、外務政務官、参党国対副委員長、総務省、SF領事、内閣官房副長官秘書官、岡山県総務部長、東大／56歳

〒630-8114　奈良市芝辻町1-2-27乾ビル2F　☎0742(30)3838
〒100-8962　千代田区永田町2-1-1、会館　☎03(6550)0417

和歌山県　2人

平成28年選挙得票数

	得票数	氏名		党派	得票率
当	306,361	鶴保	庸介	自前	(69.2)
▽	115,397	由良	登信	無新	(26.1)
	21,064	西本	篤	諸新	(4.8)

令和元年選挙得票数

	得票数	氏名		党派	得票率
当	295,608	世耕	弘成	自前	(73.8)
▽	105,081	藤井	幹雄	無新	(26.2)

つるほ　ようすけ
鶴保庸介
自前[二]　H28　当4
大阪府大阪市　S42・2・5
勤23年11ヵ月　(初/平10)

国際経済調査会長、国交委、党捕鯨対策特委長、沖北大臣、党参政審会長、国交副大臣、党水産部会長、議運・決算・厚労委長、国交政務官2期、東大法／55歳

〒640-8341　和歌山市黒田107-1-503　☎073(472)3311
〒100-8962　千代田区永田町2-1-1、会館　☎03(6550)0313

せこう　ひろしげ
世耕弘成
自前[安]　R1　当5
大阪府　S37・11・9
勤23年8ヵ月　(初/平10補)

参党幹事長、経済産業大臣、官房副長官、参自政審会長、党政調会長代理、参自国対委長代理、総理補佐官、NTT、早大／59歳

〒640-8232　和歌山市南汀丁22 汀ビル2F　☎073(427)1515
〒100-8962　千代田区永田町2-1-1、会館　☎03(6550)1017

鳥取県・島根県　2人　（平成28年選挙より鳥取県・島根県合同選挙区に）

平成28年選挙得票数

当	387,787	青木　一彦	自前	(62.7)
▽	214,917	福島　浩彦	無新	(34.7)
	15,791	国領　豊太	諸新	(2.6)

令和元年選挙得票数

当	328,394	舞立　昇治	自前	(62.3)
▽	167,329	中林　佳子	無新	(31.7)
	31,770	黒瀬　信明	諸新	(6.0)

あおき　かずひこ
青木一彦
自前［茂］　H28 当2
島根県　S36・3・25
勤11年9ヵ月　（初／平22）

ODA・沖北特委員長、国交委、予算委筆頭理事、国土交通副大臣、党水産部会長代理、官房長官秘書官、早大／60歳

〒690-0873　松江市内中原町140-2　☎0852(22)0111
〒100-8962　千代田区永田町2-1-1、会館　☎03(6550)0814

まい　たち　しょう　じ
舞立昇治
自前［無］　R1 当2
鳥取県日吉津村　S50・8・13
勤8年9ヵ月　（初／平25）

議運委理事、総務委、憲法審委、党副幹事長、過疎対策特委事務局次長、前水産部会長、元内閣府政務官、総務省、東大／46歳

〒683-0067　米子市東町177 東町ビル1F　☎0859(37)5016
〒100-8962　千代田区永田町2-1-1、会館　☎03(6550)0603

岡山県　2人

平成28年選挙得票数

当	437,347	小野田紀美	自新	(55.6)
▽	329,501	黒石健太郎	民新	(41.9)
	20,378	田部　雄治	諸新	(2.6)

令和元年選挙得票数

当	415,968	石井　正弘	自前	(59.5)
▽	248,990	原田　謙介	立新	(35.6)
	33,872	越智　寛之	諸新	(4.8)

おのだきみ
小野田紀美
自新［茂］　H28 当1
岡山県　S57・12・7
勤5年8ヵ月　（初／平28）

参党政審副会長、党農林副部会長、農水委、党過疎特委次長、党青年局次長、法務大臣政務官、東京都北区議会議員、CD・ゲーム制作会社、拓殖大学／39歳

〒700-0927　岡山市北区西古松2-2-27　☎086(243)8000
〒100-8962　千代田区永田町2-1-1、会館　☎03(6550)0318

いしい　まさひろ
石井正弘
自前［安］　R1 当2
岡山県岡山市　S20・11・29
勤8年9ヵ月　（初／平25）

経産兼内閣府副大臣、党国交部会長代理、税調幹事、内閣委員長、岡山県知事4期、建設省大臣官房審議官、東大法／76歳

〒700-0824　岡山市北区内山下1-9-15　☎086(233)6600
〒100-8962　千代田区永田町2-1-1、会館　☎03(6550)1214

※選挙区別の当日有権者数・投票者数・投票率は 268 頁

広島県　4人

平成28年選挙得票数

当	568,252	宮沢　洋一	自前	(49.8)
当	264,358	柳田　稔	民前	(23.1)
▽	157,858	灰岡　香奈	お維新	(13.8)
	88,499	高見　篤己	共新	(7.7)
	28,211	中丸　啓	こ新	(2.5)
	18,218	佐伯　知子	諸新	(1.6)
	16,691	玉田　憲勲	無新	(1.5)

令和元年選挙得票数

当	329,792	森本　真治	無前	(32.3)
当	295,871	河井　案里	自新	(29.0)
▽	270,183	溝手　顕正	自前	(26.5)

以下は P267 に掲載

令和3年2月3日河井あんり議員辞職再選挙(令和3.4.25)

当	370,860	宮口　治子	諸新	(48.4)
	336,924	西田　英範	自新	(43.9)
	20,848	佐藤　周一	無新	(2.7)
	16,114	山本　貴平	N新	(2.1)
	13,363	大山　宏	無新	(1.7)
	8,806	玉田　憲勲	無新	(1.1)

みやざわ　よういち
宮沢洋一

自前［岸］H28当2(初/平22)※1
広島県福山市　S25・4・21
勤20年11ヵ月(衆9年2ヵ月)

資源エネ調査会長、党税調会長、党総務、経済産業大臣、党政調会長代理、元内閣府副大臣、元首相首席秘書官、大蔵省企画官、東大法／71歳

〒730-0017　広島市中区鉄砲町8-24
にしたやビル401号☎082(511)5541
〒100-8962　千代田区永田町2-1-1、会館☎03(6550)0820

やなぎ　だ　みのる
柳田　稔

無前(国民)H28当4(初/平10)※2
鹿児島県鹿児島市　S29・11・6
勤30年7ヵ月(衆6年8ヵ月)

環境委、拉致特委、法務大臣、参予算・厚労・財金・復興特各委員長、党参幹事長、衆議員、神戸製鋼所、東大／67歳

〒720-0043　福山市船町2-5岩部第5ビル3F ☎084(927)3520
〒102-0083　千代田区麹町4-7、宿舎　☎03(3237)0341

もり　もと　しん　じ
森本真治

立前　R1 当2
広島県広島市　S48・5・2
勤8年9ヵ月　(初/平25)

予算委理、経産委オブザーバー、国際経済調理、政倫審幹事、党副幹事長兼財務局長、会派国対委員長代理、広島市議3期、弁護士秘書、松下政経塾、同志社大学文／48歳

〒739-1732　広島市安佐北区落合南1-3-12 ☎082(840)0801

みや　ぐち　はる　こ
宮口治子

立新　R1 再当1
広島県福山市　S51・3・5
勤11ヵ月　(初/令3)

文科委、議運委、倫選特委、国民生活調委、元TV局キャスター、フリーアナウンサー、声楽家、ヘルプマーク普及団体代表、大阪音大／45歳

〒720-0032　福山市三吉町南1-7-17　☎084(926)4878
〒100-8962　千代田区永田町2-1-1、会館　☎03(6550)0206

山口県　2人

平成28年選挙得票数

当	394,907	江島　潔	自前	(64.0)
▽	183,817	纐纈　厚	無新	(29.8)
	37,865	河井美和子	諸新	(6.1)

令和元年選挙得票数

当	374,686	林　芳正	自前	(70.0)
▽	118,491	大内　一也	国新	(22.1)
	24,131	河井美和子	諸新	(4.5)
	18,177	竹本　秀之	無新	(3.4)

令和3年8月16日林芳正議員辞職補選(令和3.10.24)

当	307,894	北村　経夫	自前	(75.6)
	92,532	河合　喜代	共新	(22.7)
	6,809	へずまりゅう	N新	(1.7)

※1 平12衆院初当選　※2 平2衆院初当選

えじま　きよし
江島　潔
自前［安］ H28 当2
山口県下関市 S32・4・2
勤9年 （初／平25補）

議運委筆頭理事、前経産・内閣府副大臣、元農水委員長、復興特委員長、党水産部会長、国交政務官、下関市長、東大院／64歳

〒754-0011 山口市小郡御幸町7-31 アドレ・ビル103号 ☎083（976）4318
〒102-0083 千代田区麹町4-7、宿舎

きたむらつねお
北村経夫
自前［安］ R1 補当3
山口県田布施町 S30・1・5
勤8年10ヵ月 （初／平25）

党副幹事長、広報本部長代理、財金部会長代理、経産政務官、参外防委員長、産経新聞、中央大、ペンシルベニア大学院／67歳

〒753-0064 山口市神田町5-11 ☎083（928）8071
〒100-8962 千代田区永田町2-1-1、会館 ☎03（6550）1109

徳島県・高知県　2人
（平成28年選挙より徳島県・高知県合同選挙区に）

平成28年選挙得票数

当	305,688	中西　祐介	自前	(54.1)
▽	242,781	大西　聡	無新	(42.9)
	16,988	福山　正敏	諸新	(3.0)

令和元年選挙得票数

当	253,883	高野光二郎	自前	(50.3)
▽	201,820	松本　顕治	無新	(40.0)
	33,764	石川新一郎	諸新	(6.7)
	15,014	野村　秀邦	無新	(3.0)

なかにしゆうすけ
中西祐介
自前［麻］ H28 当2
徳島県 S54・7・12
勤11年9ヵ月 （初／平22）

総務副大臣、参党国対筆頭副委員長、財政金融委員長、党水産部会長、党青年局長代理、財務大臣政務官、銀行員、松下政経塾、慶大法／42歳

〒770-8056 徳島市問屋町31 ☎088（655）8852
〒100-8962 千代田区永田町2-1-1、会館 ☎03（6550）0622

たかのこうじろう
高野光二郎
自前［麻］ R1 当2
高知県高知市 S49・9・30
勤8年9ヵ月 （初／平25）

議運委理、参党国対副委員長、党広報戦略局長代理兼地方振興室長、農水政務官、高知県議、衆院議員秘書、東農大／47歳

〒780-0870 高知市本町5-6-35 つちばしビル2F ☎088（855）5223
〒100-8962 千代田区永田町2-1-1、会館 ☎03（6550）0421

香川県　2人

平成28年選挙得票数

当	259,854	磯﨑　仁彦	自前	(65.1)
▽	104,239	田辺　健一	共新	(26.1)
	17,563	中西　利恵	諸新	(4.4)
	17,268	田中　俊秀	無新	(4.3)

令和元年選挙得票数

当	196,126	三宅　伸吾	自前	(54.0)
▽	151,107	尾田美和子	無新	(41.6)
	15,970	田中　邦明	諸新	(4.4)

※選挙区別の当日有権者数・投票者数・投票率は 268 頁

いそ ざき よし ひこ
磯﨑仁彦 自前［岸］ H28 当2
香川県 S32・9・8
勤11年9ヵ月（初/平22）

内閣官房副長官、内閣委、党政調会長代理、経産副大臣兼内閣府副大臣、環境委員長、東大法／64歳

〒760-0068 高松市松島町1-13-14
九十九ビル4F ☎087(834)6301
〒102-0094 千代田区紀尾井町1-15、宿舎

み やけ しん ご
三宅伸吾 自前［無］ R1 当2
香川県さぬき市 S36・11・24
勤8年9ヵ月 （初/平25）

外務大臣政務官、外交防衛委、党外交部会長代理、党新聞出版局長、外交防衛委員長、日本経済新聞社記者、編集委員、東大大学院／60歳

〒760-0080 高松市木太町2343-4
木下産業ビル2F ☎087(802)3845

愛媛県 2人

平成28年選挙得票数

	得票数	氏名	党派	(%)
当	326,990	山本 順三	自前	(49.6)
▽	318,561	永江 孝子	無新	(48.3)
	14,013	森田 浩二	諸新	(2.1)

令和元年選挙得票数

	得票数	氏名	党派	(%)
当	335,425	永江 孝子	無新	(56.0)
▽	248,616	らくさぶろう	自新	(41.5)
	14,943	椋本 薫	諸新	(2.5)

やま もと じゅん ぞう
山本順三 自前［安］ H28 当3
愛媛県今治市 S29・10・27
勤17年10ヵ月（初/平16）

予算委員長、国家公安委員長、内閣府特命担当大臣、議運委員長、党県連会長、国交・内閣府・復興副大臣、幹事長代理、決算委員長、国交政務官、県議、早大／67歳

〒794-0005 今治市大新田町2-2-50 ☎0898(31)7800
〒102-0094 千代田区紀尾井町1-15、宿舎

たか こ
ながえ孝子 無新（碧水）R1 当1（初/令元）※
愛媛県 S35・6・15
勤6年（衆3年4ヵ月）

経産委、国家基本委、ODA・沖北特委、衆議院議員1期、南海放送アナウンサー、神戸大学法学部／61歳

〒790-0802 松山市喜与町1-5-4 ☎089(941)8007

福岡県 6人

（平成28、令和元年選挙で定数各1増）

平成28年選挙得票数

	得票数	氏名	党派	(%)
当	670,392	古賀 之士	民新	(30.7)
当	640,473	大家 敏志	自前	(29.3)
当	467,752	高瀬 弘美	公新	(21.4)
▽	195,629	柴田 雅子	共新	(9.0)
	93,683	森上 晋平	お維新	(4.3)
	55,017	竹内 信昭	社新	(2.5)

以下は P267 に掲載

令和元年選挙得票数

	得票数	氏名	党派	(%)
当	583,351	松山 政司	自前	(33.2)
当	401,495	下野 六太	公新	(22.8)
当	365,634	野田 国義	立前	(20.8)
▽	171,436	河野 祥子	共新	(9.8)
▽	143,955	春田久美子	国新	(8.2)
	46,362	川口 尚宏	諸新	(2.6)

以下は P267 に掲載

※平21衆院初当選

こ　が　ゆき　ひと
古賀之士
立新　H28 当1
福岡県久留米市　S34・4・9
勤5年8ヵ月　（初/平28）

行監委理事、財金委、情監審委、党行政改革副部会長、党県連副代表、FBS福岡放送キャスター、明治大／62歳

〒814-0015　福岡市早良区室見5-13-21
アローズ室見駅前201号　☎092(833)2288
〒102-0094　千代田区紀尾井町1-15、宿舎

おお　いえ　さと　し
大家敏志
自前［麻］　H28 当2
福岡県　S42・7・17
勤11年9ヵ月（初/平22）

財務副大臣、党政調副会長、議運筆頭理事、財金委員長、財務大臣政務官、予算委理事、県議、北九州大／54歳

〒805-0019　北九州市八幡東区中央3-8-24　☎093(681)5500
〒100-8962　千代田区永田町2-1-1、会館　☎03(6550)0518

たか　せ　ひろ　み
高瀬弘美
公新　H28 当1
福岡県　S56・12・21
勤5年8ヵ月　（初/平28）

内閣委、行監委、ODA・沖北特委理、党国際局次長、外交副部会長、創価大、米コロンビア大学院／40歳

〒812-0053　福岡市東区箱崎1-2-31-2F　☎092(642)1635

まつ　やま　まさ　じ
松山政司
自前［岸］　R1 当4
福岡県福岡市　S34・1・20
勤20年11ヵ月（初/平13）

環境委、ODA・沖北特委、党外労特委長、一億・内特相、参党政審会長、参党国対委長、外務副大臣、議運委長、経産政務官、日本JC会頭、明治大商／63歳

〒810-0001　福岡市中央区天神3-8-20-1F
☎092(725)7739
〒100-8962　千代田区永田町2-1-1、会館 ☎03(6550)1124

しも　の　ろく　た
下野六太
公新　R1 当1
福岡県北九州市八幡西区 S39・5・1
勤2年8ヵ月　（初/令元）

農水大臣政務官、農水委、国民生活調委、中学校保健体育科教諭、国立福岡教育大学大学院修士課程／57歳

〒812-0873　福岡市博多区西春町3-2-21
島田ビル2F　☎092(558)8910
〒100-8962　千代田区永田町2-1-1、会館 ☎03(6550)0913

の　だ　くに　よし
野田国義
立前　R1 当2(初/平25)※
福岡県　S33・6・3
勤12年1ヵ月(衆3年4ヵ月)

議運委理、国交委、災害特委理、資源エネ調理、行政監視委員長、衆院議員、八女市長(4期)、日大法／63歳

〒834-0031　福岡県八女市本町2-81　☎0943(24)4630
〒102-0094　千代田区紀尾井町1-15、宿舎

※平21衆院初当選

佐賀県　2人

平成28年選挙得票数

	得票数	氏名	党派	得票率
当	251,601	福岡　資麿	自前	(65.6)
▽	119,908	中村　哲治	民元	(31.3)
	12,152	中島　徹	諸新	(3.2)

令和元年選挙得票数

	得票数	氏名	党派	得票率
当	186,209	山下　雄平	自前	(61.6)
▽	115,843	犬塚　直史	国元	(38.4)

ふく おか たか まろ
福岡資麿
自前［茂］H28 当2(初/平22)[※1]
佐賀県　S48・5・9
勤15年8ヵ月（衆3年11ヵ月）

議運委員長、法務委、復興特委、党厚労部会長、内閣府副大臣・政務官、党政調会長・総務会長代理、衆院議員、慶大法／48歳

〒840-0826　佐賀市白山1-4-18　☎0952(20)0111
〒100-8962　千代田区永田町2-1-1、会館　☎03(6550)0919

やま した ゆう へい
山下雄平
自前［茂］　R1 当2
佐賀県唐津市　S54・8・27
勤8年9ヵ月　(初/平25)

予算委理、法務委、憲法審委、党副幹事長、党新聞出版局長、内閣府大臣政務官、日本経済新聞社記者、時事通信社記者、慶大／42歳

〒840-0801　佐賀市駅前中央3-6-11　☎0952(37)8290
〒102-0083　千代田区麹町4-7、宿舎　☎03(3237)0341

長崎県　2人

平成28年選挙得票数

	得票数	氏名	党派	得票率
当	336,612	金子原二郎	自前	(52.9)
▽	285,743	西岡　秀子	民新	(44.9)
	13,936	江夏　正敏	諸新	(2.2)

令和元年選挙得票数

	得票数	氏名	党派	得票率
当	258,109	古賀友一郎	自前	(51.5)
▽	224,022	白川　鮎美	国新	(44.7)
	19,240	神谷幸太郎	諸新	(3.8)

かね こ げん じ ろう
金子原二郎
自前［岸］H28 当2(初/平22)[※2]
長崎県　S19・5・8
勤25年11ヵ月（衆14年2ヵ月）

農林水産大臣、予算委員長、党地方行政調査会長、党水産総合調査会長代行、長崎県知事、建設政務次官、県議、慶大／77歳

〒857-0875　佐世保市下京町3-7DKビル2F　☎0956(23)5151
〒102-0094　千代田区紀尾井町1-15、宿舎

こ が ゆう いち ろう
古賀友一郎
自前［岸］　R1 当2
長崎県諫早市　S42・11・2
勤8年9ヵ月　(初/平25)

党政調副会長、内閣委、決算委理、総務大臣政務官兼内閣府大臣政務官、長崎市副市長、総務省室長、北九州市財政局長、岡山県財政課長、東大法／54歳

〒850-0033　長崎市万才町2-7松本ビル301　☎095(832)6061
〒102-0083　千代田区麹町4-7、宿舎

※1 平17衆院初当選　※2 昭58衆院初当選

熊本県　2人

平成28年選挙得票数

	得票数	氏名	党派	得票率
当	440,607	松村　祥史	自前	(59.1)
▽	269,168	阿部　広美	無新	(36.1)
	20,742	木下　順子	諸新	(2.8)
	14,493	本藤　哲哉	諸新	(1.9)

令和元年選挙得票数

	得票数	氏名	党派	得票率
当	379,223	馬場　成志	自前	(56.4)
▽	262,664	阿部　広美	無新	(39.1)
	30,539	最勝寺辰也	諸新	(4.5)

まつ むら よし ふみ
松村祥史
自前［茂］ H28 当3
熊本県 S39・4・22
勤17年10ヵ月（初／平16）

決算委員長、経産委、議運委員長、経済産業副大臣、党水産部会長、環境委員長、全国商工会顧問、専修大／57歳

〒862-0950 熊本市中央区水前寺6-41-5
千代田レジデンス県庁東101 ☎096(384)4423
〒100-8962 千代田区永田町2-1-1、会館 ☎03(6550)1023

ば ば せい し
馬場成志
自前［岸］ R1 当2
熊本県熊本市 S39・11・30
勤8年9ヵ月（初／平25）

外防委員長、地方・デジ特委、党副幹事長、厚労大臣政務官、党国対副委員長、熊本県議会議長、全国都道府県議長会副会長、市議、県立熊工／57歳

〒861-8045 熊本市東区小山6-2-20 ☎096(388)8855
〒102-0083 千代田区麴町4-7、宿舎

大分県　2人

平成28年選挙得票数

	得票数	氏名	党派	得票率
当	271,783	足立　信也	民前	(48.1)
▽	270,693	古庄　玄知	自新	(47.9)
	22,153	上田　敦子	諸新	(3.9)

令和元年選挙得票数

	得票数	氏名	党派	得票率
当	236,153	安達　澄	無新	(49.6)
▽	219,498	礒崎　陽輔	自前	(46.1)
	20,909	牧原慶一郎	諸新	(4.4)

あ だち しん や
足立信也
国前 H28 当3
大分県大分市 S32・6・5
勤17年10ヵ月（初／平16）

厚労委、倫選特委、憲法審幹事、党参院幹事長、社会保障調査会長、大分県連代表、筑波大学客員教授、元厚労政務官、医博、筑波大／64歳

〒870-0955 大分市下郡南4-2-13
利光ビル2F ☎097(504)8484
〒100-8962 千代田区永田町2-1-1、会館 ☎03(6550)0613

あ だち きよし
安達　澄
無新 R1 当1
大分県別府市 S44・12・14
勤2年8ヵ月（初／令元）

経産委、(株)DMOジャパン代表取締役、朝日新聞社、新日本製鉄(現・日本製鉄)株式会社、上智大／52歳

〒874-0909 大分県別府市田の湯町3-6 ☎0977(76)9008
〒100-8962 千代田区永田町2-1-1、会館 ☎03(6550)0419

※選挙区別の当日有権者数・投票者数・投票率は268頁

宮崎県　2人

	平成28年選挙得票数					令和元年選挙得票数		
当	282,407	松下　新平	自前	(62.0)	当	241,492	長峯　誠	自前	(64.4)
▽	152,470	読谷山洋司	無新	(33.5)	▽	110,782	園生　裕造	立新	(29.5)
	20,354	河野　一郎	諸新	(4.5)		23,002	河野　一郎	諸新	(6.1)

まつした しんぺい
松下新平　自前［無］　H28 当3
宮崎県宮崎市(旧高岡町)　S41・8・18
勤17年10ヵ月　(初/平16)

倫選特委員長、党財金・外交・総務部会長、総務兼内閣府副大臣、国交政務官、ODA特・災害特委長、県議、県職員、法大／55歳

〒880-0813　宮崎市丸島町5-18 平和ビル丸島1F　☎0985(61)1501
〒102-0083　千代田区麹町4-7、宿舎

なが みね まこと
長峯　誠　自前［安］　R1 当2
宮崎県都城市　S44・8・2
勤8年9ヵ月　(初/平25)

党水産部会長、行監委理事、国交委、拉致特委、外防委員長、財務大臣政務官、都城市長、県議、早大政経／52歳

〒880-0805　宮崎市橘通東1-8-11 3F　☎0985(27)7677
〒100-8962　千代田区永田町2-1-1、会館　☎03(6550)0802

鹿児島県　2人

	平成28年選挙得票数					令和元年選挙得票数		
当	438,499	野村　哲郎	自前	(59.0)	当	290,844	尾辻　秀久	自前	(47.4)
▽	216,881	下町　和三	無新	(29.2)	▽	211,301	合原　千尋	無新	(34.4)
	46,096	坂田　英明	無新	(6.2)	▽	112,063	前田　終止	無新	(18.2)
	42,228	松沢　力	諸新	(5.7)					

の むら てつ ろう
野村哲郎　自前［茂］　H28 当3
鹿児島県霧島市　S18・11・20
勤17年10ヵ月　(初/平16)

参党議員副会長、決算委員長、党農林部会長、党政調会長代理、農水委長、参議運庶務小委長、農水政務官、鹿児島県農協中央会常務、ラ・サール高／78歳

〒890-0064　鹿児島市鴨池新町6-5-404　☎099(206)7557
〒100-8962　千代田区永田町2-1-1、会館　☎03(6550)1120

お つじ ひで ひさ
尾辻秀久　自前［茂］　R1 当6
鹿児島県　S15・10・2
勤33年1ヵ月　(初/平1)

党両院議員総会長、懲罰委理、元参議院副議長、党参院議員会長、予算委員長、厚労大臣、財務副大臣、県議、防大、東大中退／81歳

〒890-0064　鹿児島市鴨池新町6-5-603　☎099(214)3754

沖縄県　2人

平成28年選挙得票数				
当	356,355	伊波　洋一	無新	(57.8)
▽	249,955	島尻安伊子	自前	(40.6)
	9,937	金城　竜郎	諸新	(1.6)

令和元年選挙得票数				
当	298,831	高良　鉄美	無新	(53.6)
▽	234,928	安里　繁信	自新	(42.1)
	12,382	玉利　朝輝	無新	(2.2)
	11,662	磯山　秀夫	諸新	(2.1)

伊波洋一（いは よういち）　無新（沖縄）　H28 当1
沖縄県宜野湾市　S27・1・4
勤5年8ヵ月　（初/平28）

外交防衛委、行政監視委、ODA・沖北特委、宜野湾市長、沖縄県議、宜野湾市職員、琉球大／70歳

〒901-2203　沖縄県宜野湾市野嵩2-1-8-101　☎098(892)7734
〒100-8962　千代田区永田町2-1-1、会館　☎03(6550)0519

高良鉄美（たから てつみ）　無新（沖縄）　R1 当1
沖縄県那覇市　S29・1・15
勤2年8ヵ月　（初/令元）

法務委、倫選特委、国際経済調委、琉球大学名誉教授、琉球大学法科大学院院長、琉球大法文学部教授、九州大大学院博士課程／68歳

〒903-0803　沖縄県那覇市首里平良町1-18-102　☎098(885)7171
〒100-8962　千代田区永田町2-1-1、会館　☎03(6550)0712

参議院議員選挙得票数（続き）

第24回選挙（平成28年）

北海道（P235 より）

	29,072	中村　治	諸新	(1.1)
	26,686	飯田　佳宏	無新	(1.0)
	21,006	森山　佳則	諸新	(0.8)
	12,944	水越　寛陽	無新	(0.5)

埼玉県（P241 より）

▽	486,778	伊藤　岳	共新	(15.8)
▽	228,472	沢田　良	お維新	(7.4)
	118,030	佐々木知子	こ新	(3.8)
	27,283	小島　一郎	諸新	(0.9)

東京都（P243 より）

	5,388	犬丸　勝子	諸新	(0.1)
	5,377	大槻　文彦	諸新	(0.1)
	5,184	岩坂　行雄	無新	(0.1)
	5,017	原田　君明	無新	(0.1)
	4,497	深江　孝	諸新	(0.1)
	3,854	ひめじけんじ	諸新	(0.1)
	3,714	鮫島　良司	諸新	(0.1)
	3,296	藤代　洋行	諸新	(0.1)

静岡県（P251 より）

▽	172,382	鈴木　千佳	共新	(10.2)
	54,412	大嶽創太郎	無新	(3.2)
	23,021	江頭　俊満	諸新	(1.4)

愛知県（P252 より）

	59,651	井桁　亮	こ新	(1.8)
	47,088	中根　裕美	諸新	(1.4)

大阪府（P255 より）

	37,913	古川　秀雄	こ新	(1.0)
	36,646	佐野　明美	諸新	(1.0)
	16,532	数森　圭吾	諸新	(0.4)

福岡県（P262 より）

	30,909	石井　英俊	こ新	(1.4)
	16,047	船戸タキ子	無新	(0.7)
	15,743	吉冨　和枝	諸新	(0.7)

第25回選挙（令和元年）

北海道（P235 より）

	23,785	中村　治	諸新	(1.0)
	13,724	森山　佳則	諸新	(0.6)
	10,108	岩瀬　清次	無新	(0.4)

埼玉県（P241 より）

	80,741	佐藤恵理子	諸新	(2.9)
	21,153	鮫島　良司	諸新	(0.8)
	19,515	小島　一郎	諸新	(0.7)

愛知県（P252 より）

	43,756	平山　良平	社新	(1.5)
	32,142	石井　均	無新	(1.1)
	25,219	牛田　宏幸	諸新	(0.9)
	17,905	古川　均	諸新	(0.6)
	16,425	橋本　勉	諸新	(0.6)

大阪府（P255 より）

	129,587	にしゃんた	国新	(3.7)
	43,667	尾崎　全紀	諸新	(1.2)
	14,732	浜田　健	諸新	(0.4)
	11,203	数森　圭吾	諸新	(0.3)
	9,314	足立美生代	諸新	(0.3)
	7,252	佐々木一郎	諸新	(0.2)

広島県（P260 より）

	70,886	高見　篤己	共新	(6.9)
	26,454	加陽　輝実	諸新	(2.6)
	15,253	玉田　憲勲	無新	(1.5)
	12,327	泉　安政	諸新	(1.2)

福岡県（P262 より）

	15,511	本藤　昭子	諸新	(0.9)
	15,380	江夏　正敏	諸新	(0.9)
	14,586	浜武　振一	諸新	(0.8)

※選挙区別の当日有権者数・投票者数・投票率は 268 頁

参議院議員選挙 選挙区別当日有権者数・投票者数・投票率

選挙区	第24回選挙(平成28年7月10日)			第25回選挙(令和元年7月21日)		
	当日有権者数	投票者数	投票率(%)	当日有権者数	投票者数	投票率(%)
北海道	4,613,374	2,619,549	56.78	4,569,237	2,456,307	53.76
青森県	1,140,629	630,882	55.31	1,109,105	476,241	42.94
岩手県	1,092,042	630,961	57.78	1,066,495	603,115	56.55
宮城県	1,947,737	1,020,380	52.39	1,942,518	993,990	51.17
秋田県	897,614	546,353	60.87	864,562	486,653	56.29
山形県	952,172	592,418	62.22	925,158	561,961	60.74
福島県	1,637,954	935,612	57.12	1,600,928	839,115	52.41
茨城県	2,457,957	1,248,026	50.77	2,431,531	1,094,580	45.02
栃木県	1,653,308	849,497	51.38	1,634,678	721,568	44.14
群馬県	1,650,035	833,437	50.51	1,630,505	785,514	48.18
埼玉県	6,069,018	3,152,336	51.94	6,121,021	2,845,047	46.48
千葉県	5,201,477	2,705,717	52.02	5,244,929	2,374,964	45.28
東京都	11,157,991	6,415,554	57.50	11,396,789	5,900,049	51.77
神奈川県	7,577,073	4,202,475	55.46	7,651,249	3,728,103	48.73
新潟県	1,959,714	1,171,287	59.77	1,919,522	1,061,606	55.31
富山県	904,805	503,153	55.61	891,171	417,762	46.88
石川県	960,487	546,304	56.88	952,304	447,560	47.00
福井県	657,443	371,429	56.50	646,976	308,201	47.64
山梨県	705,769	415,188	58.83	693,775	357,741	51.56
長野県	1,770,348	1,112,858	62.86	1,744,373	947,069	54.29
岐阜県	1,699,228	981,218	57.74	1,673,778	853,555	51.00
静岡県	3,111,085	1,734,621	55.76	3,074,712	1,551,423	50.46
愛知県	6,074,520	3,366,173	55.41	6,119,143	2,948,450	48.18
三重県	1,518,247	907,077	59.75	1,496,659	773,570	51.69
滋賀県	1,149,277	649,532	56.52	1,154,433	599,882	51.96
京都府	2,132,372	1,090,830	51.16	2,126,435	987,180	46.42
大阪府	7,292,841	3,809,288	52.23	7,311,131	3,555,053	48.63
兵庫県	4,631,741	2,488,871	53.74	4,603,272	2,237,085	48.60
奈良県	1,163,136	661,743	56.89	1,149,183	569,173	49.53
和歌山県	838,098	463,357	55.29	816,550	411,689	50.42
鳥取県・島根県	1,070,057	636,932	59.52	1,048,600	547,406	52.20
鳥取	483,895	272,355	56.28	474,342	237,076	49.98
島根	586,162	364,577	62.20	574,258	310,330	54.04
岡山県	1,599,520	813,484	50.86	1,587,953	715,907	45.08
広島県	2,363,368	1,171,849	49.58	2,346,879	1,048,374	44.67
山口県	1,191,751	635,822	53.35	1,162,683	550,186	47.32
徳島県・高知県	1,279,900	592,092	46.26	1,247,237	528,657	42.39
徳島	651,552	306,089	46.98	636,739	245,745	38.59
高知	628,348	286,003	45.52	610,498	282,912	46.34
香川県	834,059	417,392	50.04	825,466	373,999	45.31
愛媛県	1,188,362	669,772	56.36	1,161,978	608,817	52.39
福岡県	4,224,093	2,232,596	52.85	4,225,217	1,810,510	42.85
佐賀県	693,811	393,345	56.69	683,956	309,459	45.25
長崎県	1,167,985	652,745	55.89	1,137,066	516,939	45.46
熊本県	1,500,518	772,157	51.46	1,471,767	695,050	47.23
大分県	989,619	577,747	58.38	969,453	489,974	50.54
宮崎県	936,443	465,962	49.76	920,474	384,656	41.79
鹿児島県	1,395,089	779,229	55.86	1,371,428	627,480	45.75
沖縄県	1,150,806	626,755	54.46	1,163,784	570,305	49.00
合計	106,202,873	58,094,005	54.70	105,886,063	51,671,922	48.80

参議院常任・特別委員一覧（令和4年1月17日現在）

【常任委員会】

内閣委員(21)
(自10)(立4)(公2)
(国1)(維2)(共2)

長	**徳茂雅之**	自
理	太田房江	自
理	上月良祐	自
理	江崎孝	立
理	浜田昌良	公
理	礒﨑哲史	国
	赤池誠章	自
	有村治子	自
	磯﨑仁彦	自
	古賀友一郎	自
	高野光二郎	自
	山田太郎	自
	山谷えり子	自
	石川大我	立
	塩村あやか	立
	杉尾秀哉	立
	高瀬弘美	公
	柴田巧	維
	高木かおり	維
	市田忠義	共
	田村智子	共

総務委員(25)
(自11)(立5)(公3)
(国2)(維2)(共1)(欠1)

長	**平木大作**	公
理	滝波宏文	自
理	柘植芳文	自
理	木戸口英司	立
理	若松謙維	公
理	柳ヶ瀬裕文	維
	石井浩郎	自
	江島潔	自
	片山さつき	自
	中西祐介	自
	堀井巌	自
	舞立昇治	自
	松下新平	自
	三浦靖	自
	山本順三	自
	小沢雅仁	立
	岸真紀子	立
	吉川沙織	立
	吉田忠智	立
	西田実仁	公
	小林正夫	国
	芳賀道也	国
	片山虎之助	維
	伊藤岳	共

法務委員(21)
(自9)(立2)(公3)(国1)(維1)
(共1)(沖1)(碧1)(無2)

長	**矢倉克夫**	公
理	清水真人	自
理	有田芳生	立
理	安江伸夫	公
	岡田広	自
	加田裕之	自
	高橋克法	自
	中川雅治	自
	福岡資麿	自
	森まさこ	自
	山崎正昭	自
	山下雄平	自
	真山勇一	立
	石川博崇	公
	川合孝典	国
	東徹	維
	山添拓	共
	高良鉄美	沖
	嘉田由紀子	碧
	小川敏夫	無
	山東昭子	無

外交防衛委員(21)
(自9)(立4)(公2)(国1)
(維2)(共1)(沖1)(欠1)

長	**馬場成志**	自
理	宇都隆史	自
理	和田政宗	自
理	小西洋之	立
理	高橋光男	公
理	井上哲士	共
	岩本剛人	自
	佐藤正久	自
	武見敬三	自
	中曽根弘文	自
	松川るい	自
	三宅伸吾	自
	田島麻衣子	立
	羽田次郎	立
	福山哲郎	立
	山口那津男	公
	上田清司	国
	音喜多駿	維
	鈴木宗男	維
	伊波洋一	沖

㊤=委員長・会長、㊥=理事、㊙=幹事、議員氏名の右は会派名

財政金融委員(25)

(自12)(立5)(公2)(国1)
(維1)(共2)(み2)

[長]	豊田 俊郎	自
[理]	西田 昌司	自
[理]	藤末 健三	自
[理]	森屋 宏	自
[理]	牧山 ひろえ	立
[理]	山本 博司	公
	大家 敏志	自
	岡田 直樹	自
	櫻井 充	自
	自見 はなこ	自
	末松 信介	自
	藤川 政人	自
	宮沢 洋一	自
	宮島 喜文	自
	勝部 賢志	立
	熊谷 裕人	立
	古賀 之士	立
	難波 奨二	立
	杉 久武	公
	大塚 耕平	国
	浅田 均	維
	小池 晃	共
	大門 実紀史	共
	浜田 聡	み
	渡辺 喜美	み

文教科学委員(20)

(自9)(立4)(公2)(国1)
(維1)(共1)(れ1)(欠1)

[長]	元榮 太一郎	自
[理]	今井 絵理子	自
[理]	上野 通子	自
[理]	堂故 茂	自
[理]	宮沢 由佳	立
	世耕 弘成	自
	高橋 はるみ	自
	竹内 功	自
	丸川 珠代	自
	水落 敏栄	自
	水岡 俊一	立
	宮口 治子	立
	蓮 舫	立
	佐々木 さやか	公
	横山 信一	公
	伊藤 孝恵	国
	片山 大介	維
	吉良 よし子	共
	舩後 靖彦	れ

厚生労働委員(25)

(自12)(立5)(公3)
(国2)(維2)(共1)

[長]	山田 宏	自
[理]	石田 昌宏	自
[理]	小川 克巳	自
[理]	川田 龍平	立
[理]	山本 香苗	公
[理]	田村 まみ	国
	衛藤 晟一	自
	島村 大	自
	そのだ 修光	自
	羽生田 俊	自
	比嘉 奈津美	自
	藤井 基之	自
	古川 俊治	自
	本田 顕子	自
	三原 じゅん子	自
	石垣 のりこ	立
	打越 さく良	立
	福島 みずほ	立
	森屋 隆	立
	秋野 公造	公
	竹谷 とし子	公
	足立 信也	国
	石井 苗子	維
	梅村 聡	維
	倉林 明子	共

農林水産委員(21)

(自10)(立4)(公3)
(国1)(維1)(共1)(無1)

[長]	長谷川 岳	自
[理]	酒井 庸行	自
[理]	藤木 眞也	自
[理]	山田 俊男	自
[理]	田名部 匡代	立
[理]	紙 智子	共
	小野田 紀美	自
	佐藤 啓	自
	進藤 金日子	自
	野上 浩太郎	自
	野村 哲郎	自
	宮崎 雅夫	自
	小沼 巧	立
	郡司 彰	立
	横沢 高徳	立
	熊野 正士	公
	下野 六太	公
	谷合 正明	公
	舟山 康江	国
	梅村 みずほ	維
	須藤 元気	無

経済産業委員(21)

(自9)(立3)(公3)(国2)
(維1)(共1)(碧1)(無1)

役職	氏名	会派
(長)	**石橋　通宏**	立
(理)	青山　繁晴	自
(理)	矢田　わか子	国
(理)	山崎　真之輔	国
(理)	岩渕　友	共
	阿達　雅志	自
	石井　正弘	自
	金子　原二郎	自
	北村　経夫	自
	中西　哲	自
	松村　祥史	自
	宮本　周司	自
	吉川　ゆうみ	自
	森　ゆうこ	立
	森本　真治	立
	河野　義博	公
	里見　隆治	公
	三浦　信祐	公
	石井　章	維
	ながえ　孝子	碧
	安達　澄	無

国土交通委員(25)

(自11)(立5)(公3)(国3)
(維1)(共1)(れ1)

役職	氏名	会派
(長)	**斎藤　嘉隆**	立
(理)	足立　敏之	自
(理)	大野　泰正	自
(理)	長浜　博行	立
(理)	塩田　博昭	公
(理)	浜口　誠	国
	青木　一彦	自
	朝日　健太郎	自
	こやり　隆史	自
	佐藤　信秋	自
	鶴保　庸介	自
	長峯　誠	自
	牧野　たかお	自
	増子　輝彦	自
	渡辺　猛之	自
	野田　国義	立
	白　眞勲	立
	鉢呂　吉雄	立
	伊藤　孝江	公
	竹内　真二	公
	榛葉　賀津也	国
	浜野　喜史	国
	室井　邦彦	維
	武田　良介	共
	木村　英子	れ

環境委員(20)

(自8)(立4)(公2)
(国1)(維1)(共1)(無3)

役職	氏名	会派
(長)	**徳永　エリ**	立
(理)	滝沢　求	自
(理)	三木　亨	自
(理)	青木　愛	立
	石井　準一	自
	猪口　邦子	自
	尾辻　秀久	自
	関口　昌一	自
	二之湯　智	自
	松山　政司	自
	芝　博一	立
	那谷屋　正義	立
	新妻　秀規	公
	宮崎　勝	公
	柳田　稔	国
	清水　貴之	維
	山下　芳生	共
	寺田　静	無
	橋本　聖子	無
	平山　佐知子	無

国家基本政策委員(20)

(自8)(立3)(公2)(国3)
(維1)(共1)(れ1)(碧1)

役職	氏名	会派
(長)	**上田　清司**	国
(理)	衛藤　晟一	自
	赤池　誠章	自
	石井　正弘	自
	大家　敏志	自
	中西　祐介	自
	野村　哲郎	自
	三浦　靖	自
	渡辺　猛之	自
	郡司　彰	立
	難波　奨二	立
	福山　哲郎	立
	谷合　正明	公
	山口　那津男	公
	足立　信也	国
	小林　正夫	国
	浅田　均	維
	小池　晃	共
	木村　英子	れ
	ながえ　孝子	碧

予算委員(45)

(自22)(立9)(公5)
(国3)(維3)(共3)

役職	氏名	会派
(長)	**山本　順三**	自
(理)	こやり　隆史	自
(理)	藤川　政人	自
(理)	堀井　巌	自
(理)	山下　雄平	自
(理)	白　眞勲	立
(理)	森本　真治	立

- (理) 杉久武 公
- (理) 山添拓 共
- 青山繁晴 自
- 上野通子 自
- 小川克巳 自
- 岡田広 自
- 片山さつき 自
- 佐藤正久 自
- 進藤金日子 自
- 滝波宏文 自
- 比嘉奈津美 自
- 藤木眞也 自
- 丸川珠代 自
- 三木亨 自
- 宮島喜文 自
- 宮本周司 自
- 森屋宏 自
- 山谷えり子 自
- 和田政宗 自
- 石垣のりこ 立
- 打越さく良 立
- 熊谷裕人 立
- 小西洋之 立
- 田島麻衣子 立
- 福島みずほ 立
- 森屋隆 立
- 矢倉克夫 公
- 安江伸夫 公
- 山本香苗 公
- 若松謙維 公
- 礒﨑哲史 国
- 田村まみ 国
- 浜口誠 国
- 音喜多駿 維
- 片山大介 維
- 柳ヶ瀬裕文 維
- 伊藤岳 共
- 田村智子 共

決算委員(30)

(自15)(立6)(公4)(国1)(維2)(共2)

- (長) **松村祥史** 自
- (理) 古賀友一郎 自
- (理) 羽生田俊 自
- (理) 牧野たかお 自
- (理) 杉尾秀哉 立
- (理) 宮崎勝 公
- (理) 芳賀道也 国
- 足立敏之 自
- 今井絵理子 自
- 宇都隆史 自
- 大野泰正 自
- 太田房江 自
- 酒井庸行 自
- 滝沢求 自
- 中川雅治 自
- 西田昌司 自
- 森まさこ 自
- 山田俊男 自
- 小沼巧 立
- 勝部賢志 立
- 川田龍平 立
- 塩村あやか 立
- 羽田次郎 立
- 佐々木さやか 公
- 竹内真二 公
- 平木大作 公
- 梅村みずほ 維
- 柴田巧 維
- 岩渕友 共
- 武田良介 共

行政監視委員(35)

(自15)(立8)(公5)(国2)(維2)(共1)(沖1)(み1)

- (長) **吉田忠智** 立
- (理) 北村経夫 自
- (理) そのだ修光 自
- (理) 長峯誠 自
- (理) 古賀之士 立
- (理) 横山信一 公
- (理) 吉良よし子 共
- 阿達雅志 自
- 有村治子 自
- 石田昌宏 自
- 猪口邦子 自
- 小野田紀美 自
- 武見敬三 自
- 柘植芳文 自
- 堂故茂 自
- 中西哲 自
- 藤末健三 自
- 松下新平 自
- 三原じゅん子 自
- 石川大我 立
- 石橋通宏 立
- 江崎孝 立
- 小沢雅仁 立
- 岸真紀子 立
- 蓮舫 立
- 高瀬弘美 公
- 西田実仁 公
- 浜田昌良 公
- 三浦信祐 公
- 伊藤孝恵 国
- 大塚耕平 国
- 清水貴之 維
- 鈴木宗男 維
- 伊波洋一 沖
- 浜田聡 み

議院運営委員(25)
(自12)(立5)(公3)
(国2)(維2)(共1)

(長) 福岡 資麿 自
(理) 江島 潔 自
(理) 高野 光二郎 自
(理) 舞立 昇治 自
(理) 野田 国義 立
(理) 吉川 沙織 立
(理) 河野 義博 公
(理) 浜野 喜史 国
(理) 東 徹 維
(理) 倉林 明子 共
朝日 健太郎 自
石井 浩郎 自
佐藤 啓 自
清水 真人 自
自見 はなこ 自
竹内 功 自
本田 顕子 自
松川 るい 自
長浜 博行 立
宮口 治子 立
横沢 高徳 立
塩田 博昭 公
高橋 光男 公
山崎 真之輔 国
石井 章 維

懲罰委員(10)
(自5)(立1)(公1)
(国1)(維1)(共1)

(長) 室井 邦彦 維
(理) 尾辻 秀久 自
(理) 野上 浩太郎 自
世耕 弘成 自
関口 昌一 自
藤井 基之 自
水岡 俊一 立
山本 博司 公
榛葉 賀津也 国
市田 忠義 共

【特別委員会】

災害対策特別委員(20)
(自9)(立4)(公3)
(国1)(維1)(共1)(碧1)

(長) 佐々木 さやか 公
(理) 足立 敏之 自
(理) そのだ 修光 自
(理) 野田 国義 立
(理) 竹谷 とし子 公
大野 泰正 自
酒井 庸行 自
自見 はなこ 自
滝沢 求 自
野村 哲郎 自
藤木 眞也 自
森屋 宏 自
小沼 巧 立
熊谷 裕人 立
塩村 あやか 立
塩田 博昭 公
小林 正夫 国
室井 邦彦 維
武田 良介 共
嘉田 由紀子 碧

政府開発援助等及び沖縄・北方問題に関する特別委員(35)
(自17)(立6)(公3)(国2)
(維3)(共2)(沖1)(碧1)

(長) 青木 一彦 自
(理) 青山 繁晴 自
(理) 今井 絵理子 自
(理) 北村 経夫 自
(理) 勝部 賢志 立
(理) 高瀬 弘美 公
(理) 大塚 耕平 国
(理) 清水 貴之 維
有村 治子 自
石田 昌宏 自
猪口 邦子 自
小川 克巳 自
加田 裕之 自
佐藤 正久 自
滝沢 求 自
鶴保 庸介 自
比嘉 奈津美 自
藤井 基之 自
本田 顕子 自
松山 政司 自
山本 順三 自
石川 大我 立
田島 麻衣子 立
徳永 エリ 立
長浜 博行 立
吉田 忠智 立
河野 義博 公
宮崎 勝 公
榛葉 賀津也 国
石井 苗子 維
鈴木 宗男 維
井上 哲士 共
紙 智子 共
伊波 洋一 沖
ながえ 孝子 碧

政治倫理の確立及び選挙制度に関する特別委員(35)
(自17)(立6)(公4)
(国3)(維2)(共2)(沖1)

(長) 松下 新平 自
(理) 石井 準一 自
(理) 古賀 友一郎 自
(理) 西田 昌司 自

(理) 牧山ひろえ 立
(理) 谷合正明 公
(理) 伊藤孝恵 国
(理) 梅村聡 維
岩本剛人 自
北村経夫 自
上月良祐 自
竹内功 自
武見敬三 自
柘植芳文 自
徳茂雅之 自
長峯誠 自
比嘉奈津美 自
藤末健三 自
三原じゅん子 自
森屋宏 自
山下雄平 自
青木愛 立
小西洋之 立
鉢呂吉雄 立
宮口治子 立
吉川沙織 立
里見隆治 公
杉久武 公
山本博司 公
足立信也 国
山崎真之輔 国
石井章 維
井上哲士 共
山下芳生 共
高良鉄美 沖

北朝鮮による拉致問題等に関する特別委員(20)

(自9)(立4)(公2)(国1)
(維1)(共1)(れ1)(み1)

(長) **山谷えり子** 自
(理) 清水真人 自
(理) 宮本周司 自
(理) 森ゆうこ 立
(理) 三浦信祐 公
衛藤晟一 自
岡田広 自
島村大 自
豊田俊郎 自
長峯誠 自
丸川珠代 自
有田芳生 立
打越さく良 立
白眞勲 立
竹内真二 公
柳田稔 国
東徹 維
武田良介 共
舩後靖彦 れ
浜田聡 み

地方創生及びデジタル社会の形成等に関する特別委員(20)

(自9)(立4)(公3)
(国1)(維2)(共1)

(長) **古川俊治** 自
(理) 太田房江 自
(理) 三木亨 自
(理) 真山勇一 立
(理) 高橋光男 公
進藤金日子 自
馬場成志 自
堀井巌 自
本田顕子 自
宮崎雅夫 自
山田俊男 自
岸真紀子 立
斎藤嘉隆 立
森屋隆 立
秋野公造 公
矢倉克夫 公
礒崎哲史 国
高木かおり 維
柳ヶ瀬裕文 維
伊藤岳 共

消費者問題に関する特別委員(20)

(自9)(立4)(公3)
(国2)(維1)(共1)

(長) **舟山康江** 国
(理) 阿達雅志 自
(理) 上野通子 自
(理) 川田龍平 立
(理) 安江伸夫 公
大野泰正 自
高橋克法 自
高橋はるみ 自
藤井基之 自
藤末健三 自
三原じゅん子 自
山田太郎 自
羽田次郎 立
福島みずほ 立
宮沢由佳 立
熊野正士 公
平木大作 公
田村まみ 国
音喜多駿 維
大門実紀史 共

東日本大震災復興特別委員(35)

(自17)(立7)(公4)
(国3)(維2)(共2)

(長) **那谷屋正義** 立
(理) 小野田紀美 自
(理) 進藤金日子 自

㊊ 羽生田　俊 自
㊊ 江崎　孝 立
㊊ 横山　信一 公
㊊ 芳賀　道也 国
㊊ 梅村　みずほ 維
朝日　健太郎 自
石田　昌宏 自
片山　さつき 自
佐藤　啓 自
酒井　庸行 自
そのだ　修光 自
滝波　宏文 自
堂故　茂 自
福岡　資麿 自
増子　輝彦 自
宮島　喜文 自
宮本　周司 自
森　まさこ 自
和田　政宗 自
石垣　のりこ 立
小沢　雅仁 立
木戸口　英司 立
田名部　匡代 立
横沢　高徳 立
石川　博崇 公
新妻　秀規 公
若松　謙維 公
浜野　喜史 国
矢田　わか子 国
清水　貴之 維
岩渕　友 共
紙　智子 共

【調査会】

国際経済・外交に関する調査会委員(25)

(自12)(立5)(公3)(国1)
(維1)(共1)(沖1)(碧1)

㊎ **鶴保　庸介** 自
㊊ 朝日　健太郎 自
㊊ 柘植　芳文 自
㊊ 松川　るい 自
㊊ 森本　真治 立
㊊ 高橋　光男 公
㊊ 川合　孝典 国
㊊ 柳ヶ瀬　裕文 維
㊊ 伊藤　岳 共
猪口　邦子 自
今井　絵理子 自
宇都　隆史 自
上野　通子 自
小野田　紀美 自
太田　房江 自
森　まさこ 自
吉川　ゆうみ 自
石川　大我 立
小沼　巧 立
田島　麻衣子 立

横沢　高徳 立
熊野　正士 公
宮崎　勝 公
高良　鉄美 沖
ながえ　孝子 碧

国民生活・経済に関する調査会委員(25)

(自11)(立5)(公3)
(国2)(維2)(共1)(み1)

㊎ **芝　博一** 立
㊊ 小川　克巳 自
㊊ 中西　哲 自
㊊ 和田　政宗 自
㊊ 牧山　ひろえ 立
㊊ 安江　伸夫 公
㊊ 大塚　耕平 国
㊊ 岩渕　友 共
足立　敏之 自
高橋　克法 自
堂故　茂 自
羽生田　俊 自
藤川　政人 自
三宅　伸吾 自
山田　太郎 自
山田　俊男 自
石垣　のりこ 立
勝部　賢志 立
宮口　治子 立
佐々木　さやか 公
下野　六太 公
伊藤　孝恵 国
梅村　みずほ 維
片山　大介 維
浜田　聡 み

資源エネルギーに関する調査会委員(25)

(自12)(立4)(公3)
(国2)(維2)(共2)

㊎ **宮沢　洋一** 自
㊊ こやり　隆史 自
㊊ 滝波　宏文 自
㊊ 宮島　喜文 自
㊊ 野田　国義 立
㊊ 塩田　博昭 公
㊊ 田村　まみ 国
㊊ 梅村　聡 維
㊊ 山添　拓 共
阿達　雅志 自
佐藤　啓 自
自見　はなこ 自
高野　光二郎 自
高橋　はるみ 自
藤木　眞也 自
三浦　靖 自
宮崎　雅夫 自
岸　真紀子 立
塩村　あやか 立
森屋　隆 立

河野 義博 公
杉 久武 公
舟山 康江 国
音喜多 駿 維
市田 忠義 共

【憲法審査会】

憲法審査会委員(45)

(自21)(立9)(公5)
(国3)(維3)(共3)(み1)

(長) 中川 雅治 自
(幹) 有村 治子 自
(幹) 石井 準一 自
(幹) 西田 昌司 自
(幹) 藤末 健三 自
(幹) 熊谷 裕人 立
(幹) 小西 洋之 立
(幹) 西田 実仁 公
(幹) 足立 信也 国
(幹) 山添 拓 共
青山 繁晴 自
衛藤 晟一 自
岡田 広 自
片山 さつき 自
古賀 友一郎 自
上月 良祐 自
佐藤 正久 自
中曽根 弘文 自
古川 俊治 自
堀井 巌 自
舞立 昇治 自
丸川 珠代 自
元榮 太一郎 自
山下 雄平 自
山田 宏 自
山谷 えり子 自
有田 芳生 立
打越 さく良 立
小沢 雅仁 立
杉尾 秀哉 立
羽田 次郎 立
白 眞勲 立
福島 みずほ 立
伊藤 孝江 公
平木 大作 公
矢倉 克夫 公
山本 香苗 公
川合 孝典 国
矢田 わか子 国
浅田 均 維
柴田 巧 維
高木 かおり 維
吉良 よし子 共
山下 芳生 共
渡辺 喜美 み

【情報監視審査会】

情報監視審査会委員(8)

(自4)(立2)(公1)(国1)

(長) 水落 敏栄 自
猪口 邦子 自
こやり 隆史 自
堀井 巌 自
古賀 之士 立
牧山 ひろえ 立
浜田 昌良 公
浜口 誠 国

【政治倫理審査会】

政治倫理審査会委員(15)

(自7)(立3)(公2)
(国1)(維1)(共1)

(長) 岡田 広 自
(幹) 野上 浩太郎 自
(幹) 牧野 たかお 自
(幹) 森本 真治 立
岡田 直樹 自
世耕 弘成 自
関口 昌一 自
西田 昌司 自
斎藤 嘉隆 立
長浜 博行 立
谷合 正明 公
山本 博司 公
小林 正夫 国
石井 苗子 維
市田 忠義 共

会派名の表記は下記の通り。
自＝自由民主党・国民の声
立＝立憲民主・社民
公＝公明党
国＝国民民主党・新緑風会
維＝日本維新の会
共＝日本共産党
沖＝沖縄の風
れ＝れいわ新選組
碧＝碧水会
み＝みんなの党
無＝各派に属しない議員
欠＝欠員

各政党役員一覧

（令和4年1月17日現在）

自由民主党

（昭和30年11月15日結成）

〒100-8910 千代田区永田町1-11-23
☎03-3581-6211

総裁　岸田文雄
副総裁　麻生太郎
幹事長　茂木敏充
幹事長代行　梶山弘志
幹事長代理　田中和徳
同　上川陽子
同　石井準一
副幹事長　西村明宏(筆頭)、坂本哲志、永岡桂子、鷲尾英一郎、亀岡偉民、松本洋平、大西英男、井上貴博、門山宏哲、笹川博義、藤井比早之、秋本真利、新谷正義、辻　清人、金子俊平、石井浩郎、北村経夫、森屋　宏、大野泰正、堀井　巌、舞立昇治、山下雄平、本田顕子
人事局長　山田俊男
経理局長　渡辺博道
情報調査局長　秋葉賢也
国際局長　平沢勝栄
財務委員長　塩谷　立
両院議員総会長　尾辻秀久
衆議院議員総会長　船田　元
党紀委員長　衛藤晟一
中央政治大学院長　下村博文
組織運動本部長　小渕優子
同本部長代理　坂本哲志、橘慶一郎、佐藤正久
団体総局長　齋藤　健
法務・自治関係団体委員長　高木宏壽
財政・金融・証券関係団体委員長　古川　康
教育・文化・スポーツ関係団体委員長　三谷英弘
社会教育・宗教関係団体委員長　小林茂樹
厚生関係団体委員長　長坂康正
環境関係団体委員長　三木　亨
労働関係団体委員長　吉川　赳
農林水産関係団体委員長　中川郁子
商工・中小企業関係団体委員長　鈴木隼人
運輸・交通関係団体委員長　鈴木憲和
情報・通信関係団体委員長　尾身朝子
国土・建設関係団体委員長　斎藤洋明
安全保障関係団体委員長　松川るい
生活安全関係団体委員長　杉田水脈
NPO・NGO関係団体委員長　谷川とむ
地方組織・議員総局長　尾﨑正直
女性局長　自見はなこ
青年局長　小倉將信
労政局長　森　英介
遊説局長　和田義明
広報本部長　河野太郎
同本部長代理　小野寺五典、平井卓也、井上信治、柴山昌彦、北村経夫
広報戦略局長　松本洋平
ネットメディア局長　平　将明
新聞出版局長　山下雄平
報道局長　鈴木淳司
国会対策委員長　髙木　毅
委員長代理　御法川信英
副委員長　盛山正仁（筆頭)、丹羽秀樹、石原宏高、伊東良孝、八木哲也、三ッ林裕巳、大串正樹、山田賢司、佐々木紀、武井俊輔、中谷真一、井野俊郎、青山周平、牧野たかお、藤川政人
総務会長　福田達夫
会長代行　森山　裕
会長代理　江﨑鐵磨、小泉進次郎、片山さつき
副会長　下村博文、棚橋泰文、柘植芳文、丸川珠代
総務　畦元将吾、江渡聡徳、衛藤征士郎、小林茂樹、後藤田正純、坂井　学、柴山昌彦、中西健治、西田昭二、野中厚、和田義明、佐藤信秋、武見敬三、中曽根弘文、羽生田　俊、宮沢洋一

政務調査会長　高市早苗
会長代行　古屋圭司
会長代理　新藤義孝、谷公一、江藤　拓、伊藤信太郎、宮下一郎、葉梨康弘、髙鳥修一、西田昌司、宇都隆史
副会長　木原　稔（事務局長）、勝俣孝明、上野通子、長谷川　岳、古賀友一郎

部会長

内閣第一部会長　工藤彰三
〃部会長代理　星野剛士、今井絵理子
内閣第二部会長　太田房江
〃部会長代理　今枝宗一郎、佐藤　啓
国防部会長　宮澤博行
〃部会長代理　辻　清人、松川るい
総務部会長　田所嘉德
〃部会長代理　武村展英、柘植芳文
法務部会長　山田美樹
〃部会長代理　熊田裕通、堀井巌
外交部会長　佐藤正久
〃部会長代理　藤丸　敏、阿達雅志
財務金融部会長　井林辰憲
〃部会長代理　神田憲次、北村経夫
文部科学部会長　山本ともひろ
〃部会長代理　宮内秀樹、宮島喜文
厚生労働部会長　牧原秀樹
〃部会長代理　大串正樹、井出庸生、羽生田　俊
農林部会長　簗　和生
〃部会長代理　根本幸典、進藤金日子
水産部会長　長峯　誠
〃部会長代理　堀井　学、舞立昇治
経済産業部会長　石川昭政
〃部会長代理　國場幸之助、青山繁晴
国土交通部会長　小島敏文
〃部会長代理　宮﨑政久、足立敏之
環境部会長　滝沢　求
〃部会長代理　菅家一郎、三木亨

調査会長

税制調査会長　宮沢洋一
選挙制度調査会長　逢沢一郎
科学技術・イノベーション戦略調査会長　渡海紀三朗
ITS推進・道路調査会長　石田真敏
治安・テロ対策調査会長　岩屋　毅
沖縄振興調査会長　小渕優子
消費者問題調査会長　船田　元
障害児者問題調査会長　田村憲久
雇用問題調査会長　塩谷　立
総合農林政策調査会長　江藤　拓
水産総合調査会長　浜田靖一
金融調査会長　片山さつき
知的財産戦略調査会長　藤井基之
中小企業・小規模事業者政策調査会長　根本　匠
国際協力調査会長　松本剛明
司法制度調査会長　森　英介
スポーツ立国調査会長　遠藤利明
環境・温暖化対策調査会長　井上信治
住宅土地・都市政策調査会長　松島みどり
文化立国調査会長　山谷えり子
食育調査会長　土屋品子
観光立国調査会長　林　幹雄
青少年健全育成推進調査会長　中曽根弘文
外交調査会長　衛藤征士郎
安全保障調査会長　小野寺五典
社会保障制度調査会長　加藤勝信
総合エネルギー戦略調査会長　額賀福志郎
情報通信戦略調査会長　佐藤　勉
整備新幹線等鉄道調査会長　稲田朋美
競争政策調査会長　伊藤達也
地方行政調査会長　佐藤信秋
教育・人材力強化調査会長　柴山昌彦
物流調査会長　今村雅弘
少子化対策調査会長　衛藤晟一

特別委員長

過疎対策特別委員長　谷　公一
外国人労働者等特別委員長　松山政司
たばこ特別委員長　江渡聡徳
捕鯨対策特別委員長　鶴保庸介
災害対策特別委員長　武田良太
再犯防止推進特別委員長　渡辺博道
国際保健戦略特別委員長　武見敬三
宇宙・海洋開発特別委員長　新藤義孝
超電導リニア鉄道に関する特別委員長　古屋圭司
航空政策特別委員長　西村明宏
海運・造船対策特別委員長　村上誠一郎
都市公園緑地対策特別委員長　江﨑鐵磨
山村振興特別委員長　奥野信亮
離島振興特別委員長　谷川弥一
半島振興特別委員長　北村誠吾
インフラシステム輸出総合戦略特別委員長　二階俊博
原子力規制に関する特別委員長　鈴木淳司
鳥獣被害対策特別委員長　武藤容治
奄美振興特別委員長　尾辻秀久
クールジャパン戦略推進特別委員長　世耕弘成
領土に関する特別委員長　秋葉賢也
北海道総合開発特別委員長　伊東良孝
交通安全対策特別委員長　田中和徳
下水道・浄化槽対策特別委員長　山本有二
社会的事業推進特別委員長　橋　慶一郎
所有者不明土地等に関する特別委員長　土井　亨
女性活躍推進特別委員長　丸川珠代

特命委員長

郵政事業に関する特命委員長　森山　裕
戦没者遺骨帰還に関する特命委員長　水落敏栄
日本の名誉と信頼を回復するための特命委員長　有村治子
性的指向・性自認に関する特命委員長　髙階恵美子
虐待等に関する特命委員長　平沢勝栄
安全保障と土地法制に関する特命委員長　北村経夫
医療情報政策・ゲノム医療推進特命委員長　古川俊治
差別問題に関する特命委員長　小林茂樹
PFI推進特命委員長　櫻田義孝
日本Well-being計画推進特命委員長　上野通子
孤独・孤立対策特命委員長　坂本哲志
ベビーシッター・家政士活動推進特命委員長　あべ俊子

本部長・PT座長

経済成長戦略本部長　小里泰弘
財政政策検討本部長　西田昌司
人生100年時代戦略本部長　上川陽子
新型コロナウイルス等感染症対策本部長　西村康稔
経済安全保障対策本部長　高市早苗
デジタル社会推進本部長　平井卓也
自由で開かれたインド太平洋戦略本部長　麻生太郎
社会機能移転分散型国づくり推進本部長　高市早苗
有明海・八代海再生PT座長　松村祥史
終末期医療に関する検討PT座長　山口俊一
子どもの元気！農村漁村で育むPT座長　齋藤　健
二輪車問題対策PT座長　三原じゅん子
選挙対策委員長　遠藤利明

参議院自由民主党

参議院議員会長　関口昌一
副会長　有村治子
同　野村哲郎
参議院幹事長　世耕弘成
幹事長代行　野上浩太郎
幹事長代理　石井準一
副幹事長　石井浩郎、北村経夫、森屋　宏、大野泰正、堀井　巌、舞立昇治、山下雄平、太田房江、本田顕子、清水真人
参議院政策審議会長　藤井基之
会長代理　西田昌司
同　宇都隆史
副会長　上野通子、長谷川　岳、古賀友一郎、羽生田　俊、三木　亨、小野田紀美
参議院国会対策委員長　岡田直樹
委員長代行　牧野たかお
委員長代理　藤川政人
副委員長　高橋克法、酒井庸行、堂故　茂、上月良祐、石田昌宏、宮本周司、滝波宏文、高野光二郎、和田政宗、比嘉奈津美

特別機関

行政改革推進本部長　棚橋泰文
北朝鮮による拉致問題対策本部長　山谷えり子
党改革実行本部長　茂木敏充
憲法改正実現本部長　古屋圭司

東日本大震災復興加速化本部長　額賀福志郎
地方創生実行統合本部長　林幹雄
一億総活躍推進本部長　猪口邦子
北朝鮮核実験・ミサイル問題対策本部長　江渡聡徳
国土強靭化推進本部長　二階俊博
2025年大阪・関西万博推進本部長　二階俊博
TPP・日EU・日米TAG等経済協定対策本部長　森山裕
「こども・若者」輝く未来創造本部長　茂木敏充
新しい資本主義実行本部長　岸田文雄
財政健全化推進本部長　額賀福志郎

立憲民主党

（令和2年9月15日結成）

〒102-0093 千代田区平河町2-12-4
ふじビル3F ☎03-6811-2301

最高顧問　菅直人
同　野田佳彦
常任顧問　岡田克也
同　郡司彰
代表　泉健太
代表代行　逢坂誠二
幹事長　西村智奈美
幹事長代行　篠原孝
幹事長代理　小熊慎司（筆頭）、金子恵美、手塚仁雄、石橋通宏
財務局長／副幹事長　森本真治
災害・緊急事態局長／副幹事長　森山浩行
選対担当／副幹事長　徳永久志
青年局長／副幹事長　石川香織
国際局長／副幹事長　源馬謙太郎
総務局長／副幹事長　打越さく良
役員室長　後藤祐一
常任幹事会議長　牧山ひろえ
参議院議員会長　水岡俊一
両院議員総会長　阿部知子
選挙対策委員長　大西健介
政務調査会長　小川淳也
政務調査会長代行　階猛
同　城井崇
政務調査会長代理　川田龍平
政務調査会副会長　重徳和彦（筆頭）、小西洋之、稲富修二、落合貴之、鎌田さゆり、小山展弘、白石洋一、谷田川元、山崎誠、桜井周、早稲田ゆき、岸真紀子
国会対策委員長　馬淵澄夫
国会対策委員長代理　寺田学
同　奥野総一郎
国会対策副委員長　青柳陽一郎、井坂信彦、稲富修二、森山浩行、近藤和也、青山大人、中谷一馬、石川香織
代議士会長　菊田真紀子
組織委員長　吉川沙織
企業・団体交流委員長　小宮山泰子
参議院議員会長代行　牧山ひろえ
参議院幹事長　森ゆうこ
参議院国会対策委員長　難波奨二
参議院政策審議会長　川田龍平
つながる本部本部長　泉健太
つながる本部本部長代行　田名部匡代
ジェンダー平等推進本部長　徳永エリ
政治改革推進本部長　渡辺周
拉致問題対策本部長　森ゆうこ
東日本大震災復興対策本部長　玄葉光一郎
新型コロナウイルス対策本部長　長妻昭
倫理委員長　那谷屋正義
代表選挙管理委員長　渡辺周
会計監査　芝博一
同　福田昭夫
北海道ブロック常任幹事　山岡達丸
東北ブロック常任幹事　石垣のりこ
北関東ブロック常任幹事　青山大人
南関東ブロック常任幹事　早稲田ゆき
東京ブロック常任幹事　手塚仁雄
北陸信越ブロック常任幹事　近藤和也
東海ブロック常任幹事　中川正春
近畿ブロック常任幹事　櫻井周
中国ブロック常任幹事　佐藤公治
四国ブロック常任幹事　白石洋一
九州ブロック常任幹事　吉川元
内閣部会長　森山浩行
災害対策部会長　野田国義
消費者部会長　吉田統彦
総務部会長　吉川元
法務部会長　有田芳生

外務部会長	小熊慎司
安全保障部会長	篠原豪
財務金融部会長	末松義規
文部科学部会長	宮沢由佳
厚生労働部会長	山井和則
農林水産部会長	田名部匡代
経済産業部会長	山岡達丸
国土交通部会長	小宮山泰子
環境・原子力部会長	田嶋要
行政改革部会長	杉尾秀哉
政治改革部会長	篠原孝
拉致問題対策部会長	森ゆうこ
震災復興部会長	金子恵美
憲法調査会長	中川正春
税制調査会長	大串博志
経済・産業政策調査会長	大島敦
社会保障調査会長	牧義夫
環境エネルギー調査会長	田嶋要
外交・安保・主権調査会長	末松義規
教育調査会長	菊田真紀子
地域活性化調査会長	福田昭夫
SOGIに関するPT座長	大河原まさこ
子ども・子育てPT座長	城井崇
障がい・難病PT座長	早稲田ゆき
外国人受け入れ制度及び多文化共生社会のあり方に関する検討PT座長	石橋通宏
デジタル政策PT座長	中谷一馬
生殖補助医療PT座長	中島克仁
孤独・孤立支援PT座長	徳永エリ
豪雪対策PT座長	近藤和也
離島対策PT座長	松原仁

公明党

(※1、P284参照)

〒160-0012 新宿区南元町17
☎03-3353-0111

代表 山口那津男
副代表 北側一雄、古屋範子、斉藤鉄夫
幹事長 石井啓一
中央幹事会会長 北側一雄
政務調査会長 竹内譲
中央幹事 大口善徳（会長代理）、稲津久、庄子賢一、塩田博昭、中川宏昌、中川康洋、山本香苗、山本博司、濵地雅一、秋野公造、中島義雄、小笹正博、松葉多美子、金城裕司、山口広治、若松謙維、伊藤渉、石川博崇、平木大作、矢倉克夫

中央規律委員長	浜田昌良
中央会計監査委員	竹谷とし子
同	杉久武
幹事長代行	赤羽一嘉
幹事長代理	稲津久
同	谷合正明

政務調査会長代理 大口善徳、古屋範子、浜田昌良、上田勇

国会対策委員長	佐藤茂樹
国会対策委員長代理	濵地雅一
国対筆頭副委員長	國重徹
選挙対策委員長	高木陽介
組織委員長	大口善徳
組織局長	稲津久
地方議会局長	輿水恵一
遊説局長	竹内真二
広報委員長	平木大作
宣伝局長	伊佐進一
広報局長	竹谷とし子
総務委員長	高鍋博之
財務委員長	石井啓一
機関紙委員長	吉本正史
機関紙推進委員長	若松謙維
国際委員長	谷合正明
国際局長	濵地雅一
団体渉外委員長	伊藤渉
団体局長	中野洋昌
労働局長	里見隆治
市民活動委員長	石川博崇
市民活動局長	石川博崇
文化芸術局長	浮島智子
NPO局長	角田秀穂
女性委員長	古屋範子
女性局長	竹谷とし子
青年委員長	矢倉克夫
青年局長	三浦信祐
学生局長	安江伸夫

常任顧問　神崎武法、太田昭宏、井上義久
顧問　白浜一良、漆原良夫、魚住裕一郎
特別顧問　坂口　力
アドバイザー　石田祝稔、桝屋敬悟、高木美智代
参議院会長　西田実仁
参議院副会長　山本香苗
参議院幹事長　谷合正明
参院国会対策委員長　山本博司
参院国対筆頭副委員長　河野義博
参院政策審議会長　浜田昌良
全国地方議員団会議議長　中島義雄

日本維新の会

（※2、P284参照）

〒542-0082 大阪市中央区島之内1-17-16
三栄長堀ビル ☎06-4963-8800

代表　松井一郎
共同代表　馬場伸幸
副代表　吉村洋文
幹事長・選挙対策本部長　藤田文武
選挙対策本部長補佐　浦野靖人
幹事長代行　河崎大樹
政務調査会長　音喜多　駿
政務調査会長代行　藤田　暁
総務会長　柳ヶ瀬裕文
総務会長代行　岡崎　太
大阪府議会議員団の長　森　和臣
大阪市会議員団の長　山下昌彦
堺市議会議員団の長　的場慎一
大阪府内市町村議会議員・首長団の長　吉村洋文
非常任役員　森本尚順
学生局長　松本常広
女性局長　辻　淳子
組織局長　浦野靖人
広報局長　伊良原　勉
財務局長　丹野壮治
党紀委員長　横倉廉幸
維新政治塾名誉塾長　松井一郎
維新政治塾塾長　音喜多　駿
会計監査人代表　井上英孝

〔国会議員団〕

代表　馬場伸幸
副代表　鈴木宗男
幹事長　藤田文武
幹事長代理　高木かおり
広報局長　柳ヶ瀬裕文
学生局長　池下　卓
ダイバーシティ推進局長　高木かおり
政務調査会長　足立康史
政務調査会長代行　音喜多　駿
政務調査会長代理　青柳仁士
政務調査会副会長　梅村　聡、中司宏、守島　正、三木圭恵、市村浩一郎、小野泰輔、空本誠喜、片山大介、梅村みずほ、岩谷良平
総務会長　井上英孝
総務会長代行　浦野靖人
総務副会長　清水貴之、吉田豊文、前川清成、阿部　司、池下卓
国会対策委員長　遠藤　敬
国会対策委員長代行　東　徹
国会対策委員長代理　市村浩一郎
国会対策副委員長　山本剛正、柴田巧、中司　宏、奥下剛光、金村龍那、遠藤良太
代議士会長　杉本和巳
参議院会長　浅田　均
参議院幹事長　室井邦彦
参議院国会対策委員長　東　徹
参議院国会対策委員長代理　柴田　巧
両院議員総会長　石井　章
党紀委員長　中司　宏
党紀委員　浦野靖人、梅村聡、三木圭恵、柴田　巧

日本共産党

（大正11年7月15日結成）

〒151-8586 渋谷区千駄ヶ谷4-26-7
☎03-3403-6111

幹部会委員長　志位和夫
書記局長　小池　晃

幹部会副委員長　（筆頭）山下芳生、市田忠義、緒方靖夫、倉林明子、田村智子、浜野忠夫

常任幹部会委員　市田忠義、岩井鐵也、浦田宣昭、太田善作、岡嵜郁子、緒方靖夫、笠井　亮、紙　智子、吉良よし子、倉林明子、小池　晃、小木曽陽司、穀田恵二、志位和夫、高橋千鶴子、田中　悠、田村智子、寺沢亜志也、中井作太郎、浜野忠夫、広井暢子、藤田　文、不破哲三、山下芳生、山添　拓、若林義春

書記局次長　（筆頭）中井作太郎、田中　悠、若林義春、土井洋彦

訴願委員会責任者	太田善作
規律委員会責任者	田邊　進
監査委員会責任者	広井暢子
中央機関紙編集委員会責任者	小木曽陽司
政策委員会委員長	田村智子
経済・社会保障政策委員会責任者	垣内　亮
政治・外交委員会責任者	山根隆志
人権委員会責任者	倉林明子
ジェンダー平等委員会責任者	倉林明子
子どもの権利委員会責任者	梅村早江子
障害者の権利委員会責任者	高橋千鶴子
先住民（アイヌ）の権利委員会責任者	紙　智子
在日外国人の権利委員会責任者	田川　実
宣伝局長	田村一志
広報部長	植木俊雄
国民の声室責任者	藤原忠雄
国民運動委員会責任者	浦田宣昭
労働局長	大幡基夫
農林・漁民局長	紙　智子
市民・住民運動・中小企業局長	堤　文俊
平和運動局長	川田忠明
基地対策委員会責任者	小泉親司
災害問題対策委員会責任者	太田善作
学術・文化委員会責任者	土井洋彦
文教委員会責任者	藤森　毅
宗教委員会責任者	土井洋彦
スポーツ委員会責任者	畑野君枝
選挙対策局長	中井作太郎
選挙対策委員長	穀田恵二
自治体局長	岡嵜郁子
国際委員会責任者	緒方靖夫
党建設委員会責任者	山下芳生
組織局長	土方明果
機関紙活動局長	田中　悠
学習・教育局長	山谷富士雄
青年・学生委員会責任者	吉良よし子
中央党学校運営委員会責任者	山下芳生
法規対策部長	柳沢明夫
人事局長	浜野忠夫
財務・業務委員会責任者	岩井鐵也
財政部長	大久保健三
機関紙誌業務部長	佐藤正美
管理部長	結城久志
厚生部長	三輪　慎
コンピュータ・システム開発管理部長	田中芳樹
赤旗まつり実行委員長	小木曽陽司
社会科学研究所長	不破哲三
出版企画委員会責任者	岩井鐵也
出版局長	田代忠利
雑誌刊行委員会責任者	田代忠利
資料室責任者	菅原正伯
党史資料室責任者	岡　宏輔
中央委員会事務室責任者	工藤　充
第二事務室責任者	髙宮正芳
赤旗編集局長	小木曽陽司
原発・気候変動・エネルギー問題対策委員会責任者	笠井　亮
国会議員団総会長	紙　智子
衆議院議員団長	高橋千鶴子
参議院議員団長	紙　智子
参議院幹事長	井上哲士
国会対策委員長	穀田恵二
衆議院国会対策委員長	穀田恵二
参議院国会対策委員長	井上哲士
国会議員団事務局長	藤井正人

国民民主党

（令和2年9月15日結成）

〒102-0093 千代田区平河町2-5-1
永田町グリッド4F ☎03-3593-6229

代表	玉木雄一郎

代表代行兼選挙対策委員長	前原誠司
代表代行兼政務調査会長	大塚耕平
筆頭副代表	舟山康江
幹事長	榛葉賀津也
幹事長代行	岸本周平
国会対策委員長	古川元久
参議院議員会長兼両院議員総会長	小林正夫
役員室長	伊藤孝恵
副代表	矢田わか子
同	伊藤孝恵
幹事長代理	鈴木義弘
同	浜野喜史
国会対策委員長代理	浅野　哲
国会対策副委員長	鈴木　敦
同	田中　健
企業・団体委員長	浜口　誠
組織委員長	浜野喜史
広報局長	礒﨑哲史
財務局長兼総務局長	岸本周平
倫理委員長	小林正夫
国民運動局長	田村まみ
青年局長	浅野　哲
参議院幹事長	足立信也
参議院国会対策委員長	川合孝典
政治改革・行政改革推進本部長	古川元久
男女共同参画推進本部長	矢田わか子
拉致問題対策本部長	川合孝典
新型コロナウイルス対策本部長	玉木雄一郎
政務調査会長代理	西岡秀子
同	礒﨑哲史
政務調査副会長	斎藤アレックス
同	長友慎治
第一部会長	西岡秀子
第二部会長	礒﨑哲史
人権外交・経済安全保障研究会主査	舟山康江
安全保障調査会長	前原誠司
社会保障調査会長	足立信也
憲法調査会長	古川元久
経済調査会長／税制調査会長	大塚耕平
農林水産調査会長	舟山康江
エネルギー調査会長	浅野　哲
子ども・子育て・若者政策調査会長	伊藤孝恵

れいわ新選組

（平成31年4月1日結成）

〒102-0083 千代田区麹町2-5-20
押田ビル4F ☎03-6384-1974

代表・選挙対策委員長	山本太郎
副代表・両院総会長・参議院会長	舩後靖彦
副代表・参議院国会対策委員長	木村英子
国会対策委員長	たがや　亮
政策審議会長・衆議院会長	大石あきこ
幹事長	高井崇志

社会民主党

（※3、P284参照）

〒104-0043 中央区湊3-18-17
マルキ榎本ビル5F ☎03-3553-3731

党首	福島みずほ
副党首	大椿裕子
幹事長	服部良一
政策審議会長(兼)	服部良一
国会対策委員長	新垣邦男
選挙対策委員長(兼)	服部良一
総務企画局長	中島　修
機関紙宣伝局長(兼)	中島　修
組織団体局長	渡辺英明
常任幹事	伊是名夏子、伊地智恭子、山城博治

NHK受信料を支払わない国民を守る党

（平成25年6月17日結成）

〒100-8962 千代田区永田町2-1-1
参議院議員会館403号
☎03-6550-0403

党首/選挙対策委員長/次期選挙戦略本部長	立花孝志
副党首	丸山穂高
副党首	大橋昌信
政策調査会長	浜田　聡
幹事長／国会対策委員長	上杉　隆

※1 昭和39年11月17日旧公明党結党。平成10年11月7日、「公明」と「新党平和」が合流して、新しい現在の「公明党」結成

※2 平成27年10月31日、おおさか維新の会結党。平成28年8月23日、日本維新の会へ党名変更

※3 昭和20年11月2日、日本社会党結成。昭和30年10月13日、左右再統一。平成8年1月19日、社会民主党へ党名変更

衆議院議員勤続年数・当選回数表

（令和4年2月末現在）

氏名の前の（　）内の数字は参議院の通算在職年数、端数は切り上げてあります。
○内の数字は衆議院議員としての当選回数です。

53年（1人）

小沢一郎⑱

45年（1人）

(7)衛藤征士郎⑬

43年（1人）

中村喜四郎⑮

42年（1人）

菅直人⑭

40年（1人）

麻生太郎⑭

39年（3人）

甘利明⑬
二階俊博⑬
額賀福志郎⑬

36年（4人）

逢沢一郎⑫
石破茂⑫
船田元⑬
村上誠一郎⑫

33年（7人）

岡田克也⑪
中谷元⑪
古屋圭司⑪
細田博之⑪
森英介⑪
山口俊一⑪
山本有二⑪

29年（16人）

安倍晋三⑩
石井啓一⑩
枝野幸男⑩
岸田文雄⑩
北側一雄⑩
玄葉光一郎⑩
穀田恵二⑩
斉藤鉄夫⑩
志位和夫⑩
鈴木俊一⑩
渡海紀三朗⑩
野田聖子⑩
浜田靖一⑩
林幹雄⑩
前原誠司⑩
茂木敏充⑩

27年（3人）

塩谷立⑩
高市早苗⑨
(27)林芳正①

26年（24人）

安住淳⑨
赤羽一嘉⑨
伊藤達也⑨
今村雅弘⑨
岩屋毅⑨
遠藤利明⑨
大口善徳⑨
河野太郎⑨
近藤昭一⑨
佐藤茂樹⑩
佐藤勉⑨
下村博文⑨
菅義偉⑨
田中和徳⑨
田村憲久⑨
高木陽介⑨
棚橋泰文⑨
中川正春⑨
根本匠⑨
野田佳彦⑨
原口一博⑨
平沢勝栄⑨
古川元久⑨
渡辺周⑨

25年（1人）

(13)金田勝年⑤

24年（2人）

新藤義孝⑧
(6)森山裕⑦

23年（6人）

江﨑鐵磨⑧
江渡聡徳⑧
(7)笠井亮⑥
櫻田義孝⑧
土屋品子⑧
渡辺博道⑧

22年（18人）

阿部知子⑧
赤嶺政賢⑧
小渕優子⑧
大島敦⑧
梶山弘志⑧
金子恭之⑧
北村誠吾⑧
後藤田正純⑧
塩川鉄也⑧
髙木毅⑧
長妻昭⑧
平井卓也⑧
細野豪志⑧
松野博一⑧
松原仁⑧
松本剛明⑧
山井和則⑧
吉野正芳⑧

21年（3人）

小野寺五典⑧
海江田万里⑧
末松義規⑦

20年（3人）

石田真敏⑧
牧義夫⑦
山口壯⑦

19年（20人）

井上信治⑦
泉健太⑧
江藤拓⑦
加藤勝信⑦
上川陽子⑦
菊田真紀子⑦
小宮山泰子⑦
後藤茂之⑦
篠原孝⑦
田嶋要⑦
高橋千鶴子⑦
武田良太⑦
谷公一⑦
谷川弥一⑦
長島昭久⑦
西村康稔⑦
古川禎久⑦
古屋範子⑦
松島みどり⑦

- 笠 浩史 ⑦

18年（6人）

- 伊藤 信太郎 ⑦
- 江田 憲司 ⑦
- (9)岸 信夫 ④
- 小泉 龍司 ⑦
- 柴山 昌彦 ⑦
- 馬淵 澄夫 ⑦

17年（17人）

- あべ 俊子 ⑥
- 赤澤 亮正 ⑥
- 秋葉 賢也 ⑦
- 稲田 朋美 ⑥
- 小川 淳也 ⑥
- 小里 泰弘 ⑥
- 大串 博志 ⑥
- 吉良 州司 ⑥
- 坂本 哲志 ⑦
- 平 将明 ⑥
- 寺田 学 ⑥
- 永岡 桂子 ⑥
- 西村 智奈美 ⑥
- 福田 昭夫 ⑥
- (7)宮本 岳志 ⑤
- 柚木 道義 ⑥
- 鷲尾 英一郎 ⑥

16年（13人）

- (7)浮島 智子 ④
- 奥野 信亮 ⑥
- (7)佐藤 公治 ④
- 鈴木 淳司 ⑥
- 竹内 譲 ⑥
- 西村 明宏 ⑥
- 西銘 恒三郎 ⑥
- 葉梨 康弘 ⑥
- 萩生田 光一 ⑥
- 伴野 豊 ⑥
- 御法川 信英 ⑥
- 宮下 一郎 ⑥
- 山際 大志郎 ⑥

15年（6人）

- 逢坂 誠二 ⑤
- 城内 実 ⑥
- 階 猛 ⑥
- 寺田 稔 ⑥
- 丹羽 秀樹 ⑥
- (6)義家 弘介 ④

14年（29人）

- あかま 二郎 ⑤
- 伊藤 忠彦 ⑤
- 伊藤 渉 ⑤
- 石原 宏高 ⑤
- 上野 賢一郎 ⑤
- 越智 隆雄 ⑤
- 大塚 拓 ⑤
- (7)金子 恵美 ③
- 亀岡 偉民 ⑤
- 木原 誠二 ⑤
- 木原 稔 ⑤
- 坂井 学 ⑤
- 下条 みつ ⑤
- 鈴木 馨祐 ⑤
- 関 芳弘 ⑤
- 薗浦 健太郎 ⑤
- 田中 良生 ⑤
- 髙鳥 修一 ⑤
- 手塚 仁雄 ⑤
- 土井 亨 ⑤
- 中根 一幸 ⑤
- 橋本 岳 ⑤
- 平口 洋 ⑤
- 牧原 秀樹 ⑤
- 松本 洋平 ⑤
- 武藤 容治 ⑤
- 盛山 正仁 ⑤
- 山本 ともひろ ⑤
- 若宮 健嗣 ⑤

13年（14人）

- 伊東 良孝 ⑤
- 稲津 久 ⑤
- 大西 健介 ⑤
- 奥野 総一郎 ⑤
- 柿沢 未途 ⑤
- 岸本 周平 ⑤
- 小泉 進次郎 ⑤
- 後藤 祐一 ⑤
- 齋藤 健 ⑤
- 橘 慶一郎 ⑤
- 玉木 雄一郎 ⑤
- (13)塚田 一郎 ①
- (13)前川 清成 ①
- 松本 けんこう ⑥

12年（3人）

- (3)小熊 慎司 ④
- (12)髙階 恵美子 ①
- (12)中西 健治 ①

11年（2人）

- (7)大河原 まさこ ②
- (7)鰐淵 洋子 ②

10年（89人）

- 足立 康史 ④
- 青柳 陽一郎 ④
- 秋本 真利 ④
- 井出 庸生 ④
- 井野 俊郎 ④
- 井上 貴博 ④
- 井上 英孝 ④
- 井林 辰憲 ④
- 伊佐 進一 ④
- 池田 佳隆 ④
- 石川 昭政 ④
- 市村 浩一郎 ④
- 今枝 宗一郎 ④
- 岩田 和親 ④
- 浦野 靖人 ④
- 遠藤 敬 ④
- 小倉 將信 ④
- 小田原 潔 ④
- 大岡 敏孝 ④
- 大串 正樹 ④
- 大西 英男 ④
- 大野 敬太郎 ④
- 岡本 三成 ④
- 鬼木 誠 ④
- 勝俣 孝明 ④
- 門山 宏哲 ④
- 神田 憲次 ④
- 菅家 一郎 ④
- 城井 崇 ④
- 黄川田 仁志 ④
- 北神 圭朗 ④
- 工藤 彰三 ④
- 國重 徹 ④
- 熊田 裕通 ④
- 小島 敏文 ④
- 小林 鷹之 ④
- 小林 史明 ④
- 古賀 篤 ④
- 國場 幸之助 ④
- 佐々木 紀 ④
- 佐藤 英道 ④
- 斎藤 洋明 ④
- 笹川 博義 ④
- 重徳 和彦 ④
- (10)島尻 安伊子 ①
- 新谷 正義 ④
- 杉本 和巳 ④

鈴木 憲和 ④
田所 嘉徳 ④
田中 英之 ④
田野瀬 太道 ④
田畑 裕明 ④
武井 俊輔 ④
武部 新 ④
武村 展英 ④
津島 淳 ④
辻 清人 ④
冨樫 博之 ④
中島 克仁 ④
中谷 真一 ④
中野 洋昌 ④
中村 裕之 ④
中山 展宏 ④
長坂 康正 ④
根本 幸典 ④
野中 厚 ④
馬場 伸幸 ④
濵地 雅一 ④
福田 達夫 ④
藤井 比早之 ④
藤丸 敏 ④
藤原 崇 ④
星野 剛士 ④
細田 健一 ④
堀井 学 ④
堀内 詔子 ④
牧島 かれん ④
三ッ林 裕巳 ④
宮内 秀樹 ④
宮澤 博行 ④
務台 俊介 ④
村井 英樹 ④
八木 哲也 ④
簗 和生 ④
山下 貴司 ④
山田 賢司 ④
山田 美樹 ④
吉川 元 ④
渡辺 孝一 ④

9年（2人）

鈴木 貴子 ④
宮﨑 政久 ④

8年（20人）

青山 周平 ④
稲富 修二 ③
尾身 朝子 ③
落合 貴之 ③
加藤 鮎子 ③
近藤 和也 ③
篠原 豪 ③
白石 洋一 ③
鈴木 隼人 ③
田村 貴昭 ③
谷川 とむ ③
古川 康 ③
宮路 拓馬 ③
宮本 徹 ③
宗清 皇一 ③
本村 伸子 ③
森山 浩行 ③
山岡 達丸 ③
山崎 誠 ③
吉田 統彦 ③

7年（11人）

(7)井原 巧 ①
緒方 林太郎 ③
小林 茂樹 ③
小山 展弘 ③
杉田 水脈 ③
(7)徳永 久志 ①
福島 伸享 ③
三谷 英弘 ③
谷田川 元 ③
(7)山本 太郎 ①
(7)若林 健太 ①

6年（11人）

井坂 信彦 ③
伊東 信久 ③
輿水 恵一 ③
坂本 祐之輔 ③
鈴木 義弘 ③
高木 宏壽 ③
中川 郁子 ③
野間 健 ③
鳩山 二郎 ③
吉川 赳 ③
和田 義明 ③

5年（27人）

青山 大人 ②
浅野 哲 ②
伊藤 俊輔 ②
石川 香織 ②
泉田 裕彦 ②
上杉 謙太郎 ②
岡本 あき子 ②
金子 俊平 ②
鎌田 さゆり ③
神谷 裕 ②
木村 次郎 ②
国光 あやの ②
源馬 謙太郎 ②
小寺 裕雄 ②
高村 正大 ②
櫻井 周 ②
髙木 啓 ②
中曽根 康隆 ②
中谷 一馬 ②
西岡 秀子 ②
西田 昭二 ②
穂坂 泰 ②
本田 太郎 ②
道下 大樹 ②
緑川 貴士 ②
森田 俊和 ②
早稲田 ゆき ②

4年（8人）

空本 誠喜 ②
角田 秀穂 ②
中川 康洋 ②
仁木 博文 ②
山本 剛正 ②
湯原 俊二 ②
吉田 豊史 ②
吉田 宣弘 ③

3年（3人）

畦元 将吾 ②
藤田 文武 ②
三木 圭恵 ②

2年（2人）

深澤 陽一 ②
美延 映夫 ②

1年（87人）

阿部 司 ①
阿部 弘樹 ①
青柳 仁士 ①
赤木 正幸 ①
浅川 義治 ①
東 国幹 ①
荒井 優 ①
新垣 邦男 ①
五十嵐 清 ①
池下 卓 ①
池畑 浩太朗 ①
石井 拓 ①

石橋 林太郎 ①
石原 正敬 ①
一谷 勇一郎 ①
岩谷 良平 ①
上田 英俊 ①
梅谷 守 ①
漆間 譲司 ①
遠藤 良太 ①
おおつき 紅葉 ①
小野 泰輔 ①
尾﨑 正直 ①
大石 あきこ ①
奥下 剛光 ①
加藤 竜祥 ①
河西 宏一 ①
勝目 康 ①
金村 龍那 ①
川崎 ひでと ①
神田 潤一 ①
金城 泰邦 ①
日下 正喜 ①
国定 勇人 ①
小森 卓郎 ①
神津 たけし ①
斎藤アレックス ①
沢田 良 ①
塩崎 彰久 ①
庄子 賢一 ①
末次 精一 ①
鈴木 敦 ①
鈴木 英敬 ①
鈴木 庸介 ①
住吉 寛紀 ①
たがや 亮 ①
田中 健 ①
高橋 英明 ①
高見 康裕 ①
土田 慎 ①
堤 かなめ ①
中川 貴元 ①
中川 宏昌 ①
中司 宏 ①
中野 英幸 ①
長友 慎治 ①
西野 太亮 ①
長谷川 淳二 ①
馬場 雄基 ①
早坂 敦 ①
平沼 正二郎 ①
平林 晃 ①
福重 隆浩 ①
藤岡 隆雄 ①
藤巻 健太 ①
太 栄志 ①
古川 直季 ①
堀場 幸子 ①
掘井 健智 ①
本庄 知史 ①
松本 尚 ①
三反園 訓 ①
岬 麻紀 ①
守島 正 ①
保岡 宏武 ①
柳本 顕 ①
山岸 一生 ①
山口 晋 ①
山崎 正恭 ①
山田 勝彦 ①
山本 左近 ①
吉田 久美子 ①
吉田 とも代 ①
吉田 はるみ ①
米山 隆一 ①
和田 有一朗 ①
渡辺 創 ①

参議院議員勤続年数・当選回数表

（令和4年2月末現在）

氏名の前の（　）内の数字は衆議院の通算在職年数、端数は切り上げてあります。
○内の数字は参議院議員としての当選回数。

41年（1人）
山東昭子⑧

37年（1人）
中曽根弘文⑥

34年（1人）
尾辻秀久⑥

31年（1人）
(7)柳田稔④

30年（2人）
片山虎之助⑤
山崎正昭⑤

28年（4人）
(13)衛藤晟一③
(25)鈴木宗男①
(23)鉢呂吉雄①
(7)山口那津男④

27年（1人）
橋本聖子⑤

26年（2人）
(15)金子原二郎②
(11)長浜博行③

24年（10人）
市田忠義④
小川敏夫④
郡司彰④
櫻井充④
世耕弘成⑤
鶴保庸介④
福島みずほ④
福山哲郎④
(9)増子輝彦③
(19)渡辺喜美①

22年（3人）
大門実紀史④
武見敬三⑤
(4)山谷えり子③

21年（10人）
有村治子④
井上哲士④
大塚耕平④
紙智子④
小池晃④
榛葉賀津也④
松山政司④
(10)宮沢洋一②
山下芳生④
山本香苗④

20年（2人）
岡田広④
(11)若松謙維②

19年（1人）
関口昌一④

18年（22人）
足立信也③
岡田直樹③
小林正夫③
芝博一③
末松信介③
谷合正明③
那谷屋正義③
中川雅治③
二之湯智③
西田実仁③
野上浩太郎③
野村哲郎③
白眞勲③
浜田昌良③
藤井基之③
藤末健三③
松下新平③
松村祥史③
水落敏栄③
森ゆうこ③
山本順三③
蓮舫③

17年（1人）
(2)室井邦彦③

16年（3人）
(4)猪口邦子②
(4)片山さつき②
(4)福岡資麿②

15年（15人）
(8)青木愛②
石井準一③
川田龍平③
佐藤信秋③
佐藤正久③
西田昌司③
古川俊治③
牧野たかお③
牧山ひろえ③
丸川珠代③
水岡俊一③
森まさこ③
山田俊男③
山本博司③
吉川沙織③

14年（1人）
(8)田名部匡代①

13年（3人）
(4)赤池誠章②
(11)上田清司①
(4)野田国義②

12年（25人）
青木一彦②
秋野公造②
有田芳生②
石井浩郎②
石川博崇②
石橋通宏②
磯﨑仁彦②
宇都隆史②
上野通子②
江崎孝②
大家敏志②
川合孝典②
小西洋之②
斎藤嘉隆②
田村智子②
竹谷とし子②
徳永エリ②
中西祐介②
難波奨二②
長谷川岳②
藤川政人②
舟山康江②
三原じゅん子②
横山信一②
渡辺猛之②

11年（1人）
(6)山田宏①

10年（2人）

(4)そのだ 修光 ①
真山 勇一 ②

9年（46人）

東 徹 ②
(4)石井 章 ①
石井 正弘 ②
石田 昌宏 ②
礒﨑 哲史 ②
梅村 聡 ②
江島 潔 ②
大野 泰正 ②
太田 房江 ②
河野 義博 ②
吉良 よし子 ②
北村 経夫 ③
倉林 明子 ②
古賀 友一郎 ②
上月 良祐 ②
佐々木 さやか ②
酒井 庸行 ②
清水 貴之 ②
柴田 巧 ②
島村 大 ②
杉 久武 ②
高野 光二郎 ②
高橋 克法 ②
滝沢 求 ②
滝波 宏文 ②
柘植 芳文 ②
堂故 茂 ②
豊田 俊郎 ②
長峯 誠 ②
新妻 秀規 ②
羽生田 俊 ②
馬場 成志 ②
浜野 喜史 ②
平木 大作 ②
堀井 巌 ②
舞立 昇治 ②
三木 亨 ②
三宅 伸吾 ②
宮本 周司 ②
森本 真治 ②
森屋 宏 ②
矢倉 克夫 ②
山下 雄平 ②
吉川 ゆうみ ②
吉田 忠智 ②
和田 政宗 ②

8年（1人）

阿達 雅志 ②

7年（1人）

山田 太郎 ②

6年（40人）

足立 敏之 ①
青山 繁晴 ①
浅田 均 ①
朝日 健太郎 ①
伊藤 孝江 ①
伊藤 孝恵 ①
伊波 洋一 ①
石井 苗子 ①
今井 絵理子 ①
岩渕 友 ①
小川 克巳 ①
小野田 紀美 ①
片山 大介 ①
木戸口 英司 ①
熊野 正士 ①
こやり 隆史 ①
古賀 之士 ①
佐藤 啓 ①
里見 隆治 ①
自見 はなこ ①
進藤 金日子 ①
杉尾 秀哉 ①
高木 かおり ①
高瀬 弘美 ①
武田 良介 ①
徳茂 雅之 ①
(4)ながえ 孝子 ①
中西 哲 ①
浜口 誠 ①
(5)比嘉 奈津美 ①
平山 佐知子 ①
藤木 眞也 ①
松川 るい ①
三浦 信祐 ①
宮崎 勝 ①
宮沢 由佳 ①
宮島 喜文 ①
元榮 太一郎 ①
矢田 わか子 ①
山添 拓 ①

5年（2人）

竹内 真二 ①
(2)三浦 靖 ①

3年（36人）

安達 澄 ①
伊藤 岳 ①
石垣 のりこ ①
石川 大我 ①
岩本 剛人 ①
打越 さく良 ①
梅村 みずほ ①
小沢 雅仁 ①
小沼 巧 ①
音喜多 駿 ①
加田 裕之 ①
嘉田 由紀子 ①
勝部 賢志 ①
木村 英子 ①
岸 真紀子 ①
熊谷 裕人 ①
清水 真人 ①
塩田 博昭 ①
塩村 あやか ①
下野 六太 ①
須藤 元気 ①
田島 麻衣子 ①
田村 まみ ①
高橋 はるみ ①
高橋 光男 ①
髙良 鉄美 ①
寺田 静 ①
芳賀 道也 ①
浜田 聡 ①
船後 靖彦 ①
本田 顕子 ①
宮崎 雅夫 ①
森屋 隆 ①
安江 伸夫 ①
柳ヶ瀬 裕文 ①
横沢 高徳 ①

1年（4人）

竹内 功 ①
羽田 次郎 ①
宮口 治子 ①
山﨑 真之輔 ①

党派別国会議員一覧

（令和4年1月20日現在）

※衆参の正副議長は無所属に含む。　○内は当選回数・無所属には諸派を含む。

自民党　370人

（衆議院263人）

麻生 太郎⑭
甘利 明⑬
衛藤 征士郎⑬
二階 俊博⑬
額賀 福志郎⑬
船田 元⑬
逢沢 一郎⑫
石破 茂⑫
村上 誠一郎⑫
中谷 元⑪
古屋 圭司⑪
森 英介⑪
山口 俊一⑪
山本 有二⑪
安倍 晋三⑩
岸田 文雄⑩
塩谷 立⑩
鈴木 俊一⑩
渡海 紀三朗⑩
野田 聖子⑩
浜田 靖一⑩
林 幹雄⑩
茂木 敏充⑩
伊藤 達也⑨
今村 雅弘⑨
岩屋 毅⑨
遠藤 利明⑨
河野 太郎⑨
佐藤 勉⑨
下村 博文⑨
菅 義偉⑨
田中 和徳⑨
田村 憲久⑨
高市 早苗⑨
棚橋 泰文⑨
根本 匠⑨
平沢 勝栄⑨
石田 真敏⑧
江﨑 鐵磨⑧
江渡 聡徳⑧
小野寺 五典⑧
小渕 優子⑧
梶山 弘志⑧
金子 恭之⑧
北村 誠吾⑧
後藤田 正純⑧
櫻田 義孝⑧
新藤 義孝⑧
髙木 毅⑧
土屋 品子⑧
平井 卓也⑧
細野 豪志⑧
松野 博一⑧
松本 剛明⑧
吉野 正芳⑧
渡辺 博道⑧
秋葉 賢也⑦
井上 信治⑦
伊藤 信太郎⑦
江藤 拓⑦
加藤 勝信⑦
上川 陽子⑦
小泉 龍司⑦
後藤 茂之⑦
坂本 哲志⑦
柴山 昌彦⑦
武田 良太⑦
谷 公一⑦
谷川 弥一⑦
長島 昭久⑦
西村 康稔⑦
古川 禎久⑦
松島 みどり⑦
森山 裕⑦
山口 壯⑦
あべ 俊子⑥
赤澤 亮正⑥
稲田 朋美⑥
小里 泰弘⑥
奥野 信亮⑥
城内 実⑥
鈴木 淳司⑥
平 将明⑥
寺田 稔⑥
永岡 桂子⑥
丹羽 秀樹⑥
西村 明宏⑥
西銘 恒三郎⑥
葉梨 康弘⑥
萩生田 光一⑥
御法川 信英⑥
宮下 一郎⑥
山際 大志郎⑥
鷲尾 英一郎⑥
あかま 二郎⑤
伊東 良孝⑤
伊藤 忠彦⑤
石原 宏高⑤
上野 賢一郎⑤
越智 隆雄⑤
大塚 拓⑤
柿沢 未途⑤
金田 勝年⑤
亀岡 偉民⑤
木原 誠二⑤
木原 稔⑤
小泉 進次郎⑤
齋藤 健⑤
坂井 学⑤
鈴木 馨祐⑤
関 芳弘⑤
薗浦 健太郎⑤
田中 良生⑤
髙鳥 修一⑤
橘 慶一郎⑤
土井 亨⑤
中根 一幸⑤
橋本 岳⑤
平口 洋⑤
牧原 秀樹⑤
松本 洋平⑤
武藤 容治⑤
盛山 正仁⑤
山本 ともひろ⑤
若宮 健嗣⑤
青山 周平④
秋本 真利④
井出 庸生④
井野 俊郎④

井上貴博④
井林辰憲④
池田佳隆④
石川昭政④
今枝宗一郎④
岩田和親④
小倉將信④
小田原潔④
大岡敏孝④
大串正樹④
大西英男④
大野敬太郎④
鬼木誠④
勝俣孝明④
門山宏哲④
神田憲次④
菅家一郎④
黄川田仁志④
岸信夫④
工藤彰三④
熊田裕通④
小島敏文④
小林鷹之④
小林史明④
古賀篤④
國場幸之助④
佐々木紀④
斎藤洋明④
笹川博義④
新谷正義④
鈴木貴子④
鈴木憲和④
田所嘉徳④
田中英之④
田野瀬太道④
田畑裕明④
武井俊輔④
武部新④
武村展英④
津島淳④
辻清人④
冨樫博之④
中谷真一④
中村裕之④
中山展宏④
長坂康正④
根本幸典④
野中厚④
福田達夫④
藤井比早之④
藤丸敏④
藤原崇④
星野剛士④
細田健一④
堀井学④
堀内詔子④
牧島かれん④
三ッ林裕巳④
宮内秀樹④
宮崎政久④
宮澤博行④
務台俊介④
村井英樹④
八木哲也④
簗和生④
山下貴司④
山田賢司④
山田美樹④
義家弘介④
渡辺孝一④
尾身朝子③
加藤鮎子③
小林茂樹③
杉田水脈③
鈴木隼人③
高木宏壽③
谷川とむ③
中川郁子③
鳩山二郎③
古川康③
三谷英弘③
宮路拓馬③
宗清皇一③
吉川赳③
和田義明③
畦元将吾②
泉田裕彦②
上杉謙太郎②
金子俊平②
木村次郎②
国光あやの②
小寺裕雄②
高村正大②
髙木啓②
中曽根康隆②
西田昭二②
深澤陽一②
穂坂泰②
本田太郎②
東国幹①
五十嵐清①
井原巧①
石井拓①
石橋林太郎①
石原正敬①
上田英俊①
尾﨑正直①
加藤竜祥①
勝目康①
川崎ひでと①
神田潤一①
国定勇人①
小森卓郎①
塩崎彰久①
島尻安伊子①
鈴木英敬①
髙階恵美子①
高見康裕①
塚田一郎①
土田慎①
中川貴元①
中西健治①
中野英幸①
西野太亮①
長谷川淳二①
林芳正①
平沼正二郎①
古川直季①
松本尚①
保岡宏武①
柳本顕①
山口晋①
山本左近①
若林健太①

（参議院107人）
（任期　R4.7.25）

中曽根弘文⑥
山崎正昭⑤
岡田広④
関口昌一④
鶴保庸介④
岡田直樹③
末松信介③
中川雅治③

二之湯智③
野上浩太郎③
野村哲郎③
藤井基之③
松下新平③
松村祥史③
水落敏栄③
山谷えり子③
山本順三③
阿達雅志②
青木一彦②
石井浩郎②
磯﨑仁彦②
猪口邦子②
宇都隆史②
上野通子②
江島潔②
大家敏志②
片山さつき②
金子原二郎②
中西祐介②
長谷川岳②
福岡資麿②
藤川政人②
三原じゅん子②
宮沢洋一②
渡辺猛之②
足立敏之①
青山繁晴①
朝日健太郎①
今井絵理子①
小川克巳①
小野田紀美①
こやり隆史①
佐藤啓①
自見はなこ①
進藤金日子①
そのだ修光①
竹内功①
徳茂雅之①
中西哲①
藤木眞也①
松川るい①
宮島喜文①
元榮太一郎①
山田宏①

(任期 R7.7.28)

尾辻秀久⑥
世耕弘成⑤
武見敬三⑤
有村治子④
松山政司④
石井準一③
衛藤晟一③
北村経夫③
佐藤信秋③
佐藤正久③
西田昌司③
古川俊治③
牧野たかお③
丸川珠代③
森まさこ③
山田俊男③
赤池誠章②
石井正弘②
石田昌宏②
大野泰正②
太田房江②
古賀友一郎②
上月良祐②
酒井庸行②
島村大②
高野光二郎②
高橋克法②
滝沢求②
滝波宏文②
柘植芳文②
堂故茂②
豊田俊郎②
長峯誠②
羽生田俊②
馬場成志②
堀井巌②
舞立昇治②
三木亨②
三宅伸吾②
宮本周司②
森屋宏②
山下雄平②
山田太郎②
吉川ゆうみ②
和田政宗②
岩本剛人①
加田裕之①
清水真人①
高橋はるみ①
比嘉奈津美①
本田顕子①
三浦靖①
宮崎雅夫①

立憲民主党139人

(衆議院95人)

小沢一郎⑱
中村喜四郎⑮
菅直人⑭
岡田克也⑪
枝野幸男⑩
玄葉光一郎⑩
安住淳⑨
近藤昭一⑨
中川正春⑨
野田佳彦⑨
原口一博⑨
渡辺周⑨
阿部知子⑧
泉健太⑧
大島敦⑧
長妻昭⑧
松原仁⑧
山井和則⑧
江田憲司⑦
菊田真紀子⑦
小宮山泰子⑦
篠原孝⑦
末松義規⑦
田嶋要⑦
馬淵澄夫⑦
牧義夫⑦
笠浩文⑦
小川淳也⑥
大串博志⑥
階猛⑥
寺田学⑥
西村智奈美⑥
伴野豊⑥
福田昭夫⑥
松木けんこう⑥
柚木道義⑥
大西健介⑤
逢坂誠二⑤
奥野総一郎⑤
後藤祐一⑤
下条みつ⑤

手塚仁雄⑤
青柳陽一郎④
小熊慎司④
城井崇④
佐藤公治④
重徳和彦④
中島克仁④
吉川元④
井坂信彦③
稲富修二③
落合貴之③
金子恵美③
鎌田さゆり③
小山展弘③
近藤和也③
坂本祐之輔③
篠原豪③
白石洋一③
野間健③
森山浩行③
谷田川元③
山岡達丸③
山崎誠③
吉田統彦③
青山大人②
伊藤俊輔②
石川香織②
大河原まさこ②
岡本あき子②
神谷裕②
源馬謙太郎②
櫻井周②
中谷一馬②
道下大樹②
緑川貴士②
森田俊和②
湯原俊二②
早稲田ゆき②
荒井優①
梅谷守①
おおつき紅葉①
神津たけし①
末次精一①
鈴木庸介①
堤かなめ①
徳永久志①
馬場雄基①
藤岡隆雄①
太栄志①
本庄知史①
山岸一生①
山田勝彦①
吉田はるみ①
渡辺創①

（参議院44人）

（任期　R4.7.25）

郡司彰④
福山哲郎④
芝博一③
那谷屋正義③
白眞勲③
森ゆうこ③
蓮舫③
青木愛②
有田芳生②
石橋通宏②
江崎孝②
小西洋之②
斎藤嘉隆②
徳永エリ②
難波奨二②
真山勇一②
木戸口英司①
古賀之士①
杉尾秀哉①
田名部匡代①
鉢呂吉雄①
宮沢由佳①

（任期　R7.7.28）

川田龍平③
長浜博行③
牧山ひろえ③
水岡俊一③
吉川沙織③
野田国義②
森本真治②
吉田忠智②
石垣のりこ①
石川大我①
打越さく良①
小沢雅仁①
小沼巧①
勝部賢志①
岸真紀子①
熊谷裕人①
塩村あやか①
田島麻衣子①
羽田次郎①
宮口治子①
森屋隆①
横沢高徳①

公明党　60人

（衆議院32人）

石井啓一⑩
北側一雄⑩
佐藤茂樹⑩
斉藤鉄夫⑩
赤羽一嘉⑨
大口善徳⑨
高木陽介⑨
古屋範子⑦
竹内譲⑥
伊藤渉⑤
稲津久⑤
伊佐進一④
浮島智子④
岡本三成④
國重徹④
佐藤英道④
中野洋昌④
濵地雅一④
輿水恵一③
吉田宣弘③
角田秀穂②
中川康洋②
鰐淵洋子②
河西宏一①
金城泰邦①
日下正喜①
庄子賢一①
中川宏昌①
平林晃①
福重隆浩①
山崎正恭①
吉田久美子①

（参議院28人）

（任期　R4.7.25）

谷合正明③
西田実仁③
浜田昌良③
秋野公造②
石川博崇②
竹谷とし子②

横山信一②
伊藤孝江①
熊野正士①
里見隆治①
高瀬弘美①
竹内真二①
三浦信祐①
宮崎勝①

(任期　R7.7.28)

山口那津男④
山本香苗④
山本博司③
河野義博②
佐々木さやか②
杉久武②
新妻秀規②
平木大作②
矢倉克夫②
若松謙維②
塩田博昭①
下野六太①
高橋光男①
安江伸夫①

日本維新の会 56人

(衆議院41人)

足立康史④
井上英孝④
市村浩一郎④
浦野靖人④
遠藤敬④
杉本和巳④
馬場伸幸④
伊東信久③
空本誠喜②
藤田文武②
三木圭恵②
美延映夫②
山本剛正②
吉田豊史②
阿部司①
阿部弘樹①
青柳仁士①
赤木正幸①
浅川義治①
池下卓①
池畑浩太朗①
一谷勇一郎①
岩谷良平①
漆間譲司①
遠藤良太①
小野泰輔①
奥下剛光①
金村龍那①
沢田良①
住吉寛紀①
高橋英明①
中司宏①
早坂敦①
藤巻健太①
堀場幸子①
掘井健智①
前川清成①
岬麻紀①
守島正①
吉田とも代①
和田有一朗①

(参議院15人)

(任期　R4.7.25)

片山虎之助⑤
浅田均①
石井章①
石井苗子①
片山大介①
高木かおり①

(任期　R7.7.28)

室井邦彦③
東徹②
梅村聡②
清水貴之②
柴田巧②
梅村みずほ①
音喜多駿①
鈴木宗男①
柳ヶ瀬裕文①

国民民主党 23人

(衆議院11人)

前原誠司⑩
古川元久⑨
岸本周平⑤
玉木雄一郎⑤
鈴木義弘③
浅野哲②
西岡秀子②
斎藤アレックス①
鈴木敦①
田中健①
長友慎治①

(参議院12人)

(任期　R4.7.25)

足立信也③
小林正夫③
川合孝典②
舟山康江②
伊藤孝恵①
浜口誠①
矢田わか子①

(任期　R7.7.28)

大塚耕平④
榛葉賀津也④
礒﨑哲史②
浜野喜史②
田村まみ①

共産党 23人

(衆議院10人)

穀田恵二⑩
志位和夫⑩
赤嶺政賢⑧
塩川鉄也⑧
高橋千鶴子⑦
笠井亮⑥
宮本岳志⑤
田村貴昭③
宮本徹③
本村伸子③

(参議院13人)

(任期　R4.7.25)

市田忠義④
大門実紀史④
田村智子②
岩渕友①
武田良介①
山添拓①

(任期　R7.7.28)

井上哲士④
紙智子④
小池晃④
山下芳生④
吉良よし子②
倉林明子②
伊藤岳①

れいわ新選組　5人

（衆議院3人）

大　石　あきこ ①
たがや　　　亮 ①
山　本　太　郎 ①

（参議院2人）
（任期　R7.7.28）

木　村　英　子 ①
舩　後　靖　彦 ①

社民党　2人

（衆議院1人）

新　垣　邦　男 ①※1

（参議院1人）
（任期　R4.7.25）

福　島　みずほ ④※4

NHK受信料を支払わない国民を守る党　1人

（参議院1人）
（任期　R7.7.28）

浜　田　　　聡 ②※8

無所属　28人

（衆議院9人）

細　田　博　之 ⑪
海江田　万　里 ⑧
吉　良　州　司 ⑥※2
北　神　圭　朗 ④※2
緒　方　林太郎 ③※2
福　島　伸　享 ③※2
仁　木　博　文 ②※2
三反園　　　訓 ①
米　山　隆　一 ①※1

（参議院19人）
（任期　R4.7.25）

小　川　敏　夫 ④
櫻　井　　　充 ④※3
柳　田　　　稔 ④※5
藤　末　健　三 ③※3
増　子　輝　彦 ③※3
伊　波　洋　一 ①※7
上　田　清　司 ①※5
平　山　佐知子 ①
山　﨑　真之輔 ①※5
渡　辺　喜　美 ①※8

（任期　R7.7.28）

山　東　昭　子 ⑧
橋　本　聖　子 ⑤
安　達　　　澄 ①
嘉　田　由紀子 ①※6
須　藤　元　気 ①
髙　良　鉄　美 ①※7
寺　田　　　静 ①
ながえ　孝　子 ①※6
芳　賀　道　也 ①※5

※の議員の所属会派は以下の通り。

衆議院
※1 立憲民主党・社民・無所属
※2 有志の会

参議院
※3 自由民主党・国民の声
※4 立憲民主・社民
※5 国民民主党・新緑風会
※6 碧水会
※7 沖縄の風
※8 みんなの党

自由民主党内派閥一覧

（令和4年1月17日現在）

○内は当選回数・他派との重複及び自民党系議員を含む

安倍派　94人

（衆議院60人）

衛藤征士郎⑬
安倍晋三⑩
塩谷立⑩
下村博文⑨
高木毅⑧
松野博一⑧
吉野正芳⑧
柴山昌彦⑦
谷川弥一⑦
西村康稔⑦
松島みどり⑦
稲田朋美⑥
奥野信亮⑥
鈴木淳司⑥
西村明宏⑥
萩生田光一⑥
宮下一郎⑥
越智隆雄⑤
大塚拓⑤
亀岡偉民⑤
関芳弘⑤
高鳥修一⑤
土井亨⑤
中根一幸⑤
青山周平④
池田佳隆④
小田原潔④
大西英男④
神田憲次④
菅家一郎④
岸信夫④
佐々木紀④
田畑裕明④
根本幸典④
福田達夫④
藤原崇④
細田健一④
堀井学④
三ッ林裕巳④
宮澤博行④
簗和生④
山田美樹④
義家弘介④
尾身朝子③
杉田水脈③
谷川とむ③
宗清皇一③
和田義明③
上杉謙太郎②
木村次郎②
髙木啓②
井原巧①
石井拓①
加藤竜祥①
小森卓郎①
塩崎彰久①
鈴木英敬①
髙階恵美子①
松本尚①
若林健太①

（参議院34人）

（任期　R4.7.25）

山崎正昭⑤
岡田直樹③
末松信介③
中川雅治③
野上浩太郎③
山谷えり子③
山本順三③
上野通子②
江島潔②
長谷川岳②
佐藤啓①
松川るい①
宮島喜文①
山田宏①

（任期　R7.7.28）

世耕弘成⑤
北村経夫③
西田昌司③
古川俊治③
丸川珠代③
森まさこ③
赤池誠章②
石井正弘②
石田昌宏②
大野泰正②
太田房江②
酒井庸行②
滝波宏文②
長峯誠②
羽生田俊②
堀井巌②
宮本周司②
吉川ゆうみ②
加田裕之①
高橋はるみ①

麻生派　53人

（衆議院42人）

麻生太郎⑭
甘利明⑬
森英介⑪
山口俊一⑪
鈴木俊一⑩
岩屋毅⑨
河野太郎⑨
佐藤勉⑨
田中和徳⑨
棚橋泰文⑨
江渡聡徳⑧
松本剛明⑧
井上信治⑦
伊藤信太郎⑦
あべ俊子⑥
永岡桂子⑥
丹羽秀樹⑥
御法川信英⑥
山際大志郎⑥
あかま二郎⑤
鈴木馨祐⑤
薗浦健太郎⑤
武藤容治⑤
井出庸生④
井上貴博④
井林辰憲④
今枝宗一郎④
工藤彰三④
斎藤洋明④
中村裕之④
中山展宏④
長坂康正④
牧島かれん④
務台俊介④
山田賢司④
高村正大②
塚田一郎①
土田慎①
中川貴元①
中西健治①
柳本顕①
山本左近①

(参議院11人)
(任期 R4.7.25)
猪口邦子 ②
大家敏志 ②
中西祐介 ②
藤川政人 ②
今井絵理子 ①
(任期 R7.7.28)
武見敬三 ⑤
有村治子 ④
高野光二郎 ②
高橋克法 ②
滝沢求 ②
豊田俊郎 ②

茂木派 53人

(衆議院32人)
額賀福志郎 ⑬
船田元 ⑬
茂木敏充 ⑩
小渕優子 ⑧
後藤田正純 ⑧
新藤義孝 ⑧
渡辺博道 ⑧
秋葉賢也 ⑦
加藤勝信 ⑦
古川禎久 ⑦
西銘恒三郎 ⑥
木原稔 ⑤
橋本岳 ⑤
平口洋 ⑤
若宮健嗣 ⑤
井野俊郎 ④
笹川博義 ④
新谷正義 ④
鈴木貴子 ④
鈴木憲和 ④
津島淳 ④
中谷真一 ④
野中厚 ④
宮﨑政久 ④
鈴木隼人 ③
古川康 ③
東国幹 ①
五十嵐清 ①
上田英俊 ①
島尻安伊子 ①
高見康裕 ①
山口晋 ①
(参議院21人)
(任期 R4.7.25)
関口昌一 ④
二之湯智 ③
野村哲郎 ③
松村祥史 ③
青木一彦 ②
石井浩郎 ②
宇都隆史 ②
福岡資麿 ②
渡辺猛之 ②
小野田紀美 ①
元榮太一郎 ①
(任期 R7.7.28)
尾辻秀久 ⑥
石井準一 ③
佐藤信秋 ③
佐藤正久 ③
牧野たかお ③
上月良祐 ②
堂故茂 ②
山下雄平 ②
比嘉奈津美 ①
三浦靖 ①

二階派 44人

(衆議院34人)
二階俊博 ⑬
林幹雄 ⑩
今村雅弘 ⑨
平沢勝栄 ⑨
江﨑鐵磨 ⑧
櫻田義孝 ⑧
細野豪志 ⑧
小泉龍司 ⑦
武田良太 ⑦
谷公一 ⑦
長島昭久 ⑦
山口壯 ⑦
鷲尾英一郎 ⑥
伊東良孝 ⑤
伊藤忠彦 ⑤
金田勝年 ⑤
松本洋平 ⑤
小倉將信 ④
大岡敏孝 ④
勝俣孝明 ④
小林鷹之 ④
武部新 ④
宮内秀樹 ④
小林茂樹 ③
高木宏壽 ③
中川郁子 ③
鳩山二郎 ③
泉田裕彦 ②
小寺裕雄 ②
中曽根康隆 ②
尾﨑正直 ①
国定勇人 ①
中野英幸 ①
平沼正二郎 ①
(参議院10人)
(任期 R4.7.25)
中曽根弘文 ⑥
鶴保庸介 ④
片山さつき ②
自見はなこ ①
進藤金日子 ①
(任期 R7.7.28)
衛藤晟一 ③
三木亨 ②
岩本剛人 ①
清水真人 ①
宮崎雅夫 ①

岸田派 44人

(衆議院32人)
岸田文雄 ⑩
根本匠 ⑨
石田真敏 ⑧
小野寺五典 ⑧
金子恭之 ⑧
北村誠吾 ⑧
平井卓也 ⑧
上川陽子 ⑦
寺田稔 ⑥
葉梨康弘 ⑥
石原宏高 ⑤
木原誠二 ⑤
盛山正仁 ⑤
岩田和親 ④
小島敏文 ④
小林史明 ④
古賀篤 ④
國場幸之助 ④
武井俊輔 ④
辻清人 ④
藤丸敏 ④
堀内詔子 ④
村井英樹 ④
渡辺孝一 ④
吉川赳 ③
畦元将吾 ②
金子俊平 ②
国光あやの ②
西田昭二 ②
深澤陽一 ②
石橋林太郎 ①
林芳正 ①

（参議院12人）
（任期　R4.7.25）

藤井基之③
水落敏栄③
磯﨑仁彦②
金子原二郎②
宮沢洋一②
足立敏之①
こやり隆史①
藤木眞也①

（任期　R7.7.28）

松山政司④
古賀友一郎②
馬場成志②
森屋宏②

森山派　7人

（衆議院6人）

坂本哲志⑦
森山裕⑦
上野賢一郎⑤
鬼木誠④
田野瀬太道④
宮路拓馬③

（参議院1人）
（任期　R7.7.28）

山田俊男③

無派閥　75人

（衆議院57人）

逢沢一郎⑫
石破茂⑫
村上誠一郎⑫
中谷元⑪
古屋圭司⑪
山本有二⑪
渡海紀三朗⑩
野田聖子⑩
浜田靖一⑩
伊藤達也⑨
遠藤利明⑨
菅義偉⑨
田村憲久⑨
高市早苗⑨
梶山弘志⑧
土屋品子⑧
江藤拓⑦
後藤茂之⑦
赤澤亮正⑥
小里泰弘⑥
城内実⑥
平将明⑥
柿沢未途⑤
小泉進次郎⑤
齋藤健⑤
坂井学⑤
田中良生⑤
橘慶一郎⑤
牧原秀樹⑤
山本ともひろ⑤
秋本真利④
石川昭政④
大串正樹④
大野敬太郎④
門山宏哲④
黄川田仁志④
熊田裕通④
田所嘉徳④
田中英之④
武村展英④
冨樫博之④
藤井比早之④
星野剛士④
八木哲也④
山下貴司④
加藤鮎子③
三谷英弘③
穂坂泰②
本田太郎②
石原正敬①
勝目康①
川崎ひでと①
神田潤一①
西野太亮①
長谷川淳二①
古川直季①
保岡宏武①

（参議院18人）
（任期　R4.7.25）

岡田広④
松下新平③
阿達雅志②
三原じゅん子②
青山繁晴①
朝日健太郎①
小川克巳①
そのだ修光①
竹内功①
徳茂雅之①
中西哲①

（任期　R7.7.28）

島村大②
柘植芳文②
舞立昇治②
三宅伸吾②
山田太郎②
和田政宗②
本田顕子①

派閥住所・電話一覧

名　　　　称		郵便番号	住　　　所	電話番号
清和政策研究会	(安倍派)	102-0093	千, 平河町2-7-1 塩崎ビル	3265-2941
志　公　会	(麻生派)	102-0093	千, 平河町2-5-5 全国旅館会館3F	3237-1121
平成研究会	(茂木派)	100-0014	千, 永田町1-11-32 全国町村会館西館3F	3580-1311
志　帥　会	(二階派)	102-0093	千, 平河町2-7-4 砂防会館別館3F	3263-3001
宏　池　会	(岸田派)	100-0014	千, 永田町1-11-32 全国町村会館西館6F	3508-0551
近未来政治研究会	(森山派)	102-0093	千, 平河町2-4-16 平河中央ビル3F	3288-9055

議員プロフィール
議員親族一覧

●凡例　記載内容は原則として令和4年1月17日現在。

ふりがな **議員名** 党派（会派）　選挙区・年	所属政党の変遷

血液型、㊎（略歴）、㊎（政策重点分野）、㊎（趣味）、
㊎（尊敬する人物）、㊎（座右の銘）

議員名　（続柄）親族の氏名：親族の主な経歴

●編集要領

- 記載内容は議員への直接取材による。

＝議員プロフィール＝

- 党派については略称を用いた（下記参照）。
- ㊎（略歴）は議員に当選する前の主な経歴を記載した。
- 「所属政党の変遷」欄には議員初当選以降の所属政党の変遷を掲載した（令和4年1月17日現在）。

○矢印（→）は所属政党の変遷を表している。政党名の右のカッコ内は移動の年・月である。
○自民党議員の派閥名（［ ］で表示）を略称で表記した。ただし、他党から自民党に移籍・復籍した議員の移籍の年・月は自民党に移籍した年・月であって、派閥に入会した年・月とは必ずしも一致しない。
○旧所属政党の次に無所属になっている議員については、旧所属政党を離党した場合と、旧所属政党の解党によって無所属になった場合、議長・副議長就任に伴う党籍離脱がある。
○略称で表記した政党は下記のとおりである。

自民……自由民主党	みんな…みんなの党	社民連…社会民主連合	（ ）内は会派名
新自ク…新自由クラブ	公明……公明党（注1）	社民……社会民主党	［安］…安倍派
新生……新生党	民社……民社党	さきがけ…新党さきがけ	［麻］…麻生派
みらい…新党みらい	新進……新進党	民主……民主党	［茂］…茂木派
自由……自由党	平和……新党平和	民進……民進党	［二］…二階派
保守……保守党	改ク……改革クラブ（注2）	立憲……立憲民主党	［岸］…岸田派
保新……保守新党	黎ク……黎明クラブ	希望……希望の党	［森］…森山派
たち日…たちあがれ日本	友愛……新党友愛	国民……国民民主党	［無］…無派閥
次世代…次世代の党	民政……民政党	未来……日本未来の党	
こころ…日本のこころ	社会……日本社会党	共産……日本共産党	

（注1）「公明党」は平成6年12月、新進党結党に伴って解党し、地方議員と一部参院議員による「公明」が結成。10年11月に新党平和と公明が合流して新「公明党」が結成。この一覧では旧「公明党」、「公明」、新「公明党」いずれも公明と表記。
（注2）平成10年1月に結成された改革クラブ（代表・小沢辰男）と平成20年8月に結成された改革クラブ（代表・渡辺秀央）は政党名は同じであるが別の政党である。

＝議員親族一覧＝

- 両親と配偶者を原則として記載しているが、議員の親族（配偶者の親族も含む）で政治歴や特筆すべき経歴（企業・団体役員、公職員等）のある方については優先的に掲載した。

衆議院議員プロフィール

あかま二郎（じろう） 自[麻]　神奈川14	自民[麻]

O型、[略]県議会議員・総務大臣政務官、[政]地方自治

あべ俊子（としこ） 自[麻]　[比]中国	自民[麻]

A型、[略]東京医科歯科大学助教授、[政]社会保障制度（医療・年金・福祉）、農林関係、[趣]読書・水泳・ハイキング、[尊]キュルケゴール・ガウディ

安住淳（あずみじゅん） 立　宮城5	民主→民進(16.3)→無所属(18.5)→立憲(19.9)→立憲(20.9)

A型、[略]日本放送協会、[政]外交・地方自治・情報通信・財政・金融、[趣]絵画・ゴルフ・読書

安倍晋三（あべしんぞう） 自[安]　山口4	自民[安]

B型、[略]神戸製鋼・安倍晋太郎外相秘書官、[趣]読書

足立康史（あだちやすし） 維　大阪9	日本維新の会→維新の党(14.9)→おおさか維新の会(15.11)→日本維新の会(16.8)

B型、[略]経済産業省、[政]憲法・教育・社会保障・原子力・地方分権、[趣]水泳（水球）・作詩、[尊]高碕達之助

阿部司（あべつかさ） 維　[比]東京	日本維新の会(20)

AB型、[略]シンクタンク職員、[政]コロナ経済対策・憲法改正・外交安保、[趣]剣道・サウナ、[尊]山岡鉄舟、[銘]人間万事塞翁が馬

阿部知子（あべともこ） 立　神奈川12	社民→未来(12.11)→みどりの風(13.5)→無所属(13.7)→民主(14.11)→民進(16.3)→立憲(17.10)→立憲(20.9)

O型、[略]小児科医、[政]エネルギー・医療、[趣]料理・読書

阿部弘樹（あべひろき） 維　[比]九州	日本維新の会

O型、[略]県議・町長、厚生省、[政]公衆衛生・地方自治、[趣]読書、[尊]渋沢栄一、[銘]至誠天に通ず

[衆]プロフィール　あ

あいさわ いちろう
逢沢　一郎
自[無]　岡山1

自民[無]

O型、(略)松下政経塾、(政)通産・外交、(趣)サッカー

あおやぎ ひとし
青柳　仁士
維　大阪14

日本維新の会→維新の党→おおさか維新の会→日本維新の会

A型、(略)国連職員、(政)経済成長、外交・安全保障、(趣)格闘技観戦、ハンドボール、(尊)緒方貞子、(銘)人事を尽くして天命を待つ

あおやぎ よういちろう
青柳陽一郎
立　(比)南関東

みんな→結いの党(13.12)→維新の党(14.9)→民進(16.3)→立憲(17.10)→立憲(20.9)

A型、(略)国務大臣政策秘書、(政)新しい公共・規制改革・イノベーション・アジア外交、(趣)ランニング・サーフィン・音楽鑑賞、(尊)高碕達之助、(銘)我以外皆我師

あおやま しゅうへい
青山　周平
自[安]　(比)東海

自民[安]

A型、(略)幼稚園園長、(政)教育、(趣)登山・スキー・読書、(尊)徳川家康、(銘)至誠にして動かざる者は未だこれ有らざるなり

あおやま やまと
青山　大人
立　(比)北関東

希望→国民(18.5)→立憲(20.9)

O型、(略)県議、(政)外交・子育て教育、(趣)読書・ジョギング、(尊)徳川家康・田中角栄、(銘)人事を尽くして天命を待つ

あかぎ まさゆき
赤木　正幸
維　(比)近畿

日本維新の会(20.10)

A型、(略)IT会社代表、(政)経済政策・地方創生・社会保障、(趣)猫・温泉、(尊)大学と大学院の恩師、(銘)笑われて、笑われて、つよくなる。

あかざわ りょうせい
赤澤　亮正
自[無]　鳥取2

自民[無]

A型、(略)国土交通省秘書課企画官、(政)国土強靭化・防災・農林水産行政、(趣)読書・スキー・ゴルフ

あかば かずよし
赤羽　一嘉
公　兵庫2

公明→新進(94.12)→平和(98.1)→公明(98.11)

B型、(略)三井物産社員、(銘)一人立てるときに強き者は真正の勇者なり

(衆)プロフィール　あ

あか　せい　けん **赤 嶺 政 賢** 共　沖縄1	共産

[略]那覇市議、[政]平和基地問題、[趣]スポーツ観戦、[尊]瀬長亀次郎・古堅実吉・翁長雄志、[銘]命どぅ宝

あき　ば　けん　や **秋 葉 賢 也** 自[茂]　[比]東北	自民[茂]

A型、[略]松下政経塾・宮城県議会議員・東北福祉大講師、[政]社会保障・外交・教育・環境、[趣]スポーツ・音楽・映画・読書、[尊]松下幸之助、マザー・テレサ

あき　もと　まさ　とし **秋 本 真 利** 自[無]　[比]南関東	自民[無]

A型、[略]市議会議員、[政]エネルギー・国土交通・環境、[趣]映画鑑賞・旅行・モータースポーツ、[銘]先憂後楽

あさ　かわ　よし　はる **浅 川 義 治** 維　[比]南関東	さきがけ→旧民主→民主→日本維新の会

O型、[略]銀行員・市会議員、[政]減税・規制改革・安全な国と地域、[趣]小田和正・音楽・写真、[尊]小田和正・沼野輝彦・カールセーガン、[銘]不撓不屈

あさ　の　さとし **浅 野 哲** 国　茨城5	民進→希望(17.10)→国民(18.5)→国民(20.9)

O型、[略]衆議院議員秘書、[政]経済産業分野、[趣]球技、[尊]稲盛和夫、[銘]基本と正道

あずま　くに　よし **東 国 幹** 自[茂]　北海道6	自民[茂]

O型、[略]道議・旭川市議、[政]過疎対策・一次産業・交通体系、[趣]読書、[尊]児島惟謙、[銘]知覚動考

あぜ　もと　しょう　ご **畦 元 将 吾** 自[岸]　[比]中国	自民[岸]

O型、[略]会社役員、[政]医療・環境、[趣]旅行・映画鑑賞、[尊]松下幸之助、[銘]七転八起

あそ　う　た　ろう **麻 生 太 郎** 自[麻]　福岡8	自民[麻]

A型、[略]麻生セメント社長、[政]文教・商工・外交、[趣]射撃・ゴルフ・読書

甘利（あまり） 明（あきら） 自[麻]　㊗南関東	新自ク→自民[麻](86.8)

A型、㊚ソニー・甘利正衆院議員秘書、㊯経済産業政策、通商政策、エネルギー政策、科学技術・イノベーション政策、㊝美術鑑賞・映画、㊕甘利正（父、元衆院議員）

荒井（あらい） 優（ゆたか） 立　㊗北海道	立憲

A型、㊚学校法人理事長・高校校長、㊯教育・経済、㊝テニス、読書、サウナ、㊕父（荒井聰）、㊙龍になれ、雲自ずから集まる

新垣（あらかき） 邦男（くにお） 社　沖縄2	社民

A型、㊚北中城村長、㊯米軍基地問題・沖縄振興・地方自治、㊝空手（上地流七段）、㊕照屋寛徳

五十嵐（いがらし） 清（きよし） 自[茂]　㊗北関東	自民[茂]

B型、㊚県議・衆院議員秘書、㊝サッカー・愛犬と散歩、㊕徳川家康、㊙意志のあるところに道は開ける

井坂（いさか） 信彦（のぶひこ） 立　兵庫1	みんな→結いの党→維新の党→民進→希望→国民→立憲

O型、㊚行政書士・神戸市議、㊯厚生労働、行政改革、㊝テニス、キーボード、空手、㊕スティーブ・ジョブズ、㊙信・行・学

井出（いで） 庸生（ようせい） 自[麻]　長野3	みんな→結いの党(13.12)→維新の党(14.9)→民進(16.3)→希望(17.9)→無所属(18.5)→自民[麻](19.12)

㊚NHK記者

井野（いの） 俊郎（としろう） 自[茂]　群馬2	自民[茂]

A型、㊚市議・弁護士、㊙経世済民

井上（いのうえ） 信治（しんじ） 自[麻]　東京25	自民[麻]

A型、㊚国土交通省・外務省、㊯国土交通・厚生労働・環境、㊝お祭り・マラソン・温泉、㊕石川要三・麻生太郎

㊫プロフィール　あ・い

いのうえ たかひろ **井上貴博** 自[麻]　福岡1	自民[麻]

A型、[略]会社役員・福岡県議（3期）、[政]経済再生・防災、[趣]囲碁・将棋

いのうえ ひでたか **井上英孝** 維　大阪1	自民→日本維新の会→維新の党(14.9)→おおさか維新の会(15.11)→日本維新の会(16.8)

B型、[略]大阪市議、[政]港湾・国土政策・消費者・地方自治、[趣]ゴルフ

いばやし たつのり **井林辰憲** 自[麻]　静岡2	自民[麻]

O型、[略]国土交通省、[政]農林水産業・社会資本整備、[趣]野球・水泳

いはら たくみ **井原巧** 自[安]　愛媛3	自民[安]

B型、[略]参議院議員、四国中央市長、[趣]読書、スポーツ、[尊]井原岸高、[銘]信は力なり

いさ しんいち **伊佐進一** 公　大阪6	公明

B型、[略]文科省職員、[政]経済・外交・イノベーション、[趣]将棋・ピアノ・料理・マラソン、[銘]一剣倚天寒

いとう のぶひさ **伊東信久** 維　大阪19	日本維新の会

B型、[略]医療法人理事長、[政]医療政策・社会保障・教育、[趣]ラグビー、[尊]橋下徹、[銘]禍福は糾える縄の如し

いとう よしたか **伊東良孝** 自[二]　北海道7	自民[二]

A型、[略]釧路市長、[政]農林水産の経営基盤整備・医療福祉の充実、[趣]読書・旅行・音楽・スポーツ、[銘]至誠天に通ず

いとう しゅんすけ **伊藤俊輔** 立　[比]東京	日本維新の会→希望→国民(18.5)→無所属(19.1)→立憲(20.9)

A型、[略]会社役員、[政]地方分権・原発ゼロ・社会保障、[趣]スポーツ全般、[銘]逆境は人を創る

伊藤信太郎（いとう しんたろう） 自[麻]　宮城4	自民[麻]

AB型、(略)大学教授・ニュースキャスター、(政)震災復興・農水・外交、(趣)料理・映画

伊藤忠彦（いとう ただひこ） 自[二]　愛知8	自民[二]

AB型、(略)愛知県議会議員・衆議院議員秘書

伊藤達也（いとう たつや） 自[無]　東京22	日本新党→新進(94.12)→無所属(97.7)→民政(98.1)→無所属(98.4)→自民[無](98.7)

O型、(略)大学院教授・松下政経塾、(政)経済・財政・社会保障・IT、(趣)野球・映画鑑賞

伊藤渉（いとう わたる） 公　(比)東海	公明

AB型、(略)JR東海、(政)厚労・国交、(趣)音楽鑑賞・読書・スポーツ全般、(銘)我以外皆我師

池下卓（いけした たく） 維　大阪10	日本維新の会

A型、(略)大阪府議、(趣)書道、茶道、自転車

池田佳隆（いけだ よしたか） 自[安]　(比)東海	自民[安]

O型、(略)日本青年会議所会頭、(政)経済・教育・安全保障、(趣)読書・ジョギング

池畑浩太朗（いけはた こうたろう） 維　(比)近畿	日本維新の会

A型、(略)兵庫県議会議員2期、(政)農林水産、(趣)農作業・自転車、(尊)両親、(銘)不動心

石井啓一（いしい けいいち） 公　(比)北関東	公明→新進(94.12)→平和(98.1)→公明(98.11)

B型、(略)建設省課長補佐、(政)財政・税制・金融、(趣)読書・テニス、(尊)上杉鷹山、(銘)人に温かく、己に厳しく

いし い たく **石井　拓** 自[安]　[比]東海	自民[安]

B型、[略]愛知県議・碧南市議、[政]産業振興、[趣]柔道・郷土史研究、[尊]聖徳太子、[銘]Think Globally, Act Locally

いし かわ あき まさ **石川昭政** 自[無]　[比]北関東	自民[無]

A型、[略]自民党本部職員、[政]経済産業・文部科学・原子力、[趣]サッカー・読書

いし かわ か おり **石川香織** 立　北海道11	立憲→立憲(20.9)

A型、[略]民放アナウンサー、[政]農林水産業振興・子育て支援、[趣]料理、[尊]渡辺カネ（北海道十勝・帯広の開拓者・教育者）、[銘]つもり違い十ヶ条

いし だ まさ とし **石田真敏** 自[岸]　和歌山2	自民[岸]

B型、[略]海南市長、[政]自治行政、[趣]ゴルフ・読書・書道

いし ば しげる **石破　茂** 自[無]　鳥取1	自民→無所属(93.12)→新生(94.4)→新進(94.12)→無所属(96.9)→自民[無](97.4)

B型、[略]三井銀行・木曜クラブ事務局、[政]安全保障・農林水産・地方創生、[趣]読書・音楽鑑賞・料理

いし ばし りん た ろう **石橋林太郎** 自[岸]　[比]中国	自民[岸]

O型、[略]広島県議会議員、[政]教育、憲法、安保、家族政策、[趣]サッカー、ゴルフ、読書、詩吟、[銘]春風接人、積小為大

いし はら ひろ たか **石原宏高** 自[岸]　[比]東京	自民[岸]

AB型、[略]銀行員、[政]外交・経済・中小企業、[趣]読書・散歩

いし はら まさ たか **石原正敬** 自[無]　[比]東海	自民[無]

B型、[略]三重県議、菰野町長、[政]地方創生、[趣]俳句、ジョギング、家庭菜園、[尊]木村東介、[銘]挑戦なくば、前進なし！

泉　健太（いずみ けんた） 立　京都3	民主→民進(16.3)→希望(17.9)→国民(18.5)→立憲(20.9)

O型、(略)福祉施設職員・参院議員秘書、(政)次世代育成支援・治安防犯対策・政治改革、(趣)日曜大工・サイクリング

泉田裕彦（いずみだ ひろひこ） 自[二]　(比)北陸信越	自民[二]

B型、(略)新潟県知事、(趣)ジョギング・水泳・スキー、(尊)上杉鷹山、(銘)風林火山

一谷勇一郎（いちたに ゆういちろう） 維　(比)近畿	日本維新の会

O型、(略)会社役員、(政)医療介護、(趣)ドライブ・料理・読書・ゴルフ、(尊)坂本龍馬、(銘)大器晩成・精力善用・自他共栄

市村浩一郎（いちむら こういちろう） 維　兵庫6	民主→日本維新の会

B型、(略)松下政経塾・NPOプログラムオフィサー、(政)民間主導型社会システム、(趣)旅・食・日本酒、(尊)松下幸之助翁、(銘)「日本の洗濯」ジャブジャブ！

稲田朋美（いなだ ともみ） 自[安]　福井1	自民[安]

AB型、(略)弁護士、(趣)ランニング・サウナ、(尊)西郷隆盛、(銘)高邁な精神で決断し断固として行動する

稲津　久（いなつ ひさし） 公　北海道10	公明

AB型、(略)北海道議、(政)農林水産業・地方活性化・少子高齢化対策、(趣)読書・ウォーキング、(尊)吉田松陰、(銘)誠実

稲富修二（いなとみ しゅうじ） 立　(比)九州	民主→希望(17.9)→国民(18.5)→立憲(20.9)

A型、(略)松下政経塾・丸紅、(政)税制・子育て支援、(趣)ランニング・囲碁、(尊)松下幸之助・広田弘毅、(銘)人生二度なし

今枝宗一郎（いまえだ そういちろう） 自[麻]　愛知14	自民[麻]

O型、(略)医師（在宅救急・難病）・新城市夜間救急、(政)医療・社会保障・防災インフラ整備、(趣)旅行・カラオケ・ラーメン食べ歩き、(尊)J.F.ケネディ、(銘)至誠天に通ず

今村雅弘（いまむら まさひろ） 自[二]　[比]九州	自民→無所属(05.8)→自民[二](06.12)

A型、[略]JR九州、[趣]マリンスポーツ・山登り

岩田和親（いわた かずちか） 自[岸]　[比]九州	自民[岸]

B型、[略]佐賀県議・㈱メモリード顧問、[政]国土交通分野・中小企業関連・農業他、[趣]ジョギング、[銘]是の処は即ち是れ道場なり

岩谷良平（いわたに りょうへい） 維　大阪13	日本維新の会

AB型、[略]大阪府議、企業経営者、[政]地方分権、政治改革、行財政改革、[趣]仕事、[尊]坂本龍馬、[銘]世に生を得るは事を為すにあり

岩屋毅（いわや たけし） 自[麻]　大分3	自民→さきがけ(93.6)→新進(94.12)→無所属→自民[麻](98.6)

A型、[略]鳩山邦夫衆院議員秘書、[政]国防政策の充実・教育改革・行政改革・政治改革、[趣]映画鑑賞・読書、[銘]至誠通天

上杉謙太郎（うえすぎ けんたろう） 自[安]　[比]東北	自民[安]

AB型、[略]議員秘書、[政]復興・農業・地方創生、[趣]子育て・剣道三段、[尊]上杉謙信、[銘]清明正直

上田英俊（うえだ えいしゅん） 自[茂]　富山2	自民[茂](03)

A型、[略]衆議院議員秘書・県議、[趣]ラグビー観戦・読書、[尊]中野正剛・松村謙三・大平正芳、[銘]天下一人を以て興る

上野賢一郎（うえの けんいちろう） 自[森]　滋賀2	自民[森]

A型、[略]総務省課長補佐、[政]経済政策・地方分権・農業、[趣]ミュージカル鑑賞・祭り

浮島智子（うきしま ともこ） 公　[比]近畿	公明

B型、[略]参院議員・プリマバレリーナ、[政]教育・文化芸術振興、[趣]散歩・映画鑑賞、[尊]チャップリン、[銘]誠実

梅谷　守（うめたに　まもる）
立　新潟6
無所属→国民→立憲

A型、[略]新潟県議会議員・国会議員担当政策秘書、[政]農業・経済・地方分権・社会保障・環境、[趣]読書・映画鑑賞・バスケットボール・サッカー、[尊]父、[銘]至誠にして動かざる者は未だ之れ有らざるなり

浦野靖人（うらの　やすと）
維　大阪15
自民→日本維新の会→維新の党(14.9)→おおさか維新の会(15.11)→日本維新の会(16.8)

A型、[略]大阪府議会議員、[政]福祉・教育・子育て、[趣]スキー

漆間譲司（うるま　じょうじ）
維　大阪8
日本維新の会

AB型、[略]府議、[政]身を切る改革・地方分権、[趣]アイスホッケー

江﨑鐵磨（えさき　てつま）
自[二]　愛知10
新生→新進(94.12)→自由(98.1)→保守(00.4)→保新(02.12)→自民[二](03.11)

AB型、[略]衆議院議員秘書、[政]日米地位協定の即時見直し、[趣]絵画鑑賞、[尊]江﨑真澄、[銘]自琢

江田憲司（えだ　けんじ）
立　神奈川8
無所属→みんな(09.8)→結いの党(13.12)→維新の党(14.9)→民進(16.3)→無所属(18.5)→立憲(20.9)

AB型、[略]通産省・首相秘書官、[政]行政改革・財政改革・外交・少子高齢化問題、[趣]食べ歩き・旅行（温泉）・カラオケ・スポーツ観戦

江渡聡徳（えと　あきのり）
自[麻]　青森1
自民[麻]

O型、[略]短大講師・障害者施設園長、[政]福祉・エネルギー・防衛・農水・国交・教育、[趣]読書・映画鑑賞、[尊]父・江渡誠一、徳川家康、[銘]随処に主となれば、立処皆真なり

江藤　拓（えとう　たく）
自[無]　宮崎2
無所属→自民(03.11)→無所属(05.8)→自民[無](06.12)

[略]衆院議員秘書・大臣秘書官、[趣]釣り、[尊]高杉晋作、[銘]愛郷無限

衛藤征士郎（えとう　せいしろう）
自[安]　大分2
自民→無所属(09.9)→自民[安](12.11)

A型、[略]玖珠町長・(公財)日本青少年文化センター理事長・(一財)全日本大学サッカー連盟会長（現職)、[政]外交・安全保障、[趣]ゴルフ・山歩き

えだ の ゆき お **枝野幸男** 立 埼玉5	日本新党→無所属(94.5)→さきがけ(94.7)→民主(96.9)→民進(16.3)→立憲(17.10)→立憲(20.9)

B型、[略]弁護士、[政]行政改革、[趣]カラオケ

えん どう たかし **遠藤敬** 維 大阪18	日本維新の会→維新の党(14.9)→おおさか維新の会(15.12)→日本維新の会(16.8)

O型、[略]財団法人役員、[政]教育・地方分権、[趣]だんじり祭、[銘]敬天愛人

えん どう とし あき **遠藤利明** 自[無] 山形1	無所属→日本新党(93.11)→無所属(94.12)→自民[無](95.12)

B型、[略]近藤鉄雄衆院議員秘書・山形県議、[政]教育・スポーツ・農業、[趣]読書・ラグビー・ゴルフ、[尊]母、[銘]有志有途

えん どう りょう た **遠藤良太** 維 [比]近畿	日本維新の会

O型、[略]会社役員、[政]外交、子育て支援、医療・介護、[趣]キャンプ・アウトドア、[尊]長谷川保、[銘]夢をみるから人生は輝く

くれは **おおつき紅葉** 立 [比]北海道	立憲

O型、[略]フジテレビ政治部記者、[政]地方活性化、少子高齢化対策、農林水産業、[趣]山登り、盆踊り、スキー、[尊]母、榎本武揚、[銘]猪突猛進、無償の愛

お がわ じゅん や **小川淳也** 立 香川1	民主→民進(16.3)→希望(17.9)→無所属(18.5)→立憲(20.9)

O型、[略]総務省、[趣]野球・旅行、[尊]両親

お ぐま しん じ **小熊慎司** 立 福島4	自民→みんな→日本維新の会(12.9)→維新の党(14.9)→改革結集の会(15.12)→民進(16.3)→希望(17.9)→国民(18.5)→立憲(20.9)

A型、[略]福島県議・参議院議員

お ぐら まさ のぶ **小倉將信** 自[二] 東京23	自民[二]

A型、[略]日本銀行、[政]金融・経済、[趣]ダイビング・温泉めぐり・ジョギング、[銘]先憂後楽

おざと やすひろ 小里泰弘 自[無]　[比]九州	自民[無]

A型、[略]野村証券・秘書、[政]農林水産・国土交通・災害対策、[趣]読書・釣り・剣道、[尊]西郷隆盛、[銘]花に水、人に心

おざわ いちろう 小沢一郎 立　[比]東北	自民→新生(93.6)→新進(94.12)→自由(98.1)→民主(03.9)→国民の生活が第一(12.7)→未来(12.11)→生活の党(12.12)→自由(16.10)→国民(19.4)→立憲(20.9)

B型、[政]憲法・外交、[趣]囲碁・読書・釣り、[銘]百術は一誠に如かず

おだわら きよし 小田原潔 自[安]　東京21	自民[安]

O型、[略]外資系証券会社、[政]安全保障・外交・財政・金融政策、[趣]トライアスロン・執筆、[銘]我未だ木鶏たりえず

おの たいすけ 小野泰輔 維　[比]東京	日本維新の会

O型、[略]熊本県副知事、[政]成長戦略・公教育改革・行政改革、[趣]三線・テニス・ゴルフ・ドライブ・お酒、[尊]アウグストゥス・徳川家康、[銘]しあわせはいつも自分のこころがきめる

おのでら いつのり 小野寺五典 自[岸]　宮城6	自民[岸]

O型、[略]松下政経塾・宮城県職員・東北福祉大特任教授、[政]外交・安全保障・農林水産・震災復興、[趣]テニス・スキー、[銘]一隅を照らす

おぶち ゆうこ 小渕優子 自[茂]　群馬5	自民[茂]

A型、[略]TBS、[趣]料理・読書

おざき まさなお 尾﨑正直 自[二]　高知2	自民[二]

B型、[略]高知県知事（3期）、[政]地方創生・国土強靭化・外交、[趣]読書・テニス、[尊]坂本龍馬、[銘]至誠通天

おみ あさこ 尾身朝子 自[安]　[比]北関東	自民[安]

[略]NPO事務局長

越智隆雄（おち たかお） 自[安]　(比)東京	自民[安]

AB型、(略)住友銀行、(政)財務・金融・経済産業・外交・安保、(趣)アイロンがけ・絵画・読書

緒方林太郎（おがた りんたろう） 無(有志)　福岡9	民主→民進→希望→無所属

O型、(略)外務省職員、(政)国政全般幅広く、(趣)柔道（三段)、フランス語・英語、(銘)朝の来ない夜はない

大石あきこ（おおいし あきこ） れ　(比)近畿	無所属→れいわ新選組(20.2)

(略)大阪府職員、(政)社会保障・福祉・雇用

大岡敏孝（おおおか としたか） 自[二]　滋賀1	自民[二]

B型、(略)市議・県議、スズキ㈱、(政)経済・財政・社会保障・インフラ整備・安全保障、(趣)自動車・ツーリング・ラグビー

大河原まさこ（おおかわら まさこ） 立　(比)東京	民主→民進→立憲(17.10)→立憲(20.9)

A型、(略)NPO法人代表、(政)食の安全・人権と平和・原発ゼロ、(趣)ベランダ園芸、(尊)レーチェル・カーソン（沈黙の春著者)、(銘)世代を超えて、地球規模で考え地域から活動する

大串博志（おおぐし ひろし） 立　佐賀2	民主→民進(16.3)→希望(17.9)→無所属(18.5)→立憲(19.9)→立憲(20.9)

AB型、(略)財務省、(政)財政・金融・外交、(趣)テニス・読書

大串正樹（おおぐし まさき） 自[無]　(比)近畿	自民[無]

O型、(略)会社員・大学教員、(政)社会保障・教育・資源エネルギー、(尊)松下幸之助・プラトン、(銘)威ありて猛からず

大口善徳（おおぐち よしのり） 公　(比)東海	公明→新進(94.12)→平和(98.1)→公明(98.11)

O型、(略)弁護士、(政)景気雇用対策、(趣)読書

おおしま あつし **大島　敦** 立　埼玉6	民主→民進(16.3)→希望(17.9)→国民(18.5)→立憲(20.9)

AB型、(略)会社員（民主党候補公募）、(趣)読書、(尊)ニクソン・周恩来、(銘)動

おおつか たく **大塚　拓** 自[安]　埼玉9	自民[安]

A型、(略)銀行員、(政)防衛・法務・外交・経済・金融・科学技術、(趣)音楽鑑賞・読書、(尊)祖父・父

おおにし けんすけ **大西健介** 立　愛知13	民主→民進(16.3)→希望(17.9)→国民(18.5)→立憲(20.9)

(略)参議院職員・外交官・衆院議員政策秘書、(政)消費者・自動車政策・厚生労働

おおにし ひでお **大西英男** 自[安]　東京16	自民[安]

B型、(略)地方議員、(政)経済活性化、安心・安全街づくり、(趣)読書（歴史小説等）・ゴルフ・愛犬の散歩

おおの けいたろう **大野敬太郎** 自[無]　香川3	自民[無]

O型、(略)富士通・議員秘書、(政)外交・安保・経済・農林水産・金融、(趣)楽器演奏

おおさか せいじ **逢坂誠二** 立　北海道8	民主→民進(16.3)→立憲(17.10)→立憲(20.9)

A型、(略)ニセコ町職員・ニセコ町長、(政)自治・民主主義・原子力・公文書管理、(趣)読書・音楽鑑賞、(尊)大平正芳・石橋湛山、(銘)虚心坦懐

おかだ かつや **岡田克也** 立　三重3	自民→新生(93.6)→新進(94.12)→国民の声(98.1)→民政(98.1)→民主(98.4)→民進(16.3)→無所属(18.5)→立憲(20.9)

O型、(略)通産省官房企画調査官、(政)政権交代可能な政治の実現、(趣)読書・ジムでのトレーニング・カエルの置物収集、(尊)織田信長、(銘)大器晩成

おかもと こ **岡本あき子** 立　(比)東北	民主→民進→立憲(17.10)→立憲(20.9)

A型、(略)NTT・仙台市議、(政)地方分権・社会保障・ICT・教育、(趣)テニス・空手（月心会）、(尊)緒方貞子、(銘)その時の出逢いが人生を根底から変えることがある。よき出逢いを

おか もと みつ なり **岡本三成** 公　東京12	公明

O型、[略]ゴールドマン・サックス証券、[政]経済再建・外交

おく した たけ みつ **奥下剛光** 維　大阪7	日本維新の会

A型、[略]大阪市長特別秘書・衆議員秘書、[政]環境、地方分権、憲法改正、[趣]フットサル、サウナ、[尊]宮澤喜一、橋下徹

おく の しん すけ **奥野信亮** 自[安]　[比]近畿	自民[安]

AB型、[略]会社役員、[趣]ゴルフ・読書・旅行

おく の そう いち ろう **奥野総一郎** 立　千葉9	民主→民進(16.3)→希望(17.9)→国民(18.5)→立憲(20.9)

AB型、[略]総務省、[政]郵政、[趣]読書・ジョギング、[尊]児玉源太郎、[銘]鞠躬尽瘁

おち あい たか ゆき **落合貴之** 立　東京6	みんな→結いの党→維新の党(14.9)→民進(16.3)→立憲(17.10)→立憲(20.9)

[略]銀行員・衆院議員秘書、[政]経済政策、[趣]読書・旅・映画鑑賞、[尊]田中秀征・ガンジー、[銘]一期一会

おに き まこと **鬼木誠** 自[森]　福岡2	自民[森]

A型、[略]県議・地方銀行員、[政]財政・金融、社会保障・安全保障、[趣]書道・ラグビー、[尊]マハトマ・ガンジー、[銘]熱意こそ人を動かす

か とう あゆ こ **加藤鮎子** 自[無]　山形3	自民[無]

AB型、[略]衆議院議員秘書、[趣]バスケットボール・ダンス、[銘]至誠天に通ず

か とう かつ のぶ **加藤勝信** 自[茂]　岡山5	自民[茂]

B型、[略]大蔵省大臣官房企画官、[政]社会保障・財政・教育、[趣]読書・映画鑑賞、[尊]勝海舟、西郷隆盛ら幕末の志士たち、[銘]一点素心

か とう りゅう しょう **加藤竜祥** 自[安]　長崎2	自民[安]

O型、[略]衆議院議員秘書、[政]農林水産・地方創生・社会保障、[趣]バスケットボール・読書、[尊]安岡正篤、[銘]千里同風

か さい こう いち **河西宏一** 公　[比]東京	公明

O型、[略]電機メーカー社員・政党職員、[政]社会保障・経済振興・科学技術、[趣]自動車全般・建築物見学、[尊]高杉晋作、[銘]真剣勝負

かい え だ ばん り **海江田万里** 無　[比]東京	日本新党→無所属(94.12)→市民リーグ(95.12)→民主(96.9)→民進→立憲(17.10)→立憲(20.9)→無所属(21.11)

AB型、[略]参院議員秘書・経済評論家、[趣]書道・絵画鑑賞・剣道・詩作、[尊]西郷隆盛、[銘]人生意気に感ず

かき さわ み と **柿沢未途** 自[無]　東京15	みんな→無所属(13.9)→結いの党(13.12)→維新の党(14.9)→民進(16.3)→希望(17.9)→無所属(18.5)→自民[無](21.10)

B型、[略]NHK・都議、[政]医療・社会保障・地方分権、[趣]競馬予想、[尊]高杉晋作

かさ い あきら **笠井亮** 共　[比]東京	共産

[略]日本共産党職員、[趣]料理・ウォーキング

かじ やま ひろ し **梶山弘志** 自[無]　茨城4	自民[無]

A型、[略]日本原子力研究開発機構・梶山静六衆院議員秘書、[政]中小企業対策・少子高齢化対策、[趣]野球・サッカー・スポーツ観戦・読書

かつ また たか あき **勝俣孝明** 自[二]　静岡6	自民[二]

B型、[略]銀行員、[政]経済産業・金融政策、[趣]ゴルフ・読書

かつ め やすし **勝目康** 自[無]　京都1	自民[無]

AB型、[略]総務省室長、[政]コロナ禍からの社会経済の再生、東京一極集中の是正、少子高齢化対策、[趣]音楽・美術鑑賞、[銘]温かな心と冷静な頭脳

かど やま ひろ あき **門山宏哲** 自[無]　(比)南関東	自民[無]

B型、(略)弁護士、(政)経済の再生と社会正義の実現、(趣)囲碁

かね こ え み **金子恵美** 立　福島1	民主→民進(16.3)→無所属(18.5)→立憲(20.9)

A型、(略)町議・市議・参議院議員、(政)復興・農業・福祉、(趣)映画鑑賞・読書

かね こ しゅん ぺい **金子俊平** 自[岸]　岐阜4	自民[岸]

A型、(略)衆議院議員秘書、(趣)ドライブ・バレーボール、(尊)父、(銘)風林火山 人は石垣人は城

かね こ やす し **金子恭之** 自[岸]　熊本4	無所属→無所属の会(00.12)→自民[岸](01.11)

O型、(略)田代由紀男参院議員秘書・園田博之衆院議員秘書、(趣)ゴルフ・野球

かね だ かつ とし **金田勝年** 自[二]　(比)東北	自民[二]

A型、(略)大蔵省課長・主計官、(政)財政・厚生労働・農林水産・全般、(趣)カラオケ・スポーツ観戦

かね むら りゅう な **金村龍那** 維　(比)南関東	日本維新の会

A型、(略)療育施設代表・衆院議員秘書、(政)子育て支援、(趣)飲みニケーション、(尊)王陽明・頭山満、(銘)向き不向きより前向き

かま た **鎌田さゆり** 立　宮城2	自民→民主→民進→立憲

O型、(略)仙台市議・宮城県議、(政)司法制度、(趣)お菓子作り・農作業・お料理、(尊)マザーテレサ、(銘)学びて思はざれば則ち罔し。思ひて学ばざれば則ち殆ふし。

かみ かわ よう こ **上川陽子** 自[岸]　静岡1	無所属→自民[岸](00.12)

AB型、(略)三菱総合研究所研究員、(政)厚生労働・農林水産・海洋・公文書、(趣)合気道・日本舞踊・手芸

神谷裕（かみや ひろし） 立　比北海道	民主→民進→立憲(17.10)→立憲(20.9)

A型、略参議院議員秘書、政農林水産、趣野球、尊父・高校時代の野球部の監督、銘向き不向きよりも前向き

亀岡偉民（かめおか よしたみ） 自[安]　比東北	自民[安]

A型、略会社員・議員秘書、政震災復興、趣音楽鑑賞

川崎ひでと（かわさき） 自[無]　三重2	自民[無]

A型、略衆議院議員秘書、政IT促進・インフラ整備、趣アウトドア・ゴルフ、尊川崎二郎・武井壮・坂本竜馬、銘型をしっかり覚えた後に、型破りになれる

神田憲次（かんだ けんじ） 自[安]　愛知5	自民[安]

略税理士、政税制、趣旅行

神田潤一（かんだ じゅんいち） 自[無]　青森2	自民[無]

A型、略日本銀行・金融庁・マネーフォワード、政金融・経済、ＩＴ・デジタル、趣ジョギング、オペラ、銘一期一会

菅直人（かん なおと） 立　東京18	社民連→さきがけ(94.1)→民主(96.9)→民進(16.3)→立憲(17.10)→立憲(20.9)

O型、略弁理士、趣囲碁・将棋・スキューバダイビング

菅家一郎（かんけ いちろう） 自[安]　比東北	自民[安]

B型、略会津若松市長3期、政農林水産・経済産業・震災復興・地方分権、趣ウォーキング

木原誠二（きはら せいじ） 自[岸]　東京20	自民[岸]

O型、略財務省、尊織田信長

きはら　みのる **木原　稔** 自[茂]　熊本1	自民[茂]

B型、[略]日本航空社員、[趣]ラーメン食べ歩き・スポーツ観戦、[銘]常在戦場・みのるほど頭を垂れる稲穂かな

きむら　じろう **木村次郎** 自[安]　青森3	自民[安]

B型、[略]青森県職員、[政]農林水産・地方創生、[趣]ジョギング・映画鑑賞、[尊]白洲次郎、[銘]風雪人を磨く

きら　しゅうじ **吉良州司** 無(有志)　大分1	無所属→民主(04.11)→民進(16.3)→希望(17.9)→国民(18.5)→無所属(20.9)

B型、[略]日商岩井本社・ニューヨーク、[政]教育・外交・安全保障・エネルギー・地方創生、[趣]スポーツ全般・歴史小説・自然堪能

きい　たかし **城井　崇** 立　福岡10	民主→民進→希望(17.9)→国民(18.5)→立憲(20.9)

[略]衆議院議員秘書

きうち　みのる **城内　実** 自[無]　静岡7	無所属→自民(03.11)→無所属(05.8)→自民[無](12.5)

B型、[略]外務省、[政]外交安保・農水・法務・経産・環境、[趣]SPレコード蒐集・サッカー

きかわだ　ひとし **黄川田仁志** 自[無]　埼玉3	自民[無]

O型、[略]環境コンサルタント・松下政経塾、[政]海洋資源開発、外交·安全保障、産業振興、[趣]空手·剣道·スキューバダイビング・野球・落語

きくた　まきこ **菊田真紀子** 立　新潟4	民主→民進(16.3)→無所属(17.11)→立憲(20.9)

A型、[略]加茂市議・衆院議員秘書、[政]外交・社会保障・中小企業対策、[趣]料理・中国語・映画鑑賞、[尊]マザー・テレサ

きし　のぶお **岸　信夫** 自[安]　山口2	自民[安]

B型、[略]住友商事、[趣]スキー・テニス・釣り、[尊]吉田松陰・二宮尊徳・岸信介

きし だ ふみ お **岸田文雄** 自[岸]　広島1	自民[岸]

AB型、(略)長銀・岸田文武衆院議員秘書、(政)外交・経済、(趣)広島東洋カープ

きし もと しゅう へい **岸本周平** 国　和歌山1	民主→民進(16.3)→希望(17.9)→国民(18.5)→国民(20.9)

AB型、(略)トヨタ自動車部長・財務省課長・経済産業省課長、(政)NPO、財政・金融、(趣)読書・映画鑑賞・ウォーキング、(尊)シュヴァイツァー博士、(銘)雨天の友

きた がみ けい ろう **北神圭朗** 無(有志)　京都4	民主→民進→希望→無所属

B型、(略)大蔵省職員、(趣)音楽鑑賞、(尊)大久保利通、(銘)正心誠意

きた がわ かず お **北側一雄** 公　大阪16	公明→新進(94.12)→平和(98.1)→公明(98.11)

B型、(略)弁護士、(政)税財政・経済対策など、(趣)囲碁・観劇・ジャズ鑑賞、(尊)周恩来、(銘)学ばずは卑し

きた むら せい ご **北村誠吾** 自[岸]　長崎4	無所属→自民[岸](00.12)

(略)佐世保市議・長崎県議、(政)防衛・農水、(趣)ラグビー観戦・釣り・バードウォッチング

きん じょう やす くに **金城泰邦** 公　(比)九州	公明

O型、(略)沖縄県議、(政)国土交通観光並びに農林水産関係分野、(趣)釣り・読書、(尊)白保台一元衆議員、(銘)不撓不屈

く どう しょう ぞう **工藤彰三** 自[麻]　愛知4	自民[麻]

O型、(略)名古屋市議、(政)防災・中小企業対策・教育、(趣)野球・料理・園芸

くさ か まさ き **日下正喜** 公　(比)中国	公明

O型、(略)政党職員、(政)子育て・教育、科学技術、防災・減災、(趣)長唄三味線（師範）、(尊)西郷隆盛、(銘)国とは人の集まりなり、人とは心の器なり

くに さだ いさ と **国定勇人** 自[二]　(比)北陸信越	自民[二]

B型、(略)三条市長、(趣)読書、ラーメン紀行、(尊)坂本龍馬、(銘)愚直に、ただ愚直に

くに しげ とおる **國重　徹** 公　大阪5	公明

B型、(略)弁護士、(政)景気・経済対策・社会保障・人権・教育、(趣)剣道二段・ボクシング観戦、(銘)我以外皆我師

くに みつ **国光あやの** 自[岸]　茨城6	自民[岸]

A型、(略)医師・厚労省課長補佐、(政)医療介護・子育て・働き方改革、(趣)柔道・剣道・読書、(銘)至誠

くま だ ひろ みち **熊田裕通** 自[無]　愛知1	新進→自民[無]

(略)秘書、(政)教育・安保、(趣)クラシックギター

げん ば こう いち ろう **玄葉光一郎** 立　福島3	無所属→さきがけ(93.12)→民主(96.9)→民進(16.3)→無所属(18.5)→立憲(20.9)

O型、(略)松下政経塾・福島県議、(政)外交問題・地方分権、(趣)映画観賞・スポーツ（野球・サッカー・水泳etc.）・読書、(尊)石橋湛山・チャーチル、(銘)不失恒心・人間万事塞翁が馬・知足

げん ま けん た ろう **源馬謙太郎** 立　静岡8	民主→日本維新の会(12.11)→維新の党(16.3)→希望(17.10)→国民(18.5)→立憲(20.9)

B型、(略)静岡県議会議員、(政)道州制・少子化対策・外交・安全保障、(趣)バスケ・海に行くこと（ダイビング・サーフィン）・茶道、(尊)吉田松陰・西郷隆盛・安岡正篤・松下幸之助、(銘)一燈照隅万燈照国

こ いずみ しん じ ろう **小泉進次郎** 自[無]　神奈川11	自民[無]

AB型、(略)衆議院議員秘書、(政)環境・気候変動・厚労・農業・国会改革・宇宙、(趣)犬と散歩・落語・文楽、(尊)JFケネディ・小林一三・二宮金次郎・中村仲蔵、(銘)挑戦をやめない

こ いずみ りゅう じ **小泉龍司** 自[二]　埼玉11	無所属→自民(00.11)→無所属(05.8)→自民[二](17.10)

O型、(略)大蔵省、(政)財政・金融・社会保障、(趣)ウォーキング・読書

小島敏文（こじま としふみ） 自[岸]　㊋中国	自民[岸]

O型、㊙広島県議会議員、㊎農林水産・防衛・国土交通、㊕読書・スポーツ観戦、㊔気概と公正

小寺裕雄（こてら ひろお） 自[二]　滋賀4	自民[二]

A型、㊙滋賀県議、㊎農林業・地方創生・中小企業対策・社会保障、㊕スポーツ全般・柔道4段・レーシングカヌー全日本5位、㊗本田宗一郎、㊔一隅を照らす

小林茂樹（こばやし しげき） 自[二]　㊋近畿	自民[二]

O型、㊙奈良県議会議員、㊎教育・住宅政策・地方創生、㊕詩吟・読書、㊗王貞治、㊔世に生を得るは事を成すにあり

小林鷹之（こばやし たかゆき） 自[二]　千葉2	自民[二]

O型、㊙財務省課長補佐・外交官、㊎財政・外交、㊕マラソン・御輿渡御、㊔有志有途

小林史明（こばやし ふみあき） 自[岸]　広島7	自民[岸]

A型、㊙NTTドコモ、㊎デジタル政策・規制改革・情報通信・水産、㊕野球・スノーボード（C級インストラクター）、㊔知行合一

小宮山泰子（こみやま やすこ） 立　㊋北関東	民主→国民の生活が第一(12.7)→未来(12.11)→生活の党(12.12)→民主(14.11)→民進(16.3)→希望(17.9)→国民(18.5)→立憲(20.9)

㊙NTT社員・衆院議員秘書・埼玉県議、㊎老朽インフラ対策・障がい者・観光・都市農業、㊕茶道・映画鑑賞

小森卓郎（こもり たくお） 自[安]　石川1	自民[安]

B型、㊙国家公務員、㊎経済財政、地域活性化、安全保障、㊕映画鑑賞、㊔一期一会

小山展弘（こやま のぶひろ） 立　静岡3	民主→立憲

AB型、㊙農林中央金庫職員、㊎農林水産・経済産業、㊕弓道・水泳、㊗石橋湛山、㊔衆人愛敬

こが　あつし **古賀　篤** 自[岸]　福岡3	自民[岸]

A型、(略)財務省職員、(趣)料理・カラオケ、(銘)一意専心、天下一人を以て興る

ごとう　しげゆき **後藤茂之** 自[無]　長野4	新進→民主→自民[無](03.8)

A型、(略)大蔵省企画調整室長、(政)税・財政・社会保障、(趣)お茶・書・クラッシック音楽

ごとう　ゆういち **後藤祐一** 立　神奈川16	民主→民進(16.3)→希望(17.9)→国民(18.5)→立憲(20.9)

A型、(略)経産省課長補佐、(政)安全保障・行政改革・農政改革、(趣)キャンプ、(尊)大久保利通、(銘)従流志不変

ごとうだ　まさずみ **後藤田正純** 自[茂]　(比)四国	自民[茂]

B型、(略)三菱商事、(政)厚生・労働、財務・金融、(趣)読書・囲碁・野球

こうの　たろう **河野太郎** 自[麻]　神奈川15	自民[麻]

O型、(略)富士ゼロックス、(政)NPO・環境、(趣)ダイビング・読書・将棋・映画鑑賞

こうづ **神津たけし** 立　(比)北陸信越	立憲

B型、(略)JICA企画調査員、(政)地方分権、国土交通、農林水産、(趣)マレットゴルフ、スキー、料理

こうむら　まさひろ **高村正大** 自[麻]　山口1	自民[麻]

B型、(略)衆院議員秘書、(政)外交・文教・社会保障、(趣)スキー・マラソン・ゴルフ・格闘技・少林寺拳法、(尊)福沢諭吉、(銘)政治家は一本のローソクたれ

こくば　こうのすけ **國場幸之助** 自[岸]　(比)九州	自民→無所属→自民[岸]

O型、(略)県議会議員、(政)国土交通・厚生労働・安全保障、(趣)映画・読書・空手、(尊)松下幸之助、(銘)誠心誠意

こくた けいじ 穀田恵二 共 [比]近畿	共産

[略]立命館大職員・京都市議、[政]雇用・年金・介護・外交・安保、[趣]サッカー・ラグビー・スポーツ観戦・映画鑑賞

こしみず けいいち 輿水恵一 公 [比]北関東	公明

[略]さいたま市議、[政]福祉・教育・情報通信、[趣]芸術鑑賞、[尊]田中正造、[銘]賢而能下　剛而能忍

こんどう かずや 近藤和也 立 [比]北陸信越	民主→民進→希望(17.9)→国民(18.5)→立憲(20.9)

O型、[略]野村證券㈱社員、[政]金融・農水・災害対策、[趣]ごいた・マラソン・釣り、[尊]カエサル・伊藤博文、[銘]一所懸命

こんどう しょういち 近藤昭一 立 愛知3	民主→民進(16.3)→立憲(17.10)→立憲(20.9)

A型、[略]中日新聞、[政]環境・アジア外交、[趣]スキー・水泳・ヨット・読書・カラオケ、[尊]石橋湛山、[銘]愚公移山

ささき はじめ 佐々木紀 自[安] 石川2	自民[安]

AB型、[略]会社役員、[政]中小企業振興・教育・福祉、[趣]旅行、[銘]正直は一生の宝

さとう こうじ 佐藤公治 立 広島6	新進→自由→民主→生活の党→自由→希望(17.9)→無所属(18.5)→立憲(20.9)

O型、[略]㈱電通社員・議員秘書、[銘]一以貫之

さとう しげき 佐藤茂樹 公 大阪3	公明→新進(94.12)→自由(98.1)→無所属(98.10)→公明(98.11)

AB型、[略]日本IBM・団体職員、[趣]スポーツ観戦、映画鑑賞、[銘]自分自身に勝て！

さとう つとむ 佐藤勉 自[麻] 栃木4	自民[麻]

B型、[略]栃木県議、[政]中小企業・農業・教育・情報通信・地方分権、[趣]ゴルフ・ドライブ

佐藤英道（さとう ひでみち）
公 [比]北海道

公明

[略]北海道議・公明新聞記者、[政]農林水産・国土交通・障がい者・文化芸術

斉藤鉄夫（さいとう てつお）
公 広島3

公明→新進(94.12)→平和(98.1)→公明(98.11)

A型、[略]清水建設技術研究所、[政]科学技術、[趣]鉄道・水泳

斎藤アレックス（さいとう アレックス）
国 [比]近畿

国民

[略]会社員、松下政経塾、[政]経済、防衛、[趣]筋トレ、旅行、映画・ドラマ鑑賞、[尊]松下幸之助、斎藤隆夫、[銘]疑うなかれ

齋藤健（さいとう けん）
自[無] 千葉7

自民[無]

A型、[略]経済産業省、[趣]読書・ハンドボール・カラオケ、[尊]ユリウス・カエサル、高杉晋作、原敬、鈴木貫太郎

斎藤洋明（さいとう ひろあき）
自[麻] 新潟3

自民[麻]

A型、[略]内閣府職員、[趣]ジョギング・読書

坂井学（さかい まなぶ）
自[無] 神奈川5

自民[無]

B型、[略]衆議院議員秘書・配管工、[政]環境・国交・財務

坂本哲志（さかもと てつし）
自[森] 熊本3

無所属→自民[森](07.12)

O型、[略]新聞記者・熊本県議、[政]地方自治・農業・教育・安全保障、[趣]ジョギング・剣道・テニス・読書

坂本祐之輔（さかもと ゆうのすけ）
立 [比]北関東

日本維新の会→維新の党→民進→希望→立憲

O型、[略]市長、市議、会社役員、[政]教育、地方自治、福祉、[趣]スポーツ全般、将棋、音楽演奏、海釣り、[尊]父、[銘]修身・斉家・治国・平天下

さくら い しゅう 櫻井 周 立 比近畿	民主→民進→立憲(17.10)→立憲(20.9)

O型、略伊丹市議会議員、政教育・財政・金融、趣マラソン、銘義を見てせざるは勇なきなり

さくら だ よし たか 櫻田義孝 自[二] 比南関東	自民[二]

O型、略市議・県議・建設会社社長、政道州制・教育再建・経済成長、趣オペラ鑑賞・山登り・空手三段・将棋四段、尊徳川家康、J・F・ケネディ

ささ がわ ひろ よし 笹川博義 自[茂] 群馬3	自民[茂]

B型、略県会議員、政経済の再建、趣ガーディニング

さわ だ りょう 沢田 良 維 比北関東	日本維新の会

AB型、略参議院議員秘書、政教育・減税・社会保障、趣ラーメン巡り、ポケモンカード、尊松井一郎、銘初志貫徹

し い かず お 志位和夫 共 比南関東	共産

O型、略日本共産党本部、趣ピアノ・クラシック音楽鑑賞

しお かわ てつ や 塩川鉄也 共 比北関東	共産

AB型、略日高市職員、趣読書・郷土史研究

しお ざき あき ひさ 塩崎彰久 自[安] 愛媛1	自民[安]

略弁護士事務所、趣テニス、茶道、インスタ俳句、銘疾風に勁草を知る

しお のや りゅう 塩谷 立 自[安] 比東海	自民[安]

A型、略財団役員

重徳和彦（しげとく かずひこ）
立　愛知12
日本維新の会→維新の党(14.9)→改革結集の会(15.12)→民進(16.3)→無所属(17.10)→立憲(20.9)

O型、(略)総務省職員、(政)子どもを増やす「増子化」・地方分権・道州制・鉄壁防災対策、(趣)まちおこし・ラグビー観戦、(尊)上杉鷹山

階猛（しな たけし）
立　岩手1
民主→民進(16.3)→希望(17.9)→国民(18.5)→無所属(19.5)→立憲(20.9)

O型、(略)新生銀行・みずほ証券、(政)法務・金融、(趣)野球・ボクシング

篠原豪（しのはら ごう）
立　神奈川1
みんな→結いの党→維新の党→民進(16.3)→立憲(17.10)→立憲(20.9)

B型、(略)横浜市会議員、(政)外交・安全保障、行財政制度、地方自治、(趣)マリンスポーツ、(銘)粗にして野なれど卑にあらず

篠原孝（しのはら たかし）
立　(比)北陸信越
民主→民進(16.3)→国民(18.5)→立憲(20.9)

B型、(略)農水省農林水産政策研究所長、(政)農林水産・環境・安全保障・外交、(趣)テニス・野球・山歩き・読書

柴山昌彦（しばやま まさひこ）
自[安]　埼玉8
自民[安]

A型、(略)弁護士（東京弁護士会）、(政)文部科学・経済・総務・外交・法務、(趣)空手（和道流五段）・カラオケ、(尊)野口英世、アブラハム・リンカーン

島尻安伊子（しまじり あいこ）
自[茂]　沖縄3
自民[茂]

O型、(略)市議、(政)経済政策、沖縄振興、(趣)釣り、(尊)緒方貞子、(銘)いつも喜んでいなさい。

下条みつ（しもじょう みつ）
立　長野2
民主→民進→希望(17.9)→国民(18.5)→立憲(20.9)

AB型、(略)銀行員、(政)年金・福祉の充実、中小・自営の景気対策、(趣)バンド演奏・テニス・スキー、(尊)ロバート・ケネディ、(銘)努力は力なり

下村博文（しもむら はくぶん）
自[安]　東京11
自民[安]

A型、(略)博文進学ゼミ社長・都議、(政)文教・都市政策、(趣)ウォーキング・読書

しょうじ けんいち **庄子賢一** 公　[比]東北	公明

Ｏ型、[略]県議会議員、[政]国土交通観光、地方創生、[趣]読書、[尊]上杉鷹山、[銘]信なくば立たず

しらいし よういち **白石洋一** 立　[比]四国	民主→民進→希望(17.9)→国民(18.5)→立憲(20.9)

Ｂ型、[略]監査法人・銀行員、[政]社会保障、[尊]稲盛和夫、[銘]誠実

しんたに まさよし **新谷正義** 自[茂]　広島4	自民[茂]

Ｏ型、[略]医師・病院長、[政]医療再建・経済再生・情報通信、[趣]読書・音楽鑑賞、[銘]一期一会

しんどう よしたか **新藤義孝** 自[茂]　埼玉2	自民[茂]

Ｂ型、[略]川口市議・学校法人理事、[政]地方創生・地方自治・ICT・経済産業・領土・外交・安全保障・資源、[趣]音楽・スキー

すえつぐ せいいち **末次精一** 立　[比]九州	自由→無所属→国民の生活が第一→未来→生活の党→自由→希望→国民→立憲

Ｏ型、[略]県議、衆議院議員秘書、[政]経済、経営、[趣]マラソン、空手（新極真空手）、小説を書くこと、[尊]小沢一郎

すえまつ よしのり **末松義規** 立　東京19	さきがけ→民主→民進→立憲(17.10)→立憲(20.9)

[略]外務省（通産省出向）、[政]外交・財政・社会保障、[趣]神社巡り・アラビア語（通訳経験）、[尊]聖徳太子・斎藤一人、[銘]政治は人助け・愛と感謝

すが よしひで **菅義偉** 自[無]　神奈川2	自民[無]

Ｏ型、[略]通産相秘書官・横浜市議、[趣]ジョギング・釣り、[銘]意志あれば道あり

すぎた みお **杉田水脈** 自[安]　[比]中国	日本維新の会→次世代→自民[安]

Ｂ型、[略]西宮市役所職員、[政]外交・児童福祉、[趣]読書・旅行・カラオケ、[尊]マーガレット・サッチャー、[銘]置かれたところで咲く

杉本和巳（すぎもとかずみ） 維　比東海	民主→みんな→日本維新の会

B型、㊬銀行員、㊭しがらみのない庶民の政治、㊮テニス・登山・カラオケ、㊯ガンジー・チャーチル、㊰為せば成る

鈴木敦（すずきあつし） 国　比南関東	国民

A pos、㊬政党職員、㊭労働、安全保障、㊮温泉、㊯乃木希典

鈴木英敬（すずきえいけい） 自[安]　三重4	自民[安]

A型、㊬三重県知事、㊭地方創生、エネルギー、防災、デジタル、㊮子育て、読書、㊯坂本龍馬、㊰夢なき者に成功なし（吉田松陰）

鈴木馨祐（すずきけいすけ） 自[麻]　神奈川7	自民[麻]

A型、㊬大蔵省、㊭外交・財政・金融・環境、㊮スポーツ

鈴木俊一（すずきしゅんいち） 自[麻]　岩手2	自民[麻]

B型、㊬全漁連、㊭社会保障・農林水産、㊮ゴルフ

鈴木淳司（すずきじゅんじ） 自[安]　愛知7	自民[安]

㊬松下政経塾・瀬戸市議

鈴木貴子（すずきたかこ） 自[茂]　比北海道	新党大地→民主(14.11)→無所属(16.3)→自民[茂](17.9)

㊬NHK長野放送局ディレクター

鈴木憲和（すずきのりかず） 自[茂]　山形2	自民[茂]

㊬農水省、㊯上杉鷹山公、㊰現場が第一

鈴木(すずき)隼人(はやと) 自[茂] 東京10	自民[茂]

[略]経済産業省課長補佐、[政]経済政策・社会保障、[趣]スキー・テニス・読書・写真

鈴木(すずき)庸介(ようすけ) 立 [比]東京	立憲

O型、[略]会社経営、[政]格差是正、[趣]熱帯魚飼育、[尊]両親、[銘]人間万事塞翁が馬

鈴木(すずき)義弘(よしひろ) 国 [比]北関東	日本維新の会→維新の党→改革結集の会→民進→希望→国民

O型、[略]県議、参議院議員秘書、[政]経済産業振興と教育改革、[趣]読書、音楽鑑賞、ゴルフ、[尊]土屋義彦、[銘]熟慮断行

住吉(すみよし)寛紀(ひろき) 維 [比]近畿	日本維新の会

[略]兵庫県議

関(せき)芳弘(よしひろ) 自[安] 兵庫3	自民[安]

B型、[略]三井住友銀行本社上席推進役、[政]経済・金融分野、[趣]将棋・囲碁・茶道・卓球

薗浦(そのうら)健太郎(けんたろう) 自[麻] 千葉5	自民[麻]

A型、[略]新聞記者、[政]人材立国を目指した国づくり、[趣]読書

空本(そらもと)誠喜(せいき) 維 [比]中国	民主→無所属→日本維新の会

A型、[略]（株)東芝の技術者、[政]エネルギー、[趣]スキー指導員、[銘]安心立命

たがや亮(りょう) れ [比]南関東	生活の党→民進→れいわ新選組

B型、[略]会社経営、[政]経済、農政、国土交通、[趣]DJ、スポーツ、[尊]両親、田中角栄、小沢一郎、[銘]人間万事塞翁が馬

田嶋要（たじま かなめ） 立　千葉1	民主→民進(16.3)→希望(17.10)→無所属(18.5)→立憲(20.9)

O型、[略]NTT社員、[政]経済産業・エネルギー・情報通信、[趣]旅行・声楽と指揮・ダイビング・読書

田所嘉徳（たどころ よしのり） 自[無]　[比]北関東	自民[無]

A型、[略]茨城県議・法務博士・特定行政書士・一級建築士、[趣]サイクリング、[銘]百術は一誠に如かず

田中和徳（たなか かずのり） 自[麻]　神奈川10	自民[麻]

B型、[略]川崎市議・神奈川県議、[政]再犯防止の推進・環境教育の推進、[趣]切手収集・読書・旅行・スポーツ

田中健（たなか けん） 国　[比]東海	民主→民進→希望→国民

O型、[略]銀行員、区議、都議、[政]中小企業、地域振興、教育、[趣]映画鑑賞、[尊]後藤新平、[銘]人事を尽くして天命を待つ

田中英之（たなか ひでゆき） 自[無]　[比]近畿	自民[無]

AB型、[略]京都外大職員・京都市議、[政]国土交通

田中良生（たなか りょうせい） 自[無]　埼玉15	自民[無]

AB型、[略]蕨ケーブルビジョン会長、[政]成長戦略・憲法改正・教育改革・中小企業対策、[趣]浦和レッズ・水泳・スキー、[尊]上杉鷹山、[銘]義を見てせざるは勇なきなり

田野瀬太道（たのせ たいどう） 自[森]　奈良3	自民→無所属(21.2)→自民[森](21.10)

[略]社会福祉法人理事長・㈳橿原青年会議所理事長・衆議院議員秘書、[政]文教、林野関係、科学技術、首都機能移転、[趣]登山・読書・音楽鑑賞・柔道3段

田畑裕明（たばた ひろあき） 自[安]　富山1	自民[安]

A型、[略]会社員・市議・県議、[政]社会保障制度改革、[趣]ウォーキング、[銘]雲外蒼天

田村貴昭（たむら たかあき） 共　㊗九州	共産

A型、㊔北九州市議会議員、㊕農林水産・財金・災害対策、㊟おつまみ作り

田村憲久（たむら のりひさ） 自[無]　三重1	自民[無]

B型、㊔田村元衆院議員秘書、㊕社会保障・教育・福祉・環境、㊟柔道初段・読書

平将明（たいら まさあき） 自[無]　東京4	自民[無]

A型、㊔東京JC理事長・会社社長

高市早苗（たかいち さなえ） 自[無]　奈良2	無所属→自由(94.4)→新進(94.12)→無所属(96.11)→自民[無](96.12)

A型、㊔松下政経塾・大学教授、㊕憲法・産業政策、㊟スキューバダイビング、㊞松下幸之助・両親、㊚高い志・広い眼・深い心

髙階恵美子（たかがい えみこ） 自[安]　㊗中国	自民[安]

O型、㊔日本看護協会常任理事

髙木啓（たかぎ けい） 自[安]　㊗東京	自民[安]

B型、㊔区議・都議、㊕地方自治・中小企業等産業振興・社会保障、㊟映画鑑賞・街歩き、㊞東郷平八郎、㊚百折不撓

髙木毅（たかぎ つよし） 自[安]　福井2	自民[安]

A型、㊔高木商事社長・JC北信越会長、㊕防衛・国土交通、㊟映画・歌舞伎鑑賞・サッカー・ゴルフ、㊚弗爲胡成

高木宏壽（たかぎ ひろひさ） 自[二]　北海道3	自民[二]

A型、㊔コンサルタント、北海道議、㊕社会保障、安全保障、財務金融、㊟ジャズピアノ、サーキット走行、読書、㊞石橋湛山、白洲次郎、㊚原則と良識、継続は力なり

高木陽介（たかぎ ようすけ） 公　㊟東京	公明→新進(94.12)→平和(98.1)→公明(98.11)

A型、㊕毎日新聞記者、㊙国土交通、㊕写真

髙鳥修一（たかとり しゅういち） 自[安]　㊟北陸信越	自民[安]

B型、㊕衆院議員秘書、㊙福祉・医療の充実、㊕スキー・テニス・ギター・空手錬士五段

高橋千鶴子（たかはし ちづこ） 共　㊟東北	共産

㊕高校教諭・青森県議、㊙厚生労働・震災復興・災害対策・教育・農林水産業問題、㊕イラスト

高橋英明（たかはし ひであき） 維　㊟北関東	自民→日本維新の会

AB型、㊕会社役員、㊙行政改革、㊕ボクシング、サッカー、読書etc、㊕吉田松陰、㊕知行合一

高見康裕（たかみ やすひろ） 自[茂]　島根2	自民[茂]

A型、㊕島根県議会議員、㊙地方創生、㊕家族と散歩すること、㊕坂本龍馬、㊕人事を尽くして天命を待つ

竹内譲（たけうち ゆずる） 公　㊟近畿	公明→新進→公明

A型、㊕銀行員、㊙経済・金融、㊕読書・ボーカル・囲碁

武井俊輔（たけい しゅんすけ） 自[岸]　㊟九州	自民[岸]

O型、㊕楽天社員・宮崎交通社員、㊙公共交通政策、㊕鉄道旅行・古城巡り

武田良太（たけだ りょうた） 自[二]　福岡11	無所属→自民(04.7)→無所属(05.8)→自民[二](06.12)

B型、㊕衆院議員秘書、㊙外交安全保障・エネルギー問題、㊕ゴルフ、㊕正気堂々

たけべ あらた **武部 新** 自[二]　北海道12	自民[二]

B型、[略]衆公設秘書・銀行員、[趣]剣道・スポーツ全般・犬の散歩

たけむら のぶひで **武村 展英** 自[無]　滋賀3	自民[無]

A型、[略]公認会計士、[政]中小企業・環境・消費者問題、[趣]テニス

たちばな けいいちろう **橘 慶一郎** 自[無]　富山3	自民[無]

A型、[略]高岡市長、[政]地方自治、[趣]家族とのだんらん

たなはし やすふみ **棚橋 泰文** 自[麻]　岐阜2	自民[麻]

O型、[略]通産省課長補佐・弁護士、[趣]サッカー・読書・ジョギング

たに こういち **谷 公一** 自[二]　兵庫5	自民[二]

A型、[略]衆院議員秘書・兵庫県政策室長、[政]復興・防災・自治、[趣]歌舞伎鑑賞・山歩き、[尊]齊藤隆夫

たにがわ **谷川 とむ** 自[安]　[比]近畿	自民[安]

B型、[略]参院議員秘書、[政]地方創生・教育・社会保障、[趣]テニス

たにがわ やいち **谷川 弥一** 自[安]　長崎3	自民[安]

B型、[略]会社役員・長崎県議会議長、[政]農水・自治、[趣]ウォーキング・囲碁・読書、[銘]打成一片

たまき ゆういちろう **玉木 雄一郎** 国　香川2	民主→民進(16.3)→希望(17.9)→国民(18.5)→国民(20.9)

O型、[略]財務省、[政]行政改革・農林水産、[趣]カラオケ

津島　淳（つしま じゅん） 自[茂]　[比]東北	自民[茂]

A型、[略]議員秘書・会社員、[政]国交全般・農水・エネルギー政策・社会保障、[趣]写真撮影・読書、[尊]坂本龍馬・大平正芳

塚田一郎（つかだ いちろう） 自[麻]　[比]北陸信越	自民[麻]

AB型、[略]議員秘書、[政]地方分権、インフラ整備、拉致問題、[趣]掃除・洗濯、[尊]塚田十一郎、[銘]一志一道

辻　清人（つじ きよと） 自[岸]　東京2	自民[岸]

O型、[略]民間会社社員・研究所職員、[政]経済・外交、[趣]落語鑑賞・野球観戦・寺社巡り、[尊]新渡戸稲造・三木武吉・深谷隆司、[銘]至誠天に通ず

土田　慎（つちだ しん） 自[麻]　東京13	自民[麻]

[略]参議院議員秘書、[趣]剣道、[尊]上杉鷹山、[銘]為せば成る　為さねば成らぬ何事も　成らぬは人の為さぬなりけり

土屋品子（つちや しなこ） 自[無]　埼玉13	無所属→無所属の会(99.12)→自民[無](01.9)

O型、[略]料理研究家・フラワーアーティスト

堤　かなめ（つつみ かなめ） 立　福岡5	民主→民進→立憲

A型、[略]大学教員、[政]少子化対策（子育て支援）、ジェンダー平等、[趣]山歩き、ヨガ、[尊]緒方貞子、[銘]至誠通天

角田秀穂（つのだ ひでお） 公　[比]南関東	公明

A型、[略]水道産業新聞記者、[政]防災・減災・働き方改革、[趣]登山・読書、[尊]上杉鷹山、[銘]我以外皆我師

手塚仁雄（てづか よしお） 立　東京5	日本新党→無所属→民主→民進→立憲(17.10)→立憲(20.9)

O型、[趣]高校野球観戦、[尊]野田佳彦、[銘]屈伸

てら た まなぶ 寺田 学 立 (比)東北	民主→民進(16.3)→希望(17.9)→無所属(18.5)→立憲(20.9)

A型、(略)内閣総理大臣補佐官、(政)地域活性化、(趣)登山・自転車、(尊)後藤田正晴

てら だ みのる 寺田 稔 自[岸] 広島5	自民[岸]

AB型、(略)財務省、(政)財政・防衛、(趣)テニス・ウォーキング・読書・カラオケ

どい とおる 土井 亨 自[安] 宮城1	自民[安]

(略)宮城県議

とがし ひろゆき 冨樫博之 自[無] 秋田1	自民[無]

(略)秋田県議会議長、(趣)ゴルフ・釣り

とかい きさぶろう 渡海紀三朗 自[無] 兵庫10	自民→さきがけ(93.7)→自民[無](00.6)

AB型、(略)一級建築士・外相秘書、(政)科学技術・文教・建設、(趣)読書、音楽・映画鑑賞、カラオケ

とくなが ひさし 徳永久志 立 (比)近畿	民主→民進→希望→国民→立憲

O型、(略)参議院議員、滋賀県議、(政)外交・安全保障、(趣)スポーツ観戦、(銘)狭き門より入れ

なかがわ たかもと 中川貴元 自[麻] (比)東海	自民[麻]

A型、(略)名古屋市議、(政)財政、金融、経済産業、社会保障、子育て支援、地方自治、(趣)ウォーキング、(銘)初心生涯

なかがわ ひろまさ 中川宏昌 公 (比)北陸信越	公明

O型、(略)県議、長野銀行、(政)地方創生、観光対策、(趣)詩吟、剣舞、(尊)上杉鷹山、(銘)まさに苦労は買ってせよ

なかがわ まさはる **中川 正春** 立 [比]東海	新進→国民の声(98.1)→民政(98.1)→民主(98.4)→民進(16.3)→無所属(18.5)→立憲(19.9)→立憲(20.9)

AB型、[略]国際交流基金・三重県議（3期）、[政]経済・外交、[趣]読書・テニス・バレーボール・釣り・ガーデニング・山歩き・オカリナ

なかがわ やすひろ **中川 康洋** 公 [比]東海	公明

[略]県議、市議、[政]子育て、教育、環境、[趣]読書、山登り、[尊]周恩来夫妻、[銘]人間主義の政治

なかがわ ゆうこ **中川 郁子** 自[二] [比]北海道	自民[二]

O型、[略]北海道第11選挙区支部長、[政]農林水産業、商工業、建設業、[趣]スポーツ、[尊]中川昭一、[銘]真実一路

なかじま かつひと **中島 克仁** 立 [比]南関東	みんな→民主(14.11)→民進(16.3)→無所属(17.10)→立憲(20.9)

O型、[略]医師、[政]医療・福祉、[趣]ラグビー・サッカー・野球・時計、[尊]父

なかそね やすたか **中曽根康隆** 自[二] 群馬1	自民[二]

O型、[略]会社員・参議院議員秘書、[政]外交・安保・少子化対策、[趣]読書・ゴルフ、[銘]自我作古

なかたに かずま **中谷 一馬** 立 [比]南関東	立憲→立憲(20.9)

B型、[略]神奈川県議・IT企業執行役員・首相秘書、[政]経済・デジタル・子育て教育・社会保障、[趣]旅行・料理、[尊]オードリー・タン、[銘]一隅を照らす

なかたに げん **中谷 元** 自[無] 高知1	自民[無]

A型、[略]陸上自衛官、加藤紘一・今井勇・宮沢喜一各衆院議員秘書、厚相秘書、[政]安全保障・農林水産・情報通信、[趣]ラグビー・読書・囲碁、[銘]信念・凛

なかたに しんいち **中谷 真一** 自[茂] 山梨1	自民[茂]

AB型、[略]元自衛官、[政]安全保障・農林水産、[趣]ラグビー・読書、[尊]ネルソン・マンデラ、リンカーン

中司宏(なかつか ひろし) 維 大阪11	自民→無所属→日本維新の会

A型、[略]新聞記者、市長、府議、[政]地方分権改革、[尊]聖徳太子、[銘]人間万事塞翁が馬

中西健治(なかにし けんじ) 自[麻] 神奈川3	みんな→無所属(14.11)→自民[麻](16.7)

[略]JPモルガン証券副社長

中根一幸(なかね かずゆき) 自[安] [比]北関東	自民[安]

A型、[略]大学講師・衆議院議員秘書、[政]外交・国交・経済・文教、[趣]テニス・野球・ジョギング・読書

中野英幸(なかの ひでゆき) 自[二] 埼玉7	自民[二](10.11)

B型、[略]会社役員、県議、[政]産業経済・教育、子育て、[趣]音楽鑑賞・スポーツ観戦、[尊]坂本龍馬、[銘]行くに径に由らず

中野洋昌(なかの ひろまさ) 公 兵庫8	公明

[略]国土交通省課長補佐、[銘]基本は力、継続は力なり

中村喜四郎(なかむら きしろう) 立 [比]北関東	自民→無所属(94.3)→改ク(09.10)→無所属(10.4)→立憲(20.9)

B型、[略]田中角栄衆院議員秘書、[趣]読書・スポーツ、[尊]織田信長・勝海舟、[銘]疾風に勁草を知る

中村裕之(なかむら ひろゆき) 自[麻] 北海道4	自民[麻]

O型、[略]北海道議会議員、[政]地域経済・防災・教育、[趣]ゴルフ・読書、[尊]上杉鷹山、[銘]知行合一

中山展宏(なかやま のりひろ) 自[麻] [比]南関東	自民[麻]

A型、[略]債券ディーラー・国会議員秘書、[政]財政・金融、[趣]ジョギング・料理

ながおかけいこ **永岡桂子** 自[麻]　茨城7	自民[麻]

A型、[略]主婦、[政]信頼できる政治の確立、[趣]水泳・テニス・音楽鑑賞

ながさかやすまさ **長坂康正** 自[麻]　愛知9	自民[麻]

A型、[略]総理大臣秘書、[政]事前防災・福祉・中小企業振興、[趣]歴史探訪・観劇・美術鑑賞・ご当地グルメ・スポーツ観戦、[尊]伊能忠敬・海部俊樹、[銘]理想は高く姿勢は低くいつも心に太陽を持って

ながしまあきひさ **長島昭久** 自[二]　[比]東京	民主→民進(16.3)→無所属(17.4)→希望(17.9)→無所属(18.5)→自民[二](19.6)

A型、[略]米外交問題評議会上席研究員、[政]外交・安全保障、[趣]水泳・スケート観戦、[尊]西郷隆盛、[銘]命もいらず、名もいらず、官位も金も望まぬ者ほど御し難きものはなし。しかれども、この御し難き者にあらざれば、国家の大業を計るべからず

ながつまあきら **長妻昭** 立　東京7	民主→民進(16.3)→立憲(17.10)→立憲(20.9)

AB型、[略]日経ビジネス誌記者・NEC、[政]共生社会の実現、[趣]読書・カラオケ・散歩、[尊]徳川家康、[銘]而今・至誠通天

ながともしんじ **長友慎治** 国　[比]九州	国民

AB型、[略]NPO法人理事長、[政]中小企業支援、農林水産業、地方創生、[趣]登山、アウトドア、[尊]安井息軒、[銘]人間万事塞翁が馬

にかいとしひろ **二階俊博** 自[二]　和歌山3	自民→新生(93.6)→新進(94.12)→自由(98.1)→保守(00.4)→保新(02.12)→自民[二](03.11)

B型、[略]和歌山県議、[政]国土交通・観光・農業等、[趣]読書・サイクリング

にきひろふみ **仁木博文** 無(有志)　徳島1	民主→民進→無所属

O型、[略]産婦人科医・医学博士、[政]厚生労働分野全般、[趣]映画鑑賞、[尊]ジョン・F・ケネディ、[銘]一期一会

にわひでき **丹羽秀樹** 自[麻]　愛知6	自民[麻]

O型、[略]証券会社員、[政]経済対策・教育・福祉・農業・環境、[趣]読書・茶道・アーチェリー・登山・スポーツ観戦、[銘]無信不立

西岡秀子（にしおかひでこ） 国 長崎1	民主→民進→希望(17.9)→国民(18.5)→国民(20.9)

㊕国会議員秘書・会社役員、㊔父 西岡武夫、㊖一日一生

西田昭二（にしだしょうじ） 自[岸] 石川3	自民[岸]

O型、㊕県議会議員、㊒地方の活性化、㊗ウォーキング、㊔瓦力 元代議士、㊖滅私奉公

西野太亮（にしのだいすけ） 自[無] 熊本2	無所属→自民[無](21.12)

B型、㊕財務省、㊖一生燃焼、一生感動、一生不悟

西村明宏（にしむらあきひろ） 自[安] 宮城3	自民[安]

㊕大臣秘書官・大学教授、㊖至誠・和敬

西村智奈美（にしむらちなみ） 立 新潟1	民主→民進(16.3)→立憲(17.10)→立憲(20.9)

㊕大学非常勤講師・新潟県議、㊒社会保障・地方分権、㊗料理、山歩き、㊔両親、㊖歩く人が多くあればそこが道になる

西村康稔（にしむらやすとし） 自[安] 兵庫9	無所属→自民[安](04.1)

B型、㊕通産省調査官、㊒経済外交政策・行政改革・農林水産政策、㊗秘境巡り・映画鑑賞・マラソン・俳句・写真・読書

西銘恒三郎（にしめこうさぶろう） 自[茂] 沖縄4	自民[茂]

AB型、㊕知事秘書・県議4期、㊒安全保障・社会保障・中小企業振興・農林水産業、㊗ウォーキング・史跡巡り

額賀福志郎（ぬかがふくしろう） 自[茂] 茨城2	自民[茂]

O型、㊕産経新聞記者・茨城県議、㊒安全保障・経済財政・社会保障・教育、㊗ゴルフ・読書、㊖福志大道

根本匠（ねもと たくみ） 自[岸]　福島2	自民[岸]

A型、[略]建設省、[政]復興・社会保障・金融・財政・農政、[趣]水泳・読書、[尊]後藤新平、[銘]自ら計らわず・疾風に勁草を知る

根本幸典（ねもと ゆきのり） 自[安]　愛知15	自民[安]

AB型、[略]豊橋市議会議員2期、[政]農業政策、[趣]読書・音楽観賞、[銘]義を見てせざるは勇なき也

野田聖子（のだ せいこ） 自[無]　岐阜1	自民→無所属(05.8)→自民[無](06.12)

A型、[略]岐阜県議、[政]少子化対策・情報通信、[趣]パソコン・読書・映画鑑賞

野田佳彦（のだ よしひこ） 立　千葉4	日本新党→新進(94.12)→無所属→民主(98.12)→民進(16.3)→無所属(18.5)→立憲(20.9)

B型、[略]松下政経塾・千葉県議、[趣]読書・格闘技観戦

野中厚（のなか あつし） 自[茂]　[比]北関東	自民[茂]

B型、[略]埼玉県議会議員、[政]教育・福祉・農業・安全保障、[趣]野球・旅行

野間健（のま たけし） 立　鹿児島3	国民新党→希望→国民→立憲

O型、[略]商社員、大臣秘書官、[政]農林水産、地方分権、[趣]ジャズ鑑賞、[尊]西郷隆盛、[銘]敬天愛人

長谷川淳二（はせがわ じゅんじ） 自[無]　愛媛4	自民[無]

O型、[略]総務省課長・愛媛県副知事、[政]地方創生・農林水産、[趣]マラソン（サブ3ランナー）、[尊]中曽根康弘、[銘]念ずれば花開く

葉梨康弘（はなし やすひろ） 自[岸]　茨城3	自民[岸]

[略]警察庁理事官

ばば のぶゆき **馬場伸幸** 維　大阪17	自民→日本維新の会→維新の党(14.9)→おおさか維新の会(15.12)→日本維新の会(16.8)

O型、[略]堺市議会議長・秘書、[政]憲法改正・統治機構改革、[趣]仕事・美味しいものをたべる事

ばば ゆうき **馬場雄基** 立　[比]東北	立憲

B型、[略]団体職員、[政]復興、[趣]温泉めぐり、[尊]福澤諭吉、[銘]為すべきことを為す

はぎうだ こういち **萩生田光一** 自[安]　東京24	自民[安]

AB型、[略]市議・都議、[政]教育・科学技術、[趣]映画・読書・スポーツ（観戦も）、[銘]ONE FOR ALL, ALL FOR ONE

はしもと がく **橋本岳** 自[茂]　岡山4	自民[茂]

A型、[略]三菱総研研究員、[政]情報通信・社会保障・経済活性化、[趣]読書・山歩き、[尊]橋本龍太郎

はとやま じろう **鳩山二郎** 自[二]　福岡6	自民[二]

O型、[略]大川市長、[趣]音楽鑑賞・映画鑑賞

はまだ やすかず **浜田靖一** 自[無]　千葉12	自民[無]

B型、[略]渡辺美智雄蔵相秘書官・浜田幸一衆院議員秘書、[趣]ゴルフ

はまち まさかず **濵地雅一** 公　[比]九州	公明

[略]弁護士

はやさか あつし **早坂敦** 維　[比]東北	みんな→維新の党→日本維新の会

AB型、[略]児童指導員、[政]子育て支援、若者文化推進、[趣]映画鑑賞、トレーニング、[尊]坂本龍馬、[銘]念ずれば花開く

はやし もと お **林 幹 雄** 自[二] 千葉10	自民[二]

A型、[略]林大幹衆院議員秘書・千葉県議、[趣]映画鑑賞

はやし よし まさ **林 芳 正** 自[岸] 山口3	自民[岸]

B型、[略]三井物産・林義郎衆院議員秘書、[趣]テニス・音楽・ゴルフ

はら ぐち かず ひろ **原 口 一 博** 立 佐賀1	新進→国民の声(98.1)→民政(98.1)→民主(98.4)→民進(16.3)→国民(18.5)→立憲(20.9)

A型、[略]松下政経塾・佐賀県議、[政]財政・金融・外交・安保・教育、[趣]読書・絵画・詩・スポーツ全般、[尊]マザー・テレサ、ガンジー、松下幸之助

ばん の ゆたか **伴 野 豊** 立 [比]東海	国民→立憲(20.9)

A型、[略]JR東海、[政]コロナ時代の生活を立て直す、[趣]映画鑑賞、[尊]坂本龍馬、[銘]人間万事塞翁が馬

ひら い たく や **平 井 卓 也** 自[岸] [比]四国	無所属→自民[岸](00.12)

O型、[略]電通・高松中央高校理事長、[政]情報通信・エネルギー、[趣]読書・ギター

ひら ぐち ひろし **平 口 洋** 自[茂] 広島2	自民[茂]

A型、[略]国土交通省河川局次長、[政]行財政改革、[趣]水泳・尺八・音楽、[尊]灘尾弘吉

ひら さわ かつ えい **平 沢 勝 栄** 自[二] 東京17	自民[二]

A型、[略]警視庁防犯部長・警察庁官房審議官・防衛庁官房審議官

ひら ぬま しょう じ ろう **平 沼 正 二 郎** 自[二] 岡山3	無所属→自民[二](21.11)

A型、[略]ＩＴ会社役員、[政]地方創生・選挙制度改革・国土強靭化・安全保障・憲法改正、[趣]読書・弓道（参段）、[尊]盛田昭夫、[銘]義を見てせざるは勇なきなり

ひら ばやし あきら **平 林　晃** 公　[比]中国	公明

A型、[略]大学教授、[政]デジタル・地方創成、[趣]ギター・読書、[尊]坂本龍馬、[銘]初心不可忘

ふか ざわ よう いち **深 澤 陽 一** 自[岸]　静岡4	自民[岸]

B型、[略]静岡県議会議員、[政]国交・経産・農水・地方創生、[趣]スポーツ・映画鑑賞、[尊]前野良沢、[銘]狂愚誠に愛すべし

ふく しげ たか ひろ **福 重 隆 浩** 公　[比]北関東	公明

A型、[略]県議、[政]福祉教育・地方創生、[趣]読書（歴史小説）、[尊]坂本龍馬、[銘]努力は人を裏切らない

ふく しま のぶ ゆき **福 島 伸 享** 無(有志)　茨城1	民主→民進→希望→無所属

A型、[略]経済産業省、[政]農業政策・エネルギー・行政改革、[趣]家庭菜園・料理・釣り・[銘]知行合一

ふく だ あき お **福 田 昭 夫** 立　栃木2	民主→民進(16.3)→立憲(18.5)→立憲(20.9)

A型、[略]今市市長・栃木県知事、[政]地方分権・少子高齢化・財政、[趣]野球・ソフトボール・囲碁・読書

ふく だ たつ お **福 田 達 夫** 自[安]　群馬4	自民[安]

A型、[略]商社員、[政]中小企業政策・労働政策・農政、[趣]人の話を聞く・読書、[尊]保科正之、[銘]成徳達材

ふじ い ひ さ ゆき **藤 井 比 早 之** 自[無]　兵庫4	自民[無]

[略]彦根市副市長、[政]景気回復・地方創生、[趣]水泳・テニス・B級グルメ

ふじ おか たか お **藤 岡 隆 雄** 立　[比]北関東	立憲

B型、[略]金融庁課長補佐、[政]人口減少対策・消費税減税、[趣]読書（歴史小説を読む）、スウィーツ探索、[尊]吉田松陰・二宮尊徳、[銘]志に生きる

ふじ た ふみ たけ 藤 田 文 武 維 大阪12	日本維新の会

A型、㊥会社役員、㊦社会保障、㊣ラグビー、㊤父、㊨着眼大局着手小局

ふじ まき けん た 藤 巻 健 太 維 ㊐南関東	日本維新の会

B型、㊥みずほ銀行員、㊦金融・経済・文化・スポーツ、㊣サッカー観戦・映画鑑賞・旅、㊤橋下徹、㊨七転び八起き

ふじ まる さとし 藤 丸 敏 自[岸] 福岡7	自民[岸]

A型、㊥衆議院議員秘書、㊣柔道、剣道

ふじ わら たかし 藤 原 崇 自[安] 岩手3	自民[安]

㊥弁護士・参議院議員秘書

ふとり ひで し 太 栄 志 立 神奈川13	民主→民進→希望→国民→立憲

B型、㊥衆議院議員秘書・米研究所員、㊦外交安全保障・社会保障・教育、㊣神輿担ぎ・ラグビー・ランニング、㊤西郷隆盛、㊨命もいらず、名もいらず、官位も金もいらぬ者でなければ国家の大業は成し得ない

ふな だ はじめ 船 田 元 自[茂] 栃木1	自民→新生(93.6)→新進(94.12)→無所属(96.9)→自民[茂](97.1)

O型、㊥学校法人理事長、㊦憲法・科学技術・文教、㊣天文

ふる かわ なお き 古 川 直 季 自[無] 神奈川6	自民[無]

A型、㊥横浜市会議員、㊦地方分権・地方自治、㊣サッカー・ゴルフ・合氣道、㊤伊能忠敬、㊨人間万事塞翁が馬

ふる かわ もと ひさ 古 川 元 久 国 愛知2	民主→民進(16.3)→希望(17.9)→国民(18.5)→国民(20.9)

A型、㊥大蔵省、㊦年金・税制・医療・エネルギー・IT

ふるかわ やすし **古川 康** 自[茂] (比)九州	自民[茂]

A型、(略)佐賀県知事、(政)地方創生・交通・障碍福祉、(趣)読書・旅行・映画鑑賞

ふるかわ よしひさ **古川 禎久** 自[茂] 宮崎3	無所属→自民(03.11)→無所属(05.8)→自民[茂](06.12)

O型、(略)建設省・衆院議員秘書、(趣)旅・海とヨット・樹木

ふるや けいじ **古屋 圭司** 自[無] 岐阜5	自民→無所属(05.8)→自民[無](06.12)

B型、(略)大正海上（現三井住友海上）火災・古屋亨自治相秘書官、(政)情報通信・交通、(趣)ゴルフ・音楽鑑賞・クラリネット、(銘)人事を尽くして天命を待つ

ふるや のりこ **古屋 範子** 公 (比)南関東	公明

A型、(略)会社員、(趣)ガーデニング・スポーツ観戦・音楽鑑賞

ほさか やすし **穂坂 泰** 自[無] 埼玉4	自民[無]

A型、(略)法人役員、(政)環境・介護・福祉、(趣)カラオケ・ボーリング、(尊)父、(銘)まずやってみる

ほしの つよし **星野 剛士** 自[無] (比)南関東	自民[無]

B型、(略)神奈川県議会議員、(政)経済・外交・社会保障、(趣)読書・ゴルフ

ほそだ けんいち **細田 健一** 自[安] 新潟2	自民[安]

O型、(略)経産省職員、(政)経済産業・エネルギー、(趣)読書・カラオケ、(銘)過去は及ばず、未来は知れず、今この時に全力を尽くせ

ほそだ ひろゆき **細田 博之** 無 島根1	自民→無所属(21.11)

B型、(略)通産省課長、(政)政治改革・エネルギー問題、(趣)テニス・コントラクトブリッジ

ほその ごうし
細野豪志
自[二]　静岡5

民主→民進(16.3)→無所属(17.8)→希望(17.9)→無所属(18.5)→自民[二](21.11)

AB型、[略]三和総合研究所研究員、[政]行政改革・農業政策・医療政策、[趣]囲碁

ほりい まなぶ
堀井学
自[安]　[比]北海道

自民[安]

O型、[略]元道議会議員（2期）、[政]国交・農水・安全保障・外交・地方行政、[趣]冷水で体を清める、[尊]安倍晋三、[銘]下座に生きる

ほりうち のりこ
堀内詔子
自[岸]　山梨2

自民[岸]

A型、[政]ワクチン接種の推進・東京オリパラレガシーの継承・医療介護福祉子育て対策・環境保護、[趣]テニス・読書・書道、[銘]一言芳恩

ほりば さちこ
堀場幸子
維　[比]近畿

日本維新の会

O型、[略]アンガーマネジメント講師、[政]子育て・働き方・教育、[趣]ジオパーク巡り、[尊]空海、[銘]日々是精進也

ほりい けんじ
掘井健智
維　[比]近畿

日本維新の会

AB型、[略]市議・県議、[政]教育・財政・安全保障、[趣]似顔絵・カラオケ、[尊]橋本左内・田中角栄、[銘]知行合一

ほんじょう さとし
本庄知史
立　千葉8

立憲

A型、[略]衆議院議員秘書、[政]経済・雇用、環境・エネルギー、少子高齢化問題、税財政、外交、[趣]テニス、[尊]オットー・フォン・ビスマルク、[銘]意志あるところに道は開ける

ほんだ たろう
本田太郎
自[無]　京都5

自民[無]

A型、[略]京都府議、[政]地方創生、[趣]水泳、[尊]谷垣禎一、[銘]実るほど頭を垂れる稲穂かな

まぶち すみお
馬淵澄夫
立　奈良1

民主→民進(16.3)→希望→無所属→国民(20.6)→立憲(20.9)

B型、[略]会社役員、[政]国土交通・税制改革・社会保障・エネルギー政策、[趣]料理・サーフィン、[銘]不易流行

前川清成（まえかわ きよしげ） 維　(比)近畿	民主→民進→希望→無所属→日本維新の会(20.8)

A型、(略)弁護士、(政)社会保障・税制・金融・民事法、(趣)読書（歴史小説・医療小説・経済小説など)、(尊)我妻栄、(銘)生活は低く、志は高く

前原誠司（まえはら せいじ） 国　京都2	日本新党→無所属(94.5)→さきがけ(94.7)→民主(96.9)→民進(16.3)→希望(17.11)→国民(18.5)→国民(20.9)

A型、(略)松下政経塾・京都府議、(政)外交・安保、(趣)野球・ドライブ・旅行、(銘)至誠、天命に生きる

牧義夫（まき よしお） 立　(比)東海	民主→国民の生活が第一(12.7)→未来(12.11)→生活の党→無所属(13.4)→結いの党→維新の党→民進(16.3)→希望(17.9)→国民(18.5)→立憲(20.9)

O型、(略)衆議院議員秘書、(政)社会保障・教育、(趣)ピアノ演奏

牧島かれん（まきしま かれん） 自[麻]　神奈川17	自民[麻]

B型、(略)大学客員教授、(政)外交・教育・デジタル化推進・観光行政、(趣)映画鑑賞・SUDOKU

牧原秀樹（まきはら ひでき） 自[無]　(比)北関東	自民[無]

B型、(略)弁護士、(政)経済・国際経済、(趣)旅行・読書、(銘)たゆまぬ努力、意志あるところに道がある

松木けんこう（まつき けんこう） 立　北海道2	民主→新党大地→維新の党→民進(16.3)→希望→立憲

B型、(略)会社役員・大学理事長、(政)SDGs全般、(趣)切手収集（子供の頃から)・読書・釣り、(尊)藤波孝生、(銘)至誠一貫

松島みどり（まつしま みどり） 自[安]　東京14	自民[安]

A型、(略)朝日新聞記者、(政)中小企業対策・性犯罪の撲滅と被害者の救済･再犯防止、(趣)盆踊り、ラジオ体操、近現代史、バレエ･オペラ･演劇・美術鑑賞、(尊)勝海舟・北里柴三郎、(銘)継続は力なり

松野博一（まつの ひろかず） 自[安]　千葉3	自民[安]

A型、(略)松下政経塾、(政)環境・科学・教育、(趣)読書

松原　仁（まつばら じん） 立　東京3	民主→民進(16.3)→希望(17.9)→無所属(18.5)→立憲(20.9)

O型、[略]都議（二期）・松下政経塾、[政]拉致問題・教育・中小企業問題、[趣]読書・音楽鑑賞・水泳、[銘]一処懸命

松本剛明（まつもと たけあき） 自[麻]　兵庫11	民主→無所属(15.11)→自民[麻](17.9)

AB型、[略]日本興業銀行・松本十郎防衛庁長官秘書官、[政]経済・財政・社会保障・外交・教育、[趣]水泳・読書・茶道

松本　尚（まつもと ひさし） 自[安]　千葉13	自民[安]

O型、[略]医師、[政]危機時における医療体制構築、[趣]読書・ランニング、[銘]学不可以已

松本洋平（まつもと ようへい） 自[二]　[比]東京	自民[二]

O型、[略]UFJ銀行員、[政]財務金融・外交・安全保障、[趣]読書、[銘]今やらねばいつできる、わしがやらねばたれがやる

三木圭恵（みき けえ） 維　[比]近畿	たち日→日本維新の会

A型、[略]市議、[政]教育・安全保障、[趣]ピアノ・書道・料理・スポーツ、[尊]父と母、[銘]無私の奉仕

三反園　訓（みたぞの さとし） 無　鹿児島2	無所属

A型、[略]鹿児島県知事、[政]農業・観光・高齢者・子育て支援、[趣]読書、[尊]西郷隆盛、[銘]世の為人の為

三谷英弘（みたに ひでひろ） 自[無]　[比]南関東	みんな→無所属→自民[無]

A型、[略]弁護士、[政]規制改革、[趣]釣り・マラソン、[尊]大谷刑部吉継・陸奥宗光

三ッ林裕巳（みつばやし ひろみ） 自[安]　埼玉14	自民[安]

A型、[略]医師、[趣]柔道（初段）・剣道（三段）・詩吟（七段）、[尊]後藤新平、[銘]質実剛健

美延映夫（みのべ てるお） 維　大阪4	自民→大阪維新の会→日本維新の会

A型、[略]大阪市議・会社役員、[政]地方分権・公務員制度改革、[趣]読書・映画鑑賞、[尊]上杉鷹山、[銘]為せば成る為さねば成らぬ何事も

御法川信英（みのりかわ のぶひで） 自[麻]　秋田3	無所属→自民[麻](04.9)

A型、[略]銀行員・議員秘書、[政]外交・安全保障・農水、[趣]読書、[尊]毛沢東、マーチン・ルーサー・キング、[銘]至誠通天

岬麻紀（みさき まき） 維　[比]東海	日本維新の会

B型、[略]フリーアナウンサー、[政]教育無償化、[趣]城・神社仏閣・温泉・吊橋巡り、落語、[尊]豊臣秀吉、[銘]微差は大差なり

道下大樹（みちした だいき） 立　北海道1	民主→民進→立憲(17.10)→立憲(20.9)

A型、[略]北海道議・衆院議員秘書、[政]社会保障・教育・憲法、[趣]ミニトマト栽培、[尊]マハトマ・ガンジー、[銘]念ずれば花開く

緑川貴士（みどりかわ たかし） 立　秋田2	民主→民進→希望(17.9)→国民(18.5)→立憲(20.9)

O型、[略]民放アナウンサー、[政]地域の活性化、[趣]津軽三味線・マラソン、[銘]継続は力なり

宮内秀樹（みやうち ひでき） 自[二]　福岡4	自民[二]

A型、[略]衆議院議員秘書、[政]農林水産・国土交通、[趣]ジョギング・スポーツ観戦

宮﨑政久（みやざき まさひさ） 自[茂]　[比]九州	自民[茂]

O型、[略]弁護士、[政]日米地位協定改定・司法改革、[趣]絵本の読み聞かせ・草野球、[尊]両親、[銘]常笑

宮澤博行（みやざわ ひろゆき） 自[安]　[比]東海	自民[安]

B型、[略]磐田市議（3期）、[趣]剣道六段・居合道五段（水鴎流）

みや　じ　たく　ま 宮路拓馬 自[森]　鹿児島1	自民[森]

B型、[略]総務省課長補佐、[政]女性活躍・こども政策・障害福祉・地方創生・農政・エネルギー、[趣]サッカー・手話・消防団

みや　した　いち　ろう 宮下一郎 自[安]　長野5	自民[安]

[略]住友銀行員、[政]財務金融・農林・経産、[趣]手品・写真撮影、[銘]誠実・着眼大局着手小局

みや　もと　たけ　し 宮本岳志 共　[比]近畿	共産

A型、[略]参院議員、[趣]ラグビー・ギター

みや　もと　とおる 宮本徹 共　[比]東京	共産

[略]党東京都副委員長

む　とう　よう　じ 武藤容治 自[麻]　岐阜3	自民[麻]

A型、[略]会社役員

む　たい　しゅん　すけ 務台俊介 自[麻]　[比]北陸信越	自民[麻]

B型、[略]神奈川大学法学部教授・消防庁防災課長・地方創生・防災担当政務官、[政]防災危機管理・地方税財政・地域再生、[趣]まち歩き・ハイキング、[尊]山岡鉄舟、[銘]一期一会・疾風勁草

むね　きよ　こう　いち 宗清皇一 自[安]　[比]近畿	自民[安]

B型、[略]衆議院議員秘書・大阪府議、[政]教育・財政問題・地方分権、[趣]ギター・スキー

むら　い　ひで　き 村井英樹 自[岸]　埼玉1	自民[岸]

A型、[略]財務省主税局参事官補佐、[政]景気対策・経済成長・子育て教育、[趣]野球・サッカー・将棋、[尊]吉田茂・大久保利通、[銘]和して同ぜず

むらかみ せいいちろう **村上誠一郎** 自[無]　愛媛2	自民[無]

A型、(略)河本敏夫衆院議員秘書、(政)財政、(趣)ゴルフ・将棋・音楽鑑賞

もてぎ としみつ **茂木敏充** 自[茂]　栃木5	日本新党→無所属(94.12)→自民[茂](95.3)

O型、(略)政治部記者・経営コンサルタント、(政)経済・外交・教育、(趣)スポーツ・読書

もとむら のぶこ **本村伸子** 共　(比)東海	共産

B型、(略)参議院議員秘書、(政)憲法・平和、人権、地方行政、国土交通、(趣)森林保全・音楽鑑賞

もりしま ただし **守島　正** 維　大阪2	日本維新の会

O型、(略)大阪市議、(政)都市政策・地方分権、(趣)ランニング、(尊)島津義弘、(銘)知行合一

もりやま まさひと **盛山正仁** 自[岸]　(比)近畿	自民[岸]

A型、(略)国土交通省部長、(政)法務・国土交通・厚生労働・環境、(趣)スキー・水泳・テニス・料理・写真・ラジオ体操、(尊)西郷隆盛、(銘)一期一会

もり えいすけ **森　英介** 自[麻]　千葉11	自民[麻]

B型、(略)川崎重工、(趣)音楽・料理・犬、(銘)人生の最も苦しい、いやな、辛い損な場面を真っ先に微笑をもって担当せよ

もりた としかず **森田俊和** 立　埼玉12	希望→国民(18.5)→立憲(20.9)

B型、(略)県議、(政)教育・介護・保育・地方分権、(趣)鉄道・カラオケ・ものまね・茶道、(尊)勝海舟、(銘)一期一会

もりやま ひろゆき **森山浩行** 立　(比)近畿	民主→立憲(17.10)→立憲(20.9)

(略)関西TV記者、(政)教育・水政策、(趣)読書・映画鑑賞・人と会うこと、(尊)尾崎行雄・三木武夫・野口英世、(銘)有言実行・和而不同

もり　やま　ひろし **森山　裕** 自[森]　鹿児島4	自民→無所属(05.8)→自民[森](06.12)

O型、(略)鹿児島市議、(政)地方自治、(趣)読書

や　ぎ　てつ　や **八木哲也** 自[無]　愛知11	自民[無]

AB型、(略)会社員・豊田市議・議長、(趣)読書・陶芸

や　た　がわ　はじめ **谷田川　元** 立　(比)南関東	民主→民進→希望→国民→立憲(20.9)

O型、(略)千葉県議会議員、(政)地方創生・教育、(趣)将棋・スポーツ観戦・読書、(尊)石橋湛山、(銘)運・縁・念

やす　おか　ひろ　たけ **保岡宏武** 自[無]　(比)九州	自民[無]

AB型、(略)衆議院議員秘書、(政)地方創生、(趣)フラダンス・SUP・トランペット、(尊)島津斉彬公、マイルス・ディヴィス、(銘)貞観政要

やな　かず　お **簗　和生** 自[安]　栃木3	自民[安]

O型、(略)シンクタンク研究員・衆議院議員秘書、(尊)徳川家康、(銘)初心忘るべからず

やなぎ　もと　あきら **柳本　顕** 自[麻]　(比)近畿	自民[麻]

(略)関西電力(株)・大阪市会議員、(政)産業振興・地方自治・労働問題、(趣)舞台鑑賞・作曲・テニス、(尊)柳本豊(父)、(銘)而今

やま　おか　たつ　まる **山岡達丸** 立　北海道9	民主→民進(16.3)→希望(17.10)→国民(18.5)→立憲(20.9)

A型、(略)NHK記者、(政)地方経済・医療・農業等、(趣)読書・スキー、(尊)徳川家康、(銘)誠心誠意

やま　ぎし　いっ　せい **山岸一生** 立　東京9	立憲

O型、(略)新聞記者、(政)子育て・教育、(趣)料理・家庭菜園・サイクリング、(尊)翁長雄志

やまぎわだいしろう **山際大志郎** 自[麻]　神奈川18	自民[麻]

O型、㊙動物病院経営、㊙経済・教育・外交等、㊙アウトドア・キャンプ

やまぐちしゅんいち **山口俊一** 自[麻]　徳島2	自民→無所属(05.8)→自民[麻](06.12)

A型、㊙徳島県会議員・内閣府特命担当大臣、㊙郵政・情報通信・科学技術・地方自治、㊙読書

やまぐちすすむ **山口晋** 自[茂]　埼玉10	自民[茂]

A型、㊙衆議院議員秘書、㊙国土強靭化・エネルギー政策・子育て、㊙スポーツ（スキー・野球・ゴルフ）、㊙祖父（川島町長）・菅義偉前総理、㊙Never Give Up

やまぐちつよし **山口壮** 自[二]　兵庫12	無所属→無所属の会(00.11)→民主(05.8)→無所属(14.1)→自民[二](15.1)

A型、㊙外務省、㊙テニス・スキー、㊙吉田茂、㊙心に喜神を含む

やまざきまこと **山崎誠** 立　㊙南関東	民主→みどりの風→未来→立憲(17.10)→立憲(20.9)

A型、㊙横浜市議・日揮㈱・㈱熊谷組、㊙環境・エネルギー・地域活性化、㊙自転車・トロンボーン演奏・音楽・絵画鑑賞・アウトドア、㊙緒方貞子、㊙誠心誠意

やまさきまさやす **山崎正恭** 公　㊙四国	公明

㊙高知県議

やましたたかし **山下貴司** 自[無]　岡山2	自民[無]

A型、㊙弁護士・検事・外交官・慶應大講師、㊙規制改革・地方創生・外交、㊙ライブ鑑賞・ジョギング・カラオケ、㊙人生意気に感ず

やまだかつひこ **山田勝彦** 立　㊙九州	立憲

O型、㊙衆議院議員秘書・障がい福祉施設代表、㊙農林水産・福祉政策・離島振興、㊙野球、㊙西郷隆盛、㊙義を見てせざるは勇無きなり

やま だ けん じ
山田賢司
自[麻] 兵庫7

自民[麻]

A型、[略]銀行員、[政]経済、外交・安全保障、教育、[趣]グラウンドゴルフ、[銘]日々感謝

やま だ み き
山田美樹
自[安] 東京1

自民[安]

AB型、[略]通産省・内閣官房・ボストンコンサルティング・エルメスジャポン、[政]経済・成長戦略、税・社会保障、健康医療、外交、[趣]旅行・お祭り

やま のい かず のり
山井和則
立 京都6

民主→民進(16.3)→希望(17.9)→国民(18.5)→無所属(19.6)→立憲(20.9)

A型、[略]松下政経塾・大学講師、[政]社会保障（高齢者・障害者・児童）、[趣]卓球、ネコの世話、おいしいお茶を飲むこと・いれること、[尊]キング牧師、マザー・テレサ

やま もと ごう せい
山本剛正
維 [比]九州

日本新党→民主→民進→立憲→日本維新の会

[略]衆議院議員秘書、[政]地方分権、[趣]ラグビー、[尊]祖父、[銘]柳緑花紅

やま もと さ こん
山本左近
自[麻] [比]東海

自民[麻]

A型、[略]F1ドライバー、医療法人・社会福祉法人理事、[政]医療福祉介護・自動車・クリーンエネルギー、[趣]音楽・読書・スポーツ全般・茶道、[尊]父親、スティーブ・ジョブズ、[銘]人間は自己実現不可能な夢は思い描かない

やま もと た ろう
山本太郎
れ [比]東京

無所属→自由→れいわ新選組

A型、[略]俳優、[政]積極財政、[趣]サーフィン、[尊]木村英子・舩後靖彦、[銘]金を刷れ、皆に配れ

やまもと
山本ともひろ
自[無] [比]南関東

自民[無]

[略]会社員・松下政経塾

やま もと ゆう じ
山本有二
自[無] [比]四国

自民[無]

A型、[略]弁護士、[政]社会資本整備・環境・金融経済、[趣]ジョギング・テニス・ゴルフ・読書・音楽

湯原俊二（ゆはらしゅんじ） 立　㊘中国	立憲

A型、㊕県議・農業

柚木道義（ゆのきみちよし） 立　㊘中国	民主→民進(16.3)→希望(17.9)→国民(18.5)→無所属(18.8)→立憲(20.9)

B型、㊕会社員、㊙イクメン

吉川赳（よしかわたける） 自[岸]　㊘東海	自民[岸]

㊕国会議員秘書、㊚中小企業振興・少子高齢化対策・農業振興、㊙自転車・家庭菜園、㊛宮沢喜一・勝海舟・広田弘毅、㊔廓然大公

吉川元（よしかわはじめ） 立　㊘九州	社民→立憲(20.12)

A型、㊕政策秘書、㊚教育・地方財政、㊙水泳・読書

吉田久美子（よしだくみこ） 公　㊘九州	公明

㊚子育て支援・女性政策、㊙読書・映画鑑賞、㊛ベートーヴェン、㊔縁ある人全てに感謝

吉田統彦（よしだつねひこ） 立　㊘東海	民主→民進→立憲(17.10)→立憲(20.9)

AB型、㊕医師、㊚社会保障、子育て・少子化対策、教育、科学技術、㊙能（観世流）・合気道・野球・テニス、㊛カエサル・岳飛・袁崇煥・帝堯・帝舜・帝禹、㊔抜山蓋世・尽忠報国・永清四海時哉弗可失

吉田とも代（よしだともよ） 維　㊘四国	日本維新の会

O型、㊕丹波篠山市議会議員、㊚子育て・ジェンダー多様性、㊙温泉巡り・ヨガ、㊛マザー・テレサ、㊔初志貫徹

吉田豊史（よしだとよふみ） 維　㊘北陸信越	自民→無所属(12.11)→維新の党(14.12)→無所属(15.10)→おおさか維新の会(16.7)→日本維新の会(党名変更)

A型、㊕会社役員、㊚国民の所得向上、今活躍できていない人（例：女性・若い人）が活躍・チャレンジできる環境づくり、危機管理全般（含む安全保障）、㊙家庭菜園・アウトドア全般、㊛孔子、㊔感謝、そして挑戦

㊮プロフィール　ゆ・よ

吉田宣弘（よしだ のぶひろ） 公　[比]九州	公明

A型、[略]福岡県議・参院議員秘書、[政]地方創生・社会保障・教育・安全保障、[趣]読書・音楽鑑賞、[尊]王貞治、[銘]七転び八起き

吉田はるみ（よしだ） 立　東京8	立憲

A型、[略]大学特任教授、[政]教育・雇用・福祉・原発ゼロ、[趣]料理・歌舞伎・文楽、[尊]父、マザーテレサ

吉野正芳（よしの まさよし） 自[安]　福島5	自民[安]

B型、[略]福島県議、[政]大震災からの復興、[趣]読書

義家弘介（よしいえ ひろゆき） 自[安]　[比]南関東	自民[安]

O型、[略]東北福祉大学特任准教授、[政]教育、[趣]読書

米山隆一（よねやま りゅういち） 無(立憲)　新潟5	自民→日本維新の会→民進→無所属

A型、[略]医師、弁護士、新潟県知事、[政]社会保障政策（医療・介護・年金等）・地方政策・原発政策、[趣]テニス・バク宙・筋トレ・科学、[銘]意志あるところに道あり（Where there is a will, there is a way.）

笠浩史（りゅう ひろふみ） 立　神奈川9	民主→民進(16.3)→希望(17.9)→無所属(18.5)→立憲(21.9)

[略]テレビ朝日政治部記者、[政]地方分権・教育改革、[趣]ゴルフ・読書

早稲田ゆき（わせだ） 立　神奈川4	立憲→立憲(20.9)

[略]鎌倉市議・神奈川県議、[趣]旅行・読書、[尊]吉田松陰、[銘]至誠通天

和田有一朗（わだ ゆういちろう） 維　[比]近畿	自民→日本維新の会

B型、[略]国会議員秘書、[政]外交・防衛、[趣]読書、[尊]勝海舟、[銘]人生開拓

わだ よしあき **和田義明** 自[安]　北海道5	自民[安]

O型、[略]商社員、[政]経済・外交安保・教育・子育て・農業、[趣]テニス・ボクシング・ラグビー・旅行・料理、[尊]町村信孝、ウィンストン・チャーチル、[銘]至誠天に通ず

わかばやし けんた **若林健太** 自[安]　長野1	自民[安]

B型、[略]税理士・公認会計士、[政]農林・財金・経産、[趣]マラソン、[尊]吉田茂、[銘]温故創新

わかみや けんじ **若宮健嗣** 自[茂]　[比]東京	自民[茂]

O型、[略]セゾングループ代表秘書・会社代表

わしお えいいちろう **鷲尾英一郎** 自[二]　[比]北陸信越	民主→民進(16.3)→無所属(17.11)→自民[二](19.3)

B型、[略]公認会計士・税理士・行政書士、[政]財政・金融・外交・防衛・農林水産・医療・介護・教育、[趣]読書・散歩、[尊]聖徳太子・原敬・濱口雄幸、[銘]一燈照隅

わたなべ こういち **渡辺孝一** 自[岸]　[比]北海道	自民[岸]

B型、[略]歯科医師・岩見沢市長、[政]地方分権・一次産業振興、[趣]野球・映画鑑賞

わたなべ しゅう **渡辺周** 立　[比]東海	民主→民進(16.3)→希望(17.9)→国民(18.5)→立憲(20.9)

B型、[略]読売新聞記者・静岡県議、[政]北朝鮮問題・中小企業問題・議員特権見直し、[趣]草野球・カラオケ・小旅行、[尊]杉原千畝、[銘]我以外みな師なり

わたなべ そう **渡辺創** 立　宮崎1	民主→民進→立憲(18.2)

AB型、[略]毎日新聞記者・宮崎県議、[政]教育・社会保障・農林水産業振興、[趣]読書・旅、[尊]石橋湛山、[銘]一隅を照らす

わたなべ ひろみち **渡辺博道** 自[茂]　千葉6	自民[茂]

O型、[略]松戸市職員・会社役員、[政]経済再生・教育、[趣]謡・カラオケ・ゴルフ

鰐淵洋子（わにぶち ようこ） 公 [比]近畿	公明

O型、[略]参議院議員・党本部職員、[政]教育・子育て支援、女性活躍の推進、[趣]写真撮影・カメラ、[尊]鄧穎超・ヘレンケラー、[銘]心こそ大切なれ

参議院議員プロフィール

安達　澄（あだち きよし）
無　大分[元]
無所属

O型、[略]新日本製鉄（現・日本製鉄）社員・朝日新聞社社員・観光会社代表、[政]経済産業・教育、[趣]山登り・テニス・詩吟、[銘]心高身低

足立信也（あだち しんや）
国　大分㉘
民主→民進(16.3)→国民(18.5)→国民(20.9)

A型、[略]医師・筑波大客員教授、[政]医療制度・社会保障、[趣]スポーツ観戦・野球

足立敏之（あだち としゆき）
自[岸]　比例㉘
自民[岸]

B型、[略]国土交通省技監、[政]社会資本整備、建設産業再生、[趣]テニス・カメラ・山歩き、[尊]齋藤隆夫、[銘]謙虚

阿達雅志（あだち まさし）
自[無]　比例㉘
自民[無]

O型、[略]住友商事、衆議院議員秘書、ニューヨーク州弁護士、[政]エネルギー・運輸・交通・通信・金融等社会インフラ、[趣]剣道五段、自転車、山歩き

青木　愛（あおき あい）
立　比例㉘
民主→国民の生活が第一(12.7)→未来(12.11)→生活の党(12.12)→自由(16.10)→国民(19.4)→立憲(20.9)

AB型、[略]保育士、[政]子育て・教育、[尊]両親、[銘]未来はいつも子供たちの中にある

青木一彦（あおき かずひこ）
自[茂]　鳥取・島根㉘
自民[茂]

A型、[略]参院議員秘書・山陰中央テレビ社員、[趣]読書・テニス

青山繁晴（あおやま しげはる）
自[無]　比例㉘
自民[無]

A型、[略]独立総合研究所社長、[政]安全保障・外交・危機管理・エネルギー、[趣]モータースポーツ・アルペンスキー・映画、[尊]坂本龍馬・高杉晋作、[銘]脱私即的

赤池誠章（あかいけ まさあき）
自[安]　比例[元]
自民[安]

B型、[略]明治大学客員教授・衆議院議員、[政]教育・国土交通行政・経済・外交防衛、[趣]旧道古道めぐり

秋野公造（あきの こうぞう） 公　比例㉘	公明

O型、[略]医師、厚労省課長補佐、[政]医療・福祉、[趣]スキューバーダイビング・サイクリング

浅田　均（あさだ ひとし） 維　大阪㉘	日本維新の会→維新の党→おおさか維新の会→日本維新の会(16.8)

B型、[略]大阪府議、[政]地方分権・大都市制度・教育、[趣]読書、[尊]空海、[銘]一隅を照らすこれ則ち国宝なり

朝日健太郎（あさひ けんたろう） 自[無]　東京㉘	自民[無]

A型、[略]NPO法人理事長、[政]港湾・スポーツ、[趣]ランニング・階段の上り下り、[尊]両親、[銘]チャレンジ

東　徹（あずま とおる） 維　大阪[元]	自民→大阪維新の会設立(10.4)→日本維新の会設立(12.9)→維新の党(14.9)→おおさか維新の会(16.1)→日本維新の会(16.8)

A型、[略]社会福祉士・府議会議員、[政]副首都大阪の実現、規制緩和や既得権打破による経済成長、徹底した行政改革、[趣]アウトドア、[尊]上杉鷹山

有田芳生（ありた よしふ） 立　比例㉘	新党日本→民主→民進(16.3)→立憲(17.12)→立憲(20.9)

A型、[略]出版社勤務・ジャーナリスト、[政]拉致問題・ヘイトスピーチ問題・足利・太田連続未解決事件の解決、[趣]映画・演劇鑑賞

有村治子（ありむら はるこ） 自[麻]　比例[元]	自民[麻]

A型、[略]日本マクドナルド㈱社員　[政]女性活躍・少子化対策・教育、[趣]ウォーキング・ヨガ

井上哲士（いのうえ さとし） 共　比例[元]	共産

A型、[略]梅田勝衆院議員秘書、[政]外交防衛・憲法問題、[趣]水泳・読書

伊藤　岳（いとう がく） 共　埼玉[元]	共産

A型、[略]政党職員、[趣]スポーツ観戦、[銘]現場主義

伊藤孝江（いとう たかえ）
公　兵庫㉘
公明

A型、[略]弁護士・税理士、[趣]山歩き、[尊]ローザ・パークス、[銘]誠心誠意

伊藤孝恵（いとう たかえ）
国　愛知㉘
民進→国民(18.5)→国民(20.9)

O型、[略]報道記者・会社員、[政]育児・介護・教育・知る権利、[趣]子ども達と絵本を読む・お見合いおばさん、[尊]母、[銘]意志あれば道あり

伊波洋一（いは よういち）
無(沖縄)　沖縄㉘
無所属

AB型、[略]宜野湾市長・沖縄県議、[趣]読書、映画・琉球芸能鑑賞、[銘]基地のない平和な沖縄

石井章（いしい あきら）
維　比例㉘
民主→国民の生活が第一→未来→おおさか維新の会→日本維新の会(16.8)

A型、[略]取手市議・衆議院議員、[政]社会保障・経済雇用・医療介護、[趣]野球・スキー、[尊]田中角栄、[銘]一期一会

石井準一（いしい じゅんいち）
自[茂]　千葉[元]
自民[茂]

A型、[略]代議士秘書・千葉県議、[政]社会保障・災害復興・減災対策・景気経済政策、[趣]散歩・庭の水撒き、[尊]山岡鉄舟、[銘]知行合一

石井浩郎（いしい ひろお）
自[茂]　秋田㉘
自民[茂]

O型、[略]プロ野球選手・会社役員、[政]教育・文化・スポーツ振興・農業振興、[趣]将棋

石井正弘（いしい まさひろ）
自[安]　岡山[元]
自民[安]

AB型、[略]岡山県知事・建設省大臣官房審議官、[政]復旧・復興、地方創生、[銘]至誠無息、初心忘るべからず

石井苗子（いしい みつこ）
維　比例㉘
おおさか維新の会→日本維新の会(16.8)

O型、[略]東大医学部客員研究員・女優・キャスター、[政]厚労・災害対策・福祉・外交、[趣]剣道・和太鼓、[尊]エイブラハム・リンカーン、[銘]あせらず、あわてず、あきらめず

石垣(いしがき)のりこ 立　宮城㉖	立憲→立憲(20.9)

O型、㊥ラジオ局アナウンサー、㊉消費税廃止・日本の人権環境を世界基準にする、㊊温泉めぐり、㊕小学3、4年生時の担任、㊔万物流転す

石川大我(いしかわたいが) 立　比例㉖	立憲→立憲(20.9)

AB型、㊥豊島区議・参院議員秘書、㊉LGBT人権施策・児童教育、㊊水泳・陶器収集・てんこく

石川博崇(いしかわひろたか) 公　大阪㉘	公明

O型、㊥外務省、㊊映画鑑賞・剣道

石田昌宏(いしだまさひろ) 自[安]　比例㉖	自民[安]

A型、㊥看護師・団体幹事長、㊉厚生労働、㊊観賞魚飼育・神社巡り・読書

石橋通宏(いしばしみちひろ) 立　比例㉘	民主→民進(16.3)→立憲(18.5)→立憲(20.9)

O型、㊥情報労連特別中央執行委員、ILO上級専門官、㊉雇用・労働・情報通信、㊊読書・スキー

磯﨑仁彦(いそざきよしひこ) 自[岸]　香川㉘	自民[岸]

B型、㊥全日空、㊉経済産業・教育、㊊世界遺産、㊔命もいらず、名もいらず、官位も金もいらぬ人は仕抹に困るもの也。此の仕抹に困る人ならでは、艱難を共にして国家の大業は成し得られぬなり

礒﨑哲史(いそざきてつじ) 国　比例㉖	民主→民進(16.3)→国民(18.5)→無所属(20.9)→国民(21.3)

AB型、㊥日産自動車㈱、㊕坂本龍馬

市田忠義(いちだただよし) 共　比例㉘	共産

B型、㊥龍谷大学教職員組合書記長

猪口邦子（いのぐちくにこ） 自[麻]　千葉㉘	自民[麻]

A型、[略]上智大学教授、軍縮大使、少子化・男女共同参画担当大臣、[政]少子化対策・外交安全保障・高等教育・財政金融、[趣]着物・料理・読書、[尊]赤星秀子（桜蔭の担任・校長）、[銘]至誠純真

今井絵理子（いまいえりこ） 自[麻]　比例㉘	自民[麻]

O型、[略]歌手、[趣]読書

岩渕友（いわぶちとも） 共　比例㉘	共産

[略]日本民主青年同盟福島県委員長、[政]原発ゼロ・震災復興・憲法・平和、[趣]登山

岩本剛人（いわもとつよひと） 自[二]　北海道[元]	自民[二]

B型、[略]北海道議会議員、[趣]野球・空手・スポーツ観戦、[銘]努力は人を裏切らない

宇都隆史（うとたかし） 自[茂]　比例㉘	自民[茂]

A型、[略]航空自衛官、[政]外交防衛・安全保障、[趣]読書

上田清司（うえだきよし） 無(国民)　埼玉㉘補	新生→新進(94.12)→民主(98.4)→無所属

AB型、[略]衆議院議員・埼玉県知事、[趣]読書・登山、[尊]西郷隆盛、[銘]疾風に勁草を知る

上野通子（うえのみちこ） 自[安]　栃木㉘	自民[安]

[略]栃木県議

打越さく良（うちこしさくら） 立　新潟[元]	無所属→立憲(19.9)→立憲(20.9)

B型、[略]弁護士、[政]福祉・教育・農業、[趣]読書、[尊]父母、[銘]未来は待つべきものではない、作り出さなければならないものだ

うめむら さとし **梅村　聡** 維　比例[元]	民主→日本維新の会

B型、[略]医師、[政]医療・介護分野、[趣]水泳・登山・マラソン

うめむら **梅村みずほ** 維　大阪[元]	日本維新の会

A型、[略]フリーアナウンサー、[政]こども政策・教育・女性活躍推進、[趣]キャンプ・読書、[尊]小堀月浦、[銘]知之者不如好之者、好之者不如楽之者

えさき たかし **江崎　孝** 立　比例㉘	民主→民進(16.3)→立憲(17.12)→立憲(20.9)

[略]自治労

えじま きよし **江島　潔** 自[安]　山口㉘	自民[安]

A型、[略]下関市長、[趣]ランニング・サイクリング・少林寺拳法、[銘]一所懸命

えとう せいいち **衛藤晟一** 自[二]　比例[元]	自民→無所属(05.8)→自民[二](07.3)

A型、[略]大分市議・県議、[政]社会保障・教育、[趣]サッカー観戦・読書

おがわ かつみ **小川克巳** 自[無]　比例㉘	自民[無]

A型、[略]日本理学療法士協会副会長、[政]社会保障・教育、[尊]イチロー、[銘]一生懸命

おがわ としお **小川敏夫** 無　東京㉘	民主→民進(16.3)→立憲(18.5)→無所属(19.8)

AB型、[略]裁判官・検事・弁護士、[政]政治倫理・食糧問題、[趣]旅行・水泳、[銘]苦しい時ほど前を見る

おざわ まさひと **小沢雅仁** 立　比例[元]	立憲→立憲(20.9)

O型、[略]JP労組、[政]社会保障・労働環境、[趣]ランニング・温泉巡り、[銘]失意泰然得意淡然

小沼　巧（おぬま　たくみ） 立　茨城㊮	立憲→立憲(20.9)

O型、㊎ボストンコンサルティング・経産省、㊈地域経済・中小企業対策・エネルギー・災害対策、農水政策、㊇ラグビー観戦・読書、㊔中野正剛・斎藤隆夫、㊕不撓不屈

小野田紀美（おのだきみ） 自[茂]　岡山㉘	自民[茂]

A型、㊎東京都北区議会議員、㊈教育・法務・農林水産・地方創生、㊇作詞作曲・歌・ゲーム・読書、㊕命を惜しむな名を惜しめ

尾辻秀久（おつじひでひさ） 自[茂]　鹿児島㊮	自民→無所属(10.7)→自民[茂](12.12)

O型、㊎日本遺族会会長・鹿児島県議、㊈社会保障・税制改革・財政構造改革、㊇読書・旅行

大家敏志（おおいえさとし） 自[麻]　福岡㉘	自民[麻]

O型、㊎福岡県議会議員、㊈経済・財政・社会保障、㊇サッカー・旅行、㊕和而不同・現状維持は退歩なり

大塚耕平（おおつかこうへい） 国　愛知㊮	民主→民進(16.3)→国民(18.5)→国民(20.9)

O型、㊎日本銀行、㊈財政金融・行財政改革、㊇スキューバダイビング・スキー・キャンプ

大野泰正（おおのやすただ） 自[安]　岐阜㊮	自民[安]

A型、㊎岐阜県議会議員、㊇旅行

太田房江（おおたふさえ） 自[安]　大阪㊮	自民[安]

AB型、㊎元大阪府知事、㊇ピアノ演奏・カラオケ

岡田直樹（おかだなおき） 自[安]　石川㉘	自民[安]

A型、㊎北國新聞社論説委員・石川県議、㊈外交安保・国土交通、㊇読書

氏名	所属政党の変遷
岡田広（おかだ ひろし） 自[無]　茨城㉘	自民[無]

O型、(略)参議院議員秘書・茨城県議・水戸市長

氏名	所属政党の変遷
音喜多駿（おときた しゅん） 維　東京(元)	みんな→元気→都民ファーストの会→あたらしい党・日本維新の会

O型、(略)東京都議・化粧品会社社員、(政)経済政策・子育て教育・地方分権、(趣)ダンス・マラソン、(尊)ジャッキー・チェン、(銘)幸せとは、他人になりたいと思わないこと

氏名	所属政党の変遷
加田裕之（かだ ひろゆき） 自[安]　兵庫(元)	自民[安]

(略)兵庫県議・衆院議員秘書、(政)防災・地方分権・社会基盤整備、(趣)ご当地グルメ巡り、(尊)賀川豊彦、(銘)可能性を信じる

氏名	所属政党の変遷
嘉田由紀子（かだ ゆきこ） 無(碧水)　滋賀(元)	無所属

AB型、(略)滋賀県知事、(政)少子化対応政策・復興政策、(趣)街あるき・山あるき、(尊)伝教大師最澄、(銘)忘己利他

氏名	所属政党の変遷
片山さつき（かたやま さつき） 自[二]　比例㉘	自民[二]

O型、(略)財務省主計官、(政)経済政策・エネルギー・社会保障、(趣)テニス・ゴルフ、(尊)マーガレット・サッチャー、徳川家康、(銘)日新日々新

氏名	所属政党の変遷
片山大介（かたやま だいすけ） 維　兵庫㉘	おおさか維新の会→日本維新の会(16.8)

A型、(略)NHK記者、(政)皇室・労働・雇用・保育・環境、(趣)野球・ビートルズ楽曲鑑賞・街歩き、(尊)坂本龍馬、(銘)信なくば立たず

氏名	所属政党の変遷
片山虎之助（かたやま とらのすけ） 維　比例㉘	自民→たち日(10.5)→太陽の党(12.11)→日本維新の会(12.11)→維新の党(14.9)→おおさか維新の会(15.11)→日本維新の会(16.8)

A型、(略)岡山県副知事・自治省、(政)地方自治・税制財政・情報通信、(趣)ジョギング・読書

氏名	所属政党の変遷
勝部賢志（かつべ けんじ） 立　北海道(元)	立憲→立憲(20.9)

O型、(略)北海道議会副議長

金子原二郎（かねこ げんじろう） 自[岸]　長崎㉘	自民[岸]

O型、[略]長崎県知事・衆議院議員、[政]地方自治・農林水産・社会福祉、[趣]旅行・ゴルフ、[尊]福沢諭吉、[銘]誠実

紙　智子（かみ ともこ） 共　比例[元]	共産

A型、[略]民青副委員長、[政]福祉・くらし・環境・農林漁業、[趣]絵画・山歩き

川合孝典（かわい たかのり） 国　比例㉘	民主→民進→国民(18.5)→無所属(20.9)→国民(20.10)

B型、[略]UAゼンセン役員、[政]雇用、労働、社会保障、医薬・医療、[趣]城跡巡り・読書、[尊]両親、[銘]一隅を照らす

川田龍平（かわだ りゅうへい） 立　比例[元]	無所属→みんな(09.12)→結いの党(13.12)→維新の党(14.9)→無所属(16.3)→立憲(17.12)→立憲(20.9)

[略]薬害エイズ訴訟原告・松本大学非常勤講師、[政]厚生労働・環境・農業、[趣]ピアノ・トランペット・YouTube・動画編集

河野義博（かわの よしひろ） 公　比例[元]	公明

A型、[略]丸紅㈱、[趣]読書・スポーツ観戦

木戸口英司（きどぐち えいじ） 立　岩手㉘	生活の党→自由(16.10)→国民(19.4)→立憲(20.9)

A型、[略]知事政務秘書、[政]震災からの復興、[趣]読書、[尊]原敬、[銘]至誠動天

木村英子（きむら えいこ） れ　比例[元]	れいわ新選組

A型、[略]自立ステーションつばさ事務局長、[政]障害福祉政策・教育（フルインクルーシブ教育政策）、[趣]映画鑑賞、[尊]三井絹子

吉良よし子（きら よしこ） 共　東京[元]	共産

[略]会社員・党職員、[政]雇用問題、憲法・平和、原発ゼロ、[趣]合唱・ピアノ・映画鑑賞

岸（きし） 真紀子（まきこ） 立　比例㊜	立憲→立憲(20.9)

㊫自治労特別中央執行委員

北村（きたむら） 経夫（つねお） 自[安]　山口㊜補	自民[安]

B型、㊫元産経新聞政治部長、㊖外交防衛、エネルギー、農林水産、運輸、㊮読書・ゴルフ・カラオケ・ウォーキング、㊨至誠にして動かざる者は未だ之有らざるなり

熊谷（くまがい） 裕人（ひろと） 立　埼玉㊜	立憲→立憲(20.9)

B型、㊫さいたま市議・議員秘書、㊖子ども子育て、㊮ジョギング・ロードバイク、㊨初心生涯

熊野（くまの） 正士（せいし） 公　比例㉘	公明

A型、㊫医学博士・放射線科専門医、㊖医療・福祉、㊮読書、㊧日野原重明（医師）、㊨人生とは未知の自分に挑戦すること

倉林（くらばやし） 明子（あきこ） 共　京都㊜	共産

O型、㊫看護師・京都市議、㊖社会保障・経済・エネルギー問題・雇用、㊮掃除

郡司（ぐんじ） 彰（あきら） 立　茨城㉘	民主→民進(16.3)→無所属(16.8)→立憲(20.9)

O型、㊫茨城県農協労連書記長、㊮カヌー・家庭菜園

こやり 隆史（たかし） 自[岸]　滋賀㉘	自民[岸]

A型、㊫経産省職員、㊖経済、㊮読書・ランニング、㊧秋山真之、㊨運

小池（こいけ） 晃（あきら） 共　比例㊜	共産

O型、㊫医師・国会議員、㊮演劇鑑賞・釣り、㊨命どぅ宝（命こそ宝）

こにし ひろゆき **小西洋之** 立　千葉㉘	民主→民進(16.3)→無所属(18.5)→立憲(20.9)

[略]総務省、経済産業省課長補佐、[尊]父・母

こばやし まさお **小林正夫** 国　比例㉘	民主→民進(16.3)→国民(18.5)→国民(20.9)

O型、[略]東京電力労組中央副執行委員長・電力総連顧問、[政]エネルギー・厚生労働、[趣]菊づくり

こが ゆういちろう **古賀友一郎** 自[岸]　長崎[元]	自民[岸]

O型、[略]総務省（旧自治省）職員、[政]経済財政・社会保障・地域振興、[趣]野球・将棋

こが ゆきひと **古賀之士** 立　福岡㉘	民進→国民(18.5)→立憲(20.9)

A型、[略]民放アナウンサー、[政]財政金融・経済産業、[趣]天体観測・モノポリー・スポーツ全般、[尊]王貞治、[銘]縁

こうづき りょうすけ **上月良祐** 自[茂]　茨城[元]	自民[茂]

B型、[略]茨城県副知事、[政]成長戦略・農林水産業振興・地方分権、[趣]加圧トレーニング、[銘]全てのことを全力で

ささき **佐々木さやか** 公　神奈川[元]	公明

[略]弁護士、[政]女性・若者政策、[趣]音楽鑑賞・スキー、[尊]両親、上杉鷹山、ローザ・パークス

さとう けい **佐藤啓** 自[安]　奈良㉘	自民[安]

O型、[略]総務省職員、[趣]テニス・ゴルフ

さとう のぶあき **佐藤信秋** 自[茂]　比例[元]	自民[茂]

[略]国土交通事務次官、[銘]敬天愛人

佐藤正久（さとう まさひさ） 自［茂］　比例(元)	自民［茂］

O型、(略)自衛官、(政)外交・防衛・防災、(趣)散歩、(銘)無意不立（意なくば立たず）

斎藤嘉隆（さいとう よしたか） 立　愛知㉘	民主→民進(16.3)→無所属(18.5)→立憲(18.11)→立憲(20.9)

A型、(略)連合愛知副会長、県教組委員長、(政)教育科学、(趣)スポーツ・読書

酒井庸行（さかい やすゆき） 自［安］　愛知(元)	自民［安］

O型、(略)県議・市議、(政)社会資本整備・社会保障・子育て支援、(趣)芸術鑑賞・ゴルフ

櫻井充（さくらい みつる） 無(自民)　宮城㉘	民主→民進(16.3)→国民(18.5)→無所属(19.11)

A型、(略)一市民・医師、(政)経済政策・社会保障政策（医療・子育て・その他)、(趣)城をめぐって温泉に入る・卓球・将棋

里見隆治（さとみ りゅうじ） 公　愛知㉘	公明

O型、(略)厚生労働省・トヨタ自動車出向、(政)労働・社会保障・地方創生、(趣)旅行・山登り、(尊)上杉鷹山、(銘)足下を掘れ、そこに泉あり

山東昭子（さんとう あきこ） 無　比例(元)	自民→無所属(07.8)→自民(10.7)→無所属(19.8)

O型、(略)女優、(政)文教科学・環境・福祉・食育、(趣)音楽鑑賞・ゴルフ・インテリアデザイン

清水貴之（しみず たかゆき） 維　兵庫(元)	日本維新の会→維新の党(14.9)→おおさか維新の会(15.12)→日本維新の会(16.8)

O型、(略)朝日放送アナウンサー、(政)地方分権・震災復興、(趣)旅行

清水真人（しみず まさと） 自［二］　群馬(元)	自民［二］

O型、(略)群馬県議・高崎市議、(政)教育・農林水産・国土交通、(趣)スキー・水泳・野球などのスポーツ、将棋、読書、(尊)両親、(銘)摩頂放踵

自見はなこ（じみ）
自[二]　比例㉘

自民[二]

AB型、(略)虎の門病院小児科医、(政)社会保障、(趣)マラソン・読書・旅行、(銘)一生懸命

塩田博昭（しおた ひろあき）
公　比例(元)

公明

O型、(略)公明党政務調査会事務局長、(政)社会保障・救急医療・地方創生・ガン対策、(趣)読書・映画鑑賞、(尊)諸葛孔明、(銘)誠心誠意

塩村あやか（しおむら）
立　東京(元)

みんな→民進→国民→立憲→立憲(20.9)

AB型、(略)都議、(政)脱原発・社会保障・女性施策、(尊)キャロライン・ケネディ、(銘)日日是好日

芝　博一（しば ひろかず）
立　三重㉘

民主→民進(16.3)→無所属(18.5)→立憲(18.12)→立憲(20.9)

O型、(略)椿大神社・三重県議、(政)厚生・環境、(趣)ゴルフ・旅行

柴田　巧（しばた たくみ）
維　比例(元)

自民→無所属→みんな→結いの党→維新の党→無所属→日本維新の会

A型、(略)県議・衆議員秘書、(趣)映画・音楽鑑賞、(銘)不撓不屈

島村　大（しまむら だい）
自[無]　神奈川(元)

自民[無]

(略)歯科医師

下野六太（しもの ろくた）
公　福岡(元)

公明

(略)中学校保健体育教諭、(政)教育政策

進藤金日子（しんどう かねひこ）
自[二]　比例㉘

自民[二]

AB型、(略)農林水産省中山間地域振興課長、(政)農林水産・地域振興・土地改良、(趣)読書・旅行・野球観戦、(尊)石川理紀之助、(銘)真実一路、我以外皆我師

しんば かづや **榛葉賀津也** 国　静岡[元]	民主→民進(16.3)→国民(18.5)→国民(20.9)

O型、[略]静岡県菊川町議会議員、[政]外交防衛・中東問題・エネルギー問題、[趣]野球・大相撲・落語・浪曲・プロレス

すどう げんき **須藤元気** 無　比例[元]	立憲→無所属(20.9)

B型、[略]元格闘家・元拓殖大学レスリング部監督・会社役員、[政]食の安全・環境保護・平和外交、[趣]スキューバダイビング・書道・三線、[尊]後藤田正晴、[銘]WE ARE ALL ONE

すえまつ しんすけ **末松信介** 自[安]　兵庫㉘	自民[安]

[略]兵庫県議会副議長、[趣]読書・空手道・野球・絵画鑑賞・映画鑑賞、[銘]至道無為、誠、あるがまま

すぎ ひさたけ **杉久武** 公　大阪[元]	公明

A型、[略]公認会計士、[政]経済・財政、[趣]旅行

すぎお ひでや **杉尾秀哉** 立　長野㉘	民進→立憲(18.4)→立憲(20.9)

O型、[略]TBSテレビニュースキャスター、[政]総務・社会保障・外交、[趣]料理・旅行・鉄道、[尊]筑紫哲也、[銘]意志ある所に道あり

すずき むねお **鈴木宗男** 維　比例[元]	自民→無所属(02.3)→新党大地(05.8)→日本維新の会

B型、[略]衆議院議員８期、[政]外交・防衛・農水、[趣]ジョギング、[尊]父、[銘]人生出会い

せこう ひろしげ **世耕弘成** 自[安]　和歌山[元]	自民[安]

B型、[略]NTT、[政]情報通信・中小企業対策、[趣]読書

せきぐち まさかず **関口昌一** 自[茂]　埼玉㉘	自民[茂]

B型、[略]県議・歯科医師、[趣]野球・ウォーキング・カラオケ

そのだ修光(しゅうこう) 自[無]　比例㉘	自民[無]

O型、(略)鹿児島県議、衆議院議員、社会福祉法人旭生会名誉会長、(政)社会保障・地方創生・災害対策・教育、(趣)愛犬の世話・育ジイ・読書・映画鑑賞、(尊)西郷隆盛、(銘)敬天愛人

田島麻衣子(たじままいこ) 立　愛知(元)	立憲→立憲(20.9)

A型、(略)国連職員（WFP世界食糧計画)、(政)外交・少子化対策・女性の働き方改革、(趣)ヨガ・料理・フェンシング、(尊)緒方貞子（国連難民高等弁務官)、ヘレン・クラーク（元ニュージーランド首相)、(銘)万象皆師

田名部匡代(たなぶまさよ) 立　青森㉘	民主→民進(16.3)→国民(18.5)→立憲(20.9)

A型、(略)衆議院議員秘書、(政)農水・厚生労働、(趣)映画鑑賞・スポーツ観戦、(尊)両親、アン・サリバン、(銘)一所懸命

田村智子(たむらともこ) 共　比例㉘	共産

A型、(略)国会議員秘書、(政)子どもの貧困対策・社会保障・労働問題（特に非正規雇用)、(趣)歌・映画鑑賞・読書

田村まみ(たむら) 国　比例(元)	国民→無所属(20.9)→国民(21.3)

O型、(略)UAゼンセン政治局、(政)労働・社会保障、(趣)野球観戦・アロマテラピー、(銘)自らが選択し挑戦を続ける

大門実紀史(だいもんみきし) 共　比例㉘	共産

A型、(略)全建総連中央執行委員、(政)経済・財政、税、(趣)読書、(銘)意気に感じる心

高木かおり(たかぎ) 維　大阪㉘	自民→おおさか維新の会(16.6)→日本維新の会(16.8)

O型、(略)堺市議会議員、(政)教育・地方分権、(趣)茶道・琴・アロマテラピー、(尊)マザー・テレサ、(銘)一期一会

高瀬弘美(たかせひろみ) 公　福岡㉘	公明

A型、(略)外交官、(趣)料理、(尊)両親、(銘)笑顔は幸福の果ではなく、その因である

たかのこうじろう
高野光二郎
自[麻] 徳島・高知(元)
自民[麻]

A型、(略)県議・衆議院議員秘書、(政)国土交通・農林水産・環境エネルギー・災害対策、(趣)海釣り・筋トレ・読書、(尊)河野洋平・曹操（孟徳）・長宗我部元親・坂本龍馬、(銘)大勇、奪うことができないものは志である。滅びないのはその働きである

たかはしかつのり
高橋克法
自[麻] 栃木(元)
自民[麻]

A型、(略)参議院政策秘書・県議・町長、(政)環境・農林水産、(趣)炭焼き、(銘)天に貯金する

たかはし
高橋はるみ
自[安] 北海道(元)
自民[安]

O型、(略)北海道知事、(趣)美術鑑賞・温泉めぐり、(銘)何事も一生懸命にやる

たかはしみつお
高橋光男
公 兵庫(元)
公明

A型、(略)在ブラジル日本大使館一等書記官、(政)地域経済活性化・社会保障・平和外交、(趣)読書・語学学習、(尊)父、(銘)建設は死闘、破壊は一瞬

たからてつみ
髙良鉄美
無(沖縄) 沖縄(元)
無所属

(略)大学教授、(政)憲法・沖縄基地問題、(趣)ボウリング・ギター・ナンプレ（数独）、(銘)困難は乗り越えられる者の前にやってくる

たきさわもとめ
滝沢求
自[麻] 青森(元)
自民[麻]

B型、(略)県議・衆議院議員秘書、(政)震災復興・社会保障、(趣)映画鑑賞

たきなみひろふみ
滝波宏文
自[安] 福井(元)
自民[安]

(略)財務省広報室長・主計局主査・スタンフォード大研究員・米国公認会計士、(政)エネルギー・成長戦略・ファイナンス・地方創生、(趣)スキー、(銘)勤勉・正直・感謝

たけうちいさお
竹内功
自[無] 比例㉘繰
自民[無]

B型、(略)国交省職員・鳥取市長、(政)地域活性化・まちづくり、(趣)音楽鑑賞、(尊)徳川家康、(銘)至誠天に通ず・愛郷無限

竹内真二（たけうちしんじ） 公　比例㉘繰	公明

O型、㊫公明新聞編集局次長、㊜国土交通・経済産業、㊓読書・料理、㊕坂本竜馬、㊔一期一会

竹谷とし子（たけやとしこ） 公　東京㉘	公明

㊫公認会計士、㊔ベストをつくせ、たとえ失敗しても、もう一度トライせよ。そして再びベストをつくせ

武田良介（たけだりょうすけ） 共　比例㉘	共産

B型（RH－)、㊫団体職員、㊜国交・災害

武見敬三（たけみけいぞう） 自[麻]　東京㊇	自民[麻]

B型、㊫東海大教授、㊜保健医療・外交、㊓スポーツ観戦・家族とドライブ

谷合正明（たにあいまさあき） 公　比例㉘	公明

B型、㊫国際医療NGO「AMDA」、㊜農林水産業・経済産業・環境・外交・共生社会、㊓写真・フルマラソン、㊔疾風勁草

柘植芳文（つげよしふみ） 自[無]　比例㊇	自民[無]

A型、㊫全国郵便局長会会長、㊓ゴルフ

鶴保庸介（つるほようすけ） 自[二]　和歌山㉘	自由→保守(00.4)→保新(02.12)→自民[二](03.11)

A型、㊫衆院議員秘書、㊜財政・農水・外交問題、㊓スポーツ

寺田静（てらたしずか） 無　秋田㊇	無所属

O型、㊫議員秘書、㊜福祉・教育・子ども子育て、㊓庭いじり、㊕田中正造、㊔一粒の麦もし地に落ちて死なずば、ただ一つにてあらん、死なば多くの実を結ぶべし

堂故（どうこ）茂（しげる） 自[茂]　富山[元]	自民[茂]

O型、[略]衆議員秘書・県議・市長、[趣]読書・ゴルフ

徳茂（とくしげ）雅之（まさゆき） 自[無]　比例㉘	自民[無]

A型、[略]日本郵便執行役員近畿支社長、[趣]ジョギング・街歩き・囲碁3段

徳永（とくなが）エリ 立　北海道㉘	民主→民進(16.3)→国民(18.5)→立憲(20.9)

A型、[略]TVリポーター、[趣]山登りなどのアウトドア、[尊]ガンジー、[銘]座して進まず、歩けば道

豊田（とよだ）俊郎（としろう） 自[麻]　千葉[元]	自民[麻]

A型、[略]千葉県議1期・八千代市長3期、[政]国土強靭化・地方分権・所有者不明土地問題、[趣]ジョギング・家庭菜園、[尊]後藤新平、[銘]我事において後悔せず

ながえ孝子（たかこ） 無(碧水)　愛媛[元]	民主→無所属

A型、[略]民放アナウンサー、[政]経済・教育、[趣]映画鑑賞、[尊]ローザ・ルクセンブルク、[銘]なぜベストをつくさない？

那谷屋（なたにや）正義（まさよし） 立　比例㉘	民主→民進(16.3)→立憲(18.5)→立憲(20.9)

A型、[略]小学校教諭・日教組教育政策委員長、[政]教育、[趣]スポーツ・映画鑑賞・旅

中川（なかがわ）雅治（まさはる） 自[安]　東京㉘	自民[安]

O型、[略]大蔵省理財局長・環境事務次官、[政]財政・金融・環境、[趣]絵画（油絵）

中曽根（なかそね）弘文（ひろふみ） 自[二]　群馬㉘	自民[二]

O型、[略]旭化成工業・中曽根康弘首相秘書、[政]外交・教育、[趣]スポーツ・読書、[尊]福澤諭吉、[銘]不易流行

なかにし　さとし **中西　哲** 自[無]　比例㉘	自民[無]

O型、[略]高知県議会議員、[政]外交防衛・経済・農林水産、[趣]釣り、[尊]西郷隆盛、[銘]敬天愛人

なかにし　ゆうすけ **中西祐介** 自[麻]　徳島·高知㉘	自民[麻]

[略]銀行員

ながはま　ひろゆき **長浜博行** 立　千葉[元]	日本新党→新進(94.12)→無所属→民主(98.12)→民進(16.3)→国民(18.5)→無所属(18.10)→立憲(18.12)→立憲(20.9)

O型、[略]国会議員秘書、[政]地方分権、[趣]水族館めぐり、[尊]両親、[銘]愛と感謝

ながみね　まこと **長峯　誠** 自[安]　宮崎[元]	自民[安]

B型、[略]都城市長、[趣]読書・音楽鑑賞、[銘]修己治人

なんば　しょうじ **難波奨二** 立　比例㉘	民主→民進(16.3)→立憲(18.5)→立憲(20.9)

[略]郵便外務員・JP労組書記長、[政]郵政政策・地域政策、[趣]野球観戦、[銘]この道より、我を生かす道なし。この道を歩く

にのゆ　さとし **二之湯　智** 自[茂]　京都㉘	自民[茂]

[略]衆議院議員秘書·京都市議会議長·全国市議会議長会会長、[政]原子力・エネルギー、地方振興、教育・人材育成問題

にいづま　ひでき **新妻秀規** 公　比例[元]	公明

A型、[略]川崎重工業、[政]中小企業の支援・防災・減災の推進、教育環境の整備、[趣]英語・体力づくり・乗り鉄、[尊]細井平洲、[銘]先ず隗より始めよ

にしだ　しょうじ **西田昌司** 自[安]　京都[元]	自民[安]

A型、[略]税理士・京都府議会議員、[趣]読書・街頭遊説

にしだ まこと **西田 実仁** 公　埼玉㉘	公明

A型、(略)「週刊東洋経済」副編集長、(政)コロナ禍克服、日本再生、特に中小企業の再生、防災・減災、(趣)剣道・バドミントン、(銘)成せばなる

のがみ こうたろう **野上 浩太郎** 自[安]　富山㉘	自民[安]

O型、(略)三井不動産・県議、(趣)バスケットボール・読書

のだ くによし **野田 国義** 立　福岡(元)	民主→民進(16.3)→無所属(18.5)→立憲(18.12)→立憲(20.9)

(略)福岡県八女市長・衆議院議員

のむら てつろう **野村 哲郎** 自[茂]　鹿児島㉘	自民[茂]

A型、(略)鹿児島県農協中央会常務理事、(政)食料・農業問題、地域経済活性化、社会福祉、(趣)読書・家庭菜園、(銘)一期一会

はた じろう **羽田 次郎** 立　長野(元)補	立憲

O型、(略)会社社長、(政)スモールボイス・ファースト、チルドレン・ファースト、(趣)読書、(尊)尾崎行雄、(銘)頭は低く目は高く口謹んで心広く孝を原点として他を益する

はにゅうだ たかし **羽生田 俊** 自[安]　比例(元)	自民[安]

(略)日本医師会副会長、(政)厚生労働

はが みちや **芳賀 道也** 無(国民)　山形(元)	無所属

O型、(略)キャスター・フリーアナウンサー、(政)農業、(趣)落語、(尊)父、(銘)楽観もせず悲観もせず

はせがわ がく **長谷川 岳** 自[安]　北海道㉘	自民[安]

(略)YOSAKOIソーラン祭り組織委員会専務理事

ばば せいし **馬場成志** 自[岸]　熊本[元]	自民[岸]

A型、[略]熊本県議会議長、[政]農林水産関連・地方行政、[趣]読書

はく しんくん **白眞勲** 立　比例㉘	民主→民進(16.3)→立憲(18.5)→立憲(20.9)

A型、[略]朝鮮日報日本支社長、[政]外交問題（特にアジア）、[趣]旅行・カラオケ、[尊]父・母・ガンジー

はしもと せいこ **橋本聖子** 無　比例[元]	自民→無所属(21.2)

B型、[略]スピードスケート選手、[政]文教科学、[趣]陶芸・乗馬、[銘]細心大胆

はちろ よしお **鉢呂吉雄** 立　北海道㉘	社会→社民(96.1)→民主(96.9)→民進→立憲(18.5)→立憲(20.9)

O型、[略]JA職員・衆議院議員、[政]農政・教育・社会保障、[趣]読書、[尊]福沢諭吉、[銘]誠実

はまぐち まこと **浜口誠** 国　比例㉘	民進→国民(18.5)→無所属(20.9)→国民(21.3)

B型、[略]トヨタ自動車社員、[銘]ネバーギブアップ

はまだ さとし **浜田聡** N(みんな) 比例[元]繰	NHK受信料を支払わない国民を守る党

O型、[略]放射線科専門医、[政]NHK委託業者の訪問員による弁護士法違反、[趣]YouTube動画・ブログの更新、[尊]高杉晋作、[銘]面白き事もなき世を面白くすみなすものは心なりけり

はまだ まさよし **浜田昌良** 公　比例㉘	公明

O型、[略]経済産業省生物化学産業課長、[政]新産業育成・雇用拡大・中小企業支援、[趣]映画鑑賞・音楽鑑賞、[銘]至誠天に通ず

はまの よしふみ **浜野喜史** 国　比例[元]	民主→民進(16.3)→国民(18.5)→国民(20.9)

O型、[略]労働組合役員、[政]エネルギー政策、[趣]読書・スポーツ観戦

比嘉奈津美(ひがなつみ) 自[茂]　比例㊊繰	自民[茂]

A型、㊫歯科医師

平木大作(ひらきだいさく) 公　比例㊊	公明

A型、㊫シティバンク・経営コンサルタント、㊩経済・金融、㊮読書・音楽鑑賞、㊱百折不撓

平山佐知子(ひらやまさちこ) 無　静岡㉘	民進→無所属(17.10)

B型、㊫フリーアナウンサー、㊩社会保障・環境・エネルギー政策、㊮旅行・水泳、㊪徳川家康、㊱初心忘るべからず

福岡資麿(ふくおかたかまろ) 自[茂]　佐賀㉘	自民[茂]

B型、㊫三菱地所、㊩社会保障・地方創生、㊮剣道・料理・街並散策、㊱愚公移山

福島みずほ(ふくしまみずほ) 社　比例㉘	社民

A型、㊫弁護士、㊩人権・女性・環境・平和問題、㊮映画鑑賞

福山哲郎(ふくやまてつろう) 立　京都㉘	無所属→民主(99.9)→民進(16.3)→立憲(17.10)→立憲(20.9)

O型、㊫大和証券・松下政経塾、㊩エネルギー・環境・外交・財政、㊮茶道・書道・野球、㊱一日を生涯として生きる

藤井基之(ふじいもとゆき) 自[岸]　比例㉘	自民[岸]

B型、㊫厚生省薬務局麻薬課長、㊮読書・スポーツ観戦

藤川政人(ふじかわまさひと) 自[麻]　愛知㉘	自民[麻]

O型、㊫扶桑町職員・愛知県議

藤木眞也（ふじき しんや） 自[岸]　比例㉘	自民[岸]

O型、[略]JA組合長、[政]農業・災害対策、[趣]ドライブ・農機具の修理、[銘]（何事にも）一生懸命

藤末健三（ふじすえ けんぞう） 無(自民)　比例㉘	民主→民進(16.3)→無所属(17.8)

B型、[略]経産省・東大助教授、[政]経済産業・外交・憲法、[趣]ボクシング（プロライセンス取得）

舟山康江（ふなやま やすえ） 国　山形㉘	民主→みどりの風(12.7)→無所属→国民(20.9)

AB型、[略]農林水産省、[政]農林水産政策全般、[趣]音楽鑑賞、[尊]石橋湛山・西郷隆盛、[銘]足るを知る

舩後靖彦（ふなご やすひこ） れ　比例[元]	れいわ新選組

AB型、[略]介護事業会社顧問、[政]日本の全患者・障害者が幸せになるための教育改革！、[趣]読書・ギター演奏、[尊]ミシェル・エケム・ド・モンテーニュ、[銘]苦難は幸福の門

古川俊治（ふるかわ としはる） 自[安]　埼玉[元]	自民[安]

A型、[略]慶応義塾大学教授・医師・弁護士、[政]医療・科学技術・金融政策、[趣]ジョギング・映画・音楽鑑賞（ジャズ・クラシック）・トレッキング

堀井巌（ほりい いわお） 自[安]　奈良[元]	自民[安]

A型、[略]総務省、[趣]旅行・ご当地グルメ食べ歩き、[銘]一燈照隅、万燈照国

本田顕子（ほんだ あきこ） 自[無]　比例[元]	自民[無]

A型、[略]日本薬剤師連盟副会長、[政]厚生労働、[趣]街の散策・美術鑑賞、[尊]北里柴三郎、[銘]履道応乾

真山勇一（まやま ゆういち） 立　神奈川㉘	みんな→結いの党(13.12)→維新の党(14.9)→無所属(16.3)→民進(16.6)→無所属(18.5)→立憲(18.12)→立憲(20.9)

B型、[略]日本テレビニュースキャスター・保護司、[政]教育・環境、[趣]旅行・音楽鑑賞・スキー・ガーデニング

まいたちしょうじ **舞立昇治** 自[無] 鳥取・島根[元]	自民[無]

[略]総務省課長補佐

まきの **牧野たかお** 自[茂] 静岡[元]	自民[茂]

A型、[略]静岡県議会議員、[政]農林水産・国土交通

まきやま **牧山ひろえ** 立 神奈川[元]	民主→民進(16.3)→立憲(18.5)→立憲(20.9)

O型、[略]米国弁護士・TVディレクター、[政]子育て支援、医療問題、港湾・空港・観光一体化による国際競争力の推進、ODA改革、[趣]スポーツ・カラオケ、[尊]緒方貞子

ましこてるひこ **増子輝彦** 無(自民) 福島㉘	自民→みらい(94.4)→新進(94.12)→民主→民進(16.3)→国民(18.5)→無所属(20.9)

[略]福島県議

まつかわ **松川るい** 自[安] 大阪㉘	自民[安]

[略]外務省室長、[政]外交・安保、[趣]お茶・陶芸・ダンス、[尊]聖徳太子

まつしたしんぺい **松下新平** 自[無] 宮崎㉘	無所属→改ク(08.8)→自民[無](10.01)

AB型、[略]宮崎県庁・参議院議員秘書・宮崎県議2期、[政]防災、地方行財政、農政、外交防衛、教育、[趣]囲碁・読書

まつむらよしふみ **松村祥史** 自[茂] 熊本㉘	自民[茂]

AB型、[略]全国商工会連合会、[政]地域活性化、中小企業・小規模事業者の育成、[趣]釣り・スポーツ・音楽鑑賞

まつやままさじ **松山政司** 自[岸] 福岡[元]	自民[岸]

A型、[略]日本青年会議所会頭、[政]農業・教育問題、[趣]音楽活動、[尊]高杉晋作、[銘]誠心誠意

まる かわ たま よ **丸 川 珠 代** 自[安]　東京[元]	自民[安]

B型、[略]テレビ朝日アナウンサー、[政]社会保障、[趣]ダイビング、[尊]母・祖母

み うら のぶ ひろ **三 浦 信 祐** 公　神奈川[28]	公明

A型、[略]防衛大准教授、[政]エネルギー・医療・社会保障、[趣]旅行・ドライブ、[尊]野口英世、[銘]一期一会、われ以外みなわが師

み うら やすし **三 浦 靖** 自[茂]　比例[元]	自民[茂]

B型、[略]衆議院議員、[政]地方創生・教育、[趣]読書・ゴルフ、[尊]鈴木恒夫（元文科大臣）、[銘]和を以て貴しとなす

み き とおる **三 木 亨** 自[二]　比例[元]	無所属→自民[二]

A型、[略]会社員・県議、[趣]読書・釣り

み はら こ **三原じゅん子** 自[無]　神奈川[28]	自民[無]

B型、[略]女優、[政]医療・介護、[趣]ゴルフ

み やけ しん ご **三 宅 伸 吾** 自[無]　香川[元]	自民[無]

[略]日本経済新聞社、[政]経済成長・外交・教育改革、[趣]読書、[尊]両親、[銘]あなたが変われば世界が変わる

みず おか しゅん いち **水 岡 俊 一** 立　比例[元]	民主→民進→立憲→立憲(20.9)

A型、[略]中学校教員・教職員組合役員、[政]教育・雇用・社会保障・人権・平和、[趣]テニス・写真、[銘]人間万事塞翁が馬

みず おち とし えい **水 落 敏 栄** 自[岸]　比例[28]	自民[岸]

[略](財)日本遺族会、[政]戦後処理問題の解決、[趣]読書・映画鑑賞

宮口治子（みやぐち　はるこ）
立　広島(元)再
無所属→立憲(21.12)

(略)TV局キャスター・フリーアナウンサー、(政)福祉政策、(趣)神社仏閣巡り・温泉・ドライブ・料理、(尊)マザー・テレサ、(銘)人間万事塞翁が馬

宮崎雅夫（みやざき　まさお）
自[二]　比例(元)
自民[二]

(略)農水省課長、(政)農業振興・地方活性化、(趣)歴史小説、(尊)島田叡、(銘)一所懸命

宮崎勝（みやざき　まさる）
公　比例㉘
公明

A型、(略)公明新聞、(政)教育、(趣)登山、(尊)父母、(銘)不撓不屈

宮沢由佳（みやざわ　ゆか）
立　山梨㉘
民進→無所属(18.5)→立憲(18.8)→立憲(20.9)

B型、(略)社会福祉法人理事長、(政)こども・子育て・教育、(趣)人形劇、(尊)マザー・テレサ、(銘)一人の百歩より百人の一歩

宮沢洋一（みやざわ　よういち）
自[岸]　広島㉘
自民[岸]

AB型、(略)官僚（大蔵省）、(政)社会保障・財政再建、(趣)料理・カメラ

宮島喜文（みやじま　よしふみ）
自[安]　比例㉘
自民[安]

A型、(略)日本臨床衛生検査技師会長、(政)社会保障・医療、(趣)登山・絵画鑑賞、(銘)初志貫徹

宮本周司（みやもと　しゅうじ）
自[安]　比例(元)
自民[安]

A型、(略)酒造会社社長、(政)小規模企業政策・中小企業政策、(趣)音楽

室井邦彦（むろい　くにひこ）
維　比例(元)
民主→日本維新の会(13.5)→維新の党(14.9)→おおさか維新の会(15.11)→日本維新の会(16.8)

A型、(略)国土交通大臣政務官、(政)国土交通、環境・エネルギー、(趣)スポーツ全般・音楽鑑賞・ユーマ（未確認生物）研究、(尊)松下幸之助、(銘)温故知新

もとえ たいちろう **元榮太一郎** 自[茂]　千葉㉘	自民[茂]

O型、[略]弁護士ドットコム㈱代表・弁護士、[趣]サッカー・将棋、[尊]中村天風、[銘]実るほど頭を垂れる稲穂かな

もり **森　まさこ** 自[安]　福島[元]	自民[安]

O型、[略]弁護士・金融庁、[政]消費者問題・金融・少子化対策、[趣]洋裁・料理・登山・旅行

もり **森　ゆうこ** 立　新潟㉘	自由→民主(03.9)→国民の生活が第一(12.7)→未来(12.11)→生活の党(12.12)→無所属→自由→国民(19.4)→立憲(20.9)

A型、[略]塾経営・横越町議

もりもと しんじ **森本真治** 立　広島[元]	民主→民進(16.3)→国民(18.5)→立憲(20.9)

[略]広島市議

もりや たかし **森屋　隆** 立　比例[元]	立憲→立憲(20.9)

[略]西東京バス㈱・団体職員

もりや ひろし **森屋　宏** 自[岸]　山梨[元]	自民[岸]

A型、[略]県議、[政]観光・少子化対策・地方分権、[趣]旅行、[銘]われ以外皆我が師

やくら かつお **矢倉克夫** 公　埼玉[元]	公明

A型、[略]弁護士・経産省職員、[政]通商・外交・社会保障・教育、[趣]自転車・カラオケ・映画、[銘]たくましき楽観主義

やた こ **矢田わか子** 国　比例㉘	民進→国民(18.5)→国民(20.9)

AB型、[略]労働組合役員、[政]労働・雇用問題・社会保障・男女共生・子育て、[趣]料理・ガーデニング・読書、[尊]松下幸之助・市川房枝、[銘]意志あるところに道はひらける

安江伸夫（やすえのぶお）
公　愛知[元]
公明

A型、[略]弁護士、[政]中小企業支援、[趣]カラオケ、[尊]自分以外のすべての人、[銘]不可能とは、臆病者の言いわけである

柳ヶ瀬裕文（やながせひろふみ）
維　比例[元]
日本維新の会

A型、[略]東京都議会議員、[趣]登山

柳田稔（やなぎだみのる）
無(国民)　広島㉘
民社→新進(94.12)→無所属(98.7)→民主(98.8)→民進(16.3)→国民(18.5)→無所属(20.9)

A型、[略]神戸製鋼、[政]厚生労働分野、[趣]読書・ウォーキング、[尊]西郷隆盛、[銘]敬天愛人

山口那津男（やまぐちなつお）
公　東京[元]
公明→新進(94.12)→平和(98.1)→公明(98.11)

A型、[略]弁護士、[政]安保・防衛、[趣]音楽・美術鑑賞

山崎真之輔（やまざきしんのすけ）
無(国民)静岡㉘[補]
民主→無所属(13.5)

B型、[略]県議・市議・衆院議員秘書、[政]地方分権・環境、女性・若者政策、[趣]スポーツ全般・読書・カラオケ、[尊]高杉晋作、[銘]有言実行、不言実行

山崎正昭（やまざきまさあき）
自[安]　福井㉘
自民→無所属(12.12)→自民[安](16.7)

A型、[略]大野市議・福井県議、[政]建設・農林水産・地方自治、[趣]野球・スキー

山下雄平（やましたゆうへい）
自[茂]　佐賀[元]
自民[茂]

[略]日本経済新聞社記者、[政]農政・国土交通・総務（地方分権）、[趣]読書・マラソン

山下芳生（やましたよしき）
共　比例[元]
共産

AB型、[略]生協職員、[政]雇用・福祉・安全保障・地方自治、[趣]山歩き・落語・料理

山添　拓（やまぞえ たく）
共　東京㉘
共産

AB型、(略)弁護士、(政)労働・原発・憲法、(趣)鉄道写真・登山、(尊)宮沢賢治、(銘)自分らしく

山田太郎（やまだ たろう）
自[無]　比例(元)
みんな→元気(15.1)→おおさか維新の会(16.4)→自民[無]

B型、(略)経営コンサルティング会社社長、(政)デジタル政策・表現の自由・フリーランス・子ども若者政策、(趣)執筆活動・旅行、(銘)今日の日をありがとう

山田俊男（やまだ としお）
自[森]　比例(元)
自民[森]

A型、(略)全国農協中央会専務理事、(政)農業・農村問題、(趣)水泳・里山歩き・読書

山田　宏（やまだ ひろし）
自[安]　比例㉘
日本新党→新進→日本創新党→日本維新の会→次世代→自民[安](15.9)

B型、(略)杉並区長・衆議院議員、(政)外交防衛・安全保障・厚生労働、(趣)ダイビング、(尊)松下幸之助

山谷えり子（やまたに えりこ）
自[安]　比例㉘
民主→保新(02.12)→自民[安](03.11)

A型、(略)サンケイリビング新聞編集長・エッセイスト、(政)教育・外交防衛・少子高齢、(趣)水泳・合気道

山本香苗（やまもと かなえ）
公　比例(元)
公明

O型、(略)在カザフスタン共和国大使館勤務、(趣)水泳・映画鑑賞・旅行

山本順三（やまもと じゅんぞう）
自[安]　愛媛㉘
自民[安]

A型、(略)川崎製鉄・愛媛県議、(政)農林水産業再生・地場産業再生、(趣)スポーツ・読書

山本博司（やまもと ひろし）
公　比例(元)
公明

A型、(略)日本IBM、(政)福祉・情報通信、(趣)スポーツ観戦・映画鑑賞

よこ さわ たか のり **横沢高徳** 立　　岩手(元)	国民→立憲(20.9)

O型、(略)バンクーバー・パラリンピック日本代表、(趣)カーリング・パワースポット巡り・体を動かすこと、(尊)原敬、(銘)雨垂れ石を穿つ

よこ やま しん いち **横山信一** 公　　比例㉘	公明

A型、(略)北海道議2期

よし かわ さ おり **吉川沙織** 立　　比例(元)	民主→民進(16.3)→立憲(18.5)→立憲(20.9)

AB型、(略)NTT社員、(政)情報通信、(趣)人と会うこと・散歩・吹奏楽

よし かわ **吉川ゆうみ** 自[安]　　三重(元)	自民[安]

(略)三井住友銀行、(政)環境・経済、(趣)スポーツ・読書

よし だ ただ とも **吉田忠智** 立　　比例(元)	社民→立憲(20.12)

B型、(略)労組委員長・県議、(政)労働者のための「働き方改革」・辺野古新基地移設反対、(趣)登山・旅行・映画鑑賞・読書・犬の散歩、(尊)村山富市・重野安正、(銘)夢・まごころ・努力

れん ほう **蓮舫** 立　　東京㉘	民主→民進(16.3)→立憲(17.12)→立憲(20.9)

A型、(略)報道キャスター、(政)行革・子ども子育て支援政策

わ だ まさ むね **和田政宗** 自[無]　　比例(元)	みんな→次世代(14.11)→こころ(15.12)→無所属(16.11)→自民[無](17.9)

A型、(略)NHKアナウンサー、(政)震災復興、(趣)マラソン

わか まつ かね しげ **若松謙維** 公　　比例(元)	公明

O型、(略)衆議員・公認会計士・税理士・行政書士、(政)行財政改革・東日本大震災復興・エネルギー、(趣)マラソン、(尊)上杉鷹山

渡辺猛之（わたなべ たけゆき） 自[茂]　岐阜㉘	自民[茂]

O型、[略]県議、[政]地方創生、森林・林業、国土交通、[趣]釣り、[尊]松下幸之助

渡辺喜美（わたなべ よしみ） 無(みんな)　比例㉘	自民→みんな(09.8)→おおさか維新の会→日本維新の会(16.8)→無所属(17.6)

O型、[略]渡辺美智雄秘書、[政]財政金融政策、[趣]読書、[尊]渡辺美智雄、[銘]道は近きに在り

衆議院議員親族一覧

（令和4年1月17日現在）

※親族について回答のあった議員のみ掲載

[あ]

あかま二郎	[父][故]あかま一之：県議
安住　淳	[父][故]安住重彦：元宮城県牡鹿町長
安倍晋三	[父][故]安倍晋太郎：外務大臣、自民党幹事長　[母]安倍洋子：故岸信介元総理長女　[妻]安倍昭恵　[弟]岸　信夫：衆議院議員
阿部　司	[父]阿部吉夫：ハイヤー運転手　[母]阿部信子：化粧品店経営　[妻]阿部香織：不動産会社勤務
逢沢一郎	[父][故]逢沢英雄：衆院議員
青柳仁士	[父]青柳景一：元警察官
青柳陽一郎	[曽祖父][故]高碕達之助：元通産大臣、元衆議院議員、東洋製罐㈱創設者　[祖父][故]池田正之輔：元科技庁長官、元衆議院議員
青山周平	[父]青山秋男：愛知県議会議員
赤澤亮正	[祖父][故]赤澤正道：自治大臣、国家公安委員長
東　国幹	[妻]東　みつよ：会社役員　[長男]東　泰民：大学生
麻生太郎	[父][故]麻生太賀吉：衆院議員、実業家　[母][故]麻生和子：故吉田茂元首相三女　[妻]麻生千賀子：[故]鈴木善幸元首相三女
甘利　明	[父][故]甘利　正：衆院議員
荒井　優	[父]荒井　聰：前衆議院議員

[い]

井出庸生	[伯父]井出正一：元衆院議員　[祖父][故]井出一太郎：元衆院議員
井上信治	[兄]井上賢治：井上眼科病院理事長
井上貴博	[祖父][故]井上吉左衛門：福岡県議会議員　[父][故]井上雅實：福岡県議会議員
井上英孝	[祖父]：大阪市会議員　[父]：大阪市会議員　[母]：大阪市会議員　[妻]井上智子　[長男]井上英将　[次男]井上真孝　[三男]井上義英
井原　巧	[祖父][故]井原岸高：衆議院議員

[衆]親族一覧

伊藤俊輔	(父)伊藤公介：元衆議院議員
伊藤信太郎	(父)(故)伊藤宗一郎：衆議院議長
池畑浩太朗	(祖父)(故)大上　司：衆議院議員（自由民主党5期）
石井　拓	(父)石井和男　(母)石井妙子　(妻)石井香代
石川香織	(夫)石川知裕：元衆議院議員
石破　茂	(父)(故)石破二朗：鳥取県知事、自治大臣　(母)(故)石破和子：元宮城県知事金森太郎長女　(妻)石破佳子：元昭和電工取締役中村明次女
石橋林太郎	(父)(故)石橋良三：広島県議会議員
石原宏高	(父)石原慎太郎：元衆議院議員、元東京都知事　(兄)石原伸晃：前衆議院議員
泉　健太	(父)(故)泉　訓雄：石狩市議
稲田朋美	(夫)稲田龍示：弁護士
岩屋　毅	(父)岩屋　啓：大分県議
上田英俊	(父)上田辰三：理容業　(母)上田千恵：理容業　(妻)上田チヨミ：主婦
梅谷　守	(義父)筒井信隆：農林水産副大臣
浦野靖人	(妻)浦野雅代　(長男)浦野靖士朗　(次男)浦野慶夏
江﨑鐵磨	(父)(故)江﨑真澄：副総理、自治・通産大臣、総務庁・防衛庁長官　(甥)細貝正統：第一屋製パン株式会社代表取締役社長
江渡聡徳	(父)(故)江渡誠一：青森県議会議員　(叔父)(故)江渡龍博：十和田市議会議員　(従弟)江渡信貴：十和田市議会議員
江藤　拓	(父)(故)江藤隆美：元建設大臣、運輸大臣、総務庁長官
衛藤征士郎	(妻)衛藤まり子
遠藤利明	(伯父)(故)鈴木行男：上山市長、山形県議　(長男)遠藤寛明：山形県議
小里泰弘	(父)(故)小里貞利：総務庁長官、震災対策大臣、北・沖開発庁長官、労働大臣、自民党総務会長

※親族について回答のあった議員のみ掲載

小沢一郎	(父)(故)小沢佐重喜：運輸大臣、衆院議員
小野寺五典	(義父)(故)小野寺信雄：宮城県議会議員、気仙沼市長
小渕優子	(祖父)(故)小渕光平：衆院議員　(父)(故)小渕恵三：内閣総理大臣
尾身朝子	(父)尾身幸次：元財務大臣、元衆議院議員
越智隆雄	(祖父)(故)福田赳夫：内閣総理大臣　(叔父)福田康夫：内閣総理大臣　(父)(故)越智通雄：国務大臣　(従弟)福田達夫：衆議院議員
大島　敦	(父)(故)大島　茂：北本市議（3期）
大塚　拓	(妻)大塚珠代（丸川珠代）：参議院議員
大野敬太郎	(父)大野功統：元防衛庁長官
岡田克也	(義兄)村上誠一郎：衆院議員
奥下剛光	(祖父)奥下幸助：元茨木市議
奥野信亮	(祖父)奥野貞治：県議会議員、町長　(祖父)神奈川県知事　(父)(故)奥野誠亮：衆議院議員、文部大臣、法務大臣、国土庁長官

か

加藤鮎子	(祖父)(故)加藤精三：元衆議院議員　(父)(故)加藤紘一：元衆議院議員
加藤勝信	(義父)(故)加藤六月：元農水大臣、元衆議院議員　(妻の伯父)(故)加藤武徳：元自治大臣、元参議院議員　(義従兄)(故)加藤紀文：元参議院議員
加藤竜祥	(父)加藤寛治：前衆議院議員
河西宏一	(曽祖父)(故)河西嘉一：山川製薬（株）専務　(祖父)(故)河西健一：住友金属工業（株）常務・住金化工（株）会長
海江田万里	(妻)海江田志津子
柿沢未途	(父)(故)柿沢弘治：外務大臣、衆議院議員
梶山弘志	(父)(故)梶山静六：衆院議員　(母)梶山春江
金子恵美	(父)(故)金子徳之介：衆議院議員
金子俊平	(父)金子一義：衆議院議員、国土交通大臣、行革大臣　(祖父)(故)金子一平：衆議院議員、大蔵大臣、経企庁長官

金子恭之　(祖父)(故)金子　龍：深田村長、熊本県議（2期）　(父)(故)金子　徹：深田村議会議長

金田勝年　(妻)金田龍子

亀岡偉民　(父)(故)亀岡高夫：衆議院議員、建設・農林水産各大臣

川崎ひでと　(父)川崎二郎：前衆議院議員　(祖父)(故)川崎秀二：元衆議院議員

菅　直人　(妻)菅　伸子

菅家一郎　(従兄)菅家一博：村議会議員　(義兄)遠藤和夫：北塩原村村長　(義弟)阿部光國：町議会議員

木村次郎　(祖父)(故)木村文男：衆議院議員、青森県議会議員　(父)木村守男：衆議院議員、青森県知事　(兄)(故)木村太郎：衆議院議員、青森県議会議員

城内　実　(父)城内康光：警察庁長官、ギリシャ大使　(義兄)水谷章：オーストリア大使、モザンビーク大使

菊田真紀子　(父)菊田征治：新潟県議会議員

岸　信夫　(祖父)(故)岸　信介：内閣総理大臣　(祖父)(故)安倍寛：衆議院議員　(父)(故)安倍晋太郎：自民党幹事長、外務大臣　(兄)安倍晋三：内閣総理大臣、自民党幹事長

岸田文雄　(祖父)(故)岸田正記：衆院議員　(父)(故)岸田文武：衆院議員

北側一雄　(父)(故)北側義一：元衆議院議員（昭和42～58年）

北村誠吾　(妻)北村シズノ

日下正喜　(妻)日下美香：広島県議会議員（5期）

小泉進次郎　(父)小泉純一郎：元衆議院議員　(兄)小泉孝太郎：俳優

小林茂樹　(祖父)(故)小林茂市：奈良市議会議員　(父)(故)小林喬：奈良県議会議員

小林史明　(祖父)(故)小林政夫：元参議院議員

小宮山泰子　(祖父)(故)小宮山常吉：参議院議員　(父)(故)小宮山重四郎：衆議院議員、郵政大臣

小森卓郎　(義父)北村茂男：元衆議院議員、環境副大臣

※親族について回答のあった議員のみ掲載

後藤田正純　(大叔父)(故)後藤田正晴：副総理、内閣官房長官　(叔父)(故)井上普方：衆院議員

河野太郎　(祖父)(故)河野一郎：農林大臣　(父)河野洋平：衆院議長、副総理兼外相、自民党総裁　(母)(故)河野武子

神津たけし　(伯父)羽田　孜：元首相　(従兄弟)(故)羽田雄一郎：元国土交通大臣

高村正大　(祖父)(故)高村坂彦：元衆院議員　(父)高村正彦：前衆院議員

國場幸之助　(大叔父)(故)國場幸昌：衆院議員(自民党)　(義父)西田健次郎：沖縄県議会議員、自民党県連会長

穀田恵二　(父)穀田良二　(叔父)戸田龍馬：伊丹市議会元議長　(妻)穀田誠子：染色家

近藤昭一　(父)(故)近藤昭夫：元名古屋市議　(弟)(故)近藤高昭：名古屋市議

さ

佐藤公治　(父)(故)佐藤守良：農林水産大臣、国土庁長官、北海道・沖縄開発庁長官

佐藤　勉　(祖父)(故)佐藤鶴七：栃木県議会議員、壬生町長　(父)(故)佐藤昌次：栃木県議会議長、壬生町長　(従兄)(故)佐藤三郎：栃木県議会議員　(長男)佐藤良：栃木県議会議員

斉藤鉄夫　(父)(故)斉藤武夫：陸軍中佐　(母)(故)斉藤静枝　(妻)斉藤敏江

坂本哲志　(妻)坂本晶江

坂本祐之輔　(父)(故)坂本守平：元東松山市議会議長

櫻田義孝　(長男)櫻田慎太郎：柏市議会議員

笹川博義　(祖父)(故)笹川良一：元衆議院議員、公益団体会長　(義父)笹川　堯：元衆議院議員

し

志位和夫　(父)(故)志位明義：船橋市議・小学校教諭　(母)志位茂野：小学校教諭　(妻)志位孝子：主婦

塩崎彰久　(祖父)(故)塩崎　潤：元衆議院議員　(父)塩崎恭久：元衆議院議員

塩谷　立　(父)(故)塩谷一夫：衆議院議員

下条みつ　(祖父)(故)下条康麿：元参議院議員、文部大臣　(父)(故)下条進一郎：元参議院議員、厚生大臣

下村博文	[父][故]下村正雄　[母][故]下村富子：主婦　[妻]下村今日子：主婦
新谷正義	[祖父][故]高橋績二：東広島市議会議長、東広島市名誉市民　[祖母][故]新谷房子：世羅町議会議員
新藤義孝	[祖父][故]新藤勝衛：川口市議会議員
鈴木英敬	[妻]鈴木美保（旧姓：武田）：シンクロナイズドスイミング・五輪メダリスト
鈴木俊一	[父][故]鈴木善幸：内閣総理大臣
田中和徳	[妻]田中美津江：会社員　[子]田中徳一郎：神奈川県議会議員
田中英之	[祖父][故]田中三松：元京都府議会議長　[父][故]田中のぼる：元京都市会議長
田中良生	[父]田中啓一：蕨市市長
田野瀬太道	[実父]田野瀬良太郎：衆議院議員、自由民主党総務会長
田村憲久	[祖父][故]田村　稔：衆院議員　[伯父][故]田村　元：衆院議長
髙木　啓	[祖父][故]高木惣市：東京都北区長　[父][故]高木信幸：東京都議
髙木　毅	[父][故]高木孝一：敦賀市長
髙鳥修一	[父][故]高鳥　修：元国務大臣、元衆議院議員
高橋千鶴子	[義父]高橋勇樹：宮城県栗駒町議
竹内　譲	[従兄]三輪昭尚：元内閣情報通信政策監　[従妹]井上和香：女優
武部　新	[実父]武部　勤：自民党幹事長、農林水産大臣、衆議運委員長
橘　慶一郎	[父][故]橘　康太郎：衆議院議員
棚橋泰文	[祖父][故]松野幸泰：国土庁長官、衆院議員　[父]棚橋祐治：通産事務次官
谷　公一	[父][故]谷　洋一：衆議院議員、農水大臣
谷川とむ	[父]谷川秀善：元参議院議員　[兄]谷川正秀：元尼崎市議会議長

※親族について回答のあった議員のみ掲載

つ	津島　淳	(父)津島雄二:厚生大臣、自民党税制調査会長、衆議院議員　(大伯父)(故)津島文治：知事、衆議院議員、参議院議員
	塚田一郎	(父)(故)塚田十一郎：郵政大臣、自治大臣、新潟県知事　(妻)塚田志保：元アナウンサー
	辻　清人	(妻)辻　奈々
	土屋品子	(祖父)(故)上原正吉:参議院議員　(父)(故)土屋義彦:参議院議長、埼玉県知事
	堤　かなめ	(夫)堤　明純：北里大学医学部教授
て	寺田　学	(妻)寺田静:参議院議員　(父)寺田典城:元知事、元参議院議員
	寺田　稔	(祖父)(故)寺田　豊：広島市議会議長、広島県議会議員　(祖父)(故)池田勇人：内閣総理大臣　(伯父)(故)池田行彦：外務大臣、防衛庁長官　(妻)寺田慶子　(長女)石山優子　(次女)寺田聡子
と	渡海紀三朗	(父)(故)渡海元三郎：衆議院議員、元建設・自治大臣　(義兄)石見利勝：前姫路市長
な	中川郁子	(夫)(故)中川昭一：衆議院議員、農林水産大臣、経済産業大臣、財務大臣　(義父)(故)中川一郎：衆議院議員、農林水産大臣
	中島克仁	(父)(故)中嶋眞人：元内閣府副大臣　(母)中嶋ふじゑ　(妻)中嶋美由紀
	中曽根康隆	(祖父)(故)中曽根康弘：元内閣総理大臣　(父)中曽根弘文：参議院議員
	中谷一馬	(義父)深田慎治：元山口県防府市議会副議長　(義父)藤居芳明：横浜市会議員
	中谷　元	(祖父)(故)中谷貞頼：衆院議員　(妻)中谷美弥子
	中司　宏	(父)(故)中司　実：元大阪府議会議員
	中野英幸	(父)中野　清：市議、県議、元衆議院議員　(従兄弟)星野光弘：市議、県議、富士見市長
	中村喜四郎	(父)(故)中村喜四郎（先代）：参議院議員　(母)(故)中村登美：参議院議員
	永岡桂子	(夫)(故)永岡洋治：衆議院議員
	長坂康正	(父)(故)長坂悦次：東浦町長

二階俊博	(父)(故)二階俊太郎：和歌山県議
丹羽秀樹	(祖父)(故)丹羽兵助：衆議院議員、労働大臣 (祖父)(故)安藤孝三：衆議院議員
西岡秀子	(祖父)(故)西岡竹次郎：長崎県知事、衆議院議員 (祖母)(故)西岡ハル：参議院議員（全国区） (父)(故)西岡武夫：参議院議長、衆議院議員
西村智奈美	(夫)本多平直：元衆議院議員　(長男)本多宏旭
西村康稔	(義父)(故)吹田　愰：自治大臣
西銘恒三郎	(父)(故)西銘順治：元衆議院議員、元沖縄県知事 (兄)西銘順志郎:元参議院議員、(弟)西銘啓史郎:沖縄県議会議員
野田聖子	(祖父)(故)野田卯一：建設大臣、衆院議員
野田佳彦	(弟)野田剛彦：千葉県議会議員（1期）
野中　厚	(祖父)(故)野中英二：衆議院議員（6期）
葉梨康弘	(義父)葉梨信行：元衆議院議員　(義祖父)(故)葉梨新五郎：元衆議院議員
橋本　岳	(祖父)(故)橋本龍伍：元文相、元厚相、元衆議院議員　(父)(故)橋本龍太郎：元首相、元通産相、元蔵相、元運輸相、元厚相、元衆議院議員 (叔父)橋本大二郎：元高知県知事
鳩山二郎	(父)(故)鳩山邦夫：衆議院議員
林　幹雄	(父)(故)林　大幹：環境庁長官、衆院議員　(母)(故)林　ちよ　(妻)林　博子　(長男)林　幹人：千葉県議会議員
平井卓也	(祖父)(故)平井太郎：郵政大臣、参院議員　(父)(故)平井卓志：労働大臣、参院議員
平沼正二郎	(曽祖父)(故)平沼騏一郎：元内閣総理大臣　(父)平沼赳夫：元衆議院議員、元経済産業大臣
福島伸享	(大おじ)(故)小平久雄：元衆議院副議長
福田達夫	(祖父)(故)福田赳夫：第67代内閣総理大臣　(父)福田康夫：第91代内閣総理大臣
藤巻健太	(父)藤巻健史:元参議院議員　(叔父)(故)藤巻幸夫:元参議院議員

※親族について回答のあった議員のみ掲載

	船田　元	(祖父)(故)船田　中:衆議院議長　(父)(故)船田　譲:参議院議員、栃木県知事　(妻)船田　恵：参議院議員
	古川元久	(妻)古川有希子　(長男)古川公士　(長女)古川さくら
	古屋圭司	(曽祖父)(故)古屋善造:国会議員　(祖父)(故)古屋慶隆:国会議員　(養父)(故)古屋　亨：衆院議員、自治大臣
ほ	穂坂　泰	(父)穂坂邦夫：第99代埼玉県議会議長、元志木市長
	星野剛士	(父)(故)星野尚昭：自由民主党本部職員（国会対策事務部長）
	細田博之	(父)(故)細田吉蔵：衆院議員、防衛庁長官、運輸大臣　(妻)細田　洋
	堀内詔子	(義曽祖父)(故)堀内良平：衆議院議員　(義祖父)(故)堀内一雄：衆議院議員　(義父)(故)堀内光雄：衆議院議員、元通商産業大臣
ま	馬淵澄夫	(従兄弟)馬淵昌也：千葉県一宮町長
	松野博一	(妻)松野三千代　(長女)晶子
	松原　仁	(妻)松原ひろみ
	松本剛明	(父)(故)松本十郎：国務大臣
	松本洋平	(母)松本るみ子　(妻)松本幸子　(長男)松本悠之介　(長女)松本淑乃
み	三ッ林裕巳	(父)(故)三ッ林弥太郎：元国務大臣科学技術庁長官、元衆議院議員、元埼玉県議会議長　(兄)(故)三ッ林隆志：元衆議院議員　(祖父)(故)三ッ林幸三：元衆議院議員、元埼玉県議会議長、元幸手町長
	美延映夫	(祖父)(故)美延重忠：大阪市議会議員　(祖母)(故)美延よし：大阪市議会議員　(母)美延郷子：大阪市議会議員
	御法川信英	(父)(故)御法川英文：衆議院議員　(母)御法川憲子
	宮下一郎	(父)(故)宮下創平：衆議院議員
む	務台俊介	(弟)務台昭彦：前㈱シーエス日本代表取締役社長

村上誠一郎　（曽祖父）（故）村上紋四郎：衆院議員　（父）（故）村上信二郎：衆院議員　（伯父）（故）村上孝太郎：参院議員　（義弟）岡田克也：衆院議員

茂木敏充　（父）（故）茂木文男　（母）茂木和子　（妻）茂木栄美　（子）茂木駿介

盛山正仁　（義父）（故）田村　元：元衆議院議長　（妻の従兄弟）田村憲久：厚生労働大臣

森　英介　（祖父）（故）森　矗昶：衆院議員　（父）（故）森　美秀：衆院議員、環境庁長官　（伯父）（故）森　清：衆院議員、総務長官

森田俊和　（祖父）（故）森田新五郎：元埼玉県議会議員

谷田川元　（弟）谷田川充丈：千葉県議会議員　（従兄弟）（故）山村新治郎：元衆議院議員

保岡宏武　（祖父）（故）保岡武久：元衆議院議員　（祖父）（故）武田恵喜光：元和泊町町長　（父）保岡興治：元衆議院議員

柳本顕　（父）柳本　豊：元大阪市会議員　（叔父）柳本卓治：元衆議院議員、元参議院議員

山岡達丸　（祖父）（故）山岡荘八：作家　（父）山岡賢次：元衆議院議員

山口俊一　（父）（故）山口一雄：徳島県会議員

山口晋　（父）山口泰明：前衆議院議員、前自民党選対委員長

山口壯　（義叔父）中村正三郎：元衆院議員、環境庁長官、法務大臣　（妻）山口牧子　（長女）デュポン洸子　（次女）山口玲子

山田勝彦　（父）山田正彦：元衆議院議員

山井和則　（妻）斉藤弥生：大学教員

山本剛正　（妻）西村正美：元参議院議員

吉川赳　（父）吉川雄二：元静岡県議

吉川元　（いとこ）越　直美：大津市長

吉田豊史　（父）吉田良三：元富山県会議員　（伯父）吉田清治：元富山県会議員

吉野正芳　（妻）吉野公子

※親族について回答のあった議員のみ掲載

米山隆一　(妻)室井佑月：作家

わ

和田義明　(義父)(故)町村信孝：衆議院議長、内閣官房長官、外相、文科相　(義祖父)(故)町村金五：北海道知事、自治相、自民党参議院議員会長

若林健太　(父)若林正俊：農林水産大臣、環境大臣

渡辺孝一　(父)(故)渡辺省一：衆議院議員、国務大臣（科技庁長官）

渡辺　周　(父)(故)渡辺　朗：衆院議員、沼津市長

渡辺　創　(祖父)渡辺　紀：宮崎県議会議員

渡辺博道　(父)(故)渡辺福太郎：松戸市議会議長

参議院議員親族一覧

（令和4年1月17日現在）

※親族について回答のあった議員のみ掲載

議員	親族
安達　澄	(祖父)(故)深田光霊：淡窓伝光霊流日本詩道会宗家
阿達雅志	(妻の祖父)(故)佐藤栄作：元内閣総理大臣　(妻の父)(故)佐藤信二：元運輸大臣、通商産業大臣
青木　愛	(父)青木岩造：千倉町議会議員　(母)青木伊久：社会福祉法人櫻の会理事長、ゆうひが丘保育園園長
青木一彦	(父)青木幹雄：内閣官房長官、参議院自民党議員会長他
青山繁晴	(妻)青山千春：東京海洋大学特任准教授
浅田　均	(父)(故)浅田貢：元大阪府議
東　　徹	(祖父)(故)東　二三郎：元大阪市会議員、元大阪府議会議員　(父)(故)東　武：元大阪府議会議長
有村治子	(父)有村國宏:元滋賀県議会議長　(兄)有村國俊:前近江八幡市議会議員、現滋賀県議会議員　(弟)有村国知：現滋賀県愛荘町長
石井　章	(娘)根本めぐみ（石井）：取手市議会議員
石井準一	(叔父)石井常雄：前茂原市長
石川博崇	(義父)風間　昶：元参議院議員、元環境副大臣
石橋通宏	(父)石橋大吉：元衆院議員
市田忠義	(妻)市田逸子：主婦
猪口邦子	(夫)猪口　孝：東京大学名誉教授、桜美林大学特別招聘教授、前新潟大学学長
打越さく良	(夫)村木一郎：弁護士
江島　潔	(祖父)(故)江島鐵雄：下関市議会議員　(父)(故)江島淳：参議院議員
衛藤晟一	(岳父)(故)矢野竹雄：元大分県議会議長　(長男)衛藤博昭：大分県議会議員
小川敏夫	(父)(故)小川豊吉　(母)(故)小川ヒロ　(妻)小川みさ
小野田紀美	(曽祖父)(故)小野田庄市：裳掛村議会議員
尾辻秀久	(妹)尾辻　義：前鹿児島県議会議員

大野泰正　㊙祖父㊙故大野伴睦：衆議院議長、自由民主党副総裁　㊙父㊙故大野　明：衆・参議院議員、労働大臣、運輸大臣　㊙母㊙故大野つや子：元参議院議員、文教科学委員長

岡田直樹　㊙父岡田尚壮：前北國新聞社社長　㊙妻の伯父森喜朗：元首相

音喜多　駿　㊙妻三次由梨香：江東区議会議員（現職）

か

加田裕之　㊙父加田正雄　㊙母㊙故加田久美子　㊙妻加田美奈子

片山さつき　㊙曽祖父㊙故銀林綱男：埼玉県知事、東京府名誉議員、東京商品取引所理事長　㊙父㊙故朝長康郎：宇都宮大学名誉教授、理学博士　㊙夫片山龍太郎：元マルマン社長、元産業再生機構執行役員

片山大介　㊙父片山虎之助：参議院議員

片山虎之助　㊙子片山大介：参議院議員

金子原二郎　㊙父㊙故金子岩三：衆議院議員、農林水産大臣、科学技術庁長官

川田龍平　㊙母川田悦子：元衆議院議員

き

吉良よし子　㊙父吉良富彦：高知県議　㊙夫松嶋祐一郎：目黒区議

く

倉林明子　㊙父㊙故三瓶　猛：福島県西会津町議2期

こ

こやり隆史　㊙妻主婦　㊙長男高校生　㊙長女大学生

上月良祐　㊙義父金子　清：元新潟県知事

さ

酒井庸行　㊙父酒井　博：元刈谷市議会議員

櫻井　充　㊙妻櫻井宏子　㊙長女櫻井亜美　㊙長男櫻井隆正　㊙次男櫻井隼人

山東昭子　㊙曽祖父㊙故山東直砥：神奈川県副知事　㊙大叔父㊙故下村宏(海南)：朝日新聞副社長、NHK会長、国務大臣　㊙祖父のいとこ㊙故山東永夫：紀陽銀行頭取

し

自見はなこ　㊙父自見庄三郎：元参議院議員

塩田博昭　㊙父塩田茂：元市場町議

進藤金日子　㊙父㊙故進藤廣雄：秋田県協和町議会議員

榛葉賀津也　㊙父㊙故榛葉達男：静岡県議会議員、旧菊川町長

す

杉　久武　㊙義祖父㊙故上林繁次郎：元参議院議員　㊙義父上林謙二郎：元船橋市議　㊙義祖父㊙故向後重雄：元飯岡町議（現旭市飯岡）

杉尾秀哉	(父)(故)杉尾秀一郎：元会社員　(母)(故)杉尾秀子　(妻)杉尾美保
鈴木宗男	(長女)鈴木貴子：衆議院議員
世耕弘成	(祖父)(故)世耕弘一：経企庁長官　(父)(故)世耕弘昭：元近畿大学理事長　(伯父)(故)世耕政隆：自治大臣、参院議員
関口昌一	(父)(故)関口恵造：参院議員　(母)関口泰子：歯科医師　(息子)関口恵太
そのだ修光	(父)(故)園田光徳：鹿児島市議　(妻)園田希和子：社会福祉法人旭生会理事長、特別養護老人ホーム旭ヶ丘園園長
田名部匡代	(父)田名部匡省：参議2期、衆議6期
高橋はるみ	(弟)新田八朗：富山県知事
滝沢　求	(父)(故)滝沢章次：県議会議員
寺田　静	(夫)寺田学：衆議院議員　(義父)寺田典城：元参議院議員、元秋田県知事　(祖父)(故)佐藤佐太郎：増田町長（現、横手市）
堂故　茂	(祖父)(故)堂故敏雄：氷見市長　(父)(故)堂故茂一：氷見市議会議員
中川雅治	(妻)中川美穂　(長男)中川俊輔：会社員　(次男)中川勲平：銀行員　(義父)(故)原　文兵衛：元参議院議長
中曽根弘文	(父)(故)中曽根康弘：内閣総理大臣　(長男)中曽根康隆：衆議院議員
長峯　誠	(父)長峯　基：参議院議員
二之湯　智	(長男)二之湯武史：元参議院議員　(次男)二之湯真士：京都府議会議員
西田昌司	(父)(故)西田吉宏：参議院議員3期、議院運営委員長、参自民国対委員長
野上浩太郎	(祖父)(故)野上資良：元富山県議会議長　(父)野上徹：元衆議院議員
羽田次郎	(祖父)(故)羽田武嗣郎：元衆議院議員　(父)(故)羽田孜：元衆議院議員、第八十代内閣総理大臣　(兄)(故)羽田雄一郎：元参議院議員、元国土交通大臣
馬場成志	(父)(故)馬場三則：熊本県議会議員（6期）
橋本聖子	(義兄)(故)高橋辰夫：衆院議員

※親族について回答のあった議員のみ掲載

ふ	福岡資麿	(祖父)(故)福岡日出麿：元参議院議員
	船後靖彦	(従伯父)船後正道：環境省（庁）事務次官（初代）
ほ	本田顕子	(父)本田良一：元参議院議員
ま	松下新平	(義父)野辺修光：前串間市長、元宮崎県議会議員　(父)(故)松下　渉：元宮崎県議会議員
	松村祥史	(父)(故)松村　昭：元熊本県議会議長、元県議
	松山政司	(父)(故)松山　譲：元福岡県議会議員
み	三木　亨	(父)(故)三木申三：元徳島県知事
	三原じゅん子	(夫)中根雄也
	宮沢洋一	(伯父)(故)宮澤喜一：首相、財務、大蔵、外務、通産相、経企庁長官、官房長官　(父)(故)宮澤弘：広島県知事、参議院議員、法務大臣
	宮本周司	(父)宮本長興：元辰口町長　(従兄)井出敏朗：能美市長
む	室井邦彦	(妻)室井秀子：元衆議院議員、元兵庫県議
や	山崎正昭	(父)(故)山崎正一：福井県議会議長　(母)(故)山崎ミヨ：主婦　(妻)山崎澄子：主婦
	山下雄平	(曾祖父)(故)清水荘次郎：元唐津市長　(祖父)(故)山下善平：会社会長、元呼子町議長　(父)山下正雄：会社社長、唐津市議
	山谷えり子	(父)(故)山谷親平：ジャーナリスト
	山本順三	(父)(故)山本博通：愛媛県議会議員
わ	渡辺喜美	(父)(故)渡辺美智雄：元副総理、外務大臣

内閣（大臣・長官・副長官）副大臣・大臣政務官履歴一覧

凡　例

●現職の内閣（大臣・官房長官・官房副長官）・副大臣・大臣政務官の出生地、学歴、職歴等主な履歴を一覧表にした（**令和4年1月17日現在**）。
●衆議院議員の当選回数のカッコ内の数字は総選挙の回次を示す。参考のため下記に総選挙の回次と期日を記載した。
●参議院議員の当選回数のカッコ内の数字は当選の年次を示す。

自民……自由民主党　［安］……安倍派　［岸］……岸田派
公明……公明党　［麻］……麻生派　［森］……森山派
［茂］……茂木派　［無］……無派閥
［二］……二階派

衆議院総選挙

総選挙回次	総選挙期日
第35回	昭和54年10月 7 日（日）
第36回	昭和55年 6 月22日（日）
第37回	昭和58年12月18日（日）
第38回	昭和61年 7 月 6 日（日）
第39回	平成 2 年 2 月18日（日）
第40回	平成 5 年 7 月18日（日）
第41回	平成 8 年10月20日（日）
第42回	平成12年 6 月25日（日）
第43回	平成15年11月 9 日（日）
第44回	平成17年 9 月11日（日）
第45回	平成21年 8 月30日（日）
第46回	平成24年12月16日（日）
第47回	平成26年12月14日（日）
第48回	平成29年10月22日（日）
第49回	令和 3 年10月31日（日）

参議院通常選挙

選挙回次	選挙期日
第11回	昭和52年 7 月10日（日）
第12回	昭和55年 6 月22日（日）
第13回	昭和58年 6 月26日（日）
第14回	昭和61年 7 月 6 日（日）
第15回	平成元年 7 月23日（日）
第16回	平成 4 年 7 月26日（日）
第17回	平成 7 年 7 月23日（日）
第18回	平成10年 7 月12日（日）
第19回	平成13年 7 月29日（日）
第20回	平成16年 7 月11日（日）
第21回	平成19年 7 月29日（日）
第22回	平成22年 7 月11日（日）
第23回	平成25年 7 月21日（日）
第24回	平成28年 7 月10日（日）
第25回	令和元年 7 月21日（日）

内閣総理大臣 岸田文雄（きしだ ふみお） 自民［岸］

〈衆議院広島1区〉 S 32.7.29東京都渋谷区生、早稲田大学法学部卒○（株）日本長期信用銀行行員、衆議院議員秘書○建設政務次官、文部科学副大臣、内閣府特命担当大臣（沖縄北方対策・科学技術・国民生活・規制改革）、消費者行政推進担当大臣、宇宙開発担当大臣、外務大臣、防衛大臣○衆議院議院運営委員会理事、同消費者問題に関する特別委員会筆頭理事、同文部科学委員会筆頭理事、同国土交通委員会筆頭理事、同国家基本政策委員会筆頭理事、同厚生労働委員長○自民党青年局長、同政務調査会商工部会長、同消費者問題調査会長、同副幹事長、同経理局長、同団体総局長、同選挙対策局長代理、同広島県支部連合会会長、同国会対策委員長、同政務調査会長○宏池会会長○当選10回（40、41、42、43、44、45、46、47、48、49）

総務大臣 金子恭之（かねこやすし） 自民［岸］

〈衆議院熊本4区〉 S 36.2.27熊本県球磨郡深田町（現あさぎり町）生、早稲田大学商学部卒○自民党政務調査会副会長、党林政対策委員長、党青年局長○衆議院農林水産委員、災害対策特別委員、国土交通委員長、厚生労働委員会与党筆頭理事、国土交通委員会与党筆頭理事○農林水産大臣政務官、国土交通副大臣○当選8回（42、43、44、45、46、47、48、49）

総務副大臣 田畑裕明（たばたひろあき） 自民［安］

〈衆議院富山1区〉 S 48.1.2富山県富山市生、獨協大学経済学部卒○銀行入行、富山市議会議員、富山県議会議員、自民党富山県青年部長、青年局長となり、現在、自民党富山県第一選挙区支部長○当選4回（46、47、48、49）

総務副大臣 中西祐介（なかにしゆうすけ） 自民［麻］

〈参議院徳島・高知〉 S 54.7.12徳島県阿南市生、慶應義塾大学法学部政治学科卒。H 15UFJ銀行に入行。H 19同行退職後、松下政経塾に入塾。H 22卒塾○同年徳島県選挙区より出馬、参議院議員に初当選○H 25参議院自民党国会対策副委員長、参議院自民党政策審議会副会長。H 26参議院自民党副幹事長、参議院環境委員会筆頭理事、自民党青年局長代理。H 27第3次安倍改造内閣財務大臣政務官○H 28徳島県及び高知県参議院合同選挙区2期目当選、参議院ODA特別委員会筆頭理事、自民党水産部会長。H 29参議院財政金融委員会理事、自民党政務調査会副会長。H 30参議院自民党国会対策副委員長、参議院総務委員会筆頭理事、参議院憲法審査会幹事○当選2回（H 22、H 28）

総務大臣政務官 鳩山二郎（はとやまじろう） 自民［二］

〈衆議院福岡6区〉 S54.1.1東京都文京区生、杏林大学社会科学部卒○衆議院議員秘書、法務大臣政務秘書官、衆議院議員公設秘書、大川市長○当選3回（47補、48、49）

総務大臣政務官　渡辺孝一（わたなべこういち） 自民［岸］

〈衆議院比例北海道〉 S 32.11.25東京都北区生、東日本学園大学歯学部卒○歯科医師、岩見沢市長、歯科医院開業、青年会議所岩見沢理事長、岩見沢PTA連合会々長○厚生労働委員会理事、沖縄及び北方問題に関する特別委員会理事○当選4回（46、47、48、49）

総務大臣政務官　三浦　靖（みうらやすし） 自民［茂］

〈参議院比例〉 S 48.4.9島根県大田市生、神奈川大学法学部卒○衆議院議員亀井久興秘書○大田市議会議員○衆議院議員○衆議院総務委員、環境委員、北朝鮮拉致問題特別委員○自民党青年局次長○衆議院当選1回（48）○当選1回（R1）

法務大臣　古川禎久（ふるかわよしひさ） 自民［茂］

〈衆議院宮崎3区〉 S 40.8.3宮崎県串間市生、東京大学法学部卒○旧建設省建設事務官、衆議院議員中村時広政策担当秘書○法務大臣政務官、環境大臣政務官、財務副大臣○自民党青年局長、中央政治大学院副学院長、副幹事

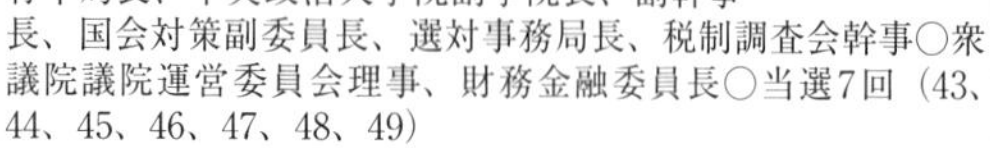

長、国会対策副委員長、選対事務局長、税制調査会幹事○衆議院議院運営委員会理事、財務金融委員長○当選7回（43、44、45、46、47、48、49）

法務副大臣　津島　淳（つしまじゅん） 自民［茂］

〈衆議院比例東北〉 S 41.10.18フランス国パリ市生、学習院大学文学部卒○（株）関電工勤務、衆議院議員津島雄二秘書○国土交通大臣政務官兼内閣府大臣政務官○自民党国土交通部会長代理、青森県第一選挙区支部長○衆議院国土交通委員、財務金融委員、災害対策特別委理事、原子力問題調査特別委員○当選4回（46、47、48、49）

法務大臣政務官　加田裕之（かだ ひろゆき）　自民［安］

〈参議院兵庫〉 S 45.6.8兵庫県神戸市生、甲南大学法学部卒○神戸新聞マーケティングセンター企画編集部に勤務○H 8県議会議員の奥谷通事務所に入所、衆議院議員奥谷通公設第二秘書を経て、H 15兵庫県議会議員選挙初当選。以来4期16年にわたり県議会議員を務め、自民党県連青年局長、自民党全国青年議員連盟会長、総務・農政環境・予算委員長等を歴任○H 25第121代兵庫県議会副議長、H 29自民党県議団幹事長○R 1参議院議員選挙（兵庫県選挙区）初当選○当選1回（R 1）

外務大臣　林　芳正（はやし よしまさ）　自民［岸］

〈衆議院山口3区〉 S 36.1.19生、本籍山口県下関市、東京大学法学部卒○三井物産入社、H 1下関に帰り、サンデン交通（株）、山口合同ガス（株）に勤務○H 3渡米。下院議員スタッフとして勤務。ウイリアム・ロス上院議員のもとマンスフィールド法案を手がける○林義郎大蔵大臣政務秘書官、衆議院議員林義郎政策秘書を歴任、ハーバード大学ケネディ行政大学院修了○H 7参議院初当選、大蔵政務次官、自民党行革本部事務局長、外交防衛委員長、内閣府副大臣、防衛大臣、内閣府特命担当大臣（経済財政政策担当）、参議院自民党政審会長、自民党政調会長代理、農林水産大臣、文部科学大臣等を歴任○参議院当選5回（H 7、13、19、25、R 1）○当選1回（49）

外務副大臣　小田原　潔（おだわら きよし）　自民［安］

〈衆議院東京21区〉 S 39.5.23大分県宇佐市生、東京大学経済学部卒。著書「ヒトのチカラ。―ボランティアって何するの？」○富士銀行ニューヨーク支店勤務、モルガンスタンレー証券マネージングディレクター○第46回総選挙において初当選、第三次安倍第二次改造内閣において外務大臣政務官○衆議院外務委員会理事、予算委員、震災復興特別委員○当選4回（46、47、48、49）

外務副大臣　鈴木貴子（すずき たかこ）　自民［茂］

〈衆議院比例北海道〉 S 61.1.5北海道帯広市生、カナダ・オンタリオ州トレント大学IPE及び社会学卒○H 21日本放送協会（NHK）入局、長野放送局にて番組制作ディレクターとして勤務○当選4回（46繰、47、48、49）

外務大臣政務官　上杉謙太郎（うえすぎけんたろう）　自民［安］

〈衆議院比例東北〉 S 50.4.20神奈川県茅ヶ崎市出身、早稲田大学社会科学部社会科学科卒○参議院議員秘書を経て、H 26自民党福島県第三選挙区支部長○当選2回（48、49）

外務大臣政務官　本田太郎（ほんだたろう）　自民［無］

〈衆議院京都5区〉 S 48.12.1京都府向日市生、東京大学法学部卒、同大学院法学政治学研究科修了、早稲田大学大学院法務研究科（ロースクール）修了○弁護士、京都府議会議員○衆議院国土交通委員○当選2回（48、49）

外務大臣政務官　三宅伸吾（みやけしんご）　自民［無］

〈参議院香川〉 S 36.11.24生、香川県さぬき市出身。早稲田大学政治学科卒。著書「弁護士カルテル」、「知財戦争」、「乗っ取り屋と用心棒」他多数○日本経済新聞社入社○H 1米コロンビア大学留学。東京大学大学院法学政治学研究科修了○日本経済新聞社記者時代は、企業や経済産業省、公正取引委員会、法務省、金融庁など中央官庁を取材。H 14政治部へ。H 15からH 24に退職するまで、同社編集委員○H 25参議院議員初当選○参議院外交防衛委員長など歴任○当選2回（H 25、R 1）

財務大臣
内閣府特命担当大臣（金融）
デフレ脱却担当
鈴木俊一（すずきしゅんいち）　自民［麻］

〈衆議院岩手2区〉 S 28.4.13東京都杉並区生、早稲田大学教育学部卒○全国漁業協同組合連合会会長秘書、同会調査役。衆議院議員鈴木善幸秘書○衆議院厚生労働委員長、外務委員長、東日本大震災復興特別委員長○厚生政務次官、環境大臣、外務副大臣○自民党水産部会長、社会部会長、社会保障制度調査会長、水産総合調査会長、東日本大震災復興加速化本部副本部長、地方創生実行統合本部筆頭副本部長、財務委員長○当選10回（39、40、41、42、43、44、46、47、48、49）

おか もと みつ なり
財務副大臣　岡本三成 公明

〈衆議院東京12区〉 S 40.5.5佐賀県鳥栖市生、創価大学卒、米国ケロッグ経営大学院修了（MBA）○ゴールドマン・サックス証券執行役員○公明党宣伝局長、埼玉県本部副代表○衆議院外務委員会理事○当選4回（46、47、48、49）

おお いえ さと し
財務副大臣　大家敏志 自民［麻］

〈参議院福岡〉 S 42.7.17福岡県生、北九州大学法学部卒○自民党福岡県支部連合会職員、参議院議員秘書を経て、H 11福岡県議会議員初当選。以降連続3期当選○H 22参議院議員初当選。H 24議院運営委員会理事、党国会対策副委員長。H 25予算委員会理事。H 26財務大臣政務官（第2次安倍改造内閣・第3次安倍内閣）。H 28財政金融委員長。参議院議員再選○議院運営委員会筆頭理事、財政金融委員会委員○当選2回（H 22、H 28）

こう むら まさ ひろ
財務大臣政務官　高村正大 自民［麻］

〈衆議院山口1区〉 S 45.11.14生、慶應義塾大学商学部卒、慶應義塾大学法学部政治学科卒○国務大臣経済企画庁長官秘書官、外務大臣秘書官、（株）電通社員○当選2回（48、49）

ふじ わら たかし
財務大臣政務官　藤原　崇 自民［安］

〈衆議院岩手3区〉 S 58.8.2岩手県和賀郡西和賀町生、明治学院大学法科大学院修了○弁護士、参議院議員丸山和也公設第一秘書。弁護士時代は、主に一般民事や家事、刑事事件に取り組む。議員秘書時代には、主に議員会館の職務を担当○H 29自民党岩手県第三選挙区支部長○当選4回（46、47、48、49）

文部科学大臣
教育再生担当　**末松信介**（すえまつしんすけ）　自民［安］

〈**参議院兵庫**〉 S 30.12.17兵庫県神戸市西区生、関西学院大学法学部卒○S 54全日本空輸（株）入社○S 58兵庫県議会議員初当選、以来6期連続当選、H 8兵庫県議会副議長、H 13自民党兵庫県連政務調査会長、H 15同幹事長、H 16兵庫県議会議員辞職。第20回参議院議員通常選挙（兵庫県選挙区）に初当選○H 18年国土交通委員会筆頭理事、H 20財務大臣政務官、H 21自民党兵庫県連会長、H 22行政監視委員長、H 24自民党水産部会長、H 25外交防衛委員長、H 26自民党幹事長代理、H 28国土交通副大臣・内閣府副大臣・復興副大臣、H 29議院運営委員会筆頭理事、H 30議院運営委員長○参議院自民党国会対策委員長○当選3回（H 16、H 22、H 28）

文部科学副大臣　**田中英之**（たなかひでゆき）　自民［無］

〈**衆議院比例近畿**〉 S 45.7.11京都府京都市右京区生、京都外国語大学外国語学部卒○京都市会議員（四期）○京都外国語大学職員を経て現在（福）西京極福祉会理事長○衆議院厚生労働委員、決算行政監視委員、地方創生に

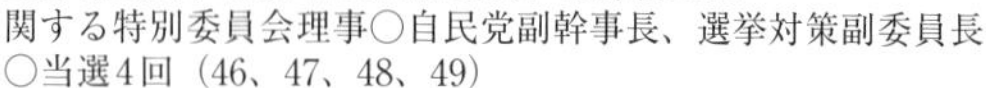

関する特別委員会理事○自民党副幹事長、選挙対策副委員長○当選4回（46、47、48、49）

文部科学副大臣
兼内閣府副大臣　**池田佳隆**（いけだよしたか）　自民［安］

〈**衆議院比例東海**〉 S 41.6.20東京都武蔵野市生、成城大学法学部法律学科卒、慶應義塾大学大学院経営管理研究科修了、MBA。著書「誇り高き国日本～この国に生まれて本当によかった～」○公益社団法人名古屋青年会議所理事長、公益社団法人日本青年会議所会頭、名古屋市小中学校PTA協議会常任理事、一般財団法人日本教育再生機構理事を経て化学薬品会社社長となり、現在同社相談役○自民党愛知県第三選挙区支部支部長○当選4回（46、47、48、49）

文部科学
大臣政務官　**鰐淵洋子**（わにぶちようこ）　公明

〈**衆議院比例近畿**〉 S 47.4.10福岡市生、創価女子短期大学経営学部卒○参議院議員○公明党女性局次長○参議院当選1回（H 16）○当選2回（48、49）

文部科学大臣政務官
兼内閣府大臣政務官
兼復興大臣政務官

高橋はるみ（たかはし）　自民［安］

〈参議院北海道〉 S 29.1.6富山県富山市生、一橋大学経済学部卒○S 51通商産業省に入省。H 12中小企業庁経営支援部経営支援課長、H 13北海道経済産業局長、H 14経済産業研修所長、H 15北海道知事に初当選、連続4期務める○R 1第25回参議院通常選挙において北海道選挙区から初当選○予算委員会委員、経済産業委員会委員、沖縄及び北方問題に関する特別委員会委員、国会対策委員会委員○当選1回（R 1）

厚生労働大臣

後藤茂之（ごとう しげゆき）　自民［無］

〈衆議院長野4区〉 S 30.12.9東京都生、東京大学法学部卒○S 55大蔵省入省、米国ブラウン大学経済学部大学院留学（MA取得）、主税局企画調整室長にてH 7退官○国土交通大臣政務官、法務副大臣○自民党政務調査会副会長、税制調査会幹事・与党税制協議会、広報本部副本部長、報道局長、社会保障制度に関する特命委員会事務局長、人生百年時代戦略本部幹事長代行、働き方改革に関する特命委員会事務局長、日本経済再生本部幹事長、行革推進本部長代理、政調副会長（七期）、政調事務局長（五期）、与党政策責任者会議、厚生労働部会長、国会対策副委員長、長野県支部連合会長○衆議院厚生労働委員長、決算行政監視・厚労・地方創生特別・財金・国交・経産・農水各委員会理事○当選7回（42、43、44、46、47、48、49）

厚生労働副大臣

古賀　篤（こが あつし）　自民［岸］

〈衆議院福岡3区〉 S 47.7.14福岡県福岡市生、東京大学法学部卒○H 9大蔵省入省、主計局主査等となり、H 24財務省退職○H 7公認会計士試験第二次試験に合格し、会計士補となる○総務大臣政務官兼内閣府大臣政務官○当選4回（46、47、48、49）

厚生労働副大臣
兼内閣府副大臣

佐藤英道（さとう ひでみち）　公明

〈衆議院比例北海道〉 S 35.9.26宮城県名取市生、創価大学大学院経済研究科修士課程修了○公明新聞記者○北海道議会議員五期○農林水産大臣政務官○公明党農林水産部会長、国土交通副部会長、国会対策副委員長、北海道本部代表代行○衆議院農林水産委員会理事、沖縄及び北方問題に関する特別委員会理事、災害対策特別委員○当選4回（46、47、48、49）

厚生労働大臣政務官　**深澤陽一**（ふかざわ よういち）　自民［岸］

〈衆議院静岡4区〉 S 51.6.21静岡県静岡市清水区生、信州大学工学部生産システム工学科卒○衆議院議員・原田昇左右代議士、原田令嗣代議士の秘書を経て、静岡市議会議員二期、静岡県議会議員三期○当選2回（48補、49）

厚生労働大臣政務官
兼内閣府大臣政務官　**島村　大**（しまむら だい）　自民［無］

〈参議院神奈川〉 S 35.8.11千葉県市川市生、東京歯科大学卒○卒後、同大学歯科補綴学第三講座に入局し、歯科医療に携わる○H 2横浜市保土ケ谷区で歯科クリニック開業○H 17神奈川県歯科医師連盟理事長就任、H 23日本歯科医師連盟理事長就任○H 25参議院神奈川県選挙区にて初当選○H 29厚生労働委員長○厚生労働委員会理事、拉致問題特別委員会委員○当選2回（H 25、R 1）

農林水産大臣　**金子原二郎**（かねこ げんじろう）　自民［岸］

〈参議院長崎〉 S 19.5.8長崎県平戸市生、慶應義塾大学文学部卒○日本水産（株）を経て兼井物産（株）。S 50長崎県議会議員当選（3期連続）。S 58衆議院議員当選（5期連続）○建設政務次官、石炭対策特別委員長、法務委員長、議院運営委員会理事などを歴任。S 62日本遠洋旋網漁業協同組合組合長。H 10長崎県知事当選（3期連続）○全国知事会副会長、九州地方知事会会長などを歴任。H 22参議院議員当選（2期連続）。決算委員長、自民党総務会長代理、自民党人口減少社会対策特別委員長、自民党税制調査会幹事、自民党両院議員総会副会長、情報監視審査会会長、資源エネルギー調査会長などを歴任。H 29予算委員長○衆議院当選5回（37、38、39、40、41）○当選2回（H 22、H 28）

農林水産副大臣　**武部　新**（たけべ あらた）　自民［二］

〈衆議院北海道12区〉 S 45.7.20北海道斜里町生、早稲田大学法学部卒、シカゴ大学公共政策大学院修士課程修了○日本興業銀行勤務、衆議院議員武部勤公設第一秘書○当選4回（46、47、48、49）

農林水産副大臣 **中村裕之**（なかむらひろゆき） 自民［麻］

〈衆議院北海道4区〉 S 36.2.23北海道浦河郡浦河町生、北海道余市郡余市町に育つ。北海学園大学経済学部卒○北海道総務部札幌北道税事務所、中村建設（株）、同社取締役を経て代表取締役○H 15.4北海道議会議員初当選、以後H 19、23当選。文教委員長等歴任。日本青年会議所北海道地区道南ブロック協議会会長、北海道PTA連合会会長、（株）菊地石油代表取締役会長、（有）真友代表取締役。自民党総務、団体総局国土・建設関係団体委員長○当選4回（46、47、48、49）

農林水産
大臣政務官 **下野六太**（しものろくた） 公明

〈参議院福岡〉 S 39.5.1福岡県北九州市八幡西区生、島根大学教育学部卒。福岡教育大学大学院修士課程修了。著書「やればできる！を味わえば子どもは伸びる」、「跳べた泳げた必ずできる！驚異の下野式体育」、DVD「やればできる！下野六太先生のスゴい体育」○福岡県中学校保健体育科教諭。福岡県中学校保健体育科主幹教諭○当選1回（R 1）

農林水産
大臣政務官 **宮崎雅夫**（みやざきまさお） 自民［二］

〈参議院比例〉 S 38.12.3兵庫県神戸市北区生、神戸大学農学部卒○S 62農林水産省入省、在ベトナム日本国大使館二等書記官、国際協力銀行開発セクター部参事役、農村振興局設計課課長補佐、熊本県農林水産部農村計画・技術管理課長、（社）地域環境資源センター集落排水部長、農村振興局設計課海外土地改良技術室長、農村振興局地域整備課長○R 1参議院全国比例区より初当選○農林水産委員、決算委員、地方創生及び消費者問題に関する特別委員、資源エネルギーに関する調査会委員、全国土地改良政治連盟顧問、全国水土里ネット会長会議顧問○当選1回（R 1）

経済産業大臣
産業競争力担当
ロシア経済分野協力担当
原子力経済被害担当
内閣府特命担当大臣
（原子力損害賠償・廃炉等支援機構） **萩生田光一**（はぎうだこういち） 自民［安］

〈衆議院東京24区〉 S38.8.31東京都八王子市生、明治大学商学部卒○八王子市議会議員、東京都議会議員、文部科学大臣政務官、内閣官房副長官、内閣人事局長、文部科学大臣となる。また千葉科学大学客員教授となる。また自由民主党青年局長、選挙対策委員会筆頭副委員長、総裁特別補佐、幹事長代行となる○当選6回（43、44、46、47、48、49）

経済産業副大臣
兼内閣府副大臣

細田健一（ほそだ けんいち） 自民［安］

〈衆議院新潟2区〉 S 39.7.11兵庫県神戸市生、京都大学法学部卒○S 63通商産業省入省。大臣官房、生活産業局、外務省在スペイン大使館、原子力安全・保安院等を経てH 18退官。その後住友化学（株）、衆議院議員政策秘書等を経て、H 24自民党新潟県第二選挙区支部長、同年衆議院議員初当選。H 26再選、H 28農林水産大臣政務官○当選4回（46、47、48、49）

経済産業副大臣
兼内閣府副大臣

石井正弘（いしい まさひろ） 自民［安］

〈参議院岡山〉 S 20.11.29岡山県岡山市生、東京大学法学部卒。主要著書「新世紀きびの国の創造」他○S 44建設省入省、建設大臣秘書官、内閣法制局参事官、建設省民間住宅課長、河川総務課長、大臣官房文書課長、大臣官房審議官、H 8建設省退職○H 8より岡山県知事（4期）。この間、全国知事会総務常任委員長、同道州制特別委員長、地方制度調査会委員、中央教育審議会委員○H 25参議院議員に当選、参議院内閣委員長○参議院予算委員、憲法審査会幹事、自民党政務調査会副会長、参議院自民党政策審議会副会長、岡山県土地改良事業団体連合会会長○当選2回（H 25、R 1）

経済産業大臣政務官
兼内閣府大臣政務官

吉川ゆうみ（よしかわ） 自民［安］

〈参議院三重〉 S 48.9.4三重県桑名市生、東京農業大学農学部国際農業開発学科卒、東京農工大学大学院修士課程農学研究科修了○H 12（株）農業食品監査システム入社、テュフ ラインランド ジャパン（株）（ドイツの審査機関）、（株）日本環境認証機構にて、国際認証等のコンサルタントや審査、マーケティング、研修業務等に従事○H 19（株）三井住友銀行入行、上席部長代理として、金融商品開発、国内外の企業支援や海外展開業務、省庁における委員会、講義・講演等の業務を行う○H 25参議院三重県選挙区にて初当選。自民党女性局長代理、経済産業委員会筆頭理事、予算委員会委員などを歴任○文教科学委員長○当選2回（H 25、R 1）

経済産業大臣政務官
兼内閣府大臣政務官
兼復興大臣政務官

岩田和親（いわた かずちか） 自民［岸］

〈衆議院比例九州〉 S 48.9.20佐賀県佐賀市出身、九州大学法学部卒○（株）九州恵商会代表取締役、大前研一事務所随行秘書、（株）セレモニージャパン副社長、佐賀県議会議員三期、現在（株）メモリード（マリトピア）顧問、（株）九州恵商会会長○自民党国土交通部会長代理○衆議院国土交通委員会理事、原子力問題調査特別委員会理事○当選4回（46、47、48、49）

国土交通大臣
水循環政策担当
さい とう てつ お
斉藤鉄夫 公明

〈衆議院広島3区〉 S 27.2.5島根県邑智郡邑南町（旧羽須美村）生、東京工業大学大学院修士課程修了、工学博士、技術士○清水建設（株）技術研究所主任研究員、同宇宙開発室課長、日本原子力研究所外来研究員、米プリンストン大学プラズマ物理研究所客員研究員○科学技術総括政務次官、環境大臣○公明党幹事長、税制調査会長、広島県本部代表○衆議院文部科学委員長○当選10回（40、41、42、43、44、45、46、47、48、49）

国土交通副大臣
なか やま のり ひろ
中山展宏 自民［麻］

〈衆議院比例南関東〉 S 43.9.16兵庫県西宮市生、早稲田大学大学院ファイナンス研究科中退○証券会社・債券ディーラー、代議士秘書○衆議院内閣委員会理事、財務金融委員、科学技術・イノベーション特別委員○自民党内閣第一部会長代理、運輸・交通関係団体委員長○当選4回（46、47、48、49）

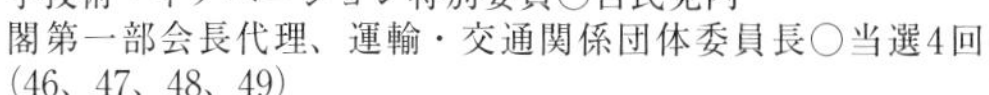

国土交通副大臣
兼内閣府副大臣
兼復興副大臣
わた なべ たけ ゆき
渡辺猛之 自民［茂］

〈参議院岐阜〉 S 43.4.18岐阜県加茂郡八百津町出身、名古屋大学経済学部卒○H 4松下政経塾入塾（第13期生）。H 7同塾卒業後、26歳で岐阜県議会議員に初当選。以後通算4期当選。在任中は、自民党岐阜県連副幹事長、岐阜県商工会青年部連合会会長、岐阜県商工政治連盟会長、県監査委員、県政自民クラブ幹事長を歴任○H 22参議院議員初当選○参議院自民党筆頭副幹事長。法務委員。議院運営委員会庶務小委員長。政治倫理の確立及び選挙制度に関する特別委員会理事。全国商工会連合会顧問○当選2回（H 22、H 28）

国土交通
大臣政務官
か とう あゆ こ
加藤鮎子 自民［無］

〈衆議院山形3区〉 S 54.4.19山形県鶴岡市生、慶應義塾大学法学部卒、米国コロンビア大学院修了○（株）ドリームインキュベータ（経営戦略コンサルティング）、日本国際交流センター、ピープルフォーカス・コンサルティング（株）（組織開発支援事業）、衆議院議員秘書となる。自民党女性局次長、青年局次長、農林部会副部会長○当選3回（47、48、49）

国土交通
大臣政務官

木村次郎（きむら じろう） 自民［安］

〈衆議院青森3区〉 S 42.12.16青森県南津軽郡藤崎町生、中央大学法学部法律学科卒○青森県庁入庁○当選2回（48、49）

国土交通大臣政務官
兼内閣府大臣政務官
兼復興大臣政務官

泉田裕彦（いずみだ ひろひこ） 自民［二］

〈衆議院比例北陸信越〉 S 37.9.15新潟県加茂市生、京都大学法学部卒○通商産業省入省後、資源エネルギー庁、貿易局、中小企業庁、産業政策局、経済企画庁、ブリティッシュ・コロンビア大学客員研究員、大臣官房秘書課課長補佐、国土交通省貨物流通システム高度化推進調整官、岐阜県新産業労働局長等○新潟県知事3期、全国知事会危機管理防災対策特別委員長（中央防災会議委員）、全国積雪寒冷地帯振興協議会会長、全日本錦鯉振興会会長○新潟薬科大特別顧問○当選2回（48、49）

環境大臣
内閣府特命担当大臣
（原子力防災）

山口　壯（やまぐち つよし） 自民［二］

〈衆議院兵庫12区〉 S 29.10.3兵庫県生、東京大学法学部三類・同大学法学部二類卒、米国ジョンズ・ホプキンス大学SAISより修士号（M・A）・同大学より博士号（Ph・D）取得○外務公務員採用上級試験合格後、在連合王国（イギリス）日本国大使館一等書記官等を経て、外務省総合外交政策局国際科学協力室室長。第42回衆議院議員総選挙初当選○内閣府副大臣、外務副大臣○民主党政調筆頭副会長、総務委員長兼国際局長。自民党政務調査副会長○衆議院安全保障委員長、予算委員会筆頭理事、内閣委員会理事、北朝鮮による拉致問題等に関する特別委員、文部科学委員○当選7回（42、44、45、46、47、48、49）

環境副大臣

大岡敏孝（おおおか としたか） 自民［二］

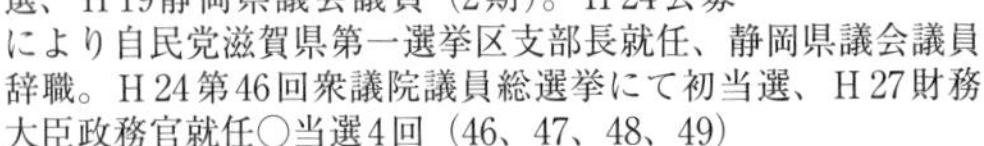

〈衆議院滋賀1区〉 S 47.4.16滋賀県甲賀郡土山町生、早稲田大学政治経済学部卒○中小企業診断士○H 7スズキ（株）に入社。H 11浜松市議会議員（1期）、H 15浜松市長選挙落選、H 19静岡県議会議員（2期）。H 24公募により自民党滋賀県第一選挙区支部長就任、静岡県議会議員辞職。H 24第46回衆議院議員総選挙にて初当選、H 27財務大臣政務官就任○当選4回（46、47、48、49）

環境副大臣兼
内閣府副大臣　務台俊介（むたいしゅんすけ）　自民［麻］

〈衆議院比例北陸信越〉 S 31.7.3長野県南安曇郡三郷村（現安曇野市）生、東京大学法学部卒。著書「高めよ！防災力」「3・11以後の日本の危機管理を問う」「地域再生のヒント」○自治省（現総務省）入省。茨城県総務部長、地方分権委員会事務局参事官、消防庁防災課長、総務省自治財政局調整課長、総務省大臣官房参事官、自治体国際化協会ロンドン事務所長、神奈川大学法学部教授などを経て、現在衆議院議員○当選4回（46、47、48、49）

環境大臣政務官　中川康洋（なかがわやすひろ）　公明

〈衆議院比例東海〉 S 43.2.12三重県四日市市生、創価大学法学部法律学科卒○（財）ひの社会教育センター勤務を経て大森礼子参議院議員秘書、坂口力衆議院議員秘書。四日市市議（1期）、三重県議（2期）、公明党三重県本部代表。四日市港管理組合議会議長○当選2回（47、49）

環境大臣政務官兼
内閣府大臣政務官　穂坂　泰（ほさかやすし）　自民［無］

〈衆議院埼玉4区〉 S 49.2.17埼玉県志木市生、青山学院大学理工学部経営工学科卒○志木市議会議員、医療法人瑞穂会理事、学校法人医学アカデミー理事、社会福祉法人さくら瑞穂会理事○衆議院厚生労働委員、倫理選挙特別委員○自民党青年局次長○当選2回（48、49）

防衛大臣　岸　信夫（きしのぶお）　自民［安］

〈衆議院山口2区〉 S34.4.1東京生、本籍山口県熊毛郡田布施町。慶應義塾大学経済学部卒○S56住友商事入社○H16.7参議院山口県選挙区初当選。自由民主党国会対策委員会副委員長、防衛大臣政務官、○H22.7参議院山口県選挙区再選。参議院沖縄北方問題特別委員長。衆議院山口県第2選挙区当選。党外交部会部会長、外務副大臣、党国会対策副委員長、衆議院議院運営委員会理事。H26.12衆議院山口県第2選挙区当選。衆議院外務委員長、外務副大臣○参議院当選2回（H 16、H 22）○当選4回（46、47、48、49）

防衛副大臣兼
内閣府副大臣 **鬼木　誠**（おにき まこと） 自民［森］

〈衆議院福岡2区〉 S 47.10.16福岡県福岡市生、九州大学法学部卒○銀行員、福岡県議会議員、福岡県議会警察常任委員会委員長○環境大臣政務官○自民党青年局次長兼学生部長、財務金融部会長代理、税制調査会幹事、厚生労働部会長代理○当選4回（46、47、48、49）

防衛大臣政務官 **岩本剛人**（いわもと つよひと） 自民［二］

〈参議院北海道〉 S 39.10.19北海道札幌市生、淑徳大学社会福祉学部社会福祉学科卒○S 62石狩開発（株）入社、H 11北海道議会議員（札幌市清田区選出）に初当選、以後、連続5期当選。H 15環境生活常任委員長、H 20議会運営委員長、H 23食と観光対策特別委員長、H 21自民党道連組織委員長、H 23幹事長、H 25副会長○北海道体操連盟会長、北海道車いすテニス協会会長、札幌市ソフトボール協会会長、「赤い羽根」ティーボール北の甲子園大会北海道知事Cup大会名誉顧問など公職多数。宅地建物取引士、社会福祉主事任用資格、児童福祉司・身体障害者福祉司任用資格取得○当選1回（R 1）

防衛大臣政務官兼
内閣府大臣政務官 **中曽根康隆**（なかそね やすたか） 自民［二］

〈衆議院群馬1区〉 S 57.1.19生、慶應義塾大学法学部卒、H 20米国コロンビア大学国際公共政策大学院卒○H 20JPモルガン証券（株）入社、H 25同社退社後、参議院議員中曽根弘文秘書○H 29第48回衆議院議員総選挙に自民党北関東比例ブロックから立候補し初当選○当選2回（48、49）

内閣官房長官
沖縄基地負担軽減担当
拉致問題担当 **松野博一**（まつの ひろかず） 自民［安］

〈衆議院千葉3区〉 S 37.9.13千葉県木更津市生、早稲田大学法学部卒○ライオン（株）社員を経て、（財）松下政経塾入塾、現在、（公財）松下政経塾塾員、自民党衆議院千葉県第三選挙区支部長○自民党政務調査会会長代理、副幹事長、雇用問題調査会会長代行、教育再生実行本部本部長代行、女性活力特別委員会委員長、広報戦略局局長○衆議院文部科学委員長、厚生労働委員会筆頭理事○厚生労働大臣政務官、文部科学大臣○当選8回（42、43、44、45、46、47、48、49）

内閣官房副長官 木原誠二（きはら せいじ） 自民［岸］

〈衆議院東京20区〉 S 45.6.8東京都新宿区生、東京大学法学部卒、ロンドン大学LSE修士卒、著書「英国大蔵省から見た日本」○財務省大臣官房課長補佐、英国大蔵省初代出向、H 17衆議院議員総選挙にて初当選○外務副大臣、外務大臣政務官○自民党国会対策委員会副委員長、税制調査会幹事、行政改革推進本部事務局長、金融調査会事務局長、財政・金融・証券関係団体委員長、財務金融部会部会長代理、観光立国調査会副会長、政務調査会副会長○衆議院議院運営委員会理事、安全保障委員会理事、財務金融委員、厚生労働委員○当選5回（44、46、47、48、49）

内閣官房副長官 磯﨑仁彦（いそざき よしひこ） 自民［岸］

〈参議院香川〉 S 32.9.8香川県丸亀市生、東京大学法学部卒○S 58全日本空輸（株）（ANA）入社。最終経歴は、CSR推進室リスクマネジメント部長。H 22同社退社○H 22参議院選挙香川県選挙区にて、同県初の公募による候補者として初当選○党副幹事長、参議院環境委員長、党環境部会長、経済産業副大臣兼内閣府副大臣歴任○参議院自民党国会対策副委員長（筆頭）○当選2回（H 22、H 28）

デジタル大臣
行政改革担当
内閣府特命担当大臣
（規制改革） 牧島かれん（まきしま） 自民［麻］

〈衆議院神奈川17区〉 S 51.11.1神奈川県生、国際基督教大学教養学部社会科学科卒、米国ジョージワシントン大学ポリティカルマネージメント大学院修了（修士号取得）、国際基督教大学大学院行政学研究科博士後期課程修了（博士号取得）、著書『政治は「歌」になる』○内閣府大臣政務官（地方創生・金融・防災担当）○自民党神奈川県第十七選挙区支部長○当選4回（46、47、48、49）

デジタル副大臣
兼内閣府副大臣 小林史明（こばやし ふみあき） 自民［岸］

〈衆議院広島7区〉 S 58.4.8富山県高岡市生、上智大学理工学部卒○（株）NTTドコモ社員○自民党ネットメディア局次長、情報通信戦略調査会事務局次長、IT戦略特命委員会事務局次長、行政改革推進本部本部長補佐、青年局長代理、国土交通部会副部会長○当選4回（46、47、48、49）

デジタル大臣政務官
兼内閣府大臣政務官

山田太郎（やまだ たろう） 自民［無］

〈参議院比例〉 S 42.5.12東京都大田区生、慶應義塾大学経済学部卒。早稲田大学大学院アジア太平洋研究科後期博士課程満期退学（国際関係学）、著書「PLM入門」など多数○アンダーセンコンサルティング、プライスウォーターハウスコンサルタント（株）にて製造業分野を担当。パラメトリック・テクノロジー社本社（米国・ボストン）副社長就任○H 13製造業向経営指導を行うネクステック（株）を創業、代表取締役社長就任。H 17同社を東証マザーズに上場。日本企業の中国・アセアン市場展開を支援する（株）ユアロップ創業、代表取締役社長就任○東京工業大学大学院理工学研究科特任教授、早稲田大学大学院商学研究科（MBA）客員准教授、東京大学工学部非常勤講師、早稲田大学理工学術院非常勤講師歴任。北京航空航天大学名誉教授○当選2回（H 24、R 1）

復興大臣
福島原発事故再生総括担当
内閣府特命担当大臣
（沖縄及び北方対策）

西銘恒三郎（にしめ こうさぶろう） 自民［茂］

〈衆議院沖縄4区〉 S 29.8.7沖縄県那覇市生、上智大学経済学部卒、米国TULANE大学院留学○沖縄振興開発金融公庫、沖縄県知事西銘順治秘書、沖縄県議連続4期、県連会長、H 15衆議院議員初当選、国土審議会特別委員○国土交通大臣政務官、総務副大臣、経済産業副大臣○自民党国対副委員長、農林副部会長、国交部会長代理、総務部会長、沖縄振興調査会副会長○衆議院国家基本委理事、国交委理事、拉致問題・海賊テロ特委員、議院運営委理事、経産・農水委員、予算委理事、総務委理事、沖北特委理事、国土交通委員長○当選6回（43、44、46、47、48、49）

復興副大臣　冨樫博之（とがし ひろゆき） 自民［無］

〈衆議院秋田1区〉 S 30.4.27秋田県秋田市生、秋田経済法科大学経済学部卒○国会議員秘書を経て秋田県議会議員（連続5期）、第62代秋田県議会議長。自民党秋田市支部長、秋田県連政務調査会長。現在秋田市竿燈会顧問○総務大臣政務官○自民党選挙対策委員会委員、総務部会長代理、経済産業部会・国土交通部会・国防部会副部会長、地方組織・議員総局次長、法務自治関係団体・国土建設関係団体副委員長○衆議院総務委員、法務委員、経済産業委員会理事、東日本大震災復興特別委員会理事○当選4回（46、47、48、49）

復興副大臣　新妻秀規（にいづま ひでき） 公明

〈参議院比例〉 S 45.7.22埼玉県越谷市生、東京大学工学部卒。東京大学大学院工学系研究科修士課程修了（航空宇宙工学専攻）○H 7川崎重工業（株）入社、航空宇宙事業本部に配属、2度のアメリカ赴任を経験。ボーイング社に計5年間勤務、最新鋭旅客機「ボーイング787」開発等に携わる○「技術士」（航空・宇宙部門、総合技術監理部門）及び日本防災士機構の「防災士」資格取得○元文部科学大臣政務官兼内閣府大臣政務官兼復興大臣政務官○参議院経済産業委員会委員、政府開発援助等に関する特別委員会委員、国際経済・外交に関する調査会理事、公明党国際局次長、同文化局次長、同経済産業部会長代理、同中部方面本部副幹事長、同愛知県本部副代表○当選2回（H 25、R 1）

国家公安委員会委員長
国土強靱化担当
領土問題担当
国家公務員制度担当
内閣府特命担当大臣
（防災　海洋政策）

二之湯　智（にのゆ　さとし）　自民［茂］

〈参議院京都〉 S 19.9.13京都市左京区生、慶應義塾大学法学部政治学科卒○S 44国立京都国際会館に奉職。S 48衆議院議員前尾繁三郎秘書、S 58衆議院議員野中ひろむ後援会連合会事務局長。S 62京都市会議員（右京区選出）初当選、以後5期連続当選。その間、H 11京都市会議長、同年全国市議会議長会会長。自民党京都府連政務調査会長、幹事長、会長、京都府日中友好協会理事長を歴任。○H 16参議院議員（京都府選挙区）に初当選、H 19総務大臣政務官、H 22文教科学委員長、H 26総務副大臣、H 29決算委員長○参議院国際経済・外交調査会筆頭理事、自民党政調会長代理、参議院自民党政審会長代理○当選3回（H 16、H 22、H 28）

内閣府特命担当大臣
（地方創生　少子化対策
男女共同参画）
女性活躍担当
こども政策担当
孤独・孤立対策担当

野田聖子（のだ　せいこ）　自民［無］

〈衆議院岐阜1区〉 S 35.9.3福岡県北九州市生、上智大学外国語学部卒○（株）帝国ホテル社員、岐阜県議会議員。一般財団法人日本青年館評議員、公益社団法人全日本不動産協会顧問、学校法人聖徳大学名誉学長、NPO法人ひまわりの会会長等。骨髄バンク議員連盟会長、和装振興議員連盟事務局長○H 8郵政政務次官、H 10郵政大臣、H 20内閣府特命担当大臣（科学技術政策・食品安全）・消費者行政推進担当大臣・宇宙開発担当大臣、H 29総務大臣・女性活躍担当大臣・内閣府特命担当大臣（男女共同参画・マイナンバー制度）○H 24自民党総務会長○H 28衆議院災害対策特別委員長○当選10回（40、41、42、43、44、45、46、47、48、49）

経済再生担当
新しい資本主義担当
新型コロナ対策・健康危機管理担当
全世代型社会保障改革担当
内閣府特命担当大臣
（経済財政政策）

山際大志郎（やまぎわだいしろう）　自民［麻］

〈衆議院神奈川18区〉 S 43.9.12東京都小金井市生、山口大学農学部卒、東京大学大学院農学生命科学研究科修了。獣医学博士、獣医師○第2回南半球鯨類及び環境調査に日本代表調査研究員として従事、東京大学附属動物医療センター獣医師、川崎市・横浜市にて動物病院経営○内閣府大臣政務官、経済産業副大臣○自民党経済産業部会長、国際局長代理、副幹事長○当選6回（43、44、46、47、48、49）

経済安全保障担当
内閣府特命担当大臣
（科学技術政策　宇宙政策）

小林鷹之（こばやし　たかゆき）　自民［二］

〈衆議院千葉2区〉 S 49.11.29千葉県市川市生、東京大学法学部卒、ハーバード大学院修了○財務省理財局課長補佐、在米日本大使館一等書記官○防衛大臣政務官○自民党財務金融部会副部会長、党外交部会長代理を経て、党経済産業部会長代理○当選4回（46、47、48、49）

東京オリンピック競技大会・
東京パラリンピック競技大会担当
ワクチン接種推進担当

堀内詔子（ほりうちのりこ） 自民［岸］

〈衆議院山梨2区〉 S 40.10.28東京都港区生、学習院大学大学院人文科学研究科博士後期課程単位取得満期退学○フジヤマミュージアム館長○厚労大臣政務官、環境副大臣兼内閣府副大臣○党山梨県第2選挙区支部長、党女性局次長、党雇用問題調査会幹事、党超電導リニア鉄道に関する特別委員会事務局次長、党テレワーク推進特命委員会幹事、党総合交通政策に関する特命委員会幹事、党厚労部会副部会長、党組織運動本部団体総局労働関係団体委員会副委員長、党観光立国調査会幹事、党国際保健医療戦略特命委員会幹事○衆議院厚生労働委員○当選4回（46、47、48、49）

国際博覧会担当
デジタル田園都市国家構想担当
共生社会担当
内閣府特命担当大臣
（消費者及び食品安全　クールジャパン戦略　知的財産戦略）

若宮健嗣（わかみやけんじ） 自民［茂］

〈衆議院比例東京〉 S 36.9.2東京都千代田区生、慶應義塾大学商学部卒○S 59セゾングループ入社、故堤清二代表秘書となる○H 25第二次安倍内閣にて防衛大臣政務官、H 27.10第三次安倍内閣にて防衛副大臣兼内閣府副大臣、H 28再任○衆議院議院運営委員会理事、安全保障委員会理事、経済産業委員会理事等○自民党国防部会部会長、国会対策委員会副委員長○当選5回（44、46、47、48、49）

内閣府副大臣 大野敬太郎（おおのけいたろう） 自民［無］

〈衆議院香川3区〉 S 43.11.1香川県丸亀市出身（本籍観音寺市）、東京工業大学工学部卒、同大学院理工学研究科修士課程修了。後に東京大学博士号取得○富士通（株）入社後、米カリフォルニア大学バークレー校客員フェロー、東京大学産学官

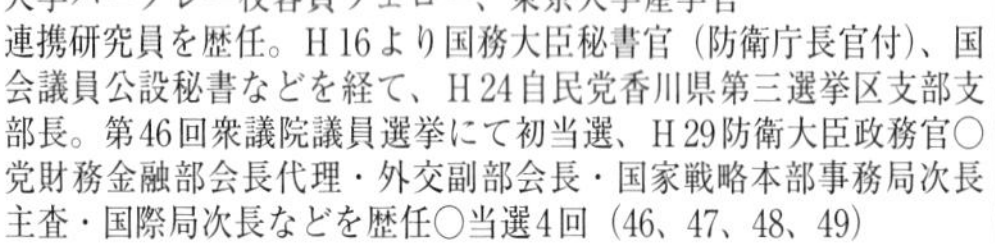

連携研究員を歴任。H 16より国務大臣秘書官（防衛庁長官付）、国会議員公設秘書などを経て、H 24自民党香川県第三選挙区支部支部長。第46回衆議院議員選挙にて初当選、H 29防衛大臣政務官○党財務金融部会長代理・外交副部会長・国家戦略本部事務局次長主査・国際局次長などを歴任○当選4回（46、47、48、49）

内閣府副大臣 黄川田仁志（きかわだひとし） 自民［無］

〈衆議院埼玉3区〉 S 45.10.13東京都世田谷区生、米国メリーランド大学大学院修了、理学修士○東和科学（株）社員、（財）環日本海環境協力センター研究員、（財）松下政経塾塾生・研究生、海洋政策研究財団研究員を経て、現在に至る○外務大臣政務官○自民党外交部会長代理、国際局次長○当選4回（46、47、48、49）

内閣府副大臣 赤池誠章（あかいけ まさあき） 自民［安］

〈**参議院比例**〉 S36.7.19山梨県甲府市生、明治大学政治経済学部政治学科卒○松下政経塾で松下幸之助氏に「人づくり」の重要性を学ぶ。赤池総合研究所代表、自動車整備士養成の専門学校長を経て、H17衆議院議員に初当選。教育基本法の改正に尽力○H24～26母校明治大学客員教授○H25参議院議員選挙比例代表（全国区）で国政復帰。自民党副幹事長、参議院国土交通委員会理事、文部科学大臣政務官、参議院文教科学委員長、自民党文部科学部会長（2期）等○参議院文教科学委員会筆頭理事、北朝鮮による拉致問題等に関する特別委員会委員、憲法審査会委員、自民党広報本部本部長代理、教育再生実行本部事務局長○衆議院当選1回（44）○当選2回（H25、R1）

内閣府大臣政務官 小寺裕雄（こてら ひろお） 自民［二］

〈**衆議院滋賀4区**〉 S35.9.18滋賀県八日市市生、同志社大学文学部卒○会社役員、滋賀県議会議員、滋賀県議会副議長○当選2回（48、49）

内閣府大臣政務官 宮路拓馬（みやじ たくま） 自民［森］

〈**衆議院鹿児島1区**〉 S54.12.6生、東京大学法学部卒○総務省入省、奈良県財政課、総務省消防庁、同自治行政局、広島市企画調整部調整担当課長及び財政課長（その間、広島市中消防団千田分団所属）、内閣官房副長官補（安全保障・危機管理担当）付参事官補佐、総務省大臣官房秘書課課長補佐○自民党鹿児島県衆議院比例区第一支部長、同党青年局次長、同党農林副部会長○当選3回（47、48、49）

内閣府大臣政務官 兼復興大臣政務官 宗清皇一（むねきよ こういち） 自民［安］

〈**衆議院比例近畿**〉 S45.8.9大阪府東大阪市生、龍谷大学文学部卒○衆議院議員秘書、大阪府議会議員（2期）○自民党財務金融部会副部会長、商工・中小企業関係団体委員会副委員長、青年局次長、経済産業大臣政務官兼内閣府大臣政務官○当選3回（47、48、49）

衆議院・参議院案内図

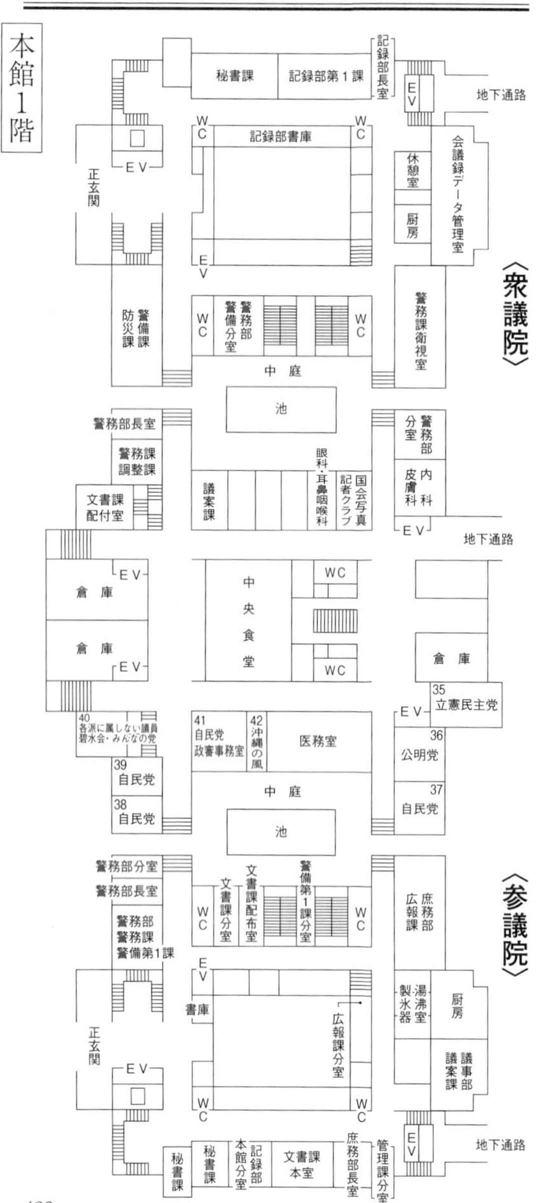
本館1階
〈衆議院〉
〈参議院〉
秘書課
記録部第１課
記録部長室
EV
地下通路
WC
記録部書庫
EV
正玄関
休憩室
厨房
会議録データ管理室
EV
警備課
防災課
警務部警備分室
WC
中庭
警務課衛視室
池
警務部長室
警務課調整課
文書課配付室
議案課
眼科・耳鼻咽喉科
記者クラブ
国会写真
警務部分室
内科
皮膚科
EV
地下通路
EV
倉庫
倉庫
EV
中央食堂
WC
WC
倉庫
35
立憲民主党
40
各派に属しない議員
碧水会・みんなの党
41
自民党
政審事務室
42
沖縄の風
医務室
EV
36
公明党
39
自民党
38
自民党
中庭
37
自民党
池
警務部分室
警務部長室
警務部
警務課
警備第1課
WC
文書課分室
文書課配布室
警備第1課分室
WC
庶務部
広報課
EV
書庫
広報課分室
湯沸室
製氷器
厨房
正玄関
EV
議事部
議案課
WC
WC
秘書課
秘書課
記録部本館分室
文書課本室
庶務部長室
管理課分室
EV
地下通路

衆議院・参議院案内図

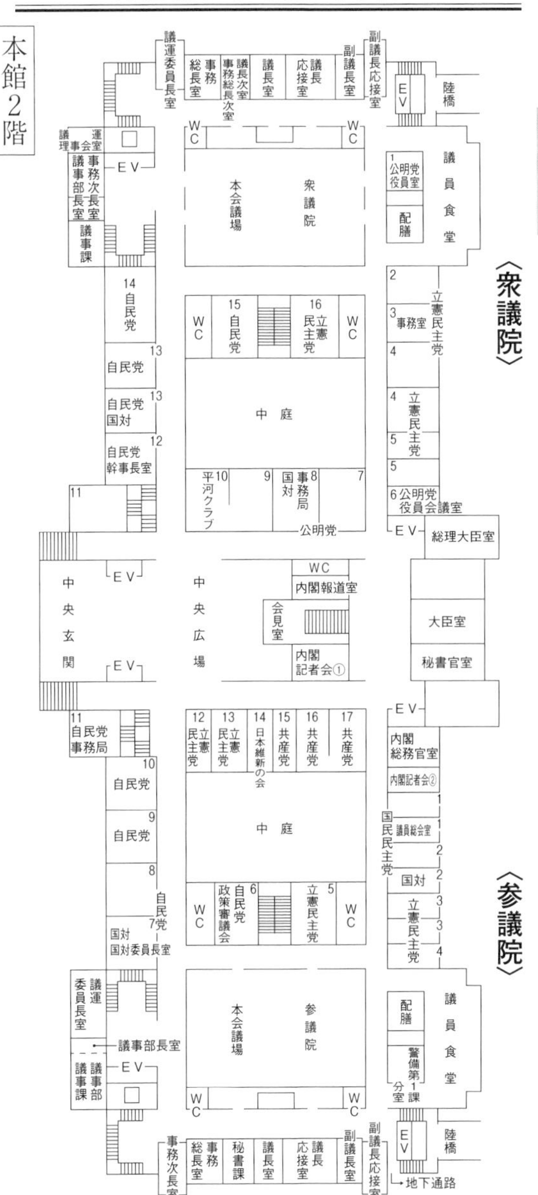
本館2階
議運委員長室
事務総長室
議長次室
事務総長次室
議長室
議長応接室
副議長室
副議長応接室
EV
陸橋
WC
議運理事会室
議事部長室
議事務次長室
議事課
本会議場
衆議院
議員食堂
1 公明党役員室
配膳
14 自民党
15 自民党
16 立憲民主党
2
3 事務室
4
立憲民主党
13 自民党
13 自民党国対
中庭
12 自民党幹事長室
5
6 公明党役員会議室
平河クラブ 10
9
国対 事務局 8
7
公明党
11
総理大臣室
中央玄関
中央広場
WC
内閣報道室
会見室
大臣室
内閣記者会①
秘書官室
11 自民党事務局
12 立憲民主党
13 立憲民主党
14 日本維新の会
15 共産党
16 共産党
17 共産党
内閣総務官室
内閣記者会②
10 自民党
9 自民党
国民民主党
議員総会室
国対
8
自民党
7
国対 国対委員長室
政策審議会 自民党 6
5 立憲民主党
議運委員長室
議事部長室
議事課
参議院
警備第1課分室
事務次長室
事務総長室
秘書課
地下通路

衆議院・参議院案内図

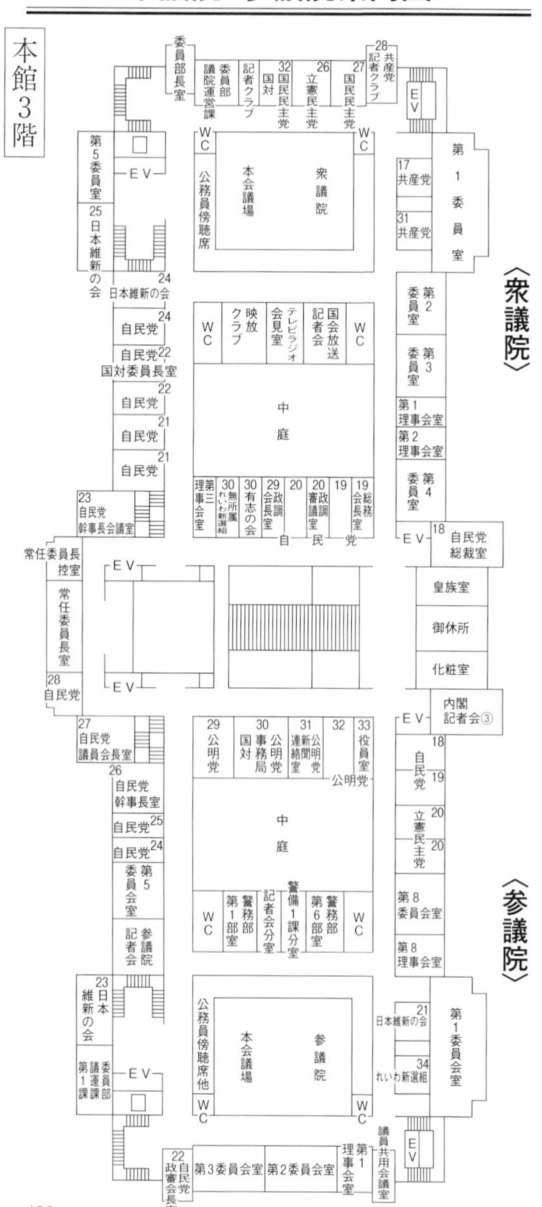
本館3階
〈衆議院〉
〈参議院〉
委員部長室
議院運営課
委員部
記者クラブ
32 国対 国民民主党
26 立憲民主党
27 国民民主党
28 共産党記者クラブ
EV
WC
公務員傍聴席
本会議場
衆議院
第1委員室
17 共産党
31 共産党
第5委員室
25 日本維新の会
24 日本維新の会
24 自民党
自民党22
国対委員長室
22 自民党
21 自民党
21 自民党
映放クラブ
テレビラジオ会見室
国会放送記者会
中庭
第2委員室
第3委員室
第1理事会室
第2理事会室
第4委員室
23 自民党幹事長会議室
第三理事会室
30 無所属 れいわ新選組
30 有志の会
29 政調会長室
20
20 政調審議室
19
19 総務会長室
自民党
18 自民党総裁室
常任委員長控室
常任委員長室
皇族室
御休所
化粧室
28 自民党
内閣記者会③
27 自民党議員会長室
29 公明党
30 国対 事務局 公明党
31 公明党 新聞連絡室
32
33 役員室
公明党
18 自民党 19
26 自民党幹事長室
自民党25
自民党24
立憲民主党 20 20
第5委員会室
参議院記者会
第1部 警務部室
記者会分室
警備1課分室
第6部 警務部室
第8委員会室
第8理事会室
23 日本維新の会
委員部 議運 第1課
公務員傍聴席他
参議院
21 日本維新の会
34 れいわ新選組
第1委員会室
22 自民党政審会長室
第3委員会室
第2委員会室
第1理事会室
議員共用会議室

衆議院別館・分館案内図

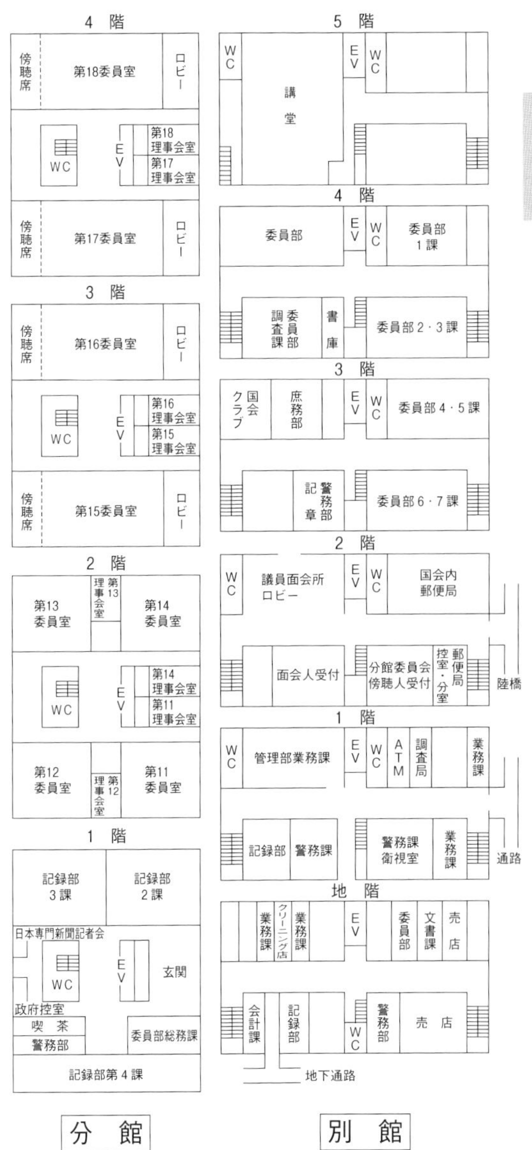
4　階
傍聴席
第18委員室
ロビー
WC
EV
第18理事会室
第17理事会室
傍聴席
第17委員室
ロビー
3　階
傍聴席
第16委員室
ロビー
WC
EV
第16理事会室
第15理事会室
傍聴席
第15委員室
ロビー
2　階
第13委員室
第13理事会室
第14委員室
WC
EV
第14理事会室
第11理事会室
第12委員室
第12理事会室
第11委員室
1　階
記録部3課
記録部2課
日本専門新聞記者会
WC
EV
玄関
政府控室
喫茶
警務部
委員部総務課
記録部第4課
5　階
WC
講堂
EV
WC
4　階
委員部
EV
WC
委員部1課
調査課
委員部
書庫
委員部2・3課
3　階
国会クラブ
庶務部
EV
WC
委員部4・5課
警務部
記章
委員部6・7課
2　階
WC
議員面会所ロビー
EV
WC
国会内郵便局
面会人受付
分館委員会傍聴人受付
郵便局分室
控室
陸橋
1　階
WC
管理部業務課
EV
WC
ATM
調査局
業務課
記録部
警務課
警務課衛視室
業務課
通路
地　階
業務課
クリーニング店
業務課
EV
委員部
文書課
売店
会計課
記録部
WC
警務部
売　店
地下通路
分　館
別　館

参議院別館・分館案内図

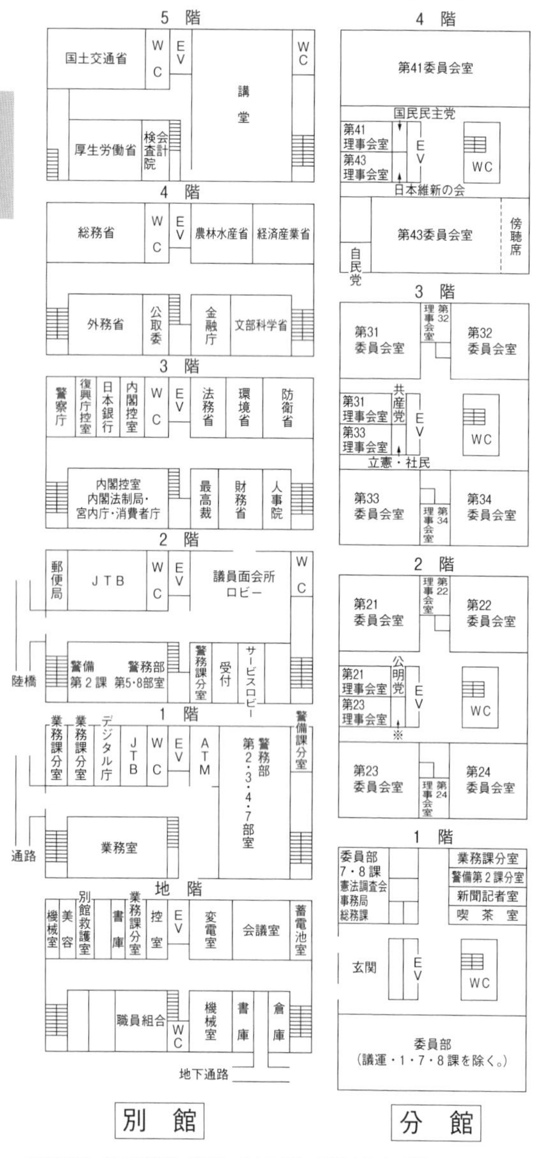

※沖縄の風、れいわ新選組、碧水会、みんなの党、各派に属しない議員

衆議院第１議員会館２階案内図

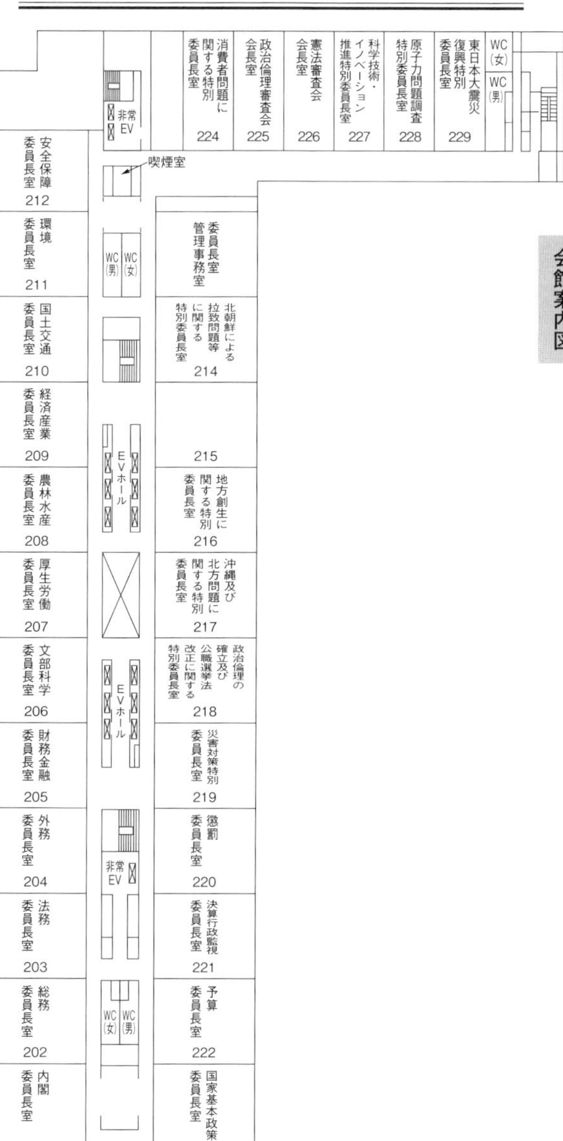

会館案内図

衆議院第１議員会館１階案内図

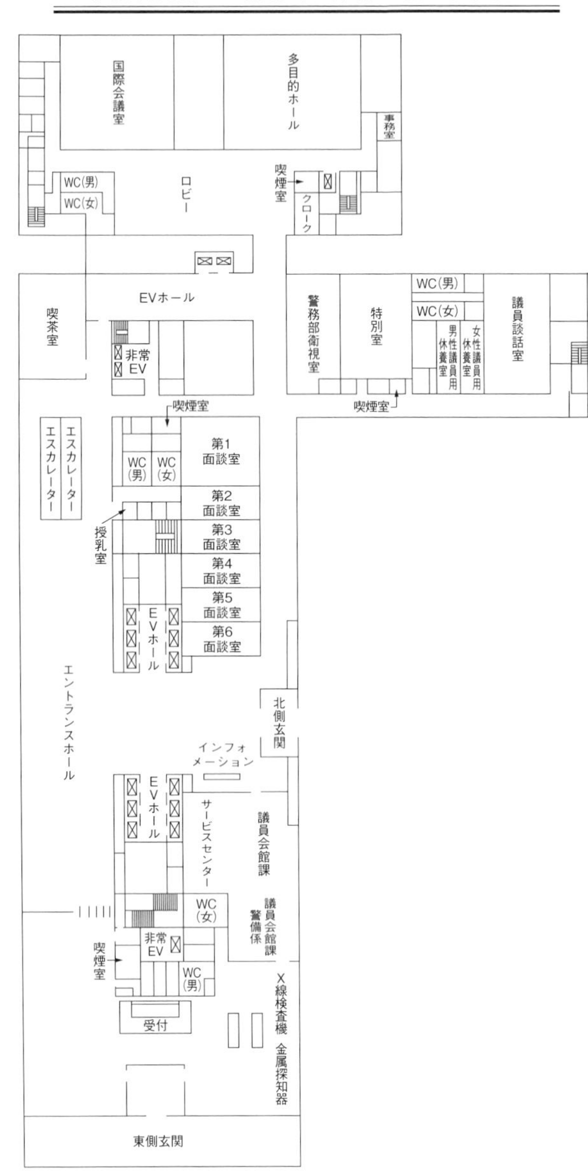

国会議事堂側

衆議院第１議員会館地下１階案内図

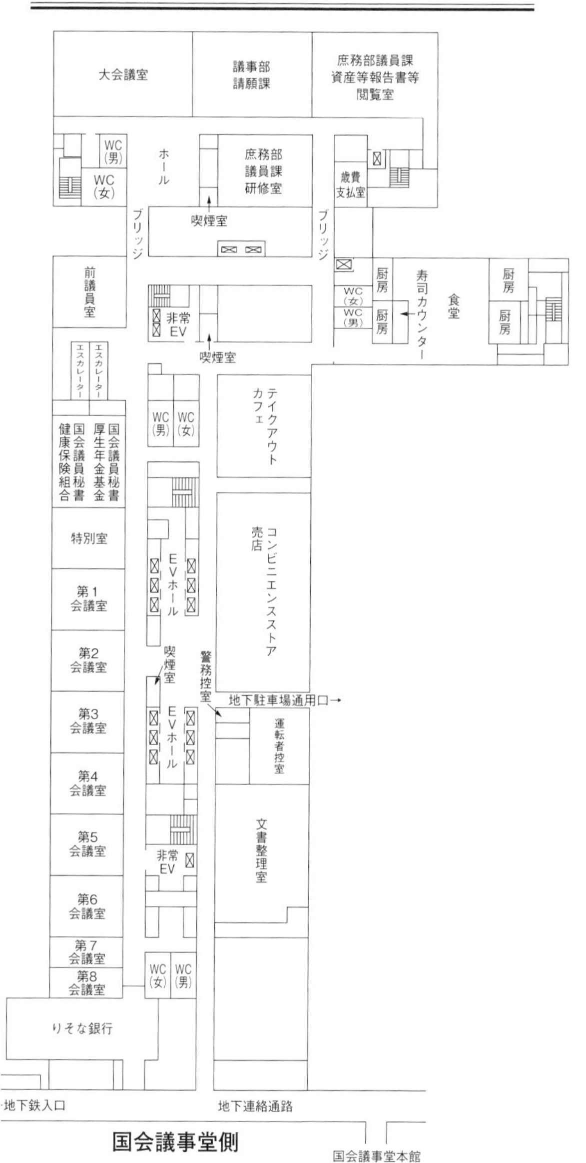

衆議院第１議員会館地下２階案内図

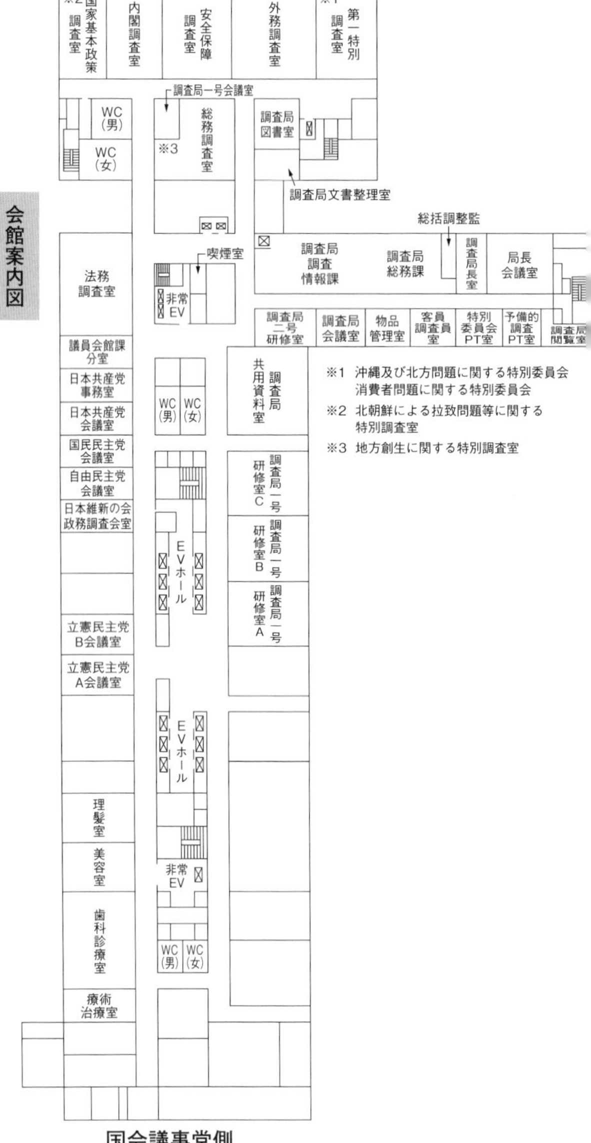

※1 沖縄及び北方問題に関する特別委員会
消費者問題に関する特別委員会

※2 北朝鮮による拉致問題等に関する特別調査室

※3 地方創生に関する特別調査室

衆議院第１議員会館地下３階案内図

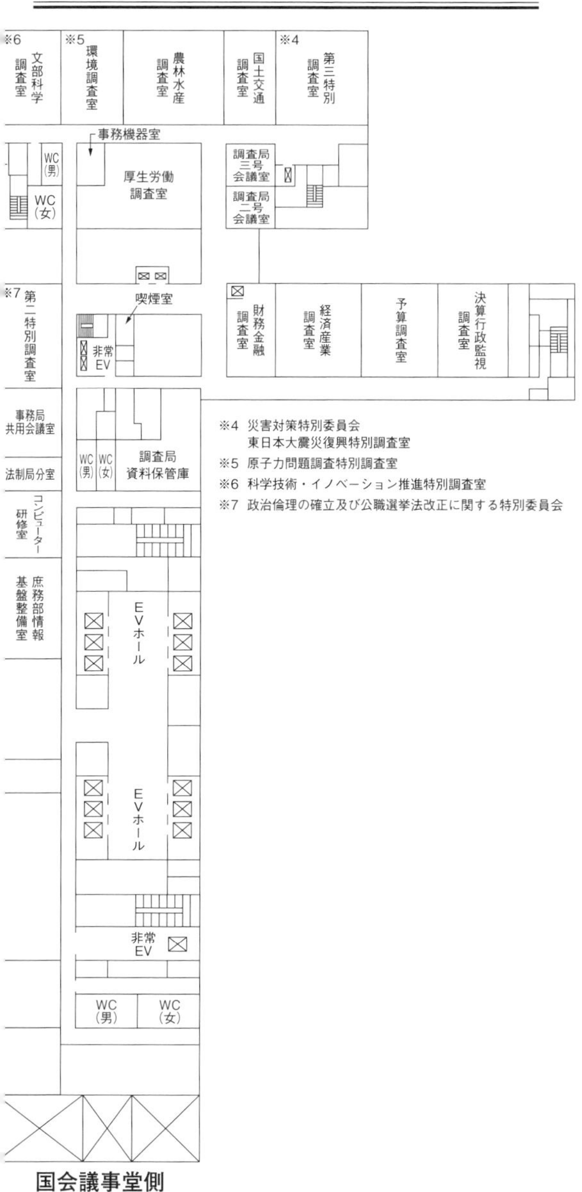

※4 災害対策特別委員会
東日本大震災復興特別調査室
※5 原子力問題調査特別調査室
※6 科学技術・イノベーション推進特別調査室
※7 政治倫理の確立及び公職選挙法改正に関する特別委員会

衆議院第２議員会館１階案内図

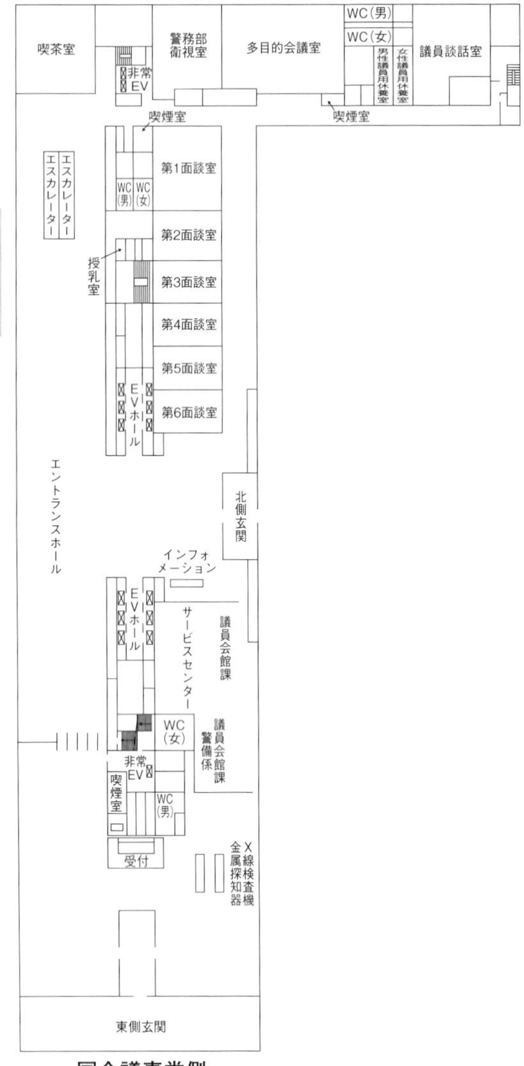

国会議事堂側

衆議院第２議員会館地下１階案内図

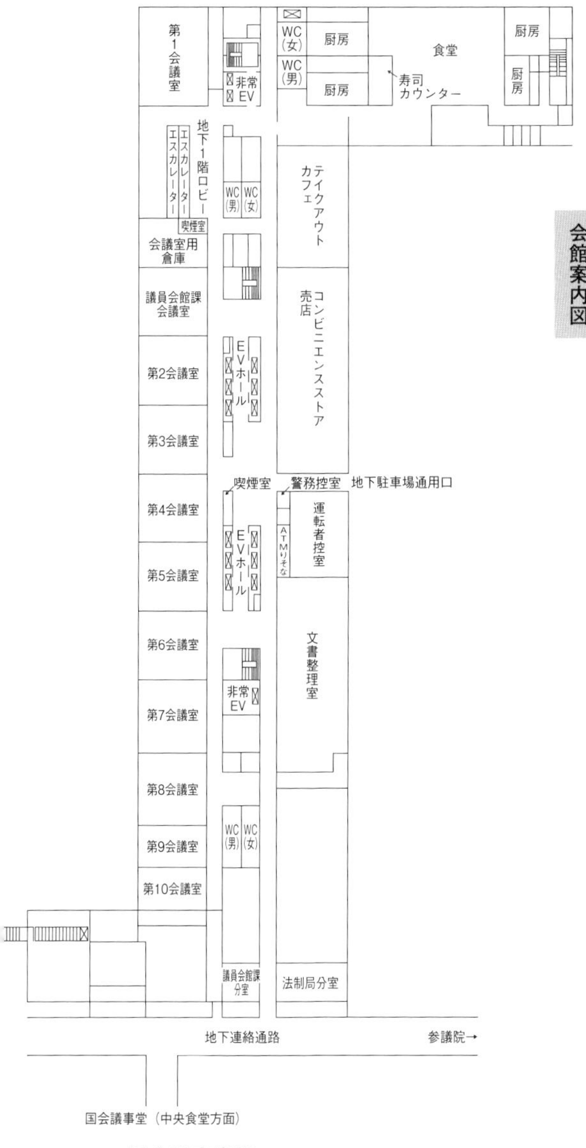

衆議院第２議員会館地下２階案内図

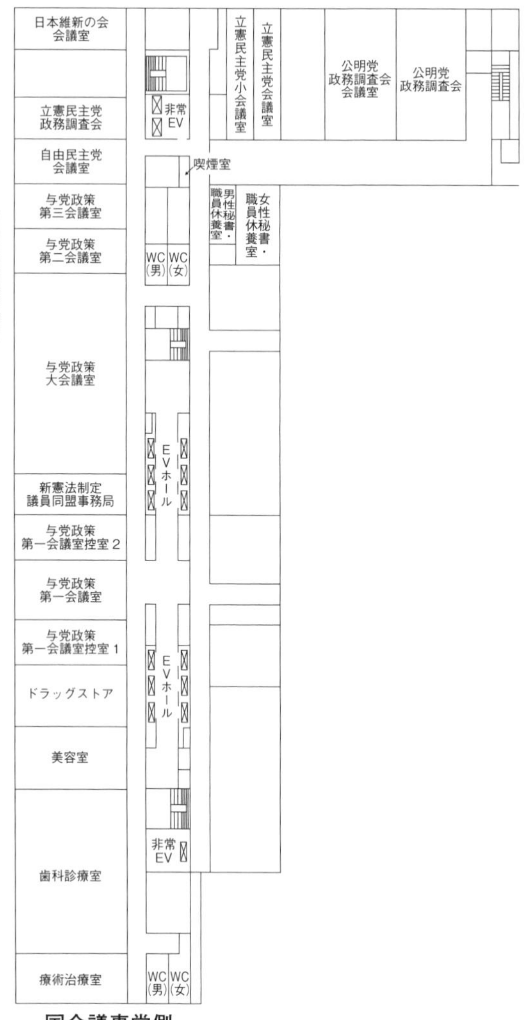

参議院議員会館２階案内図

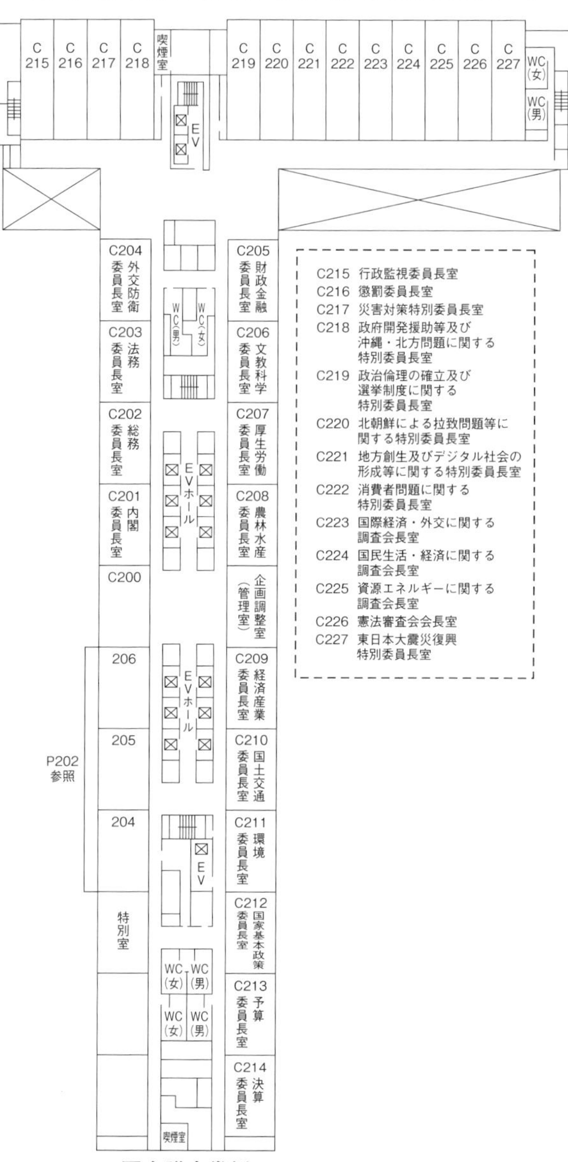

C215 行政監視委員長室
C216 懲罰委員長室
C217 災害対策特別委員長室
C218 政府開発援助等及び沖縄・北方問題に関する特別委員長室
C219 政治倫理の確立及び選挙制度に関する特別委員長室
C220 北朝鮮による拉致問題等に関する特別委員長室
C221 地方創生及びデジタル社会の形成等に関する特別委員長室
C222 消費者問題に関する特別委員長室
C223 国際経済・外交に関する調査会長室
C224 国民生活・経済に関する調査会長室
C225 資源エネルギーに関する調査会長室
C226 憲法審査会会長室
C227 東日本大震災復興特別委員長室

参議院議員会館１階案内図

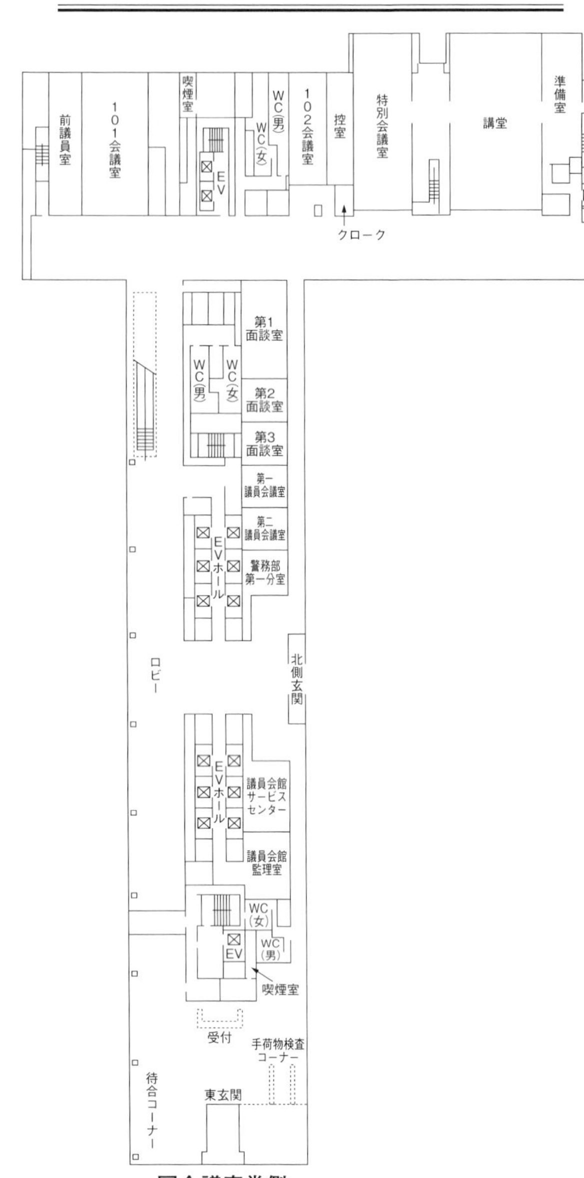

参議院議員会館地下1階案内図

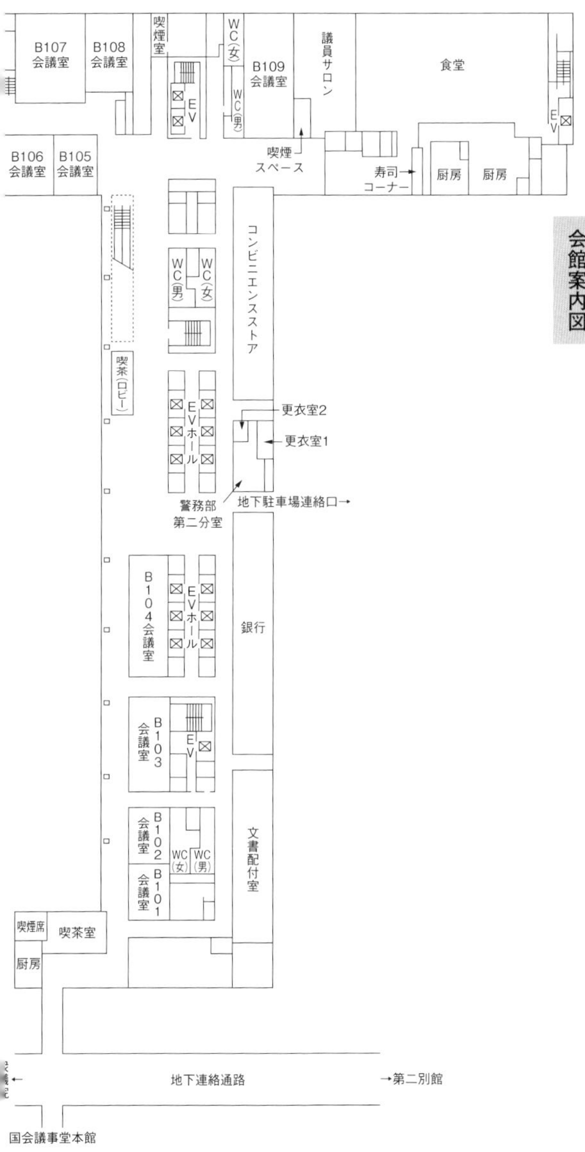

参議院議員会館地下２階案内図

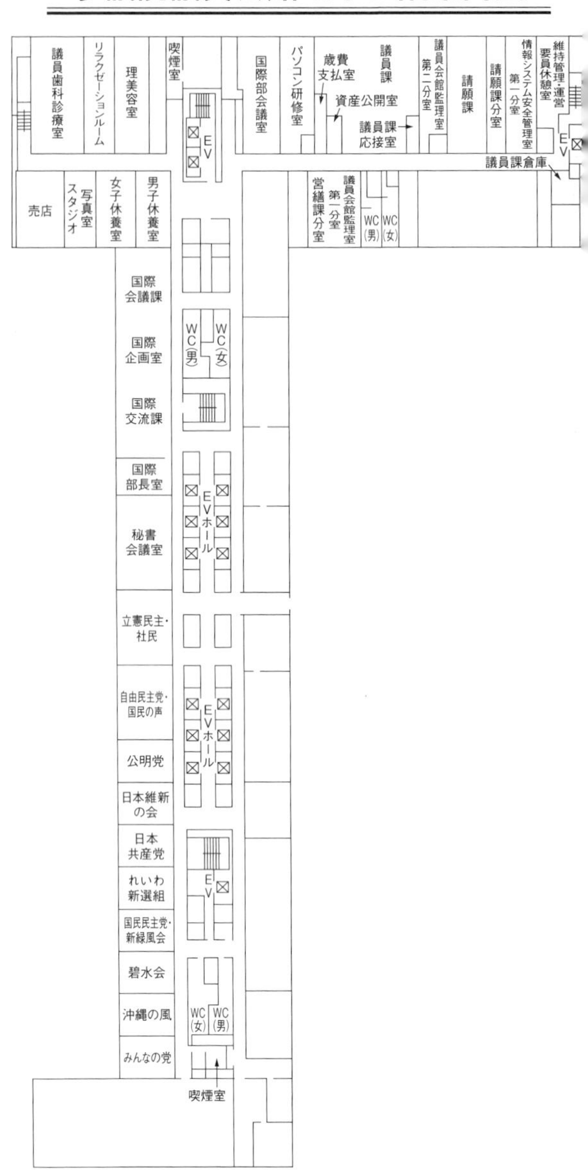

国会議事堂側

ドント方式による比例代表選挙当選順位

	A党	B党	C党
	1500票	900票	720票
1で割る	1500①	900②	720④
2で割る	750③	450⑥	360
3で割る	500⑤	300	240
4で割る	375⑦	225	180
5で割る	300	180	144

（日本経済新聞より）

各党の得票数を1、2、3……と整数（各党に割り振る議席）で割っていき、商の大きい順に当選を決めていく。左の図は7議席を配分した例。当選順位を決定していく作業はどの政党の何人目の候補に議席を与えれば有権者の投票を最も反映するかを判断するとともに、各党の1議席当たりの得票数をなるべく公平にする意味がある。

第49回衆議院選挙（令和3年10月31日施行）

【北海道】（8人）

（P57参照）

自民党　4人

÷1	①	863,300
÷2	③	431,650
÷3	⑥	287,766
÷4	⑧	215,825

立憲民主党　3人

÷1	②	682,912
÷2	④	341,456
÷3	⑦	227,637

公明党　1人

÷1	⑤	294,371

【東北】（13人）

（P66参照）

自民党　6人

÷1	①	1,628,233
÷2	③	814,116
÷3	④	542,744
÷4	⑦	407,058
÷5	⑨	325,646
÷6	⑪	271,372

立憲民主党　4人

÷1	②	991,504
÷2	⑤	495,752
÷3	⑧	330,501
÷4	⑬	247,876

公明党　1人

÷1	⑥	456,287

共産党　1人

÷1	⑩	292,830

日本維新の会　1人

÷1	⑫	258,690

【北関東】（19人）

（P78参照）

自民党　7人

÷1	①	2,172,065
÷2	③	1,086,032
÷3	⑤	724,021
÷4	⑧	543,016
÷5	⑪	434,413
÷6	⑬	362,010
÷7	⑮	310,295

立憲民主党　5人

÷1	②	1,391,148
÷2	⑥	695,574
÷3	⑨	463,716
÷4	⑭	347,787
÷5	⑱	278,229

公明党　3人

÷1	④	823,930
÷2	⑫	411,965
÷3	⑲	274,643

日本維新の会　2人

÷1	⑦	617,531
÷2	⑯	308,765

共産党　1人

÷1	⑩	444,115

国民民主党　1人

÷1	⑰	298,056

【南関東】（22人）

（P92参照）

自民党　9人

÷1	①	2,590,787
÷2	③	1,295,393
÷3	⑤	863,595
÷4	⑧	647,696
÷5	⑪	518,157
÷6	⑬	431,797
÷7	⑰	370,112
÷8	⑲	323,848
÷9	㉒	287,865

立憲民主党　5人

÷1	②	1,651,562
÷2	⑦	825,781
÷3	⑨	550,520
÷4	⑮	412,890
÷5	⑱	330,312

日本維新の会　3人

÷1	④	863,897
÷2	⑫	431,948
÷3	㉑	287,965

公明党　2人

÷1	⑥	850,667
÷2	⑭	425,333

共産党　1人

÷1	⑩	534,493

国民民主党　1人

÷1	⑯	384,481

れいわ新選組　1人

÷1	⑳	302,675

【東京都】（17人）

（P102参照）

自民党　6人

÷1	①	2,000,084
÷2	③	1,000,042
÷3	⑦	666,694
÷4	⑨	500,021
÷5	⑫	400,016
÷6	⑯	333,347

立憲民主党　4人

÷1	②	1,293,281
÷2	⑧	646,640
÷3	⑩	431,093
÷4	⑰	323,320

日本維新の会　2人

÷1	④	858,577
÷2	⑪	429,288

公明党　2人

÷1	⑤	715,450
÷2	⑭	357,725

共産党　2人

÷1	⑥	670,340

÷2 ⑮ 335,170

れいわ新選組 1人

÷1 ⑬ 360,387

【北陸信越】(11人)

(P110参照)

自民党 6人

÷1 ① 1,468,380
÷2 ③ 734,190
÷3 ④ 489,460
÷4 ⑥ 367,095
÷5 ⑨ 293,676
÷6 ⑪ 244,730

立憲民主党 3人

÷1 ② 773,076
÷2 ⑤ 386,538
÷3 ⑩ 257,692

日本維新の会 1人

÷1 ⑦ 361,476

公明党 1人

÷1 ⑧ 322,535

【東海】(21人)

(P123参照)

自民党 9人

÷1 ① 2,515,841
÷2 ③ 1,257,920
÷3 ④ 838,613
÷4 ⑧ 628,960
÷5 ⑨ 503,168
÷6 ⑪ 419,306
÷7 ⑯ 359,405
÷8 ⑱ 314,480
÷9 ⑳ 279,537

立憲民主党 5人

÷1 ② 1,485,947
÷2 ⑥ 742,973
÷3 ⑩ 495,315
÷4 ⑮ 371,486
÷5 ⑲ 297,189

公明党 3人

÷1 ⑤ 784,976
÷2 ⑬ 392,488
÷3 ㉑ 261,658

日本維新の会 2人

÷1 ⑦ 694,630
÷2 ⑰ 347,315

共産党 1人

÷1 ⑫ 408,606

国民民主党 1人

÷1 ⑭ 382,733

れいわ新選組 1人

÷1 − 273,208

※れいわ新選組は1議席分の票を獲得したが、名簿登載者2人(重複立候補)がいずれも小選挙区で復活当選に必要な得票数(有効投票総数の10%)に満たなかった。このため、次点だった公明党に1議席が割り振られた。

【近畿】(28人)

(P141参照)

日本維新の会 10人

÷1 ① 3,180,219
÷2 ③ 1,590,109
÷3 ⑦ 1,060,073
÷4 ⑨ 795,054
÷5 ⑪ 636,043
÷6 ⑮ 530,036
÷7 ⑰ 454,317
÷8 ⑲ 397,527
÷9 ㉓ 353,357
÷10 ㉕ 318,021

自民党 8人

÷1 ② 2,407,699
÷2 ④ 1,203,849
÷3 ⑧ 802,566
÷4 ⑫ 601,924
÷5 ⑯ 481,539
÷6 ⑱ 401,283
÷7 ㉔ 343,957
÷8 ㉗ 300,962

公明党 3人

÷1 ⑤ 1,155,683
÷2 ⑬ 577,841
÷3 ⑳ 385,227

立憲民主党 3人

÷1 ⑥ 1,090,665
÷2 ⑭ 545,332
÷3 ㉒ 363,555

共産党 2人

÷1 ⑩ 736,156
÷2 ㉑ 368,078

国民民主党 1人

÷1 ㉖ 303,480

れいわ新選組 1人

÷1 ㉘ 292,483

【中国】(11人)

(P149参照)

自民党 6人

÷1 ① 1,352,723
÷2 ② 676,361
÷3 ④ 450,907
÷4 ⑥ 338,180
÷5 ⑨ 270,544
÷6 ⑩ 225,453

立憲民主党 2人

÷1 ③ 573,324
÷2 ⑦ 286,662

公明党 2人

÷1 ⑤ 436,220
÷2 ⑪ 218,110

日本維新の会 1人

÷1 ⑧ 286,302

【四国】(6人)

(P154参照)

自民党 3人

÷1 ① 664,805
÷2 ② 332,402
÷3 ⑤ 221,601

立憲民主党 1人

÷1 ③ 291,870

公明党 1人

÷1 ④ 233,407

日本維新の会 1人

÷1 ⑥ 173,826

【九州】(20人)

(P167参照)

自民党 8人

÷1 ① 2,250,966
÷2 ③ 1,125,483
÷3 ⑤ 750,322
÷4 ⑦ 562,741
÷5 ⑩ 450,193
÷6 ⑫ 375,161
÷7 ⑮ 321,566
÷8 ⑰ 281,370

立憲民主党 4人

÷1 ② 1,266,801
÷2 ⑥ 633,400
÷3 ⑪ 422,267
÷4 ⑯ 316,700

公明党 4人

÷1 ④ 1,040,756
÷2 ⑨ 520,378
÷3 ⑭ 346,918
÷4 ⑳ 260,189

日本維新の会 2人

÷1 ⑧ 540,338
÷2 ⑲ 270,169

共産党 1人

÷1 ⑬ 365,658

国民民主党 1人

÷1 ⑱ 279,509

(小数点以下は切り捨て)

第24回参議院選挙（平成28年7月10日施行）

（P221参照）

自民党　19人

÷1	①	20,114,788
÷2	③	10,057,394
÷3	⑤	6,704,929
÷4	⑨	5,028,697
÷5	⑩	4,022,957
÷6	⑬	3,352,464
÷7	⑯	2,873,541
÷8	⑲	2,514,348
÷9	㉑	2,234,976
÷10	㉒	2,011,478
÷11	㉖	1,828,617
÷12	㉙	1,676,232
÷13	㉚	1,547,291
÷14	㉟	1,436,770
÷15	㊱	1,340,985
÷16	㊵	1,257,174
÷17	㊷	1,183,222
÷18	㊹	1,117,488
÷19	㊽	1,058,673

民進党　11人

÷1	②	11,751,015
÷2	⑦	5,875,507
÷3	⑪	3,917,005
÷4	⑮	2,937,753
÷5	⑳	2,350,203
÷6	㉔	1,958,502
÷7	㉘	1,678,716
÷8	㉞	1,468,876
÷9	㊲	1,305,668
÷10	㊸	1,175,101
÷11	㊻	1,068,274

公明党　7人

÷1	④	7,572,960
÷2	⑫	3,786,480
÷3	⑱	2,524,320
÷4	㉕	1,893,240
÷5	㉜	1,514,592
÷6	㊴	1,262,160
÷7	㊺	1,081,851

共産党　5人

÷1	⑥	6,016,194
÷2	⑭	3,008,097
÷3	㉓	2,005,398
÷4	㉝	1,504,048
÷5	㊶	1,203,238

おおさか維新の会　4人

÷1	⑧	5,153,584
÷2	⑰	2,576,792
÷3	㉗	1,717,861
÷4	㊳	1,288,396

社民党　1人

÷1	㉛	1,536,238

生活の党　1人

÷1	㊼	1,067,300

（小数点以下は切り捨て）

第25回参議院選挙（令和元年7月21日施行）

（P232参照）

自民党　19人

÷1	①	17,712,373
÷2	②	8,856,186
÷3	⑤	5,904,124
÷4	⑧	4,428,093
÷5	⑩	3,542,474
÷6	⑬	2,952,062
÷7	⑮	2,530,339
÷8	⑲	2,214,046
÷9	㉒	1,968,041
÷10	㉓	1,771,237
÷11	㉗	1,610,215
÷12	㉚	1,476,031
÷13	㉛	1,362,490
÷14	㉞	1,265,169
÷15	㊱	1,180,824
÷16	㊶	1,107,023
÷17	㊹	1,041,904
÷18	㊼	984,020
÷19	㊿	932,230

立憲民主党　8人

÷1	③	7,917,720
÷2	⑨	3,958,860
÷3	⑭	2,639,240
÷4	㉑	1,979,430
÷5	㉘	1,583,544
÷6	㉜	1,319,620
÷7	㊴	1,131,102
÷8	㊺	989,715

公明党　7人

÷1	④	6,536,336
÷2	⑫	3,268,168
÷3	⑳	2,178,778
÷4	㉖	1,634,084
÷5	㉝	1,307,267
÷6	㊷	1,089,389
÷7	㊾	933,762

日本維新の会　5人

÷1	⑥	4,907,844
÷2	⑯	2,453,922
÷3	㉕	1,635,948
÷4	㉟	1,226,961
÷5	㊽	981,568

共産党　4人

÷1	⑦	4,483,411
÷2	⑱	2,241,705
÷3	㉙	1,494,470
÷4	㊵	1,120,852

国民民主党　3人

÷1	⑪	3,481,078
÷2	㉔	1,740,539
÷3	㊲	1,160,359

れいわ新選組　2人

÷1	⑰	2,280,252
÷2	㊳	1,140,126

社民党　1人

÷1	㊸	1,046,011

NHKから国民を守る党　1人

÷1	㊻	987,885

（小数点以下は切り捨て）

※　各党の得票数を1、2、3…の整数で割り、その「商」の大きい順に議席が配分されます。各党の得票数を1、2、3…の整数で割った「商」を掲載しています。丸なか数字はドント式当選順位です。

年齢早見表

（令和4年・西暦2022年・紀元2682年）

生まれ年	年齢	西暦	十干	十二支
昭和 7	90	1932	壬	申
8	89	1933	癸	酉
9	88	1934	甲	戌
10	87	1935	乙	亥
11	86	1936	丙	子
12	85	1937	丁	丑
13	84	1938	戊	寅
14	83	1939	己	卯
15	82	1940	庚	辰
16	81	1941	辛	巳
17	80	1942	壬	午
18	79	1943	癸	未
19	78	1944	甲	申
20	77	1945	乙	酉
21	76	1946	丙	戌
22	75	1947	丁	亥
23	74	1948	戊	子
24	73	1949	己	丑
25	72	1950	庚	寅
26	71	1951	辛	卯
27	70	1952	壬	辰
28	69	1953	癸	巳
29	68	1954	甲	午
30	67	1955	乙	未
31	66	1956	丙	申
32	65	1957	丁	酉
33	64	1958	戊	戌
34	63	1959	己	亥
35	62	1960	庚	子
36	61	1961	辛	丑
37	60	1962	壬	寅
38	59	1963	癸	卯
39	58	1964	甲	辰
40	57	1965	乙	巳
41	56	1966	丙	午
42	55	1967	丁	未
43	54	1968	戊	申
44	53	1969	己	酉
45	52	1970	庚	戌
46	51	1971	辛	亥
47	50	1972	壬	子
48	49	1973	癸	丑
49	48	1974	甲	寅
50	47	1975	乙	卯
昭和51	46	1976	丙	辰
52	45	1977	丁	巳
53	44	1978	戊	午
54	43	1979	己	未
55	42	1980	庚	申
56	41	1981	辛	酉
57	40	1982	壬	戌
58	39	1983	癸	亥
59	38	1984	甲	子
60	37	1985	乙	丑
61	36	1986	丙	寅
62	35	1987	丁	卯
63	34	1988	戊	辰
(昭64) 平成元	33	1989	己	巳
2	32	1990	庚	午
3	31	1991	辛	未
4	30	1992	壬	申
5	29	1993	癸	酉
6	28	1994	甲	戌
7	27	1995	乙	亥
8	26	1996	丙	子
9	25	1997	丁	丑
10	24	1998	戊	寅
11	23	1999	己	卯
12	22	2000	庚	辰
13	21	2001	辛	巳
14	20	2002	壬	午
15	19	2003	癸	未
16	18	2004	甲	申
17	17	2005	乙	酉
18	16	2006	丙	戌
19	15	2007	丁	亥
20	14	2008	戊	子
21	13	2009	己	丑
22	12	2010	庚	寅
23	11	2011	辛	卯
24	10	2012	壬	辰
25	9	2013	癸	巳
26	8	2014	甲	午
27	7	2015	乙	未
28	6	2016	丙	申
29	5	2017	丁	酉
30	4	2018	戊	戌
(平31) 令和元	3	2019	己	亥
2	2	2020	庚	子
3	1	2021	辛	丑
4	0	2022	壬	寅

國會要覽® 第七十二版

令和4年2月24日発行　　**定価：3,123円**(本体＋税10%)

編集・発行人　中島孝司

※定期購読の場合は送料は当社負担と致します。

発行所　**国政情報センター**

〒150-0044 東京都渋谷区円山町5-4 道玄坂ビル

電話 03 (3476) 4111

FAX 03 (3476) 4842

郵便振替 00150-1-24932

ISBN978-4-87760-340-3 C2531 ¥2839E

政党／省庁 住所・電話番号一覧

名称	郵便番号	住所	電話番号
自由民主党	〒100-8910	千代田区永田町1-11-23	☎03(3581)6211
立憲民主党	〒102-0083	千代田区平河町2-12-4 ふじビル3F	☎03(6811)2301
日本維新の会	〒542-0082	大阪市中央区島之内1-17-16 三栄長堀ビル	☎06(4963)8800
公明党	〒160-0012	新宿区南元町17	☎03(3353)0111
国民民主党	〒102-0093	千代田区平河町2-5-3 永田町グリッド4F	☎03(3593)6229
日本共産党	〒151-8586	渋谷区千駄ヶ谷4-26-7	☎03(3403)6111
れいわ新選組	〒102-0083	千代田区麹町2-5-20 押田ビル4F	☎03(6384)1974
社会民主党	〒104-0043	中央区湊3-18-17 マルキ榎本ビル5F	☎03(3553)3731
NHK受信料を支払わない国民を守る党	〒100-8962	千代田区永田町2-1-1参議院議員会館403号	☎03(6550)0403
衆議院	〒100-8960	千代田区永田町1-7-1	☎03(3581)5111
参議院	〒100-8961	千代田区永田町1-7-1	☎03(3581)3111
国立国会図書館	〒100-8924	千代田区永田町1-10-1	☎03(3581)2331
内閣	〒100-0014	千代田区永田町2-3-1 総理官邸	☎03(3581)0101
内閣官房	〒100-8968	千代田区永田町1-6-1	☎03(5253)2111
内閣法制局	〒100-0013	千代田区霞が関3-1-1 ㊌4号館	☎03(3581)7271
人事院	〒100-8913	千代田区霞が関1-2-3 ㊌5号館別館	☎03(3581)5311
内閣府	〒100-8914	千代田区永田町1-6-1	☎03(5253)2111
宮内庁	〒100-8111	千代田区千代田1-1	☎03(3213)1111
公正取引委員会	〒100-8987	千代田区霞が関1-1-1 ㊌6号館B棟	☎03(3581)5471
警察庁	〒100-8974	千代田区霞が関2-1-2 ㊌2号館	☎03(3581)0141
個人情報保護委員会	〒100-0013	千代田区霞が関3-2-1 霞が関コモンゲート西館32F	☎03(6457)9680
カジノ管理委員会	〒105-6090	港区虎ノ門4-3-1 城山トラストタワー12F・13F	☎03(6453)0201
金融庁	〒100-8967	千代田区霞が関3-2-1 ㊌7号館	☎03(3506)6000
消費者庁	〒100-8958	千代田区霞が関3-1-1 ㊌4号館	☎03(3507)8800
デジタル庁	〒102-0094	千代田区紀尾井町1-3 東京ガーデンテラス紀尾井町19F・20F	☎03(4477)6775
復興庁	〒100-0013	千代田区霞が関3-1-1 ㊌4号館	☎03(6328)1111
総務省	〒100-8926	千代田区霞が関2-1-2 ㊌2号館	☎03(5253)5111
消防庁	〒100-8927	〃	〃
法務省	〒100-8977	千代田区霞が関1-1-1 ㊌6号館	☎03(3580)4111
出入国在留管理庁	〃	〃	〃
公安調査庁	〒100-0013	〃	☎03(3592)5711
最高検察庁	〒100-0013	〃	☎03(3592)5611
外務省	〒100-8919	千代田区霞が関2-2-1	☎03(3580)3311
財務省	〒100-8940	千代田区霞が関3-1-1	☎03(3581)4111
国税庁	〒100-8978	〃	☎03(3581)4161
文部科学省	〒100-8959	千代田区霞が関3-2-2	☎03(5253)4111
スポーツ庁	〃	〃	〃
文化庁	〃	〃	〃
厚生労働省	〒100-8916	千代田区霞が関1-2-2 ㊌5号館本館	☎03(5253)1111
農林水産省	〒100-8950	千代田区霞が関1-2-1 ㊌1号館	☎03(3502)8111
林野庁	〒100-8952	〃	〃
水産庁	〒100-8907	〃	〃
経済産業省	〒100-8901	千代田区霞が関1-3-1	☎03(3501)1511
資源エネルギー庁	〒100-8901	〃	〃
特許庁	〒100-8915	千代田区霞が関3-4-3	☎03(3581)1101
中小企業庁	〒100-8912	千代田区霞が関1-3-1	☎03(3501)1511
国土交通省	〒100-8918	千代田区霞が関2-1-3 ㊌3号館	☎03(5253)8111
観光庁	〃	〃	〃
気象庁	〒105-8431	港区虎ノ門3-6-9	☎03(6758)3900
海上保安庁		国土交通省内	☎03(3591)6361
環境省	〒100-8975	千代田区霞が関1-2-2 ㊌5号館本館	☎03(3581)3351
原子力規制庁	〒106-8450	港区六本木1-9-9	☎03(3581)3352
防衛省	〒162-8801	新宿区市谷本村町5-1	☎03(3268)3111
防衛装備庁	〃	〃	〃
会計検査院	〒100-8941	千代田区霞が関3-2-2 ㊌7号館	☎03(3581)3251
最高裁判所	〒102-8651	千代田区隼町4-2	☎03(3264)8111

※㊌＝中央合同庁舎

第2次岸田内閣

内閣官房副長官
木原誠二

内閣官房副長官
磯﨑仁彦

デジタル副大臣兼内閣府副大臣
小林史明

内閣府副大臣
黄川田仁志

内閣府副大臣
赤池誠章

総務副大臣
田畑裕明

外務副大臣
鈴木貴子

財務副大臣
岡本三成

財務副大臣
大家敏志

厚生労働副大臣兼内閣府副大臣
佐藤英道

農林水産副大臣
武部　新

農林水産副大臣
中村裕之

国土交通副大臣
兼内閣府副大臣兼復興副大臣
渡辺猛之

環境副大臣
大岡敏孝

環境副大臣兼内閣府副大臣
務台俊介

副長官・副大臣

復興副大臣
冨樫博之

復興副大臣
新妻秀規

内閣府副大臣
大野敬太郎

総務副大臣
中西祐介

法務副大臣
津島淳

外務副大臣
小田原潔

文部科学副大臣
田中英之

文部科学副大臣兼内閣府副大臣
池田佳隆

厚生労働副大臣
古賀篤

経済産業副大臣兼内閣府副大臣
細田健一

経済産業副大臣兼内閣府副大臣
石井正弘

国土交通副大臣
中山展宏

防衛副大臣兼内閣府副大臣
鬼木誠

第2次岸田内閣

デジタル大臣政務官兼内閣府大臣政務官
山田太郎

内閣府大臣政務官
小寺裕雄

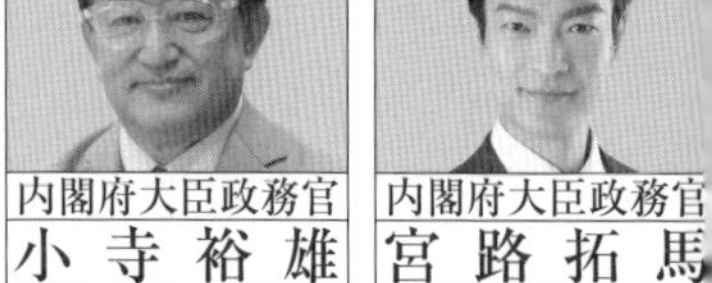

内閣府大臣政務官
宮路拓馬

総務大臣政務官
三浦　靖

法務大臣政務官
加田裕之

外務大臣政務官
上杉謙太郎

財務大臣政務官
藤原　崇

文部科学大臣政務官
鰐淵洋子

文部科学大臣政務官兼
内閣府大臣政務官兼復興大臣政務官
高橋はるみ

農林水産大臣政務官
宮崎雅夫

経済産業大臣政務官兼
内閣府大臣政務官
吉川ゆうみ

経済産業大臣政務官兼
内閣府大臣政務官兼復興大臣政務官
岩田和親

環境大臣政務官
中川康洋

環境大臣政務官兼内閣府大臣政務官
穂坂　泰

防衛大臣政務官
岩本剛人